高等教育“十三五”规划教材

证券与期货教程

Zhengquan Yu Qihuo Jiaocheng

王海峰　汤小平　主编

中国矿业大学出版社
China University of Mining and Technology Press

内容提要

本书是作者在丰富的教学经验和长期的中国证券和期货投资经验基础上精心撰写而成的，力求实现理论与实践的充分衔接，以达到学以致用、培养应用型人才的目标。本书构建了一个内容清晰实用而又具有开放性的逻辑体系，系统地介绍了证券与期货投资的理论与方法，深入分析了投资实践中的新问题，并探讨中国证券和期货市场的变革之道。主要内容包括：证券投资基础工具、证券市场、证券投资分析（证券基本分析和技术分析）、证券投资组合管理、商品期货和金融期货基础、期货投资分析、期权交易等。

本书以中国证券、期货市场为背景，引用了最新的数据和案例，体现我国证券和期货市场的最新动态，同时融入金融投资理论和国外市场的最新发展。为了提高读者的专业知识水平，书中每章后都有习题，题型包括概念题、计算题、问答题和论述题等。为了提高读者对中国证券期货市场的认识和实践投资能力，书中每章都附有一个案例，这些案例都取材于最新的实际市场。全书突出可操作性和应用性，可作为高等院校经济管理、金融、证券等专业本科生、研究生证券与期货课程的教材，也可作为证券、银行和保险业等有关人员的学习和工作参考用书，对企业管理人员、财会人员以及证券市场的投资者都具有很高的参考价值。

图书在版编目(CIP)数据

证券与期货教程/王海峰，汤小平主编. —3版. —徐州：中国矿业大学出版社，2018.10

ISBN 978-7-5646-4201-3

Ⅰ. ①证… Ⅱ. ①王…②汤… Ⅲ. ①证券投资—教材②期货交易—教材 Ⅳ. ①F830.9

中国版本图书馆CIP数据核字(2018)第239099号

书　　名　证券与期货教程
主　　编　王海峰　汤小平
责任编辑　褚建萍
出版发行　中国矿业大学出版社有限责任公司
（江苏省徐州市解放南路　邮编221008）
营销热线　(0516)83885307　83884995
出版服务　(0516)83885767　83884920
网　　址　http://www.cumtp.com　**E-mail:** cumtpvip@cumtp.com
印　　刷　徐州中矿大印发科技有限公司
开　　本　787×1092　1/16　**印张** 25　**字数** 630千字
版次印次　2018年10月第3版　2018年10月第1次印刷
定　　价　39.50元
（图书出现印装质量问题，本社负责调换）

前　言

中国的证券市场经过20多年的发展,已初具规模,成为资本市场的一个重要组成部分,为国有企业改革和发展,为资源优化配置及经济结构调整做出了重要贡献。随着证券市场的发展,人们对证券投资知识的了解日益增加,同时也有大量的公众加入到投资大军中去。在投资实践中,他们迫切需要了解证券市场的运作规律、吸取新的证券投资理念、掌握分析证券市场的方法、懂得如何识别与规避证券市场风险。同时,社会对证券投资与证券管理类专门人才的需求日益加大。与此相应,在高等院校,经济类、管理类专业的本科生普遍开设证券投资学课程,众多非经济管理类专业的本科生也开始选修证券投资学课程。希望本教材能为这些学生和投资者的学习与实践提供一些帮助。

本教材的编写以当代国际证券市场理论为基础,紧密联系中国证券和期货市场的实践,立足于满足高等院校本科生的教学需求,也可以作为证券期货投资者的入门指导书。在本书的编写过程中,力图体现以下一些特色:

(1) 突出主线,体系完整。全书以对证券和期货投资的认识和分析思路为主线,系统、完整地阐述了证券期货投资的内容。本教材主要包括四部分:第一部分是证券投资工具概述,包括证券概述、股票、债券、证券投资基金;第二部分是证券市场,包括证券市场概述、证券发行市场、证券交易市场、证券市场监管;第三部分是证券投资分析,包括证券投资收益与风险、证券投资价值分析、现代证券投资理论、证券投资基本分析和技术分析;第四部分是期货与期权,包括商品期货与金融期货、期权交易。本书注重对证券期货投资基本知识、基本方法和基本理论思想的把握,力求突出重点,为学习者提供投资理论的基本框架。

(2) 科学规范,与时俱进。在内容选择上,教材的编写力求规范,尽可能采用权威的或经典的表述方式,确保概念、理论的准确性,并注重结合时代特点,紧密联系中国证券市场,大部分数据资料和案例均取材于中国证券市场,尽可能收集新的市场数据,立足市场前沿。案例的选取方面,突出理论性和实践性的结合,为读者实践树立正确的投资理念。

(3) 深入浅出,便于教学。教材的编写按照既要有较高的理论水平,又要有较强的实务性原则,充分考虑高校教学的实际流程与学生的学习规律,在每一章的开头指出了学习目标,明确了学习的重点和难点,在每一章的末尾附加了案例、本章概念,并安排了问题思考,为学生的自学提供便利。

本教材的编写组成员多是从事证券期货投资课程教学的教师,且具有在中国证券期货市场投资的实战经验。本教材由湖南科技大学商学院王海峰、汤小平老师担任主编并共同拟定编写大纲,陈为民博士担任副主编。各章的编写分工如下:汤小平(第一章、第二章、第六章、第七章、第十五章、第十六章);王海峰(第十二章、第十三章);陈为民(第四章、第十一章);赵伟(第九章、第十章、第十四章);罗春元(第三章、第五章、第八章);最后由王海峰、汤小平共同总纂、修改完善并定稿。感谢罗发友教授和张天平教授为本教材编写提供的宝贵意见。

本教材在撰写过程中得到了湖南科技大学领导的支持,同时中国矿业大学出版社褚建萍编审给予了许多帮助,有了他们的关心,本书才得以顺利出版,在此深表谢意!

本教材在撰写过程中,参考了国内外相关学者的研究成果和相关资料,参考了国内大量同类教材,在此,编者对这些为证券市场的发展做出重大贡献的实践者、学者和作者致以诚挚的谢意!

鉴于编者水平有限,本书难免存在错误、遗漏或不足之处,恳请各位读者和同行批评指正,以便进一步修订和完善。

编　者

2018 年 4 月于湖南科技大学

目 录

第一篇 证券投资工具概述

第二篇　证券市场

第三篇 证券投资分析

第四篇　期货与期权

第一篇

证券投资工具概述

第一章 证券概述

学习目标

1. 掌握证券和有价证券的定义；
2. 掌握证券投资的定义；
3. 熟悉证券的分类；
4. 了解证券投资的功能。

第一节 证券的概念及分类

一、证券的定义与特征

证券是各类财产所有权或债权凭证的通称，是用来证明证券持有人有权取得相应权益的凭证。如股票、债券、证券基金、提单、保险单、存款单等，都属于证券的范畴。

证券具备两个最基本的特征：法律特征和书面特征。只有同时具备上述两个特征的书面凭证才可称之为证券。

证券的法律特征，是指它反映的是某种法律行为的结果，不仅它本身具有合法性，同时，它所包含的特定内容也具有法律效力。

证券的书面特征，是指它必须采取书面形式或与书面形式具有同等效力的形式，并且必须按照特定的格式进行书写或制作，载明有关法规规定的全部必要事项。

随着证券发行、交易的不断电子化，在我国，股票、债券、基金的发行均已经实现了无纸化。因此，不能将证券的书面特征等同于纸面特征。我国《公司法》规定，股票可以采用纸面形式或国务院证券管理部门规定的其他形式。实际应用中，在交易所发行交易的上市公司股票，都是采用电子记载形式，未上市公司的股票则大多仍采用传统的纸面形式。但这两种形式都必须包含上述证券的书面特征。

证券的票面要素主要有四个：第一，持有人，即证券为谁所有；第二，证券的标的物，即证券票面上所载明的特定的具体内容，它表明持有人权利所指向的特定对象；第三，标的物的价值，即证券所载明的标的物的价值大小；第四，权利，即持有人持有该证券所拥有的权利。

二、证券的分类

证券有广义和狭义之分。广义的证券包括无价证券和有价证券；狭义的证券就是指有价证券。

无价证券包括证据证券和凭证证券两种，其中证据证券是指能够证明某项事实的文件，例如信用证、书面证明、提单等。凭证证券是指能够认定证券持有人是某种私权的合法权利者，证明持证人所履行义务的有效文件，例如定期存折、存单、借据等。与有价证券相比，凭证证券不能作为所有权证书行使权利。这类证券一般不具有市场流通性,但随着金融的不断创新,这个界限变得越来越模糊,如大额转让定期存单就不同于传统意义上的存单,可以将其纳入有价证券的范围。

有价证券是一种具有一定的票面金额,证明持有人有权按规定取得一定收入,并可自由转让和买卖的所有权或债权证书。人们通常所说的证券,就是指这种有价证券。有价证券自身并不具有价值,它是“虚拟资本”的一种形式。“虚拟资本”是指建立在实际资本之上,可以同实际资本相分离、能够对剩余价值进行分割并具有相对独立运动规律的各种资本凭证,如货币、票证(本票、支票、汇票等)、股票和债券、金融衍生产品等。由于有价证券不是劳动产品,故其本身没有价值,只是由于它能为持有者带来一定的股息或利息收入,因而具有价格,可以在证券市场上自由买卖和流通。

按所体现的内容不同,有价证券可分为货币证券、商品证券、不动产抵押证券和资本证券等四类。货币证券是指可以用来代替货币使用的有价证券,是商业信用工具。货币证券在范围和功能上与商业票据基本相同,即货币证券的范围主要包括期票、汇票、支票和本票等。商品证券是证明持有人有商品所有权或债权的凭证,取得这种证券就等于取得这种商品的所有权或债权,持有人对这种证券所代表的商品权利受法律保护。属于商品证券的有提货单、运货单、仓库栈单等。不动产抵押证券主要指房地产证明文件等。资本证券是有价证券的主要形式,是指把资本投入企业或把资本贷给企业和国家的一种证书。股票、债券、证券基金和金融衍生工具等都属于资本证券。狭义的有价证券通常仅指资本证券。

第二节　证券投资的特点和功能

一、证券投资的概念

证券投资是指自然人、法人及其他社会团体通过购买股票、债券、基金等有价证券以及这些有价证券的衍生品以获取利息、股息、红利及资本利得的投资行为和投资过程。随着证券投资的发展,它已成为现代社会中的重要投资方式,在拓宽投资渠道、优化资源配置、促进经济发展等方面发挥了重要作用。

二、证券投资的要素

证券投资由三个基本要素构成:收益、风险和时间。

(一) 收益

任何证券投资都是为了实现一定的目的,获取一定的收益。一般而言,证券投资的收益包括利息、股息等经常收益和由证券价格的涨跌所带来的资本利得两部分。

(二) 风险

要获得一定的收益,就必须承担一定的风险。一般而言,收益与风险成正比,风险越大,收益越高。但并不是每个追求高风险的投资者都一定能取得高收益。

(三) 时间

任何证券投资都必须经过一定的时间才能取得收益。时间越长,收益就越高,但风险也越大。

三、证券投资的分类

证券投资按不同的标准可以有不同的分类。

（一）按投资时间划分，证券投资可分为短期投资和长期投资

短期投资是指期限在 1 年以内的证券投资。长期投资是指期限在 1 年以上的证券投资。

（二）按投资方式划分，证券投资可分为直接投资和间接投资

直接投资是指投资者直接到证券市场上购买股票、债券等有价证券。间接投资是指投资者购买投资基金，而投资基金又是通过证券市场交易来获利的。

（三）按收入的性质划分，证券投资可分为固定收入投资和不定收入投资

由于证券种类繁多，其投资性质、期限各有不同，收入高低和支付方式也各不相同。固定收入投资是指某种证券的投资收益是预先约定的，并在整个证券投资期限内保持不变。不定收入投资则是指证券的投资收入没有事先规定，收入也不确定。

四、现代证券投资的特点

（一）证券投资机构化

投资基金成为重要的机构投资者，越来越多的个人投资者将其资产交由投资基金机构进行投资管理，而一些国家的法规要求退休人员的退休养老金交由专门机构管理，使得退休基金机构也成为重要的机构投资者。由退休养老基金、投资基金、保险基金、信托基金等组成的机构投资者在证券市场上的地位日益重要，呈现证券投资机构化的特点。

（二）证券投资工具多样化

金融衍生工具的不断创新，使得证券投资工具日益多样化，已不再局限于传统的债券与股票，更出现了期货、期权等新的投资工具。

（三）证券投资电子化

随着科技的进步和电脑的广泛应用，证券投资日益电子化。目前，世界主要的金融中心都已建立了电子计算机管理系统，实现了电脑、电讯网络及卫星通信的全方位联系，投资者可以以多种手段接收证券市场行情，并以多种方式进行证券投资。

（四）证券投资国际化

随着证券市场遍及全球和跨国证券公司的发展壮大联系日益紧密，证券投资日益国际化。

（五）金融活动证券化

20 世纪 80 年代中期以来，国际金融市场出现了证券化趋势，不仅银行参与了证券业、银行资产出现了证券化，而且企业收购兼并活动也出现证券化。

（六）证券投资理论不断完善与创新

理论来自实践并指导实践。20 世纪 50 年代，马科维茨提出了资产组合理论，之后，有效市场理论确定；以威廉·夏普为代表的经济学家则在此基础上建立了资本资产定价理论；20 世纪 70 年代，套利定价理论又被提出。理论的发展促进了金融的创新，推动了证券投资的发展。

五、证券投资的功能

证券投资在西方国家得到了广泛发展，已经成为最基本、最重要的投资形式。在我国建立社会主义市场经济体制的过程中，证券投资也必将成为一个不可或缺的重要机制。

证券投资之所以能够成为一种极为普遍和引人注目的经济活动方式，并在现代经济生活中占有重要地位，是因为它具有以下一些突出的功能。

（一）实现价值增值

对于证券投资主体来说，证券投资最重要的功能，就是能够实现价值增值，即投入一定数量的货币或其他财富后，有可能在将来获得超过投入价值量的增值收益。在现代经济社会中，一定时期内总是存在着大量未用于现实消费的资金，造成了严重的社会资源浪费。当然，这些闲置资金可以以银行存款的方式获得储蓄利息，但银行储蓄利息相对来说总是单一的，且通常是固定不变的，由此获利水平也是有限的；而当存在严重通货膨胀时，实际利率就可能是负的。此外，各类经济主体当然也可以选择实物投资方式来实现价值增值，但在许多情况下，市场上却可能缺乏前景乐观的投资方向，况且许多经济主体特别是个人的闲置货币持有量数目不多，这些分散、零星的闲置资金在缺乏有效的集中机制的背景下，也不可能按规模经济要求进行实物投资。显然，要使这部分资金能够充分地流通周转，发挥其价值增值作用，就需要在银行存款和实物投资之外设置其他具有补充意义的投资渠道，而证券投资正是这样的投资渠道。它可以在社会资金相对充裕，而储蓄利率等其他获利渠道的收益水平不理想，实物投资又缺乏有吸引力的方向或不能被普遍采用时，为某些不能或不会自愿介入储蓄及实物投资领域的货币资金提供获利途径，以满足闲置货币资金的价值增值要求，从而使社会总收入水平有效提高。

（二）支撑社会融资

从经济增长与发展的宏观意义上说，证券投资最重要的功能之一是它能起到支撑社会融资的作用。在现代经济社会中，任何一个生产经营单位的正常运转，都会经常性地面临融资要求。企业要求得生存与发展，必须不断地扩大生产经营规模，拓展经营领域，提高竞争力，这就需要不断地进行投资；而投资进行的前提是有效的、规模化的、社会化融资。不仅是企业，作为社会组织者与管理者的国家包括各级政府，要有效地履行其职能，也总是会面对巨大的资金需求，而这仅仅依靠国家的常规性收入（税收）是不够的，由此也需要不断地向社会融资。社会化融资最重要、最有效的途径之一，就是在证券市场上发行有价证券。例如股份制企业在证券市场上发行公司股票和公司债券，各级政府在证券市场上发行公债等。而在证券市场上大规模发行有价证券的前提，是这一市场上存在着大量的证券投资者，或者说是证券投资行为的普遍化。很简单，如果没有人作为原始证券的认购者，没有活跃的证券发行市场上的投资活动，有价证券的发行就无法实现。不仅如此，有价证券发行后还必须实现流通，即能够自由地、无限次地进行流通转让，否则就会使原始证券的认购者面临巨大的持有风险，从而使证券发行活动难以维系，而这又要求存在大量的对已流通证券的投资行为。换言之，没有相对普遍的、持续性的证券投资活动，就没有进行持续性证券发行这类融资活动的基础条件。因此，尽管证券投资者的行为本身只是为了追逐个体的获利目标，客观上却起着支撑社会融资的重要作用。

（三）化解供求压力，稳定经济运行

证券投资作为一种经济活动，本身也是一种资金运动过程。我们知道，在一定时期内，社会中总是会存在一定的闲置资金，当这部分资金缺乏实物投资方向时，常常会转化为消费资金。在经济具有短缺特征或存在结构性供给缺陷时，其结果便会构成某种程度的消费压力，甚至导致通货膨胀的加剧，而通过证券市场引导这部分资金进行证券投资，则可以有效地缓解消费需求压力。同时，在二级市场上流动的社会资金，也有助于在实物投资规模膨胀时压缩其需求。此外，证券投资对社会融资的支撑作用不仅体现在扩大融资数量上，也体现在通过这种公众选择过程促进优化融资结构上。有效地促进证券市场的正常运行，充分发挥该市场在资源配置方面的积极功能，其结果将有助于扩大产业规模、改善产业结构，从而大大提高社会供给能力，释放供给不足或结构扭曲对社会经济正常运行造成的压力。反过来说，在市场需求相对不足，失业率提高，经济出现衰退，同时人们储蓄意识过强时，通过鼓励证券投资，并采取某些政策保护投资者，活跃证券市场上的投资交易活动，则一方面可以使社会储蓄向投资转化的比例大幅度提高，直接带动投资需求，增加就业机会；另一方面又可以提高投资者在证券市场上的获利水平，并使这种获利部分地转化为消费支出，从而在某种程度上扩张消费需求，最终起到缓解投资、消费需求不足矛盾的积极作用。

（四）传递经济信息

证券投资活动的广泛进行还可以有效地增加经济信息供给渠道，扩大经济信息流量，并加速经济信息的传递。证券投资的复杂性，客观上会强化这一过程对各种相关信息的依赖程度。从某种意义上甚至可以说，证券投资的过程就是一个不断处理各类经济信息的过程。这一特征决定了围绕证券投资需要并通过证券投资过程而逐步形成的经济信息系统格外发达，信息流量极为庞大，信息内容十分全面和深入，信息流动的速度也格外快捷。而利用和处理好证券投资过程中集中传递的这些经济信息，有助于人们对企业、行业、部门、市场乃至整个国民经济的发展态势进行及时的估价和判断，并进而为进行各种决策提供重要的依据。

证券投资中所传递的信息，主要是来自证券市场。在证券市场上流动的信息中，最有价值的信息是上市公司所代表的国民经济各部门的经营信息以及证券市场交易信息。以证券交易所为例，按照证券市场交易“公开、公平、公正”原则的要求，在证券交易所挂牌交易其证券的所有公司，都必须及时披露其重要的经营信息，如公司的中期和年度财务数据，公司重要投资与生产经营信息等。由于上市公司基本上都是各行各业具有代表性的企业，因而对众多上市公司的生产经营信息进行分析，就能够使人们对国民经济各部门的发展现状与趋势做出较为准确可靠的判断。同时，在证券投资过程中，各种交易信息的发布十分频繁，这些随时传递和变化着的交易信息本身就在一定程度上显示着经济运行的信息。诸如股票价格指数的涨跌、证券交易数量的增减等，无不反映着经济运行的景气程度，反映着不同部门的发展态势，不同行业的投资价值，体现着人们对未来经济运行前景信心的强弱。在证券投资过程中人们在追逐投资对象上体现的差别，作为一个公众选择过程，本身也反映着经济体系中不同局部的发展态势。总之，证券投资过程需要且必然产生其他经济过程难以比拟的、巨大而迅捷的信息流，仅从这个意义上说，其存在和发展的价值也是相当突出的。

本章概念

1. 证券、有价证券、无价证券。
2. 资本证券、货币证券、商品证券、不动产抵押证券。
3. 证券投资、直接投资、间接投资。

问题思考

1. 简述证券的概念与分类。
2. 证券具有哪些性质及特征？
3. 简述证券投资的概念与分类。
4. 简述证券投资的功能。

第二章 股 票

学习目标

1. 了解股份有限公司的概念、特点、类型与治理结构；
2. 掌握股票的概念与特征；
3. 掌握普通股与优先股的概念及两者的区别；
4. 熟悉股票的类型。

第一节 股份有限公司

股票是股份公司发给股东的一种所有权证书，股票的持有者即为公司的股东，股东和资本构成了股份公司的两个基本要素。作为股份公司的所有者，股东有参与公司经营决策的权利，享有分配公司利润的权利。此外，股东对公司还享有新股优先认购权、持有股份支配权、剩余财产分配权等权利。可见，股票、股东和股份公司之间有着十分密切的联系，股票投资者有必要熟悉和了解股份公司及其组织形式。

一、股份公司的概念与特点

股份公司是按照一定章程和法定程序集资合营的一种企业组织形式，是一种集多方资本为共同资本，共同经营，并按所持有的股份多少行使权力和分配利益的经济组织。其成立的方式往往是由企业发起者把预定的企业总资本分成若干股份，通过发行股票，把分散的资本集中起来而构成企业的总资本。典型的股份公司具有如下特点：

(1) 股份公司将资金划分为等额股份，向社会大众公开发行股票。特别是大量发行小面额股票，能够更迅速、更广泛地筹集到巨额资本。因此，这种公司具有资本雄厚、经营规模大、竞争能力强的特点。

(2) 股份公司是独立的法人。股份公司有自己的公司章程，有独立的财产和组织机构，具有独立承担责任义务的能力；股份公司可以用自己的名义取得资产，承担债务，签订合同，承担民事责任。同时在公司章程中明确规定股东的权利与责任。

(3) 股份公司实行所有权与经营权相分离。法人制度确立以后，股份公司的所有权分解为最终所有权和法人所有权。投资者作为股东，拥有资本的最终所有权即股权，在股东大会上拥有表决权，间接影响企业的经营决策，但不能直接参与企业的经营。投资者可以凭股票参与企业利润的分配，但不能处置企业的财产，也不能抽回资本，只能通过转让股权收回投资本金。股份公司则拥有法人所有权，拥有直接支配法人资产的权力，并对全部法人资产负有限责任。股份公司的法人代表是公司的董事会，它对公司法人资产承担法人责任。股份公司的内部也实行所有权与经营权相分离，股份公司的重大事项由董事会做出决定，而日常经营活动由公司聘任的总经理负责。

(4) 股份公司破产时,股东仅仅承担以出资额为限的有限责任。这样可以解除广大投资者的疑虑,能广泛地吸引社会游资。

(5) 经营业绩公开化。《公司法》规定,股份公司成立后必须定期公布财务报表和其他资料,使投资者能够了解公司的财务和经营状况,以便及时做出投资选择。

(6) 股份公司的股份所有权可以随时在市场上自由转让,但不能退股。这样既能满足股东资产变现的需要,又不影响公司的连续性,使股份公司具有很强的生命力。

(7) 股东所持有的每一股份拥有一票表决权,同股同权,同股同利,同股同责。

二、股份公司的类型

在股份公司的发展过程中,先后出现过无限公司、有限公司、两合公司、股份有限公司、股份两合公司等类型。目前,无限公司、两合公司和股份两合公司已经很少见了,现在的股份公司主要有股份有限公司和有限责任公司两种。

(一) 股份有限公司

股份有限公司(Joint-Stock Company,英国称 Company Limited by Share,美国称 Share Corporation)是最基本的股份公司形式。它是由法定数目以上的有限责任股东所组成的有限公司。其特点是:公司资本被分成若干等份,由投资者认缴,并发行股票;持有股票即为股份公司的股东,股东对公司所负的责任仅以其出资额为限,不负连带清偿责任;股东以其股份享受权益,承担义务;股票可以自由转让。股份有限公司与有限责任公司的区别在于公司资本是否划分为等额股份以及是否发行股票。我们一般所说的股份公司主要是指股份有限公司。

(二) 有限责任公司

有限责任公司(Limited Liability Corporation)简称有限公司,它是指由法定数目股东共同出资,每个股东以其所认缴的出资额对公司承担有限责任,公司以其全部资产对其债务承担责任的企业法人。其基本特征是:① 根据《公司法》规定,公司由一定数目的股东组成。日本、英国、法国规定有限责任公司的股东人数必须在 2～50 人之间;我国《公司法》第二十四条规定,有限责任公司由 50 个以下股东出资设立,我国已允许设立 1 人有限责任公司,《公司法》第五十八条至第六十四条对 1 人有限责任公司做了特别规定。可见有限责任公司的股东人数远远少于股份有限公司。② 公司资本分为若干份额,但并非平均等额股份;公司筹资不是通过发行股票,而是由打算入股的股东按照协议所确定的股本比例出资,并以公司名义给股东签发出资证明书;股东之间可以相互转让其股份,但若向股东以外的人转让股份时须经半数以上股东同意。

三、股份公司的组织结构

公司治理结构或法人治理结构,是规范企业各方权利、义务和责任的制度结构。公司治理结构的具体体现是一系列相互制约的公司权力机构,以及各机构的定位、功效及运作方式。股份公司的组织机构由股东大会、董事会和监事会组成。

(一) 股东大会

股东大会 (The General Meeting of Shareholders)由全体股东组成,是股份公司的最高权力机构。股东大会对公司重大事项做出决策,选举和解除董事、监事。股东大会分三种:一是法定大会(也称创立大会),依据有关规定必须在公司营业后一定时间内召开。我国《公司法》第九十条规定,发行股份的股款缴足后,必须经依法设立的验资机构验资并出具证明。

发起人应当自股款缴足之日起30日内主持召开公司创立大会。创立大会由发起人、认股人组成。会议的主要任务是审议发起人关于公司筹办情况的报告，通过公司章程；选举董事会和监事会成员；对公司的设立费用进行审核，等等。二是年度大会，每年召开一次，通常说的股东大会主要指的是年度大会。三是临时大会，主要讨论临时出现的紧迫问题。

（二）董事会

董事会是股份公司的权力机构，是公司的法定代表和决策者。董事会由股东大会选出的董事组成，对股东大会负责；董事会有权召开股东大会，并向股东大会报告工作，执行股东大会的决议，有权决定关系到公司全局性的重大问题。

（三）监事会

监事会由股东大会选出的监事组成，是监督检查公司财产及董事会业务执行情况的最高机构。设立监事会的目的是为了防止董事会滥用职权，危害股东及第三者的合法权益。

（四）总经理（经理班子）

公司总经理是公司业务的总负责人，公司经营管理权的总代表，是公司的法定代表人。

股份公司就是这样实行所有权与经营权相分离，股东大会、董事会和监事会各行其职，使公司机构高效率地运转。

四、股权结构

股权结构是指股份公司总股本中，不同性质的股份所占的比例及其相互关系。股权即股票持有者所具有的与其拥有的股票比例相应的权益及承担一定责任的权力（义务）。基于股东地位（身份）可对公司主张的权利，是股权。股权结构是公司治理结构的基础，公司治理结构则是股权结构的具体运行形式。目前世界上主要有两种股权结构，一元股权结构和二元（双重）股权结构。一元股权结构数量占有绝大多数，有少部分是二元或其他股权结构。一元股权结构，指上市公司同股同权，普通股东的一股与公司高管的一股权利是相同的，在股东大会的投票中是一股一票，以股票数量的多少决定控制权。

二元股权结构也称为双重股权结构、双重股权制，是一种通过分离现金流和控制权而对公司实行控制的有效手段。区别于同股同权的制度，在二元股权结构中，股份通常被划分为高、低两种投票权。高投票权的股票每股具有2至10票的投票权，主要由高级管理者所持有。低投票权股票的投票权只占高投票权股票的10%或1%，有的甚至没有投票权，由一般股东持有。作为补偿，高投票权的股票其股利低，不准或规定一定年限，一般3年后才可转成低投票权股票，因此流通性较差，而且投票权仅限管理者使用。由于高级管理人员较理解公司的价值，在与收购公司谈判中，若有高级管理者充当捍卫战士的角色，往往可得高收购金额，有利于目标公司股东。

Facebook和Google是采用这种架构的典型。2014年以来在美国上市的中国公司中，京东、聚美优品、陌陌都采取这样的模式。京东，刘强东的股票1股20个投票权，投票权比例为83.7%。聚美优品，陈欧的股票1股10个投票权，投票权比例为75.8%。陌陌，唐岩的股票1股10个投票权，投票权比例为78%。2018年4月24日，港交所发布IPO新规，允许二元股权结构公司上市。

第二节　股票的概念和特征

一、股票的定义和性质

（一）股票的定义

股票是一种有价证券，它是股份有限公司公开发行的、用以证明投资者的股东身份权益并据以获得股息和红利的凭证。

股票一经发行，持有者即为发行股票公司的股东，有权参与公司的决策，分享公司的利益，同时也要分担公司的责任和经营风险。股票一经认购，持有者不能以任何理由要求退还股本，只能通过证券市场将股票转让和出售。作为交易对象和抵押品，股票已成为金融市场上主要的、长期的信用工具，但实质上，股票只是代表股份资本所有权的证书，它本身并没有任何价值，不是真实的资本，而是一种独立于实际资本之外的虚拟资本。

（二）股票的性质

股票以法律形式确定了股份有限公司的自有资本以及公司与股东之间的经济关系，具有特定的法律意义。股票的法律性质主要表现在以下几个方面：

(1) 股票是反映财产权的有价证券。股票是一种代表财产权的有价证券，代表着股东获取股份有限公司按规定分配股息和红利的请求权。虽然股票本身没有价值，但股票代表的请求权却可以用财产价值来衡量，因而可以在证券市场上买卖和转让。

(2) 股票是证明股东权的法律凭证。股票持有者作为股份有限公司的股东，相对于公司及公司财产，享有独立的股东权。股东权是一种综合权利，包括出席股东大会、投票表决、任免公司管理人员等"共益权"以及分取股息红利、认购新股、分配公司剩余财产等权利。股票便是证明这些权利的法律凭证。法律确认并保护持有股票的投资者以股东的身份参与公司的经营决策，或者凭借手持的多数股票控制股份有限公司。公司必须依法服从股东权，执行股东大会的决策意志。

(3) 股票是投资行为的法律凭证。对发行者来说，股票是筹集自身资本的手段；对认购者来说，购买股票则是一种投资行为。股票就是用来证明这种筹资和投资行为的法律凭证，或者说是投资和吸引投资的法律依据。

二、股票的特征

在市场经济运行中，股票具有以下一些特征。

（一）收益性

收益性是股票最基本的特征，是指持有者凭其持有的股票，有权按照公司章程从公司领取股息和红利，获取投资收益的性能。认购股票就有权享有公司的收益，这既是股票认购者向公司投资的目的，也是公司发行股票的必备条件。股票收益的大小取决于公司的经营状况和赢利水平。一般情况下，投资股票获得的收益要高于银行储蓄的利息收入，也高于债券的利息收入。股票的收益性还表现在持有者利用股票可以获得价差收入和实现货币保值。也就是说，股票持有者可以通过低进高出赚取价差利润；或者在货币贬值时，股票会因为公司资产的增值而升值，或以低于市价的特价或无偿获取公司配发的新股而使股票持有者得到利益。

（二）风险性

股票的风险性是与股票的收益性相对应的。认购了股票，投资者既有可能获取较高的投资收益，同时也要承担较大的投资风险。在市场经济活动中，由于多种不确定因素的影响，股票的收益是一个事先难以确定的动态数值，它要随公司的经营状况和赢利水平而波动，同时也受到股票市场行情的影响。公司经营得越好，股票持有者获取的股息和红利就越多；反之，公司经营不善，股票持有者能分得的赢利就会减少，甚至无利可分，这样，股票的市场价格就会下跌，股票持有者就会因股票贬值而遭受损失。如果公司破产，则股票持有者连本金也保不住。可见，股票的风险性是与收益性并存的，股票的收益在很大程度上是对其所担风险的补偿。股票收益的大小与风险的大小成正比。

（三）稳定性

稳定性包含两方面的含义：① 股东与发行股票的公司之间存在稳定的经济关系；② 通过发行股票筹集到的资金使公司有一个稳定的存续时间。

股票是一种无期限的法律凭证，它反映着股东与公司之间比较稳定的经济关系；同时，投资者购买了股票就不能退股，股票的有效存在又是与公司的存续期间相联系的。对于认购者来说，只要其持有股票，公司股东的身份和股东权益就不能改变；同时，股票又代表着股东的永久性投资，他只有在股票市场上转让股票才能收回本金。对公司来说，股票则是筹集资金的主要手段，由于股票始终置身于股票交易市场而不能退出，因此，通过发行股票所筹集到的资金在公司存续期间就是稳定的自有资本。

（四）流通性

股票具有很高的流通性。在股票交易市场上，股票可以作为买卖对象或抵押品随时转让。股票转让意味着转让者将其出资金额以股价的形式收回，而将股票所代表的股东身份及各种权利让渡给了受让者。流通性是股票的一个基本特征。股票的流通性是商品交换的特殊形式，持有股票类似持有货币，随时可以在股票市场兑现。股票的流通性促进了社会资金的有效利用和资金的合理配置。

（五）伸缩性

股票的伸缩性是指股票代表的股份既可以拆细，也可以合并。股份的拆细，即将原来的1股分为若干股。股份拆细并没有改变资本总额，只是增加了股份总量和股权总数。当公司利润增多或股票价格上涨后，投资者购入股票所需的资金增多，股票市场交易就会发生困难。在这种情况下，就可以将股份拆细，即采取分割股份的方式来降低单位股票的价格，以争取更多的投资者，扩大市场的交易量。股份的合并，即将若干股股票合并成较少的几股或1股。股份合并一般是在股票面值过低时采用。公司实行股份合并主要出于如下原因：公司资本减少、公司合并或是股票市场价格过低。

（六）价格的波动性

股票价格的高低不仅与公司的经营状况和赢利水平紧密相关，而且与股票收益、与市场利率的对比关系密切相连。此外，股票价格还会受到国内外经济、政治、社会以及投资者心理等诸多因素的影响。

（七）经营决策的参与性

根据有关法律的规定，股票的持有者即是发行股票的公司股东，有权出席股东大会，选举公司的董事会，参与公司的经营决策。股票持有者的投资意志和享有的经济利益，通常是通过股东参与权的行使而实现的。股东参与公司经营决策的权利大小,取决于其所持有的股份的多少。从实践看,只要股东持有的股票数额达到决策所需的实际多数时,就能成为公司的决策者。

第三节 股票的分类

股票的品种很多,分类方法亦有差异。常见的股票类型有以下几种。

一、按照股东享有的权利分

(一)普通股票

普通股票又称普通股,是公司最常见、最重要的股票,也是风险最大的股票。普通股具备股票最一般的特性,普通股的期限与公司相始终,普通股的利益与公司的利益相依存,因此普通股比较于其他种类股票有着更多的权利,这些权利主要表现在如下几个方面:

(1)投票表决权。持有普通股的股东就是发行该股票公司的所有者之一,对于公司的重大决策,按规定每持一股就有一份投票权。这种权利包括在股东大会上选举董事、发表意见、投票表决等,还有权对董事提出诉讼。如果股东不能参加股东大会,可以委托代理人行使其投票权。通过投票表决,股东间接参与公司的经营管理,所以这种权利也可以叫作参与经营权。

(2)收益分配权。普通股在公司盈利分配上位于优先股之后,普通股的股利完全取决于公司盈利情况及其分配政策。一般来说,公司盈利多,股利就高;反之则少,若公司亏损则可能分文没有。这种股利收益的不固定,正是普通股的重要特点。所以在证券投资中,投资普通股的风险最大。但若公司获高额利润,普通股股东可获得高额股利,有权享受利润增长所带来的利益,而一般优先股就无此项权利。

(3)资产分配权。当公司因各种缘由而需要解散清算时,普通股有权按比例分得公司的剩余财产,但必须排在公司债权人、优先股股东之后。若在他们之后所剩无余,普通股则只能甘受损失。

(4)优先认股权。当公司增发新股时,普通股原有股东有按占有公司股份的原比例优先认购新股的权利。这样,原有股东就可以通过认购新股而继续维持其原有权利和收益。例如某股东原来持有公司普通股票总额的1‰,在公司发行新股票时,这个股东就有权按原有比例再认购新发行股票总额的1‰。新股加旧股,该股东仍保证了公司股份1‰的权利和收益。股东拥有新股优先认购权后,其处理权利的方式有三种:其一是行使优先权,购买新股票;其二是转让优先认股权;其三是放弃这一权利,任其过期失效。由于认股权可以转让,这就使得它有了价格,由此派生了又一个证券投资内容——认股权证交易。

(二)优先股

优先股票又称优先股,是在股份公司中对于公司利润、公司清理剩余资产享有优先分配权的股份。由于在股份公司中优先股是预先确定股息的,因而使得它既是股票的一种,又有些类似于债券,是介于普通股与债券之间的一类折中性证券。这类股票之所以称为优先股,是因为它在以下两个方面处于优先地位:第一是领取股息优先。股份公司分配股息的顺序,首先是优先股,其次才是普通股。而且无论公司经营状况好坏和利润多少,优先股都可以按照预先确定的股息率领取股息,即使普通股减少或没有股利,优先股也不能受损。但是当公司无股息可分或股东大会决定当年不分配股息时，优先股在当年也有可能分不到股息。第二是分配剩余资产优先。当公司解散或破产清偿时，优先股有先于普通股参加公司剩余财产的分配权，但其分配顺序要排在债务人之后。

与普通股比较，优先股有它优先的一面，也有它不利的一面。首先，优先股的股息率是事先确定的，当公司经营良好，利润激增时，优先股的股息不会因此而提高，而普通股的收益却可大增。其次，优先股股东一般没有选举权和被选举权，对公司经营决策没有表决权。再次，在股份公司发行新股票时，优先股没有普通股那样的优先认购权（见表 2-1）。

表 2-1　　普通股和优先股的区别

	股利数量	表决权	利润分配	剩余财产分配	保留盈余
普通股	不固定	有	不优先	不优先	享有
优先股	一般固定	无	优先	优先	不享有

优先股虽然存在着一些不利的因素，但是无论对于投资者来说，还是对于股票发行公司来说，优先股确实有它可取之处。从投资者角度看，购买优先股票收益固定，风险小于普通股，股息一般高于债权收益，而且股份可以转让，所以比较适合于保守型的投资者和无暇参加公司管理的投资者；从筹资的股份公司角度看，优先股股息固定，不影响公司利润的分配。此外发行优先股可以广泛地吸收资金，也不影响普通股东对公司的经营管理权。所以，优先股一般比较受欢迎。

优先股又因不同情况分为如下几种类型：

（1）累积优先股与非累积优先股。累积优先股的基本特征为：当公司本年度没有盈利因而不能分派股息，或者盈利不足以满额分派股息，那么公司可以把未分派或未满额分派的股息累积到以后年度补付。而非累积优先股则以当年公司所得盈利为限分派股息，若当年未能分派股息或未能足额分派股息则不进行累积，当然也不存在次年补付的问题。

（2）参加优先股与非参加优先股。参加优先股又分为两种：凡是在分配定额股息后又参加剩余盈利分配的，称为盈余参加优先股；而在公司破产时，在偿还各种债务和优先股定额股本后，有权参加其剩余财产分配的，称为资产参加优先股。总的看来，这两种参加优先股除了可以优先获得固定股息外，还能享受普通股的一些权益。至于非参加优先股，则是指除获得固定股息外，没有上述两种参加权的优先股。

（3）可转换优先股与不可转换优先股。按公司章程规定，能够将一定比例的票面转换成普通股的优先股，称为可转换优先股；反之，那些不能转换成普通股的优先股称为不可转换优先股。可转换优先股只是表明一种权利，至于优先股是否真的实行转换，这要看投资者的决定。

（4）可回购的优先股。这种股票在发行时股份公司就已做出决定，在将来公司不再需要此项资金时，公司有权按一定的价格将股份收回注销。一般来说，回购价格都定得很高，以补偿该类股票购买者因公司回购所遭受的经济损失。

二、按照是否记载股东姓名分

（一）记名股票

所谓记名股票，是指在股票票面和股份公司的股东名册上记载股东姓名的股票。在很多国家的公司法中，对记名股票的有关事项做出具体规定，一般来说，如果股票是归某人单独所有，应记载持有人的姓名，如果股票是以国家机构或者法人所持有，则应记载国家机构或者法人的名称；如果股票持有者因故改换姓名或者名称，就应到公司办理变更姓名或者名称的手续。我国《公司法》规定，股份有限公司向发起人、国家授权投资的机构、法人发行的股票，应当为记名股票，并应当记载该发起人、机构、法人的名称，不得另立户名或者以代表人姓名记名。对社会公众发行的股票，可以为记名股票，也可以为无记名股票。发行记名股票的，应当置备股东名册，记载下列事项：股东的姓名或者名称及住所，各股东所持股份数、各股东所持股票的编号、各股东取得股份的日期。

记名股票有如下特点：第一，股东权利归属于记名股东。对于记名股票来说，只有记名股东或其正式委托授权的代理人，才能行使股东权。除了记名股东以外，其他持有者不具有股东资格。第二，认购股票的款项不一定一次缴足。缴纳股款是股东基于认购股票而承担的义务，一般来说，股东应在认购时一次缴足股款。但是，基于记名股票所确定的股份公司与记名股东之间的特定关系，有些国家也规定允许记名股东可不在认购股票时一次缴足股款。第三，转让相对复杂或受限制。记名股票的转让必须依据法律和公司章程规定的程序进行，而且要服从规定的转让条件。一般来说，记名股票的转让都必须由股份公司将受让人的姓名或名称、住所记载于公司的股东名册，办理股票过户登记手续。这样受让人才能取得股东的资格和权利。而且，为了维护股份公司和其他股东的利益，法律对于记名股票的转让有时会规定一定的限制条件，如有的国家规定记名股票只能转让给特定的人。第四，便于挂失，相对安全。记名股票与记名股东的关系是特定的，因此，万一股票遗失，记名股东的资格和权利并不消失，并可依照法定程序向股份公司挂失，要求公司补发新的股票。我国《公司法》对此的具体规定是：记名股票被盗、遗失或者灭失，股东可以依照民事诉讼法规定的公示催告程序，请求人民法院宣告该股票失效。依照公示催告程序，人民法院宣告该股票失效后，股东可以向公司申请补发股票。

（二）不记名股票

所谓不记名股票，是指在股票票面和股份公司股东名册上均不记载股东姓名的股票。不记名股票也称无记名股票，它与记名股票比较，差别不是在股东权利等方面，而是在股票记载方式上。不记名股票发行时一般留有存根联，它在形式上分为两部分：一部分是股票的主体，记载了有关公司的事项，如公司名称、股票所代表的股数等；另一部分是股息票，用于进行股息结算和行使增资权利。我国《公司法》在这方面的规定为：股份有限公司对社会公众发行的股票，可以为记名股票，也可以为无记名股票。发行无记名股票的，公司应当记载其股票数量、编号及发行日期。

不记名股票有如下特点：第一，服东权利归属股票的持有者。确认不记名股票的股东资格不以特定的姓名记载为根据，而是以占有的事实为根据。因此，持有该股票的人就是股东，就可以行使股东权利。也因为这一点，为了防止假冒、舞弊等行为，不记名股票的印制特别精细，其印刷技术、颜色、纸张、水印、号码等均须符合严格的标准。第二，认购股票时要求缴足股款。不记名股票上不记载股东姓名，若允许股东缴付部分股款即发给股票，以后实际上无法催缴未交付的股款，故认购者必须缴足股款后才能领取股票。第三，转让相对简单。与记名股票相比，不记名股票的转让较为简单和方便，原持有者只要向受让人交付股票便发生转让的法律效力，受让人取得股东资格不需要办理过户手续。第四，安全性较差。因无记载股东姓名的法律依据，不记名股票一旦遗失，原股票持有者便丧失了股东权利，且无法挂失。

三、按照是否有票面金额分

（一）有面额股票

所谓有面额股票，是指在股票票面上记载一定金额的股票。这一记载的金额可称之为票面金额、票面价值或股票面值。股票票面金额的计算方法是用资本总额除以股份数，而实际上很多国家通过法规予以直接规定，而且一般是限定了这类股票的最低票面金额。另外，同次发行的面额股票其每股票面金额是等同的。票面金额一般是以国家的主币为单位。大多数国家的股票都是有面额股票。

有面额股票有如下特点：第一，可以明确表示每一股所代表的股权比例。比如，某股份公司发行 1 000 万元的股票，每股面额为 100 元，那么每股代表着对公司拥有 0.01‰的所有权。第二，为股票发行价格的确定提供依据。我国《公司法》规定股票发行价格可以按票面金额，也可以超过票面金额，但不得低于票面金额。这样，有面额股票的票面金额就成为发行价格的最低界限。

（二）无面额股票

所谓无面额股票，是指在股票票面上不记载金额的股票。无面额股票也称为比例股票或份额股票。这种股票并非没有价值，而是不在票面上标明固定的金额，只记载其为几股或股本总额的若干分之几。因此，无面额股票的价值将随股份公司资产的增减而相应增减。公司资产增加，每股价值上升；反之，公司资产减少，每股价值下降。但是无面额股票与有面额股票的差别仅在表现形式上，也就是说，它们都代表着股东对公司资本总额的投资比例，两者的股东享有同等的股东权利。20 世纪早期，美国纽约州最先通过法律，允许发行无面额股票，以后美国其他州和其他一些国家也相继效仿。但目前世界上很多国家的公司法规定仍不允许发行这种股票。

无面额股票有如下特点：第一，发行或转让价格较灵活。无面额股票由于没有票面金额，故不受不得低于票面金额发行的限制。在转让时，投资者也不易被股票票面金额所困惑，而更注重分析每股的实际价值。第二，便于股票分割。如果股票有面额，分割时就需要办理面额变更手续。由于无面额股票不受票面金额的约束，发行该股票的公司就能比较容易地进行股票分割。

四、按照是否允许上市交易分

（一）流通股票

所谓流通股票，是指在证券交易所取得上市资格，允许挂牌交易的股票。流通股票也可以称为上市股票。一般来说，股份公司发行的股票依法可以转让，然而，若要在证券交易所上市交易则需符合一定的条件。不同国家在这方面规定的条件虽然不尽相同，但宗旨都是为了选择具有一定品质的股票，以保证其上市流通的能力。我国《公司法》从公司已公开发行股票、股本总额最低限额、盈利情况、股东人数下限以及公司无重大违法行为等方面规定了股票上市交易的条件。

流通股票的主要特点就是流通性强。证券交易所是一个有组织的集中买卖证券的场所，它集中了大量的有价证券，以较完善的交易制度和规则保证供给与需求。因此，股份公司发行的股票，若被允许在证券交易所上市交易，其流通性会大大加强。

（二）非流通股票

所谓非流通股票，是指未在证券交易所取得上市资格、不允许挂牌交易的股票。非流通股票也可以称为非上市股票。股票不能在证券交易所上市交易有不同的原因，或因发行该股票的股份公司未能达到规定的条件，或某些种类的股票因其特殊的性质而不准进入这个市场交易。非流通股票虽然不得在证券交易所买卖，但有一些可以在场外市场进行转让。由于非流通股票不能在证券交易所上市交易，与流通股票相比，其主要特点是流通性差。

我国股票市场从1999年开始一直在进行股权分置改革。所谓股权分置，是指上市公司股东所持向社会公开发行的股份在证券交易所上市交易，称为流通股，而公开发行前股份暂不上市交易，称为非流通股。这种同一上市公司股份分为流通股和非流通股的股权分置状况，为中国内地证券市场所独有。其造成的问题主要有：(1) 市场供需失衡。三分之二的非流通法人股，一旦被允许卖给个人投资者并在市场流通，似乎会导致市场上股票供应的剧增，如果对股票的需求跟不上大幅度增加的供应，可能会导致股价的大跌。(2) 股东利益冲突。流通股与不流通法人股的长期法定分割导致上市企业在收入分配问题上面临大股东与小股东之间的明显及长期的利益冲突。流通股股东认为国有大股东当初上市时并没有以现金在市场上购买股份，而是以低于真正市场价的资本估值而获得股份及控股权，因此认为吃了亏，需要在股权分置改革时获得补偿。(3) 控制权僵化。三分之二的法人股不可以通过公开市场流通，这意味着上市公司的大股东，特别是其国企母公司，对上市公司具有不可动摇的控制权。某个大股东对企业的控制权如果运用不当，企业经营必然出问题。

2005年4月29日，具有里程碑意义的股权分置改革正式拉开序幕，证监会发布《关于上市公司股权分置改革试点有关问题的通知》，要求：(1) 非流通股股东向流通股股东支付一定的对价以获得流通权。(2) 临时股东大会就股权分置改革方案做出决议，必须经参加表决的股东所持表决权的三分之二以上通过，并经参加表决的流通股股东所持表决权的三分之二以上通过。(3) 非流通股取得流通权后的实际流通的三项限制性规定：① 试点公司非流通股股东应当承诺，其持有股份自获得上市流通权之日起，至少在12个月内不上市交易或者转让；② 持有试点公司股份总数5%以上的非流通股股东应当承诺，在前项承诺期满后，通过证券交易所挂牌出售股份，出售数量占该公司股份总数的比例在12个月内不超过5%，在24个月内不超过10%；③ 试点公司非流通股股东通过证券交易所挂牌出售的股份数量，达到该公司股份总数1%的，应当在两个工作日内公告。同时，证监会表示，股权分置改革正式启动后，将实行"新老划断"的政策，即以后IPO的公司不再区分流通股和非流通股，不再存在股权分置的问题。截至2012年年底，有80%的非流通股获得了流通。

五、按照股票的收益能力分

（一）蓝筹股

蓝筹股是指稳定的现金股利政策对公司现金流管理有较高的要求，通常将那些经营业绩较好，具有稳定且较高的现金股利支付的公司股票称为"蓝筹股"。蓝筹股多指长期稳定增长的、大型的、传统工业股及金融股。它们的股票投资风险适中，收益丰厚，股价呈上升趋势，普遍受投资者的欢迎。如中国的工商银行股票、格力电器股票即属于这类股票。

（二）成长股

成长股是指处于成长阶段公司发行的股票。由于发行这种股票的公司正处于上升阶段，其销售额和收益额正处于上涨之势，公司在今后有足够的实力进行大发展并能长期为股东带来投资收益。这类公司注重科研，留存大量收益进行再投资，有大展宏图之势。购买这种股票，其股利虽然近期并不很高，但股价正稳步提高，投资者可以获得长远的利益。

（三）收入股

收入股指那些当前投资收益比较丰厚的股票。这些股票受到稳健型投资者的欢迎。

（四）周期股

周期股指那些收益随商业周期波动的股票。在西方，钢铁、机器制造、建材等行业的股票属于这类股票。

（五）防守性股

防守性股指在任何经济波动条件下收益都比较稳定的股票。这种股票与周期股正好相反，在商业条件恶化时，它的收益要比其他股票优厚并且较为稳定，如水、电和交通等公用事业公司发行的股票。

（六）投机性股

投机性股指那些价格变化快、幅度大、前景很难确定的股票。由于这种股票价格波动大且涨落频繁，这就给证券投机者赚取巨额差价带来了极大的可能性，因此这种证券备受风险偏好型投资者的青睐。

（七）ST 股和 *ST 股

为提醒投资者注意投资风险，我国对有问题的上市公司实行“特别处理”，有 ST 股和 *ST 股两种。

ST 是英文 Special Treatment 缩写，意即“特别处理”。1998 年 4 月 22 日，沪深交易所宣布，将对财务状况或其他状况出现异常的上市公司股票交易进行特别处理，由于“特别处理”，在简称前冠以“ST”，因此这类股票称为 ST 股。上述财务状况或其他状况出现异常主要是指两种情况：一是上市公司经审计连续两个会计年度的净利润均为负值，二是上市公司最近一个会计年度经审计的每股净资产低于股票面值。在上市公司的股票交易被实行特别处理期间，其股票交易应遵循下列规则：① 股票报价日涨跌幅限制为 5%；② 股票名称改为原股票名前加“ST”，例如“ST 辽物资”；③ 上市公司的中期报告必须审计。

2003 年 5 月 8 日起，“股票上市规则”中规定：存在股票终止上市风险的公司，交易所对其股票交易实行“警示存在终止交易上市风险的特别处理”，以充分揭示其股票可能被终止上市的风险。被退市风险警示特别处理的股票，其证券简称前冠以“ *ST”字样，股票报价的日涨跌幅限制为 5%。其他特别处理上市公司出现以下情形之一，其股票交易将被实行退市风险警示特别处理：① 最近两年连续亏损（以最近两年年度报告披露的当年经审计净利润为依据）；② 因财务会计报告存在重大会计差错或者虚假记载，公司主动改正或者被中国证监会责令改正后，对以前年度财务会计报告进行追溯调整，导致最近两年连续亏损；③ 因财务会计报告存在重大会计差错或者虚假记载，被中国证监会责令改正但未在规定期限内改正，且公司股票已停牌两个月；④ 未在法定期限内披露年度报告或者半年度报告，公司股票已停牌两个月；⑤ 处于股票恢复上市交易日至恢复上市后第一个年度报告披露日期间；⑥ 在收购人披露上市公司要约收购情况报告至维持被收购公司上市地位的具体方案实施完毕之前，因要约收购导致被收购公司的股权分布不符合《公司法》规定的上市条件，且收购人持股比例未超过被收购公司总股本的 90%；⑦ 法院受理关于公司破产的案件，公司可能被依法宣告破产；⑧ 证券交易所认定的存在退市风险的其他情形。

我国《证券法》规定，上市公司出现下列情形之一的，交易所决定暂停其股票上市：① 股票交易被实行退市风险警示后，最近一个会计年度审计结果表明公司继续亏损；② 不按规定公布其财务状况，或者对财务会计报告做虚假记载，可能误导投资者；③ 公司股本总额、股权分布等发生变化不再具备上市条件的；④ 公司有重大违法行为；⑤ 交易所认定的其他情形。

上市公司出现下列情形之一的，交易所决定终止其股票上市：① 公司股本总额、股权分布等发生变化不再具备上市条件的，在证券交易所规定的期限内仍不能达到上市条件；② 不按规定公布其财务状况，或者对财务会计报告做虚假记载，且拒绝改正的；③ 公司最近三年连续亏损，最近一个会计年度内未能恢复盈利；④ 公司解散或者被宣告破产；⑤ 交易所认定的其他情形。

2012 年 12 月 16 日，沪深交易所同时发布退市制度配套业务规则，就上市公司退市整理、重新上市等相关制度做出明确、细致的规定。上海证券交易所发布的退市配套业务规则共包括四项，分别为《风险警示板股票交易暂行办法》《退市整理期业务实施细则》《退市公司股份转让系统股份转让暂行办法》和《退市公司重新上市实施办法》；深圳证券交易所则发布了两项，具体包括《退市公司重新上市实施办法》和《退市整理期业务特别规定》。这些制度的推出，可能将开启我国 A 股市场化退市大幕，可能改变 A 股市场长期以来退市难的问题。

第四节　中国股票分类

一、按投资主体分类

我国按投资主体的不同性质，将股票划分为国家股、法人股、社会公众股和外资股等不同类型。

（一）国家股

国家股又称国有资产股，是指有权代表国家投资的部门或机构以国有资产向公司投资形成的股份，国家股的股权所有者是国家。在我国企业的股份制改造中，原来一些全民所有制企业改组为股份公司，从性质上讲，这些全民所有制企业的资产属于国家所有，因此在改组为股份公司时，就折成国家股。另外，国家对新组建的股份公司进行投资，也构成了国家股。国家股由国务院授权的部门或机构持有，或根据国务院决定，由地方人民政府授权的部门或机构持有。

国家股从资金来源上看，主要包括 3 个方面：① 现有国有企业改组为股份公司时所拥有的净资产；② 现阶段有权代表国家投资的政府部门向新组建的股份公司的投资；③ 经授权代表国家投资的投资公司、资产经营公司、经济实体性总公司等机构向新组建股份公司的投资，如以国有资产折价入股的，须按国务院及国有资产管理部门的有关规定办理资产评估、确认、验证等手续。

关于国家股的形式，在由国家控股的企业中，国家股是普通股，这样，有利于国家有权控制和管理该企业；不需要国家控制的中小企业，国家股可以是优先股，从而有利于国家收益权的强化和直接经营管理权的弱化。

国家股是国有股权的一个组成部分（国有股权的另一组成部分是国有法人股）。国有资产管理部门是国有股权行政管理的专职机构。国有股权可由国家授权投资的机构持有。在国家授权投资的机构未明确前，则由国有资产管理部门持有或国有资产管理部门代政府委托其他机构或部门持有。如国有股权为委托持有的，国有资产管理部门一般要与被委托单位办理委托手续，订立委托协议。如国家授权投资的机构持有国有股权的，国有资产管理部门代授权方拟订有关协议。国有股股利收入由国有资产管理部门监督收缴，依法纳入国有资产经营预算并根据国家有关规定安排使用。国家股权可以转让，但转让应符合国家的有关规定。国有资产管理部门应考核、监督国有股持股单位权利的正确行使和义务的履行，维护国家股的权益。

（二）法人股

法人股是指企业法人或具有法人资格的事业单位和社会团体以其依法可支配的资产投入公司形成的股份。法人股是法人相互持股所形成的一种所有权关系，是法人经营自身财产的一种投资行为。法人股股票应记载法人名称，不得以代表人姓名记名。法人不得将其所持有的法人股份、认股权证和优先认股权转让给本法人单位的职工。

如果是具有法人资格的国有企业、事业及其他单位以其依法占用的法人资产向独立于自己的股份公司出资形成或依法定程序取得的股份，可称为国有法人股。国有法人股属于国有股权。

作为发起人的企业法人或具有法人资格的事业单位和社会团体，在认购股份时，可以用货币出资，也可以用其他形式的资产，如实物、工业产权、非专利技术、土地使用权等作价出资。但对其他形式资产必须进行评估作价，核实资产，不得高估或者低估作价。

（三）社会公众股

社会公众股是指社会公众依法以其拥有的财产投入公司时形成的可上市流通的股份。在社会募集方式下，股份公司发行的股份，除了由发起人认购一部分外，其余部分应该向社会公众公开发行。我国《公司法》规定，社会募集公司向社会公众发行的股份，不得少于公司股份总数的25%。公司股本总额超过人民币4亿元的，向社会公开发行股份的比例应在15%以上。

（四）外资股

外资股是指外国和我国香港、澳门、台湾地区投资者以购买人民币特种股票形式向股份公司投资形成的股份。这是我国股份公司吸收外资的一种形式。外资股按上市地域可以分为境内上市外资股和境外上市外资股。境内上市外资股也称B股；而境外上市外资股包括H股、N股等。

境内上市外资股原来是指股份有限公司向境外投资者募集并在我国境内上市的股份，投资者限于外国的自然人、法人和其他组织；我国香港、澳门、台湾地区的自然人、法人和其他组织；定居于国外的中国公民等。这类股票称为B股，B股采取记名股票形式，以人民币标明股票面值，以外币认购、买卖，在境内证券交易所上市交易。上海证券交易所的B股以美元认购和买卖，深圳证券交易所的B股以港币认购和买卖。但从2001年2月对境内居民个人开放B股市场以后，境内投资者逐渐成为B股市场的重要投资主体，B股的“外资股”性质也发生了变化。境内居民个人可以用现汇存款和外币现钞存款以及从境外汇入的外汇资金从事B股交易，但不允许使用外币现钞。境内居民个人与非居民之间不得进行B股协议转让。境内居民个人所购B股不得向境外转托管。经有关部门批准，境内上市外资股或者其派生形式，如认股权凭证和境外存股凭证，可以在境外流通转让。公司向境内上市外资股股东支付股利及其他款项，以人民币计价和宣布，以外币支付。

目前，我国B股市场处境十分尴尬。随着我国资本市场的进一步对外开放和完善，B股市场逐渐暴露出诸多问题：资金筹集功能丧失；资源配置功能丧失；投资价值衰减（B股市场设立以来，没有与A股市场同步发展，而是逐渐边缘化，总市值没有稳定持续增长，与上市股票数量不成正比）等。长期以来A、B股市场处于分割状态，同股不同价成为市场的一种常态。合并A股、B股是各界呼声最高的改革措施，这也是实现我国证券市场一体化、国际化的必然要求。但是A、B股市场如何实现合并，是一个需要认真分析的重大问题。

二、按市场分类

（一）国内市场

我国国内（大陆）股票市场主要发行的股票是A股。A股的正式名称是人民币普通股票。它是由我国境内的公司发行，用人民币标明股票面值，投资者用人民币购买的股票，供境内机构、组织或个人（不含台、港、澳投资者）以人民币认购和交易的普通股票。国外机构投资者可以通过QFII的方式投资A股市场。2013年4月1日开始，境内港、澳、台居民可以开立A股证券账户投资A股。1990年我国A股股票一共只有10只，至2018年6月12日，A股股票增加到3 528家，其中上海证券交易所1 424家，深圳证券交易所2 104家。A股总市值547 455亿元人民币，世界股票市场市值排名第二。

A股市场是我国上市公司筹集资金、发行股票的主要市场。根据上市公司的上市标准和要求或财务状况等又可以将A股市场划分为几个板块，即中小企业板块、创业板板块、三板板块和主板（去除前面三个板块，深圳和上海交易所剩下的股票为主板市场，是一个国家股票上市的主要市场）。

1. 中小企业板块

2004年5月17日，经国务院批准，中国证监会正式发出批复，同意深圳证券交易所在主板市场内设立中小企业板块。这是深圳证券交易所为了鼓励自主创新，而专门设置的中小型公司聚集板块。板块内公司普遍具有收入增长快、盈利能力强、科技含量高的特点，而且股票流动性好，交易活跃。截至2018年7月3日，板块内共有912只股票。

2. 创业板板块（二板）

创业板GEM (Growth Enterprises Market Board)是地位次于主板市场的二板证券市场，以美国NASDAQ市场为代表，在中国特指深圳创业板。在上市门槛、监管制度、信息披露、交易者条件、投资风险等方面创业板和主板市场有较大区别。其目的主要是扶持中小企业，尤其是高成长性企业，为风险投资和创投企业建立正常的退出机制，为自主创新国家战略提供融资平台，为多层次的资本市场体系建设添砖加瓦。我国创业板公司发行人申请首次公开发行股票应当符合下列条件：① 发行人是依法设立且持续经营三年以上的股份有限公司。有限责任公司按原账面净资产值折股整体变更为股份有限公司的，持续经营时间可以从有限责任公司成立之日起计算。② 最近两年连续盈利，最近两年净利润累计不少于一千万元，且持续增长；或者最近一年盈利，且净利润不少于五百万元，最近一年营业收入不少于五千万元，最近两年营业收入增长率均不低于百分之三十。净利润以扣除非经常性损益前后孰低者为计算依据。③ 最近一期末净资产不少于两千万元，且不存在未弥补亏损。④ 发行后股本总额不少于三千万元。2009年10月30日深圳证券交易所正式设立创业板板块。截至 2018 年 7 月 3 日，板块内共有 729 只股票。

3. 三板板块（代办股份转让系统）

“老三板”市场于 2002 年 8 月成立，证券业协会监管，为原 STAQ 和 NET 系统挂牌公司、主板退市公司、非上市公司（2006 年 1 月）提供股份转让服务。涨跌幅限制 5%。股东权益为正值或净利润为正值的，股份每周转让 5 次；二者均为负值的，股份每周转让 3 次，未与主办券商签订委托代办股份转让协议，或不履行基本信息披露义务的，股份每周转让 1 次。委托申报时间为上午 9:30 至 11:30，下午 1:00 至 3:00。下午 3:00 以集合竞价的方式配对撮合成交。“新三板”市场特指中关村科技园区非上市股份有限公司进入代办股份系统进行转让试点，因为挂牌企业均为高科技企业而不同于原转让系统内的退市企业及原 STAQ、NET 系统挂牌公司，故形象地称为“新三板”。截至 2013 年 4 月 2 日，我国已经有中关村（北京）、东湖高新（武汉）、苏州高新、张江高科（上海）和滨海新区（天津）等五个市场试点。

（二）香港市场

在香港上市的与内地有关的公司有两种类型，即 H 股和红筹股。H 股即注册地在内地、上市地在香港，以港元计价交易的境内企业的股票。香港的英文是 Hong Kong，取其字首，在港上市外资股就叫作 H 股。H 股公司由中资控股，在内地注册，公司业务一般都在内地，一般以大型国企为主。如：中国石油、青岛啤酒、建设银行、交通银行、中国石化、中国人保等发行了 H 股。

红筹股这一概念诞生于 20 世纪 90 年代初期的香港证券市场。中华人民共和国在国际上有时被称为红色中国，相应地，中国香港和国际投资者把在境外注册、在中国香港上市，但主要业务在中国内地或大部分股东权益来自中国内地公司的股票称为红筹股。早期的红筹股，主要是一些中资公司收购香港的小型上市公司重组后形成的；此后出现的红筹股，主要是内地一些省市或中央部委将其在香港的窗口公司改组并在香港上市后形成的。现在，红筹股已经成为内地企业进入国际市场筹资的一条重要渠道。21 世纪以来，在美国、新加坡以红筹模式上市的公司也越来越多，红筹股的概念便延伸为在海外注册、在海外上市，带有中国大陆概念的股票。截至 2018 年 7 月 3 日，在香港上市的 H 股有 230 只，红筹股有 158 只，A+H 股有 101 只。中资企业已经成为香港股票市场的“第一生力军”。

（三）其他市场

中国公司进入美国的资本市场可以分为直接上市和间接上市两种。直接上市是指普通股的首次公开发行（Initial Public Offerings，IPOs）。美国证券法对境外公司在美国的普通股首次公开发行的监管与本土公司别无二致。毫无例外，该公司必须进行注册。根据公司的规模以及以前在美国的披露情况，美国证监会还制定了不同的表格，以供外国公司注册使用。此外，境外公司的股票一旦公开交易，该公司还必须按照美国证券交易法的规定定期向 SEC 报告。截至 2018 年 7 月 3 日，在纽约证券交易所上市的中国企业有 67 家，在纳斯达克交易所上市的中国企业有 103 家，在美国证券交易所上市的中国企业有 17 家。我国网络科技股在美国上市的较多，如：新浪、搜狐、优酷、当当网、巨人网络等。间接上市主要指以美国存托股证挂牌（American Depositary Receipts，ADRs）方式在纽约证券交易所上市，如青岛啤酒、上海石化、马鞍山钢铁等。

自中远投资于 1993 年率先在新加坡上市以来，中国内地企业在新加坡交易所上市的数量已达 50 多家，这些来自中国内地的上市公司所处的行业包括了制造业、交通、基建、通信、商业贸易、服务业和房地产等。有采用直接上市的,如:中新药业;也有采用红筹股方式上市的,如:中远投资。中国在新加坡上市的公司有时被称为"龙筹股"。

由于纽约的第一个英文字母是N,新加坡的第一个英文字母是S,伦敦的第一个英文字母是L,我们通常把中国企业在纽约、新加坡、伦敦上市的股票分别称为N股、S股、L股。

案 例

纽交所退市规则和退市程序

美国《1934年证券交易法》为退市提供了法律依据,它规定美国证券交易委员会(SEC)有权在必要和适当的时候,下令否决或取消证券的登记注册。同时,美国各交易所有很大的自主权来做出是否退市的决定,但退市标准有所不同。纽交所(NYSE)和纳斯达克(NASDAQ)是美国最重要的两个股票交易所,其退市规则最具代表性。下面主要简述纽交所的退市规则。

一、退市规则

已经在纽交所上市的企业,当表2-2所示任何情况之一发生的时候,纽交所将考虑启动停牌或退市程序。

表2-2　　纽交所退市规则

条款02.01:股东结构原则(下列任何条件不满足就将触发退市程序)	条款802.01B(1):以利润标准获得上市资格的企业,下列情况(同时出现)将触发退市程序	条款802.01B(2):以市值/收入和现金流标准获得上市资格的企业,下列情况之一将触发退市程序	条款802.01B(3):以纯粹市值/收入标准获得上市资格的企业,下列情况之一将触发退市程序	条款802.01B(4):以关联公司标准获得上市资格的企业(适用于母公司或关联公司在NYSE上市的公司),下列情况同时出现将触发退市程序
总股东数小于400	连续30天总市值低于5 000万美元	连续30天总市值低于2 500万美元;同时总收入在过去12个月中小于2 000万美元	连续30天总市值低于3.75亿美元;同时,总收入在过去12个月中低于1 500万美元	上市公司的母公司或关联公司不再控股该公司,或者母公司或关联公司不再符合上市条件
总股东数小于1 200,并且过去12个月中月均成交量小于10万股	股东权益低于5 000万美元	平均总市值在过去30天中低于7 500万美元	平均总市值在过去30天中低于1亿美元	平均总市值在过去30天中低于7 500万美元,同时,股东权益低于7 500万美元
公众持股数小于60万股				

资料来源:纽交所官方网站,权益类证券上市规则。

二、退市程序

纽交所上市规则条款804.00规定,如果纽交所工作人员(exchange staff)认为一只股票达不到继续挂牌标准,他们将通知上市公司,说明采取退市决定的理由。同时,纽交所将向市场公告信息,告知该公司当前的状态。上述通知也将同时告知上市公司有权利请求纽交所董事会的一个委员会(a committee of the board of directors of the exchange)为该公司审查上述决定,条件是审查请求必须以书面形式在接到退市通知书后的十天内送达纽交所秘书长(secretary of the exchange)。这个书面审查请求必须阐明上市公司抗辩退市决定的原因,必须明确表明该公司是否愿意在委员会面前做一个口头陈述,并且必须在审查请求送达时或之前向纽交所支付2万美元申诉费。

如果上市公司在上述时间内没有递交审查请求书,纽交所将暂停该股票的交易,并且将向美国证券交易委员会递交文件(FORM 25)以将该股票退市,同时该文件副本也将被送达上市公司。在向美国证券交易委员会递交文件前,纽交所将发布退市决定的新闻公告,并且将该公告发布在纽交所官网上。

如果上市公司递交了审查请求,第一个审查日将至少在收到审查申请之日的25个工作日之后。前述纽交所董事会的审查委员会的决定将基于上市公司的书面审查请求和现场的口头辩词做出。经过考虑,该审查委员会可以:① 自行决定该事项(这意味着该委员会可以否决纽交所工作人员的退市决定);② 退回给纽交所工作人员做进一步调查。在第二种情况下,审查委员会将要求纽交所工作人员:① 对该事项给予迅速的审查;② 在规定的截止日期之前完成审查并通知委员会审查结果。

在收到上市公司审查请求后,纽交所总参事办公室(exchange's office of the general counsel)将安排整个日程,并通知上市公司和纽交所做出退市决定的相关工作人员。日程安排应使各方都有充分时间做好准备。

在审查期间,股票一般处在停牌状态。审查委员会可以决定整个事件的进度。如果审查委员会决定该股票应该被退市,纽交所将做出如下决策:① 立即暂停该股票的交易;② 向美国证券交易委员会递交文件(FORM 25)以将该股票退市;③ 同时该文件副本也将被递交给上市公司。在向美国证券交易委员会递交文件前,纽交所将发布退市决定的新闻公告,并且将该公告发布在纽交所官网上。

三、企业退市状况

据统计,纳斯达克每年有大约8%的公司退市,其中大约一半是强制退市。纽交所的退市率大约为6%,其中约1/3是强制退市。由于退市企业和IPO企业数量相当,近几年纽交所上市企业数量稳定在2 000家上下。

在美国,公司从交易所退市以后,即和交易所解除了上市合约关系,交易所对这些企业不承担任何形式的义务,企业要自寻出路。从纽交所和纳斯达克退市的企业主要有以下几种出路,一种是找做市商为其撮合交易,从而进入柜台市场;另一种是找不到做市商而不能在柜台市场交易的情况下,只能通过成本更高、更加缺乏组织化的个人私下交易;最后一种情况就是企业被私有化,或者破产,不再是公众公司。企业私有化后其股份的转让更加受限制,例如有限责任公司或者合作制企业股份的转让一般要征得其他股东的同意。

相关资料显示,绝大部分退市企业将在退市后首先进入柜台市场。如果在柜台市场依然无法生存(例如由于成交清淡,没有做市商愿意为该股做市),则只能通过私人交易进行股份转让;最后则可能是破产、解散清算或者私有化。

〔摘引自黄明,陈强兵,张冬峰:《美国主要证券交易所退市制度简介》,载于2013年3月18日新华网〕

本章概念

1. 股份有限公司、有限责任公司。

2. 董事会、监事会、股东大会。

3. 股票、普通股、优先股、记名股票、不记名股票、有面额股票、无面额股票、流通股票、非流通股票、股权分置。

4. 蓝筹股、投机性股、收入股、成长股、周期股、防守性股、ST 股、* ST 股。

5. 国家股、法人股、社会公众股、外资股、红筹股、龙筹股。

6. A 股、B 股、N 股、H 股、S 股、L 股。

7. 主板、创业板、三板。

问题思考

1. 什么是股票？它有哪些特征？从不同的角度区分，股票可分为哪些种类？

2. 什么是蓝筹股和红筹股？

3. 普通股与优先股股票各有什么特点？它们有何异同？

4. 达到什么条件就会变成 ST 股和 * ST 股？

5. 主板、创业板和三板市场各自的功能是什么？

6. 简述 A 股、B 股、N 股、H 股、S 股和 L 股的区别。

第三章 债 券

学习目标

1. 理解债券的概念和特征；
2. 掌握债券的分类；
3. 掌握中国国债的交易方式；
4. 了解国际债券的基本类型。

第一节 债券的概念和特征

一、债券的定义

债券是国家或地区政府、金融机构、企业等机构直接向社会借债筹措资金时，向投资者发行，并且承诺按特定利率支付利息并按约定条件偿还本金的债权债务凭证。债券包含了以下四层含义：① 债券的发行人(政府、金融机构、企业等机构)是资金的借入者；② 购买债券的投资者是资金的借出者；③ 发行人(借入者)需要在一定时期还本付息；④ 债券是债的证明书，具有法律效力。债券购买者与发行者之间是一种债权债务关系，债券发行人即债务人，投资者(或债券持有人)即债权人。

二、债券的票面基本要素

债券作为证明债权债务关系的凭证，一般用具有一定格式的票面形式来表现。通常，债券的票面基本要素有：① 票面价值，包括币种和票面金额；② 还本期限，指债券从发行之日起至偿清本息之日止的时间；③ 债券利率，债券利息与债券票面价值的比率，通常年利率用百分比表示；④ 发行人名称，指明债券的债务主体，为债权人到期追回本金和利息提供依据。上述四个要素是债券票面的基本要素，但在发行时并不一定全部在票面印制出来，例如，在很多情况下，债券发行者是以公告或条例形式向社会公布债券的期限和利率的。此外，一些债券还包含有其他要素，如还本付息方式。

三、债券的特征

债券作为一种债权债务凭证，与其他有价证券一样，也是一种虚拟资本，而非真实资本，它是经济运行中实际运用的真实资本的证书。债券作为一种重要的融资手段和金融工具具有如下特征：① 偿还性，债券一般都规定有偿还期限，发行人必须按约定条件偿还本金并支付利息；② 流通性，债券一般都可以在流通市场上自由转让；③ 安全性，与股票相比，债券通常规定有固定的利率，与企业绩效没有直接联系，收益比较稳定，风险较小，此外，在企业破产时，债券持有者享有优先于股票持有者对企业剩余资产的索取权；④ 收益性，债券的收益性主要表现在两个方面，一是投资债券可以给投资者定期或不定期地带来利息收入，二是投资者可以利用债券价格的变动，买卖债券赚取差额。

第二节　债券的分类

一、按发行主体划分

按发行主体划分，债券可以分为政府债券、金融债券和公司（企业）债券。

（一）政府债券

政府债券是政府为筹集资金而发行的债券。主要包括国债、地方政府债券等，其中最主要的是国债。国债因其信誉好、利率优、风险小而又被称为“金边债券”。除了政府部门直接发行的债券外，有些国家把政府担保的债券也划归为政府债券体系，称为政府保证债券。这种债券由一些与政府有直接关系的公司或金融机构发行，并由政府提供担保。

（二）金融债券

金融债券是由银行和非银行金融机构发行的债券。在我国，目前金融债券主要由国家开发银行、进出口银行等政策性银行发行。金融机构一般有雄厚的资金实力，信用度较高，因此，金融债券往往有良好的信誉。

（三）公司（企业）债券

公司（企业）债券是企业依照法定程序发行，约定在一定期限内还本付息的债券。公司债券的发行主体可以是股份公司，但也可以是非股份公司的企业。

二、按是否有财产担保划分

按是否有财产担保，债券可以分为抵押债券和信用债券。

（一）抵押债券

抵押债券是以企业财产作为担保的债券，按抵押品的不同又可以分为一般抵押债券、不动产抵押债券、动产抵押债券和证券信托抵押债券。以不动产如房屋等作为担保品，称为不动产抵押债券；以动产如适销商品等作为提供品的，称为动产抵押债券；以有价证券如股票及其他债券作为担保品的，称为证券信托债券。一旦债券发行人违约，信托人就可将担保品变卖处置，以保证债权人的优先求偿权。

（二）信用债券

信用债券是不以任何公司财产作为担保，完全凭信用发行的债券。政府债券属于此类债券。这种债券由于其发行人的绝对信用而具有坚实的可靠性。除此之外，一些公司也可发行这种债券，即信用公司债。与抵押债券相比，信用债券的持有人承担的风险较大，因而往往要求较高的利率。为了保护投资人的利益，发行这种债券的公司往往受到种种限制，只有那些信誉卓著的大公司才有资格发行。除此以外在债券契约中都要加入保护性条款，如不能将资产抵押其他债权人、不能兼并其他企业、未经债权人同意不能出售资产、不能发行其他长期债券等。

三、按形态划分

债券按其形态可分为实物债券、凭证式债券、记账式债券。

（一）实物债券

实物债券（无记名债券）是一种具有标准格式实物券面的债券。它与无实物票券相对应，简单地说就是发给你的债券是纸质的而非电脑里的数字。在其券面上，一般印制了债券面额、债券利率、债券期限、债券发行人全称、还本付息方式等各种债券票面要素。其不记名，不挂失，可上市流通。实物债券是一般意义上的债券，很多国家通过法律或者法规对实物债券的格式予以明确规定。实物债券由于发行成本较高，将会被逐步取消。

（二）凭证式债券

凭证式债券是指国家采取不印刷实物券，而用填制“国库券收款凭证”的方式发行的国债。我国从 1994 年开始发行凭证式国债。凭证式国债具有类似储蓄、又优于储蓄的特点，通常被称为“储蓄式国债”，是以储蓄为目的的个人投资者理想的投资方式。从购买之日起计息，可记名、可挂失，但不能上市流通。与储蓄类似，但利息比储蓄高。

（三）记账式债券

记账式债券是指没有实物形态的票券，以电脑记账方式记录债权，通过证券交易所的交易系统发行和交易。我国近年来通过沪、深交易所的交易系统发行和交易的记账式国债就是这方面的实例。如果投资者进行记账式债券的买卖，就必须在证券交易所设立账户。所以，记账式国债又称无纸化国债。记账式国债购买后可以随时在证券市场上转让，流动性较强，就像买卖股票一样，当然，中途转让除可获得应得的利息外（市场定价已经考虑到），还可以获得一定的价差收益（不排除损失的可能），这种国债有付息债券与零息债券两种。付息债券按票面发行，每年付息一次或多次；零息债券折价发行，到期按票面金额兑付，中间不再计息。由于记账式国债发行和交易均无纸化，所以交易效率高，成本低，是未来债券发展的趋势。

记账式国债与凭证式国债的区别有：① 在发行方式上，记账式国债通过电脑记账、无纸化发行，而凭证式国债是通过纸质记账凭证发行；② 在流通转让方面，记账式国债可自由买卖，流通转让也较方便、快捷，而凭证式国债只能提前兑取，不可流通转让，提前兑取还要支付手续费；③ 在还本付息方面，记账式国债每年付息，可当日通过电脑系统自动到账，而凭证式国债是到期后一次性支付利息，客户需到银行办理；④ 在收益性上，记账式国债要略好于凭证式国债，通常记账式国债的票面利率要略高于相同期限的凭证式国债。

四、按是否可以转换为公司股票划分

按债券是否能转换为公司股票，债券可以分为可转换债券和不可转换债券。

（一）可转换债券

可转换债券是指在特定时期内可以按某一固定的比例转换成普通股的债券，它具有债务与权益双重属性，属于一种混合性筹资方式。由于可转换债券赋予债券持有人将来成为公司股东的权利，因此其利率通常低于不可转换债券。若将来转换成功，在转换前发行企业达到了低成本筹资的目的，转换后又可节省股票的发行成本。根据《公司法》的规定，发行可转换债券应由国务院证券管理部门批准，发行公司应同时具备发行公司债券和发行股票的条件。可转换债券的更具体的内容在第十六章中重点介绍。

（二）不可转换债券

不可转换债券是指不能转换为普通股的债券，又称为普通债券。由于其没有赋予债券持有人将来成为公司股东的权利，所以其利率一般高于可转换债券。

五、按付息的方式划分

债券按付息的方式划分为零息债券、定息债券、浮息债券。

（一）零息债券

零息债券，也叫贴现债券，是指债券券面上不附息票，在票面上不规定利率，发行时按规定的折扣率，以低于债券面值的价格发行，到期按面值支付本息的债券。从利息支付方式来看，零息债券以低于面额的价格发行，可以看作是利息预付，因而又可称为利息预付债券、贴水债券，是期限比较短的折现债券。

（二）定息债券

定息债券（固定利率债券）是将利率印在票面上并按其向债券持有人支付利息的债券。该利率不随市场利率的变化而调整，因而固定利率债券可以较好地抵制通货紧缩风险。

（三）浮动利率债券

浮动利率债券的息票率是随市场利率变动而调整的利率。因为浮动利率债券的利率同当前市场利率挂钩，而当前市场利率又考虑到了通货膨胀率的影响，所以浮动利率债券可以较好地抵制通货膨胀风险。其利率通常根据市场基准利率加上一定的利差来确定。浮动利率债券往往是中长期债券。

六、按是否能够提前偿还划分

按是否能够提前偿还，债券可以分为可赎回债券和不可赎回债券。

（一）可赎回债券

可赎回债券是指在债券到期前，发行人可以以事先约定的赎回价格收回的债券。公司发行可赎回债券主要是考虑到公司未来的投资机会和回避利率风险等问题，以增加公司资本结构调整的灵活性。发行可赎回债券最关键的问题是赎回期限和赎回价格的制定。

（二）不可赎回债券

不可赎回债券是指不能在债券到期前收回的债券。

七、按偿还方式划分

按偿还方式不同，债券可以分为一次到期债券和分期到期债券。

（一）一次到期债券

一次到期债券是发行公司于债券到期日一次偿还全部债券本金的债券。

（二）分期到期债券

分期到期债券是指在债券发行时就规定有不同到期日的债券，即分批偿还本金的债券。分期到期债券可以减轻发行公司集中还本的财务负担。

八、按计息方式划分

债券按计息方式不同可以划分为单利债券、复利债券和累进利率债券。

（一）单利债券

单利债券指在计息时，不论期限长短，仅按本金计息，所生利息不再加入本金计算下期利息的债券。

（二）复利债券

复利债券与单利债券相对应，指计算利息时，按一定期限将所生利息加入本金再计算利息，逐期滚算的债券。

（三）累进利率债券

累进利率债券指年利率以利率逐年累进方法计息的债券。累进利率债券的利率随着时间的推移，后期利率比前期利率更高，呈累进状态。

第三节 中国国债的交易方式

我国债券市场交易的品种以国债为主,企业债券相对规模较小。企业债券主要是由一些特大型国有或国有控股企业发行的债券。企业很希望能够通过发行债券来融资,但有关政府部门一直没有全面开放这个市场。发行企业债券融资将先在上市公司中进行试点,未来我国债券市场将进入一个新的发展阶段。我国整个证券市场的发展也是从国债市场开始的。

国债作为一种以国家信用为担保,通过政府发行有价证券筹集财政资金的方式,在我国经历了曲折的发展历程。我国历史上第一次发行国债是 1898 年的"昭信"。在国民党统治期间,从 1927 年到抗战胜利,共发行国债 135 亿元。新中国成立初期,为了筹集建设资金,相继发行了国家经济建设等国债品种。但由于认识上的一些误区,此后我国的国债发行逐渐停顿,从 1968 年至 1981 年的 13 年间,我国是一个既无内债又无外债的国家。改革开放以来,随着对国债的认识的变革,开始逐渐恢复发行国债,经过 20 多年的发展,如今我国的国债市场已经有了相当的规模,进入了市场建设阶段。

新中国于 20 世纪 50 年代初期发行的人民胜利折实公债、经济建设公债以及改革初期发行的国债都是不能流通转让的,这是因为当时国债完全靠行政摊派发行,并不存在发行困难。但是,随着我国经济市场化程度的不断提高、国债市场规模的不断扩大以及居民投资品种的增加,国债不能进行流通交易,将越来越影响投资者认购国债的积极性。同时,国债的流通交易可以提高国债信誉,促进国债发行,促进债券发行方式市场化,也有利于健全和完善证券市场及对宏观经济实施间接调控。我国于 1988 年开始进行国债流通试点。表 3-1 列出交易所国债情况一览表。下面介绍我国国债的交易方式。

一、国债现货交易

国债现货交易在我国国债流通市场上始终占据着举足轻重的地位。在市场发展的初期,它是最主要的国债交易方式。20 多年来,随着市场改革和多元化的发展,国债的现货交易一直保持着稳步发展的势头。正因为现货交易有如此重要的市场地位,所以现货交易常被作为我国国债市场发展状况的基本标志,现货市场的到期收益率已成为重要的市场利率。

国债现货市场包括交易所市场、银行间市场和银行柜台交易市场。交易所市场开始于 1990 年和 1991 年上海证券交易所和深圳证券交易所先后正式成立时;银行间市场于 1997 年 6 月设立;银行柜台交易市场是在 2006 年 6 月推出的。原先交易所市场的成交金额最大,后来银行间市场超过了交易所市场,交易所市场和银行间市场今后将逐渐走向融合和统一。交易所市场的国债现货交易实行净价交易,即市场买卖的报价不包括应计利息,清算交割时按全价计算,全价=成交价格+应计利息。在实行净价交易的情况下,国债市场价格的波动仅与市场利率的波动有关。交易所市场上市交易的国债,按利率是否固定,分为固定利率国债和浮动利率国债,以固定利率国债为主;按存续内是否支付利息,分为附息国债和零息国债,以附息国债为主。

二、国债回购交易

我国的国债回购业务开始于 1991 年。在当时,国债流通不旺,市场比较低迷。全国证券交易自动报价系统(STAQ)率先开办了国债回购交易业务。随后,武汉国债交易中心、上

表 3-1　交易所国债情况一览表　截至 2018.6.25

代码	简称	全价	年利率（%）	期限（年）	剩余期限	净价	应计天数	应计利息	付息方式	到期收益率（%）
130779	15 贵州 20	101.63	3.23	10	7.50	100.00	184	1.63	年付	3.23%
101917	国债 917	105.63	4.26	20	3.10	101.78	330	3.85	年付	3.64%
101707	国债 1707	97.93	3.13	5	3.80	97.30	74	0.63	年付	3.91%
101705	国债 1705	7 159.51	3.77	30	28.68	7 158.86	126	0.65	半年付	−13.50%
019582	17 国债 27	102.00	3.90	7	6.49	100.00	187	2.00	年付	3.90%
019581	17 国债 26	101.31	4.37	50	49.44	100.00	218	1.31	半年付	4.37%
019580	17 国债 25	100.60	3.82	10	9.36	99.36	236	1.24	半年付	3.90%
019579	17 国债 24	102.32	3.54	1	0.36	100.03	236	2.29	年付	3.35%
019578	17 国债 23	102.40	3.60	3	2.34	100.00	243	2.40	年付	3.59%
019577	17 国债 22	101.44	4.28	30	29.35	100.00	246	1.44	半年付	4.28%
019576	17 国债 21	102.55	3.73	5	4.32	100.00	250	2.55	年付	3.73%
019575	17 国债 20	102.81	3.69	7	6.25	100.00	278	2.81	年付	3.69%
019573	17 国债 19	103.03	3.50	2	1.22	100.30	285	2.73	年付	3.24%
019572	17 国债 18	101.47	3.59	10	9.11	98.25	327	3.22	年付	3.82%
019571	17 国债 17	103.13	3.33	1	0.11	100.15	327	2.98	年付	1.78%
101525	国债 1525	7 160.14	3.74	30	27.34	7158.86	249	1.28	半年付	−14.35%
101522	国债 1522	103.00	2.92	3	0.25	100.80	275	2.20	年付	−0.31%
101507	国债 1507	98.79	3.54	7	3.81	98.10	71	0.69	年付	4.09%
019589	18 国债 07	100.70	3.42	3	2.80	100.00	75	0.70	年付	3.42%
019588	18 国债 06	101.14	4.22	30	29.75	100.00	99	1.14	年付	4.22%
019587	18 国债 05	101.14	3.77	7	6.71	100.00	110	1.14	年付	3.77%
019586	18 国债 04	101.53	3.85	10	9.61	100.00	145	1.53	年付	3.85%
019585	18 国债 03	101.37	3.38	1	0.60	100.03	145	1.34	年付	3.29%
019584	18 国债 02	101.48	3.56	3	2.59	100.00	152	1.48	年付	3.55%
019583	18 国债 01	104.42	3.81	5	4.57	102.76	159	1.66	年付	3.15%
101614	国债 1614	95.78	2.95	7	4.98	95.70	10	0.08	年付	3.92%
101613	国债 1613	92.49	3.70	50	47.94	92.32	34	0.17	半年付	4.07%
101517	国债 1517	7 160.66	3.94	30	27.11	7 158.86	334	1.80	半年付	−14.37%
101516	国债 1516	102.55	3.51	10	7.06	100.89	345	1.66	半年付	3.37%
101510	国债 1510	98.17	3.99	50	46.95	98.00	32	0.17	半年付	4.09%

资料来源：和讯债券网站 http://bond.money.hexun.com/data/。

海证券交易所、深圳证券交易所等先后开办了此项业务。开设国债回购交易这一新的交易方式，其初衷在于整顿金融秩序，禁止金融机构之间的乱拆借，引导短期资金的流通，填补规范同业拆借所产生的资金缺口。由于国债回购交易的灵活性强，既可以为回购方筹集短期资金，又可以使另一方的闲置资金增值，所以发展势头十分迅猛。到 1994 年，全国参与国债回购业务的单位已经超过 3 000 家，单边交易金额突破 3 000 亿元。从 1995 年开始，国债回购的短期融资功能日益凸显，回购交易的成交额开始超过现货交易，回购交易成为我国国债市场上主要的交易方式。除了交易所市场，银行间市场也开展国债回购交易。

在国债回购交易中，融入资金方先卖出国债，然后按规定的期限买回原先卖出的国债，除了归还本金外，还需按回购交易成交时的利率支付相应的利息。在回购交易中，融入资金的操作称为正回购，融出资金的操作则称为逆回购。在回购交易中，国债实际上起到了质押物的作用，在回购期限内融出资金方不可以再将国债卖出，这种回购被称为质押式回购。上海证券交易所于 2005 年 3 月引入了买断式回购交易。在买断式回购交易中，允许融出资金方在回购期限内将国债再次卖出，因此，买断式回购具有做空和融券的功能。国债回购交易设 7 天、14 天、28 天、91 天、182 天五个品种。交易所市场国债回购价格的波动，不仅与中央银行货币政策措施有关，也与股票市场的价格波动和新股发行等有关。个人投资也可以参与国债逆回购投资，国债逆回购风险基本等同于国债，可以说风险极低。上交所的品种起点是 10 万元，逆回购交易时为 10 万元的整数倍。深交所的品种起点为 1 000 元，逆回购交易时为 1 000 元的整数倍。国债逆回购交易是卖出操作，手续费极低，1～4 天的是十万分之一/天，7 天的是每笔十万分之五，14 天的是万分之一，28 天的是万分之二，28 天以上的是万分之三。

三、国债期货交易

我国的国债期货交易，经历了一个由尝试到失败的过程。上海证券交易所最早于 1992 年 12 月就推出了标准化的国债期货合约，刚开始市场交易十分冷清，1993 年全年成交额仅 25.72 亿元。但随后国债期货的成交额迅速放大，到 1994 年剧增至 19 054.18 亿元，占了上海证券交易所所有国债成交金额的 97.3%。当时，火爆的市场表象下已经蕴藏着严重的危机，如交易规则的不健全、交易品种不合理、市场过度投机、联手操纵市场等，直至后来出现了严重的“327”违规事件。1995 年 5 月 17 日下午，证监会发出紧急通知，宣布在全国范围内暂停国债期货交易。2013 年 9 月 6 日，国债期货正式在中国金融期货交易所重新上市交易。本书将在第十五章对国债期货进行介绍。

第四节 国际债券

国际债券(international bonds)是一国政府、金融机构、工商企业或国家组织为筹措和融通资金，在国外金融市场上发行的，以外国货币为面值的债券。国际债券的重要特征，是发行者和投资者属于不同的国家，筹集的资金来源于国外金融市场。国际债券的发行和交易，既可用来平衡发行国的国际收支，也可用来为发行国政府或企业引入资金从事开发和生产。

一、国际债券的特征

国际债券是一种跨国发行的债券，涉及两个或两个以上的国家，同国内债券相比，具有一定的特殊性。

（一）资金来源广

国际债券是在国际证券市场上筹资，发行对象为众多国家的投资者，因此，其资金来源比国内债券要广泛得多，通过发行国际债券，可以使发行人灵活和充分地为其建设项目和其他需要提供资金。

（二）发行规模大

发行国际债券，规模一般都较大，这是因为举借这种债务的目的之一就是要利用国际证券市场资金来源的广泛性和充足性。同时，由于发行人进入国际债券市场必须由国际性的资信评估机构进行债券信用级别评定，只有高信誉的发行人才能顺利地进行筹资，因此，在发行人债信状况得到充分肯定的情况下，巨额借债才有可能实现。

（三）存在汇率风险

发行国内债券，筹集和还本付息的资金都是本国货币，所以不存在汇率风险。发行国际债券，筹集到的资金是外国货币，汇率一旦发生波动，发行人和投资者都有可能蒙受意外损失或获取意外收益，因此，国际债券很重要的一部分风险是汇率风险。

（四）有国家主权保障

在国际债券市场上筹集资金，有时可以得到一个主权国家政府最终付款的承诺保证，若得到这样的承诺保证，各个国际债券市场都愿意向该主权国家开放，这也使得国际债券市场具有较高的安全性。当然，代表国家主权的政府也要对本国发行人在国际债券市场上借债进行检查和控制。

（五）计量货币

国际债券在国际市场上发行，因此其计价货币往往是国际通用货币，一般以美元、英镑、德国马克、日元和瑞士法郎为主，这样，发行人筹集到的资金是一种可以通用的自由外汇资金。

二、国际债券的分类

国际债券从不同的角度可分为不同的类别，现择其中主要类别介绍如下。

（一）外国债券和欧洲债券

外国债券是指借款人在其本国以外的某一个国家发行的、以发行地所在国的货币为面值的债券。外国债券是传统的国际金融市场的业务，已存在几个世纪，它的发行必须经发行地所在国政府的批准，并受该国金融法令的管辖。在美国发行的外国债券（美元）称为扬基债券；在日本发行的外国债券（日元）称为武士债券。

欧洲债券是借款人在债券票面货币发行国以外的国家或在该国的离岸国际金融市场发行的债券。欧洲债券是欧洲货币市场三种主要业务之一，因此它的发行无须任何国家金融法令的管辖。

（二）公募债券和私募债券

公募债券是向社会广大公众发行的债券，可在证券交易所上市公开买卖。公募债券的发行必须经过国际上公认的资信评级机构的评级，借款人须将自己的各项情况公之于众。

私募债券是私下向限定数量的投资人发行的债券。这种债券发行金额较小，期限较短，不能上市公开买卖，且债券息票率偏高；但发行价格偏低，以保障投资者的利益。私募债券机动灵活，一般无须资信评级机构评级，也不要求发行人将自己的情况公之于众，发行手续较简便。

（三）一般债券、可兑股债券和附认股权债券

一般债券是按债券的一般还本付息方式所发行的债券，包括通常所指的政府债券、金融债券和企业债券等，它是相对于可兑股债券、附认股权债券等债券新品种而言的，后两种债

券合称“与股权相联系的债券”。

可兑股债券是指可以转换为企业股票的债券。这种债券在发行时，就给投资人一种权利，即投资人经过一定时期后，有权按债券票面额将企业债券转换成该企业的股票，成为企业股东，享受股票分红待遇。发行这种债券大多是大企业，近年来在国际债券市场上可兑股企业债券发展得很快。

附认股权债券是指能获得购买借款企业股票权利的企业债券。投资人一旦购买了这种债券，在该企业增资时，即有购买其股票的优先权，还可获得按股票最初发行价格购买的优惠。发行这种债券的也多为大企业。

（四）固定利率债券、浮动利率债券和无息债券

固定利率债券是在债券发行时就将债券的息票率固定下来的债券。

浮动利率债券是指债券息票率根据国际市场利率变化而变动的债券。这种债券的利率基准和浮动期限一般也参照伦敦同业拆放利率。浮动利率债券是20世纪80年代以来国际债券市场上发展起来的一个新的金融工具。发行这种债券有一定的利率风险，但倘若国际利率走势明显下浮，或借款人今后的资金运用也采取同样期限的浮动利率，利率风险则可以抵免。

无息债券是指没有息票的债券。这种债券发行时是按低于票面额的价格出售，到期按票面额收回，发行价格与票面额的差价，就是投资人所得的利益。发行这种债券对借款人来说，可以节省息票印刷费用，从而降低筹资成本；对投资人来说，可以获得比有息票债券更多的利益。

（五）双重货币债券和欧洲货币单位债券

双重货币债券是指涉及两种货币的债券。这种债券在发行、付息时采用一种货币，但还本时付另一种货币，两种货币间的汇率在发行债券时就确定了。发行这种债券的最大优点是可以防止和避免外汇货币与借款货币不一致所带来的汇率风险。

欧洲货币单位债券是以欧洲货币单位为面值的债券，价值较稳定，近年来这种债券在欧洲债券市场上的比重逐年增大。

三、常见国际债券简介

（一）扬基债券

扬基债券是在美国债券市场上发行的外国债券，即美国以外的政府、金融机构、工商企业和国际组织在美国国内市场发行的、以美元为计值货币的债券。“扬基”一词英文为“Yankee”，意为“美国佬”，由于在美国发行和交易的外国债券都是同“美国佬”打交道，故名扬基债券。扬基债券具有如下几个特点：① 期限长、数额大、流动性强。扬基债券的期限通常为5～7年，一些信誉好的大机构发行的扬基债券期限甚至可达20～25年。近年来，扬基债券发行额平均每次都在7 500万到1.5亿美元之间，有些大额发行甚至高达几亿美元。扬基债券的发行地遍及美国各地，能够吸引美国各地的资金，加上欧洲货币市场是扬基债券的转手市场，其交易遍及世界各地。② 发行者以外国政府和国际组织为主，投资者以人寿保险公司、储蓄银行等机构投资者为主。③ 无担保发行数量比有担保发行数量多，但非常重视信用评级，因为评级结果与债券销售有密切的关系。扬基债券存在的时间已经很长，但在20世纪80年代以前，扬基债券的发行受到美国政府十分严格的控制，申请手续远比一般债券烦琐，发行规模不大。80年代中期以来，美国国会顺应金

融市场改革的潮流，通过了证券交易法修正案，简化了扬基债券的发行手续。之后，扬基债券市场有了较快的发展。

（二）武士债券

武士债券是在日本债券市场上发行的外国债券，即日本以外的政府、金融机构、工商企业和国际组织在日本国内市场发行的以日元为计值货币的债券。“武士”是日本古时的一种很受尊敬的职业，后来人们习惯将一些带有日本特性的事物同“武士”一词连用，“武士债券”也因此得名。武士债券均为无担保发行，典型期限为3～10年，一般在东京证券交易所交易。第一笔武士债券是亚洲开发银行在1970年12月发行的，早期武士债券的发行者主要是国际机构。1973～1975年由于受到世界石油价格暴涨的影响，日本国际收支恶化，武士债券的发行相应中断。20世纪80年代以后，日本贸易出现巨额顺差，国内资金充裕，日本放宽了对外国债券发行的限制，武士债券发行量大幅度增加。我国金融机构进入国际债券市场发行外国债券就是从发行武士债券开始的。1982年1月，中国国际信托投资公司首次在日本东京发行了100亿日元的武士债券。

（三）熊猫债券

熊猫债券是外国机构或者国际组织在我国境内以人民币发行的外国债券。2005年2月18日，中国人民银行、财政部、发改委、证监会联合发布了《国际开发机构人民币债券发行管理暂行办法》。2005年9月，国际金融公司（IPC）和亚洲开发银行（ADB）分别获准在我国银行间债券市场发行人民币债券11.3亿元和10亿元。这是中国债券市场首次引入外资机构发行主体，是中国债券市场对外开放的重要举措。

案　例

国债的投资策略

国债投资是一门很深奥的学问，完全掌握它尚需依赖于投资者知识面的拓展和经验的积累。但是，这并不意味着国债投资没有任何策略和技巧。事实上，经过长期的探索，人们还是掌握了一些有关国债投资的基本原理，并用它们来制定国债投资的策略。

从总体上看，国债投资策略可以分为消极型投资策略和积极型投资策略两种，每位投资者可以根据自己资金来源和用途来选择适合自己的投资策略。具体地，在决定投资策略时，投资者应该考虑自身整体资产与负债的状况以及未来现金流的状况，期望达到收益性、安全性与流动性的最佳结合。一般而言，投资者应在投资前认清自己，明白自己是积极型投资者还是消极型投资者。积极型投资者一般愿意花费时间和精力管理他们的投资，通常他们的投资收益率较高；而消极型投资者一般只愿花费很少的时间和精力管理他们的投资，通常他们的投资收益率也相应地较低。有一点必须明确，决定投资者类型的关键并不是投资金额的大小，而是他们愿意花费多少时间和精力来管理自己的投资。对大多数投资者来说，一般都是消极型投资者，因为他们都缺少时间和缺乏必要的投资知识。在这里，我们并不想介绍很深的理论，只是向读者提示几种比较实用的操作方法。

一、消极型投资策略

消极型投资策略是一种不依赖于市场变化而保持固定收益的投资方法，其目的在于获得稳定的债券利息收入和到期安全收回本金。因此，消极型投资策略也常常被称作保守型投资策略。在这里我们介绍最简单的消极型国债投资策略——购买持有法,并介绍几种建立在此基础上的国债投资技巧。

1. 购买持有——最简单的国债投资方法

购买持有是最简单的国债投资策略,其步骤是:在对债券市场上所有的债券进行分析之后,根据自己的爱好和需要,买进能够满足自己要求的债券,并一直持有到到期兑付之日。在持有期间,并不进行任何买卖活动。

这种投资策略虽然十分粗略,但却有其自身的好处:

(1) 这种投资策略所带来的收益是固定的,在投资决策的时候就完全知道,不受市场行情变化的影响。它可以完全规避价格风险,保证获得一定的收益率。

(2) 如果持有的债券收益率较高,同时市场利率没有很大的变动或者逐渐降低,则这种投资策略也可以取得相当满意的投资效果。

(3) 这种投资策略的交易成本很低。由于中间没有任何买进卖出行为,因而手续费很低,从而也有利于提高收益率。因此,这种购买持有的投资策略比较适用于市场规模较小、流动性比较差的国债,并且更适用于不熟悉市场或者不善于使用各种投资技巧的投资者。

具体在实行这种投资策略时,投资者应注意以下两个方面:首先,根据投资者资金的使用状况来选择适当期限的债券。一般情况下,期限越长的债券,其收益率也往往越高。但是期限越长,对投资资金锁定的要求也就越高,因此最好是根据投资者的可投资资金的年限来选择债券,使国债的到期日与投资者需要资金的日期相近。其次,投资者投资债券的金额也必须由可投资资金的数量来决定。一般在购买持有策略下,投资者不应该利用借入资金来购买债券,也不应该保留剩余资金,而是最好将所有准备投资的资金投资于债券,这样就能保证获得最大数额的固定收益。

但是,购买持有这种投资策略也有其不足之处。首先,从本质上看,这是一种比较消极的投资策略。在投资者购进债券后,他可以毫不关心市场行情的变化,可以漠视市场上出现的投资机会,因而往往会丧失提高收益率的机会。其次,虽然投资者可以获得固定的收益率,但是,这种被锁定的收益率只是名义上的,如果发生通货膨胀,那么投资者的实际投资收益率就会发生变化,从而使这种投资策略的价值大大下降。特别是在通货膨胀比较严重的时候,这种投资策略可能会带来比较大的损失。最后,也是最常见的情况是,由于市场利率的上升,使得购买持有这种投资策略的收益率相对较低。由于不能及时卖出低收益率的债券,转而购买高收益率的债券,因此,在市场利率上升时,这种策略会带来损失。但是无论如何,投资者也能得到原先约定的收益率。

除了购买持有以外,还有以下几种常用的消极型国债投资技巧。

2. 梯形投资法

所谓梯形投资法,又称等期投资法,就是每隔一段时间,在国债发行市场认购一批相同期限的债券,每一段时间都如此,接连不断,这样,投资者在以后的每段时间都可以稳定地获得一笔本息收入。

※例 Peter 的投资策略。

Peter 在 1992 年 6 月购买了 1992 年发行的 3 年期的债券,在 1993 年 3 月购买了 1993 年发行的 3 年期的债券,在 1994 年 4 月购买了 1994 年发行的 3 年期的债券。

这样,在 1995 年 7 月,Peter 就可以收到 1992 年发行的 3 年期债券的本息和,此时,该

Peter又可以购买1995年发行的3年期国债，这样，他所持有的三种债券的到期期限又分别为1年、2年和3年。如此滚动下去，Peter就可以每年得到投资本息和，从而既能够进行再投资，又可以满足流动性需要。只要Peter不停地用每年到期的债券的本息和购买新发行的3年期债券，则其债券组合的结构就与原来的相一致。

梯形投资法的优点在于，采用此种投资方法的投资者能够在每年中得到本金和利息，因而不至于产生很大的流动性问题，不至于急着卖出尚未到期的债券，从而不能保证收到约定的收益。同时，在市场利率发生变化时，梯形投资法下的投资组合的市场价值不会发生很大的变化，因此国债组合的投资收益率也不会发生很大的变化。此外，这种投资方法每年只进行一次交易，因而交易成本比较低。

3. 三角投资法

所谓三角投资法，就是利用国债投资期限不同所获本息和也就不同的原理，使得在连续时段内进行的投资具有相同的到期时间，从而保证在到期时收到预定的本息和。这个本息和可能已被投资者计划用于某种特定的消费。三角投资法和梯形投资法的区别在于，虽然投资者都是在连续时期(年份)内进行投资，但是，这些在不同时期投资的债券的到期期限是相同的，而不是债券的期限相同。

※例 Peter的投资策略。

Peter决定在2000年进行一次“千禧年”国际旅游，因此，他决定投资国债以便能够确保在千年之交得到所需资金。这样，他可以在1994年投资1994年发行的5年期债券，在1996年购买1996年发行的3年期债券，在1997年购买1997年发行的2年期债券。这些债券在到期时都能收到预定的本息和，并且都在1999年到期，从而能保证有足够资金来实现“千禧之梦”。

这种投资方法的特点是，在不同时期进行的国债投资的期限是递减的，因此被称作三角投资法。它的优点是能获得较固定收益，又能保证到期得到预期的资金以用于特定的目的。

二、积极型投资策略——利率预测法

积极型投资策略是指投资者通过主动预测市场利率的变化，采用抛售一种国债并购买另一种国债的方式来获得差价收益的投资方法。这种投资策略着眼于债券市场价格变化所带来的资本损益，其关键在于能够准确预测市场利率的变化方向及幅度，从而能准确预测出债券价格的变化方向和幅度，并充分利用市场价格变化来取得差价收益。因此，这种积极型投资策略一般也被称作利率预测法。这种方法要求投资者具有丰富的国债投资知识及市场操作经验，并且要支付相对比较多的交易成本。投资者追求高收益率的强烈欲望导致了利率预测法受到众多投资者的欢迎，同时，市场利率的频繁变动也为利率预测法提供了实践机会。

利率预测法的具体操作步骤是这样的：投资者通过对利率的研究获得有关未来一段时期内利率变化的预期，然后利用这种预期来调整其持有的债券，期望在利率按其预期变动时能够获得高于市场平均的收益率。因此，正确预测利率变化的方向及幅度是利率预测投资法的前提，而有效地调整所持有的债券就成为利率预测投资法的主要手段。

〔引自和讯债券网站〕

本章概念

1. 政府债券、金融债券、公司债券。
2. 抵押债券、信用债券。
3. 实物债券、凭证式债券、记账式债券。
4. 零息债券、定息债券、浮动利息债券。
5. 单利债券、复利债券、累进利率债券。
6. 正回购、逆回购、买断式回购、质押式回购。
7. 外国债券、欧洲债券。
8. 扬基债券、武士债券、熊猫债券。

问题思考

1. 股票和债券有什么区别?
2. 简述国债的发行目的。
3. 简述我国国债的交易方式。
4. 简述国际债券的种类。
5. 外国债券和欧洲债券有什么区别?

第四章 证券投资基金

学习目标

1. 了解证券投资基金概念与内涵；
2. 掌握证券投资基金的特征；
3. 了解证券投资基金的分类；
4. 掌握封闭式基金与开放式基金的概念和区别；
5. 掌握契约型基金与公司型基金的概念和区别；
6. 了解证券投资基金的创新产品；
7. 了解证券投资基金的选择策略。

第一节 证券投资基金概述

按投资方向分，投资基金分为证券投资基金和产业投资基金，本书只介绍证券投资基金。

证券投资基金起源于1868年的英国，是在18世纪末、19世纪初产业革命的推动后产生的，而后兴盛于美国。第二次世界大战后，投资基金迅速在日本、德国、法国和我国香港兴盛起来，现在已风靡于全世界，在西方国家早已成为一种重要的融资、投资手段，并在当代得到了进一步发展。20世纪60年代以来，一些发展中国家积极仿效，愈来愈运用投资基金这一形式吸收国内外资金，促进本国经济的发展。在我国，随着改革中金融市场的发展，也在80年代末出现了投资基金形式，并从90年代以后得到了较快的发展，这不仅支持了我国经济建设和改革开放事业，而且也为广大投资者提供了一种新型的金融投资选择，活跃了金融市场，丰富了金融市场的内容，促进了金融市场的发展和完善。

一、证券投资基金的概念

证券投资基金(Securities Investment Fund)是一种利益共享、风险共担的集合证券投资方式，即通过发行基金单位，集中投资者的资金，由基金托管人托管，由基金管理人管理和运作，从事股票、债券等金融工具投资，并将投资收益按基金投资者的投资比例进行分配的一种间接投资方式。

在不同的国家，投资基金的称谓有所区别，英国和我国香港称之为“单位信托投资基金”(Unit Trust Fund)，美国称为“共同基金”或“互惠基金”(Mutual Fund)，日本、韩国和我国台湾称之为“证券投资信托基金”(Securities Investment Trust Fund)。这些不同的称谓在内涵和运作上无太大区别。在中国大陆，一般都统称为证券投资基金。

从证券投资基金的定义可以看出，证券投资基金当事人主要有持有人、管理人和托管人三方。

（一）持有人

证券投资基金的持有人就是证券投资基金的投资者。基金投资人通过购买基金份额参与投资，享受证券投资的收益，也承担因投资亏损而产生的风险。持有人有个人投资者和机构投资者。

（二）管理人

证券投资基金的管理人也是基金的发起人，发起建立基金后，负责对基金的具体投资操作和日常管理，包括办理或者委托经国务院证券监督管理机构认定的其他机构代为办理基金份额的发售、申购、赎回和登记事宜；办理基金备案手续；对所管理的不同基金财产分别管理、分别记账，进行证券投资；进行基金会计核算并编制基金财务会计报告；编制中期和年度基金报告等事项。管理人运用专门的知识和经验，按照科学的投资组合原理进行投资决策，谋求基金持有人的收益最大化。在我国，按照《投资基金证券管理暂行办法》规定，基金管理人由基金管理公司担任。一个基金管理公司可以管理几个基金。

（三）托管人

为充分保障基金投资者的权益，防止基金资产被挪用，各国证券投资信托法规都规定要由基金托管人对其他管理机构的投资操作进行监督和保管基金财产。基金资产的保管就是由托管人负责的。一般的基金托管人由有实力的商业银行或信托投资公司担任。

托管人的职责是：① 安全保管基金财产；② 按照规定开设基金财产的资金账户和证券账户；③ 对所托管的不同基金财产分别设置账户，确保基金财产的完整与独立；④ 保存基金托管业务活动的记录、账册、报表和其他相关资料；⑤ 按照基金合同的约定，根据基金管理人的投资指令，及时办理清算、交割事宜；⑥ 办理与基金托管业务活动有关的信息披露事项等。

持有人、管理人和托管人成为“证券基金三角”，按基金契约来调整各自的权利和义务，持有人持有基金资产，管理人管理和运作基金资产，托管人托管基金资产，分别体现所有权、经营权和监督权。管理人和托管人相互合作又相互监督、相互制约。

二、证券投资基金的特征

证券投资基金是一种集合投资制度，是一种积少成多的整体组合投资方式，它从广大的投资者那里聚集巨额资金，组建投资管理公司进行专业化管理和经营。在这种制度下，资金的运作受到多重监督。作为一种投资工具，和其他投资方式相比，主要有以下特征。

（一）集合投资

证券投资基金是一种积少成多的整体组合投资方式，它从广大的投资者那里聚集巨额资金，组建投资管理公司进行专业化管理和经营，从而实现投资者资金的增值。基金对投资的最低限额要求不高，投资者可以根据自己的经济能力决定购买数量，有些基金甚至不限制投资额大小，完全按份额计算收益的分配，因此，基金可以最广泛地吸收社会闲散资金，集腋成裘，汇成规模巨大的投资资金。在参与证券投资时，资本越雄厚，优势越明显，而且可能享有大额投资在降低成本上的相对优势，从而获得规模效益的好处。

（二）信托关系

证券投资基金与一般金融信托关系一样，主要有委托人、受托人、受益人三个关系人，其中受托人与委托人之间订有信托契约。证券投资基金有不同于一般金融信托业务的特点，如主要从事有价证券投资；主要当事人中还有一个不可缺少的托管机构，它不能与受托人

（基金管理公司）由同一机构担任；基金托管人一般是法人，由合格的商业银行或信托投资公司担任；基金管理人将投资者的资金集合起来，形成一笔巨额资金再加以运作。

（三）分散风险

尽管每个投资者都努力追求低风险和高收益，但是高收益往往伴随着高风险。在投资活动中，风险和收益总是并存且成正比的，有多大的收益常常就潜伏有多大的风险，"不能将所有的鸡蛋都放在一个篮子里"。收益高，风险也就大；相反，承担的风险小，收益也会相应地减少，这几乎是不可改变的规律。投资股票的收益不固定，风险较大；银行储蓄风险极小，但利息收入较低。证券投资基金则可以凭借其雄厚的资本，进行科学的投资组合，分散投资于多种证券，不至于出现因少数几种证券的损失而招致满盘皆损的局面。据专家估计，要做到起码的分散风险，至少要 10 种以上的股票，这对于大部分普通投资者来说较为困难，而证券投资基金资金雄厚，可以把资金分散投资于各种不同的有价证券，建立合理的证券组合，从而把风险降到最低限度。投资人只要买了一份基金，就等于买了几十种或几百种股票和债券，分散了风险。虽然基金经理人无法避免整个金融市场的系统风险，但通过基金组合投资却可以达到避免非系统风险的目的，这是大多数投资者由于资金所限而办不到的。以科学的投资组合降低风险、提高收益是证券投资基金的另一大特点。证券投资基金的风险小于股票但大于债券，其收益一般也大于债券。

（四）专业理财

证券投资基金实行专家管理制度，这些管理人员一般都受过专门训练，具有丰富的证券投资和其他项目投资经验，他们对国内外经济状况、各行业、各公司的运营和潜力都有系统的分析，运用先进的技术手段分析各种信息资料，能对金融市场上各种品种的价格变动趋势做出比较正确的预测，最大限度地避免投资决策的失误，提高投资成功率。因此，投资基金在投资过程中出现错误的概率较之个人就小得多，投资者仅承担极低的费用，便可享受到基金经理人的专业理财服务。

三、证券投资基金与其他有价证券的区别

证券投资基金本身属于有价证券的范畴，与股票、债券一起构成有价证券的三大品种。但是证券投资基金与股票、债券反映的关系不同，带来的风险和收益也不同。

（一）反映的经济关系不同

发行主体不同体现的权利关系不同。股票是股份公司发行的，持有人是股份公司的股东，反映的是所有权关系。通过股票筹集的资金，完全由股份公司运用，股票持有人有权参与公司管理。债券是由政府、银行或企业发行的，体现的是债权债务关系。通过债券筹集的资金完全由债权人自主支配。投资基金证券是由基金发起人发行的，是一种信托关系。不论哪种类型的投资基金，投资人不是直接参与基金的运营，而是委托管理人进行运营。

（二）筹集资金的投向不同

股票和债券都是融资工具，其集资主要投向实业，是一种直接投资方式。而证券投资基金是信托工具，其集资主要投向有价证券，是一种间接投资方式。

（三）风险与收益水平不同

股票的收益是不确定的，其收益取决于发行公司的经营效益和其他多种因素，投资股票有较大风险。债券的直接收益取决于债券利率，而债券利率一般是事先确定的，投资风险较小。证券投资基金主要投资于有价证券，采取组合投资，能够在一定程度上分散风险，投资

风险高于债券但低于股票，因此收益也高于债券，相对来说也比股票稳定。

（四）投资回收方式不同

股票没有到期日，股票投资者不能要求退股，投资者如果想变现的话，只能在二级市场出售。债券投资是有一定期限的，期满后收回本金。开放式基金的投资者可以按资产价值赎回基金单位，封闭式基金的投资者在基金存续内不得赎回基金单位，如果想变现，只能在交易所或者柜台市场上出售，但存续期满，投资者可以按持有的份额分得相应的剩余财产。

（五）存续时间不同

每一种投资基金都规定有一定的存续时间，期满即终止，这一点类似于债券投资。而股票没有存续时间限制，除非公司破产。投资基金经持有人大会或基金公司董事会决议可以提前终止，也可以期满再延续。封闭式基金在存续期间内不得随意增减基金份额，持有人只能通过证券交易所买卖证券，这一点类似于股票投资。不同之处在于，开放式基金可以随时增减，持有人可以按基金的资产净值要求申购或赎回其持有单位或股份。

四、证券投资基金的作用

证券投资基金作为一种集中资金、专家经营、组合投资、分散风险的投资方式，一直以来就备受投资者的青睐，对社会经济的发展起到了重要的作用，已成为全球范围内的一种重要投资工具。证券投资基金的规模效应、多元化的产品和服务、较强的市场渗透性和影响力对整个社会经济产生了积极的作用。

（一）为中小投资者拓宽投资渠道

对于众多中小投资者来说，投资股市有很多障碍：小额资本入市较难；缺乏投资经验和研究股市的能力，在具体操作中常常会陷入误区；对宏观和微观方面的信息均难以及时获取和准确理解，往往盲目跟风；很难做到组合投资、分散风险；信息不灵通，作为“业余选手”，时间和精力有限，在瞬息万变的证券市场中无法全身心投入，这样是很难获取较好收益的。

证券投资基金具有投资小、费用低的特点，使这些问题迎刃而解。对于中小投资者来说，证券投资基金是一种十分理想的投资渠道，为小资本进入大市场提供了路径。在我国，每份基金单位面值为人民币1元。证券投资基金最低投资额回报较低，投资者可以根据自己的财力决策投资于基金的数量。与此同时，证券投资基金的费用通常较低。根据国际市场上的一般惯例，基金管理公司就提供基金管理服务收取的管理费一般为基金资产净值的1%～2.5%，而投资者购买基金需缴纳的费用通常为认购总额的0.25%，低于购买股票的费用。此外，由于基金集中了大量的资金进行证券交易，通常也能在手续费方面得到证券商的优惠。而且为了支持基金业的发展，很多国家和地区还对基金的税收给予优惠，使投资者通过基金投资证券所承担的税赋不高于直接投资于证券须承担的税赋。

从基金经理和基金经营的角度来看，巨额的基金资本使基金运用的领域可以扩展到国际市场，证券投资基金不仅为基金经理人提供了充分的多元化的产品组合，而且集专家理财、组合投资效应和投资环境规模效应于一身。

（二）有利于证券市场的稳定和发展

首先，证券投资基金作为一种主要投资于证券的金融工具，投资小、费用低，吸引了众多的中小投资者，增加了证券市场的投资品种，扩大了证券市场的交易规模，起到了丰富和活跃证券市场的作用，随着基金的发展壮大，它已成为推动证券市场发展的重要动力。

其次，基金的发展有利于证券市场的稳定。证券市场稳定与否与市场的投资者结构密切相关。一个成熟的证券市场是一个以机构投资者为主的市场，而不是一个以中小投资者为主的市场。通过发展证券投资基金，可以将广大中小投资者分散的资金，转变为由专门机构持有的大资金。而大的机构投资者由于熟悉业务，具有经验，能够进行理性投资，因而能够减少投机性炒作，基金的战略性投资定位也淡化了证券市场的投机氛围，从而有利于证券市场的稳定。

第三，促进了上市公司的规范化发展。证券投资基金作为机构投资者，通过公司股东代表大会、董事会，参与公司的重要决策，使"用手投票"的机制得到落实。

（三）有利于证券市场的国际化

很多发展中国家对开放本国证券市场持谨慎态度，他们一方面希望通过证券市场国际化来吸引更多的外资，另一方面又担心本国证券市场难以承受国际资本的冲击。在这种情况下，和外国合资、合作组建投资基金并逐步有序地引进外资投资本国证券市场，不失为一个明智的选择。与直接向外国投资者开放证券市场相比，这种方式使发展中国家能控制好利用外资的规模和市场开放程度，有利于本国证券市场循序渐进地国际化。

（四）推动金融产品的创新

进入 20 世纪六七十年代，证券投资基金的产品和服务趋于多样化，股票、债券和货币市场基金更多地被引入到证券投资基金市场。我国的证券投资基金起步于 1991 年的投资基金，1997 年和 2001 年分别推出了首支封闭式、开放式基金。随后开放式基金迅速发展，创新产品不断推出，基金管理公司已经成为我国证券市场的第一大机构投资者。

第二节　证券投资基金的分类

目前针对投资基金的划分有多种方式，这种投资基金多样化的划分主要是由各国的历史、社会、经济、文化等环境不同造成的。根据不同标准，可以将证券投资基金划分为不同的种类。投资基金的划分方式有很多，不同的划分方式之间并不是严格区分的，其间有一些重叠的部分。

一、按组织形式分类

（一）契约型基金

契约型投资基金证券，简称契约型基金。契约型投资基金是基于一定的信托契约而进行的代理投资行为。契约型投资基金是由基金管理公司、基金保管公司和投资者订立信托投资契约，基金管理公司（受托人）依照契约管理信托财产进行投资，基金保管公司（托管人）负责保管信托财产，而投资成果由投资者（受益人）享有的一种基金形态。基金管理公司是基金的发起人，通过发行受益凭证将募集资金组成信托财产依据信托契约进行投资。基金保管公司一般由银行担当，根据信托契约，负责保管信托财产，并且办理证券、现金管理和有关的代理业务等。投资者是受益凭证的持有人，通过购买受益凭证，参与基金的投资，享有投资收益。契约型基金是基于信托原理而组织起来的代理投资方式，没有基金章程，也没有公司董事会，而是通过基金契约来规范三方当事人的行为。

契约型基金起源于英国，后来在中国香港、新加坡、印度尼西亚等国家和地区十分流行。我国目前发行的基金全部属于契约型基金。

（二）公司型基金

公司型投资基金证券，简称公司型基金，是依据公司法成立、以营利为目的、投资于有价证券的投资基金。这种投资基金本身就是投资公司，以发行股份的方式募集资金，然后交由某一事先选定的基金管理公司进行管理，投资者凭其持有的投资基金股份，依法分享投资收益。公司型投资基金在组织形式上与股份有限公司类似，基金公司资产为投资者所有，由股东选举董事会，然后由董事会选聘基金管理公司负责管理基金业务。

公司型基金以美国为代表，美国的证券投资基金都是采取公司的形式组成。

（三）契约型基金和公司型基金的区别

1. 法律依据不同

契约型基金是依照基金契约组建的，《信托法》是契约型基金设立的依据；公司型基金是依照《公司法》组建的。

2. 法人资格不同

契约型基金凭借基金契约经营基金财产，不具有法人资格；公司型基金则依据公司章程来经营，有法人资格。

3. 投资者的地位不同

契约型基金投资者购买投资信托的受益证券，只是契约关系的当事人，对资金的营运没有发言权，只享有基金收益分配的权利；公司型基金的投资者购买投资公司的股票成为投资公司的股东，对资金的营运享有股东表决权和监督权，公司型基金的基金份额称为基金股份。

4. 融资渠道不同

契约型基金因不具有法人资格，一般不向银行贷款，只能通过发行基金来融资。公司型基金由于具有法人资格，在资金运用状况良好、业务开展顺利、又需要扩大公司规模、增加资产时，可以向银行贷款，发行股票、债券、基金等。

5. 基金运营不同

契约型基金依据基金契约建立、运作；公司型基金和一般的股份公司一样按照《公司章程》运作。

6. 存续期不同

契约型基金依据基金契约分为有存续期和没有存续期两种，有存续期的在契约期满时基金运营也就终止；公司型基金和公司一样，除非依据公司法到了破产、清算阶段，否则公司持续经营。

综上所述，契约型基金和公司型基金各有优点，从投资者的角度看，这两种投资方式没有太大的区别，至于一个国家采取哪一种方式好，要根据具体情况进行分析。从投资基金的大众化程度或经营上的成本高低、销售证券的难易等微观方面看，契约型投资基金优于公司型投资基金。从稳定国民经济、保护投资者利益和运用信托资产所具备的条件看，公司型投资基金又优于契约型投资基金。所以目前许多国家和地区都采用两种形态并存的办法，力求把两者的优点都利用起来。在我国，证券投资基金都是契约型基金，产业投资基金一般是公司型基金，两者的区别见表 4-1。

表 4-1 契约型基金和公司型基金的区别

比较内容	契约型基金	公司型基金
法律依据	依据基金契约组建,《信托法》是其设立的依据	依据《公司法》组建
法人资格	不具有法人资格	具有法人资格的股份有限公司
投资者的地位	受益人一般不具有对重大决策的发言权	投资者对公司的重大决策有参与发言权
融资渠道	不具有法人资格,一般不能向银行贷款	具有法人资格,可以向银行贷款
运营方式	依契约建立,运营,期满运营终止	公司一般具有永久性,同股份公司性质
存续期不同	可以有存续期	永久经营

二、按能否赎回分类

根据基金单位是否可以增加或赎回,投资基金可分为开放式基金和封闭式基金。

(一) 封闭式基金

封闭式基金是指经核准的基金份额总额或基金规模在发行前已确定,在发行完毕后和规定的期限内基金规模固定不变的证券投资基金。封闭式基金在封闭期内不得追加认购或赎回,投资者只能通过证券经纪商在二级市场上进行买卖。封闭式基金的封闭期限是指基金的存续期,指的是基金从成立到终止的时间。决定基金期限长短的因素主要有两个:一是基金本身投资期限的长短。一般来说,如果基金的目标是进行中长期投资,其存续期限就可以长一些;反之,如果基金的目标是进行短期投资,其存续期可短一些。基金合同终止时,基金解散,全部资产按照法定程序清算。

(二) 开放式基金

开放式基金是指基金发行总额不固定,基金单位总数随时增减,投资者可以按基金的报价在基金管理人确定的营业场所申购或者赎回基金单位的一种基金。基金份额总数和基金规模随着申购和赎回而不断变化。投资者可以根据市场状况和各自的投资策略进行申购或赎回。对投资者来说,既可以要求发行机构按基金的现期净资产值扣除手续费赎回基金,也可再买入基金,增持基金单位份额。因此为了满足投资者赎回资金、实现变现的要求,开放式基金一般都从所筹资金中拨出一定比例,以现金形式保持这部分资产。

我国开放式基金单位的交易采取在基金管理公司直销网点或代销网点(主要是银行营业网点)通过申购与赎回的办法进行,投资者申购与赎回都要通过这些网点的柜台、电话或网站进行。

(三) 封闭式基金与开放式基金的区别

1. 基金规模不同

封闭式基金的规模是固定的,在封闭期内未经法定程序认可不能增加发行。开放式基金没有发行规模限制,一般在基金设立三个月后,投资者随时可以申购新的基金单位,也可以随时向基金管理公司赎回基金单位,基金规模随之增加或减少,换言之,它始终处于"开放"的状态,这也是封闭型基金与开放型基金的根本差别。投资者一般会申购业绩表现好的基金,赎回业绩表现差的基金,结果业绩好的基金规模越来越大,相反,业绩差的基金会受到投资者的抛弃,规模逐渐萎缩,直到规模小于某一标准时基金被清盘。

2. 基金期限不同

开放式基金没有固定期限,只要基金的运作得到基金持有人的认可,基金的规模也没有低于规定的最低标准,基金就可以一直存续下去。投资者可随时向基金管理人赎回基金份额,若大量赎回甚至会导致清盘。封闭式基金有固定的封闭期，通常在 5 年以上，一般为 10 年或 15 年，只有在基金持有人大会通过并经监管机关同意的情况下，才可以延长存续期。经受益人大会通过并经主管机关同意可以适当延长期限。封闭式投资基金存续期满后，在符合一定的条件下，可以转换成为开放式投资基金，简称“封转开”。这样封闭式投资基金存续期满后可以选择基金清盘、延长存续期或“封转开”。封闭式基金的交易价格和净值之间存在较大折价（贴水），因此“封转开”理论上是会存在较大的套利空间。成功的“封转开”消除了封闭式基金到期的不确定性，可以使持有人避免因到期清盘而遭受损失，维护了市场稳定。从基金持有人的角度来看，“封转开”是不错的选择。事实上，到期的封闭式基金都采用了“封转开”的方式。

3. 交易方式不同

封闭式基金的基金份额在封闭期内不能赎回，持有人只能在证券交易所出售给第三方，交易在基金投资者之间完成。开放式基金的投资者则可以在首次发行结束一段时间后（一般是 3 个月），随时向基金管理人或中介机构提出申购或赎回申请，绝大多数开放式基金不上市交易，交易在投资者和基金管理人或其代理人之间进行。

4. 交易价格不同

封闭式基金与开放式基金的基金份额除了首次发行价都是按面值加一定百分比的购买费计算外，以后的交易计价方式不同。封闭式基金在证券交易所二级市场上挂牌买卖，其价格随行就市，直接受到基金供求关系、其他基金的价格以及股市、债市行情等的共同影响，一般总是偏离基金的资产净值，产生基金价格和基金资产净值之间的“折价”或“溢价”现象。开放式基金的基金单位的买卖价格是以基金单位对应的资产净值为基础，申购价一般是基金份额净资产值减去一定的购买费，赎回价一般是基金份额净资产值加一定的赎回费，不直接受市场供求影响，不会出现折价现象。

5. 投资策略不同

由于封闭式基金不能随时被赎回，其募集到的资金可全部用于投资，这样基金管理公司便可据以制定长期的投资策略，取得长期经营绩效。开放式基金因基金份额可随时赎回，为应付投资者随时赎回兑现，所募集的资金不能全部用来投资，更不能把全部资金用于长期投资，必须保持基金资产的流动性，在投资组合上需保留一部分现金和高流动性的金融工具。

6. 信息披露不同

开放式基金每个交易日公布基金单位资产净值，而封闭式基金是每个交易周公布基金单位资产净值。这主要是因为开放式基金每个交易日办理申购和赎回业务的需要。

表 4-2 列出了开放式基金和封闭式基金的区别。

表 4-2　　开放式基金和封闭式基金的区别

项　目	开放式基金	封闭式基金
基金规模	可变，可随时接受申购和赎回	一般固定不变
基金期限	无预定期限，理论上可无限存续	有固定的存续期
交易方式	向基金管理公司申购或赎回；投资者之间不发生交易行为	发起设立时，投资者认购；上市后，投资者在交易所买卖
交易价格	根据基金单位资产净值决定；买卖费用较低	市场决定价格；交易费用较高
投资策略	不能全部投资于长期投资，以便资产的流动	流动需求小，可制定长期的投资策略
信息披露	每个交易日披露	每个交易周披露

三、按基金经营的目标分类

按照投资基金的风险与收益的差异，可以分为成长型投资基金、收入型投资基金和平衡型投资基金。

（一）成长型基金

成长型基金追求资产的长期增值，而不是追求资产在短期内最大增值，其投资对象主要是市场中有较大升值潜力的小公司股票和一些新兴行业的股票。为达成最大限度的增值目标，成长型基金通常很少分红，而是经常将投资所得的股息、红利和盈利进行再投资，以实现资本增值。成长型基金主要以成长类股票作为投资主要标的。所谓成长类股票是指企业发行的具有良好前景的股票，其价格预期上涨速度要快于一般公司的股票或股价综合指数。发行这类股票的公司往往由于有新产品、新管理层或整个产业类型趋于兴旺，因此其资本增长速度一般快于国民经济和同行业的增长速度。成长型基金又分为积极成长型和稳定成长型两种。积极成长型基金追求资本长期增值，但在目标选择上更偏好规模较小的成长型企业，风险高收益大。而稳定成长型则一般不从事投机活动，追求的是资本长期增值，以稳定持续的长期增长为目标。

成长型基金收益最好，但平均风险程度也最高。当大势下跌时其下降幅度一般超过整个市场的跌幅；而当大势止跌回稳时，其上涨幅度又超过平均水平。因此这类基金主要受到那些风险承受能力较强的投资者青睐，而不适合那些投资心理比较脆弱的投资者。

（二）收入型基金

收入型基金追求的目标是在稳定的前提下、取得最大的当前收入，而不强调资本的长期利益和成长。该基金的经理人通常选择各种可以带来收入的有价证券，其投资组合主要包括利息较高的债券、优先股和普通股。这种基金从理论上讲应比市场总体更稳定，采用的股票投资方法风险较低。收入型基金一般把所得的利息、红利都分配给投资者。这类基金虽然成长性较弱，但风险相应也较低，适合保守的投资者和退休人员。

收入型基金基本有两种类型：① 在较低的风险下，强调不变的收入，其收入是比较固定的，因而有人将这种收入称为固定收入型基金。② 力图最大可能的收入，还运用财务杠杆，称为权益收入型基金。前者的投资对象主要是将资金投资于债券和优先股股票，后者则主要投资于普通股。相比之下，后者的成长潜力较大，但比较容易受股市波动的影响。

（三）平衡型基金

平衡型基金的投资目标是既要获得当期收入，又要求基金资产长期增值。平衡型基金的投资策略是将资产分别投资于两种或多种不同特性的证券上，在以取得收入为目的的债券、优先股、收益股和以资本增值为目的的高成长股之间进行平衡。一般是把资产总额的25％～50％用于优先股和债券，其余的用于普通股投资。平衡型基金的风险比较低，成长潜力也受到了限制，其风险和收益状况介于成长型基金和收入型基金之间。

平衡型基金也可以粗略分为两种：一种是股债平衡型基金，即基金经理会根据行情变化及时调整股债配置比例。当基金经理看好股市的时候，增加股票的仓位，而当其认为股票市场有可能出现调整时，会相应增加债券配置。另一种平衡型基金在股债平衡的同时，比较强调到点分红，更多地考虑落袋为安，也是规避风险的方法之一。

四、按投资标的分类

按投资标的划分，证券投资基金可分为股票基金、债券基金、货币市场基金、指数基金、对冲基金、基金中的基金等。

(一) 股票基金

股票基金是以上市股票为主要投资对象的证券投资基金,一般情况下80%以上的基金资产投资于股票。股票基金的投资目标侧重于追求资本利得和长期资本增值。基金管理人拟定投资组合,将资金投放到一个或几个国家甚至全球的股票市场,以达到分散投资、降低风险的目的。按照投资股票种类的不同,股票基金又可以分为普通股股票基金和优先股股票基金;按照投资的分散化程度,股票基金又可以分为一般股股票基金和专门股股票基金。

(二) 债券基金

债券基金是一种以债券为主要投资对象的证券投资基金。它的投资目标侧重于在保证本金安全的基础上获取稳定的利息收入。债券基金基本上属于收益型投资基金,一般会定期派息,具有低风险、收益稳定的特点。由于债券是一种收益稳定、风险较小的有价证券,因此,债券基金适合于想获得稳定收入的投资者。一般情况下债券基金80%以上的基金资产投资于债券,在国内,投资对象主要是国债、金融债和企业债。

(三) 货币市场基金

货币市场基金是指投资于货币市场上短期(一年以内,平均期限120天)有价证券的一种投资基金。该基金资产主要投资于短期货币工具如国库券、商业票据、银行定期存单、政府短期债券、企业债券等短期有价证券。这类基金以货币市场的短期融资工具作为投资对象,而这些融资工具的流动性是各类有价证券中最高的,接近于货币的流动性。而且,这些有价证券是由政府或大的商业银行、著名工商企业发行的,或由大银行担保的,安全性高。货币市场基金的认股及出售一般不需要手续费,与银行存款相同,适合短期资金投资。

货币基金只有一种分红方式——红利转投资。货币市场基金每份单位始终保持在1元,超过1元后的收益会按时自动转化为基金份额,拥有多少基金份额即拥有多少资产。

(四) 指数基金

指数基金是20世纪70年代以来出现的新的基金品种,以指数成分股为投资对象的基金,即通过购买一部分或全部的某指数所包含的股票,来构建指数基金的投资组合,目的就是使这个投资组合的变动趋势与该指数相一致,以取得与指数大致相同的收益率。投资组合模仿某一股价指数或债券指数,收益随着即期的价格指数上下波动。当价格指数上升时,基金收益增加;反之,收益减少。指数基金因始终保持即期的市场平均收益水平,因而收益不会太高,也不会太低。

指数基金最突出的特点是费用低廉和延迟纳税,这两方面都会对基金的收益产生很大影响。而且,这种优点将在一个较长的时期里表现得更为突出。此外,简化的投资组合还会使基金管理人不用频繁地接触经纪人,也不用选择股票或者确定市场时机。

(五) 对冲基金

对冲基金也称避险基金或套利基金,起源于20世纪50年代初的美国,其操作宗旨在于利用期货、期权等金融衍生产品以及对相关联的不同股票进行买空卖空、风险对冲的操作技巧,在一定程度上规避和化解证券投资风险。

一个对冲的典型例子是,基金管理者在购入一种股票后,同时购入这种股票的一定价位和时效的看跌期权。看跌期权的效用在于当股票价格跌破期权限定的价格时,看跌期权的持有者可将手中持有的股票以期权限定的价格卖出,从而使基金现货持有的股票的跌价风险得到对冲。早期的对冲基金可以说是一种基于避险保值的保守投资策略的基金管理形式。对冲基金采用各种交易手段(如卖空、杠杆操作、程序交易、互换交易、套利交易、衍生品种等)进行对冲、换位、套头、套期来赚取巨额利润。这些概念已经超出了传统的防止风险、保障收益操作范畴。经过几十年的演变,对冲基金已成为一种新的投资模式的代名词,也就是以最新的投资理论为基础,利用极其复杂的金融市场操作技巧,并充分利用各种金融衍生产品的杠杆效应,承担高风险,追求高收益的投资模式。

(六)基金中的基金

基金中的基金(Found of Founds,FOF)是以其他证券基金为投资对象的基金。FOF并不直接投资股票或债券,而是投资于其他基金,通过持有其他证券投资基金而间接持有股票、债券等证券资产,它是结合基金产品创新和销售渠道创新的基金新品种。

FOF的特点是风险性相对较小,收益率相对稍低。FOF实际上就是帮助投资者一次买"一篮子基金"的基金,通过专家二次精选基金,有效降低非系统风险的特点。通过对基金的组合投资,大幅度降低了FOF的风险。FOF将自己的投资人群锁定在风险偏好较低者这一行列,也显示了其相对于基金的稳定性。由于FOF在投资基金中不可能全部投资股票型基金,需要配置一定的货币或者债券型基金,收益肯定没有股票型基金的收益高,尤其是在牛市。

五、按基金资本来源和运用的地域分类

根据基金资本来源和运用的地域不同可划分为国内基金、国际基金、国家基金、海外基金。

(一)国内基金

国内基金由国内投信发行的基金,在国内注册,以国内投资人为销售对象,受到相关法律监督的基金。国内基金在一国基金市场上应占主导地位。2006年4月,我国开始允许境内资本以QDII(Qualified Domestic Institutional Investor,合格的境内机构投资者)的方式投资境外市场。与QDII不同,国内基金只能投资于国内市场,QDII产品主要投资范围是海外的股票、债券等,能够在全球的范围内进行资产配置。正因为投资范围的不同,QDII产品可以有效分散单个市场的投资风险。

(二)国际基金

国际基金是指基金资本来源于国内,但投资于国外证券市场的投资基金。由于各国经济和金融市场发展不平衡,因而在不同国家会有不同的投资机会,通过国际基金的跨国投资,可以为本国资本带来更多的投资机会,并在更大范围内分散投资风险,但国际基金的投资成本和费用一般较高。

国际基金中,按照投资地区的不同,又可分为区域基金和环球基金。区域基金将基金投放在一定地区内的各个金融市场上,这类基金的投资空间比环球基金小,但比单一市场基金大。其优点是既可以避免环球基金回报率削弱,又可以分散一定的市场风险,而且风险程度一般比单一市场低。基金管理公司为适应投资者对投资地区的不同需要,设计和组建了多种区域性基金。目前市场上常见的区域基金有欧洲基金、北美基金、太平洋基金、东南亚基金、远东基金和东盟基金等。环球基金又称世界基金,它是一种投资空间最广的基金。环球基金的最大特点是最大限度地分散了市场风险,所以环球基金绝大多数都是低风险基金。稳健保守型的投资者多喜欢投资环球基金,其主要原因就是环球基金能够广泛地分散市场风险，大大降低风险等级。但是，风险往往与收益成正比，风险小，回报率也就比较低。环球基金回报率较低的原因是收益被众多的市场平均化了，即使有些环球基金市场投资回报率比较高，也会受其他市场回报率的影响。

（三）国家基金

国家基金是指资本来源于国外，重点投资于国内或某相关国家市场的投资基金。例如中国基金主要是由国外投资者出资设立的，专门投资于国内的基金。国家基金已成为发展中国家利用外资的一种较为理想的形式，一些资本市场没有对外开放或实行严格外汇管制的国家可以利用其来吸引外资。

（四）海外基金

海外基金又称离岸基金，是指一国证券投资基金组织在他国发售基金份额，并将基金的资金投向本国或第三国市场以获取收益。海外基金的特点是两头在外，即基金资本由海外募集，同时投资于海外的金融市场。海外基金的资产注册登记一般不在本国，为了吸引全球投资者的资金，海外基金一般都在有“避税天堂”之称的地方（如开曼群岛、百慕大群岛、英属维尔京群岛、巴哈马、卢森堡等）注册，因为这些国家和地区对个人投资的资本利得、利息和股息收入都不收税。

六、按募集方式分类

根据募集对象、募集方式的不同，可以将投资基金划分为公募基金和私募基金。

（一）公募基金

公募基金是指以公开发行方式向社会公众投资者募集基金资金并以证券为投资对象的证券投资基金，在法律的严格监管下，有着信息披露、利润分配、运行限制等行业规范，目前国内证券市场上的封闭式基金属于公募基金。公募基金的发行涉及众多的投资者，社会责任和影响都较私募基金大，出于保证投资者的合法权益，政府对基金的公募发行控制很严，要求发行人具备较高的条件。公募基金可以上市流通，具有较高的流动性，因而易于被广大投资者接受。

（二）私募基金

私募基金是相对于公募基金而言的，指以非公开方式向特定投资者募集基金资金并以证券为投资对象的投资基金证券，具有非公开性、募集性、大额投资性、封闭性和非上市性等特点。主要通过向少数机构投资者募集资金，销售和赎回等相关事项都由基金管理者和投资者协商后确定。在发达国家，私募基金影响力非常大，投资的风格相当明确，个性化的服务是私募基金的竞争力所在，成为私募基金的卖点。私募基金通过对发行主体的划分又可以分为机构投资者为发起人设立的私募基金和个人投资者为主体设立的私募基金。不论是机构投资者还是个人投资者，基金的私募作为非公开发行的一种模式，对公开发行基金是补充也是竞争。从国外的一般经验看，机构投资者作为私募基金的发起人是主要形式。

私募在中国是受严格限制的，因为私募很容易成为“非法集资”，两者的区别就是：是否面向一般大众集资，资金所有权是否发生转移，如果募集人数超过 50 人，并转移至个人账户，则定为非法集资，非法集资是极严重经济犯罪。2014 年 8 月 21 日，证监会正式公布《私募投资基金监督管理暂行办法》中对合格投资者单独列为一章进行明确的规定。明确私募基金的投资者金额不能低于 100 万元。根据新要求的合格投资者应该具备相应的风险识别能力以及风险承担能力。投资于单只私募基金的金额不能低于 100 万元。投资者的个人净资产不能低于1 000万元以及个人的金融资产不能低于300万元，还有就是个人的最近三年平均年收入不能低于50万元。

(三)私募基金与公募基金的主要区别

第一，监管要求。公募基金必须向证监会注册，而且在结构和操作上要受到相关法律的严格管制，其目标是为了确保投资者获得足够和准确的基金信息，并且保护基金资产的完整和投资符合投资规划的限制。相对来说，私募投资基金是非经注册的私人投资体，只受到投资者与基金发起人所签投资协议的制约，除了其他相应法律法规的规定，它们免于证监会的监管，其投资组合结构不受限制，也无须披露投资者和基金表现。

第二，费用要求。出于保护投资者的利益，一般来说政府会制定法律对公募基金从管理投资基金中获得的收入、销售费用和其他分配费用进行限制。而私募基金收取投资者的费用可以不受任何限制。典型的情况是基金经理按所管理的合伙基金数量收取以固定比例计算的较低管理费，当客户收回本金并赚取了一定百分比的收益后，他们一般可按事先商定的比例分享到一部分利润。

第三，杠杆操作要求。为了保证投资者的合法利益，政府会通过法律的形式严厉地限制公募基金杠杆操作或以其投资组合价值为担保进行借贷的能力。而杠杆操作和其他更高风险投资策略却是私募投资基金的主要特征之一。

第四，价格制定和流动性要求。公募基金必须每天对其投资组合和所含有关证券进行定价，按天定价除了给投资者提供及时的投资价值信息之外，还在于确保投资和赎回的价格公平。而私募投资基金的投资者任何时候都无法确定其投资价值，在约定的期限内也不能随时加入或退出，投资管理人员可以长期投资。

第五，对投资者要求。公募基金对投资者的要求是具备基金公司开户的最低投资额，以收入中等的中年散户投资者为最多。私募基金一般由大户及保险公司、银行、退休金管理公司等集团投资者出资组成，一般要求至少100万美金的投资数额，因此私募基金在西方也被人称为富人基金。

七、证券基金的创新产品

自20世纪六七十年代开始，证券投资基金的产品和服务趋于多样化，越来越多的新基金产品进入市场供投资者选择。

(一)上市型开放式基金

上市型开放式基金(Listed Open-ended Fund，LOF)指在基金发行结束后，投资者既可以在指定网点申购与赎回基金份额，也可以在交易所买卖该基金。不过投资者如果是在指定网点申购的基金份额，想要上网抛出，须办理一定的转托管手续；同样，如果是在交易所网上买进的基金份额，想要在指定网点赎回，也要办理一定的转托管手续。根据深圳证券交易所已经开通的基金场内申购赎回业务，在场内认购的LOF不需办理转托管手续，可直接抛出。

LOF主要特点是：① LOF本质上仍是开放式基金，基金份额总额不固定，基金份额可以在基金合同约定的时间和场所申购、赎回。② LOF的发售结合了银行等代销机构与深交所交易网络二者的销售优势。银行等代销机构网点仍沿用现行的营业柜台销售方式，深交所交易系统则采用通行的新股上网定价发行方式。③ LOF获准在深交所上市交易后，投资者既可以选择在银行等代销机构按当日收市的基金份额净值申购、赎回基金份额，也可以选择在深交所各会员证券营业部按撮合成交价买卖基金份额。

由于LOF在交易所的交易价格与基金的单位净值可能会产生一定的差价，因此，投资者可以通过转托管来进行套利。LOF采用交易所交易和场外代销机构申购、赎回同时进行的交易机制，这种交易机制为投资者带来了全新的套利模式——跨市场套利：当二级市场价格高于基金净资产的幅度超过手续费率，投资者就可以从基金公司申购LOF基金份额，再在二级市场上卖出；如果二级市场价格低于基金净资产，投资者就可以先在二级市场买入基金份额，再到基金公司办理赎回业务完成套利过程。

LOF的优势在于交易方便、费用低廉、能提供套利机会、可以缓解基金公司的赎回压力。LOF的推出为开放式基金的投资者提供了一种新的退出途径和方式，也为投资者投资基金提供了一种方便的交易方式。随着LOF产品的推出，还很有可能导致目前我国开放式基金申购和赎回费用的下降。

（二）交易型开放式指数基金

交易型开放式指数基金(Exchange Traded Fund，ETF)属于开放式基金的一种特殊类型，它综合了封闭式基金和开放式基金的优点，投资者既可以向基金管理公司申购或赎回基金份额，同时，又可以像封闭式基金一样在证券市场上按市场价格买卖ETF份额，不过，申购赎回必须以一篮子股票换取基金份额或者以基金份额换回一篮子股票。由于同时存在证券市场交易和申购赎回机制，投资者可以在ETF市场价格与基金单位净值之间存在差价时进行套利交易。套利机制的存在，使得ETF避免了封闭式基金普遍存在的折价问题。

ETF的投资组合通常完全复制标的指数，其净值表现与盯住的特定指数高度一致。比如上证50ETF的净值表现就与上证50指数的涨跌高度一致。ETF是一种混合型的特殊基金，它克服了封闭式基金和开放式基金的缺点，同时集两者的优点于一身。

与封闭式基金相比，ETF的特点在于，它是开放式基金，其份额规模是可以变化的。与传统开放式基金相比，ETF的特点在于，ETF虽然也是开放式基金，但ETF只接受规模在“创设单位”(例如100万份)以上的申购赎回，并且申购赎回的是一篮子股票(指数成分股)，这和普通的开放式基金接受现金申购赎回的情形不同。二者最大的区别在于，ETF同时在交易所上市交易，投资者在交易所交易时间内可以随时按照市价买卖ETF，投资者当时就知道成交的价格；而普通的开放式基金只能通过申购赎回在场外交易，每日只能按照股市收盘后的基金净值(次日公布)申购赎回，投资者在指令下达的第二天才能知道实际成交价格。如果交易所交易时间内市场出现大的波动，投资者可以交易ETF来实时反映最新的信息和市场变化，获得新的机会或者避免损失。传统开放式基金的投资者即使在收盘前很早就做出了正确的决定，但最终获得的可能是不理想的当日收盘价格，从而陷入判断正确仍无济于事的局面。

投资ETF还有税收方面的优势：买卖ETF不需交纳印花税；个人投资ETF获得的基金分红和差价收入均不需交纳所得税；机构投资ETF获得的基金分红不需交纳所得税。

（三）大成优选股票型基金

折价是封闭式基金发展中最重要问题，国内封闭式基金普遍折价率比较高，远高过美国等成熟市场封闭式基金的平均折价率水平。美国封闭式基金的平均折价率在10%以内，而在2002年到2005年，国内封闭式基金平均折价率为36%；2006年，在A股市场涨幅超过100%的情况下，封闭式基金平均折价率仍然超过21%。封闭式基金主要通过治理结构、赎回条款、分级、信息披露等方面改进和创新。

2007年7月2日，国内首只创新型封闭式基金——大成优选股票型基金推出，是2004年6月《基金法》实施以来发行的第一只严格意义上的封闭式基金。大成优选的优势是：与现有封闭式基金相比，采取了有效措施消除高折价率，对解决封闭式基金折价率过高问题有积极作用；与开放式基金相比，不受投资者进出影响，投资效率更高，收益前景更好；产品清晰简单，便于投资者理解；符合有关法律法规和市场规则，充分利用现有技术平台。该基金为契约型封闭式股票型基金，存续期5年，成立后3个月内在深圳证券交易所上市交易。

大成优选的改善治理结构的创新措施是：① 每年定期召开基金份额持有人大会；② 基金管理人单独设立专门的业绩风险准备金账户，从已提取的上一月基金管理费中计提10%作为业绩风险准备金，每月划入该账户，用于弥补基金亏损；③ 对基金管理人实行适当激励，每年业绩报酬提取比率为10%，但基金可提取业绩报酬的收益率不得低于6%，且需为基金业绩比较基准同期增长率和同期可比的全部基金资产净值加权平均净值增长率上浮5%二者中的最大值；④ 设置“救生艇条款”，基金合同生效满12个月后，若基金折价率连续50个交易日超过20%，基金管理人应在30个工作日内召开基金份额持有人大会，审议有关基金转换运作方式成为上市开放式基金(LOF)事宜；⑤ 信息披露更为充分，每个交易日披露基金份额净值，定期更新招募说明书，年报、半年报和季报中根据产品特点相应增加信息披露内容。

第三节　中国投资基金的发展现状

一、中国基金发展历史

中国基金业的发展可以分为三个历史阶段：

第一个阶段是从1991年至1997年11月14日《证券投资基金管理暂行办法》(以下简称《暂行办法》)颁布之前的早期探索阶段。1991年10月，在没有正式的证券基金规范文件的情况下，武汉证券投资基金和深圳南山投资基金分别由中国人民银行和深圳南山区政府批准成立，成为我国第一批投资基金。1992年11月，我国国内第一家比较规范的投资基金——淄博乡镇企业投资基金(简称“淄博基金”)正式设立。该基金为公司型封闭式基金，募集资金1亿元人民币，并于1993年8月在上海证券交易所最早挂牌上市。淄博基金的设立揭开了投资基金业发展的序幕，并在1993年上半年引发了短暂的中国投资基金发展的热潮。但基金发展过程中的不规范性和积累的其他问题逐步暴露出来，多数基金的资产状况趋于恶化。从1993年下半年起，中国基金业的发展因此陷于停滞状态。

第二个阶段是从《暂行办法》颁布实施以后至2001年8月的封闭式基金发展阶段。1997年11月14日，国务院证券管理委员会颁布了《暂行办法》，为我国基金业的规范发展奠定了法律基础。1998年3月27日，经中国证监会批准，新成立的南方基金管理公司和国泰基金管理公司分别发起设立了规模均为20亿元的两只封闭式基金——“基金开元”和“基金金泰”，由此拉开了中国证券投资基金试点的序幕。至1999年初，我国共设立了10家基金管理公司。截至2001年9月开放式基金推出之前，我国共有47只封闭式基金，规模达689亿份。

第三个阶段是从2001年9月以来的开放式基金发展阶段。2000年10月8日，中国证监会发布了《开放式证券投资基金试点办法》。2001年9月，我国第一只开放式基金——

"华安创新"诞生，使我国基金业发展实现了从封闭式基金到开放式基金的历史性跨越。2004 年 10 月、12 月，我国首个 LOF、ETF 成功发行，2007 年 7 月，创新型封闭式基金——大成优选股票型基金发售，标志着我国基金进入创新发展的阶段。

二、我国基金业发展现状

我国证券投资基金业经过十多年的发展，取得了显著的成绩，但也存在突出的问题。近年来，我国基金业在发展过程中表现出以下特点：

第一，基金总体规模增长迅速。在我国金融市场中，证券投资基金业一直是成长速度最快的金融子行业，尤其是 2003～2007 年间，银行存款年均增长率为 13%，保险资产年均增长率为 35%，而基金资产总体规模的年均增长率高达 109%。截至 2011 年 8 月共计发行 838 只基金。

第二，基金品种繁多，基本满足投资者的多样化投资需求。我国证券投资基金市场已形成较完善的基金产品线，不但有股票型基金，还推出了债券型基金、货币市场基金、配置型基金等多个基金品种；主动管理型基金与指数型基金共同发展；还包括国际市场上一些基金新品种，如保本型基金、ETF、结构性封闭式基金等都被成功引入国内基金市场；我国自主创新的基金品种 LOF 也逐渐拥有一定市场份额。

第三，基金业对外开放程度提高。主要体现在合资基金管理公司数量的增加以及合格境外机构投资者的推出等方面。

第四，初步建立起比较完善的基金市场法律法规。《证券投资基金法》的实施，以法律形式确立了证券投资基金业在我国资本市场中的地位，为我国基金业的规范、健康发展提供了法律依据。

同时，我国证券投资基金业的发展也面临许多问题：一方面，投资基金往往重仓持有许多股票，持股集中度较高。主要表现在持股的行业集中趋势和个股集中趋势两个方面，投资风格雷同现象较突出，这在一定程度上加剧了证券市场的波动。另一方面，基金公司的个性化程度不明显，投资者难以辨别其投资风格特点，从而难以筛选出符合自己投资需要的基金品种并长期持有。除此之外，基金产品创新力度不够。产品创新始终是基金业持续发展的重要推动力。我国基金业起步较晚，从规范化发展至今不过短短十多年的时间，在发展过程中更多的是引进或者说照搬发达国家的基金发展模式和产品类型，这虽然有利于我国吸收世界基金业发展的优秀成果，但一定程度上限制了国内基金公司的创新步伐。

三、我国证券投资基金的未来发展方向

我国证券投资基金发展到现在也只不过走了 20 年的光景，与欧美发达国家基金业相比，我国证券投资基金业还有很长的路要走。概括起来，未来我国证券投资基金业发展方向有以下几点：

（1）封闭式基金会得到改善和发展，但开放式基金仍是我国基金业的主流。

（2）各种创新产品不断涌现。到现在为止，在传统基金产品的基础上我国已涌现了像保本基金、ETF、LOF、FOF、创新型封闭式基金等一批国内或国际的创新品种，将来还会有更多符合市场和投资者需求的创新品种。

（3）衍生品基金将会成为我国基金业的新一类品种。随着国内股权类期货、期权的相继推出，许多投资衍生品的基金，比如期货基金、期权基金、对冲基金等，会顺势面世。

第四节　证券投资基金的选择

一、投资基金前应思考的问题

在基金的认购者中，中小投资者表现越来越踊跃，单只基金认购规模已达到90%左右。但是，随着基金品种的逐渐增加(截至2013年4月2日，市场上的证券投资基金总数已经500多只)，如何在数以百计的基金中选择好的基金投资组合，是规避市场风险的要点。投资者在选择证券投资基金投资之前，首先应该回答三个问题。

(1) 投资者的风险偏好和收益预期是什么?

任何类型投资的首要任务是投资者须审视自身的“财务状况”“风险偏好”“承受能力”“预期收益”“资金投资的期限”以及对“资金流动性”的要求。投资基金也不例外，打个通俗一点的比方来说：甲乙丙三人各有一块土地，人人都希望自己有个好收成，但由于个人土地的先天条件不一，是种口粮还是种经济作物，要因地而异。风险承受能力强的投资者可以选择股票型基金以获得更高的收益，风险承受能力差的投资者可以选择货币型基金或债券型基金进行稳健投资，风险承受能力中立型的投资者可以选择收入型基金进行投资，以实现风险收益和稳定收入的平衡。

(2) 基金的投资风格是否适合自己?

也就是了解基金的投资方向，有利于投资人合理预期基金的风险和回报。俗话说：种瓜得瓜，种豆得豆。想收什么就要种什么。股票型基金、债券型基金、指数型基金、货币市场基金、保本基金等基金都有着各自的投资风格和策略，其预期的盈利和风险程度都有很大的差异，投资者应该选择适合自己风险承受能力和预期收益的基金投资。

(3) 证券市场投资大环境如何?

一般而言，在证券市场处于牛市中，投资者选择股票型基金和指数型基金的收益率会高于债券型基金和货币型基金，且其风险相对较小。证券市场如果处于熊市中，投资者又不愿冒太大风险，则其选择保本型基金和货币型基金较为稳妥。在热点稳定、大盘稳步上扬的过程中，应优先选择老基金；在热点转换、大盘震荡的市场中，应优先考虑新基金。老基金经历过市场的考验，多数情况下选择老基金比较有利。

二、选择基金的策略

投资者基于对以上问题的深入了解后，可以从以下几个方面选择基金：

首先选择基金公司。基金公司的整体实力是挑选的重要因素之一。有实力的基金公司往往不止一只金牌基金，而是在不同的产品线上有一个系列的基金组合，而且该公司旗下的基金业绩排名都比较靠前，绝大部分时间都可以或超过其预设指标。优秀的基金管理公司不仅能抓住短线机会，更注重把握中长线的投资方向，给投资者提供稳定持续的投资回报。对业绩表现大起大落的基金管理公司，必须谨慎对待。

其次是对基金的选择。投资者必须考虑被选基金的投资目标是否与本人的财务目标相一致，要收益与预计相匹配，风险能承担，流动性适合资金流向。老基金，须看相当一段时间的历史业绩，包括总回报率以及过往风险业绩评价；新基金，主要看基金的招募说明书和基金契约。费用成本方面，认购申购费、赎回费投资者都必须了解，但投资者都比较忽略基金的年度运作费，年度运作费年年提取，日积月累是一笔不小的数字。例如，用10万元投资基金，假设该基金的年平均收益率为10%，若年度运作成本费为1.5%，则20年后为49.725万元；若年度运作成本费为0.5%，则为60.858万元。

第三是对基金经理的选择。由于基金业的发展在我国的历史较短，大家对基金文化的理解有限，国际上著名的基金经理，不仅仅是大家所理解的一个优秀经纪人，一个优秀操盘手，更是一种理财理念的掌门人，经过市场的锤炼成长为经济专家。投资者在选择基金经理的时候，不要以一时的成败论英雄，与任何投资相同，基金经理过去的业绩并不是其未来成功的保障。一个优秀的基金经理的韧性尤为重要，投资者有必要研究基金经理的投资策略；经常关心基金经理最近的运作是否发生了变化，有无一贯性；基金经理为客户提供自己对市场的看法与自己的投资目标是否一致等。特别是积极成长型的基金经理，都推崇一种自下而上的投资策略，这种策略对基金经理的要求相当高。

案　例

分级基金

从2007年以来，国内分级基金已经走过了8个年头。从一开始被视为曲高和寡的小众投资品种，到如今日趋大众化。尤其是2014年下半年以来，分级基金一下子火了起来。但是，也有投资人因为对分级基金的运作方式、折算条款等不熟悉，盲目跟风造成损失。本篇文章主要讲解分级基金的基础知识，特别提示了交易中的一些风险点，让投资人明明白白投分级。

分级基金是指事先约定基金的风险收益分配，将母基金份额分为预期风险收益不同的子份额，并可将其中部分或者全部类别份额上市交易的结构化证券投资基金。其中，分级基金基础份额称为母基金份额或基础份额，预期风险收益较低的子份额称稳健份额或A份额，预期风险收益较高的子份额称为激进份额或B份额。三类基金净值关系如下：母基金净值＝A类子基金份额净值 × A份额所占比例 ＋ B类子基金份额净值 × B份额所占比例。

通常A份额按某种规则约定一定的收益率，如一年期定存＋3%，母基金净值扣除A类净值后的部分就是B类份额净值。股票型分级基金A和B份额的配比一般为1∶1。母基金大多为被动跟踪某一指数的指数基金。如鹏华中证A股资源产业指数分级基金跟踪标的为中证A股资源产业指数。

目前主流的股票型分级基金的母基金可以通过场外、场内两种方式募集。基金成立后，投资者在场内认购的母基金分离成A份额和B份额，并上市交易（深交所模式）。通常母基金只能被申购和赎回，不可交易（上交所模式可交易），而A和B份额只可上市交易，不可申赎。

因为A和B是从母基金分出来的，按照基金交易的规则，投资人可以从二级市场买入相同数量的A和B份额，合并成母基金赎回。也可以到基金公司先行申购母基金，然后转到二级市场将它拆为同样份额的A和B，这个叫申购、拆分。由于A和B份额在交易所市场上交易，交易价格由供需关系决定，可能偏离净值，存在折溢价。

当折溢价达到一定的幅度时，投资人可进行套利。

对于在交易所交易的A、B份额子基金来说，只能以交易价格成交，不能以净值赎回，这时就需要定期折算这样的机制来部分实现A份额的投资收益。定期折算是指：在每一个计息周期结束后(通常为一年),将A份额的约定收益(即大于1元的部分)折算为母份额,投资者可以通过赎回母份额来实现收益。

杠杆是分级基金投资运作的核心。正是由于杠杆的作用,当市场走强时B份额投资者可以获取高于母基金指数的涨幅。B份额的实际杠杆等于分级基金总资产净值除以B类份额资产净值。B份额初始杠杆为2倍。当市场上涨时,B类份额占总资产净值的比例不断提升,杠杆逐渐变小。当市场下跌时,B类份额占总资产净值的比例不断缩小,杠杆渐渐增加。

为避免极端杠杆的出现,使杠杆回到正常水平,分级基金规定了到点向上和向下折算的条款,分别对应杠杆的加载和卸载。

到点向上折算是指:当母基金净值达到1.5元的时候,将A份额和B份额大于1元净值的部分折算为母基金,恢复B份额的杠杆水平。

对于股票型分级基金,无论母基金净值涨跌,要支付A份额的约定收益和本金。如果市场下跌过多,极端情况下母基金的收益将不足以支付A份额的约定收益,并导致B份额净值接近0。因此,在B份额净值较小的时候会进行到点向下折算。同时,也降低B份额的杠杆。

到点向下折算是指:当B份额净值跌到0.25元时,将A份额净值超过B份额净值部分折算为母基金,然后通过份额再平衡将A、B份额净值归一。

下面,我们将深入揭示B份额出现下折时的风险。

近期A股市场出现快速下行,不少分级基金触发了下折,比如高铁B、重组B、互联网B等。在分级B确认发生下折之后的下一个交易日,仍有投资者在二级市场买入分级B份额,造成亏损。

他们并不清楚这其中的风险。下面,我们将详述分级B的下折流程、投资要点、风险因素等,助您理性投资。

我们先来梳理一下整个过程:当分级B的净值跌到0.25元,就会触发向下折算。B的净值从0.25元折算成1元的时候,份额对应就要缩小到1/4,保持净资产不变。而分级A与分级B份额要维持1∶1,所以1元净值的分级A也要跟着将份额缩成1/4。分级A剩下的3/4以母基金形式返还给投资者。

上一篇中,我们提到A、B份额在场内的折溢价。一般分级A是折价交易的,比如净值1元钱的A份额场内交易价可能只有0.8元。折价到0.8元的A份额在向下折算发生后,大约3/4的份额可以以1元左右的母份额净值赎回,从0.8到1元,这部分份额可以赚到25%的收益。

我们知道,母基金是由A类份额和B类份额组成的。在配对转换机制下分级基金整体折溢价率在0%上下徘徊。在发生向下折算时,由于A份额是折价交易,它享受到折价收窄带来的好处。那么A份额的获利来自哪里呢?自然是由B份额承担。打个简单的比方,母基金是一块蛋糕,A、B就相当于一块蛋糕被切成两块。A切得越大,留给B的就少了。

此外,由于母基金大部分跟踪某个指数的表现,如移动互联网、创业板、一带一路指数等。而B份额在触发下折之前杠杆比率非常大,因此B份额不仅承担了而且数倍放大了指数下跌的损失。同样以蛋糕为例,当整块蛋糕变小了,而又约定了A不受蛋糕大小的影响,结果只能是分给B的越来越少。

B份额在触发下折时面临的第三个风险因素是母基金的整体溢价率。部分基金在下折前整体溢价率很高。比如互联网分级、重组分级等整体溢价率高达10%以上。下折之后，由于分级B杠杆卸载，整体折溢价回归0%。这部分的溢价衰减也要由B份额投资者承担。

简单总结一下：在触发下折后，B份额的损失来自三个方面：

(1) A份额的获利；

(2) 母基金的下跌，B份额的杠杆进一步放大了损失；

(3) 母基金整体溢价的回落。

在分级基金触发下折后，第二个交易日为折算基准日。这一天母基金暂停申赎，但是A和B份额场内继续交易(开盘停牌一小时)。一般来说，B份额持有人当天会挂单卖出，因此当天B份额会跌停。特别提醒，这个时候无论母基金标的指数是否大涨，投资人切不可盲目接盘抢指数反弹！

知道了哪些分级不能碰之后，我们应该怎样理性投资分级B呢？

第一，选好母基金，判断母基金的标的指数是否有投资机会。另外，如果投资者预期市场大幅上涨的话，可以参与指数弹性较大的分级B份额。

第二，看B份额的杠杆倍数。杠杆是把双刃剑。指数上涨时杠杆收益越大，指数下跌时损失也越大。

第三，关注分级基金的整体溢价率。前面已经说过，投资人应规避母基金整体溢价过高的品种。如果确实看好标的指数的表现，又担心母基金整体溢价高，我们建议不要通过二级市场直接买入B份额，而应申购母基金，场内分拆后卖出A份额持有B份额。

〔引自中金在线基金网 http://fund.cnfol.com/jijinxuetang/〕

本章概念

1. 证券投资基金、产业投资基金。
2. 持有人、管理人、托管人。
3. 契约型基金、公司型基金。
4. 封闭式基金、开放式基金。
5. 股票基金、债券基金、货币市场基金、基金中的基金、对冲基金。
6. 成长型、收入型、平衡型、指数型股票基金。
7. 海外基金、QDII、公募基金、私募基金。
8. 上市型开放式基金、交易型开放式指数基金。

问题思考

1. 证券投资基金有哪些特点？它在资本市场发展中期的作用和意义是什么？
2. 证券投资基金与股票、债券相比风险和收益有什么不同？
3. 封闭式基金与开放式基金、契约型基金与公司型基金有什么区别？
4. 私募基金与公募基金有什么区别？
5. 思考我国的证券投资基金发展方向。
6. 如何选择证券投资基金进行投资？

第二篇

证券市场

第五章　证券市场概述

学习目标

1. 理解证券市场的定义和特征；
2. 掌握证券市场的分类；
3. 理解证券市场的功能；
4. 掌握证券市场的构成要素。

第一节　证券市场的特征与分类

一、证券市场的定义

证券市场是股票、债券、投资基金等有价证券发行和交易的场所。证券市场是市场经济发展到一定阶段的产物，是为解决资本供求矛盾和流动性而产生的市场。证券市场以证券发行与交易的方式实现了筹资与投资的对接，有效地化解了资本的供求矛盾和资本结构调整的难题。

二、证券市场的特征

证券市场具有以下三个显著特征：

（1）证券市场是价值直接交换的场所。有价证券都是价值的直接代表，它们本质上是价值的一种直接表现形式。虽然证券交易的对象是各种各样的有价证券，但由于它们是价值的直接表现形式，所以证券市场本质上是价值的直接交换场所。

（2）证券市场是财产权利直接交换的场所。证券市场上的交易对象是作为经济权益凭证的股票、债券、投资基金份额等有价证券，它们本身是一定量财产权利的代表，所以，代表着对一定数额财产的所有权或债权以及相关的收益权。证券市场实际上是财产权利的直接交换场所。

（3）证券市场是风险直接交换的场所。有价证券既是一定收益权利的代表，同时也是一定风险的代表。有价证券的交换在转让出一定收益权的同时，也把该有价证券所特有的风险转让出去。所以，从风险的角度分析，证券市场也是风险的直接交换场所。

三、证券市场的分类

按照不同的标准，对证券市场可以作下述分类：

（1）按照证券进入市场的顺序可以分为初级市场和次级市场。初级市场也称为一级市场，是证券发行人以筹集资金为目的，按照一定的法律规定和发行程序，向投资者出售新证券所形成的市场。次级市场又称为二级市场，是已发行证券通过买卖交易实现流通转让的市场。

（2）按照品种不同可以分为股票市场、债券市场、基金市场等。股票市场是股票发行和买卖交易的市场。股票市场的发行人为股份有限公司。债券市场是债券发行和买卖交易的场所。债券的发行人有中央政府、地方政府、金融机构、公司和企业。基金市场则是证券投资基金份额发行和交易的市场。

(3) 按照市场组织形式的不同可以分为场内交易市场和场外交易市场。场内交易市场是指证券交易所内的证券交易市场。该市场是有组织、制度化的市场,其设立和运作需要符合法律法规的规定,如我国的上海证券交易所和深圳证券交易所。一般而言,证券必须达到证券交易所规定的上市标准才能够在场内交易。场外交易市场是指在证券交易所以外进行证券交易的市场,如柜台交易市场。在柜台交易市场中,开办柜台交易的证券经营机构既是交易的组织者,又是交易的参与者。

第二节 证券市场的功能

证券市场是资金的供给方和资金的需求方通过竞争决定证券价格的场所。证券市场有如下六个功能。

一、融通资金

证券市场的融资功能是指证券市场为资金需求者筹集资金的功能。融通资金是证券市场的首要功能,这一功能的另一作用是为资金的供给者提供投资对象。一般来说,企业融资有两种渠道:一是间接融资,即通过银行贷款而获得资金;二是直接融资,即发行各种有价证券使社会闲散资金汇集成为长期资本。前者提供的贷款期限较短,适合解决企业流动资金不足的问题,而长期贷款数量有限,条件苛刻,对企业不利,后者却弥补了前者的不足,使社会化大生产和企业大规模经营成为可能。政府也可以发行债券,从而迅速地筹集长期巨额资金,投入国家的生产建设之中或用来弥补当年的财政赤字。

二、资本定价

证券市场的第二个基本功能就是为资本决定价格。证券是资本的存在形式,所以,证券的价格实际上是证券所代表的资本的价格。证券的价格是证券市场上证券供求双方共同作用的结果。证券市场的运行形成了证券需求者竞争和证券供给者竞争的关系,这种竞争的结果是:能产生高投资回报的资本,市场的需求就大,其相应的证券价格就高;反之,证券的价格就低。因此,证券市场是资本的合理定价机制。

三、资本配置

证券市场的资本配置功能是指通过证券价格引导资本的流动而实现资本的合理配置的功能。证券投资者对证券的收益十分敏感,而证券收益率在很大程度上取决于企业的经济效益。从长期来看,经济效益高的企业的证券拥有较多的投资者,这种证券在市场上买卖也很活跃。相反,经济效益差的企业的证券投资者越来越少,市场上的交易也不旺盛。所以,社会上部分资金会自动地流向经济效益好的企业,远离效益差的企业。这样,证券市场就引导资本流向能产生高报酬的企业或行业,从而使资本产生尽可能高的效率,进而实现资源的合理配置。

四、转换机制

企业如果要通过证券市场筹集资金,必须改制成为股份有限公司。股份公司的组织形式是社会化大生产和现代市场经济发展的产物,这种企业组织形式对企业所有权和经营权进行了分离,并且有一系列严格的法律、法规对其进行规范,使企业能够自觉地提高经营管理水平和资金使用效率。而且企业成为上市公司之后，会一直处于市场各方面的监督和影响之中，有利于形成“产权清晰，权责明确，政企分开，管理科学”的治理结构，有利于企业经营管理的规范化、科学化和制度化，有利于健全企业的风险控制机制和激励机制。

五、宏观调控

证券市场是国民经济的晴雨表，它能够灵敏地反映社会政治、经济发展的动向，为经济分析和宏观调控提供依据。证券市场的动向是指市场行情的变化，通常用证券价格指数来表示。如果在一段时间内，国家政治稳定，经济繁荣，整体发展态势良好，证券价格指数就会上升；反之，如果政治动荡，经济衰退，或发展前景难以预测，证券价格指数就会下跌。如1999年，美国的道琼斯指数屡创新高，突破万点大关，正是美国经济持续发展，长期保持较低失业率的良好经济态势的反映。

政府可以通过证券市场行情的变化对经济运行状况和发展前景进行分析预测，并且利用证券市场对经济实施宏观调控。政府利用证券市场进行宏观调控的手段主要是运用货币政策的三大工具：法定存款准备金率、再贴现率和公开市场业务。特别是公开市场业务，完全依托证券市场来运作，通过证券的买入卖出调节货币的供给，影响和控制商业银行的经营，进而实现调节和控制整个国民经济运行的目的。如中央银行大量买进证券，商业性金融机构就可以扩大信用规模，流通中的现金量就会增加，而且证券价格会随之提高，利率水平会相应下降，这些都会起到刺激投资、扩张经济的作用；反之，当中央银行大量卖出证券时，就会对经济产生紧缩效应，可以有效地抑制投资膨胀和经济过热。

六、分散风险

证券市场不仅为投资者和融资者提供了丰富的投融资渠道，而且还具有分散风险的功能。对于上市公司来说，通过证券市场融资可以将经营风险部分地转移和分散给投资者，公司的股东越多，单个股东承担的风险就越小。另外企业还可以通过购买一定的证券，保持资产的流动性和提高盈利水平，减少对银行信贷资金的依赖，提高企业对宏观经济波动的抗风险能力。对于投资者来说，可以通过买卖证券和建立证券投资组合来转移和分散资产风险。投资者往往把资产分散投资于不同的对象，证券作为流动性、收益性都相对较好的资产形式，可以有效地满足投资者的需要，而且投资者还可以选择不同性质、不同期限、不同风险和收益的证券构建证券组合，分散证券投资的风险。

前三个功能是证券市场的最基本的功能，后三个功能是在其基础上派生出来的功能。

第三节　证券市场的构成要素

通常可以认为，证券市场的构成要素主要包括证券市场参与者、证券市场交易工具和证券交易场所。

一、证券市场参与者

证券市场参与者包括证券发行人、证券投资者、证券市场中介机构、自律性组织和证券监管机构。

（一）证券发行人

证券发行人，是指为筹措资金而发行债券、股票等证券的政府及其机构、金融机构、公司和企业。证券发行人是证券发行的主体。证券发行是把证券向投资者销售的行为。证券发行可以由发行人直接办理,这种证券发行称之为自办发行或直接发行。自办发行是比较特殊的发行行为,也比较少见。20世纪末以来,由于网络技术在发行中的应用,自办发行开始增多。证券发行一般由证券发行人委托证券公司发行,又称承销或间接发行。按照发行风险的承担、所筹资金的划拨及手续费高低等因素划分,承销方式有包销和代销两种,包销又可分为全额包销和余额包销。

(二)证券投资者

证券投资者,是证券市场的资金供给者,也是金融工具的购买者。证券投资者类型甚多,投资的目的也各不相同。证券投资者可分为机构投资者和个人投资者两大类。机构投资者是指相对于中小投资者而言拥有资金、信息、人力等优势,能影响某个证券价格波动的投资者,包括企业、商业银行、非银行金融机构(如养老基金、保险基金、证券投资基金)、非营利性机构(中央银行)以及QFII和外国战略投资者等。各类机构投资者的资金来源、投资目的、投资方向虽各不相同,但一般都具有投资的资金量大、收集和分析信息的能力强、注重投资的安全性、可通过有效的资产组合以分散投资风险、对市场影响大等特点。个人投资者是指从事证券投资的居民,他们是证券市场最广泛的投资者。个人投资者的主要投资目的是追求盈利,谋求资本的保值和增值,所以十分重视本金的安全和资产的流动性。

QFII是Qualified Foreign Institutional Investors的英文缩写,是合格的境外机构投资者的简称,QFII机制是指外国专业投资机构到境内投资的资格认定制度。QFII是一国在货币没有实现完全可自由兑换、资本项目尚未开放的情况下,有限度地引进外资、开放资本市场的一项过渡性的制度。这种制度要求外国投资者若要进入一国证券市场,必须符合一定的条件,得到该国有关部门的审批通过后汇入一定额度的外汇资金,并转换为当地货币,通过严格监管的专门账户投资当地证券市场。2002年11月,我国引入了QFII制度,QFII获得批准投资额度逐步上升。RQFII是指人民币境外合格机构投资者。2011年12月16日我国允许符合条件的基金公司、证券公司香港子公司作为试点机构开展RQFII业务。截至2018年5月底,QFII总额度为1 500亿美元,RQFII试点区域拓展至19个国家和地区,总试点规模19 400亿元人民币。累计有287家QFII机构合计获得994.59亿美元、196家RQFII机构合计获得6 158.52亿元人民币投资额度。表5-1列出截至2018年6月15日基金公司总规模排前20名,表5-2列出截至2018年5月30日QFII获得批准额度前20名。

(三)证券市场中介机构

证券市场中介机构,是指为证券的发行与交易提供服务的各类机构,包括证券公司和其他证券服务机构,通常把两者合称为证券中介机构。中介机构是连接证券投资者与筹资人的桥梁,证券市场功能的发挥,很大程度上取决于证券中介机构的活动。通过它们的经营服务活动,沟通了证券需求者与证券供应者之间的联系,不仅保证了各种证券的发行和交易,还起到维持证券市场秩序的作用。证券公司,是指依法设立可经营证券业务的、具有法人资格的金融机构。证券公司的主要业务有承销、经纪、自营、投资咨询、购并、受托资产管理、基金管理等。证券公司一般分为综合类证券公司和经纪类证券公司。证券服务机构是指依法设立的从事证券服务业务的法人机构,主要包括证券登记结算公司、证券投资咨询公司、会计师事务所、资产评估机构、律师事务所、证券信用评级机构等。

表 5-1 截至 2018 年 6 月 15 日基金公司总规模排前 20 名

基金公司	截至 2018 年 6 月 15 日规模(亿元)	截至 2018.06.15 规模排名	基金公司	截至 2018 年 6 月 15 日规模(亿元)	截至 2018.06.15 规模排名
天弘基金	19 904.38	1	招商	3 805.76	11
易方达	6 670.55	2	广发	3 410.72	12
工银瑞信	6 189.78	3	鹏华	3 141.99	13
建信	5 705.96	4	银华	2 332.33	14
南方	4 774.35	5	农银汇理	2 166.41	15
华夏	4 311.86	6	平安大华	2 107.40	16
博时	4 190.32	7	富国	2 001.89	17
中银	4 036.54	8	兴全	1 990.22	18
汇添富	3 987.37	9	兴业	1 881.21	19
嘉实	3 885.29	10	交银施罗德	1 594.53	20

资料来源:东方财富网。

表 5-2 QFII 获得批准额度前 20 名(截至 2018.5.30)

序号	合格境外机构投资者(QFII)名称	投资额度(亿美元)	序号	合格境外机构投资者(QFII)名称	投资额度(亿美元)
1	澳门金融管理局	50.0	11	奥本海默基金公司	15.0
2	韩国银行	30.0	12	马来西亚国家银行	15.0
3	香港金融管理局	25.0	13	富邦人寿保险有限公司	15.0
4	挪威中央银行	25.0	14	科威特政府投资局	15.0
5	阿布达比投资局	25.0	15	富达基金(香港)有限公司	12.0
6	瑞士银行	21.9	16	加拿大年金计划投资委员会	12.0
7	法国兴业银行	17.0	17	中国国际金融香港资产管理有限公司	11.0
8	JF 资产管理有限公司	15.25	18	国泰证券投资信托有限公司	10.5
9	新加坡政府投资有限公司	15.0	19	卡塔尔控股有限公司	10.0
10	淡马锡富敦有限公司	15.0	20	贝莱德资产管理北亚有限公司	10.0

资料来源:中国外汇管理局网站。

(四) 自律性组织

自律性组织,包括证券交易所和证券行业协会。根据《中华人民共和国证券法》(下文简称《证券法》)的规定,证券交易所是为证券集中交易提供场所和设施,组织和监督证券交易,实行自律管理的法人。其主要职责有:提供交易场所与设施;制定交易规则;监管在该交易所上市的证券以及会员交易行为的合规性、合法性,确保市场的公开、公平和公正。世界上最早成立的证券交易所是 1613 年成立的荷兰的阿姆斯特丹证券交易所。中国最早的是 1905 年设立的“上海众业公所”。1949 后,一度取消证券交易。1990 年至 1991 年,上海和深圳相继设立证券交易所。证券交易所分为公司制和会员制两种。公司制证券交易所是以营利为目的,提供交易场所和服务人员,以便利证券商的交易与交割的证券交易所。会员制证券交易所是不以营利为目的，由会员自治自律、互相约束，参与经营的会员可以参加股票交易中的股票买卖与交割的交易所。目前我国的上海和深圳交易所都是会员制。证券交易所的更具体的介绍见第七章第二节。

证券业协会是证券行业的自律性组织，是社会团体法人。证券业协会的权力机构为由全体会员组成的会员大会。根据《证券法》规定，证券公司应当加入证券业协会。证券业协会应当履行协助证券监督管理机构组织会员执行有关法律，维护会员的合法权益，为会员提供信息服务，制定规则，组织培训和开展业务交流，调解纠纷，就证券业的发展开展研究，监督检查会员行为以及证券监督管理机构赋予的其他职责。

（五）证券监管机构

在中国，证券监管机构是指中国证券监督管理委员会及其派出机构。它是国务院直属的证券管理监督机构，依法对证券市场进行集中统一监管。它的主要职责是：负责行业性法规的起草，负责监督有关法律法规的执行，负责保护投资者的合法权益，对全国的证券发行、证券交易、中介机构的行为等依法实施全面监管，维持公平而有秩序的证券市场。

二、证券市场交易工具

证券市场活动必须借助一定的工具或手段来实现，这就是证券交易工具，也即证券交易对象。证券交易工具主要包括：政府债券（包括中央政府债券和地方政府债券）、金融债券、公司（企业）债券、股票、基金及金融衍生证券等。金融衍生证券包括：① 期货合约。期货合约是指由期货交易所统一制定的、规定在将来某一特定时间和地点交割一定数量和质量实物商品或金融商品的标准化合约。② 期权合约。期权合约是指合同的买方支付一定金额的款项后即可获得的一种选择权合同。③ 远期合同。远期合同是指合同双方约定在未来某一日期以约定价值，由买方向卖方购买某一数量的标的项目的合同。④ 互换合同。互换合同是指合同双方在未来某一期间内交换一系列现金流量的合同。按合同标的项目不同，互换可以分为利率互换、货币互换、商品互换、权益互换等。其中，利率互换和货币互换比较常见。

三、证券交易场所

证券交易场所包括场内交易市场和场外交易市场两种形式。场内交易市场是指在证券交易所内进行的证券买卖活动，这是证券交易场所的规范组织形式；场外交易市场是在证券交易所之外进行证券买卖活动，它包括柜台交易市场、第三市场、第四市场等形式。

柜台交易市场是指在证券交易所以外的市场所进行的证券交易，又称店头交易或场外交易。交易的证券多为未在交易所挂牌上市的证券，但也包括一部分上市证券。柜台交易具有以下特点：为个人投资者投资于公债二级市场提供更方便的条件，可以吸引更多的个人投资者；场外交易的覆盖面和价格形成机制不受限制，方便于中央银行进行公开市场操作；有利于商业银行低成本、大规模地买卖公债等等；有利于促进各市场之间的价格、收益率趋于一致。

第三市场是非交易所会员在交易所以外从事大笔的在交易所上市的股票交易而形成的市场。换言之，是已上市却在证券交易所之外进行交易的股票买卖市场。它是一种店外市场。应当指出，第三市场交易属于场外市场交易，但与其他场外市场的区别，主要是第三市场的交易对象是在交易所上市的股票，而其他场外交易市场则是从事未上市的股票在交易所以外交易。

第四市场是美国投资者和证券持有人绕开证券经纪人，相互间直接进行证券交易而形成的市场，又称四级市场。第四市场的交易通常只牵涉买卖双方。有时也有帮助安排证券交易的第三方参与，但他们不直接卷入交易过程。第三方作为中间人，无须向证券管理机关登记，也无须向公众公开报道其交易情况。第四市场的开拓者即帮助买进或卖出证券者，通常只有一个人或儿个人。他们的主要工作是向客户通报买方和卖方的意愿，以促成买卖双方进行直接的交易谈判。各方交易者之间则通过电话、电传等方式进行生意接触，往往买卖双方相互不知身份。利用第四市场进行交易的一般都是一些大企业、大公司。他们进行大宗的股票交易，为了不暴露目标，不通过证券交易所，而直接通过第四市场的电子计算机网络进行交易。第四市场的吸引力和优点，首先在于其交易成本低廉。因为买卖双方直接交易不需要支付中介费用，即使有时需通过第三方来安排，佣金也要比其他市场少得多。据统计，在美国利用这种市场进行证券交易比在证券交易所交易一般可节省佣金 70%。其次是价格合理。由于买卖双方直接谈判，所以可望获得双方都满意的价格，而且成交比较迅速。第四市场有很大发展潜力，同时也对证券交易所场内和场外的大批量证券交易产生巨大的竞争压力，促使这些交易以较低的成本和更直接的方式进行。

案　例

中国证券市场发展概况及历程

证券市场是金融市场的重要组成部分，具有融通资本、资本定价与资源配置等功能。证券市场的发展过程始终与实体经济紧密依存，对引导储蓄转化为社会投资和促进实体经济发展具有不可替代的重要作用。20 世纪 80 年代初开始，中国证券市场历经三十余年的发展，主要经历了如下四个阶段：

第一阶段：中国证券市场的建立（1978 年至 1992 年）

20 世纪 80 年代，中国证券市场活动仅局限于国库券的发行和分销。1984 年 7 月，北京天桥股份有限公司和上海飞乐音响股份有限公司经中国人民银行批准向社会公开发行股票。1986 年 9 月 26 日，上海建立了第一个证券柜台交易点，这是新中国证券正规化交易市场的开端。1990 年，上交所和深交所的成立是中国证券市场的重要里程碑，标志着中国证券市场开始其发展历程。两家证券交易所为上市股票提供了必要的交易平台和流动性，而中国投资银行业也随之出现。

第二阶段：全国统一监管市场的形成（1993 年至 1998 年）

1992 年中国证监会成立，标志着中国证券市场统一监管环境的形成。证券监管部门建立了统一的市场监管体系并持续完善相关监管条例和规则，从而有力地推动了中国资本市场的发展。1993 年国务院先后颁布了《股票发行与交易管理暂行条例》和《企业债券管理条例》，此后又陆续出台若干法规和行政规章，初步构建了基本的证券法律法规体系。1993 年以后，B 股、H 股发行出台，债券市场品种呈现多样化，发债规模逐年递增，证券中介机构在种类、数量和规模上也迅速扩大。1998 年，国务院证券委撤销，中国证监会成为中国证券期货市场的监管部门，并在全国设立了派出机构，建立了集中统一的证券期货市场监管框架，证券市场由局部地区试点试验转向全国性市场发展阶段。

第三阶段：依法治市和市场结构改革（1999 年至 2008 年）

1999 年《证券法》的颁布和 2006 年《证券法》、《公司法》的修订奠定了我国证券市场的基本法律框架，进一步改善了市场监管环境，使我国证券市场的法制建设进入了一个新的历史阶段。在此期间，我国政府执行了一系列市场化改革措施，其中以券商综合治理和股权分置改革为代表事件。为了贯彻落实国务院相关政策，2004 年 8 月，中国证监会在证券监管系统内全面部署和启动了综合治理工作，包括证券公司综合治理、上市公司股权分置改革、发展机构投资者在内的一系列重大变革由此展开。2004 年 2 月，国务院发布《关于推进资本市场改革开放和稳定发展的若干意见》，明确了证券市场的发展目标、任务和工作要求，成为资本市场定位发展的纲领性文件。2004 年 5 月起，深交所在主板市场内设立中小企业板块，为中小企业提供了融资和股票交易的平台。2005 年 4 月，经国务院批准，中国证监会发布了《关于上市公司股权分置改革试点有关问题的通知》，启动股权分置改革试点工作。2006 年 9 月，中国金融期货交易所批准成立，有力推进了中国金融衍生产品的发展，完善了中国资本市场体系结构。

第四阶段：多层次资本市场的建立和完善发展（2009 年至今）

2009 年 10 月创业板的推出标志着多层次资本市场体系框架基本建成。进入 2010 年，证券市场制度创新取得新的突破，2010 年 3 月融资融券的推出、4 月股指期货的推出为资本市场提供了双向交易机制，这是中国证券市场金融创新的又一重大举措。

2012 年 8 月、2013 年 2 月转融资、转融券业务陆续推出，有效地扩大了融资融券发展所需资金和证券的来源。2013 年 11 月，十八届三中全会召开，全会提出的对金融领域改革将为证券市场的发展带来新机遇。2013 年 11 月 30 日，中国证监会发布《关于进一步推进新股发行体制改革的意见》，新一轮新股发行制度改革正式启动。2013 年 12 月，新三板准入条件进一步放开，新三板市场正式扩容至全国。随着多层次资本市场体系的建立和完善，新股发行体制改革的深化，新三板、股指期权等制度创新和产品创新的推进，中国证券市场逐步走向成熟，证券市场为中国经济提供投融资服务等功能将日益得到突出和体现。2015 年 10 月 29 日，中国共产党第十八届中央委员会第五次全体会议审议通过了《中共中央关于制定国民经济和社会发展第十三个五年规划的建议》，明确了要加快金融体制改革，提高金融服务实体经济效率，积极培育公开透明、健康发展的资本市场，推进股票和债券发行交易制度改革，提高直接融资比重，降低杠杆率。开发符合创新需求的金融服务，推进高收益债券及股债相结合的融资方式。2016 年 3 月 31 日，国务院批转国家发展改革委《关于 2016 年深化经济体制改革重点工作的意见》，提出要深化资本市场改革，推进股票、债券市场改革和法治化建设，促进多层次资本市场健康发展，提高直接融资比重。2017 年 1 月 26 日，国务院办公厅出台《关于规范发展区域性股权市场的通知》，指出规范发展区域性股权市场是完善多层次资本市场体系的重要举措，在推进供给侧结构性改革、促进大众创业万众创新、服务创新驱动发展战略、降低企业杠杆率等方面具有重要意义，并从市场定位、监管体制、运营机构、监管底线、合格投资者、信息系统、区域管理、支持措施等八个方面对区域性股权市场做出专门的制度安排。

经过三十多年的发展，从上市公司的数量、融资金额、投资者数量等各方面，中国资本市场均已具备了相当的规模，其在中国经济的发展中正发挥越来越重要的作用。截至 2017 年 6 月 30 日，中国沪深两市共有上市公司（A、B 股）3 297 家，总市值达到约 53.43 万亿元，流通市值 41.58 万亿元。证券市场投资者规模日益壮大，其结构也在不断优化。截至 2017 年

6 月 30 日，中国共有证券公司 129 家，证券投资基金管理公司 109 家。中国证券市场在优化资源配置、促进企业转制、改善融资结构、加速经济发展等方面正在发挥着重要作用。

〔摘自 2018 年证券行业发展历程及监管体系分析——中国报告网 http://zhengce.chinabaogao.com/gonggongfuwu/2018/02243214K2018.html〕

本章概念

1. QFII、RQFII。
2. 柜台交易市场、场内交易市场、场外交易市场、第三市场、第四市场。

问题思考

1. 简述证券市场的功能。
2. 证券市场的基本构成要素有哪些？
3. 什么是 QFII？该制度产生的前提是什么？
4. 柜台交易市场有哪些特点？
5. 简述第三市场和第四市场。

第六章　证券发行市场

学习目标

1. 了解证券发行市场的特征；
2. 熟悉证券发行的基本程序和发行方式；
3. 了解股票发行条件和发行方式；
4. 掌握股票发行价格的确定方法；
5. 了解债券发行的条件与程序；
6. 了解证券投资基金的发行和认购程序。

第一节　证券发行市场概述

证券发行市场是政府或企业发行债券或股票以筹集资金的市场，是以证券形式吸收闲散资金，使之转化为生产资本的场所。由于证券是在发行市场上首次作为商品进入流通领域的，所以通常将证券发行市场称为“初级市场”或“一级市场”。证券发行市场是整个证券市场的起点，没有证券发行也就没有证券交易和证券投资，所以证券发行市场是基础环节。

一、证券发行市场的特征

证券发行市场相对于证券流通市场而言，具有以下一些主要特征：

(1) 没有固定场所。新发行证券的认购和销售一般不在有组织的交易所内进行。有的由发行者自行向投资者销售，有的由证券承销商承购后再向投资者分销，也可能有一部分由证券承销商进入证券交易所推销。

(2) 没有统一的交易时间。证券发行者根据自己的需要和市场行情走势来决定何时发行，没有例行的发行时间。但每次具体的发行都有发行期限的限制，时间比较集中。

(3) 证券发行价格与证券票面价格较为接近，尤其是债券，常以票面价格发行。

由于证券发行市场主要为符合发行条件的政府和企业发行股票、债券，为筹集长期资金提供场所和条件，所以证券发行市场对经济发展起着重要作用。

二、证券发行市场的构成

证券发行市场是由发行市场主体、发行中介及管理者和发行对象构成。

(一) 发行市场主体

1. 证券发行人

证券发行人是证券的供应者和资金的需求者。发行人的多少和发行证券数量的多少决定了发行市场的规模和发达程度。证券发行人主要包括政府、企业和金融机构，自然人不能成为证券发行人。由于证券发行人是证券权利义务关系的主要当事人，是证券发行后果与责任的主要承担者，所以，为了保障社会投资者的利益，维护证券发行市场的秩序，防止各种欺诈舞弊行为，多数国家的证券法都对证券发行人的主体资格、净资产额、经营业绩和发起人责任设有条件限制。证券法对于发行人设定主体条件要求的目的在于保障证券发行行为的安全与公平。

2. 证券投资人

证券投资人即资金的供应者，投资人数量的多少和资金实力的大小同样制约着证券发行市场的规模。投资人包括个人投资者和机构投资者，后者主要是证券公司、信托投资公司、共同基金、人寿保险公司等金融机构和企业、事业机构、社会团体等。相对于证券发行人来说，对投资人的资格限定要少得多，一般所见的限定主要是对投资人主体资格的限定，如投资人是否具有民事行为能力，个人的职业、职务，机构的经营范围是否不准涉足证券投资等等。

（二）发行中介及管理者

1. 证券发行中介人

证券发行中介人主要是指证券发行的承销商，它代理证券发行，向投资人推销证券，一般是指投资银行、证券公司和其他金融机构的证券部门。

在现代社会的证券发行中，发行人通常不是把证券直接销售给投资人，而是由证券承销商首先承诺全部或部分包销，即使是在发行人直接销售证券的情况下，往往也需要获得中介人的协助。因为在证券发行过程中，承销商的参与一方面可以使发行人减轻或消除证券发不出去的风险，另一方面可以使发行人借助承销商的专业知识和经验顺利完成发行工作。同时，证券承销商虽然不是证券的权利义务当事人，但它对发行人的经营状况负有尽职审查的义务，并对其承销的证券的招募说明书之真实性和完整性负有连带责任。所以，证券承销商作为经营证券的中介机构，在证券发行市场上起着沟通买卖、连接供求的重要桥梁作用。我国现行法规明确规定，股票和企业债券的公开发行应当由证券经营机构承销。

除了证券承销商外，证券发行市场上的其他中介人包括：律师事务所、会计师事务所和资产评估机构。这类中介机构的主要职责是：以专业人员应有的专业技能，完成尽职审查的义务，客观公正地出具结论性意见，并对经其确认的法律文件和由其出具的结论性意见的真实性、合法性和完整性负有持续的法律责任。它们的中介作用对于保障证券发行的合法顺利进行，对于有效确定证券交易条件，对于减少证券承销风险及避免可能发生的纠纷，都是非常重要的。比如，律师事务所要确认发行人的主体资格、经营运作、发行准备活动以及上报的文件资料等符合法律规定，并签署法律意见书；会计师事务所要对发行人以往的经营业绩、财务状况和未来的赢利预测进行审计，并发表承担法律责任的审计意见，以保证发行人披露的财务资料的可信性；资产评估机构要对发行人现有资产的现实价值进行评估，根据市场情况客观公正地调整发行人现有资产的账面价值等。

2. 证券发行管理者

任何国家发行证券都要受到证券管理机关的相应管理。目前我国证券发行的管理机关是中国证券监督管理委员会及所属的发行审核委员会。

（三）证券市场发行对象

证券市场发行对象即市场发行的客体，包括股票、债券（国债、金融债券、公司债券、企业债券、可转换债券等）、投资基金等。

三、我国证券发行与承销的基本原则

目前,我国证券发行与承销的基本原则可以概括为以下三项。

(一) 核准性原则

我国目前对于各类证券的发行尚采取严格的审查批准制度(即核准制度)而非注册制度。核准制度是指任何发行人发行任何证券以及任何证券进入各种类型的交易市场都必须经过主管机关和证券监督管理部门的实质性审查和批准。

证券发行注册制是指证券发行申请人依法将与证券发行有关的一切信息和资料公开,制成法律文件,送交主管机构审查,主管机构只负责审查发行申请人提供的信息和资料是否履行了信息披露义务的一种制度。其最重要的特征是:在注册制下证券发行审核机构只对注册文件进行形式审查,不进行实质判断。证券发行注册的目的是向投资者提供据以判断证券实质要件的形式资料,以便做出投资决定,证券注册并不能成为投资者免受损失的保护伞。如果公开方式适当,证券管理机构不得以发行证券价格或其他条件非公平,或发行者提出的公司前景不尽合理等理由而拒绝注册。

形式审核(注册制)与实质审核(核准制)的区别在于审核机关是否对公司的价值作出判断。实质审查具有两层含义:一种是指行政机关对披露内容的真实性进行核查与判断,另一种是指行政机关对披露内容的投资价值作出判断。在界定股票发行中的核准制时,一般取实质审查的第二种含义,即判断公司证券的投资价值与风险。

(二) 公开性原则

自从美国在 1934 年《证券交易法》中确定了公开性原则以来,这一规则被各国证券法所强调,即任何类型的证券发行必须遵循公开性原则,以使得投资者对于其所购买的证券具有充分、真实、准确、完整的了解;我国《证券法》关于公开性原则主要体现在:招募文件必须按必要条款和必要内容编制的规则,各类证券招募文件预先披露的规则,证券发行人持续性信息披露责任的规则,发行人和承销人对于信息披露真实性和完整性保证的规则,证券发行方式的规则,等等。

(三) 公平诚信原则

依照这一原则,证券发行中的欺诈行为、舞弊行为、内幕交易行为、大户操纵行为和其他一切不公平交易行为,均不具有合法效力,并应当承担违法行为责任。

四、证券发行的基本程序

为了保证证券市场的稳定和投资者的正当利益,证券发行都必须按一定的程序进行。从目前我国证券发行的过程来看,股票与企业债券的发行一般要遵循以下基本程序。

(一) 证券发行报批前的准备工作

发行前的准备工作对于证券能否取得发行资格,能否顺利发行有着重要意义,主要内容包括:

(1) 聘请中介人。主要是证券承销商,其次还包括具有从事证券相关业务资格的律师事务所、会计审计机构、资产评估机构等其他中介人。选择中介机构应当综合考虑中介机构的实力、业绩、人员素质等情况。

(2) 进行财产重估和资信评审。新建股份有限公司必须经国家有关部门批准,并由发起单位认购全部股份总额的 35%以上,方能对外发行股票。现有企业改制成股份有限公司必须经国家有关部门批准,并进行财产重估,合理核定企业资产的价值。我国采用资产评估的方法主要有收益现值法、重置成本法、现行市价法和清算价格法。

如果发行企业债券，则必须进行资信审查和评估，对于向社会公开发行债券的企业，还必须先向有关信誉评估机构申请评估，评估机构根据有关标准评定企业的资信等级。

(3) 围绕证券发行审批的要求准备好各项文件资料。

(二) 证券发行人向有关部门提交申请文件

发行人完成了各项文件资料的准备工作后，便可向有关政府部门递交发行证券申请报告及其他所要求的文件资料。

(三) 证券发行的审批

有关证券管理部门接受发行人的申报后，即进入审查批复阶段，经过对申报资料的审核，有关部门会出具书面反馈意见，发行人和中介机构须按照反馈意见修改和补充资料。对于股票发行，一般要经过两级审查，中国证监会发行部初审和发行审核委员会复审，通过后即可公开发行。

(四) 实施发行阶段

发行人在获得证券发行审批部门同意其公开发行证券的批复后，即可按批准的发行方案发行证券，大致可分为以下几个步骤：

(1) 刊登发行公告。

(2) 披露招募说明书。招募说明书是发行人向特定或不特定的投资人发出销售某种证券的书面要约，发行人向社会公开发行证券，必须公告招募说明书，并承担相应的法律责任。

(3) 发行证券。发行人通过证券承销机构按照一定的发行方式向公众发行证券。

(4) 验资。发行的证券价款缴足后，须经法定的验资机构验资并出具证明。

(5) 证券托管。

(6) 发行结束。

五、证券发行的主要方式

证券发行方式的选择对于能否顺利地发售证券、筹足资金是非常关键的。根据不同的分类标准，可以划分出以下几类主要的证券发行方式。

(一) 公募发行和私募发行

按照发行对象的不同可以将证券发行方式划分为公募发行和私募发行两大类。

1. 公募发行

又称公开发行，是指以不特定的广大投资者为证券发行的对象，按统一的条件公开发行证券的方式。公募发行一般数额较大，发行人通常委托证券承销商代理发行，因而发行成本较高。公募发行须经过严格的审查，发行过程比较复杂，但信用度较高且流通性较好。如果公募发行的证券是债券，其发行利率一般低于私募发行的利率。

2. 私募发行

又称不公开发行，是指以特定的投资者为对象发行证券的发行方式。私募发行的数额一般较小，发行程序也比较简单，所以发行人不必委托中介机构办理推销，可以节省手续费开支，降低成本。但由于私募发行不经过严格的审查和批准，所以一般不能公开上市，流动性较差。

(二) 直接发行和间接发行

按照有没有发行中介的参与可以将证券发行方式划分为直接发行和间接发行。

1. 直接发行

又称自营发行，是指发行人不委托其他机构，而是自己直接而向投资人发售证券的方式。这种发行方式的特点是：发行量小，社会影响不大；内部发行不需向社会公众提供发行人的有关资料；发行成本较低；投资人大多是与发行人有业务往来的机构。直接发行方式由于没有证券承销商的参与，一旦发行失败，则风险全部由发行人承担。

2. 间接发行

又称委托代理发行，是指发行人委托证券承销商代其向投资人发售证券的方式。发行人为此需支付代理费用给承销商，而承销商则需承担相应的发行责任和风险。间接发行根据受托券商对证券发行责任的不同，又可以分为以下几种具体方式。

(1) 包销，是指证券承销商将发行人的证券按照协议全部购入或者在承销期结束时将售后剩余证券全部自行购入的承销方式。包销一般可分为全额包销和余额包销两种。全额包销发行方式是由证券承销商将所发行的证券全部买下，然后再转售给社会公众投资者的证券发行方式。使用这种发行方式，发行风险全部由受托证券承销商承担，无论承销商能否将证券全部发行出去，发行人都可以及时、全额取得所筹资金。同时，使用该种发行方式发行人付出的代理费也是最高的，因为证券承销商在向社会公众发行前，已将全部金额支付给发行人，构成资金垫付行为，所以代理费用必然提高。余额包销发行方式又称助销，是指证券承销商按照规定的发行额和发行条件，在约定的期限内向投资者发售证券，到销售截止日，如投资者实际认购总额低于预定发行总额，未售出的证券由承销商负责认购，并按约定时间向发行人支付全部证券款项。这种发行方式同全额包销方式一样，发行风险全部由证券承销商承担，发行人的筹集资金额有保障，不会因为发行额不足而产生筹款金额不足的情况。所不同的是发行人获得资金的时间不同，在余额包销方式下，发行人在发行期结束时才能获得资金，而在全额包销方式下，发行人在发行协议签订以后，发行期开始之前即可获得承销商垫付的资金。由于没有资金垫付行为，所以余额包销方式的代理费比全额包销发行方式要低。目前这种发行方式在我国运用得比较多。

(2) 代销，是指证券承销商代理发行人发售证券，发行期结束时将收入的资金连同未售出的证券全部退回给发行人的证券发行方式。使用这种发行方式，证券发行中的全部风险由发行人承担，代销者对证券能否售出不承担任何责任，因而代理费用在以上三种方式中是最低的，通常与实际发售数额挂钩。我国《证券法》规定证券的代销、包销期最长不得超过 90 日。

(3) 联合发行方式，又称承销团发行方式，是指由证券主承销商牵头，联合其他承销商组成承销团，共同承担责任，全额或余额包销代理发行证券的方式。参与联合发行方式的承销商至少在两个以上，一般由主承销商与发行人签订发行协议，再由主承销商与其他副主承销商、分销商签订分销协议。证券发行的风险由参加联合发行的承销商共同分担，形式有等额分担和按比例分担，一般情况下主承销商分担的风险和责任最大，相应获得的手续费也最多。联合发行方式特别适合于发行数额巨大的证券，由于参与发行的机构较多，可以发挥各自的优势，缩短发行期限，及时取得资金，但内部协调工作也相应较重。我国《证券法》规定，向社会公众公开发行的证券票面总值超过人民币五千万元的，应当由承销团承销。

(三) 担保发行和无担保发行

1. 担保发行

担保发行是指发行人为了提高证券信誉和吸引力，增加投资者的安全感，采用某种方式承诺，保证到期支付证券收益的一种证券发行方式。在证券担保发行中，主要是债券发行采用此方式。具体的担保形式又可分为两种。

(1) 信用担保发行，是指证券发行人凭借担保人的信用来保证发行人履行责任的发行方式。担保人必须是除发行人以外的、具备担保资格、信誉良好的第三人，担保人同意担保必须出具正式的书面担保文件，一旦出现被担保的证券发行人无法履行责任，担保人必须及时提供全部资金予以代偿。担保人代偿后对被担保的证券发行人具有追索权。

(2) 实物担保发行，是指证券发行人以符合担保条件的实物为抵押品来保证发行人履行发行责任的发行方式。担保物的价值要经中介机构的评估。发行人一旦到期无法履约，则应用担保物进行清偿。担保物变价金额不足偿付的按比例偿付，原债权人保留差额追索权。

2. 无担保发行

无担保发行是不提供担保条件的发行，国家债券和部分金融债券因信誉良好一般为无担保发行。

(四) 定价发行和竞价发行

按照证券发行价格确定方式的不同可以将发行方式划分为定价发行和竞价发行。

1. 定价发行

定价发行是由发行人事先确定一个发行价格来发售证券的方式。根据发行价格同证券面值之间关系的不同，可以分为平价发行、溢价发行和折价发行，我国法律规定股票不得折价发行，债券则可根据发行时票面利率与市场利率之间的关系选择平价发行、溢价发行和折价发行，一般多为平价发行。

2. 竞价发行

竞价发行又称招标发行，是由发行人通过公开招标的方式，经过投标人的竞争，选择对发行人最有利的价格作为中标价格即发行价格的发行方式。一般政府债券的发行多选择此种发行方式。

六、证券发行的信息披露

依照法律、行政法规等的规定，股份有限公司公开发行股票、债券等，必须进行信息公开披露，公开披露的文件主要包括：招股说明书、配股说明书、公司债券募集说明书等。信息披露的内容概括起来有三大部分：信息披露主体的组织状况、财务状况和经营管理信息。

(一) 信息披露的方式

信息披露的方式在理论上有三种：一是经验证后正式签署；二是依规定程序公开刊登或送达；三是向有关部门履行注册备案手续。

(二) 信息披露的原则

信息披露的原则主要有以下四方面内容：① 真实性原则，是指股份有限公司所公开的情况不得有任何虚假成分，必须与自身客观实际相符。② 完整性原则，是指股份有限公司必须把能够提供投资者判定证券投资价值的情况全部公开。③ 准确性原则，是指股份有限公司公开的信息必须尽可能详尽、具体和明确。④ 及时性原则，是指股份有限公司必须在法定期限内公开有关的报表文件，发生的重大事件也必须迅速公开。

第二节　股票发行市场

股票是最重要的证券，是证券交易市场中最为活跃、影响最广的证券，因此股票的发行与承销在证券市场中占有非常重要的地位。在国际上，股票发行制度基本上可以分为核准制和注册制。核准制较为严格，主要依靠监管机构来保证上市公司的质量，较为适合处于发展早期、自律能力较差的证券市场，不少发展中国家的新兴市场采取核准制。注册制较为宽松，主要依靠申请公司自律，发展较为成熟的证券市场大多采用注册制。我国目前采用的是核准制，该制度对股票的发行条件、发行主体的规范运作、承销方式及承销机构的资格等方面进行严格的管制。

一、股票的发行条件

在我国，股票发行可分为首次公开发行和增发新股两种方式，两种方式的发行条件如下。

（一）首次公开发行条件

所谓首次公开发行是指以募集方式或公开募集股份或已成立公司首次发行股票。《股票发行与交易管理暂行条例》第八条规定：设立股份有限公司申请公开发行股票，应当符合下列条件：

(1) 其生产经营符合国家产业政策；

(2) 其发行的普通股票限于一种，同股同权；

(3) 发起人认购的股本数额不少于公司拟发行的股本总额的 35%；

(4) 在公司拟发行的股本总额中，发起人认购的部分不少于人民币 3 000 万元，但是国家另有规定的除外；

(5) 发起人在最近 3 年内没有重大违法行为。

股份有限公司在公开发行股票后，若拟申请其股票在证券交易所上市交易，根据《公司法》第一百五十二条，必须符合下列条件：

(1) 公司股票经中国证监会批准，已经向社会公开发行；

(2) 公司股本总额不少于人民币 5 000 万元；

(3) 公司开业时间在 3 年以上，最近 3 年连续盈利；原国有企业依法改建而设立的，或者《公司法》实施后新组建成立，其主要发起人为国有大中型企业的，可连续计算；

(4) 持有股票面值达人民币 1 000 元以上的股东人数不少于 1 000 人；向社会公开发行的股份达公司股份总数的 25%以上；公司股本总额超过人民币 4 亿元的，其向社会公开发行股份的比例为 15%以上；

(5) 公司在最近 3 年内无重大违法行为，财务会计报告无虚假记载等。

（二）增发新股的发行条件

上市公司发行新股，是指上市公司向社会公开发行新股，包括向原股东配售（以下简“配股”）和向全体社会公众发售股票（以下简称“增发”）。

根据《公司法》的有关规定，上市公司发行新股必须具备下列基本条件：

(1) 前一次发行的股份已募足，并间隔 1 年以上；

(2) 公司在最近 3 年内连续盈利，并可向股东支付股利；

(3) 公司在最近3年财务会计文件无虚假记载；

(4) 公司预期利润可达同期银行存款利率。

根据《证券法》第二十条的规定，上市公司发行新股，还必须满足下列要求：“上市公司对发行股票所募集资金，必须按招股说明书所列资金用途使用。改变招股说明书所列资金用途，必须经股东大会批准。擅自改变用途而未做纠正的，或者未经股东大会认可的，不得发行新股。”

根据《关于做好上市公司新股发行工作的通知》(证监发[2001]43号)，上市公司申请配股，除应当符合《上市公司新股发行管理办法》的规定外，还应当符合以下要求：

(1) 经注册会计师核验，公司最近3个会计年度加权平均净资产收益率平均不低于6%；扣除非经常性损益后的净利润与扣除前的净利润相比，以低者作为加权平均净资产收益率的计算依据。设立不满3个会计年度的，按设立后的会计年度计算。

(2) 公司一次配股发行股份总额，原则上不超过前次发行并募足股份后股本总额的30%；如公司具有实际控制权的股东全额认购所配售的股份，可不受上述比例的限制。

(3) 本次配股距前次发行的时间间隔不少于1个会计年度。

根据《关于上市公司增发新股有关条件的通知》(证监发[2002]55号)、《关于做好上市公司新股发行工作的通知》(证监发[2001]43号)，上市公司申请增发新股，除应当符合《上市公司新股发行管理办法》的规定外，还应当符合以下条件：

(1) 最近3个会计年度加权平均净资产收益率平均不低于10%，且最近1个会计年度加权平均净资产收益率不低于10%；扣除非经常性损益后的净利润与扣除前的净利润相比，以低者作为加权平均净资产收益率的计算依据；

(2) 增发新股募集资金量不超过公司上年度未经审计的净资产值；

(3) 发行前最近1年及1期财务报表中的资产负债率不低于同行业上市公司的平均水平；

(4) 前次募集资金投资项目的完工进度不低于70%；

(5) 增发新股的股份数量超过公司股份总数20%的，其增发提案还须获得出席股东大会的流通股(社会公众股)股东所持表决权的半数以上通过，股份总数以董事会增发提案的决议公告日的股份总数为计算依据；

(6) 上市公司及其附属公司最近12个月内不存在资金、资产被实际控制上市公司的个人、法人或其他组织(以下简称“实际控制人”)及关联人占用的情况；

(7) 上市公司及其董事在最近12个月内未受到中国证监会公开批评或者证券交易所公开谴责；

(8) 最近1年及1期财务报表不存在会计政策不稳健或有负债数额过大、潜在不良资产比例过高等情形；

(9) 上市公司及其附属公司违规为其实际控制人及关联人提供担保的，整改已满12个月；

(10) 上市公司在本次增发中计划向原股东配售或原股东优先认购部分占本次拟发行股份50%以上的，则还应符合以下规定：① 公司一次发行股份总数，原则上不超过前次发行并募足股份后股本总额的30%；如公司具有实际控制权的股东全额认购所配售的股份，可不受该比例的限制。② 本次发行距前次发行的时间间隔不少于1个会计年度。

二、股票发行方式

股票的发行方式,按发行对象划分,可分为公募发行和私募发行;按是否有中介机构协助,可分为直接发行和间接发行;按不同的发行目的,可分为筹资发行和增资(股)发行;按认购有无代价,可分为有偿增资发行、无偿增资发行和有偿无偿混合增资发行;按发行公司发行经历,可分为首次公开发行(IPO,initial public offering)和现有公司的公开发行。公募发行和私募发行、直接发行和间接发行在前面已经做了介绍,这里介绍其他几种发行方式。

(一)筹资发行与增资(股)发行

1. 筹资发行

筹资发行指为新设立公司第一次发行股票。新公司的筹资发行又包括以下两种方式。

(1)发起设立的发行方式

发起设立也称一次设立,指公司发起人在公司设立时,必须认购第一次发行股票的全部份额,无须向社会公开发行。在这种情况下,每个发起人都是公司的原始股东。发起人在认购股票后,可以一次性缴纳股款,也可以分期缴付;可以交纳现金,也可以用事先协议好的相当于认购股份的固定资产抵付。在全部股份被认购后,即可订立公司章程、选举董事会等,并向主管部门办理登记手续。

(2)招股设立的发行方式

招股设立,也称渐次设立,指公司发起人在公司设立时,只需认购一部分股票,其余部分向社会公开招股,以达到预定的资本总额。为此,发起人应先向主管部门申请,经批准后向社会公布招股说明书并公开募集股份,当股票发行结束后,发起人召集股东参加公司创立大会,讨论通过公司章程,并选举产生董事会等。经报主管部门审批后,公司便告成立。招股设立的发行比较复杂,在公司规模较大、需要巨额资金时,往往需要较长时间。以这种方式发行股票,使公司的原始股东除了少数发起人之外还包括众多的来自社会的股东。

2. 增资(股)发行

增资(股)发行指为老股份公司增加资本金而发行股票。主要有两种情况。

(1)增资发行。老股份公司需要扩大业务以加强市场竞争能力时所采用的增加资本总量的发行方式。

(2)增股发行。增股发行亦具有增资发行性质,但有所差异。相当于一部分老公司发行新股票,并不仅仅是为了增加公司的生产资本,而是为了扩大原有股东的持股数额。其主要途径有:① 将公积金转为资本而发行新股票。股东不用缴纳股金,而是根据股东大会的决议,由公积金按原有股份的比例向原股东发放新股票;② 将赢利分配给股东而发行新股票。这种股票也不用另交股金,而是根据股东大会的决议,将缴税、弥补损失、提取公积金后的盈余,不以现金而用股票按原股东的持股比例分配,就是通常说的送股;③ 用重估资产的增值发行新股票。这种做法一般在通货膨胀、物价上升到一定程度、股票总额与企业实际资产总值严重不符的情况下采用,即将重估资产总值与原有总值之差的增值部分转化为资本,按原有股份的比例增发给股东新股票。

(二)有偿增资发行、无偿增资发行和有偿无偿混合增资发行

1. 有偿增资发行

有偿增资发行是已建立的股份公司在募集新股时,要求投资者按股票面额或市场价格缴纳现金或实物购买股票的一种增资方式。有偿增资发行是最典型的股票发行方式,又可

以分为股东配股、第三者配股及公开招股三种形式，其中，以公开招股最为常见。

(1) 股东配股

股东配股亦称股东分摊，指发行公司向原股东分配新股购买权，准其优先认购增资。例如，按旧股一股摊配新股若干，或旧股若干摊配新股一股，以保护原股东权益，按比例保持其对公司的控制权。由于这种新股发行价格往往低于市场价格，所以新股认购权的获得意味着可以获得一笔溢价收入，这事实上是对原股东的一种优惠。但是，采用股东配股的方式只是给股东认购新股的优先权，股东并没有认购的义务。在新股溢价不多的情况下，原股东不会应募，这会使公司增资计划遇到麻烦。如果股票市价看好，其股溢价较多，股东不打算认购，也可以在有效期间内将认购权转让他人，从而产生认购权的交易。

(2) 第三者配股

第三者配股，亦称私人配售，是公司向特定人员或第三者分摊新股认购权的增资方式。其中特定人员包括董事、职员、贸易伙伴以及与公司业务有关的第三者，例如，公司顾客、往来银行等。认购者可在特定时间内，按规定价格优先购买一定数额的股票。采用这种方式，一般是谋求在股东以外筹措资金。通常在以下情形下采用：一是按股东配股的方式出售。前来购买的股东较少，按照公募方式又会遇到销售困难，因此采用此法。二是以酬劳的名义配予公司员工，以对本公司员工进行激励。

(3) 公开招股

公开招股即公募发行，是向非特定的公众投资者推销股票的发行方式。公开招股时，公司的股东和职员也可以参加认购，但股东和职员认购过多，会改变公开招股的性质，所以法律往往对其认购比例有所限制。

2. 无偿增资发行

无偿增资发行指公司股本的增加不是靠外界募集，而是靠原公司的公积金或盈余的积累，按比例将新股无偿地分配给原股东。其目的并非直接筹资，而是为了调整资本结构或把积累资本化，并提高公司的信誉，增强股东信心。采取这种方式时，只需在公司内部以转账方式，无偿地分配所发行的新股，原股东无须支付对价。无偿增资发行有以下三种形式。

(1) 公积金转增资

公积金转增资是指公司将法定公积金和任意公积金转入资本，发行相应数额新股并分配给原股东的增资方法。公积金转增资必须按原股东持有股数平等摊配，以保持原股东对公司股份所有权的比例和对公司的各项权益不发生变化。公积金转增资可以进一步明确产权关系，有助于提高股东对公司长期发展和积累的信心，从而形成企业积累的内外动力机制。公积金转增资应遵循国家有关法律的规定，公司的积累基金应首先用于弥补历年的亏损。为了使公司留有应付亏损的余地，法定公积金的金额必须达到注册资本的50%，才可将其中不超过一半的数额转为增资。任意公积金则可由股东大会决定全部或部分转为增资。

(2) 股票股息转增资

股份公司将本应分摊给原股东的股息红利转入资本，通过发行相应数额的新股票对股东进行分配。这种被公司用做股息分发给股东的新股票，称作股息股票。股票分红对股份公司来说，可以扩大自有资本规模，将当年的股息红利开支转化成为生产经营性资金。但是由于增加了股份数额，也加重了利益分配的负担。公司股东则既取得了参与盈余分配的同样效果，又可免缴个人所得税，而且派息的股票有将来增加股息收入的希望。

(3) 股份分割

股份分割亦称股分割或股份拆细，是指股份公司在资本总额不变的情况下，对大面额股票实行细分(送股)，以增加股份流通数。如将原来的1股分为2股。实行股份分割的目的在于降低股票的单位价格，便于个人投资者购买。股份分割的结果只是增加股份公司的股份总额，而资本额并不发生变化。

3. 有偿无偿混合增资发行

以上两种方式配合进行即为有偿无偿混合增资发行。在有偿无偿混合增资发行方式下，股份公司向原股东配予新股时，股东只需缴纳部分现金或实物，即可取得该公司一定数额的股票，其未缴纳部分由公司公积金等抵充。例如，新股发行价格为30元/股，其中12元为无偿部分，18元为有偿部分，股东只需交纳18元就可购入30元的股票。这种方式有助于促进股金缴纳，迅速完成增资计划，其实也是对原股东的优惠，使他们对公司的前途充满信心。

(三) 首次公开发行和现有公司的公开发行

1. 首次公开发行(IPO)

首次公开发行又称初次公募发行，是企业第一次向社会公众发行股票。首次公开发行是风险投资资本最常用的退出方式之一，具体做法是将风险企业IPO上市后，风险资本在二级市场抛出所持有的股份。由于是第一次发行，发行之前没有现成的二级市场价格可供参考，IPO在股票定价方面难度较大。一般应综合考虑公司价值、市场需求等因素来确定。其一般需要采用一定的方法来确定发行价格。

2. 现有公司的公开发行

现有公司的公开发行又称股票的公募发行，是一个已向公众发行过证券的企业再次公开发行证券。它有3种不同的形式：一级市场发行、二级市场发行和混合发行。一级市场发行是指企业为筹措新的资金，在初次公募后，再次发行新的股票。二级市场发行，也称为二次配售，即企业的创始人、其他发起人或一些原有股东手中的原始股份由承销商承购后再配售给社会公众的方式。这种方式发行的股票是来自于企业公开发行前老股东的股份，而不是企业新增加的股份，目的是帮助这些股份套现或分散股权。混合发行即同时采用一级市场发行和二级市场发行的方式，既能为企业筹措新的资本又能为原有股东套现。

3. 我国股票首次公开发行(IPO)方式的演变

股票首次公开发行(IPO)是证券市场最基本的活动之一，高效、合理、公平的股票发行方式，对证券市场的健康发展有着极其重要的作用。随着20世纪90年代初期我国证券市场的正式建立，以及相关法律法规的颁布，推动了我国股票发行方式的不断变革，股票发行经历了一个由不规范到日趋规范的发展过程。

(1) 认购证抽签发行方式

认购证抽签发行方式就是新股发行采用认购申请表摇号抽签来决定配售对象的发行方式。凡持有中签认购证者，可按照招募文件披露的证券发行价格认购定量证券，未中签的认购证作废。认购证抽签发行方式有限量出售认购证和无限量出售认购证两种形式。这种认购证摇号中签发行方式，在股票严重供不应求情况下，通过时间优先原则成功地解决了供求矛盾，在一定程度上体现了公平性。但由于这种方式首先要购买申请表，既增加了投资成本，而且出现了认购申请表与认购中签表的黑市交易，严重扰乱了金融秩序，滋生以权谋私，产生不公平问题，甚至引发社会动乱。因此，1993 年 7 月后股票发行采取无限量发售认购申请表方式。相比之下，这种方式有效地消除了排队抢购认购表和以权谋私等现象，更能体现公平原则。但这种方式同样也存在一些弊端，如造成社会资源极大浪费、大大提高了认购成本、导致股市资金的净流失，股市失血严重。1990 年到 1993 年采用的认购证抽签发行方式，其变革重点是从限量、限地域到不限数量、不限地域，完成了中国股票从试点到普及的历史任务。

（2）与储蓄存款挂钩的发行方式

1993 年 10 月上海证券交易所率先采用与储蓄存款挂钩的发行方式。承销商在招募期通过指定银行向社会发售专项定期定额存单，并根据存单发售数量、批准发行股票数量及每张存单可认购股份数量确定中签率，经摇号抽签的中签者按规定要求办理缴款手续。在实践中通常有两种做法：一是股款全额存入；二是存款与股款分离。与储蓄存款挂钩的发行方式避免了投资者购买认购证所造成的资金损失，降低了发行市场的投资成本和风险，减轻了股市失血的程度，并且可以吸收社会闲置资金，吸引新股民入市。这种方式也存在一定的缺陷，如未中签存单在较长时期内转为储蓄而使股市资金冻结，仍会造成股市失血；容易造成资金大转移，给银行管理带来一定困难；容易出现高价转售中签表的现象，投机性很强。

（3）全额预缴款发行方式

这种方式是储蓄存款挂钩方式的延伸。投资者在申购时间内，将申购股款存入主承销商在银行设立的账户，申购结束后全部冻结，并在对到账的申购股款进行验证和确定有效申购总量后，根据拟发行总量计算配售比例。全额预缴款发行方式始于 1994 年，包括“全额预缴、比例配售、余额即退”和“全额预缴、比例配售、余款转存”两种模式。这两种模式的区别不大，只是对余额的处理方式不同。全额预缴款发行方式使所有参加申购的投资者都能按配售比例认购到股票，这是较其他发行方式改进的地方，而且在激发上市企业所在地居民的投资热情、吸引各地游资、增加当地银行资金存量及增加地方政府的收入等方面具有优势。但是这种方式使得巨额的资金长期频繁地流动于全国各地，脱离金融运作的正常循环，给金融系统造成较大的冲击；认购范围和资金来源主要集中于发行人所在的城市，大大降低总体认购资金量，且对全国其他地区投资者不公平；发行透明度欠缺，易出现机构大户透支认购、申购余额提前解冻等不良行为。

（4）上网竞价发行方式

上网竞价是指发行人和主承销商利用证券交易所的交易系统，由主承销商作为新股的唯一卖方，以发行人宣布的发行底价为最低价格，以新股实际发行量为总的卖出数，由投资者在指定的时间内进行竞价委托申购，发行人和主承销商以价格优先的原则确定发行价格并发行股票。当认购数量恰好等于发行数量的价格，即为发行价格。凡高于或等于该价格的有效申报均可按价认购，由交易系统自动成交。这种方式在当时市场过热和股民缺乏风险意识的情况下，加之竞价时只设底价不设价格上限，以及市场环境欠佳，投机性强，不可控因素多，出现了大量的非理性报价，使竞价远远高于同类可比股票的平均市场价格，造成发行价过高，导致这些股票在二级市场上市开盘低开低走，致使原始股股东全线套牢，投资者和券商都承担着很大的风险。此外，上网竞价发行方式透明度较差，不能杜绝发行公司与承销商联手操纵市场的现象。因此，该发行方式在 1994 年 6 月至 1995 年 1 月间进行试点后，没有再被采用。本着推进核准制的原则，中国证监会于 2001 年 5 月公布《新股发行上网竞价方式指导意见》，该意见在方案设计中吸取了过去试点的经验教训，进行了必要的技术安排，对上网竞价方式的基本要求、基本规则和发行价格的确定办法作了详细的规定。上网竞价发行方式的重新启动，体现了发行定价的市场化，由此产生的股票发行价格更能反映股票的内在价值。但与其他发行方式相比，上网竞价发行方式的优点在于发行费用较低，减少资源浪费。

（5）上网定价发行方式

上网定价是发行人和主承销商利用证券交易所的交易系统，由主承销商作为新股的唯一卖方，以发行人决定的发行价格发售股票的发行方式。发行人和承销商通过招股说明书和发行公告，向投资者发出招股要约，凡符合条件的投资者可在规定的发行期限内通过证券交易所的交易系统申报认股承诺；认购期满后，承销商按规定程序对确认有效的全部认股序号进行尾数抽签，中签者的认购将生效并交割证券，而未中签者的认购资金予以返还。若发行的股票于认购期满时未能全部售完部分，由承销商买入。这种方式具有公平、公正、高效、节省的优点，1996 年后我国股票发行基本上都采用这种方式。但这种发行方式在实践中也暴露出一些严重弊端：它排斥了市场原则，无法形成合理的价格发现机制，由此造成一级市场成为一个无风险的暴利市场，巨额资金长期滞留于一级市场，二级市场“失血”严重；投资者申购踊跃，承销商的承销工作几乎感觉不到来自市场的任何压力，承销变成了几乎毫无风险的业务，这不利于承销商提高业务水平和服务质量，也不利于承销商优胜劣汰，兼并重组；还使得企业发行上市的好处大部分落到了一级市场上的认购者手中，这无疑不利于发行公司的成长。为了规范资金申购上网定价公开发行股票的有关行为，2006 年 5 月 19 日沪深证券交易所和中国登记结算有限责任公司分别发布执行《资金申购上网定价公开发行股票实施办法》，而《关于股票发行与认购方式的暂行规定》不再执行。这意味着新股发行重启相关配套政策基本出齐，为市场化发行提供了条件，有利于吸引新增资金进入股票市场，在全流通条件下增加资金供给，有利于股票市场的长远健康发展。同时也要求申请上网发行的上市公司，财务报表和经营状况必须真实可靠，投资者将据此来判断上市公司投资价值；要求券商、会计事务所等中介机构要严格恪尽职守，承担相应法律责任，以避免出现欺诈上市的类似事件。

（6）新股市值配售方式

在新股发行时，将一定比例的新股由上网定价发行改为向二级市场投资者配售，投资者根据持有上市流通证券的市值和折算的申购限量，自愿申购新股。2000 年 2 月 14 日，中国证监会发布了《关于向二级市场投资者配售新股有关问题的通知》，具体方式为，按照确定的价格将本次发行量的 50％进行市值配售，其余 50％上网定价发行。投资者每持有上市流通证券市值 10 000 元限申购新股 1 000 股，不足 10 000 元的部分，不赋予申购权；每一股票账户最高申购量不得超过发行公司公开发行总量的千分之一；每一股票账户只能申购一次，重复的申购视为无效申购。由于交易系统承载等问题，该方式在沿用了半年、经过数十家企业的试点后，逐渐恢复为原来的上网定价发行。2002 年 5 月 21 日，交易系统重新完成技术准备后，中国证监会发布了《关于向二级市场投资者配售新股有关问题的补充通知》，重新启动市值配售方案。根据该《补充通知》精神，为照顾中小投资者利益，“其基本原则是优先满足市值申购部分”，因此，实际操作中基本上都采用 100％市值配售方式。新股市值配售方式在政策价值取向上是正确的；在一定程度上起到了改善二级市场的资金供给状况，起到稳定股市的作用；市值配售没有了冻结资金的过程，投资者申购成本大大降低，又享受新股溢价收益。但新股市值配售也存在着中签率低；受单个账户申购上限和下限的规定，投资者参与比例不高；配售收益与风险并存；部分资金撤离；未能调动机构投资者持股积极性等问题。随着股权分置改革，市值配售方式已经不能适应全流通条件下市场发展的需要，2005 年 10 月后此制度被取消。

(7) 向法人配售和向一般投资者上网发行相结合的发行方式

向法人配售和向一般投资者上网发行相结合的发行方式，是目前我国股票发行普遍采用的一种方式。当公司发行股票时，将发行的股数分为两部分，一部分对具有一定资格的法人投资者发行，另一部分对一般投资者上网发行的股票发行方式。参加配售的法人投资者分为战略投资者和一般法人两类。战略投资者是指与发行公司业务关系紧密且较长时期持有发行公司股票的法人，一般是定向配售；一般法人则通过网下向询价对象询价配售。战略投资者和一般法人的持股锁定时间不同，前者比后者要长。对一般投资者上网发行和对法人配售的发行价格相同。推出向法人配售和向一般投资者上网发行相结合的发行方式，目的在于：改善投资者结构，培育机构投资者；增强承销商和发行人的风险意识，提高承销商的业务能力；让投资者参加定价，促进发行价格的合理化和发行方式的市场化。

我国目前新股发行方式分为上网发行/定价，机构投资者配售，回拨机制，按照二级市场股票市值免费申购、中签后再缴款方式。

三、股票发行价格

(一) 股票发行价格的种类

股票的价值表现形式有很多种，最常见的是股票面额和发行价格。股票面额是印在股票票面上的金额，表示每股所代表的资本额；股票的发行价格是新股票有偿发售时投资者实际支付的价格。按照股票面额和发行价格的关系，股票的发行价格一般有以下几种。

1. 平价发行

平价发行又称面额发行，即以股票面额为发行价格。由于股票上市后的交易价格通常要高于面额，平价发行能够使投资者得到交易价格高于发行价格时所产生的额外收益，因此，大多数的投资者都乐于接受。平价发行的优点在于较为简单易行，费用较低，且发行价格不易受到市场行情波动的影响。但平价发行的缺点也是很明显的，发行人筹集资金量较少，不能反映股票的市场情况。平价发行在证券市场不发达的国家和地区较为普遍。

2. 溢价发行

溢价发行指发行人按高于面额的价格发行股票，可以使公司用较少的股份筹集到较多的资金，降低筹资成本。溢价发行又可分为时价发行和中间价发行。

(1) 时价发行

时价发行也称为市价发行，是指以同种或同类股票在流通市场上的价格为基础来确定股票的发行价格。如果公司为首次公开发行股票，通常会以同类公司股票在流通市场上的价格作为参照来确定自己的发行价格；而当公司在增发新股时，会按本公司已发行股票在流通市场上的价格水平来确定增发新股的发行价格。需要注意的是，时价发行的发行价格一般并不简单地等于市价，而是在近期市价基础上，综合考虑公司净资产、赢利水平、发展潜力、行业特点、发行数量、股市状态及趋势等因素来确定。时价发行是成熟证券市场最基本、最常用的方式，通常在公募发行或第三者配售时采用。

(2) 中间价发行

中间价发行是指以市价和面值之间的某个值作为发行价格。这个值既可以更接近面值，也可以更接近市价。通常是在以股东配股形式发行股票时采用，这样不会改变原来的股份构成，而且可以把差价收益的一部分归原股东所有，一部分归公司所有用于扩大经营。通常实行中间价格发行股票必须经股东大会的特别决议通过。

3. 折价发行

折价发行即按照股票面额打一定的折扣作为发行价格。其折扣的大小由发行公司和证券承销商双方决定，主要取决于发行公司的业绩。采用折价发行的国家不多，我国《公司法》也规定股票发行价格不得低于票面金额。

(二) 股票发行价格的确定方法

股票发行价格的确定关系到发行人与投资者的切身利益。同时也会影响到股票上市后的表现，所以是股票发行计划中最重要的内容。如果发行价过低，将难以满足发行人的筹资需求；如果发行价过高，又增大了投资者的风险。所以发行公司及承销商必须对公司的资产和赢利状况、一级市场的供求关系、二级市场的股价水平、宏观经济因素等进行综合考虑，然后确定合理的发行价格。股票发行定价常用的方法主要有以下几种。

1. 议价法

议价法指股票发行公司直接与股票承销商议定承销价格和公开发行价格。承销价格与公开发行价格的差额即为承销商的报酬。大多数股份公司发行新股时都采用这一方法来确定发行价格。

议价法在不同的国家(或地区)有不同的做法，最为典型的是累积订单方式和固定价格方式。累积订单方式又称市场询价方式、公开定价发行。一般分为两个阶段：第一，根据新股的投资价值、股票发行时的大盘走势、流通盘大小、公司所处行业股票的市场表现等因素确定一个价格区间；第二，主承销商协同上市公司的管理层进行路演，向投资者介绍并推荐该股票，并向投资者征集在各个价位上的需求量，通过对投资者认购订单的统计，承销商和发行人对最初的发行价格进行修正，最后确定新股的发行价格。若市场反应热烈，则最后定价靠近价格区间的上限，反之则靠近价格区间的下限。这种方式在美国较为普遍。

固定价格方式是承销商与发行人在发行前商定一个价格，然后根据此价格进行公开发售。采用这种方式的国家和地区有英国、日本、中国香港等。由于发行公司和承销商都难以判断在特定价位上投资者对该股票的需求量究竟有多少，为保证发行成功，承销商通常倾向于将发行价格定得比较低。相比较而言，累积订单方式更好地反映了市场供求状况，较有弹性，有利于发行人以较高的发行价格筹集更多资金，因此被越来越多的国家和地区所采用。

2. 竞价法

竞价法指投资者或股票承销商以投标方式相互竞争股票并确定股票发行价格的方法。参与竞价招标的可以是公众投资者，也可以是股票承销商，在后一种情况下，中标的股票承销商再将股票发售给公众投资者。其具体做法是：① 新股竞价发行，需由主承销商持中国证监会的批复文件向证券交易所提出申请，经审核后组织实施。发行人至少应在竞价实施前 2～5 个工作日在中国证监会指定的报刊及当地报刊上按规定要求公布招股说明书及发行公告。② 除法律、法规明确禁止买卖股票者外，凡持有证券交易所股票账户的个人或者机构投资者，均可参与新股竞买。尚未办理股票账户的投资者可通过交易所证券登记结算机构及各地登记代理机构预先办理登记，开立股票账户，并在委托竞价申购前在经批准开办股票交易业务的证券营业部存入足够的申购资金。③ 投资者在规定的竞价发行日的营业时间办理新股竞价申购的委托买入，其办法类似普通的股票委托买入办法。申购价格不得低于公司确定的发行底价，申购量不得超过发行公告中规定的限额，且每一股票账户只能申报一次。④ 新股竞价发行申报时，主承销商为唯一的卖方，其申报数为新股实际发行数，卖出价格为发行底价。⑤ 新股竞价发行的成交(即认购确定)原则为集合竞价方式。即对买入申报按价格优先、同价位时间优先原则排列，当某申报买入价位以上的累计有效申购量达到申报卖出数量(即新股实际发行数)时，此价位即为发行价。当该申报价位的买入申报不能全部满足时，按时间优先原则成交。累计有效申报数量未达到新股实际发行数量时，则所有有效申报均按发行底价成交。申报认购的余数，按主承销商与发行人订立的承销协议中的规定处理。⑥ 电脑主机撮合成交产生实际发行价格后，即刻通过行情传输系统向社会公布，并即时向各证券营业部发送成交(认购)回报数据。⑦ 新股竞价发行结束后的资金交收，纳入日常清算交割系统，由交易所证券登记结算机构将认购款项从各证券公司的清算账户中划入主承销商的清算账户；同时，各证券营业部根据成交回报打印“成交过户交割凭单”，同投资者(认购者)办理交割手续。⑧ 竞价发行完成后的新股股权登记由电脑主机在竞价结束后自动完成，并由交易所证券登记结算机构以软盘形式交与主承销商和发行人。投资者如有疑义，可持有效证件及有关单据向证券登记结算机构及其代理机构查询。⑨ 采用新股竞价发行，投资人仅按规定交付委托手续费，不必支付佣金、过户费、印花税等其他任何费用。⑩ 参与新股竞价发行的证券营业部，可按实际成交(认购额)的 3.5‰的比例向主承销商收取承销手续费，由交易所证券登记结算机构每日负责拨付。

3. 询价法

国际上的IPO“询价发行”制度，是企业发起人股东与承销机构向股票市场投资者询问认同本企业股份的价格并且投资者愿意同价同股来入股组建股份制社会公众公司的发行方式。“询价”的本质是先“询”企业发起股东自己股份的“价值多少”，后“询”愿意以此价格入股的投资者“认购多少股”。

而之所以主要向市场中的机构投资者询价，是因为他们拥有市场中的主要资金实力和专业的投资研究力量。所以国际上 IPO 新股发行市场化询价发行，体现的是发起人股东与承销机构对市场投资者的尊重与敬畏，是对市场投资者最恭敬的征询，以便获得最佳的、最体现本企业价值的股票市场价格。

中国证监会于 2006 年 9 月公布了《证券发行与承销管理办法》，规定首次公开发行股票的公司(简称发行人)及其保荐机构应通过向询价对象询价的方式确定股票发行价格。按照规定，发行申请经证监会核准后，发行人应公告招股意向书，开始进行推介和询价。询价分为初步询价和累计投标询价两个阶段。发行人及其保荐机构应通过初步询价确定发行价格区间，通过累计投标询价确定发行价格。

发行人及其主承销商应通过初步询价确定发行价格区间，在发行价格区间内通过累计投标询价确定发行价格。首次发行的股票在中小企业板上市的，可以根据初步询价结果确定发行价格，不再进行累计投标询价。

询价对象可以自主决定是否参与初步询价，询价对象申请参与初步询价的，主承销商无正当理由不得拒绝。未参与初步询价或者参与初步询价但未有效报价的询价对象，不得参与累计投标询价和网下配售。初步询价结束后，公开发行股票数量在4亿股以下，提供有效报价的询价对象不足20家的，或者公开发行股票数量在4亿股以上，提供有效报价的询价对象不足50家的，发行人及其主承销商不得确定发行价格，并且应当中止发行。发行人及其主承销商中止发行后重新启动发行工作的，应当及时向中国证监会报告。发行价格区间确定后，发行人及其保荐机构应在发行价格区间内向询价对象进行累计投标询价，并应根据累计投标询价结果确定发行价格。所有询价对象均可参与累计投标询价。所谓累计投标询价，是指在发行中，根据不同价格下投资者认购意愿确定发行价格的一种方法。通常，证券公司将发行价格确定在一定的区间内，投资者在此区间内按照不同的发行价格申报认购数量，证券公司将所有投资者在同一价格之上的申购量累计计算，得出一系列在不同价格之上的总申购量；然后，按照总申购量超过发行量的一定倍数(即超额认购倍数)，确定发行价格。发行价格区间、发行价格及相应的发行市盈率确定后，发行人及其保荐机构应将其分别报中国证监会备案并公告；发行价格确定依据应同时备案及公告。

4. 定价法

定价法指按照某一客观或固定的依据来确定股票发行价格的方法。定价法与议价法的区别在于，议价法中最终发行价格的确定受到发行公司和证券承销商双方谈判能力等主观因素的影响，而定价法则仅取决于某些客观或确定的标准。

(1) 市盈率法

市盈率法是通过市盈率确定股票发行价格的方法。市盈率又称本益比(P/E：price to earning ratio)，是指股票市场价格与每股收益的比率。

市盈率法的操作步骤是：第一，根据专业会计师审核后的赢利预测计算出发行人的每股净赢利；第二，根据二级市场的平均市盈率、发行人同类公司的股票市盈率、发行人的经商情况及成长性等拟定发行市盈率；第三，依发行市盈率与每股赢利的乘积决定发行价。

发行价计算公式为：

发行价＝每股预测赢利×发行市盈率

市盈率法简单易行，使用广泛。目前我国股票发行定价基本上采用市盈率法。

(2) 净资产倍率法

净资产倍率法又称资产现值法，是指通过资产评估和相关会计手段确定发行人拟募股资产的净现值和每股净资产，然后根据证券市场的状况将每股净资产值乘以一定倍率或折扣，以此确定股票发行价格的方法。净资产倍率法常用于房地产公司或资产现值有重要商业意义的股票发行。计算公式为：

发行价＝每股净资产×溢价(折扣)倍率

四、超额配售选择权

超额配售选择权(绿鞋选择权)由美国名为波士顿绿鞋制造公司(Green Shoe Manufacturing)1963年首次公开发行股票(IPO)时率先使用而得名，是超额配售选择权制度的俗称，也叫绿鞋选择权(green shoe option)。指发行人授予主承销商的一项选择权，获此授权的主承销商按同一发行价格超额发售不超过包销数额15％的股份，即主承销商按不超过包销数额115％的股份向投资者发售。在增发包销部分的股票上市之日起30日内，主承销商有权根据市场情况选择从集中竞价交易市场购买发行人股票，或者要求发行人增发股票，分配给对此超额发售部分提出认购申请的投资者。主承销商在未动用自有资金的情况下，通过行使超额配售选择权，可以平衡市场对该股票的供求，起到稳定市价的作用。

如果发行人股票上市之后的价格低于发行价，主承销商用事先超额发售股票获得的资金（事先认购超额发售投资者的资金），按不高于发行价的价格从二级市场买入，然后分配给提出超额认购申请的投资者；如果发行人股票上市后的价格高于发行价，主承销商就要求发行人增发15%的股票，分配给事先提出认购申请的投资者，增发新股资金归发行人所有，增发部分计入本次发行股数量的一部分。

显然，超额配售选择权机制的引入可以起到稳定新股股价的作用。因此，今后对于可用超额配售选择权机制的新股，上市之日起30天内，其快速上涨或下跌的现象将有所抑制，其上市之初的价格波动会有所收敛。

第三节　债券发行市场

债券发行市场是证券发行人初次出售新债券的市场，债券在此市场实现由发行者手中到投资者手中的转移。与股票发行市场一样，债券发行市场具有筹集资金的基本功能，是政府、企业、金融机构及公共团体筹集稳定资金的重要渠道。债券发行市场为投资者提供了一种新的具有流动性与赢利性的金融商品。此外，对于特定发行主体，债券发行市场还具有特定的功能。

一、债券发行条件与程序

（一）债券发行条件

世界各国对债券的发行都做出了规定，必须达到一定的条件方可发行。我国《企业债券发行与转让管理方法》规定，企业债券的发行人必须是经中央银行批准发行的企业法人，股份有限公司、国有独资公司和两个以上的国有企业或者其他两个以上的国有投资主体投资设立的有限责任公司为筹集生产经营资金方，可发行企业债券。《公司法》第一百六十一条规定，发行企业债券必须符合以下条件：① 股份有限公司的净资产不低于人民币3 000万元，有限责任公司的净资产不低于人民币6 000万元；② 累计债券总额不超过公司净资产的40%；③ 最近3年平均可分配利润足以支付企业债券1年的利息；④ 筹集的资金用途符合国家产业政策；⑤ 债券的利率不超过国务院限定利率的水平；⑥ 国务院规定的其他条件。

另外，《企业债券发行与转让管理方法》还要求发行企业符合下列条件：① 企业财务会计制度符合国家规定；② 具有偿债能力；③ 企业经济效益良好，发行企业债券前连续3年赢利。

《公司法》第一百六十三条规定：股份有限公司、有限责任公司发行公司债券，由董事会制订方案，股东会做出决议。国有独资公司发行公司债券，应由国家授权投资的机构或者国家授权的部门做出决定。依照前二款规定作出决议或者决定后，公司应当向国务院证券管理部门报请批准。

（二）债券发行程序

以公司债券公募发行为例，其发行程序如下：

（1）债券发行单位与证券承销商双向选择，签订承销协议，明确双方责任和义务。

（2）完成债券发行申请和审批。发行企业在主承销商的协助下向中国人民银行交送有关文件，提出申请，中国人民银行对其进行审批，审批通过，方可发行。

(3) 发布公告。在获得发行批复后，主承销商应当至少在发行前10日在中国人民银行指定的报纸上刊登公告，公布债券发行报告，公告信息不得与经中国人民银行审定的内容有任何不同。

(4) 承销团成员利用自己的销售网络，向金融机构、企事业单位及个人投资者销售。

二、债券发行影响因素

债券发行影响因素是债券发行者在以债券形式筹集资金时所必须考虑的有关因素，包括发行金额、期限、偿还方式、票面利率、付息方式、发行价格、收益率、发行费用、税收效应以及有无担保等多项内容。这些因素直接影响到发行者发行债券的收入及成本。

(一) 发行金额

债券的发行额是根据发行人所需资金数量、发行人偿债能力和信誉、资金市场承受能力、国家法定发行限额等来决定的。如果发行额定得过高，会造成销售困难，发行后对债券的转让也会产生不良的影响；如果发行额太小，又不易满足筹资的需求，增加了单位资金的筹集成本。

(二) 期限

从债券的发行日起到偿清本息止的这段时间称为债券的期限。债券的期限根据发行人资金需求的性质、未来市场利率水平的发展趋势、流通市场的发达程度、物价的变动趋势、债券市场上其他债券的期限构成以及投资者的投资偏好等因素来确定。一般而言，当资金需求量较大，债券流通市场较发达，利率有上升趋势时，可发行中长期债券，否则，应发行短期债券。

(三) 债券的偿还方式

债券偿还方式会直接影响到债券的收益高低和风险大小，在偿还方式中，要规定偿还金额、偿还日期以及偿还形式等。按照偿还日期的不同，偿还方式可以分为期满偿还、期中偿还和延期偿还三种；按照偿还形式不同，可分为货币偿还、债券偿还和股票偿还三种。

(四) 票面利率

债券的票面利率是指发债者1年向投资者支付的利息占票面金额的比率。票面利率可分为固定利率和浮动利率两种。票面利率的高低直接影响着债券发行者的筹资成本。在确定票面利率时，一般要考虑债券期限的长短、市场利率水平的高低、债券的信用等级、利息支付方式以及证券管理当局对票面利率的管理和指导等因素。

(五) 付息方式

债券的付息方式是指发行者在债券的有效期间内，一次或按一定的时间间隔分次向债券持有人支付利息的方式。债券的付息方式一般分为一次性付息和分期付息两类，而一次性付息又可分为利随本清方式或利息预扣方式两种。发行者在选择债券付息方式时，应把降低筹资成本与增加债券对投资者的吸引力结合起来，如对中长期债券可采取分期付息方式，按年、半年或按季度付息等，对短期债务可以采取一次性付息方式等。

(六) 发行价格

债券的发行价格是指债券投资者认购新发行的债券时实际支付的价格。债券的发行价格可以分为平价发行、折价发行、溢价发行。在面值确定的情况下，调整债券的发行价格，目的在于使投资者得到的实际收益率与市场收益率水平相匹配。

（七）收益率

债券的收益率是指投资者获得的收益同投资总额的比率。决定债券收益率的因素主要有利率、期限和购买价格。一般来说，收益率是投资者在购买债券时考虑的首要因素。

（八）债券的税收效应

债券的税收效应主要是指对债券的收益是否征税。涉及债券收益的税收有利息预扣税和资本税。利息预扣税属于收入所得税，是支付利息的人在向债券持有人交付利息时预先扣除债券持有人应向政府缴纳的税款，并将此税款集中上缴当地税务部门。一般来说，政府债券免征利息预扣税，其他债券则不一定。资本税是指出售债券时对卖出价格（或到期时偿还价格）与买入价之间的差额收益所征收的资本收益税，这主要是针对自然人征收的。债券的税收效应直接影响债券的收益率，因此投资者在购买债券时，在把纳税债务与不纳税债券的收益进行适当的折算之后，才能判断收益率的高低。

（九）发行费用

发行费用是指债券发行者支付给有关债券发行中介机构、服务机构的各种费用，包括最初费用和期中费用两种。最初费用包括承销商的手续费、登记费、印刷费、审计评级费、担保费、律师费、广告费、上市费等；期中费用包括利息支付费、每年上市费、本金偿还支付费等。债券发行者应尽量减少其发行费用，降低发行成本。

（十）有无担保

发行的债券有无担保是债券发行的重要条件之一。由信誉卓著的第三者担保或用发行者的财产做抵押担保，有助于增加债券的安全性，减少投资风险。一般来说，政府、大金融机构、大企业发行的债券多是无担保债券，而那些信誉等级稍差的中小企业一般多发行有担保债券。

（十一）有无选择权

附有选择权的债券指在债券发行中发行者给予持有者一定的选择权，如可转换公司债券、有认股权证的公司债券、可退还的公司债券等。一般说来，有选择权的债券利率较低，也易于销售。但可转换公司债券在一定条件下可转换成公司发行的股票，有认股权证的公司债券持有人可凭认股权证购买所约定的公司的股票等，因而会影响到公司的所有权。可退还的公司债券在规定的期限内可以退还给发行人，因而增加了企业的负债和流动性风险。企业可根据自身资金需求情况、资信状况、市场对债券的需求情况以及现有股东对公司所有权的要求等选择是否发行有选择权的债券。

三、债券发行方式

与股票发行一样，债券发行有多种方式。

（一）公募发行和私募发行

按照发行对象不同，分为公募发行和私募发行。一般发行量大、信用水平高的发行主体，如政府发行的国债及著名大公司发行的债券大都采用公募发行方式；知名度较低、不符合公募发行条件的企业则只能采用私募发行方式。

（二）直接发行和间接发行

按照是否借助中介机构，分为直接发行和间接发行。间接发行进一步分为代销和包销。代销是指债券承销商代发行人发售债券，在承销期结束时，将未售出的债券全部退还给发行人的承销方式，承销机构不负承购剩余债券的责任，发行风险由发行公司自己承担。包销则是指债券承销商将发行人的债券按照协议全部购入，或者在承销期结束时将售后剩余债券全部自行购入的承销方式。包销方式可以使得发行人不承担发行风险，但是发行费用较高。

（三）协议发行和招标发行

按照发行条件如何确定，分为协议发行和招标发行 。协议发行是发行者与承销商相互磋商确定承销资格及发行条件的发行方式。采取协议方式可以使双方通过充分的交流与合作设计出满意的发行方案。但它受人为因素的影响较大，不利于得到公平的市场价格。

招标发行是通过竞拍招标方式来确定承销商和发行条件。其特点是采用竞争机制来确定价格，有利于发行者以低资金成本筹集资金。根据标的物不同，招标发行又可分为价格招标和收益率招标。价格招标主要用于贴现债券的发行，具体是按投标人所报买价从高到低的顺序排列，报价高者优先中标，直至满足预定发行额为止。若中标人以所有中标价格中最低的价格认购中标的债券数额，则为荷兰式招标。若投标人在中标后分别以各自出价来认购债券，则为美国式招标。收益率招标主要用于附息债券发行。它同样可以分为荷兰式招标和美国式招标两种形式，原理与价格招标相似。债券的票面利率由投资者以招标方式进行竞争，按照投标人所报的收益率由低到高依次中标，直到满足预定发行额为止。美国的债券发行主要采用招标发行。

目前，我国企业债券只能采用间接发行的方式，而国债既可采用间接发行的方式，也可采用招标发行方式。

四、债券发行价格

债券发行利率与发行价格之间有一定差别，确定发行利率及发行价格是债券发行极为重要的环节。

（一）债券的发行利率

债券的发行利率，一般是指债券的票面利率，也就是债券票面所载明的利率，一般来讲，债券的发行利率是债券发行人根据债券本身的性质、期限、信用等级、利息支付方式及对市场供求的分析等因素来确定的。

1. 债券的期限

一般来讲，债券的期限越长，发行利率就越高；反之，期限越短，发行利率就越低。这是因为，期限越长，信用风险、利率风险、通货膨胀风险等潜在的风险就大，投资者需要予以回报的利率就较高。

2. 债券信用等级

债券信用等级的高低，在一定程度上反映债券发行人到期支付本息的能力。债券等级越高，投资人承担的风险就越小；反之，投资人承担的风险就越高。债券发行人可根据债券信用等级来确定债券的发行利率水平，如果等级高，就可相应降低债券的利率；反之，就要相应提高债券的利率。

3. 有无可靠的抵押或担保

抵押或担保是对债券还本付息的一种保障，是对债券投资风险的一种防范，是对投资者信心的一种保护。在其他情况一定的条件下，有抵押或担保，投资的风险就小一些，债券的利率就可低一些；如果没有抵押或担保，投资的风险就要大些，债券的利率就要提高。

4. 当前市场状况

如果当前市场银根很紧，市场利率可能会逐步升高，银行存款、贷款利率及其他债券的利率水平比较高，债券发行人就应考虑确定较高的债券发行利率；反之债券发行人就可确定较低的债券发行利率。

5. 债券利息的支付方式

实行单利、复利和贴现等不同的利息支付方式，对投资人的实际收益率和发行人的筹资成本有着不同的影响。一般来讲，单利计息的债券，其票面利率应高于复利计息和贴现计息债券的票面利率。

6. 金融管理当局对利率的管制结构

有些国家直接规定债券利率水平或最高上限；有些国家规定债券利率的浮动幅度；有些国家规定债券利率要与受到管制的存款利率挂钩；有些国家对债券利率不加任何管制，使其完全取决于债券发行人信誉、债券期限、市场条件及投资者选择。

应当注意的是，债券的发行利率并不是投资债券的实际收益率。如果投资者以债券票面价格购进，且持有到债券到期日，其票面利率等于实际收益率；如果投资者以低于票面的价格购进债券，且持有到债券到期日，其实际收益率要高于债券票面利率；如果投资者是高于票面价格购进债券，实际收益率就要低于债券票面利率。

债券的发行利率一旦确定，就要被正式印在债券购票面上。在债券的有效期内，无论市场上发生了什么变化，发行人必须按此利率向债券持有人支付利息。但问题是，债券的印制、发行到投资人实际认购中间有一段时间间隔，当债券发行时，市场利率已经发生了变动，如不调整债券的收益率，就会影响债券的销售或成本，但债券的期限和利率已经确定并印制好，已难以改动，这时债券发行人就应调整债券的发行价格，以调整债券的实际收益率。

（二）债券的发行价格

按发行价格与票面金额的关系，债券的发行价格有三种：平价发行，即发行价格与票面金额相一致；溢价发行，即发行价格高于票面金额；折价发行，即发行价格低于票面金额。

如果是采取溢价发行，意味着投资者要按高于债券票面金额的价格认购债券。例如，要支付 101 元认购票面金额为 100 元的债券，当债券到期时，只能按 100 元收回本金，由此就会相应降低债券投资的实际收益率。而如果投资者以低于票面金额的价格购进债券，例如，支付 99 元购进票面金额为 100 元的债券，债券到期时，投资者将按 100 元票面金额收回本金，这就提高了债券投资的实际收益率。债券发行者也正是通过调整债券的发行价格来调整债券的实际收益率，使之与市场利率保持一致。

从投资者的角度来看，是否认购某种债券，主要考虑债券发行价格及实际收益率，而债券的实际收益率水平则主要决定于债券偿还期限、债券票面利率和债券的发行价格。

第四节　证券投资基金的募集与认购

一、证券投资基金的募集程序

证券投资基金（以下简称基金）的募集是指基金管理公司根据有关规定向中国证监会提交募集申请文件、发售基金份额、募集基金的行为。基金的募集一般要经过申请、核准、发售、基金合同生效四个步骤。

（一）基金募集申请

我国基金管理人进行基金的募集，必须根据《证券投资基金法》的有关规定，向中国证监会提交相关文件。申请募集基金应提交的主要文件包括：募集基金的申请报告、基金合同草案、基金托管协议草案和招募说明书草案等。

（二）基金募集申请的核准

根据《证券投资基金法》的规定，中国证监会应当自受理基金募集申请之日起 6 个月内做出核准或不予核准的决定。基金募集申请经中国证监会核准后方可发售基金份额。

（三）基金份额的发售

基金管理人应当自收到核准文件之日起 6 个月内进行基金份额的发售。基金的募集期限自基金份额发售日开始计算，募集期限不得超过 3 个月。

基金管理人应当在基金份额发售的 3 日前公布招募说明书、基金合同及其他有关文件。

基金募集期间募集的资金应当存入专门账户，在基金募集行为结束前任何人不得动用。

（四）基金合同生效

（1）基金募集期限届满，封闭式基金需满足募集的基金份额总额达到核准规模的 80%以上、基金份额持有人不少于 200 人的要求；开放式基金需满足募集份额总额不少于 2 亿份、基金募集金额不少于 2 亿元人民币、基金份额持有人不少于 200 人的要求。基金管理人应当自募集期限届满之日起 10 日内聘请法定验资机构验资，并自收到验资报告起 10 日内，向中国证监会提交备案申请和验资报告，办理基金的备案手续。

中国证监会自收到基金管理人验资报告和基金备案材料之日起 3 个工作日内予以书面确认；自中国证监会书面确认之日起，基金备案手续办理完毕，基金合同生效。基金管理人应当在收到中国证监会确认文件的次日发布基金合同生效公告。

（2）基金募集期限届满，基金不满足有关募集要求的基金募集失败，基金管理人应承担以下责任：

① 以固有财产承担因募集行为而产生的债务和费用。

② 在基金募集期限届满后 30 日内返还投资者已缴纳的款项，并加计银行同期存款利息。

二、基金的认购

在基金募集期内购买基金份额的行为通常被称为“基金的认购”。

（一）开放式基金的认购

1. 开放式基金的认购步骤

投资人认购开放式基金，一般通过基金管理人或管理人委托的商业银行、证券公司等经国务院证券监督管理机构认定的其他机构办理。

认购开放式基金通常分开户、认购和确认三个步骤。

（1）开户。拟进行基金投资的投资人，必须先开立基金账户和资金账户。基金账户是基金注册登记机构为基金投资人开立的、用于记录其持有的基金份额及其变动情况的账户；资金账户是投资人在基金代销银行、证券公司开立的用于基金业务的资金结算账户。

（2）认购。投资人在办理基金认购申请时，须填写认购申请表，并需按销售机构规定的方式全额缴款。投资者在募集期内可以多次认购基金份额。一般情况下，已经正式受理的认购申请不得撤销。

（3）确认。销售机构对认购申请的受理并不代表该申请一定成功，而仅代表销售机构接受了认购申请，申请的成功与否应以注册登记机构的确认结果为准。投资者 T 日提交认购申请后，可于 $T+2$ 日起到办理认购的网点查询认购申请的受理情况。认购申请无效的，认购资金将退回投资人资金账户。认购的最终结果要待基金募集期结束后才能确认。

2. 开放式基金的认购方式

开放式基金的认购采取金额认购的方式，即投资者在办理认购时，认购申请上不是直接填写需要认购多少份基金份额，而是填写需要认购多少金额的基金份额。基金注册登记机构在基金认购结束后，再按基金份额的认购价格，将申请认购基金的金额换算成投资人应得的基金份额。

3. 开放式基金的认购费率和收费模式

《证券投资基金销售管理办法》规定，开放式基金的认购费率不得超过认购金额的5%。在具体实践中，基金管理人会针对不同的基金类型、不同的认购金额设置不同的认购费率。我国股票基金的认购费率大多在1%～1.5%左右，债券基金的认购费率通常在1%以下，货币市场基金一般不收取认购费。

基金份额的认购通常采用前端收费和后端收费两种模式。前端收费是指在认购基金份额时就支付认购费用的付费模式；后端收费是指在认购基金份额时不收费，在赎回基金份额时才支付认购费用的收费模式。后端收费模式设计的目的是为了鼓励投资者能长期持有基金，所以后端收费的认购费率一般设计为随着基金份额持有时间的延长而递减，持有至一定时间后费率可降为零。

4. 开放式基金认购份额的计算

为统一规范基金认购费用及认购份额的计算方法，更好地保护基金投资者的合法权益，中国证监会于2007年3月对认购费用及认购份额计算方法进行了统一规定。根据规定，基金认购费率将统一以净认购金额为基础收取，计算公式为：

$$净认购金额=认购金额/(1+认购费率)$$

$$认购费用=净认购金额\times认购费率$$

$$认购份额=(净认购金额+认购利息)/基金份额面值$$

其中，“认购金额”指投资人在认购申请中填写的认购金额总额；“认购费率”指与投资人认购金额对应的认购费率；“认购利息”指认购款项在基金合同生效前产生的利息。

例6-1 某投资人投资1万元认购基金，认购资金在募集期产生的利息为3元，其对应的认购费率为1.2%，基金份额面值为1元，则其认购费用及认购份额为：

净认购金额=10 000÷(1+1.2%)=9 881.42(元)

认购费用=9 881.42×1.2%=118.58(元)

认购份额=(9 881.42+3)÷1=9 884.42(份)

投资人投资10 000元认购基金，认购费用为118.58元，可得到基金份额9 884.42份。

(二) 封闭式基金的认购

封闭式基金发售方式主要有网上发售和网下发售两种。网上发售指通过与证券交易所的交易系统联网的全国各地的证券营业部，向公众发售基金份额的发售方式。网下发售是指通过基金管理人指定的营业网点和承销商的指定账户，向机构或者个人投资者发售基金份额的发售方式。

封闭式基金的认购价格一般采用1元基金份额面值加计0.01元发售费用的方式加以

确定。拟认购封闭式基金份额的投资人必须开立深、沪证券账户或深、沪基金账户及资金账户，根据自己计划的认购量，在资金账户中存入足够的资金，并以“份额”为单位提交认购申请。认购申请一经受理就不能撤单。

（三）ETF与LOF份额的认购

1. ETF份额的认购

与普通的开放式基金不同，ETF份额可以用现金认购，也可以用证券认购。现金认购是投资者使用现金认购ETF份额的行为；证券认购是投资者使用指定的证券换购ETF份额的行为。

我国投资者一般可选择场内现金认购、场外现金认购以及证券认购等方式认购ETF份额。场内现金认购是指投资者通过基金管理人指定的发售代理机构以现金方式参与证券交易所上网定价发售；场外现金认购是指投资者通过基金管理人及其指定的发售代理机构以现金进行的认购；证券认购是指投资者通过基金管理人及其指定的发售代理机构以指定的证券进行的认购。

投资者进行场内现金认购时需具有沪、深证券账户，投资者进行场外现金认购时需具有开放式基金账户或沪、深证券账户，投资者进行证券认购时需具有沪、深A股账户。

2. LOF份额的认购

目前，我国只有深圳证券交易所开办LOF业务，因此，本部分有关LOF的介绍主要以深圳证券交易所LOF的相关规则为准。

LOF份额的认购分场外认购和场内认购两种方式。场外认购的基金份额注册登记在中国结算公司的开放式基金注册登记系统；场内认购的基金份额登记在中国结算公司的证券登记结算系统。

基金募集期内，投资者可通过具有基金代销业务资格的证券经营机构营业部场内认购LOF份额，也可通过基金管理人及其代销机构的营业网点场外认购LOF份额。

场内认购LOF份额，应持深圳人民币普通证券账户或证券投资基金账户；场外认购LOF份额，应使用中国结算公司深圳开放式基金账户。

（四）QDII基金份额的认购

QDII基金份额的认购程序与一般开放式基金的认购程序基本相同，主要包括开户、认购、确认三个步骤。

QDII基金份额的认购渠道与一般开放式基金类似。在募集期间内，投资者应当在基金管理人、代销机构办理基金发售业务的营业场所或按基金管理人、代销机构提供的其他方式办理基金的认购。

由于QDII基金主要投资于境外市场，与仅投资于境内证券市场的其他开放式基金相比，在募集认购的具体规定上有如下特点：

(1) 发售QDII基金的基金管理人必须具备合格境内机构投资者资格和经营外汇业务资格。

(2) 基金管理人可以根据产品特点确定QDII基金份额面值的大小。

(3) QDII基金份额除可以用人民币认购外，也可以用美元或其他外汇货币为计价货币认购。

案　例

农行"A＋H"IPO

1. 上市前的财务重组

处置非优质资产：农业银行和其他国有银行从1999年开始即向四大资管公司剥离不良资产，截至2006年年底，四家资产管理公司累计处置政策性不良资产12 102.82亿元，累计回收现金2 110亿元。到农行上市的时候，剥离数据已经达到1.4万亿。同时，2007年，农行股改时确定的不良资产处置方案为，与财政部、汇金公司建立共管基金，将所有需要剥离的不良资产划入共管基金的账户。用农行未来收益、不良资产处置回收的现金偿还共管基金、覆盖改制成本。与其他国有银行改制方案不同的正是这点，农行将自己来处置这部分资产。这一方案主要考虑了农行不良资产的构成特点。据悉，农行的不良资产笔数多，单笔金额小，平均每笔金额仅7万元，分布的区域也很广，由于资产管理公司在地市以下都没有网点，即使拨给了资产管理公司，也会回过头来委托给农行处置。因此，剥离给资管公司的数量有限，采取此方式处理不良资产是适应了农行特点的选择。另外，农行自身也通过提取拨备、核销不良资产、清收盘活和加强新增不良贷款控制等手段对不良资产——主要是五级不良贷款——进行处置清理。

补充资本金：2008年11月6日，汇金公司向农行注资1 300亿元人民币等值美元，与财政部并列成为农行第一大股东。

2. 引进战略投资者

当初，为了与国际先进银行接轨，工行、中行、建行均在上市前引入境外战略投资者，其中工行引入高盛、运通和安联三家境外战略投资者；中行引入瑞银、李嘉诚基金、苏格兰皇家银行；建行则引入美国银行作为其战略投资者。但从银行上市后的实际经营情况看，境外战略投资者对提升国有银行的管理水平和改进公司治理层面作用有限。而席卷全球的世界金融危机，令不少国际知名的金融机构陷入灭顶之灾，为减轻自身的财务压力，赚得盘满钵满的境外战略投资者在其解禁期满后选择了战略撤退。例如，工行的境外战略投资者之一安联在其年报中披露，2009年2月在市场上沽出了10亿股工行股份，获利约4亿欧元（约42亿港元）。另一名境外战略投资者高盛，已经于2008年5月1日，以4.8港元/股的价格，抛售了已解禁的约30亿股中国工商银行H股，套现约20亿美元。这样看来，战略投资者不过就是战略投机者而已。国内由此开始反思引入战略投资者的作用和意义，与其引进境外的战略投资者，还不如引进国内的战略投资者，对民间资本实行国民待遇的呼声日渐高涨。

农行引进战略投资者将向国内企业倾斜，除国有大中型企业外，将是四大国有银行首次对符合资质要求的民营企业敞开。其对民营企业的资格要求是：近三年连续盈利，净资产达到总资产的30%，股权认购金额不超过净资产的50%。

最早社保基金理事会以155.2亿元的金额认购了农行100亿股（每股1.55元）成为农行继汇金公司和财政部外的第三大股东，占股3.7%。除此之外，农行在A股和H故同时上市的情况下相继引进了境内9家战略投资者，如表6-1所示。

表 6-1

序号	战略投资者名称	到账金额（人民币亿元）	获配股数（股）	退款金额（人民币元）	每股股价	实际募得金额
1	中国人寿保险股份有限公司	40	1 188 757 000	814 131 240	2.68	31.86
2	中国铁路建设投资公司	25	742 974 000	508 829 680	2.68	19.91
3	国网资产管理有限公司	20	746 268 000	1 760	2.68	20.00
4	中国烟草总公司	20	746 268 000	1 760	2.68	20.00
5	鞍山钢铁集团公司	20	594 379 000	407 064 280	2.68	15.93
6	中油资产管理有限公司	20	594 379 000	407 064 280	2.68	15.93
7	中国航天科工集团公司	15	445 784 000	305 298 880	2.68	11.95
8	中国华融资产管理公司	10	297 189 000	203 533 480	2.68	7.96
9	中国建筑股份有限公司	10	297 189 000	20 353 348	3.30	9.80
合计		180	5 653 187 000	2 666 278 708	24.74	153.34

同时也引进了相当数量的境外机构投资者对农行进行长线投资，如表 6-2 所示。

表 6-2

境外基础投资者公司名称	金额（亿美元）	限售期
卡塔尔投资局	28	12 个月
科威特投资局	8	12 个月
渣打集团	5	12 个月
Seven Group	2.5	12 个月
荷兰合作银行	2.5	12 个月
华润集团	2	6 个月
淡马锡	2	6 个月
中旅集团	1.5	6 个月
长江集团	1	6 个月
美国 ADM	1	12 个月
大华银行	1	6 个月

3. 获取税收优惠

2010 年 5 月，政府将对金融机构农户小额贷款的利息收入免征营业税；对金融机构农户小额贷款的利息收入在计算应纳税所得额时，按 90% 计入收入总额。农村信用社、村镇银行和其他小型农村信贷机构的金融保险业收入按 3% 的税率征收营业税。通知的落款日期为 5 月 13 日。声明称，这一措施将执行至 2011 年 12 月 31 日。该优惠措施有效期可回溯至 2009 年 1 月 1 日，这一措施将可能推动中国农业银行的净利润每年增加数十亿元；而且其中大部分措施将一直执行到 2013 年年底。有业内人士表示，这是近年来对农村金融发展支持力度最大的税收优惠政策。农行一高管昨日对外电表示，对于农业银行来说，这一政策绝对是个利好消息，而且将为该行 IPO 营造良好环境。

管理部门对于国有银行股改上市的普遍要求是：核心资本充足率达到4%以上、资本充足率要达到8%以上、总资产回报率不低于0.6%、净资产回报率不低于11%、不良贷款率不超过5%、成本收入比不超过45%、拨备覆盖率不低于60%。经过财务重组，农行在2009年上市前一年的财务指标已经达到上市的要求。

4. 公司治理改革

农行自2007年下半年开始启动总行的组织机构改革，内设机构的改革重组工作共历时近一年时间。相继设立了风险管理部、产品研发部、投资银行部、运营管理部等职能部门。并将原来的农业信贷部一分为三，分设为“三农”政策与规划部、“三农”对公业务部和“三农”个人业务部，以提升“三农”业务的专业化经营管理水平和运作效率。至2008年，随着内控合规部和授信执行部的建立，农行股改前的组织架构体系已初步具备了雏形。

这一系列的改革使得农业银行在肩负其政策性任务的同时，更加具有商业银行的特点，管理层更加能以现代企业管理制度来运行这家国有商业银行。随着2009年1月，农业银行股份有限公司在北京召开创立大会，注册资本为人民币2 600亿元。农业银行的公司治理改革基本达到上市要求。

5. 上市策划

在考虑选择在何地上市的问题上，农行借鉴了之前股改上市的几家国有银行。显然对于农行而言，境外上市是不太现实的，美国市场要求相当高。2002年安然公司和世通公司丑闻爆发之后，美国出台了《萨班斯—奥克斯利法》，对美国本土以外的公司严厉得近乎苛刻，2007年该法案即已对美国本土以外的所有公司生效执行，加大了其上市成本和集体诉讼风险。但是股改后财务指标明显变好的农行，不少境内外投资者对投资农行IPO表现出了浓厚兴趣，加之在国际化方面，周边地区例如中国香港、东南亚等将是农行走向国际的重点区域。选择在香港联交所上市将是必然选择。同时，由于农业银行的主要业务是立足于大陆本土的，且肩负了支持三农这样的本土政策性任务，在国内进行募股融资也将是一个必然的选择。之前上市的国有银行积累的A+H上市的经验使得农行在克服上市过程中可能出现的在不同市场要同股同权同价等技术问题有了一定的应对准备。在充分考虑了这些因素之后，农行选择了同时在A股和H股IPO上市融资的上市策划方案。

6. 承销商选择

在农行IPO开始遴选承销商的时候，预计超过200亿美元募资额将使得农行IPO成为世界上最大桩的IPO案例之一，若按2.5%的费率计算，参与的投行将可分享约5亿美元的佣金，因此，争夺农行IPO承销商的大战在农行上市之前便显得异常激烈。

由于在股改过程中得到了国家的大力支持，股改完成后的农行又取得了650亿元盈利、盈利增长26.7%的良好成绩单，加之农行决定采用A+H同时上市的方式是一个大胆而创新的探索，农行在IPO过程中为了保证其过程顺利进行，对承销商的选择提出了极高的要求，最后世界顶级的承销商们名列农行IPO承销商名单：高盛、中金公司、摩根士丹利、摩根大通、德意志银行、麦格理和农银证券等机构将承销农行H股；中金公司、中信证券、国泰君安以及银河证券入选为农行A股承销商。

同时，农行还克服了联交所对农银证券承销母公司股票可能导致关联交易、内幕交易的质疑，通过多家承销商联合承销和明示独立性等方法通过了联交所的审核和聆讯。

2010年6月9日，农行A股首发申请获中国证监会发审委通过，标志着农行IPO进程在监管层面已经完成。

7. 股票定价

在农行上市之前，曾经进行了高达800亿元的分红，市场对此反应十分不好，认为农行是在有意做高PB的分母以求推升股价。市场分析人士认为，如果本来只有1.6倍PB的话，按上述方式分配，PB就会增高至1.8～1.9倍。同时在路演推介过程中，主承销商给出的报价区间分别为2.06～2.42倍PB(对应股价为3.29～3.86元/股)，这远远超过了市场的预期，不少市场人士和机构都认为如果以此作为发行PB的话，机构投资的投资盈利空间将十分有限，市场给出的信号纷纷表示很不认同。

在定价的同期(2010年6月)，工行、中行、建行、交行的股价分别为4.24、3.55、4.93、6.21元，分别对应1.97、1.66、1.93、1.74倍PB。若按照1.7～1.9倍的PB范围计算，农行的IPO价格理应在每股2.3～2.6元。

另外，在路演推介阶段，农行打出了"中国网点最多的商业银行"、"盈利增长最快的商业银行"等卖点，但是在路演过程中不直面回答包括提前分红、存贷比和县域业务风险和资产质量问题，让投资者大失所望。至6月23日农行IPO初步询价结束的时候，买方报价的中值被确定为2.7元。然而，卖方(四家承销商)的报价均在3元之上，有464笔机构报单对农行A股IPO进行了报价询价，合计申购的总股数为657.86亿股，超额认购倍数约为13.71倍。至7月7日，农行已完成融资192亿元。最后，在市场和承销商的博弈之下，A股首次公开募股价定在每股人民币2.68元，处于发行价指导区间2.52～2.68元的上限；显示其A股发行认购情况不错，市场预计其上市后有望保持平稳。同时，农业银行H股(1 288.HK)首次公开募股价定在每股3.20港元，接近指导区间2.88～3.48港元的中段。其H股发行价折合人民币2.78元，高于A股发行价。农行招股获得市场热烈回应。市传H股获至少5倍超额认购，并以3.2港元定价，稍高于招股价范围中位数，相当于今年预测市盈率1.68倍。计及超额配股权，农行集资总额1 716亿港元，轻微超越工行(1 398.HK)，创下上市集资纪录。

但是由于农行在路演差强人意的表现，招股反应相对失色，以冻资金额、认购人数及超购倍数计，农行于8家内银股中均倒数第一。不包括超额发售部分，农业银行A股、H股发行数量分别为222亿股和254亿股，募资规模总计约人民币1 302亿元。若超额配售选择权得到全额行使，则A股、H股发行数量将分别达到256亿股和292亿股，募资规模将达到1 498亿元。

8. 上市

中国农业银行股份有限公司(Agricultural Bank of China Ltd.，601288.SH，简称：农业银行) A股在上海交易所当天股价收报2.70元，涨0.75%，换手39.18%，盘中最低至2.69元。此前市场曾预计农行A股的涨幅在5%～10%。按照中国的标准而言，这样的表现较为黯淡，表明投资者对于农业银行的基本面状况仍有疑问。中国农业银行H股(1 288.HK)开盘报3.25港元，IPO发行价报3.20港元，在尾盘市场收盘涨1.6%。

农行A股上市交易首日，在庞大的护盘买牌之下，只能勉强浮于水面，收市升幅不足0.8%。市场消息指，农行H股早以3.2港元开出，最高3.29港元，收报3.25港元，较上市价3.2港元高出1.6%。

承销商7月29日以每股3.2港元的价格悉数行使H股超额配售权，涉及共38.12亿股H股，占初步全球发行股份的15%。农行此次发行H股超额配售股份，融资规模达121.98亿港元。结合此前上市时发行的股份，农行H股发行数量已达292.2亿股，共募资935.15亿港元。联席主承销商于2010年8月13日全额行使超额配售选择权，按本次A股发行价格向投资者超额配售33.35亿股，占本次初始发行规模的15%，超额配售后总配售规模为255.71亿股。农行本次A股发行最终募集资金总额约为685.29亿元，加上H股募集的935.15亿港元，农行此次A+H上市募资金额已达221亿美元，超越工行，成为全球最大IPO。

〔参考农业银行发行公告和财经网站报道内容编写〕

本章概念

1. 一级市场、二级市场。
2. 核准制、注册制。
3. 直接发行、间接发行、联合发行、包销、代销。
4. 平价发行、溢价发行、折价发行。
5. 有偿增资发行、无偿增资发行、有偿无偿混合增资发行。
6. 定价发行、竞价发行、询价发行。
7. 荷兰式招标、美国式招标。

问题思考

1. 简述证券发行市场的基本特征。
2. 简述证券发行市场的基本结构。
3. 试述首次发行股票和增发新股应具备的条件。
4. 试述股票承销风险及其防范。
5. 阐述超额配售选择权的主要内容和作用。
6. 债券发行影响因素有哪些？它们如何影响债券发行的价格及成本？
7. 试述公司发行债券必须具备的条件。
8. 基金募集的主要程序是什么？

第七章 证券交易市场

学习目标

1. 熟悉证券交易的概念与特点；
2. 掌握证券交易市场的概念；
3. 了解证券交易所的概念、特征、职责与组织形式；
4. 熟悉证券交易流程；
5. 熟悉世界的主要股票价格指数和我国的主要股票价格指数；
6. 掌握指令驱动和报价驱动交易方式的特点。

第一节 证券交易市场概述

一、证券交易的概念

证券交易是指已经发行上市的证券在市场上流通和转让的活动。证券交易发生在证券发行后，但又与证券发行密切联系：一方面证券发行是证券交易的前提，证券的发行为市场提供了交易对象；另一方面，证券交易是证券发行的保证，交易使得证券的流动性得以显现。

新中国成立后，我国的证券交易市场始建于 1986 年 8 月，沈阳开始试办企业债券转让业务，9 月上海开办了股票柜台买卖业务；从 1988 年 4 月开始 61 个大中城市先后开放了国库券的转让市场；1990 年 11 月，上海证券交易所率先成立，随后又在 1991 年成立了深圳证券交易所；1992 年上海又开始了 B 股交易，标志着我国证券交易市场朝着国际化方向迈进了一步。

二、证券交易的特点

(一) 证券交易是特殊的证券转让

证券转让是指证券持有人依照转让意愿及法定程序，将证券所有权转让给其他投资者的行为，其基本形式是证券买卖。根据《中华人民共和国证券法》规定，证券交易主要指证券买卖，即依照转让意愿而发生的转让行为。

(二) 证券交易是反映证券流通性的基本形式

流通性是确保证券作为基本融资工具的基础。证券发行完毕后，理论上证券即成为投资者的投资对象和投资工具，赋予证券流通性和变现能力，使得证券投资者可以方便地进入或退出证券市场。

(三) 证券转让须借助证券交易市场来完成

证券的交易市场既包括交易所市场，又包括除交易所以外的场外市场。前者如国际上著名的纽约证券交易所、伦敦证券交易所和法兰克福证券交易所等，我国上海证券交易所和深圳证券交易所也属于集中交易场所。后者如美国全美证券商自动报价系统(NASTAQ)

以及各国的店头交易场所，我国场外交易场所主要包括原有的 STAQ 相 NET 两个交易系统。

（四）证券交易须遵守相应交易规则

为确保证券交易的安全与快捷，维护资本市场的稳定与发展，证券交易须遵守国家颁布和制定的一系列法律法规以及交易所颁布的相关规定和自律性规范。

三、证券交易的原则

证券交易的原则是贯穿于市场交易过程中的一般法则，贯穿于证券交易全过程。为了保证证券交易功能的发挥、证券交易的正常进行，证券交易应遵循以下原则。

（一）公开原则

公开原则是指证券交易的信息必须公开。证券交易是一种面向社会的、公开的交易活动，核心要求是实现市场信息的公开。按照这个原则，一方面投资者对投资的品种可以进行充分、真实、全面、准确的了解，另一方面要求证券的发行人及时、真实、准确、完整地公布相关信息，以保证投资者可以获得该发行人的资料，并以此进行分析判断。在我国，公开原则所涵盖的内容相当广泛，包含上市公司的财务状况、经营状况等须依法及时公开的内容，也包含公司的一些重大事项的发布等。公开原则是现代证券交易的基本原则。

（二）公平原则

公平原则是指参与证券市场交易的各方在相同条件下有平等交易机会。它要求所有参与者在交易中都有平等的法律地位，并且合法权益都能得到公平的保护。违反此原则的欺诈行为、内幕交易行为、操纵行为和其他一切不公平行为不具有合法的法律效力，同时还应当承担由此带来的相应损害赔偿的法律责任。在交易活动中，不能由于资金规模、持有的股份数额等方面的不同，给予歧视或者不公平的待遇。

（三）公正原则

公正原则是指证券监管机构以及证券交易所能够公正地对待交易各方以及公正处理证券交易事务。实践中，公司股票上市申请审批的公正性，会计审计事务所对于上市公司经营状况、财务状况等客观公正的披露，以及公正处理证券上市交易过程中的违法违规行为等都属于公正原则的范畴。

四、证券交易市场的概念

证券交易市场也称为二级市场或流通市场，是已发行证券买卖转让的市场。它的存在为证券发行后证券所有权的转移提供了必要条件，使证券市场体系更加完善。

证券交易市场是和证券发行市场相对应而言的，两者既有联系，又有区别，相互依存，互为条件。证券发行市场是证券交易市场的基础和前提，有了发行市场提供的证券，才有流通市场可交易的证券，证券发行的种类、数量和发行方式决定着流通市场的规模和运行方式。流通市场是发行市场得以持续扩大发行的必要条件，流通市场上形成的交易价格及流通状况影响和制约着证券的发行价格和规模。相比而言，证券流通市场的结构和交易活动比发行市场更为复杂，其作用和影响也更大。

证券流通市场包含了证券流通的一切活动。证券流通市场的存在与发展为证券发行者创造了有利的筹资环境，投资者可以根据自己的投资计划和市场变动情况，随时买卖证券。由于解除了投资者的后顾之忧，投资者可以放心地参加证券发行市场的认购活动。这有利于公司筹措长期资金。证券流通的顺畅也为证券发行起了积极的推动作用。对于投资者来说，通过股票流通市场的活动，可以使长期投资短期化，在证券和现金之间随时转换，增强了证券的流动性和安全性。证券流通市场上的价格是反映经济动向的晴雨表，它能灵敏地反映出资金供求状况、行业前景和政治形势的变化，是进行经济预测和分析的重要指标。对于企业来说，股权的转移和证券市场价格的涨落是其经营状况的指示器，能为企业及时提供大量信息，有助于企业经营决策和改善经营管理。可见，证券流通市场具有重要的作用。

第二节　证券交易所市场

证券交易市场主要由证券交易所市场(场内交易市场)和场外交易市场构成，此外还有第三市场和第四市场。作为证券交易市场的重要部分，证券交易所市场起着不可替代的作用。

一、证券交易所

证券交易所是依据国家有关法律并经证券监管机构批准设立的进行证券集中竞价交易的有形的证券流通的场所。证券交易所为投资者提供了一个稳定的、公开交易的高效率市场。同时，证券交易所也具有管理证券上市和交易的职能。

证券交易所是规范化与高度组织化的市场，是证券市场的主体与核心，具有如下特征：

(1) 证券交易所为证券的买卖双方进行证券交易提供服务，创造条件，并对双方的交易行为进行监督。

(2) 交易场所的固定性和交易时间的确定性。

(3) 交易管理的严格性和秩序化。证券交易所拥有完善的交易设施，并且是高度组织化的交易场所。

(4) 交易活动的连续性和交易量的集中性，成交迅速和高效性。

二、证券交易所的职责

证券交易所是各类证券进行交易的集中场所，在交易活动中发挥着重要作用，担负着重要职责。

(一) 提供证券交易的场地

证券交易所提供固定的场地和设施，有固定的交易时间，保证投资者能够连续不断地进行证券交易，为上市公司、证券中介以及投资者提供了便利。这也是证券交易所的核心功能和生命力所在。

(二) 形成合理的证券价格

证券交易所是开放的市场，投资者的投资行为可以在交易所得以实现。众多的买家和卖家通过公开和竞争的方式形成交易价格，较为公平合理，所形成的价格也是投资者投资意愿的集中体现。

(三) 公开披露交易信息

信息公开、及时、准确的披露是形成公平的交易环境和合理的交易价格的前提条件。交易所有责任对影响到价格波动的一切信息进行公开披露，同时对证券发行人披露的信息负有监督职责。这不仅是交易所的法律责任，更是交易所的商业职能。

(四) 管理和监督交易行为

证券交易所是一个有组织的证券市场，有着一整套严格的管理制度和管理规范。这些制度、规范要保证交易所交易活动、交易秩序的顺利进行，同时更要防范交易过程中产生欺诈、违规等交易行为，保证投资者投资过程中的利益。

三、证券交易所的组织形式

纵观世界各国的证券交易所，其组织形式虽然不尽相同，但大致可以分为两类，即公司制证券交易所和会员制证券交易所。

（一）公司制证券交易所

公司制证券交易所是依照公司法由股东共同出资组成的有限责任公司，它以营利为目的，提供交易场所和服务人员，以利于证券商的交易与交割。从证券交易实践可以看出，这种证券交易所要收取发行公司的上市费与证券成交的佣金，其主要收入来自证券买卖成交额中收取的一定比例的手续费。经营这种交易所的人员不能参与证券买卖，从而可以在一定程度上保证交易的公平。

由于公司制证券交易所是由银行、证券公司、投资信托机构及各类股份公司等共同投资入股建立起来的公司法人，因而公司制的证券交易所对在本所内的证券交易负有担保责任。通常公司制的证券交易所设有赔偿基金，或向国库缴纳保证金，以赔偿因本所成员违约而遭受损失的投资者。公司制的证券交易所通常规定，证券商及其股东或经理不得担任证券交易所的董事、监事或经理，以保证交易所经营者和交易参与者的分离。

世界上实行公司制证券交易所的国家主要有加拿大、澳大利亚、日本、马来西亚等。我国香港特别行政区也实行公司制证券交易所。我国台湾的“证券交易法”虽然规定证券交易所分会员制和公司制两种，但台湾目前唯一的证券交易所台湾证券交易所，其实行的也是公司制。公司制证券交易所大多是营利性组织，但加拿大和日本的证券交易所，以及印度的一些证券交易所则是非营利性的。

公司制证券交易所的优点表现在以下几个方面：

（1）保证证券交易的公正性。

交易所本身不参与证券交易，证券交易所经营者与交易参与者的分离可以保证交易所不采取偏袒交易双方中任何一方的态度，从而保证证券交易的公平与公正，有利于证券交易的顺利进行。

（2）易于取得社会公众信任。

交易所对买卖证券双方有两项规定：一是对买卖证券双方中违约方有负责赔偿损失的责任；二是证券商与交易所签订合同，并缴纳营业保证金。因此交易所容易获得社会公众的信任，从而促进证券交易所的发展。但目前很多会员制的证券交易所也都设立了赔偿基金。因此这一优点已不再是公司制证券交易所独有。

（3）交易所的效率较高。

由于是以营利为目的，公司制交易所会在经营过程中采用各种有效的经营手段来提高市场效率，合理地控制成本，以达到获取更大利润的目标。

（4）便于国家宏观管理。

在政府主管机构的管理和监督下，容易做到与政府的经济政策、金融政策相配合。

公司制证券交易所也存在一些缺点：一是为了赚取更多的利润，交易费用较高；二是公司制证券交易所有可能因经营不善而破产，这将给证券市场造成巨大冲击，从而对国家的经济运行产生重大影响。

（二）会员制证券交易所

会员制证券交易所作为社团组织，通常由证券公司、投资公司等证券商自愿组成，这些证券商即为交易所的会员。只有具有会员资格的证券商，才能进入交易所参与证券交易活动。会员制证券交易所的运转不以赢利为目的，收取各种资金和费用都严格按照规定用途使用，并制定专项管理规则进行管理，交易所的收益结余不分配给会员。会员大会和理事会是会员制证券交易所的决策机构。会员大会是最高权力机构，决定交易所经营的基本方针。理事会为执行机构，其主要职能是：审查会员资格；决定会员人数；根据证券交易法起草交易所章程，交会员大会通过，并呈报有关部门审批；审查和决定证券的上市、报价；按章程规定，定期召开会员大会，处理交易所的一些重大问题以及其他日常事务。会员制交易所在法律上又分为法人和非法人两种。东京证券交易所是法人会员制证券交易所，它不但适用证券交易法，也适用民法的规定。纽约证券交易所是非法人制交易所，是一种自愿组合的非法人团体，其章程是会员之间的契约，而会员的权利和义务是交易所赋予的。目前世界上绝大多数国家的证券交易所是会员制交易所。我国的上海证券交易所、深圳证券交易所也采取会员制组织形式。

第三节　证券场外交易市场

一个成熟的证券市场体系不仅包括交易所市场，也包括交易所以外的其他交易市场，主要有场外市场、第三市场和第四市场等。

一、场外市场

场外市场又称店头市场或柜台市场，是在证券交易所以外，与客户直接进行证券买卖的市场，它与交易所共同构成一个完整的证券交易市场体系。场外交易市场实际上是由千万家证券商组成的抽象的证券买卖市场，并非特指一个有形的市场。在场外市场，证券商大都同时具有经纪人和自营商双重身份，随时与买卖证券的投资者通过直接接触或电话、电传、网络等方式迅速达成交易。

场外交易市场与证券交易所相比具有以下特点：

(1) 场外交易市场的买卖价格是通过直接协商决定的，而证券交易所的证券价格则是公开拍卖的结果。

(2) 场外交易市场的证券交易不是在固定的场所和固定的时间内进行，而是主要通过电话、电传、网络等现代通信手段成交。

(3) 交易所内仅买卖已上市的证券，而在场外交易市场则不仅买卖已上市的证券，同样也买卖未上市的证券。

(4) 场外证券交易额没有起点和交易单位的限制，没有统一的交易章程和交易规则，管理比较宽松。

场外交易市场在证券流通市场的地位，并不是在所有的国家都一样，场外交易市场在美国非常重要。其主要原因是，美国的证券交易委员会对证券在交易所挂牌上市的要求比较高，一般的中小企业无法达到。这样，许多企业的证券不可能甚至不愿意在交易所挂牌流通，而往往依靠场外交易市场。欧洲国家则有所不同，其交易所非常发达，相应地场外交易市场远不如美国那样发达。

二、第三市场

第三市场是指在柜台市场上从事已在交易所挂牌上市的证券的交易。这一部分交易原属于柜台市场范围，近年来由于交易量增大，其地位日益提高，以至许多人都认为它实际上已变成独立的市场。

第三市场是20世纪60年代才开创的一种证券交易市场，是为了适应大额投资者的需要而发展起来的。一方面，机构投资者买卖证券的数量往往以千万计，如果将这些证券的买卖由交易所的经纪人代理，这些机构投资者就必须按交易所的规定支付相当数量的佣金。机构投资者为了降低投资的费用，便把目光逐渐转向了交易所以外的柜台市场。另一方面，一些非交易所会员的证券商为了招揽业务，赚取较大利润，常以较低廉的费用吸引机构投资者，在柜台市场大量买卖交易所挂牌上市的证券。这两方面因素相互作用，使第三市场得到了充分的发展。第三市场的交易价格，原则上是以交易所的收盘价为准。第三市场并无固定交易场所，场外交易商收取的佣金是通过磋商来确定的，因而使同样的股票在第三市场交易比在股票交易所交易的佣金要便宜一半，所以第三市场一度发展迅速。直到1975年，美国证券交易管理委员会取消固定佣金比率，交易所会员自行决定佣金，投资者可选择佣金低的证券公司来进行股票交易，第三市场的发展才有所减缓。

第三市场的出现和发展对证券市场产生了一定的积极影响。对投资者有降低成本的好处，对证券业，由于上市证券出现了多层次市场，加强了业务竞争，促进了证券研究和服务的深化和发展。

三、第四市场

第四市场是投资者直接进行证券交易的市场。在这个市场上，证券交易由买卖双方直接协商办理，不用通过任何中介机构。同第三市场一样，第四市场也是适应机构投资者的需要而产生的。当前第四市场的发展仍处于萌芽状态。

由于机构投资者进行的股票交易一般都是大数量的，为了保密，不致因大笔交易而影响价格，同时也为了节省经纪人的手续费，一些大企业、大公司在进行大宗股票交易时，往往通过互联网直接进行交易。

第四节 证券交易流程

一般来说，投资者通过经纪人在证券交易所买卖证券是证券交易的主导形式。在证券交易所市场上从事证券交易的一般程序包括开户、委托、竞价成交、清算、交割与过户几个环节。

一、开户

所谓开户，就是投资者在证券公司开立委托买卖的账户。开户包括开设证券账户和资金账户。

（一）证券账户

证券账户是指证券登记机构为投资者设立的，用于准确记载投资者所持有的证券种类、名称、数量及相应权益和变动情况的一种账册，其又称为股票账户或股东代码卡。投资者在开设证券账户的同时，即已委托证券登记机构为其管理证券资料、办理登记、清算和交割业务。

我国的证券账户分为个人账户和法人账户两种。个人投资者开户,必须持有效身份证件,一般为身份证。法人开户所需证件有:营业执照及其复印件,法定代表人证明书及其身份证,法人委托书及代办人身份证。

一般证券账户只能进行A股、基金和债券现货交易;进行B股交易和债券回购交易需另行开户。按照规定,每个投资者只能凭居民身份证开设一个证券账户,不得重复开户,法人不得使用个人证券账户进行交易。

投资者买卖上海证券交易所或深圳证券交易所上市证券,需要分别开设上海或深圳证券账户。证券账户全国通用,投资者可以在开通上海或深圳证券交易所的任何一家证券营业部委托交易。

(二) 资金账户

资金账户是证券商为投资者设立的账户,用于记录证券交易资金数量和变动情况。资金账户由证券商管理,投资者可以查询和打印资金变动情况。投资者如果委托其他证券商代理买卖,需要重新开设资金账户。目前,我国开设资金账户还需与相关银行签订第三方委托协议,以保证投资者的资金安全。

投资者到证券营业部开设资金账户,必须持证券账户和有效身份证件,并缴纳一定数量的资金作为保证金。证件及资金经证券商审核、清点无误后,即为投资者开设资金账户,设置交易密码。证券商在为投资者开户时,会与投资者签订协议,订立条款,接受投资者的委托,到证券交易所代理证券买卖,并到证券登记结算机构代理相应证券与资金登记、结算与交收。

二、委托

投资者向证券商下达的买进或卖出证券的指令,称为委托指令。证券商必须严格按照投资者的委托指令代理其进行证券交易。

(一) 委托种类

投资者向证券商下达的委托指令有很多种,按委托价格分为市价委托、限价委托、止损委托等;按委托时效分为当日、当周、当月委托等。

1. 市价委托、限价委托和止损委托

(1) 市价委托

市价委托是指投资者委托经纪人按交易市场的市价买进或卖出证券,投资者不规定价格的委托。市价委托最大的优点在于成交快捷。投资者可以确信指令将被执行,但对执行的价格却没有把握。一般地,证券价格的下降要比上升快得多,因此市价委托在下降市场中更重要,也使用得更多。

(2) 限价委托

限价委托是客户委托经纪人按其限定的价格买卖证券的委托。此时,客户规定最高买入价或最低卖出价,但允许经纪人用比规定价格更低的价格买进,比规定价格更高的价格卖出。它是委托买卖基本方式之一。其优点是对买卖价格有明确的规定,有利于减少委托人与被委托人之间在价格上的纠纷。

(3) 止损委托

止损委托是投资者通过证券经纪人在证券的价格上升或下降超过所指定的限度时,便按照市场价格来买卖一定量证券的方式,止损委托有两个基本的用途:保障既得的利益,限制可能的损失。

2. 当日有效委托、当周有效委托、当月有效委托、撤销前有效委托

大部分指令发出后不会立即成交,而是要等待交易条件相匹配的对方指令出现。等待截止到当天收盘时指令失效的即为当日有效委托,等待一周之内有效的委托为当周有效委托,有效时间为一个月的为当月有效委托。还有一种不明确规定时间的委托,其有效时间从客户发出委托起一直到客户主动撤销委托前一直有效,称为撤销前有效委托。

我国证券交易中的合法委托是当日有效的限价委托。

(二) 委托方式

在我国沪深股市交易中,有以下几种委托方式:

(1) 刷卡自助委托,指投资者在电脑刷卡器上刷磁卡,输入账户和密码,利用小键盘进行买卖和查询。此种方式必须到证券公司的营业部才能使用。

(2) 电话委托,指投资者拨通相应电话,按指令输入相应内容,进行买卖和查询。

(3) 网上交易,指投资者直接通过互联网进行证券的买卖和查询,使用这种方式,投资者既可以看到行情,也可以看到委托情况,速度快捷,已逐渐成为最流行的委托方式。

以上三种委托方式的共同点是投资者的交易指令直接到达交易所的交易主机,不经过交易所派驻场内交易员的人工操作环节,被称为无席位交易或远程终端交易。

(三) 委托内容

投资者在证券交易中的委托内容主要包括委托人、买卖的方向、买卖的品种、买卖的数量及委托的有效期等几个方面。其中买卖的数量,不同国家有不同的规定,通常股票1手为100股,债券1手为1 000元的票面价值,期货的1手则以相应品种的标准合约中的规定数量为准。

三、竞价成交

证券公司接受客户委托后,利用终端机或专线电话将委托买卖内容输入到交易所的交易系统,所有的交易都由交易商的交易系统来完成。交易系统撮合主机先对接收的委托进行合法性检测,然后按照竞价规则,对同一种证券进行竞价,确定成交价格,自动撮合成交。成交后,立即通过地面通信线路或双向卫星将成交回报传送给证券商。不能成交的委托按"价格优先、时间优先"的原则排队,等候与其后进来的委托成交,直到有效期结束。竞价确定成交价格的方式有两种:集合竞价和连续竞价。

(一) 集合竞价

集合竞价是指投资者在规定时间内按自己的心理价格,在规定的涨跌幅范围内自由地进行买卖申报,交易系统撮合主机对该时间段内全部有效委托进行一次性集中撮合处理的竞价方式。

集合竞价的基本做法是:首先,在有效价格范围内选取使所有有效委托产生最大成交量的价位。如有两个以上这样的价位,则按以下规则选取成交价位:高于选取价格的所有买方有效委托和低于选取价格的所有卖方有效委托能够全部成交;与选取价格相同的委托的一方必须全部成交。如果满足以上条件的价位仍有多个,则选取离上日收盘价最近的价位。其次,进行集中撮合处理。所有买方有效委托按照委托限价由高到低的顺序排列,限价相同者按照进入撮合主机的时间先后排列。所有卖方有效委托按照委托限价由低到高的顺序排列,限价相同者按照进入时间先后排列。依次逐笔将排在前面的买方委托与卖方委托配对

成交，即按照“价格优先，同等价格下时间优先”的成交顺序依次成交，直至成交条件不满足为止。所有成交都以同一成交价成交。目前，我国深圳、上海证券交易所股票交易的开盘价和收盘价都是采用集合竞价方式来形成的。

（二）连续竞价

连续竞价是交易系统撮合主机对投资者申报的委托进行逐笔连续撮合处理的过程。成交价格确定规则：对于新进来的一笔买单委托，选取排在队列最前面的最低叫卖价有效委托单；对于新进来的一笔卖单委托，选取排在队列最前面的最高叫买价有效委托单。若参与该次竞价买进委托限价大于或等于卖出委托限价，则可竞出一个新的最近成交价，产生一笔成交。这时的成交价格确定规则为：对新进入的一个买进有效委托，若能成交，其成交价格取卖方叫价；对于新进入的一个卖出有效委托，若能成交，其成交价格取买方叫价。参与该次竞价的能够成交的买卖双方以选取的成交价成交。

当新进入一笔委托时，若能成交，则根据上述成交价格确定规则进行竞价撮合；若不能成交，则以“价格优先、时间优先”的顺序排队等待。对于已进入撮合系统的有效委托，根据上述成交价格确定规则逐笔撮合，直至系统内已有的所有买卖委托不能产生成交，即已有买卖盘达到平衡状态为止。然后再逐笔处理新进入系统的委托。这样循环往复，直至收市。

竞价成交环节集中体现了证券市场的市场属性，正是这种竞价成交机制使证券市场成为最接近充分竞争和有效、公开、公平的市场，也使市场成交价成为最合理、公正的价格。

四、清算、交割与过户

买卖双方的证券交易成交后，需要对应收付的证券和价款进行核定计算，并完成证券由卖方向买方的转移和相对应的资金由买方向卖方的转移，这一过程称为结算。

我国上海、深圳证券交易所的证券结算均采用净额交收方式。

（一）清算

在证券交易所中，通过清算制度将当事者的买卖数额相互抵消，然后对其净差额进行交割，这种抵消买卖额而支付其净差额的过程即为清算，清算的目的在于减少实际交割的证券和款项，以节省人力和物力。清算公司先将各清算会员每种证券的买卖分类外加以相互抵消，得出应结清的余额。证券公司按此余额向清算公司交付应交的证券，同时向清算机构支付应付价款。

（二）交割

交割是指在证券交易成交后，委托人在规定日期付出现金取得证券，或交出证券取得现金的手续。文割分成两个阶段，先在证券商和委托买卖的投资者之间进行，再在证券商和证券商之间进行。

证券交易一般有下列交割方式：① 当日交割（$T+0$），指买卖双方以成交后的当日就办理完交割事宜，适用于买方急需股票或卖方急需现款的情况。② 次日交割（$T+1$），指成交后的下一个营业日正午前办理完成交割事宜，如逢法定假日，则顺延一天。③ 例行交割，即自成交日起算，在第五个营业日内办完交割事宜。这是标准的交割方式。一般地，如果买卖双方在成交时未说明交割方式，即一律视为例行交割方式。④ 例行递延交割，指买卖双方约定在例行交割后选择某日作为交割时间的交割。买方约定在次日付款，卖方在次日将股票交给买方。⑤ 卖方选择交割，指卖方有权决定交割日期。其期限从成交后 5 天至 60 天不等，买卖双方必须订立书面契约。凡按同一价格买入“卖方选择交割”时，期限最长者应具有优先选择权。凡按同一价格卖出"卖方选择交割"时，期限最短者应具有优先成交权。我国目前仍未采用此种交割方式。我国目前证券交割的周期主要有三种：$T+0$、$T+1$、$T+3$。其中 $T+0$ 适用于权证、股指期货和商品期货，$T+1$ 适用于 A 股、债券和基金，$T+3$ 适用于 B 股。

（三）过户

证券交易使得证券的所有权发生变更，证券的过户就是记录证券所有权从原所有者转移给新所有者的过程。记名证券必须办理过户手续，而不记名证券可以自由转让，无须办理过户。我国上海证券交易所、深圳证券交易所实行电脑自动过户办法，投资者不需要再另外办理过户手续。

第五节 股票价格指数

股票价格指数（stock price index）或称股票市场指数（stock market index），是描述股票市场总的价格水平变化的指标，是反映股票市场所有或某类股票平均价格水平及其价值变动情况，并测度股票市场行情变化的指标参数。世界各国的股票市场都有多个股票价格指数。

一、股票价格指数的概念及作用

（一）股价指数的概念

由于经济、政治、市场和技术等各种因素的影响，股票价格经常处于变动之中。为了能够及时、准确并全面地反映这种变化趋势，世界各证券市场都编制股价指数，将一定时点上成千上万种此起彼落的股票价格表现为一个综合指标，代表该证券市场一定标准的价格水平和变化情况。股价指数是指用以表示多种股票平均价格水平及其变动并衡量股市行情变动的指标。它是表明股份总水平变动的相对数。以某个时期的价格水平同基期的价格水平对比为前提，并将二者的比值乘以基期的指数值即为计算时期的股价指数。

（二）股价指数的作用

股价指数不仅是反映股市变动情况的重要指标，也是股票投资者从事投资决策不可缺少的信息，而且还是反映国民经济状况的"晴雨表"。其作用主要表现在以下几个方面。

(1) 股市行情的指示器。股价指数可以作为一个综合性的指标，用来衡量整个股市总的价格水平及其变化程度。因此，它是反映股市行情变化的重要指标，是股价升降变化的指示器。它能够比较正确地反映股票行情的变化和股票市场的发展趋势，有利于投资者进行投资选择和分析经济形势。股价指数还可以显示政治、经济、社会以及其他因素的变化情况。人们通常将世界各主要证券市场股票指数列表进行分析，从中观察、研究各市场的动态，掌握各股市的涨跌趋势，了解该国经济发展状况和趋势。

(2) 为投资者提供投资信息和投资标的。股价指数都是定期公布的。无论是股价平均数还是股价指数，都以点作为它的单位，如果今天股价指数的点高于昨天，则是股价总水平上涨的反映；相反，则是股价总水平下跌的反映。每个投资者可以根据股价指数的升降变化，了解即时股市行情，预测未来股市趋势；同时，结合对本国、本地区的经济状况，以及世界经济与政局的变化等因素分析，选择投资对象和投资时机。因此，股价指数是投资者不可缺少的信息。股指期货、股指期权等都是以股票指数为标的物的衍生证券，它们也是投资者的投资品种之一。例如:沪深300指数就是IF股指期货的标的物。

(3)反映经济变化的"晴雨表"。各地对股价指数的编制是选择该地区上市的有代表性、经济实力也较雄厚的公司的股票作为计算对象。在一般情况下,这些公司业绩的好坏会直接影响其股价的起落,也能反映出本国或本地区经济运行情况及其发展趋势。因此,股价指数又是观察了解和分析某国或某地区经济状况的重要指标,被喻为反映国民经济状况的"晴雨表"。

二、股票价格指数的主要计算方法

编制股票指数,通常以特定日期为基期,基期的股票价格作为100,用以后各时期的股票价格和基期价格比较,计算出升降的百分比,就是该时期的股票指数。投资者根据指数的升降,可以判断出股票价格的变动趋势。并且为了能实时地向投资者反映股市的动向,所有的股市几乎都是在股价变化的同时即时公布股票价格指数。

计算股票指数,要考虑三个因素:一是抽样,即在众多股票中抽取少数具有代表性的成分股;二是加权,按单价或总值加权平均,或不加权平均;三是计算程序,计算算术平均数、几何平均数或兼顾价格与总值。

股票价格指数的计算方法通常采用算术平均法、修正法和加权平均法。

(一)算术平均法

算术平均法以上市的全部股票或样本股为计算对象,将每种股票当天的收盘价相加,除以股票数得出,即

$$\text{股价简单算术平均数} = \left(\sum \text{样本股当天收盘价}\right) / \text{样本股数量} \tag{7-1}$$

世界上第一个股票价格平均数——道琼斯股价平均数在1928年10月1日前就是使用简单算术平均法计算的。现假设从某一股市选择的样本股为A、B、C、D四种,在某一交易日的收盘价分别为10元、16元、24元和30元,计算该市场股价平均数。将上述数代入式(7-1)中,即得:

$$\text{股价平均数} = (P_1 + P_2 + P_3 + P_4)/n = (10+16+24+30)/4 = 20(\text{元})$$

简单算术股价平均数虽然计算较简便,但它有两个缺点:一是它未考虑各种样本股票的权数,从而不能区分重要性不同的样本股票对股价平均数的不同影响。二是当样本股票发生股票分割、派发红股、增资等情况时,股价平均数会产生断层而失去连续性,使时间序列前后的比较发生困难。例如,上述D股票发生以1股分割为3股时,股价势必从30元下调为10元,这时平均数就不是按上面计算得出的20元,而是(10+16+24+10)/4=15(元)。这就是说,由于D股票分割技术上的变化,导致股价平均数从20元下跌为15元(这还未考虑其他影响股价的因素),显然不符合平均数作为反映股价变动指标的要求。

(二)修正法

修正股价平均数有两种:一是除数修正法,又称道式修正法。这是美国道·琼斯在1928年创造的一种计算股价平均数的方法。该法的核心是求出一个常数除数,以修正因股票分割、增资、发放红股等因素造成股价平均数的变化,以保持股价平均数的连续性和可比性。具体做法是以新股价总额除以旧股价平均数,求出新的除数,再以计算期的股价总额除以新除数,这就得出修正的股价平均数。即:新除数=变动后的新股价总额/旧的股价平均数,修正的股价平均数=报告期股价总额/新除数。前面的例子除数4,经调整后的新的除数应是:新的除数=(10+16+24+10)/20=3,将新的除数代入式(7-1)中,则:修正的股价

平均数＝(10＋16＋24＋10)/3＝20(元)。得出的股价平均数与未分割时计算的结果一样，股价水平并不因股票分割而变动。二是股价修正法。股价修正法就是将股票分割等变动后的股价还原为变动前的股价，使股价平均数不会因此变动。美国《纽约时报》编制的500种股价平均数就采用股价修正法来计算股价平均数。

(三) 加权平均法

加权平均法是当前计算股票价格指数使用最普遍的方法。因为这种方法考虑了作为计算对象的各种样本股股本数量的不同，其价格的变动对股市的影响程度也不相同的重要因素，即考虑了权重的影响。这种计算方法一般以上市公司的股本总数作为权数，以区分不同股票的价格变动对股价总额影响程度的差异。目前世界上著名的指数大多采用这种方法。其具体的方法又分为两种：一种是以基期的股本总数为权数来计算股价指数，另一种是以报告期的股本总数作为权数来计算股价指数，即

$$\text{报告期股份指数} = \frac{\sum \text{报告期股价} \times \text{基期股本总数} \times \text{基期指数值}}{\sum \text{基期股价} \times \text{基期股本总数}} \tag{7-2}$$

$$\text{报告期股价指数} = \frac{\sum \text{报告期股价} \times \text{报告期股本总数} \times \text{基期指数值}}{\sum \text{基期股价} \times \text{报告期股本总数}} \tag{7-3}$$

三、世界上几种重要的股票价格指数

(一) 美国道琼斯股票价格平均指数

道琼斯股票价格平均指数，简称道琼斯指数(Dow Jones Indexes)，是世界上历史最为悠久、最有影响、使用最广的股价指数。道琼斯指数是一种算术平均股价指数。通常人们所说的道琼斯指数是指道琼斯指数四组中的第一组道琼斯工业股价平均指数(Dow Jones Industrial Average)。

道琼斯指数以在纽约证券交易所挂牌上市的一部分有代表性的公司股票作为编制对象，由四种股价平均指数构成，分别是：

(1) 以30家著名的工业公司股票为编制对象的道琼斯工业股价平均指数；

(2) 以20家著名的交通运输业公司股票为编制对象的道琼斯运输业股价平均指数；

(3) 以15家著名的公用事业公司股票为编制对象的道琼斯公用事业股价平均指数；

(4) 以上述三种股价平均指数所涉及的65家公司股票为编制对象的道琼斯股价综合平均指数。

在四种道琼斯指数中，以道琼斯工业股价平均指数最为著名，它被大众传媒广泛地报道，并作为道琼斯指数的代表加以引用。道琼斯指数由美国报业集团——道琼斯公司负责编制并发布，登载在其属下的《华尔街日报》上。历史上第一次公布道琼斯指数是在1884年7月3日，当时的指数样本包括11种股票，由道琼斯公司的创始人之一、《华尔街日报》首任编辑查尔斯·亨利·道(Charles Henry Dow，1851～1902)编制。1928年10月1日起其样本股增加到30种并保持至今，但作为样本股的公司已经历过多次调整。

(二) 美国标准普尔500种股票价格综合指数

标准普尔500种股票价格综合指数，简称标准普尔500指数(Standard & Poor's 500 index)，英文简写为S&P 500 Index，是记录美国500家上市公司的一个股票指数。这个股票指数由标准普尔公司创建并维护。

标准普尔500指数覆盖的所有公司，都是在美国主要交易所，如纽约证券交易所、NASDAQ交易的上市公司。与道琼斯指数相比，标准普尔500指数包含的公司更多，因此风险更为分散，能够反映更广泛的市场变化。

标准普尔500指数是由标准普尔公司1957年开始编制的。最初的成分股由425种工业股票、15种铁路股票和60种公用事业股票组成。从1976年7月1日开始，其成分股改由400种工业股票、20种运输业股票、40种公用事业股票和40种金融业股票组成。它以1941年至1942年为基期，基期指数定为10，采用加权平均法进行计算，以股票上市量为权数，按基期进行加权计算。与道琼斯工业股价平均指数相比，标准普尔500指数具有采样面广、代表性强、精确度高、连续性好等特点，被普遍认为是一种理想的股票指数期货合约标的。

（三）美国纳斯达克指数

纳斯达克指数(Nasdaq Index)即全美证券商协会自动报价系统指数，该指数共分为七类：综合指数、工业、银行业、保险业、其他金融业、运输业和公用事业，其中的综合指数最为知名。纳斯达克指数计算的方法类似于标准普尔指数。纳斯达克指数的基期为1921年7月5日，基期指数为100。

（四）伦敦金融时报股票价格指数

英国伦敦证券交易所公布的金融时报股票价格指数，是由英国金融界著名报纸《金融时报》编制的。该股票指数包括3个股票指数：30种股票的指数、100种股票的指数和500种股票的指数。通常采用的金融时报股票价格指数是指第一组的30种有代表性的工业和商业股票的指数。金融时报股票价格指数，是以1935年作为基期，基期指定数为100。在交易所营业时，每小时计算一次，下午5时再计算一次收盘指数。

（五）日本经济新闻道式股票指数

日本东京证券交易所是在第二次世界大战后建立的，1950年开始模仿美国道琼斯指数的加权平均法编制自己的股票价格指数。1975年5月，日本经济新闻社正式向道琼斯公司买进商标，并将它编制的股票价格指数定名为“日本经济新闻道式股票指数”。这种股票指数包括在东京证券交易所上市的225种股票，是日本较有代表性的股票价格指数。

（六）香港恒生股票价格指数

恒生股票价格指数是香港证券市场上历史最久、较有影响的一种股票指数。它是由香港恒生银行于1969年11月24日制定的。这个指数以选定的33种有代表性的股票为计算对象。33种有代表性的股票包括4个行业，即金融业4种股票、公用事业6种股票、房地产业9种股票、其他工商及运输业14种股票。恒生股票价格指数原先以1964年7月31日为基期，采用加权平均法进行计算，后由于技术原因改为以1984年1月13日为基期，基期指数为975.47。恒生股票价格指数是反映香港经济发展最为重要的参考标准。

四、中国的股票价格指数

随着我国证券市场的发展，股票发行和交易量的扩大，上海证券交易所和深圳证券交易所的建立，中国也开始编制股票价格指数。目前主要有上海证券交易所股价指数体系和深圳证券交易所股价指数体系。

（一）上海证券交易所股票价格指数

上海证券交易所股票价格指数的前身是上海静安指数，该指数是由中国工商银行上海市分行信托投资公司静安证券业务部于1987年11月2日开始编制的。上海证券交易所股票价格指数是上海证券交易所于1991年7月15日开始编制和公布的，以1990年12月19日上海证券交易所开业日为基期，基期值为100。它与静安指数不同，静安指数的实质是一种股票价格平均，而上海证券交易所股票价格指数以上市股票为样本，以股票发行量为权数进行编制，是真正统计意义上的指数。

1. 上证综合指数

上证综合指数是上海证券交易所编制的，以上海证券交易所挂牌上市的全部股票为计算范围，以发行量为权数的加权综合股价指数。该指数自1991年7月15日起开始实时发布，基准日定为1990年12月19日，基准日指数定为100点。1992年2月21日第一只B股上市后，又增设了上证A股指数和B股指数，分别反映全部A股和全部B股的股价走势。上证综合指数综合反映上交所全部A股、B股上市股票的股价走势。

上证综合指数计算公式为：

$$\text{当日股价指数}=(\text{当日市价总值}/\text{基期市价总值})\times 100 \tag{7-4}$$

在遇到不同情况时，上述计算公式需作调整。当股票增资扩股时，公式变为：

$$\text{当日股价指数}=(\text{当日市价总值}/\text{新基期市价总值})\times 100 \tag{7-5}$$

$$\text{新基期市价总值}=\frac{\text{修正前基期日市价总值}\times(\text{修正前市价总值}+\text{市价总值变动额})}{\text{修正前市价总值}} \tag{7-6}$$

上证综合指数的权数为上市公司的总股本。由于我国上市公司的股票有流通股和非流通股之分，其流通量与总股本并不一致，所以总股本较大的股票对股票指数的影响较大，以致上证综合指数常常成为机构大户造市的工具，使股票指数的走势与大部分股票的涨跌相背离。

2. 上证180指数

上证成分指数又称上证180指数，是对原上证30指数进行调整和更名后产生的指数。目的在于通过科学客观的方法挑选出最具代表性的样本股票，建立一个反映上海证券市场概貌和运行状况，能够作为投资评价尺度及金融衍生产品基础的基准指数。

上证180指数挑选样本的标准是股票在行业内有代表性，规模大，流动性好。具体过程为：

（1）根据总市值、流通市值、成交金额和换手率对股票进行综合排名。

（2）按照各行业的流通市值比例分配样本股票支数。

（3）按照行业的样本分配支数，在行业内选取排名靠前的股票。

（4）对各行业选取的样本作进一步调整，使成分股总数为180家。

3. 上证50指数

上海证券交易所于2004年1月2日发布上证50指数。上证50指数是从上证180指数样本中挑选出规模大、流动性好的50只股票组成样本股，综合反映上海证券市场最具市场影响力的一批优质大盘股的整体状况，指数基日为2003年12月31日，基点为1 000点，采用加权方法计算。

国外及中国香港成熟市场上著名指数所选样本股的总流通市值和成交金额都较大，这是成分股选择中最基本和最核心的标准，也是样本股选择的主流标准。而上证50指数正是从这两个角度来选择样本股的，反映了上证50指数编制方法的先进性和科学性。

上证50指数依据样本稳定性和动态跟踪相结合的原则，每半年调整一次成分股。调整时间与上证 180 指数一致。每次调整的比例一般情况下不超过 10%。表 7-1 列出上海证券交易所主要指数系列。

表 7-1　　上海证券交易所主要指数系列(截至 2018.6.20)

指数名称	指数代码	基准日期	基准点数	成分股数量	成分股总股本数(亿股)
重点指数					
上证 180	000010	2002－06－28	3 299.06	180	23 367.95
上证 50	000016	2003－12－31	1 000	50	16 317.94
上证 380	000009	2003－12－31	1 000	380	5 157.96
上证 100	000132	2003－12－31	1 000	100	1 328.16
上证 150	000133	2003－12－31	1 000	150	644.70
上证指数	000001	1990－12－19	100	1 464	36 408.86
国债指数	000012	2002－12－31	100	159	104 993.50
成分指数					
上证 100	000132	2003－12－31	1 000	100	1 328.16
上证 150	000133	2003－12－31	1 000	150	644.70
上证指数	000001	1990－12－19	100	1 464	36 408.86
新综指	000017	2005－12－30	1 000	1 412	35 880.88
A 股指数	000002	1990－12－19	100	1 414	36 252.59
B 股指数	000003	1992－02－21	100	50	156.28
工业指数	000004	1993－04－30	1 358.78	968	15 589.29
商业指数	000005	1993－04－30	1 358.78	135	1 492.10
地产指数	000006	1993－04－30	1 358.78	25	784.50
公用指数	000007	1993－04－30	1 358.78	121	4 116.25
综合指数	000008	1993－04－30	1 358.78	215	14 426.72
上证能源	000032	2003－12－31	1 000	30	3 698.49
上证材料	000033	2003－12－31	1 000	50	2 739.34
上证工业	000034	2003－12－31	1 000	50	3 857.83
上证可选	000035	2003－12－31	1 000	50	1271.25
上证消费	000036	2003－12－31	1 000	30	493.66
上证医药	000037	2003－12－31	1 000	44	544.89
上证金融	000038	2003－12－31	1 000	30	11 752.78
上证信息	000039	2003－12－31	1 000	41	486.37
上证电信	000040	2003－12－31	1 000	18	450.66
上证公用	000041	2003－12－31	1 000	30	1 833.81
优势资源	000145	2003－12－31	1 000	46	3239.84
优势制造	000146	2003－12－31	1 000	50	1 391.62
优势消费	000147	2003－12－31	1 000	50	737.46
消费领先	000148	2004－12－31	1 000	100	12 320.46

续表 7-1

指数名称	指数代码	基准日期	基准点数	成分股数量	成分股总股本数(亿股)
债券指数					
国债指数	000012	2002－12－31	100	159	104 993.50
沪公司债	000022	2007－12－31	100	1 658	25 387.59

资料来源：上海证券交易所网站。

（二）深圳证券交易所股票价格指数

1. 深证综合指数

深证综合指数是深圳证券交易所编制的，以深圳证券交易所挂牌上市的全部股票为计算范围，以发行量为权数的加权综合股价指数。该指数以 1991 年 4 月 3 日为基日，基日指数定为 100 点。深证综合指数综合反映深交所全部 A 股和 B 股上市股票的股价走势。此外还分别编制了反映全部 A 股和全部 B 股股价定势的深证 A 股指数和深证 B 股指数。

深证综合指数计算公式为：

$$\text{深证综合指数}=\text{现时采样股总市值}/\text{基期采样股总市值} \tag{7-7}$$

为了方便工作，后来指数采用“每日连锁办法”计算，公式为：

$$\text{当日即期指数}=\frac{\text{上一营业日收市指数}\times\text{当日现时总市值}}{\text{上一营业日收市总市值}} \tag{7-8}$$

2. 深证成分指数

深证成分指数是深圳证券交易所从上市的所有股票中抽取具有市场代表性的 40 家上市公司的股票作为计算对象，并以流通股为权数计算得出的加权股价指数，综合反映深交所上市 A 股和 B 股的股价走势。该指数取 1994 年 7 月 20 日为基日，基日指数定为 1 000 点。成分股指数于 1995 年 1 月 23 日开始试发布，1995 年 5 月 5 日正式启用。

成分指数计算公式为：

$$\text{即日成分股指数}=\frac{\text{即日成分股可流通总市值}}{\text{基期成分股可流通总市值}} \tag{7-9}$$

其中　成分股可流通总市值＝成分股可流通 A 股总市值＋成分股可流通 B 股总市值

（三）沪深 300 股票价格指数和中证 500 指数

沪深 300 股票价格指数简称沪深 300 指数，是根据流动性和市值规模从沪深两市中选取 300 只 A 股股票作为成分股，其中沪市有 179 只，深市有 121 只，按照加权法编制的指数。① 沪深 300 指数是以 2004 年 12 月 31 日为基期，基点为 1 000 点，其计算是以调整股本为权重，采用派许加权综合价格指数公式进行计算。其中，调整股本根据分级靠档方法获得。② 凡有成分股分红派息，指数不予调整，任其自然回落。③ 沪深 300 指数会对成分股进行定期调整，其调整原则为：第一，指数成分股原则上每半年调整一次，一般为 1 月初和 7 月初实施调整，调整方案提前两周公布。第二，每次调整的比例不超过 10%。样本调整设置缓冲区，排名在 240 名内的新样本优先进入，排名在 360 名之前的老样本优先保留。第三，最近一次财务报告亏损的股票原则上不进入新选样本，除非该股票影响指数的代表性。沪深 300 指数样本覆盖了沪深市场六成左右的市值，具有良好的市场代表性。该指数已经成为中国股指期货的标的物。中证 500 指数是根据科学客观的方法，挑选沪深证券市场内具有代表性的中小市值公司组成样本股，以便综合反映沪深证券市场内中小市值公司的整体状况。其样本空间内股票扣除沪深300指数样本股及最近一年日均总市值排名前300名的股票，剩余股票按照最近一年(新股为上市以来)的日均成交金额由高到低排名，剔除排名后20%的股票，然后将剩余股票按照日均总市值由高到低进行排名，选取排名在前500名的股票作为中证500指数样本股。2015年4月16日上证50和中证500股指期货正式推出。表7-2列出深圳证券交易所主要指数系列。

表7-2　　深圳证券交易所主要指数系列(截至2018.6.20)

指数代码	指数简称	基日	基日指数	起始计算日
399001	深证成分指数	1994—07—20	1 000	1995—01—23
399002	成分A股指数	1994—07—20	1 000	1995—01—23
399003	成分B股指数	1994—07—20	1 000	1995—01—23
399004	深证100指数	2002—12—31	1 000	2003—01—02
399005	中小板指数P	2005—06—07	1 000	2006—01—24
399006	创业板指数P	2010—05—31	1 000	2010—06—01
399007	深证300价格	2004—12—31	1 000	2009—11—04
399008	中小板300P	2010—03—19	1 000	2010—03—22
399009	深证200指数	2004—12—31	1 000	2011—09—01
399010	深证700指数	2004—12—31	1 000	2011—09—01
399011	深证1000指数	2004—12—31	1 000	2011—09—01
399012	创业板300	2012—06—29	1 000	2013—01—07
399100	深证新指数	2005—12—30	1 107	2006—02—16
399101	中小板综指	2005—06—07	1 000	2005—12—01
399102	创业板综指	2010—05—31	1 000	2010—08—20
399103	乐富基金指数	2004—12—31	1 000	2011—12—02
399106	深证综合指数	1991—04—03	100	1991—04—04
399107	深证A股指数	1991—04—03	100	1992—10—04
399108	深证B股指数	1992—02—28	100	1992—10—06
399231	农林牧渔指数	1991—04—03	100	2013—03—04
399232	采矿业指数	1991—04—03	100	2013—03—04
399233	制造业指数	1991—04—03	100	2013—03—04
399234	水电煤气指数	1991—04—03	100	2013—03—04
399235	建筑业指数	1991—04—03	100	2013—03—04
399236	批发零售指数	1991—04—03	100	2013—03—04
399237	运输仓储指数	1991—04—03	100	2013—03—04
399238	住宿餐饮指数	1991—04—03	100	2013—03—04
399239	信息技术指数	1991—04—03	100	2013—03—04
399240	金融业指数	1991—04—03	100	2013—03—04
399241	房地产业指数	1991—04—03	100	2013—03—04

续表 7-2

指数代码	指数简称	基日	基日指数	起始计算日
399242	商务服务指数	1991—04—03	100	2013—03—04
399243	科研服务指数	1991—04—03	100	2013—03—04
399244	公共环保指数	1991—04—03	100	2013—03—04
399248	文化传播指数	1991—04—03	100	2013—03—04
399249	综合类指数	1991—04—03	100	2013—03—04
399300	沪深 300 指数	2004—12—31	1 000	2005—04—08
399305	深市基金指数	2000—06—30	1 000	2000—07—03
399306	深证 ETF 指数	2010—12—31	1 000	2011—12—02
399323	深证红利指数	2002—12—31	1 000	2006—01—24
399324	深证红利 P	2002—12—31	1 000	2006—01—24

资料来源：深圳证券交易所网站。

（四）重要指数的可能优缺点简析

上述各个不同指数的基本含义已经基本比较清楚了。下面我们可以大致分析、推断一下三个主要指数各自的可能优缺点（见表 7-3）。

表 7-3　　重要指数的优缺点

指　数	优　点	缺　点
上证综合指数	样本全面，涵盖所有股票	受大盘权重股的影响太大，指数易受操控，上证综合指数尤其明显；新股加入后的走势对指数也会有一定的影响，如中石油等
深证综合指数	样本全面，涵盖所有股票	受大盘权重股的影响太大，指数易受操控；新股加入后的走势对指数也会有一定的影响。鉴于深市大盘股相对较少，受操控的程度比上证综合指数要轻
深证成分股指数	不受新加入股票走势影响	样本股只涵盖 40 只个股，代表性还是有所不足，或许更能体现机构投资者股票的实际走势（机构买入蓝筹股的比例较高）

第六节　证券交易制度

证券交易制度从不同的角度可以进行不同的归类。第一种划分方法是依据交易时买卖双方的数量，可简略分为一对一的讨价还价、一对多的单向拍卖和多对多的双向拍卖。第二种划分方法是根据交易发生的时间，分为连续交易制度和定期交易制度两类。第三种划分方法是根据不同的市场流动性提供方式，分为指令驱动交易制度和报价驱动交易制度。我国的深圳和上海两个证券交易所采用的是指令驱动交易方式，而海外一些主要二板市场大多采用报价驱动交易方式或两种方式的混合交易方式。

一、指令驱动交易方式

指令驱动交易制度又称拍卖制度，是指买卖双方将委托指令下达给各自的代理经纪人

（交易所的会员），再由经纪人将指令下达到交易所，在汇总所有交易委托的基础上，交易所的交易系统按照价格优先和时间优先的原则进行撮合成交，完成交易。此制度又叫竞价交易制度、委托驱动制度。在指令驱动制度下，市场价格通过投资者下达的买卖指令驱动并通过竞价配对而产生。竞价配对方式可以是传统的公开喊价方式，也可以是计算机自动撮合方式。竞价市场的基本特征是，证券交易价格的形成是由买卖双方直接决定的，投资者交易的对象是不确定的其他投资者，而不是做市商。买卖指令的流量是推动市场运行和价格形成的根本动力。

目前，国际上普遍采用计算机自动撮合方式，其优点主要有：① 透明度高。因为市场所有的投资者都通过计算机系统委托指令传入交易中心主机，由计算机对所有市场买卖双方的指令同步撮合，所有的交易信息都是公开透明的，这样由于投资者买卖笔数多，买卖资金及证券量大，由此产生的成交价格相对公平一些，价格及其成交等信息的透明度较高，可以相对减少人为操纵市场的因素，当然这仅对股票流通盘较大的上市公司而言。② 信息传递速度快、范围广。现代信息和网络科技的高速发展，使得采用计算机撮合交易变得更为迅速，传播成本大为降低，传播速度更快，传播范围变得更广。③ 运行费用低。券商只要购买一定数量的计算机设备与交易中心进行联网，投资者就可以通过直接委托、电话委托以及网上委托等方式将买卖指令发给委托券商，再通过券商计算机系统传入中心计算机即可进行交易。中心计算机将交易结果传递给登记结算机构，由登记结算机构计算机系统进行证券与资金交割，再将信息反馈给投资者，这样可以避免许多中间环节和减少不必要的人为干扰等因素，同时大大节约券商的场地费等成本。投资者可以在电脑上或手机上上网下单，可大大节约时间成本和交通等成本。

指令驱动交易方式的缺点主要表现在：① 处理大额买卖盘的能力低。大额买卖盘必须等待交易对手下单，投资者可能因报价不易或缺乏交易对手而无法成交。大宗交易可能费时良久或引起价格剧烈波动，从而降低效率和市场流动性。② 某些不活跃的股票可能继续萎缩。一些吸引力不大的股票，成交本来就不活跃，系统显示的买卖指令不足，甚至较长时间没有成交记录。这种情况又会使投资者望而却步。其流动性可能会进一步下降。目前主板市场上某些“庄家”控盘的小盘股的成交状况就是真实写照。③ 价格波动大。在指令驱动制度下，交易价格是通过投资者下达的买卖指令驱动并通过竞价而产生的，即使买卖指令到达市场的频率相同，市场上存在着均衡价格，买卖指令通常也不是同时到达市场的，从而市场上存在着即时流动性问题，市场的实际价格也因此会偏离均衡价格并趋于波动。此外大额买卖指令和庄家操纵价格等行为也同样会导致价格的大幅波动。特别是当某上市公司出现了突发的利好信息时，买盘将变大，而卖盘却变小，使得股价暴涨；与之相反的是，当公司出现突发的利空信息时，买盘将变小，而卖盘却变大，使得股价暴跌。

二、报价驱动交易方式

报价驱动交易制度又称做市商制度。做市商是指在证券市场上，由具备一定实力和信誉的证券经营法人作为特许交易商，不断向公众投资者报出某些特定证券的买卖价格，双向报价并在该价位上接受公众投资者的买卖要求，以其自有资金和证券与投资者进行证券交易的交易商。做市商制度分成垄断做市商制度和竞争性做市商制度两类。在垄断做市商制度下，一个证券只有一个做市商（也称专家经纪人、专家、庄家），典型的如纽约股票交易所中的专家（Specialist ，也译成庄家）；在竞争性做市商制度下，一个证券至少有两名以上（含两名）做市商，典型的如 NASDAQ 中的做市商。完全的做市商制度有两个重要特点：第一，所有客户订单都必须由做市商用自己的账户买进卖出，客户与客户订单之间不直接进行交易。第二，做市商必须事先报出买卖价格，而投资人在看到报价后才能下达订单。

做市商制度具有如下一些优点：① 提高股票的流动性，增强市场对投资者和证券公司的吸引力。当一个证券市场上市的公司规模普遍较小时，比如创业板市场，那么这个市场的市场风险也就会较高，投资者和证券公司参与的积极性也就会受到较大影响。特别是在市场低迷的情况下，广大投资者更容易失去信心。如果有了做市商，由于他们具有较大的经济实力，因此他们成为市场所需资金的主要供应者，特别是在市场信心普遍不足的情况下，他们就可以随时应付任何买卖，活跃市场。买卖双方不必等到对方出现，只要由做市商出面，承担另一方的责任，交易就可以进行。② 有效稳定市场，促进市场平衡运行。根据相关法律法规以及有关行业自律组织的要求，做市商除了具有相关的特权的同时，还有责任在股价暴涨暴跌时参与做市，从而有利于遏制过度投机，起到市场"稳定器"的作用。此外，做市商之间的竞争也很大程度上保证了市场的稳定。比如，在 NASDAQ 市场上市的公司股票，最少要有两家以上的做市商为其股票报价，而一些规模较大、交易较为活跃的公司股票的做市商往往达到 40 多家。这样一来，市场的信息不对称问题就会得到很大的缓解，个别的机构投资者很难通过操纵市场来牟取暴利，市场的投机性就会大大减少，并减少了传统交易方式中所谓庄家暗中操纵股价的现象。③ 具有价格发现的功能。做市商是通过聘请一些投资专家来进行操作的，他们所报出的价格是在综合分析市场所有参与者的行为、心理以及各种各样的信息，并借以衡量自身风险和收益的基础上形成的，一般投资者在做市商的报价基础上进行决策，并反过来影响做市商的报价，从而促使证券价格逐步靠拢其实际价值。如果某一做市商的报价距其他竞争对手的报价差别太大，则其交易量必将受到影响，最终会被淘汰出局。在这一过程中，做市商实现了其价格发现的功能。

做市商报价驱动制度也存在以下缺点：① 缺乏透明度。买卖信息从做市商手中到发布给整个市场的时间相对滞后。为抵消大额交易对价格的可能影响，做市商还可要求推迟发布或豁免发布大额交易信息，这更进一步降低了透明度。② 增加投资者负担。做市商承担做市义务，会对其提供的服务和所承担的风险要求补偿，如交易费用及税收宽减等，这将会增大运行成本，也会增加投资者负担。③ 增加监管成本。做市商经纪角色与做市功能可能存在冲突，做市商之间也可能合谋串通。因而需要制定详细的监管制度与做市商运作规则，并动用资源监管做市商活动。

案　例

新三板破冰启航

新三板 OTC 市场建设从 2009 年第一次启动改革后，一直是证券行业投资中持续受到关注的热点之一。这是因我国 OTC 市场尚未起步，新三板和随之带来的场外业务机遇提供了巨大的想象空间。2012 年监管层为证券行业创新松绑后，新三板迎来真正制度破冰之旅。此前认为束缚 OTC 市场发展的核心制度相继得到解冻，并取得实质性进展。

1. 新三板制度改革的破冰之路

"新三板"市场指"认定的高新开发区科技园区内"＋"用于非上市股份有限公司的"＋

“股份报价转让系统”。新三板属于“OTC 市场(Over-The-Counter,即场外市场)”。2012 年 8 月 5 日,经国务院批准后,监管层新增上海张江高新技术产业开发区、武汉东湖新技术产业开发区、天津滨海高新区加入该系统,实现新三板园区的扩容。扩容后,新三板将依照一定交易规则构成非上市公司股份转让系统。

围绕束缚新三板市场发展相关的“园区扩容、准入挂牌、交易制度、融资功能”等核心制度,资本市场自 2010 年下半年即开始进行热烈讨论,但制度改革进展受各方面因素一直鲜有实质性突破。直至 2012 年 5 月,证券行业重启创新后,各项制度进入大幅度变革阶段,新三板核心制度开始“破冰”并在 2013 年取得实质性突破,有望成为证券行业下一个业务增长爆发点。

2. 新三板定位、改革预期及现状折射核心制度

20 世纪 90 年代初成立的“STAQ(证券交易自动报价系统)”及“NET(全国电子交易系统)”两个系统定位于法人股、国债、其他有价证券(主要为退市股票)交易流动,采取做市商制度。1998 年后,因亚洲金融危机和场外市场混乱,两系统关闭。为解决随之产生的法人股流通历史遗留问题,2001 年“新三板早期雏形”——“券商代办股份转让系统”上线,俗称“老三板”。证券业协会核准申万、国信等 6 家券商从事 STAQ/NET 系统中原挂牌企业股份的转让业务,后继又有一些主板上市公司退市后进入券商代办股份转让系统。此后的新三板很多基础的交易制度,延续于 STAQ/NET 和“老三板”,但做市商制度没有保留,成为后继发展的束缚因素之一。

3. 新三板的功能定位:扭转市场结构、培育新兴企业

自 2006 年国务院“中长期科技发展规划配套措施”后,推进中关村科技园高科技企业进入“老三板”试点,并在当年就有非上市股份公司挂牌。此后,“老三板”系统升级改造成为专门针对高科技企业的新系统,并在交易制度上,新规定配对成交,超过 30%需公开披露交易人。逐渐形成功能定位与老三板完全不同的市场。这区别于此前的老三板定位(老三板为解决历史遗留问题).

从建设伊始,新三板功能定位为“为高科技成长企业提供投融资平台”。随着多层次资本市场建设的深入,新三板功能定位开始被赋予更丰富的内涵:监管层拟通过新三板扩容和各项交易制度的改革,实现扭转我国多层次资本市场中场内交易独大、OTC 市场缺位的状况,使得市场资源配置功能有效完善,有效发现科技型中小企业的价值。

4. 新三板的改革预期:激活投资交易、重塑融资功能

新三板既然定位于为成长期的中小高新企业提供融资平台,因此融资功能是其本质属性。融资平台需要活跃的参与主体,因此新三板制度设计还将包括各种投资者参与,使之具备投资功能。两者相辅相成,相互促进。遗憾的是,2012 年前由于市场其他配套制度(交易、准入、推出、转板等)的缺位,多年以来新三板挂牌企业(注:挂牌不等于融资,挂牌仅仅是公司股改后进入系统流通)通过定向增发融资额极其有限,甚至可忽略不计,融资功能事实上也名存实亡。

2006~2012 年,共有 40 家新三板挂牌公司实施了 48 次定向增发,合计增发 3.86 亿股,共募资 20.37 亿元。其中,7 家企业(北京时代、九恒星、联飞翔、清畅电力、现代农装、中海阳、首都在线)进行了两次以上的定向增发,共发行 1.31 亿股,募资 7.91 亿元。

从历年数据上看,近年挂牌公司的定向增发数量正迅速发展,仅 2012 年前半年就超过

2011 年全年的次数，发行规模上也呈直线上升。从单个公司来看，一般定向增发规模在 800 万至 1 000 万股之间，平均单个企业募集资金为 4 500 万元左右。从发行对象构成来看，近几年越来越多面向机构投资者和自然人增发，凸显了新三板优质公司逐渐被发掘。

在新三板试点扩容后，交易制度改革提速明显。市场此前关注的做市商、突破股东人数 200 人限制、拆细每笔交易股数、放宽投资者准入标准等制度变革相继得以突破或预期有改善。监管层的下一步动作将是对现有制度进行深度改革，并为券商催生出新的业务机会，形成券商主导的全国性 OTC 市场。

〔引自《证券导刊》2013 年 3 月 27 日〕

本章概念

1. 集合竞价、连续竞价。
2. $T+0$、$T+1$、$T+3$。
3. 综合指数、成分股指数、行业分类指数。
4. 指令驱动、报价驱动。

问题思考

1. 什么是证券交易市场？它有哪些功能？
2. 什么是证券交易所？证券交易所的主要功能是什么？
3. 什么是场外交易市场？发展场外交易市场有何利弊？
4. 简述场外交易市场的功能及类型。
5. 试比较公司制证券交易所与会员制证券交易所的不同。
6. 简述我国主要股价指数的特点。
7. 指令驱动和报价驱动交易方式各自的优缺点是什么？

第八章 证券市场监管

学习目标

1. 理解证券市场监管的定义、原则和意义；
2. 掌握证券市场监管的要素(主体、目标和手段)；
3. 掌握证券市场监管体系；
4. 掌握证券发行主体的监管；
5. 了解证券投资主体的监管；
6. 了解证券经营机构的监管。

第一节 证券市场监管概述

一、证券市场监管的定义

所谓证券市场监管是指证券管理机关运用法律的、经济的以及必要的行政手段，对证券的募集、发行、交易等行为以及证券投资中介机构的行为进行监督与管理。

二、证券市场监管的原则

(一) 依法管理原则

这一原则是指证券市场监管部门必须加强法制建设，明确划分各方面的权利与义务，保护市场参与者的合法权益，即证券市场管理必须有充分的法律依据和法律保障。

(二) 保护投资者利益原则

由于投资者是拿出自己的收入来购买证券，且大多数投资者缺乏证券投资的专业知识和技巧，只有在证券市场管理中采取相应措施，使投资者得到公平的对待，维护其合法权益，才能更有力地促使人们增加投资。

(三)“公开、公平、公正”原则

(1) 公开原则要求证券市场具有充分的透明度，要实现市场信息的公开化。信息披露的主体不仅包括证券发行人、证券交易者，还包括证券监管者；要保障市场的透明度，证券发行人需要公开影响证券价格的该企业详细情况，监管者还应当公开有关监管程序、监管身份、对证券市场违规处罚等。

(2) 公平原则要求证券市场不存在歧视，参与市场的主体具有完全平等的权利。具体而言，无论是投资者还是筹资者，是监管者还是被监管者，也无论其投资规模与筹资规模的大小，只要是市场主体，则在进入与退出市场、投资机会、享受服务、获取信息等方面都享有完全平等的权利。

(3) 公正原则要求证券监管部门在公开、公平原则的基础上，对一切被监管对象给予公正待遇。根据公正原则，证券立法机构应当制定体现公平精神的法律、法规和政策；证券监管部门应当根据法律授予的权限履行监管职责，要在法律的基础上，对一切证券市场参与者给予公正的待遇；对证券违法行为的处罚和对证券纠纷事件和争议的处理，都应当公平进行。

（四）监督与自律相结合的原则

这一原则是指在加强政府、证券主管机构对证券市场监管的同时，也要加强从业者的自我约束、自我教育和自我管理。国家对证券市场的监管是管好证券市场的保证，而证券从业者的自我管理是管好证券市场的基础。国家监督与自我管理相结合的原则是世界各国共同奉行的原则。

三、证券市场监管的意义

证券市场监管是一国宏观经济监督体系中不可缺少的组成部分，对证券市场的健康发展意义重大。

（一）加强证券市场监管是保障广大投资者权益的需要

投资者是证券市场的支撑者，他们涉足证券市场是以获取某项权益和收益为前提的。证券发行公司、经纪公司、交易商的违规行为会使投资者蒙受巨大的损失，影响投资者的积极性，造成证券市场的萎缩。为保护投资者的合法权益，必须坚持“公开、公平、公正”的原则，加强对证券市场的监管。只有这样，投资者才能充分了解证券发行人的资信、证券的价值和风险状况，正确地选择投资对象。

（二）加强证券市场监管是维护市场良好秩序、充分保障筹资者权益的需要

欺诈行为会引起证券市场的混乱，影响投资者购买公司证券的积极性，从而影响合法筹资者的正常筹资。为保证证券发行和交易的顺利进行，一方面国家要通过立法手段，允许一些金融机构和中介人在国家政策法令许可的范围内买卖证券并取得合法收益；但另一方面，在现有的经济基础和条件下，市场也存在着蓄意欺诈、垄断行市、操纵交易和哄抬股价等多种弊端。为此，必须对证券市场活动进行监督检查，对非法证券交易活动进行严厉查处，以保护正当交易，维护证券市场的正常秩序。

（三）加强证券市场监管是发展和完善证券市场体系的需要

完善的市场体系能促进证券市场筹资和融资功能的发挥，有利于稳定证券行市，增强社会投资信心，促进资本合理流动，从而推动金融业、商业和其他行业以及社会福利事业的顺利发展。① 证券业属于资本和知识密集型行业，容易造成垄断。这种垄断性很有可能导致证券产品和金融服务的消费者付出额外的代价，因此，政府从证券产品的定价和金融业的利润水平方面对证券业实施监管应该是有理由的。② 由全部证券产品的集合所构成的综合效用（股票价格指数）是一种公共产品，具有强烈的外部性，会影响到每一个证券投资者的利益。对这种带有公共产品特性的证券产品实施必要的政府监管是符合经济学原理的。③ 证券市场是一个高收益、高风险和高投机的市场，不论是证券业的竞争过度，还是证券业的竞争不足，都会引起证券价格的剧烈波动甚至扭曲，从而使市场失灵，最终会导致整个经济的无效率和福利水平的下降。为了消除或者减少这些负面影响，必须对证券市场实施监管，约束每个个体的行为，尽可能地消除或避免证券市场失灵所带来的资金配置不经济、不公平竞争以及由此带来的整个金融市场和宏观经济不稳定的后果，以确保市场机制在证券领域更好地发挥其应有的作用。

（四）加强证券市场监管是提高证券市场效率的需要

证券产品是一种信息决定产品，交易双方存在着严重的信息不对称问题，市场的有效程度完全取决于证券发行者能否实现彻底的信息披露。及时、准确和全面的信息是证券市场参与者进行发行和交易决策的重要依据。证券产品的交换价值几乎完全取决于交易双方对各种信息的掌握程度以及在此基础上所作出的判断，任何新信息的出现都有可能导致人们改变旧的判断，形成新的判断，从而导致证券交易价格的调整。因此，建立健全信息披露制度，监督证券市场主体的信息披露行为，是保证证券市场健康、有效发展的基本前提。一个发达高效的证券市场也必定是一个信息灵敏的市场。它既要有现代化的信息通信设备系统，又必须有组织严密的科学的信息网络机构；既要有收集、分析、预测和交换信息的制度与技术，又要有与之相适应的、高质量的信息管理干部队伍，而这些都只有通过国家的统一组织管理才能实现。

四、证券市场监管的要素

（一）证券市场监管的主体

证券市场监管的主体一般指国家政府主管机构、行业协会或证券交易所。各国由于其证券市场发育程度不同、管理理念不同、法律及文化传统不同，在长期的证券市场监管实践中形成了各种不同的监管主体。大多数国家政府、证券交易所、证券业协会都同时起着监管作用，只是三者的重要地位不同而已。我国目前证券市场监管主体包括：① 国务院证券监督管理机构，包括中国证券监督管理委员会（简称证监会）及其派出机构，中国证监会是国务院直属机构，为全国证券期货市场的主管部门，按照国务院的授权履行行政管理职能，依照法律、法规对全国证券期货市场进行监管，维护证券市场秩序，保障其合法运行。② 自律性管理机构，包括证券交易所和证券业协会。证券交易所的监管职能包括对证券交易活动监管、对会员进行管理以及对上市公司进行管理。中国证券业协会正式成立于 1991 年 8 月 28 日，是实行会员制的社会团体法人。我国《证券法》规定，证券公司必须加入证券业协会。证券业协会的职责是协助证券监管机构教育和组织会员执行证券法规，依法维护会员的合法权益以及监管、检查会员行为等。

（二）证券市场监管的目标

证券市场监管的目标在于：运用和发挥证券市场机制的积极作用，限制其消极作用；保护投资者利益，保障合法的证券交易活动，监督证券中介机构依法经营，防止人为操纵、欺诈等不法行为，维持证券市场的正常秩序；根据国家宏观经济管理的需要，运用灵活多样的方式，调控证券市场与证券交易规模，引导投资方向，使之与经济发展相适应。国际证监会公布了证券监管的三个目标：一是保护投资者；二是透明和信息公开；三是降低系统风险。

（三）证券市场监管的手段

证券市场监管通常有以下手段：① 法律手段，这一手段是通过证券法律与法规来实现的，是监管部门的主要手段，约束力强。② 经济手段，这一手段是指通过运用利率政策、公开市场业务、税收政策等经济手段，对证券市场进行干预。这种手段相对比较灵活，但调节过程可能较慢，存在时滞。③ 行政手段，这一手段是指通过制订计划、政策等对证券市场进行行政性的干预。这种手段比较直接，但运用不当可能违背市场规律，无法发挥作用甚至遭到惩罚。一般多在证券市场发展初期，法制尚不健全、市场机制尚未理顺或遇突发性事件时使用。

第二节 证券市场监管体系

一、证券市场监管的法律体系

目前,各国有关证券市场监管的法律体系有三种:美国体系、英国体系、欧洲大陆体系。

(一)美国体系

美国体系有一整套专门的证券监管法规,注重立法,强调公开。如三级立法:联邦立法、州政府立法、行业规章。美国体系形成于美国,并以美国为代表,但亚洲的日本、韩国、印度尼西亚、菲律宾、我国台湾及北美的加拿大等国家和地区的证券监管也属于这一体系。

(二)英国体系

英国体系以行业自律为主,政府干预很少,不单设证券监管机构,不单独制定证券法律,由《公司法》统管,证券交易所高度自治。英国体系以英国为代表,英联邦成员国以及我国香港特别行政区等的证券监管都属于这一体系。由于英国政府长期以来对交易所及其会员采取自由放任的态度,加之交易所对本所的业务的交易规则有严格规定,交易所会员和相关专业机构的业务水平较高,在《金融服务法》颁布以前,英国政府没有制定专门属于证券市场的法规。《金融服务法》是为了适应英国金融业改革的需要制定的,对英国证券业新的管理体制、证券从业者及其资格的授予等作了详细规定。它取代了过去有关法律中一些过时的规定,以保护投资者利益为目的,对金融服务业进行有效规范。

(三)欧洲大陆体系

欧洲大陆体系以欧洲大陆的国家,如德国、法国和意大利为代表;此外,拉美和亚洲的一些国家也属于这一体系。该体系对证券采用严格的实质性管理,并在《公司法》中对股份公司成立、证券发行和证券交易方面都有比美国体系和英国体系更为严格的规定。但在公开原则方面,欧洲大陆体系做得不够,如证券发行人通常只在认股书中对公司的章程与证券的内容进行简单的披露,缺乏充分的公开,实际上是以严格的实质性管理取代公众对证券各种因素和有关环节的自我判断。另外,采用该体系的部分国家缺少一个独立和权威的证券管理专门机构,一般在财政部或中央银行内部设立一个介于美国体系和英国体系之间的监督证券的分支机构。

我国证券市场的法律体系是在借鉴和发展国外立法经验的基础上建立起来的。目前,我国已经初步建立了证券市场管理的法律法规框架体系,现行证券立法由法律、行政法规和证券主管部门规章三个部分组成。

二、证券市场监管的制度体系

从全球范围看,各国证券市场监管体制各不相同。归纳起来,大体有三种:集中型监管体制、自律型监管体制、中间型监管体制。

(一)集中型监管体制

集中型监管体制是指政府制定专门的证券市场管理法规并设立全国性证券市场监管机构来统一管理全国证券市场,而证券交易所和证券商协会等组织的自律性监管是只起辅助作用的一种管理体制,也称集中立法型监管体制。美国是集中型监管体制的代表,此外,加拿大、日本、中国、韩国、中国台湾地区等国家或地区也实行集中型监管体制。集中型监管体制的特点有:① 拥有一整套相互配合的全国性的证券市场管理法规;② 拥有一个全国性的监管机构负责管理、监督证券市场；③ 各种自律型的组织与机构处于全国性监管机构的管理之下，并帮助监管整个市场。

（二）自律型监管体制

自律型监管体制是指政府除进行某些必要的国家立法外，较少干预市场，对证券市场的监管主要由证券交易所及证券商协会等组织进行自律监管。从出现证券市场直到1997年FSA（英国金融服务局）成立并运行的长时间内，英国一直是自律型监管体制的代表。此外，荷兰、爱尔兰、挪威、瑞典等西欧国家或地区也实行自律管理。自律型监管体制的特点有：① 通常没有制定全国性的证券市场管理法规，而是通过一些间接的法规来监管证券市场的活动；② 没有设立全国性的证券管理机构，而是靠证券市场及其参与者进行自我管理。

（三）中间型监管体制

中间型监管体制是指既强调立法监督，又强调自律管理，可以说是集中型监管体制与自律型监管体制相互配合与协调的结果，它包括二级监管和三级监管两种模式。二级监管是中央政府和自律机构相结合的监管；三级监管指中央、地方两级政府和自律机构相结合的监管。原来实行中间型监管体制的国家有德国、泰国等，目前，很多以前实行集中型监管体制或自律型监管体制的国家已逐渐向中间型监管体制过渡，使集中型监管体制和自律型监管体制取长补短，发挥各自的优势，以使证券市场的监管更加具有效率。

我国证券市场监管体制经历了一个从地方监管到中央监管，由分散监管到集中监管过程，大致可分为两个阶段。第一阶段从20世纪80年代中期到20世纪90年代初期，证券市场处于区域性试点阶段，这一时期证券市场的监管主要是由地方政府负责。第二阶段从1992年开始，国务院总结了区域性证券市场试点的经验教训，决定成立国务院证券委员会，负责对全国证券市场进行统一监督，同时开始在全国范围内进行股票发行和上市试点。从此，证券市场开始成为全国性市场，证券市场的监管也由地方监管为主改为中央集中监管，并通过不断调整国务院各有关部门的监管职责，逐步走向证券市场集中统一的监管体制。1998年，国务院决定撤销国务院证券委员会，工作改由中国证券监督委员会承担，并决定中国证券监督委员会对地方证券管理部门实行垂直领导。1999年7月对证券期货进行集中统一监管的体制正式形成。

第三节　证券发行主体的监管

对证券发行主体的监管，主要体现在以下三个方面。

一、证券发行的核准制

核准制实行实质管理的原则，指发行人在发行证券时，不仅要充分公开企业的真实状况，而且还必须符合有关法律和证券管理机关规定的必备条件，证券主管机关有权否决不符合规定条件的股票发行申请。这种制度以法、德等欧洲国家为代表，以维护公共利益和社会安全为本位。证券发行上市监管的核心是发行决定权的归属，我国目前对证券发行实行的是核准制。核准制是指发行人申请发行证券，不仅要公开披露与发行证券有关的信息，符合《公司法》和《证券法》所规定的条件，而且要求发行人将发行申请报请证券监管部门决定的审核制度。

二、证券发行的注册制

注册制实行公开管理的原则，即要求发行人在准备发行证券时，必须将证券发行本身以及同证券发行有关的一切信息和各种资料，完整、准确地向证券主管机关呈报，并申请注册。证券主管机关仅对申报文件的全面性、真实性、准确性和及时性做形式审查。实施注册制的代表国家是美国。注册制使得股票具有很高的流动性，可以避免过度监管，反映了市场经济的自由性、主体活动的自主性和政府管理经济的规范性与效率性。它的好处是可以在短期内筹集到大量资金，对中小企业的发展相对有利，并且通过限制监管者手中权力避免腐败。不足之处在于承销和推销很大程度依靠承销商的协助，发行成本高，而且它并不禁止质量差、高风险的股票上市。因而比较适用于证券市场成熟和投资者素质较高的国家和地区。

三、信息披露制度

（一）信息披露的意义

制定证券发行信息披露制度的目的是通过充分、公开、公正的制度来保护公众投资者，使其免受欺诈和不法操纵行为的损害。各国均以强制方式要求信息披露。信息披露的意义在于：① 有利于价值判断。从投资者角度看，投资获利是唯一的目的，要从种类繁多的有价证券中选择最有利的投资机会，投资者必须对发行公司的资信、财力及其公司的营运状况有充分了解。投资者只有取得有关发行人真实、完整、准确的信息，才能合理地做出投资决策。② 防止信息滥用。公平的证券市场是投资者都有均等获得信息的权利和投资获益机会的市场。证券的发行是公司股权或债权转移的过程，也是风险分化的过程。如果没有信息公开制度，发行人可能散布虚假信息、隐匿真实信息、滥用信息操纵市场，或以其他方式欺骗投资者而转嫁风险，使得证券市场无法显示证券的真正价值。③ 有利于监督经营管理。信息公开包括公司财务信息的公开。以企业会计准则约束企业会计核算，有利于发行公司的管理规范化。信息公开制度的实施，还可以扩大发行公司的社会影响，提高其知名度。④ 防止不正当竞业。在公司制度的演化过程中，所有权与经营权相分离。为保证经营权的合理行使，维护股东和公司债权人的利益，一些国家的公司法规定董事负有勤勉义务、忠实义务和竞业禁止义务。所谓竞业禁止义务，是指公司董事在为自己或第三人从事属于公司营业范围的交易时，必须公开有关交易的重要事实，并需得到股东大会的许可。这是由于董事从事竞业行为时可能夺取公司的交易机会，牺牲公司利益，或者利用职务上的便利，对公司造成损害。因此，以法律规定董事承担竞业禁止义务，公开与公司有关的信息，成为维护公司和股东权益的重要手段之一。⑤ 提高证券市场效率。信息公开是提高证券市场效率的关键因素。证券发行与证券投资是实现社会资源配置的过程，这一过程主要依靠市场机制进行调节。证券的发行，包括发行时间、发行品种、发行数量等，主要取决于市场的要求及投资者的投资能力。证券投资是一个选择过程，如果企业资信良好、实力雄厚、管理甚佳、盈利丰厚，其发行的证券必为广大投资者所青睐。因此，为使投资者科学地选择投资证券，实现资源的合理配置，必须建立完备的信息公开系统。

（二）信息披露的基本要求

(1) 全面性。这一要求是指发行人应当充分披露可能影响投资者投资判断的有关资料，不得有任何隐瞒或重大遗漏。

(2) 真实性。这一要求是指发行人公开的信息资料应当准确、真实，不得有虚假记载、误导或欺骗。

(3) 时效性。这一要求是指向公众投资者公开的信息应当具有最新性、及时性。公开资料反映的公司状态应为公司的现实状况,公开资料交付的时间不得超过法定期限。

(三) 证券发行与上市的信息公开制度

(1) 证券发行信息的公开。发行人要向投资者阐明投资于其证券的有关风险和投机因素。为了对投资者负责,公司有责任对出售证券所筹资金的目的和使用方向加以说明。如果新股票是溢价发行,对股东产权引起的削弱等应给予足够的解释。此外,公司还应公布证券发行的包销和销售计划等。

(2) 证券上市信息的公开。我国《证券法》第五十三条规定,股票上市交易申请经证券交易所同意后,上市公司应当在上市交易的五日前公告经核准的股票上市有关文件,并将该文件置备于指定场所供公众查阅,我国《证券法》第五十四条规定,上市公司除公告前条规定的上市申请文件外,还应当公告下列事项:股票获准在证券交易所交易的日期;持有公司股份最多的前十名股东的名单和持股数额;董事、监事、经理及有关高级管理人员的姓名及持有本公司股票和债券的情况。

(四) 持续信息公开制度

我国《证券法》第六十五条规定,股票或者公司债券上市交易的公司,应当在每一会计年度的上半年结束之日起两个月内,向国务院证券监督管理机构和证券交易所提交记载以下内容的中期报告,并予公告:公司财务会计报告和经营情况;涉及公司的重大诉讼事项;已发行的股票、公司债券变动情况;提交股东大会审议的重要事项;国务院证券监督管理机构规定的其他事项。我国《证券法》第六十六条规定,股票或者公司债券上市交易的公司,应当在每一会计年度结束之日起四个月内,向国务院证券监督管理机构和证券交易所提交记载以下内容的年度报告,并予公告:公司概况;公司财务会计报告和经营情况;董事、监事、经理及有关高级管理人员简介及其持股情况;已发行的股票公司债券情况,包括持有公司最多的前十名股东名单和持股数额;国务院证券监督管理机构规定的其他事项。

(五) 信息披露的虚假或重大遗漏的法律责任

我国《证券法》关于信息披露文件的责任主体,主要包括四类:发行人及公司发起人;发行人的重要职员,包括董事、监事、经理及在文件中签章的其他职员;注册会计师、律师、工程师、评估师或其他专业技术人员;证券公司。

(1) 发行人、证券经营机构在招募说明书、上市公告书、公司报告及其他文件中做出虚假陈述。我国《证券法》规定,经核准上市交易的证券,其发行人未按照有关规定披露信息,或者所披露的信息有虚假记载、误导性陈述或者有重大遗漏的,由证券监督管理机构责令改正,对发行人处以 30 万元以上 60 万元以下的罚款。对直接负责的主管人员和其他直接责任人员给予警告,并处以 3 万元以上 30 万元以下的罚款。构成犯罪的,依法追究刑事责任。

(2) 律师事务所、会计师事务所、资产评估机构等专业性证券服务机构在其出具的法律意见书、审计报告、资产评估报告及参与制作的其他文件中做出虚假陈述。为证券的发行、上市或者证券交易活动出具审计报告、资产评估报告或者法律意见书等文件的专业机构,就其所应负责的内容弄虚作假的,没收违法所得,并处以违法所得一倍以上五倍以下的罚款,并由有关主管部门责令该机构停业,吊销直接责任人员的资格证书。造成损失的,承担连带赔偿责任。构成犯罪的,依法追究刑事责任。

(3) 证券交易所、证券业协会或者其他证券业自律性组织做出对证券市场产生影响的虚假陈述。证券交易所、证券公司、证券登记结算机构、证券交易服务机构的从业人员、证券业协会或者证券监督管理机构的工作人员，故意提供虚假资料，伪造、变造或者销毁交易记录，诱骗投资者买卖证券的，取消从业资格，并处以3万元以上5万元以下的罚款；属于国家工作人员的，还应当依法给予行政处分。构成犯罪的，依法追究刑事责任。

(4) 发行人、证券经营机构、专业性证券服务机构、证券业自律性组织在向证券监管部门提交的各种文件、报告和说明书中做出虚假陈述。发行人未按期公告其上市文件或者报送有关报告的，由证券监督管理机构责令改正，对发行人处以5万元以上10万元以下的罚款。

第四节 证券投资主体的监管

对证券投资主体的监管，主要体现在以下两个方面。

一、对操纵市场的监管

操纵市场，是指某一组织或个人以获取利益或者减少损失为目的，利用其资金、信息等优势，或者滥用职权，制造证券市场假象，诱导或者致使投资者在不了解事实真相的情况下做出证券投资决定，扰乱证券市场秩序的行为。

(一) 操纵市场的行为方式

(1) 虚买虚卖，是指以影响证券市场行情为目的，人为创造证券交易的虚假繁荣，从事所有权非真实转移的交易行为。其构成要件有两个：一是行为人主观上有创造市场虚假繁荣、诱导公众投资者盲目跟进从而达到影响市场行情的目的；二是行为人客观上达成交易，但证券未交割、财产所有权未转移。在西方证券市场上，虚买虚卖的手法主要有以下几种：第一种是交易双方同时委托同一经纪商在证券交易所相互申报买进卖出，都作相互应买应卖，但其间并无证券或款项的交割行为；第二种是投机者分别下达预先配好的委托给两家经纪商，由一经纪商买进，另一经纪商卖出，但所有权并未发生实质性转移；第三种是投机者(称为做手)先卖出一定数额的股票，由预先安排的同伙买进卖出，继而又将证券退还给做手，取回价款的行为。

(2) 合谋，是指行为人欲影响市场行情而与他人同谋，由一方做出交易委托，另一方按对方委托的内容，在同一时间、地点，以同等数量和价格反向委托，并达成交易的行为。其要件是交易双方有通谋行为，委托在时间、价格、数量上具有相似性。

(3) 连续交易操纵，是指以抬高或者压低证券交易价格为目的，而自行或与一个或更多的人连续买卖在交易所上市的证券，蓄意造成证券交易繁荣现象的行为。构成连续交易操纵的要件有两个：一个是连续交易导致一定的市场表象或价格的变化；另一个是行为者以抬高或者压低证券交易价格为目的。

(二) 对操纵市场行为的监管

(1) 事前监管，是指在发生操纵行为前，证券管理机构采取必要手段以防止损害发生。为实现这一目的，各国证券立法和证券管理机构都在寻求有效的约束机制。如美国《证券交易法》第二十一条赋予证券管理机构广泛的调查权，以约束种类繁多的市场危害行为。

(2) 事后救济，是指证券管理机构对市场操纵行为者的处理及操纵者对受损当事人的损害赔偿。主要包括两个方面：第一，对操纵行为的处罚，根据我国《证券法》规定，操纵证券交易价格或者制造证券交易的虚假价格或者证券交易量，获取不正当利益或者转嫁风险的，没收违法所得，并处违法所得一倍以上五倍以下的罚款；构成犯罪的，依法追究刑事责任。证券经营机构的操纵行为被查实后，证券管理机构可以暂停或取消其注册资格，取消其交易所会员资格，或对其交易数量加以限制，或令其停止部分或全部交易。第二，操纵行为受害者可以通过民事诉讼获得损害赔偿。

二、对内幕交易的监管

所谓内幕交易，又称知内情者交易，是指公司董事、监事、经理、职员、主要股东、证券市场内部人员或市场管理人员，以获取利益或减少经济损失为目的，利用地位、职务等便利，获取发行人未公开的、可以影响证券价格的重要信息，进行有价证券交易，或泄露该信息的行为。

（一）内幕交易的行为主体

我国《证券法》第七十四条规定，下列人员为知悉证券交易内幕信息的知情人员：

（1）发行人的董事、监事、高级管理人员；

（2）持有公司百分之五以上股份的股东及其董事、监事、高级管理人员，公司的实际控制人及其董事、监事、高级管理人员；

（3）发行人控股的公司及其董事、监事、高级管理人员；

（4）由于所任公司职务可以获取公司有关内幕信息的人员；

（5）证券监督管理机构工作人员以及由于法定职责对证券的发行、交易进行管理的其他人员；

（6）保荐人、承销的证券公司、证券交易所、证券登记结算机构、证券服务机构的有关人员；

（7）国务院证券监督管理机构规定的其他人。

（二）内幕信息

我国《证券法》第七十五条规定，在证券交易活动中，涉及公司的经营、财务或者对该公司证券的市场价格有重大影响的尚未公开的信息，为内幕信息。下列信息皆属内幕信息：

（1）本法第六十七条第二款所列重大事件；

（2）公司分配股利或者增资的计划；

（3）公司股权结构的重大变化；

（4）公司债务担保的重大变更；

（5）公司营业用主要资产的抵押、出售或者报废一次超过该资产的百分之三十；

（6）公司的董事、监事、高级管理人员的行为可能依法承担重大损害赔偿责任；

（7）上市公司收购的有关方案；

（8）国务院证券监督管理机构认定的对证券交易价格有显著影响的其他重要信息。

（三）内幕交易的行为方式

内幕交易的行为方式主要表现为：行为主体知悉公司内幕信息，且从事有价证券的交易或其他有偿转让行为，或泄露内幕信息或建议他人买卖证券等。内幕交易行为包括：

（1）内幕人员利用内幕信息买卖证券或者根据内幕信息建议他人买卖证券；

（2）内幕人员向他人泄露内幕信息，使他人利用该信息进行内幕交易；

（3）非内幕人员通过不正当的手段或者其他途径获得内幕信息，并根据该信息买卖证券或者建议他人买卖证券等。

（四）对内幕交易行为的监管

我国《证券法》第七十六条规定：证券交易内幕信息的知情人和非法获取内幕信息的人，在内幕信息公开前，不得买卖该公司的证券，或者泄露该信息，或者建议他人买卖该证券。持有或者通过协议、其他安排与他人共同持有公司百分之五以上股份的自然人、法人、其他组织收购上市公司的股份，本法另有规定的，适用其规定。内幕交易行为给投资者造成损失的，行为人应当依法承担赔偿责任。

第五节　证券经营机构的监管

对证券经营机构的监管，主要有以下五个方面。

一、证券经营机构准入监管

我国《证券法》第一百二十二条规定，设立证券公司必须经国务院证券监督管理机构审查批准，任何单位和个人未经国务院证券监督管理机构的审查批准，均不得经营证券业务。

二、对证券从业人员的监管

证券从业人员需要具备证券从业资格，监管部门对证券公司董事、监事和高级管理人员的任职资格实行核准制，对从事保荐业务的保荐代表人实行注册制，对一般从业人员，授权中国证券业协会管理。

三、对证券公司业务的核准

我国《证券法》第一百二十五条规定了按照业务类型对证券公司进行管理，第一百二十七条原则性地规定了经营各项业务的最低实缴注册资本。对证券公司从事的创新业务，监管部门依据审慎监管的原则予以核准。

四、对证券公司的日常监管

除现场检查外，监管部门对证券公司的监管以净资本为核心，加强对证券公司流动性的监管，通过加强年报审计及披露的管理，增强外部的约束。

五、对欺诈客户行为的监管

欺诈客户是指以获取非法利益为目的，违反证券管理法规，在证券发行、交易及相关活动中从事欺诈客户、虚假陈述等行为。禁止任何单位或个人在证券发行、交易及其相关活动中欺诈客户。证券经营机构、证券登记或清算机构以及其他各类从事证券业的机构有欺诈客户行为的，将根据不同情况，限制或暂停证券业务及其他处罚。因欺诈客户行为给投资者造成损失的，应当依法承担赔偿责任。

(1) 欺诈客户行为主要有：

① 证券经营机构将自营业务和代理业务混合操作；

② 证券经营机构违背代理人的指令为其买卖证券；

③ 证券经营机构不按国家有关法规和证券交易场所业务规则的规定处理证券买卖委托；

④ 证券经营机构不在规定时间内向被代理人提供证券买卖书面确认文件；

⑤ 证券登记、清算机构不按国家有关法规和本机构业务规则的规定办理清算、交割、过户、登记手续；

⑥ 证券登记、清算机构擅自将顾客委托保管的证券用做抵押；

⑦ 证券经营机构以多获取佣金为目的，诱导顾客进行不必要的证券买卖，或者在客户的账户上翻炒证券；

⑧ 发行人或者发行代理人将证券出售给投资者时，未向其提供招募说明书；

⑨ 证券经营机构保证客户的交易收益或者允诺赔偿客户的投资损失。

(2) 对欺诈客户行为的监管

为了禁止证券欺诈行为，维护证券市场秩序，保护投资者的合法权益和社会公共利益，国务院于1993年9月2日发布了《禁止证券欺诈行为暂行办法》(以下简称《办法》)。《办法》对我国证券发行、交易及相关活动中的内幕交易、操纵市场、欺诈客户、虚假陈述等行为进行了明确的界定并制定了相应的处罚措施。《办法》规定，禁止任何单位或个人在证券发行、交易及其相关活动中欺诈客户。证券经营机构、证券登记或清算机构以及其他各类从事证券业的机构有欺诈客户行为的，将根据不同情况，限制或者暂停证券业务及其他处罚。因欺诈客户行为给投资者造成损失的，应当依法承担赔偿责任。

案　例

谎言的欺骗:蓝田股份造假事件

你可能不知道ST生态，但你一定记得这个名字“蓝田”。当时在中央电视台铺天盖地的黄金广告，让人至今印象颇深。

蓝田股份曾经创造了中国股市长盛不衰的绩优神话，这只传奇性的股票，在股市创造了很多不可能，而在这些不可能的背后隐藏的是一个又一个的谎言与欺骗。回头看来，这些骗术十分荒唐，经不起任何推敲，甚至可笑，但在当时很多人深信不疑。

顶着“中国农业第一股”的旗号叱咤股市，却在600字的文章面前轰然崩塌。蓝田事件中有太多的故事要回味，有太多的经验要学习，也有太多的教训要吸取。

中国农业第一股蓝田股份有限公司成立于1992年。在成立的最初几年里，公司的主业并不突出。1993年，蓝田股份有限公司下属的洪湖蓝田水产品开发有限公司成立，产业结构转变为经营农副水产品种养、加工和销售。1994年8月，蓝田的1 828万国家股划归农业部持有，农业部成为蓝田股份的第二大股东。

凭借农业部背景这个行政杠杆，蓝田最终撬开资本市场的大门。农业部将3 000万股上市额度给了蓝田，1996年6月18日，蓝田股票在上交所挂牌交易，号称“中国农业第一股”。

蓝田股份的上市成本不高，没有为上市而剥离大量债务和冗员，轻装上市。而且，蓝田股份有优惠政策扶持，其农业产业基地又在物产丰富的洪湖边上，人力成本也相对低廉，还是蓝田创始人瞿兆玉的老家。加之上市融资2.4亿元，蓝田可谓占尽天时地利人和，极有可能成为一家具有持续竞争力的上市公司。正因为如此，在蓝田股份的招股说明书中，董事长瞿兆玉抛出一个雄心勃勃的计划:4年后，年销售收入达10亿元，年税利超过2亿元。尽管此时，蓝田股份年销售额仅3亿元，年税利仅3 200万元。

众所周知，农业不可能快速增长，需要较长的发展周期。瞿兆玉要想在4年内销售收入增长300%，税利增长600%，必须走一条超常规的发展之路。

1. 举债扩张为圈钱

从蓝田股份成功上市融资，瞿兆玉领悟到资本市场的力量。从1987年创业到1996年上市，整整9年时间，公司资产总额仅有2.77亿元，净资产仅1.72亿元。而一次上市融资就达2.4亿元。

由于国家政策对农业的大力扶持，上市刚满1年的蓝田股份再次获得融资资格，按照每10股配1.5股的比例进行配股，由于当时的蓝田流通盘只有6 000万股，此次共募集资金1.1亿元。再次融资的成功，强化了瞿兆玉借助资本市场实现超常规发展的意识。只要把资产规模做得越大，把"中国农业第一股"的金字招牌做得越响，融资机会越大，融资越多则规模扩张越快。这是一个正循环。

蓝田股份上市以来，每年都要上新项目，大量投入基础设施建设。大规模的扩张需要大量的资金，蓝田当然寄希望于通过配股进行直接融资。但按照规定，每次配股与上次配股至少间隔1个财年。当配股融资无法支撑扩张时，瞿兆玉启动另一个融资杠杆——向银行贷款。据农行总行信贷部负责人介绍，仅农行就给蓝田贷款9亿元。向蓝田提供贷款的银行还包括工商银行、民生银行等。

鉴于农业投资回报周期较长，高额负债增大财务成本。蓝田股份对配股融资渴求越来越强烈，而且想来一次大配股。因为盘子不大，1997年配股时只融资1.1亿元。据规定，公司配股总数不得超过其股本总数的30%。要想多配股只有将总股本做大。1997年和1998年，蓝田股份连续两年以1∶1的比例实施送股。截至1999年，蓝田的总股本由上市时的9 696万股猛增到4.46亿股。

股本是上市公司最珍惜的资源，但蓝田已经不顾一切。为了多配股来减轻债务压力，以送股方式猛增股本，但业绩被摊薄有可能使配股受阻。但令人惊奇的是，1997年蓝田股份以1∶1的比例送股后，每股收益为0.64元，比1996年高出0.03元；这就意味着1997年蓝田股份的收益比上年增长1倍多。1998年蓝田股份再次以1∶1的比例送股后，每股收益竟高达0.81元，又比上年增长1倍多。水产品要实现规模效益不是一朝一夕就能实现的，当蓝田股份无法满足报表上的业绩增长时，除了母公司为子公司输血外，剩下的手段就只有造假。

2. 增资屡屡搁浅

蓝田股份账面资产猛增，业绩猛增。如果蓝田股份的配股能够如愿进行，蓝田的神话还会继续下去。当蓝田再次提出配股申请时，一桩陈年旧案成为蓝田的滑铁卢。1999年5月，蓝田股份再次向证监会提出配股申请，此次的配股比例为10配3(这是证监会规定的配股比例的极限)，配股价格区间为9至12元。经过两次大比例的送股，当时蓝田股份的流通股本已达1.99亿股，按照配股比例将配股5 992万股。即使按照配股金额的下限9元计算，将融资5.39亿元，如果按照12元计算，融资额将高达7.19亿元。如果此次配股融资成功，银行负债将大为减轻。

但此时，证监会正在对蓝田上市时虚增资产的违规事实进行调查。10月26日，蓝田股份接到中国证监会《行政处罚决定书》，证监会查明蓝田股份在股票发行申报材料中，伪造证明虚增资产3 870万元。受此事件的影响，蓝田的配股申请没有获得批准。

配股资格的丧失，使蓝田的财务链条绷紧了。2000年4月，蓝田股份再次将1999年的配股方案报证监会复审。10月，证监会再次对蓝田股份进行调查。蓝田股份的配股计划再度搁浅。2001年3月20日，蓝田股份的配股方案，再次上报证监会。同年9月和10月证监会两次派人对蓝田股份进行调查，并迫使蓝田股份发布接受调查的公告。蓝田股份的配股计划第三次落空。但从当时配股价格的上调，可以看出蓝田的财务压力越来越大。

3. 600字成为导火索

真正剪断蓝田资金链的是一个文弱的学者。2001年10月26日，刘姝威在《金融内参》上发表一篇600多字的文章，文章称"蓝田股份已经成为一个空壳，已经没有任何创造现金流量的能力，也没有收入来源"、"蓝田股份完全依靠银行贷款维持运转。"文章提示："为了避免遭受严重的坏账损失，我建议银行尽快收回对蓝田股份的贷款。"

作为陈岱孙和厉以宁的学生，刘姝威1986年北大硕士毕业后，一直从事银行信贷研究工作。2001年，刘姝威应编辑之约写一本书，名为《上市公司虚假会计报表识别技术》。她选取了十几家上市公司作为案例，其中并没有蓝田。后来编辑建议，选几个新上市公司的案例。此时，正赶上蓝田股份公告说，该公司正在接受证监会调查，这才把目光投向蓝田。此文发表以后，"蓝田股份"第一大股东湖北洪湖蓝田经济技术开发公司的控股股东中国蓝田(集团)总公司总裁瞿兆玉找到刘姝威并要求她公开道歉，消除影响，他称此文"让所有的银行全部停止对蓝田贷款。资金链断了，蓝田让你搞死了"。因刘姝威拒绝道歉，"蓝田股份"以侵害名誉权为由将刘姝威告上了法庭。2001年12月13日，湖北省洪湖市人民法院向刘下达了《应诉通知书》，称"湖北蓝田股份公司诉刘姝威侵害名誉权案"将于2002年1月23日开庭，要求刘姝威作为被告出庭。"《金融内参》属于机密级刊物，只供各银行领导参阅。我没有想到那篇600字的短文会落到蓝田的手里，更不相信各大商业银行会仅凭一篇短文而停止对蓝田贷款。"刘姝威说。但就整个事件来看，刘姝威的文章确实成为"蓝田危机"爆发的导火索。

4. 谎言欺骗连连

应收账款怎么会如此之少？公司2000年销售收入18.4亿元，而应收账款仅857.2万元。2001年中期这一状况也未改变：销售收入8.2亿元，应收账款3 159万元。在现代信用经济条件下，无法想象，一家现代企业数额如此巨大的销售，都是在"一手交钱，一手交货"的自然经济状态下完成的？其水产品销售，不可能是直接与每一个消费者进行交易，必然需要代理商进行代理，因此水产品销售全部"以现金交易结算"的说法是难以成立的；而销售收入达5亿元之巨的野藕汁、野莲汁等饮料，不可能也是以现金交易结算。

5. 融资行为为何与现金流表现不符？

2001年中报显示，蓝田股份加大了对银行资金的依赖程度，流动资金借款增加了1.93亿元，增加幅度达200%。这与其良好的现金流表现不太相符。按照公司优秀的现金流表现，自有资金是充足的，况且其账上尚有11.4亿元的未分配利润，又何以会这样依赖于银行借贷？2000年该公司实现经营性现金净流量7.86亿元，而投资活动产生的现金净流量则为-7.15亿元(绝大部分是固定资产投入)，这两个数字极为相近，这是巧合吗？产品毛利率怎么会如此之高？

2000年年报以及2001年中报显示，蓝田股份水产品的毛利率约为32%，饮料的毛利率达46%左右，驰名品牌承德露露毛利率不足30%。从公司销售的产品结构来看，以农产品为基础的相关产品，都应是低附加值商品，一般情况下，这种产品结构的企业，除非是基于以下两种情况才会有如此高的毛利率：① 产品市场被公司绝对垄断，产品价格由公司完全控制;② 产品具有超常低成本的优势。从实际情况看,以公司现有的行业属性、市场环境、产品技术含量等方面进行评估,达到这样高的赢利水平的可能性很小。

而真正揭开蓝田业绩之谜的是 ST 生态 2001 年年报,三年来的财务指标来了一个“大变脸”:主营业务收入,1999 年,调整前是 18 亿 5 千多万元,调整后是 2 千 4 百多万元,2000 年,调整前是 18 亿 4 千多万元,调整后不到 4 千万元,2001 年,是 5 千 5 百多万元。调整后的主营业务收入不到调整前的零头。净利润,1999 年,调整前是 5 亿 1 千多万元,调整后是负 2 千 2 百多万元,2000 年,调整前是 4 亿 3 千多万元,调整后是负 1 千多万元,2001 年,是负 8 千多万元。每股收益,1999 年,调整前是 1.15 元,调整后是负 0.004 9 元,2000 年,调整前是 0.97 元,调整后是负 0.023 9 元,2001 年是负 0.18 元。净利润和每股收益调整后来了一个“乾坤大挪移”,数据全都由正变负了,蓝田股份完全由“绩优股”变成了“垃圾股”。

曾轰动全国的蓝田股份造假事件,至今仍有余温。60 岁的沈阳蓝田股份有限公司原法定代表人、董事长、总经理瞿兆玉,因涉嫌犯单位行贿罪被提起公诉。据报道,2008 年 10 月,北京市第二中级人民法院一审以单位行贿罪,判处瞿兆玉有期徒刑 3 年,缓刑 4 年。造假者最终制造的是牢狱之灾,蓝田的谎言被彻底戳破。但为这些谎言所付出的代价却是惨重的,这里损失的不仅仅是金钱,还有相关部门的信誉和国人的信心。

〔引自 2010 年 11 月 28 日中国证券网〕

本章概念

1. 集中型监管体制、自律型监管体制、中间型监管体制。
2. 操纵市场、虚假陈述、虚买虚卖、合谋、内幕交易、欺诈客户。

问题思考

1. 简述证券市场监管的意义、原则、目标。
2. 中国证监会作为证券市场的监管机构,行使哪些主要职责?
3. 证券发行信息披露制度的意义与基本要求是什么?
4. 操纵市场的行为方式有哪些?具体行为有哪些?
5. 证券市场监管手段有哪些?
6. 证券商最容易发生哪些欺诈行为?
7. 证券业从业人员行为规范包括哪些内容?
8. 什么是证券市场监管的三大法规体系?
9. 我国针对证券市场监管颁布了哪些国家法律?其主要内容是什么?
10. 证券市场监管体制有哪几种类型?各自的内容是什么?

第三篇

证券投资分析

第九章　证券投资的收益与风险

学习目标

1. 掌握股票收益和债券收益的组成；
2. 理解系统风险和非系统风险的概念；
3. 熟悉系统风险和非系统风险的种类；
4. 了解债券信用评级。

第一节　证券投资的收益

证券投资收益是指投资者在一定时期内进行投资，其所得与支出的差额，即证券投资者在从事证券投资活动中所获得的报酬。在财务管理中通常使用相对数，即证券投资收益率（以收益额与投资额之比）表示。人们投资于证券，是为了获得投资收益。投资收益是未来的，而且一般情况下事先难以确定。未来收益的不确定性就是证券投资的风险。投资者总是既希望回避风险，又希望获得较高的收益。但是，收益和风险是并存的，通常收益越高，风险越大。投资者只能在收益和风险之间加以权衡，即在风险相同的证券中选择收益较高的，或在收益相同的证券中选择风险较小的进行投资。

一、股票收益

股票投资的收益是指投资者从购入股票开始到出售股票为止整个持有期间的收入，它由股息、资本利得和公积金转增收益组成。

（一）股息

股息是指股票持有者依据所持股票从发行公司分取的盈利。通常，股份有限公司在会计年度结算后，将一部分净利润作为股息分配给股东。其中，优先股股东按照规定的固定股息率优先取得固定股息，普通股票股东则根据余下的利润分取股息。股东在取得固定的股息以后又从股份有限公司领取的收益，称为红利。由此可见，红利是股东在公司按规定股息率分派后所取得的剩余利润。但在概念的使用上，人们对股息和红利并未予以严格的区分。

股息的来源是公司的税后利润。公司从营业收入中扣减各项成本和费用支出、应偿还的债务及应缴纳的税金后，余下的即为税后利润。通常，税后利润按以下程序分配：如果有未弥补亏损，首先用于弥补亏损；按《公司法》规定提取法定公积金；如果有优先股，按固定股息率对优先股股东分配；经股东大会同意，提取任意公积金；剩余部分按股东持有的股份比例对普通股票股东分配。可见，税后净利润是公司分配股息的基础和最高限额，但因要作必要的公积金的扣除，公司实际分配的股息总是少于税后净利润。

股息作为股东的投资收益，用以股份为单位的货币金额表示，但股息的具体形式可以有多种。

1. 现金股息

现金股息是以货币形式支付的股息和红利，是最普通、最基本的股息形式。分派现金股息，既可以满足股东预期的现金收益目的，又有助于提高股票的市场价格，以吸引更多的投资者。在公司留存收益和现金足够的情况下，现金股息分发的多少取决于董事会对影响公司发展的诸多因素的权衡，并要兼顾公司和股东二者的利益。一般来说，股东更偏重于目前利益，希望得到比其他投资形式更高的投资收益；董事会更偏重于公司的财务状况和长远发展，希望保留足够的现金扩大投资或用于其他用途。但是由于股息的高低会直接影响公司股票的市价，而股价的涨跌又关系到公司本身信誉的高低及筹资能力的大小，因此董事会在权衡公司的长远利益和股东的近期利益后，会制定出较为合理的现金股息发放政策。

2. 股票股息

股票股息是以股票的方式派发的股息，通常由公司用新增发的股票或一部分库存股票作为股息代替现金分派给股东。股票股息原则上是按公司现有股东持有股份的比例进行分配的，采用增发普通股票并发放给普通股股东的形式，实际上是将当年的留存收益资本化。也就是说，股票股息是股东权益账户中不同项目之间的转移，对公司的资产、负债、股东权益总额毫无影响，对得到股票股息的股东在公司中所占权益的份额也不会产生影响，仅仅是股东持有的股票数比原来多了。发放股票股息既可以使公司保留现金，解决公司发展对现金的需要，又使公司股票数量增加，股价下降，有利于股票的流通。股东持有股票股息在大多数西方国家可免征所得税，出售增加的股票又可转化为现实的货币，有利于股东实现投资收益，因而是兼顾公司利益和股东利益的两全之策。

3. 财产股息

财产股息是公司用现金以外的其他财产向股东分派股息。最常见的是公司持有的其他公司或子公司的股票、债券，也可以是实物。分派财产股息，可减少现金支出，满足公司对现金的需要，有利于公司的发展。在现金不足时，用公司产品的优惠价格充作股息，可扩大其产品销路。当公司需要对其他公司控股时，可有意将持有的其他公司的股票作为股息，采用内部转移方式分派给股东，以继续维持控股公司的地位。

4. 负债股息

负债股息是公司通过建立一种负债，用债券或应付票据作为股息分派给股东。这些债券或应付票据既是公司支付的股息，也可满足股东的获利需要。负债股息一般是在已宣布发放股息，但又面临现金不足、难以支付的情况下，不得已采取的权宜之计，董事会往往更愿意推迟股息发放日期。

5. 建业股息

建业股息又称建设股息，是指经营铁路、港口、水电、机场等业务的股份公司，由于其建设周期长，不可能在短期内开展业务并获得盈利，为了筹集所需资金，在公司章程中明确规定并获得批准后，公司可以将一部分股本作为股息派发给股东。建业股息不同于其他股息，它不是来自公司的盈利，而是对公司未来盈利的预分，实质上是一种负债分配，也是无盈利无股息原则的一个例外。建业股息的发放有严格的法律限制，在公司开业后，应在分配盈余前抵扣或逐年抵扣冲销，以补足资本金。

(二) 资本利得

上市股票具有流动性，投资者可以在股票交易市场上出售持有的股票收回投资，赚取盈利，也可以利用股票价格的波动低买高卖来赚取差价收入。股票买入价与卖出价之间的差额就是资本利得，或称资本损益。资本利得可正可负，当股票卖出价大于买入价时，资本利得为正，此时可称为资本收益；当卖出价小于买入价时，资本利得为负，此时可称为资本损失。由于上市公司的经营业绩是决定股票价格的重要因素，因此资本损益的取得主要取决于股份公司的经营业绩和股票市场的价格变化，同时与投资者的投资心态、投资经验及投资技巧也有很大关系。

（三）公积金转增收益

公积金转增收益也采取送股的形式，但送股的资金不是来自当年可分配盈利，而是公司提取的公积金。公司的公积金来源有以下几项：一是股票溢价发行时，超过股票面值的溢价部分列入公司的资本公积金；二是依据我国《公司法》的规定，每年从税后利润中按比例提存部分法定公积金；三是股东大会决议后提取的任意公积金；四是公司经过若干年经营以后资产重估增值部分；五是公司从外部取得的赠予资产，如从政府部门、国外部门及其他公司等处得到的赠予资产。我国《公司法》规定，公司分配当年税后利润时，应当提取利润10%列入公司法定公积金。公司法定公积金累计额为公司注册资本50%以上的，可以不再提取。公司的法定公积金不足以弥补以前年度亏损的，在提取法定公积金之前，应当先用当年利润弥补亏损。公司从税后利润中提取法定公积金后，经股东大会决议，可以从税后利润中提取任意公积金。股份有限公司以超过股票票面金额的发行价格发行股份所得的溢价款以及国务院财政部门规定列入资本公积金的其他收入，应当列为资本公积金。公司的公积金用于弥补公司亏损、扩大公司生产经营或者转为公司资本，但是资本公积金不得用于弥补公司亏损。股东大会决议将公积金转为资本时，按股东原有股份比例派送红股或增加每股面值，但法定公积金转为资本时，所留成的该项公积金不得少于转增前公司注册资本的25%。

二、债券收益

债券的投资收益来自3个方面：一是债券的利息收益。这是债券发行时就决定的，除了保值贴补债券和浮动利率债券，债券的利息收入不会改变，投资者在购买债券前就可得知。二是资本利得。资本利得受债券市场价格变动的影响。三是再投资收益。再投资收益受以周期性利息收入作再投资时市场收益率变化的影响。由于资本利得和再投资收益具有不确定性，投资者在作投资决策时计算的到期收益和到期收益率只是预期的收益和收益率，只有当投资期结束时才能计算实际收益和实际到期收益率。

（一）债息

债券的利息收益取决于债券的票面利率和付息方式。债券的票面利率是指1年的利息占票面金额的比率。票面利率的高低直接影响着债券发行人的筹资成本和投资者的投资收益，一般是由债券发行人根据债券本身的性质和对市场条件的分析决定的。首先，要考虑投资者的接受程度。发行人往往是参照了其他相似条件债券的利率水平后，在多数投资者能够接受的限度内，以最低利率来发行债券。其次，债券的信用级别是影响债券票面利率的重要因素。再次，利息的支付方式和计息方式也是决定票面利率要考虑的因素。最后，还要考虑证券主管部门的管理和指导。一旦债券的票面利率确定后，在债券的有效期限内，无论市场上发生什么变化，发行人都必须按确定的票面利率向债券持有人支付利息。

（二）资本利得

债券投资的资本利得是指债券买入价与卖出价或买入价与到期偿还额之间的差额。同股票的资本利得一样，债券的资本利得可正可负：当卖出价或偿还额大于买入价时，资本利得为正，此时可称为资本收益；当卖出价或偿还额小于买入价时，资本利得为负，此时可称为资本损失。投资者可以在债券到期时将持有的债券兑现，或是利用债券市场价格的变动低买高卖，从中取得资本收益，当然，也有可能遭受资本损失。

（三）再投资收益

再投资收益是投资债券所获现金流量再投资的利息收入。对于附息债券而言，投资期间的现金流是定期支付的利息，再投资收益是将定期所获得的利息进行再投资而得到的利息收入。

对于投资于附息债券的投资者来说，只有将债券持有至到期日，并且各期利息都能按照到期收益率进行再投资，才能实现投资债券时预期的收益率；反之，如果未来的再投资收益率低于购买债券时预期的到期收益率，则投资者将面临再投资风险。

第二节　证券投资的风险

证券投资风险是指人们因对未来证券投资行为的决策及客观条件的不确定性而可能引起的后果与预期目标发生多种负偏离的综合。比如说，因为战争、地震等不可抗力因素使得本来上扬的股市突然下跌；自己听取专家意见选购的股票的走向偏偏相反等等。未来的不确定性决定了人类在一切社会经济活动中，面临着各种各样的风险。证券投资也是如此。作为一个理性的证券投资者，先要有效地认识证券投资的风险及特点。证券投资风险一般由系统性风险和非系统性风险两大类组成。

一、系统性风险

系统性风险是指由于某种全局性的因素而对所有证券产生影响的风险。这些因素来自企业外部，企业本身不能控制。对投资者而言，不管其有多少股票，这种风险都不能通过组合投资来消除，因此它又称为不可分散风险、不可回避风险。系统性风险包括利率风险、市场风险、通货膨胀风险、政策风险、政治风险、偶然事件风险等。

（一）利率风险

证券投资的利率风险是指市场利率的变动给投资者带来损失的可能性。以股票为例，一般而言，股票价格与市场利率成反方向变化，即市场利率提高，股票价格下降；市场利率下降，股票价格上升。由于优先股的股息率是固定的，所以利率风险对它的影响相对较大。在投资者购买某种优先股股票后，如果市场利率上升，该股票价格就会下降，从而使投资者蒙受损失。对于普通股来说，其股利和股价主要受公司经营状况和财务状况的影响，虽然市场利率的变动也会影响公司的经营状况和财务状况，但它只是其中的部分因素，所以利率风险对普通股股票的影响相对较小。

（二）市场风险

市场风险是指股票市场行情周期性变动而引起的风险。这种行情变动指的是股票行情长期趋势的改变，也就是股票市场上多头和空头交替出现所引起的投资收益的变动。股票市场价格的波动通常用股票价格指数的升降来衡量。股票价格指数从某个较低点开始持续上升直到某个较高点的状况称作多头市场（牛市）；股票价格指数从某个较高点开始持续下跌直到某个较低点的状况称作空头市场（熊市）。在股票市场上，多头和空头总是交替出现的，这种交替变化导致市场收益发生变动，从而引起市场风险。

造成股票市场行情变化的原因是多方面的，但起决定性作用的因素是经济周期的变动，即在社会经济阶段性的循环和波动中，企业的景气和效益要受到影响，从而从根本上决定了股票行情的变动趋势。股票行情随经济周期的循环而波动，所以又把市场风险称作周期波动风险。一般而言，从萧条、复苏到高涨的过程中出现的是多头市场；从高涨经衰退到萧条的过程中出现的则是空头市场。

（三）通货膨胀风险

通货膨胀风险是指由于价格总水平变动而引起的购买力下降给投资者带来损失的可能性。在通货膨胀条件下，投资者在证券价格持续上升的情况下会丧失购买力，导致实际收益的下降。因为在通货膨胀时，证券价格会随着商品价格的上涨而上涨，投资者的货币收入有所增加，许多投资者错误地认为货币越多越富，这种货币幻觉使他们忽视了通货膨胀风险的存在。实际上，由于货币贬值，货币购买力下降，投资者的实际收益不仅没有增加，反而有所减少。

分析通货膨胀风险可以通过计算实际收益率来进行。我们知道，投资的获利通常用投资收益率来表示，但是投资收益率有名义投资收益率和实际投资收益率之分，前者是不考虑通货膨胀因素的投资收益率，后者则是经过通货膨胀率调整过的投资收益率。通常股票市场上标明的收益率都是名义收益率，只有通过实际收益率才能衡量出资产价值的变动情况。实际收益率＝名义收益率－通货膨胀率；通货膨胀风险对不同股票的影响是不同的。一般来讲，优先股股票的通货膨胀风险较大，对普通股股票来说，通货膨胀风险相对较小。

（四）政策风险

政策风险是指政府有关政策发生重大变化或是有重要的法规、举措出台，引起证券市场的波动，从而给投资者带来的风险。

政府对本国证券市场通常有一定的规划和政策，以指导市场的发展和加强对市场的管理。证券市场政策应当是在尊重股票市场发展规律的基础上，充分考虑证券市场在本国经济中的地位、与社会其他部门的联系、整体经济发展水平及政治形势、证券市场发展现状等多方面因素后制定的。政府关于证券市场发展的规划和政策应该是长期稳定的，在政策和规划既定的前提条件下，政府应运用法律手段、经济手段和必要的行政管理手段引导证券市场健康、有序地发展。但是在某些特殊情况下，政府也可能会改变发展证券市场的战略部署，出台一些扶持或抑制证券市场发展的政策，制定出新的法规或交易规则，从而改变证券市场原先的运行轨迹。特别是在证券市场发展的初期，对证券市场发展的规律认识不足、法规体系不健全、管理手段不充分，更容易较多地使用政策手段来干预市场，由于证券市场政策是政府指导、管理证券市场的手段，一旦出现政策风险，几乎所有的股票都会受到影响，因此属于系统性风险。

（五）政治风险

现代社会中，政治与经济有着密切的联系。经济的发展固然有利于政局稳定，但政局的变动对经济发展，特别是证券市场的发展有着不容忽视的影响。证券投资者应密切关注政局的变动。例如，美国总统大选对股市有明显的影响，因为执政党在选举前总是要采取一些有利于公众的措施，从而间接地对股市产生影响。据统计，自 1872 年以来的 28 次总统选举中，选举前一两年股市上扬的有 19 次，下跌 9 次，年平均获利达 6.6%；选举当年股市上扬的有20次，下跌8次，年平均获利4.5%；选举后第一年，上扬14次，下跌14次，年平均获利2.1%，低于正常年份；选举后第二年，股市上扬15次，下跌13次，年获利为－6.2%。

（六）偶然事件风险

偶然事件风险是一种突发性风险，是指突发性事件使投资者遭受损失的可能性。这种风险是绝大多数投资者都必须承担的，而且其剧烈程度和时效性因事而异。如自然灾害、气候异常、战争危险等。这些风险不仅损失巨大，而且又都是证券投资者在进行投资决策时无法预测的。

二、非系统性风险

非系统性风险是指对某个行业或个别证券产生影响的风险，它通常由某一特殊的因素引起，如企业管理层变动、技术落后、产品过时、财务结构不合理、生产成本上升等，它与整个股票市场的价格不存在系统、全面的联系，只对个别或少数股票的收益产生影响。对这种风险，投资者可以通过分散投资来抵消，由于非系统性风险是可以分散、可以回避的，因此又称做可分散风险、可回避风险。非系统性风险包括信用风险、财务风险、经营风险、道德风险、流动性风险等。

（一）信用风险

信用风险（credit risk）又称违约风险，是指交易对手未能履行约定契约中的义务而造成经济损失的风险，即受信人不能履行还本付息的责任而使授信人的预期收益与实际收益发生偏离的可能性，它是金融风险的主要类型。在过去的数年中，利用新的金融工具管理信用风险的信用衍生工具（credit derivatives）发展迅速。适当利用信用衍生工具可以减少投资者的信用风险。

信用风险有四个主要特征：① 客观性，不以人的意志为转移；② 传染性，一个或少数信用主体经营困难或破产就会导致信用链条的中断和整个信用秩序的紊乱；③ 可控性，其风险可以通过控制降到最低；④ 周期性，信用扩张与收缩交替出现。

对于某种证券来说，投资者是风险承受者，随着债券信用等级的降低，则应增加相应的风险贴水，即意味着债券价值的降低。同样，共同基金持有的债券组合会受到风险贴水波动的影响。风险贴水的增加将减少基金的价值并影响到平均收益率。

（二）财务风险

财务风险是指发行公司或企业由于财务强度的变动而引起投资者投资收益变动的风险。所谓财务强度，又称财务实力，是对公司财务状况的反映。公司的财务状况好，偿债能力强，财务强度就大，财务风险就低；反之，公司的财务状况差，偿债能力弱，财务强度就小，财务风险就高。

现代企业在经营过程中很少不借助于财务杠杆，通过负债经营来弥补自有资金的不足，扩大资本权益收益。上市股份公司在营运中一般都要靠发行股票和借款来筹集资金，财务风险主要就来源于债务。一般地说，只要期望的基本收益能力比率（期望的利税前收益与资产值之比）大于债务成本率，那么使用债务就会提高股本收益率。但同时，企业在经营中不可避免地存在一定风险，由于使用债务，这些固有风险将成为普通股股东承担的附加风险。公司财务强度发生变化时，公司所发行股票的价格必然体现这种变动，从而使证券投资者获取的报酬也随之变动。

另一方面，财务强度也指支付要求的强度，即股票持有者要求发行公司支付股票报酬的先后权利。支付要求的强度大，说明证券购买者具有较优先的权利。这种强度的大小，可以从发行公司破产后，拍卖财产所得的先后支付次序中体现出来。一般说来，一家股份公司宣告破产后，其财产拍卖收益的支付顺序依次为：有关的法律费用；（以下均为有剩余的话）公司雇员的工资；各种税收；有担保的贷款；无担保的贷款；优先股股息；普通股股利。

财务风险的大小，可以从两方面分析：第一，经营杠杆系数，是指息税前利润变动率，相当于产销量变动率的倍数。它反映了项目投资风险的大小。经营杠杆系数越大，投资项目面临的风险越大；反之，越小。第二，投资收益率方差，是指各种可能出现情况下的投资收益率与期望投资收益率的平方差。该指标通常用来评估证券投资风险的大小。如果投资收益率随着时间的推移而发生变化，应计算不同时期的投资收益率的综合方差。投资收益率的方差和综合方差越大，说明该证券的风险越大。如果股票发行公司的财务强度较弱，则公司对其所发行的股票报酬支付的不确定性就大，其股票的等级就低，它所包含的财务风险就大，发行公司必须要支付较高的报酬才能吸引投资者。

（三）经营风险

经营风险是指公司决策人员与管理人员在经营管理过程中出现失误而导致公司盈利水平变化从而使投资者预期收益下降的可能。现代股份公司，规模巨大，股权分散，许多投资者往往并不直接参与经营管理，而是聘请专业管理人员管理其投资的企业。所以经营风险的大小就与管理决策人员的知识水平、经验阅历等有关。一个受过良好教育，有着较丰富经验的管理人员，就有可能针对各种不利的情况做出较为有利的决策，从而减小经营风险。但是，经营风险是不可能完全避免的，因为即使是一个最有知识、最富经验的管理者，有时也会做出错误的判断。

一般情况下，企业的经营风险来自内部和外部两个方面。内部因素主要包括以下几个方面：第一，项目投资决策失误。决策者未对投资项目进行可行性分析，致使投资项目不能形成有效的生产能力，导致企业盈利水平降低，使投资者的收益下降。第二，销售决策失误。决策者过分依赖大客户、老客户，没有投入很多的财力开拓新市场，寻找新的销售渠道，致使企业的销售水平落到盈亏平衡点以下，生产经营无法持续继续。第三，不注意技术更新，不注意市场调查。如果企业管理者不重视新产品开发，不根据市场需求不断设计、研制新产品、新款式，提高产品质量，而任凭产品老化过时，将造成产品积压，产品竞争力下降，销售市场萎缩乃至丧失，这些都将直接影响企业现在以及将来的经营业绩，使投资者遭受长久持续的损失。第四，其他因素还包括公司主要管理者因循守旧、不思进取、机构臃肿、人浮于事，对不可抗力不采取任何防御性措施等。

外部因素是公司以外的客观因素。如政府产业政策调整、竞争对手实力变化使公司处于相对劣势地位等，都会引起公司经营管理水平相对下降。

（四）道德风险

道德风险是指从事经济活动的人在最大限度地增进自身效用时做出不利于他人的行动。道德风险存在于下列情况：由于不确定性和不完全的或者限制的合同使负有责任的经济行为者不能承担全部损失（或利益），因而他们不承受他们的行动的全部后果，同样的，也不享有行动的所有好处。在证券投资中，以股票为例，股东和高层管理者是一种委托代理关系，由于信息的不对称，管理者可能会做出一些对投资者或大股东做出对中小股东不利的决策和行为等。

（五）流动性风险

流动性风险是指经济主体由于金融资产的流动性的不确定性变动而遭受经济损失的可能性。对于证券投资来说，流动性风险是指投资者在需要卖出所投资的投资物时，面临的变现困难和不能在适当或期望的价格上变现的风险。

从总体上看，风险是客观存在、不可避免的，而且在一定条件下还带有某些规律性。因此，只能把风险缩减到最小的程度，而不可能将其完全消除。这就要求证券投资者主动地认识风险，积极管理风险，有效地控制风险，把风险降至最低的程度，以保证在证券投资中尽量减小由于不确定性造成的损失。

第三节　证券的信用评级

一、证券的信用评级

（一）证券信用评级的概念

证券信用评级是指信用评级机构根据科学的指标体系，采用严谨的分析方法，运用简明的文字符号，对被评级对象履行经济责任能力及其资信情况进行客观公正的评价，并确定其信用等级的一种经济活动。

（二）证券信用评级的内容

证券信用评级包括长期债券、短期融资券、优先股、基金、各种商业票据等的信用评级。目前主要是债券评级，在我国已经形成制度，国家已有明文规定，企业发行债券要向认可的债券评信机构申请信用等级。关于股票评级，除优先股外，国内外都不主张对普通股票发行前进行评级，但对普通股票发行后上市公司的业绩评级，即对上市公司经营业绩综合排序，大家都持肯定态度，而且有些评估公司已经编印成册，公开出版。

（三）证券信用评级的作用

证券信用评级作为信用评估的一个项目，具有重要的作用。

其一，证券信用评级为投资者提供证券的信息，减少了投资者获取信息的成本，并成为投资者进行决策的重要依据。

其二，证券信用评级为上市公司之间的比较提供信息，促使其扩展资源，改善经营管理。

其三，证券信用评级能引导股民投资趋于理性化，促进证券市场健康发展。

其四，证券信用评级可对资本市场起到监督的作用，是市场经济正常运行的有利保证。

二、债券的信用评级

（一）债券信用评级的概念

债券信用评级（bond credit rating）是以企业或经济主体发行的有价债券为对象进行的信用评级。债券信用评级大多是企业债券信用评级，是对具有独立法人资格企业所发行某一特定债券，按期还本付息的可靠程度进行评估，并标示其信用程度的等级。这种信用评级，是为投资者购买债券和证券市场债券的流通转让活动提供信息服务。国家财政发行的国库券和国家银行发行的金融债券，由于有政府的保证，因此不参加债券信用评级。地方政府或非国家银行金融机构发行的某些有价证券，则有必要进行评级。

（二）进行债券信用评级的原因

进行债券信用评级最主要原因是方便投资者进行债券投资决策。投资者购买债券是要承担一定风险的。如果发行者到期不能偿还本息，投资者就会蒙受损失，这种风险称为信用风险。债券的信用风险因发行后偿还能力不同而有所差异，对广大投资者尤其是中小投资者来说，事先了解债券的信用等级是非常重要的。由于受到时间、知识和信息的限制，无法对众多债券进行分析和选择，因此需要专业机构对准备发行的债券还本付息的可靠程度，进行客观、公正和权威的评定，也就是进行债券信用评级，以方便投资者决策。

债券信用评级的另一个重要原因，是减少信誉高的发行人的筹资成本。一般来说，资信等级越高的债券，越容易得到投资者的信任，能够以较低的利率出售；而资信等级低的债券，风险较大，只能以较高的利率发行。

（三）国际上债券评级机构简述

目前国际上公认的最具权威性的信用评级机构，主要有美国标准普尔公司、穆迪投资服务公司和惠誉公司。上述三家公司负责评级的债券很广泛，包括地方政府债券、公司债券、外国债券等，由于它们占有详尽的资料，采用先进科学的分析技术，又有丰富的实践经验和大量专门人才，因此它们所做出的信用评级具有很高的权威性。标准普尔公司信用等级标准从高到低可划分为：AAA 级、AA 级、A 级、BBB 级、BB 级、B 级、CCC 级、CC 级、C 级和 D 级。穆迪投资服务公司信用等级标准从高到低可划分为：Aaa 级、Aa 级、A 级、Baa 级、Ba 级、B 级、Caa 级、Ca 级、C 级和 D 级。两家机构信用等级划分大同小异，前四个级别债券信誉高，风险小，是“投资级债券”；第五级开始的债券信誉低，是“投机级债券”。表 9-1 列出了穆迪和标准普尔债券信用评级标准。

表 9-1　　穆迪和标准普尔债券信用评级标准

风险程度	穆迪	标准普尔
还本付息能力极强，有可靠保证，承担风险最小	Aaa	AAA
还本付息能力很强，但风险性比前者略高	Aa1、Aa2、Aa3	AA+、AA、AA−
安全性良好，还本付息能力一般，有潜在的导致风险恶化的可能性	A1、A2、A3	A+、A、A−
安全性中等，短期内还本付息无问题，但在经济不景气时风险增大	Baa1、Baa2、Baa3	BBB+、BBB、BBB−
有投机因素，不能确保投资安全，情况变化时还本付息能力波动大，不可靠	Ba1、Ba2、Ba3	BB+、BB、BB−
不适合作为投资对象，在还本付息及遵守契约条件方面都不可靠	B1、B2、B3	B+、B、B−
安全性极低，随时有无法还本付息的危险	Caa	CCC
极具投机性，目前正处于违约状态中，或有严重缺陷	Ca	CC
最低等级，完全投机性	C	C
债务违约	D	D

（四）我国债券信用评级概述

中国信用评级行业诞生于 20 世纪 80 年代末，经过二十多年的发展和市场洗礼，目前，注册备案的评级机构有 100 多家，具备全国最全资质的应该在 5 家左右。影响力较大的有中诚信、大公国际、联合信用、鹏元资信、上海新世纪等。评定债券信用等级，参照国际惯例，采用三等九级制，BBB 级以上为投资级，BB 级以下为投机级。目前，我国企业所发行的债券评级大多为 A 级，可以说，基本上不存在违约风险。与国际公司相比，中国信用评级业特别是信用评级机构，在当前发展过程中还存在一些问题和不足，主要表现在：① 评级公信力不强。信用评级业的发展与金融市场成熟度紧密相关，中国金融市场本身尚处于不断发展和完善的过程之中，这使信用评级在短时间内难以充分发挥其专业区分金融产品信用质量差异的功能，从而影响其公信力的建立。② 核心竞争力不足。业务特色在某种程度上可以转化为竞争优势，信用评级业同样如此。例如在美国，穆迪、标准普尔的业务集中在资本市场中的债项评级，A. M. Best 公司对保险公司评级独树一帜，Lace 金融服务公司专长于金融机构评级，这种差异化竞争在某种程度上也体现了各个评级机构的核心竞争力。而中国的评级机构则是"通用型"的，缺乏真正的拳头产品和核心竞争力。③ 评级增值服务缺乏。中国评级业目前的产品还比较单一。评级机构囿于数据库、人员等方面的限制，在增值服务上进展缓慢，或心有余而力不足。

目前中资评级机构没有一家在美国境内开展信用评级业务，在亚洲和欧美评级市场上没有中国的评级声音，中国在世界评级界的"话语权"很弱。这种开放的不对等性使得我国民族信用评级业的发展处于不利地位，不利于我国评级业的长远发展。

案　例

白酒塑化剂事件

一、事件的起因

2012 年 11 月 19 日，21 世纪网等媒体报道了标题为《酒鬼酒塑化剂超标高达 260%、毒性为三聚氰胺 20 倍》等文章，文章主要内容如下：21 世纪网将价位为 438 元/瓶的酒鬼酒产品（即 50 度酒鬼酒）送上海天祥质量技术服务有限公司进行检测。检测报告显示，50 度酒鬼酒中共检测出 3 种塑化剂成分，分别为邻苯二甲酸二(2-乙基)己酯(DEHP)、邻苯二甲酸二异丁酯 (DIBP)和邻苯二甲酸二丁酯(DBP)。其中，50 度酒鬼酒中邻苯二甲酸二丁酯(DBP)的含量为 1.08 mg/kg。50 度酒鬼酒中的塑化剂 DBP 明显超标，超标达 260%，毒性为三聚氰胺20倍。

二、各方的回应

酒鬼酒公司回应：一直以酝酿湘西千年文化，传承湘西古老秘方自居，号称"无上妙品"的酒鬼酒已经跻身高端白酒行列。面对此次"突发"事件，酒鬼酒公司最早认为检测不够权威，甚至怀疑被检测的酒是否出自酒鬼酒公司。随后发布了声明，声明中引用质检总局此前的表态，并强调"未发现人为添加'塑化剂'"、"不存在所谓'塑化剂'超标"等字眼。同时还称，"可以放心饮用"。2012 年 11 月 21 日 23 点 58 分，酒鬼酒在新浪官方认证微博上发出一则声明称，酒鬼酒股份有限公司衷心感谢广大消费者、投资人、新闻媒体及社会各界人士长期以来给予我们的关心和支持。并"对近日发生的所谓酒鬼酒'塑化剂'超标事件给大家造成的困惑与误解表示诚挚的歉意"。同时表示，公司正在积极配合湖南省质量技术监督局及湘西自治州质量技术监督局进行抽样检测。经质量监督检验部门对公司的严格检查和对 50 度酒鬼酒的检测，未发现人为添加"塑化剂"的情况，有可能是在转运、包装过程中发生的迁移。2012 年 11 月 27 日，有媒体报道的《酒鬼酒今起全面暂停生产》，11 月 28 日公司针对此报道发表声明说，目前公司未全面停产，公司曲酒(基酒)生产正常，未停产，已排查至包装环节，正积极进行整改，公司将根据整改的进度，及时做好信息披露工作。公司高度重视"塑化剂”事件的社会影响，已采取了一系列措施来强化管理，积极整改，让消费者喝上放心酒。

技术人员观点：暨南大学食品研究中心主任傅亮认为，酒类生产整个过程都有可能跟塑料接触，而塑化剂溶于酒精，有可能受塑化剂污染。另外一些酒类会添加香料，有的香料中也含有塑化剂。某酒厂技术部负责人黄先生认为，白酒主要是经过粮食发酵、蒸馏、储存、罐装几个环节，其间不会再添加任何添加剂，所以受到塑化剂污染的可能性比较小。他认为，如果要在白酒内添加塑化剂，目的可能是为了增加口感和香气。同时，他介绍说，普通工厂不具备检测塑化剂能力，国家标准也没有这个项目的强制规定。

官方质检部门反应：以前的白酒质量标准中，没有塑化剂含量的强制规定，将尽快参照国际标准，制定我国自己的白酒塑化剂衡量标准。

三、事件连锁反应

从“酒鬼酒塑化剂含量超标260%”消息正式传出到2012年11月19日，仅仅一天时间，不仅酒鬼酒股票临时停牌，受塑化剂事件影响股市下跌，整个白酒板块也遭受重挫。当天收盘，白酒板块跌幅居首，据相关估算，两市白酒股总市值共蒸发近330亿元，跌幅前15的个股中，酒类占据10席。

继酒鬼酒之后，茅台、五粮液、洋河、泸州老窖等酒企也陷入塑化剂风波。2012年11月21日，雪球网认证为北京中能兴业投资咨询有限公司的官方账号“中能兴业”发布微博称，其自行送检的11份塑化剂检测报告结果显示，茅台汉酱、五粮液52度、洋河52度梦之蓝等白酒中塑化剂含量均严重超标。

证券市场受此事件影响，白酒类上市公司不断地遭遇资金的抛售，截至2013年4月8日，酒鬼酒股价由2012年11月的最高点61.45元跌至最低点2013年4月8日的20.5元。五粮液由39.55元跌至21.30元，贵州茅台由2012年10月的266元跌至4月8日的最低点160.45元。塑化剂事件可能对白酒行业产生深远影响，从盘面看原来很多的长线资金正逐步离场。

〔根据东方财富网相关报道和酒鬼酒公司公告编写〕

本章概念

1. 股息、现金股息、股票股息、财产股息、负债股息、建业股息。
2. 系统性风险、非系统性风险。
3. 利率风险、市场风险、通货膨胀风险、政策风险、政治风险。
4. 信用风险、财务风险、经营风险、道德风险、流动性风险。
5. 证券信用评级、债券信用评级。

问题思考

1. 股票的收益包括哪几个方面？
2. 债券的收益包括哪几个方面？
3. 举例说明什么是系统风险和非系统风险？
4. 债券信用评级的内涵是什么？

第十章 证券投资价值分析

学习目标

1. 了解股票与债券投资价值的影响因素；
2. 掌握股票的除权除息的计算；
3. 掌握债券价值的计算；
4. 了解基金的价值分析方法。

第一节 股票的投资价值分析

股票的价值体现在它所代表的公司资产价值及股息上，正因为股票代表一定的价值量，故在流通市场上进行股票转让时，应体现等价交换的原则。从理论上来说，股票的转让价格取决于它的内在价值，而股票的内在价值与股票代表的公司产值、盈利状况及成长性有关，但在流通市场上，股票价格除受上述因素影响外，还受多种不同其他因素影响，有时甚至出现与其价值相背离的现象。投资者在进行股票投资时，要正确评价股票的价格，就需了解影响股价的因素，掌握分析股票价值的方法。

一、股票的价值

有关股票的价值有多种提法，它们在不同的场合有不同的含义，需要加以区分。

(一) 票面价值

股票的票面价值又称面值或面额，即在股票票面上标明的金额。只有有金额的股票才有票面价值，无金额的股票即无票面价值。

股票票面金额的作用：① 确定每一股份的金额及其应缴付的股金，是发行公司筹集资本的依据；② 确定每一股份对企业财产占有权的比例；③ 依票面价值确定每股的红利率。尽管如此，但对普通股来说，票面价值已无多大意义。普通股的票面价值本来也是代表最初投入所发行的每个股份的现金、财产或劳务额的，然而在公司营业一段时间后，票面价值与市场价值乃至账面价值之间的关系通常就很小了。若干年后，普通股票的票面价值就变成毫无意义的数字了。对这种情况，很多公司不是发行无票面价值的股票就是发行票面价值很低的股票。但对优先股票来说，票面价值较为重要，因为其固定股息是按票面价值计算的。

股票票面价值的大小，除公司从其所需资产和投资前景考虑外，有时还受税收的影响。因为有些国家按股票票面价值的大小征税。在这种场合下，企业就会降低其股票的票面价值。票面价值也是确定股票发行价格的依据之一。有金额股票的发行价格，在很大程度上要考虑其票面价值的。

（二）账面价值

账面价值又称股票净值或每股净资产，是指每股股票所代表的实际价值。账面价值是一个会计概念，是指公司按照其会计分录所反映的价值，通过从资产中扣除一切负债来计算的，余额代表总账面价值。在公司报表中，账面价值通常以股份为单位来表示，若某公司总账面价值是人民币 50 万元，且该公司已发行 1 万股股票，则其账面价值就是每股人民币 50 元。

一般情况下，人们只注意普通股的账面价值，优先股的账面价值只是在特殊情况下才会被引起注意，如参与优先股，因此在确定股票的账面价值时，一般可以不考虑优先股票。

普通股票账面价值＝(公司纯资产－优先股票总面额)/普通股股份数

（三）清算价值

股票的清算价值是指在公司撤销或解散时，公司清理后每一股份所代表的实际价值。公司清理时要变卖全部资产，其变卖收入在清理全部债务后的余额，再支付优先股的股金，其剩余部分除以全部普通股份，二者之商便是股票的清算价值。

从理论上讲，清算价值应与账面价值保持一致，但实际上二者往往不一致，一般情况下，清算价值低于账面价值。这有两个方面的原因：一是公司清理时要花一定数量的清理费用，也就是所谓的清算成本；二是清理时，大多数资产只有压低价格才能变卖。若不考虑清算成本，只有当实际资产与账面资产一致并且实际资产的变卖金额与账面上所反映的账面价值一致时，清算价值才会与账面价值一致。

（四）内在价值

股票的内在价值又称预期价值，是一种理论价值。这是人们经过分析后得出的股票所能真正代表的价值，即人们通过对公司财务状况、盈利前景及其他影响公司增长的因素的分析，并对其进行评估之后确定的股票的价值。在某种程度上，这种所谓的内在价值取决于分析家和投资者个人的看法。对同一公司的股票，不同的分析家和投资者可能得出不同的结论，正因为如此，人们对股票内在价值与市场价格的看法多有不同。投资者总是购买那些市场价格小于内在价值的股票，而抛售手中市场价格等于或大于内在价值的股票。

二、股票的除权除息

上市公司以股票股利分配给股东，也就是公司的盈余转为增资时，或进行配股时，就要对股价进行除权(XR)，XR 是 EXCLUDE(除去) RIGHT(权利)的简写。上市公司将盈余以现金分配给股东，股价就要除息(XD)，XD 是 EXCLUDE(除去) DIVIDEN(利息)的简写。除权除息日购入该公司股票的股东则不可以享有本次分红派息或配股。

当一家上市公司宣布送股或配股时，在红股尚未分配、配股尚未配股之前，该股票被称为含权股票。要办理除权手续的股份公司先要报主管机关核定，在准予除权后，该公司即可确定股权登记基准日和除权基准日。凡在股权登记日拥有该股票的股东，就享有领取或认购股权的权利，即可参加分红或配股。

$$\text{除权价}=\frac{\text{除权前一日收盘价}+\text{配股价}\times\text{配股率}-\text{每股派息}}{1+\text{配股比率}+\text{送股比率}}$$

除权日的开盘价不一定等于除权价，除权价仅是除权日开盘价的一个参考价格。当实际开盘价高于这一理论价格时，就称为填权，在册股东即可获利；反之实际开盘价低于这一理论价格时，就称为贴权。

所谓复权就是对股价和成交量进行权息修复，按照股票的实际涨跌绘制股价走势图，并把成交量调整为相同的股本口径。股票除权、除息之后，股价随之产生了变化，但实际成本并没有变化。如：原来 20 元的股票，十送十股之后为 10 元，但实际还是相当于 20 元。从 K 线图上看这个价位看似很低，但很可能就是一个历史高位。复权分为两种：向前复权和向后复权。向前复权，就是保持现有价位不变，将以前的价格缩减，将除权前的 K 线向下平移，使图形吻合，保持股价走势的连续性。向后复权，就是保持先前的价格不变，而将以后的价格增加。上面的例子采用的就是向后复权。两者最明显的区别在于向前复权的当前周期报价和 K 线显示价格完全一致，而向后复权的报价大多高于 K 线显示价格。

例 10-1 股票除权前一日收盘价 10 元，每 10 股配 2 股，每 10 股送 8 股，每 10 股分红利 2 元，配股价 6 元，求除权价？

解 $D=(10-0.2+0.2\times 6)\div(1+0.8+0.2)=5.5$(元)

三、影响股票投资价值的因素

（一）影响股票投资价值的内部因素

1. 公司资产净值

公司资产净值也叫净资产，是公司现有的实际资产，是总资产减去总负债的净值。资产净值是全体股东的权益，也是决定股价的重要基准。一般而言，每股净值应与股价保持一定比例，即净值增加，股价上涨；净值减少，股价下跌。

2. 公司赢利水平

通常情况下，公司经营净利润越大，用于分配股利的资金也就越多，公司股票会受到更多投资者的认同，股价就会上涨；公司赢利减少，可分配股息相应减少，股票价格会下降。公司赢利的增加只为股息派发提供可能，并非赢利增加股息就一定增加。值得注意的是，投资者会提前对赢利做出预期，所以股价的变化通常要先于赢利的变化，股价的变动幅度也要大于赢利的变化幅度。

3. 公司的股利政策

通常，股息回报高，投资者会大量买入持有，股价会上涨；股息回报低，投资者会选择卖出，导致股价下跌。为了在扩大再生产和回报股东等方面合理分配赢利，公司都有一定的股息政策，不同的股息政策对各期股息收入具有不同的影响，进而影响股票价格。

4. 股票分割

股票分割也称拆股、拆细或拆分，是指将一股股票均等地拆成若干股。股票分割一般在年度决算月份进行，通常这会引起股价的上涨。股票分割后，投资者保持的股份和以前一样，得到的股息也相同，但是投资者持有的股票数增加了，这给投资者带来了日后可以多分股息和获得更高收益的希望。从这个角度讲，股票分割往往比增加股息派发对股价上涨的刺激作用更大。

5. 增资和减资

公司因业务发展需要增加资本额而发行新股，在没有产生相应效益前将使每股净资产下降，因而会促使股价下跌。但对那些业绩优良、财务结构健全、具有发展潜力的公司而言，增资意味着将增加公司经营实力，会给股东带来更多回报，股价不仅不会下跌，可能还会上涨。公司宣布减资，多半是因为经营不善、亏损严重、需要重新整顿，所以股价会大幅下降。

6. 公司资产重组

公司资产重组会引起公司价值的巨大变动，其股价一般会随之产生剧烈波动，但股价变动的具体方向和幅度要看资产重组是否对公司有利、重组后是否会改善公司的经营状况，这是决定股价变动方向的决定因素。

(二) 影响股票投资价值的外部因素

1. 宏观经济因素

宏观经济的表现和国家政策是影响股票投资价值的重要因素。宏观经济包括经济周期、通货变动以及国际经济形势等因素。国家政策主要是指货币政策、财政政策、收入分配政策和监管层的监管政策。如果说股市是经济的晴雨表，宏观经济则是股市的风向标。

2. 行业因素

行业的发展状况和趋势对于该行业上市公司的影响是巨大的。行业强，上市公司的投资价值大(上市公司一般都是行业里的佼佼者)。行业的发展潜力、国家扶持力度都是投资者价值投资应该参考的指标。目前，新能源板块就是国家接下来的大力扶持的有前景的行业组合。因此，投资新能源行业组合类是一个不错的价值投资思路。另外，行业在其发展过程中要经历初创期、成长期、成熟期、衰退期四个阶段，这被称为行业的生命周期。处在不同阶段的行业有不同的表现。

3. 投资者心理预期

证券市场上投资者对股票走势的心理预期会对股票价格走势产生重要的影响。“羊群效应”就是一个鲜明的例证。作为一个价值投资者，对于股票暂时的波动应该习以为常。市场有波动是正常的，没波动才可怕。其实投资者可以利用市场的波动，买在好点位，争取更大的收益。

4. 其他因素

政治因素、自然灾害等不可抗拒因素也会影响股价的变动。

四、股票投资价值的估算方法

(一) 市盈率估值法

市盈率又称“价格收益比”或“本益比”，是每股价格与每股收益之间的比率。其计算公式为：

$$市盈率=每股价格/每股收益$$

市盈率反映了投资者对于股票收益的市场评价，使不同股票之间具有可比性。同时，参照同类股票的市盈率水平和股票每股收益也可以估计出股票价格。

市盈率估值法被广泛使用的原因有三个：首先，它将股价与当期收益联系起来，是一种比较直观、易懂的统计量；其次，对于大多数股票而言，计算简单易行，数据查找方便，同时便于股票之间的互相比较；最后，它能反映股份公司的许多特点，如风险和增长潜力等。

市盈率估值法也有它的缺陷，其他定价法(如现金流量贴现定价法等)都对风险、增长和股东权益进行了估计和预测，而市盈率估值法却没有对这些因素作出假设。另外，市盈率反映市场人气和看法，受主观因素影响较大。

由于不同行业处于不同的生命周期，市场对不同行业的发展前景有较大的差异，对于新兴产业(快速成长期)的预期一般较好，市盈率一般较高；而对部分传统行业(成熟稳定期)的预期一般较稳定，市盈率会维持相对较低的水平，波动幅度也不会很大，对一些夕阳产业(衰落期）的预期一般较差，市盈率会维持在更低的水平。根据市盈率计算方式的不同一般分为静态市盈率和动态市盈率。其计算公式为：

静态市盈率＝股票现价/当期每股收益

动态市盈率＝股票现价/过去四个季度的 EPS

市盈率的估值还和股票的流通盘的大小有一定的关系，一般小盘股的市盈率相对较高，大盘股特别是超级大盘股的市盈率较低。

（二）市净率估值法

市净率又称“净资产倍率”，是每股市场价格与每股净资产之间的比率。其计算公式为：

市净率＝每股价格/每股净资产

公式中的每股净资产又称“账面价值”，指每股股票所含的实际资产价值，是支撑股票市场价格的物质基础，同时也代表公司解散时股东可分得的权益，通常被认为是股票价格下跌的底线。每股净资产的数额越大，表明公司内部积累越雄厚，抵御外来因素影响的能力越强。因此，上市公司的每股内含净资产值高而每股市价不高的股票，即市净率越低的股票，其投资价值越高；相反，其投资价值就越小。但在判断投资价值时还要考虑当时的市场环境以及公司经营情况、盈利能力等因素。

市净率估值法较适用于高风险行业、周期性较强行业、拥有大量固定资产并且账面价值相对较为稳定的企业以及银行、保险和其他流动资产比例高的公司和绩差及重组型公司。市净率估值法不适用于账面价值的重置成本变动较快的公司以及固定资产较少的、商誉或知识财产权较多的服务行业。

（三）PEG 估值法

动态股价收益比（price to earnings/growth ratio，PEG），是美国证券投资家彼得·林奇（Peter Lynch）发明的选股指标，结合考虑了目标企业的市盈率（本益比）水平和未来盈利的成长性。一般认为当 PEG 为 1 时估值合理，数值越低则意味着股价越被低估。E 为前 12 个月，G 为未来 3～5 年的中位数，小于 1 低估，等于 1 合理，大于 1 高估。

（四）贴现现金流模型

贴现现金流模型是运用收入的资本化定价方法来决定普通股票内在价值的方法。按照收入的资本化定价方法，任何资产的内在价值都是由拥有资产的投资者在未来时期所接受的现金流决定的。也就是说，一种资产的内在价值等于预期现金流的贴现值。贴现现金流模型是着眼于企业未来的经营业绩，通过估算企业未来的预期收益并以适当的折现率折算成现值，借以确立企业价值的方法。对股票而言，预期现金流即为预期未来支付的股息。因此，贴现现金流模型的一般公式如下：

$$V=\frac{D_1}{1+K}+\frac{D_2}{(1+K)^2}+\cdots+\frac{D_n}{(1+K)^n}=\sum_{t=1}^{n}\frac{D_t}{(1+K)^t} \tag{10-1}$$

式中 V——股票在期初的内在价值；

D_t——时期 t 末以现金形式表示的每股股息；

K——一定风险程度下现金流的合适的贴现率（也称必要收益率）。

由上式，可以引出净现值（内在价值与成本之差）的公式：

$$NPV=V-P=\sum_{t=1}^{n}\frac{D_t}{(1+K)^t}-P \tag{10-2}$$

式中 P——最初时购买股票的成本。

如果 $NPV>0$,意味着所有预期的现金流入的现值之和大于投资成本,即这种股票价格高于真实的市场价格,因此购买这种股票可行;如果 $NPV<0$,意味着所有预期的现金流入的现值之和小于投资成本,即这种股票价格被高估,这种股票就不值得投资。

(五)内部收益率法

所谓内部收益率就是指投资标的各年现金流量的折现值之和为项目的净现值,净现值为零时的折现率就是投资标的的内部收益率。如果用 K 代表内部收益率,根据内部收益率的定义可得:

$$NPV = V - P = \sum_{t=1}^{n} \frac{D_t}{(1+K)^t} - P = 0 \tag{10-3}$$

所以

$$P = \sum_{t=1}^{n} \frac{D_t}{(1+K)^t}$$

对于股票来说,内部收益率就是指使未来股息流贴现值恰好等于股票市场价格的贴现率。比较股票内部收益率 K 与具有同等风险水平股票(或其他投资品)的必要收益率 K^*,如果 $K>K^*$,则可以考虑购买这种股票;反之,此股票就不值得投资。

第二节 债券的投资价值分析

债券能提供给投资者稳定的利息所得和到期时的本金回报。在评估债券价值之前,我们假定各种债券的名义和实际支付金额都是确定的,尤其是假定通货膨胀的幅度可以精确地预测出来,从而使对债券的估价可以集中于时间的影响上。完成这一假设之后,影响债券估价的其他因素就可以纳入考虑之中。

一、债券定价原理

债券的定价与股票定价之间存在较大的差别,以下就债券价值的特性和债券定价原理进行简单介绍。

(一)债券价值的特性

相对其他种类的证券来说,债券的一个主要特点是其未来的现金流量是比较明确的。在债券的发行条款中都会明确规定票面金额、息票利率、付息方式、到期日以及到期日偿付金额。所以如果不发生违约事件,并且投资者在买入债券之后,一直持有至到期日为止,那么投资者在购买债券之日就可以知道这一债券未来的现金流量情况。因此,债券较适合于采用贴现法进行价值评估。

但是,由于债券存在着违约、利率变动等风险因素,因此其价值评估仍然具有相当的难度。

(二)债券定价原理

1962 年麦尔齐(B. G. Malkiel)在对债券价格、债券利息率、到期日以及到期收益率之间进行了研究后,提出了债券定价的 5 个定理。至今,这 5 个定理仍被视为债券定价理论的经典。

(1) 债券的市场价格与到期收益率成反比关系。即到期收益率上升时,债券价格会下降;反之,到期收益率下降时,债券价格会上升。

(2) 当债券的收益率不变,即债券的息票率与收益率之间的差额固定不变时,债券的到期时间与债券价格的波动幅度之间成正比关系。即到期时间越长,价格波动幅度越大;反之,到期时间越短,价格波动幅度越小。

(3) 随着债券到期时间的临近,债券价格的波动幅度减少,并且是以递增的速度减少;反之,到期时间越长,债券价格波动幅度增加,并且是以递减的速度增加。

(4) 对于期限既定的债券,由收益率下降导致的债券价格上升的幅度大于同等幅度的收益率上升导致的债券价格下降的幅度。即对于同等幅度的收益率变动,收益率下降给投资者带来的利润大于收益率上升给投资者带来的损失。

(5) 对于给定的收益率变动幅度,债券的息票率与债券价格的波动幅度之间成反比关系。即息票率越高,债券价格的波动幅度越小。

二、影响债券投资价值的因素

(一) 影响债券价值投资的内部因素

1. 债券期限的长短

一般来说,债券的期限越长,其市场变动的可能性就越大,其价格的易变性也就越大。

2. 票面利率

债券的票面利率越低,债券价格的易变性也就越大。在市场利率提高的时候,票面利率较低的债券的价格下降较快。但是,当市场利率下降时,它们增值的潜力也较大。

3. 提前赎回规定

提前赎回条款是指可赎回债券的发行人拥有的一种选择权,它允许债券发行人在债券发行一段时间以后,按约定的赎回价格在债券到期前部分或全部偿还债务。这种规定在财务上对发行人有利,因为发行人可以发行较低利率的债券取代那些利率较高的被赎回的债券,从而减少融资成本。而对于投资者来说,他的再投资机会受到限制,再投资利率也较低,这种风险是要补偿的。因此,具有较高提前赎回可能性的债券应具有较高的票面利率,也应具有较高的到期收益率,其内在价值也就较低。

4. 税收待遇

一般来说,免税债券的到期收益率比类似的应纳税债券的到期收益率低。此外,税收还以其他方式影响着债券的价格和收益率。例如,任何一种按折扣方式出售的低利率附息债券提供的收益有两种形式:息票利息和资本收益。在美国,这两种收入都被当作普通收入进行征税,但是对于后者的征税可以迟到债券出售或到期时才进行。这种推迟就表明大额折价债券具有一定的税收利益。在其他条件相同的情况下,这种债券的税前收益率必然略低于高利附息债券,也就是说,低利附息债券比高利附息债券的内在价值要高。

5. 流通性

流通性是指债券可以迅速出售而不会发生实际价格损失的能力。如果某种债券按市价卖出很困难,持有者会因该债券的市场性差而遭受损失,这种损失包括较高的交易成本以及资本损失,这种风险也必须在债券的定价中得到补偿。因此,流通性好的债券与流通性差的债券相比,具有较高的内在价值。

6. 发债主体的信用

发债主体的信用是指债券发行人按期履行合约规定的义务、足额支付利息和本金的可靠性程度,又称信用风险或违约风险。一般来说,除政府债券以外,一般债券都有信用风险,只不过风险大小有所不同而已。信用越低的债券，投资者要求的到期收益率就越高，债券的内在价值也就越低。

（二）影响债券价值投资的外部因素

1. 基础利率

基础利率是债券定价过程中必须考虑的一个重要因素，基础利率一般是指无风险证券利率。投资人投资于债券要承担一定的风险，其收益率必然高于无风险证券的利率。一般来说，政府债券可以看作是现实中的无风险债券，它风险最小，收益率也最低。一般来说，银行利率应用广泛，债券的收益率也可参照银行存款利率来确定。

2. 市场利率

市场利率风险是各种债券都面临的风险。在市场总体利率水平上升时，债券的收益率水平也应上升，从而使债券的内在价值降低；反之，在市场总体利率水平下降时，债券的收益率水平也应下降，从而使债券的内在价值增加。并且，市场利率风险与债券的期限相关，债券的期限越长，其价格的利率敏感度也就越大。

3. 其他因素

影响债券价值投资的其他因素还包括通货膨胀水平和外汇汇率风险等。通货膨胀的存在可能会使投资者从债券投资中实现的收益不足以抵补由于通货膨胀而造成的购买力损失。当投资者投资于某种外币债券时，汇率的变化会使投资者的未来本币收入受到贬值损失。这些损失的可能性也都必须在债券的定价中得到体现，使其债券的到期收益率增加，债券的内在价值降低。

三、债券的久期和凸度

（一）久期

久期有许多不同的形式和解释。本章介绍两种尤为重要的种类，分别是麦考莱久期(Macaulay duration)和修正久期(Modified duration)。

1. 麦考莱久期

“久期”又叫“持续期”，要归功于F. R. 麦考莱，他在1938年提出要通过衡量债券的平均到期期限来研究债券的时间结构。当被运用于不可赎回债券时，麦考莱久期就是以年数表示的可用于弥补证券初始成本的货币加权平均时间价值。久期对于财务经理的主要价值在于它是衡量利率风险的直接方法，久期越长，利率风险越大。

麦考莱久期有如下假设：收益率曲线是平坦的，用于所有未来现金流的贴现率是固定的。

$$D = \frac{\sum_{t=1}^{N} \frac{C_t}{(1+R)^t} t}{P} \tag{10-4}$$

式中　D——久期；

C_t——t时的现金流；

R——到期收益率（每期）；

P——债券的现价；

N——到期前的时期数；

t——收到现金流的时期。

上述公式给出了理解麦考莱久期的方法。它表明时间的权重是每期收到的现金流的现值。每一贴现的现金流都代表了债券现金流现值的一部分。如果加总债券所有的贴现现金流,就得到了债券的价格。

麦考莱久期也可以表达为连续复利形式:

$$D=\frac{\sum_{t=1}^{N}\frac{C_t}{(1+R)^t}t}{P}=\frac{\sum_{t=1}^{N}\frac{C_t}{(e^{\ln(1+R)})^t}t}{P}=\frac{\sum_{t=1}^{N}C_t e^{-t\ln(1+R)}\times t}{P} \tag{10-5}$$

2. 修正久期

债券价格等于与债券相关的现金流的现值,即

$$P=\sum_{t=1}^{N}\frac{C_t}{(1+R)^t}=\frac{C_1}{(1+R)}+\frac{C_2}{(1+R)^2}+\cdots+\frac{C_N}{(1+R)^N} \tag{10-6}$$

我们可以将上述公式对利率 R 求导,得到公式:

$$\frac{dP}{dR}=\frac{-1}{(1+R)}\left[\frac{C_1}{(1+R)}+\frac{2C_2}{(1+R)^2}+\cdots+\frac{NC_N}{(1+R)^N}\right] \tag{10-7}$$

上述公式表示了当债券收益率发生很小变动时债券价值发生的变动。将公式两边同时除以债券价格便得到了每一单位利率百分比变动时债券价格的百分比变动:

$$\frac{dP}{dR}\frac{1}{P}=\frac{-1}{P(1+R)}\left[\frac{C_1}{(1+R)}+\frac{2C_2}{(1+R)^2}+\cdots+\frac{NC_N}{(1+R)^N}\right] \tag{10-8}$$

上述公式是修正久期的表达式,括号中的项是麦考莱久期公式的分子。因而修正久期等于麦考莱久期除以(1+到期收益率),即

$$D_{修正}=\frac{D_{麦考莱}}{1+R} \tag{10-9}$$

修正久期显示了与债券到期收益率的小变动相关的价格百分比变化。注意,按上述公式计算的久期是负值,这是因为,债券价格与利率水平的运动方向相反。实际上,久期的负号常常被忽略。

(二)凸度

凸度也称凸性(convexity),指当收益率变化1%所引起的久期的变化。其计算公式:

$$C=\frac{1}{P}\frac{d^2P}{dy^2} \tag{10-10}$$

其中,C为债券的凸度。凸度大的债券,债券价格—利率曲线弯曲程度较大;凸度小的债券,债券价格—利率曲线弯曲程度较小,见图10-1。

点划线凸度大,虚线凸度小。收益率增加1单位,凸度大的债券价格下跌幅度较小;收益率减少1单位,凸度大的债券价格上升幅度较大。因此,在久期相同的情况下,凸度大的债券风险较小。

四、债券投资价值的估算方法

通常,债券的投资价值可以用发行者按照合同规定从现在至债券到期日所支付的款项的现值来体现。一般来说,债券的估值公式如下:

债券价值=未来各期利息收入的现值合计+未来到期本金或售价的现值

其中,未来的现金流入包括利息、到期的本金(面值)或售价(未持有至到期);计算现值时的折现率为等风险投资的必要报酬率,可以用当前的利率和现金流量的风险水平。

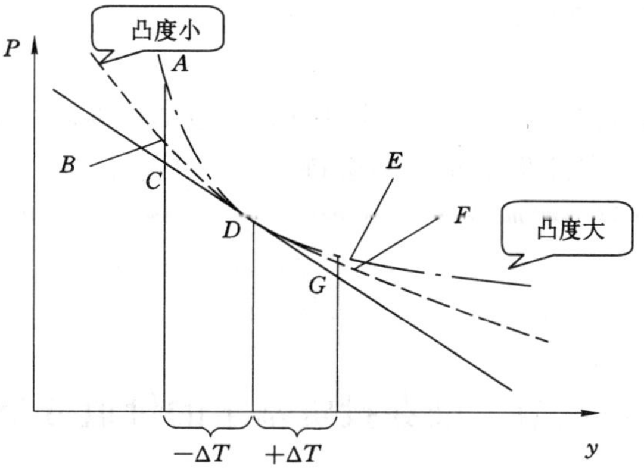

图 10-1　不同凸度债券的利率风险

(一) 固定利率债券

典型的债券是固定利率、每年计算并支付利息、到期归还本金。按照这种模式，债券价值计算的基本模型是：

$$PV = \frac{I_1}{(1+i)^1} + \frac{I_2}{(1+i)^2} + \cdots + \frac{I_n}{(1+i)^n} + \frac{M}{(1+i)^n} \tag{10-11}$$

式中　PV——债券价值；

I——每年的利息；

M——到期的本金；

i——折现率，一般采用当时的市场利率或投资人要求的必要报酬率；

n——债券到期前的年数。

例 10-2　ABC 公司拟于 2013 年 2 月 1 日发行面额为 1 000 元的债券，其票面利率为 8%，每年 2 月 1 日计算并支付一次利息，并于 5 年后的 1 月 31 日到期。同等风险投资的必要报酬率为 10%，则债券的价值为：

$$PV = \frac{80}{(1+10\%)^1} + \frac{80}{(1+10\%)^2} + \frac{80}{(1+10\%)^3} + \frac{80}{(1+10\%)^4} + \frac{80+1\,000}{(1+10\%)^5}$$

$$= 80 \times (P/A, 10\%, 5) + 1\,000 \times (P/F, 10\%, 5)$$

$$= 80 \times 3.791 + 1\,000 \times 0.621$$

$$= 303.28 + 621$$

$$= 924.28(\text{元})$$

(二) 纯贴现债券

纯贴现债券是指承诺在未来某一确定日期作某一单笔支付的债券。这种债券在到期日前购买人不能得到任何现金支付，因此也称作“零息债券”。

纯贴现债券的价值：

$$PV = \frac{F}{(1+i)^n} \tag{10-12}$$

纯贴现债券(零息债券)没有标明利息计算规则的，通常采用(复利、按年利息)的计算规则。

在到期日一次还本付息债券，实际上也是一种纯贴现债券，只不过到期日不是按票面额支付而是按本利和作单笔支付。

（三）永久债券

永久债券是指没有到期日，永不停止定期支付利息的债券。优先股实际上也是一种永久债券，如果公司的股利支付没有问题，将会持续地支付固定的优先股息。

永久债券的价值计算公式如下：

$$PV=\frac{\text{利息率}}{\text{必要收益率}} \tag{10-13}$$

第三节 证券投资基金的价值分析

证券投资基金是通过汇集众多投资者的资金，交给银行保管，由专业的基金管理公司负责投资于股票和债券等证券，以实现保值增值目的的一种投资工具。证券投资基金的投资价值的评估可以参考基金的申购价格、赎回价格（开放式基金而言）、基金的资产净值收益率（简单收益率、时间加权收益率、算术或几何平均收益率、年化收益率）等等。

一、申购价格

开放式基金由于负有在中途购回基金份额的义务，所以一般不进入证券交易市场流通买卖，而是主要在场外进行。投资者购入开放式基金份额时，除了支付资产净值之外，还要支付一定的销售附加费用。也就是说，开放式基金的申购价格包括资产净值和弥补发行成本的销售费用，当然在投资者大量购买时，附加费可给予一定的优惠。开放式基金的申购价格、资产净值和附加费之间的关系可用下式表示：

$$\text{申购价格}=\frac{\text{资产净值}}{1-\text{附加费}} \tag{10-14}$$

盘中申购：每日正常的证券业务营业时间内（早 9:30 至下午 3:00）进行的申购委托成为“盘中申购”，其申购价格为当日净值（当日净值在当日收市后计算出来并于当晚或次日公布，下同）；

盘后委托：每日正常的证券业务营业时间以外的其他时间进行的申购委托，作为盘后委托，盘后委托在证券市场下一次开市时被接受，即如果你在 9:30 前进行委托，当日开始就被接受，申购价格为当日净值，如果你在 15:00 以后进行委托，则第二天开市时委托被接受，申购价格是第二天的价格。

二、赎回价格

开放式基金承诺可以在任何时候根据投资者的个人意愿赎回其基金份额。对于赎回时不收取任何费用的开放式基金来说，其赎回价格等于资产净值。

对于赎回时收取费用的开放式基金，其费用是按照基金投资年数不同而设立不同的赎回费率收取，持有基金份额时间越长，费率越低，当然也有一些基金收取统一费率。在这种情况下，开放式基金的赎回价格与资产净值和附加费的关系是：

$$\text{赎回价格}=\frac{\text{资产净值}}{1+\text{附加费}} \tag{10-15}$$

可见，开放式基金的价格仅与资产净值密切相关，只要资产净值估算准确，基金的申购和赎回就没有任何问题。

三、简单(净值)收益率计算

简单(净值)收益率的计算不考虑分红再投资时间价值的影响，其计算公式与股票持有收益率的计算类似：

$$R=\frac{NAV_t+D-NAV_{t-1}}{NAV_{t-1}} \tag{10-16}$$

式中 R——简单收益率；

NAV_t、NAV_{t-1}——期末、期初基金的份额净值；

D——在考察期内，每份基金的分红金额。

假设某基金在 2009 年 12 月 3 日的份额净值为 1.484 8 元/单位，2010 年 9 月 1 日的份额净值为 1.788 6 元/单位，期间基金曾经在 2010 年 2 月 28 日每 10 份派息 2.75 元，那么这一阶段该基金的简单收益率则为：

$$R=\frac{1.7886+0.2750-1.4848}{1.4848}\times 100\%=38.9\%$$

四、时间加权收益率

时间加权收益率由于考虑到了分红再投资，更能准确地对基金的真实投资表现做出衡量。时间加权收益率的假设前提是红利以除息前一日的单位净值减去每份基金分红后的份额净值立即进行了再投资。考虑到分红再投资的时间加权收益率在数值上可能大于简单加权收益率，也可能小于简单收益率，这就取决于分红后基金的表现，也就是说如果分红后基金表现非常差，就造成亏损，加权收益率就会小于简单加权收益率，如果表现好，就会大于简单加权收益率。

时间加权收益率反映了 1 元投资在不取出的情况下(分红再投资)的收益率，这样更科学一些，成为衡量基金收益率的标准方法。

五、算术平均收益率与几何平均收益率

算术平均收益率是将所有的收益率加起来除以收益率的个数；几何平均收益率是将所有收益率相乘再开方，所以几何平均收益率更科学一些。一般来说，算术平均收益率要大于几何平均收益率，每期的收益率差距越大，两种平均方法的差距越大。

假设某基金第一年的收益率为 50%，第二年的收益率为 −50%，该基金的年算术平均收益率为 0，年几何平均收益率为 −13.40%，可以看出，几何平均收益率能正确地算出投资的最终价值，而算术平均收益率则高估了投资的收益率。

几何平均收益率可以准确地衡量基金表现的实际收益情况，常用于对基金过去收益率的衡量。算术平均收益率是对平均收益率的一个无偏估计，常用于对将来收益率的估计。

六、年(度)化收益率

有时需要将阶段收益率换算成年收益率，这就涉及年(度)化收益率的计算，年(度)化收益率有简单年(度)化收益率与精确年(度)化收益率之分。

案 例

巴菲特长线投资的六条标准

巴菲特在 1982 年致股东信中首次系统和完整地公布了伯克希尔公司的六条并购标准。这套标准经受住了时间的考验，其实质内容虽然在随后的近三十年中几乎没有任何改变，却

帮助伯克希尔取得了举世瞩目的投资成就。这六条标准对于我们也有非常重要的借鉴意义。

1. 大额交易

巴菲特在1982年致股东信中将“大额”的标准量化为投资对象“税后盈余至少为500万美元”,这个数字随后被不断调升,至2004年为7 500万美元。这种提升主要基于伯克希尔迅速扩大的规模,正如巴菲特在1995年致股东信中所言:“在早年,我们只需要好的投资方案,但是现在我们需要的却是又‘大’又‘好’的投资方案”。而对于个人投资者,他认为个人投资者在其一生只需要做出20个正确的投资决策就可以变得足够富有。

2. 持续稳定的获利能力

巴菲特的投资策略是“85%的格雷厄姆加上15%的费舍尔”。这种费舍尔的定性评估方式与格雷厄姆定量式的传统评估方式有着根本的差别,巴菲特随后将其发展为“定价权”、“护城河”和“商业特权”等理论。

第一,公司产品或服务有定价权。定价权意味着这类公司特别能适应通胀的经营环境。巴菲特在1981年致股东信中写道:这种让人愉悦的公司必须具备两个特性:① 能轻松提价而不担心市场占有率或销量大幅下滑;② 货币计价的营业额在只需追加少量资本支出且不需要特殊管理技能的情况下就能大幅增长。

“定价权”后又被巴菲特进一步发展为“商业特权”,拥有“商业特权(的公司)能够容忍不当管理,不好的经理人会导致获利下降,但不会造成致命伤害”。巴菲特称拥有这种特质的企业为“希望之钻”,这是由于这种公司的稀缺性。巴菲特强调“如果你不打算持有一家公司股份10年以上,那最好连10分钟都不要拥有”。

第二,商业前景的稳定性。对于商业前景的持续稳定,巴菲特在1987年致股东信中这样写道:“经验表明,能够创造盈余新高的企业,现在做生意的方式通常与其五年前甚至十年前没有多大的差异”。

通过回顾伯克希尔的投资史,我们会发现,巴菲特对于这种稳定获利能力的判断也不是次次精准,甚至于他亲口承认这可能是投资决策中最容易出现的差错之一。如巴菲特1989年前后投资的四只优先股,除吉列外,其他三只如所罗门、美国航空、冠军纸业都是经历了一番折腾方才脱身。

3. 高权益报酬率,没有或极少负债

这是巴菲特认为好企业应该具有的财务特征,它可以直接作为个人投资者的选股标准。

第一,高股权回报率。巴菲特认为股东权益回报率是最好的单年绩效指标,“我们以营业利益除以股东权益(股权投资以原始成本计)来评估企业单一年度的绩效,至于长期绩效的标准,则须加计所有已实现或未实现的资本利得或损失”。

第二,现金富裕,负债极少或没有。巴菲特在1980年致股东信中写道:“我们更偏好于并购能‘产生现金’而不是会‘消耗现金’的公司。在通胀加剧的情况下,越来越多的公司会发现仅维持它们当前的营运就需要花光先前所赚的所有的钱,所以不管这些公司的盈余多么吸引眼球,如果这些数字难以兑现为白花花的现金,我们就会心怀疑虑”。

在1990年致股东信中,巴菲特再次提到高股权权益报酬率,他写道:“如果只看非保险事业的盈余与资产负债表,1990年的平均股东权益报酬率是51%,这个获利能力在1989年的《财富》五百强中可以排在前20位”。更重要的是它们完全不靠融资杠杆,几乎所有的主要设备都是自有而不是从外面租来的，仅有的少量负债可以由自有的现金完全抵消。

4. 管理层就位

巴菲特非常注重管理层的作用，他认为管理层就是要创造现金，而自己的优势是配置资金，此外，主张不干预管理层的日常经营，并将此视为伯克希尔并购的优势之一。

第一，卓越的经营能力与终生奋斗。巴菲特经常举的例子是B夫人。B夫人家族在1983年将NFM——内布拉斯加家居卖场80%的股权卖给了伯克希尔，并继续留任负责人且亲自经营地毯生意，然而在1989年，已届99岁的B夫人因与家族成员管理意见不合而在隔壁新开了一家店，这位99岁老人的新店竟然很快对老店的地毯生意构成了威胁，这迫使巴菲特再次收购了这个新店，并与B夫人签订了竞业禁止合同。事实上，巴菲特并购的众多公司经理人都终生工作。

第二，以股东利益为先。最好的例子是Willy家具公司经理人Bill的故事。在被伯克希尔并购后不久，Bill认为Willey公司应该能够在犹他州以外的地区成功开拓市场，因此1997年建议在Boise新开一家分店，"这家店后来顺利开业，立即取得巨大成功，Bill随即就将产权办理过户，另外包含一些地价已高涨的土地，并收下我们以成本价开出的支票"。

5. 简单的企业

简单的企业更容易理解和把握"持续稳定的获利能力"，这随后被发展为"能力圈"理念。巴菲特在1989年致股东信中总结道："在买入并管理大量不同的企业25年后，查理和我还是没能学会如何解决公司的顽疾，我们学会的是如何避开它们。在这一点上，我们非常成功"。这种避免投资犯错的理念被巴菲特称为"能力圈"投资。

不投高科技企业就是"能力圈"投资策略的体现，在1999年致股东信中巴菲特写道："要预测处在快速变化产业中的公司的长期前景如何，很明显已不在我们的能力范围之内了。这也是为什么我们从来不买高科技股票的原因，即使我们都承认它们所提供的产品与服务将会改变整个社会，问题是——就算是我们再想破头，也没有能力分辨出在众多的高科技公司中，到底是哪一些公司拥有长远的竞争优势"。正是这种保守的态度，使得巴菲特错过了英特尔、微软的投资，但同时也躲过了高科技泡沫破灭的浩劫。

6. 合理的价格

巴菲特虽然坚持了格雷厄姆关于市场先生和安全边际的思维框架，但也放弃了以大幅度低于净营运资产的折让价买入的传统投资方式，并纠正了一些流行的错误投资观念。

第一，账面资产与企业内在价值无关。巴菲特在1983年致股东信中以一个比喻来说明两者的关系："假设花相同的钱供两个小孩读到大学，则两个小孩所花的学费（即账面价值）是一样的，但未来所获得的回报（即内在价值）却可能相差甚远，可以是零，也可是所付学费的数倍，所以，有相同账面价值的公司，却会有截然不同的内涵价值"。因此单纯注重有形资产并不可靠，最终"以合理的价格买下一家好公司要比用便宜的价格买下一家普通的公司来的好得多"。

第二，成长未必增加企业内在价值。巴菲特仍旧以他所投资的美国航空为例，他说："企业成长本身也不一定就表示有价值。当然成长通常会对价值有正面的影响，有时还相当重要，但并非绝对，例如投资人以往将大笔的资金投入到国内的航空业来支持获利无望（或是悲惨）的成长，对于这些投资人来说，当初莱特兄弟如果没有驾着'雏鹰号'起飞成功该多好，航空产业越发达，这些投资人就越悲惨"。

第三,注重企业内在价值,放松价格要求。虽然"我们在股权投资的策略跟15年前1977年年报中的那套一样,并没有多大变化","但考量到目前市场的情况与公司的资金规模,我们现在决定将非常吸引人的价格改成吸引人的价格",这说明在巴菲特的投资决策中,品质的权重得到提升,价格的权重相对减少。

第四,模糊的正确,更胜于精确的错误。巴菲特在1994年致股东信中写道:"我们将实质价值定义为一家企业在其生涯中所能产生现金流量的折现值,任何人计算实质价值时都必须特别注意未来现金流量的修正与利率的变动都会影响到最后计算出来的结果,虽然模糊难辨,但实质价值却是最重要的,也是唯一能够作为评估投资标的与企业的合理方法"。巴菲特认为要充分利用市场先生的恐惧,以买入低估值的投资对象实现投资盈利,因为"市场短期看是投票器,长期看是称重机"。

需要指出的是,以上六个标准是相互关联、互为一体的。最后,让我们来看看巴菲特是如何综合运用这些标准的,在1992年致股东信中巴菲特写道:"虽然评估股权投资的数学计算并不难,但是即使是一个经验老到、聪明过人的分析师,在估计未来年度票息时也很容易出错,在伯克希尔我们试图以两种方法来解决这个问题,第一点,我们试着坚守在我们自认为了解的产业之上,这表示他们本身通常相对简单且稳定,如果企业很复杂而产业环境也一直在变,我们就没有足够的聪明才智去预测其未来的现金流量。第二点同样重要,那就是相对买入价格必须留有安全边际,若是我们计算得出某普通股的价值只比价格高一点,我们就不会考虑买进,我们相信格雷厄姆特别强调的安全边际原则,是投资成功最关键的因素"。

〔根据巴菲特致股东信内容编写〕

本章概念

1. 票面价值、账面价值、清算价值、内在价值。

2. 除权除息、含权、复权、向前复权、向后复权。

3. 市盈率估值法、市净率估值法、PEG估值法。

4. 申购价格、赎回价格、净值收益率、时间加权收益率、算术平均收益率、几何平均收益率、年(度)化收益率。

问题思考

1. 影响股票投资价值的因素有哪些?

2. 市盈率估值法、市净率估值法和PEG估值法各有什么特点?

3. 影响债券投资价值的因素有哪些?

第十一章　证券投资基本分析

学习目标

1. 了解证券投资基本分析的概念和意义；
2. 掌握宏观经济因素对证券的影响机理；
3. 掌握各种宏观经济政策对证券的影响机理；
4. 了解行业生命周期、行业景气循环、行业市场结构、行业竞争性对证券市场的影响；
5. 了解公司基本分析方法；
6. 了解公司财务分析指标和方法。

理性投资是战胜市场的法宝，理性投资的精髓是进行证券投资分析，通过清晰的价值判断和价值发掘，为投资决策提供科学依据。证券投资分析是证券投资活动的重要内容，是证券投资成败的关键。证券投资分析包括基本分析和技术分析，把两者有机结合起来，才能提高分析的准确性。

本章讨论基本分析，从宏观经济、行业和公司三个层面来进行介绍。

第一节　基本分析概述

一、基本分析的概念和意义

（一）基本分析的概念

基本分析又称基本面分析，是指对决定证券投资价值及价格的基本要素的分析，评价证券的投资价值，判断证券的合理价位，从而提出相应的投资建议的一种分析方法。

基本分析的理论基础在于：① 任何一种投资对象都有一种可以称为内在价值的固定基准，而且这种内在价值可以通过对该种投资对象的现状和未来前景的分析而获得；② 市场价格和内在价值之间的偏差最终会被市场所纠正，因此市场价格低于或高于内在价值之日就是买入或卖出之时。

基本分析侧重于分析证券的内在价值，通过对宏观经济运行状况、行业基本情况及其变化、公司的财务和绩效等因素对证券市场供求的影响，预测证券价格的变化趋势和幅度。

（二）基本分析的意义

1. 提高投资的科学性

每一种证券的风险性、收益性、流动性和实践性是不相同的。投资者因其资金拥有量及其他条件不同而对投资对象的容忍度、投资收益率和投资持有周期的态度不同，在投资时投资者就要选择在风险性、收益性、流动性和时间性等方面同自己的要求相一致、合适的投资对象。通过基本分析，投资者能更清楚地认识和了解市场目前的状况，能够更好地跟上市场运行的步伐，做出适应市场的交易策略，并根据新的情况来调整交易计划。因此，采用各种专业的分析方法和手段进行投资决策分析，可以提高投资决策的科学性，避免盲目投资。

2. 降低投资风险

投资收益率最大化和投资风险最小化是证券投资的两大目标，而预期投资收益与风险之间是一种正向的互动关系。证券风险的影响因素很多，基本分析方法能够对影响收益和风险的诸因素进行客观、全面和系统的分析，按规律运作，就能保证在降低风险的同时取得较高的投资收益率。

二、基本分析的信息来源

证券的基本分析要以大量的信息为基础，因此基本分析的第一步是收集信息。通过各种不同渠道了解和掌握有关信息，包括各种资料、消息、数据、报告、情报等，对其筛选、整理、归类，剔除无用和虚假信息，作为分析的依据。证券基本分析的信息主要有：

(1) 宏观经济信息，是指有关国家货币政策、财政收支状况、税收政策、经济发展阶段的改革方向，金融市场上信贷规模政策引起的银行利率、汇率的变动以及通货膨胀的水平等信息资料。这类信息主要来源于政府部门的统计资料、报告以及报纸、杂志、书籍、电视、电台、网络等大众传播媒介。

(2) 上市公司信息，是指有关上市公司概况、组织系统、资本结构、负债情况、经营情况、财务情况、公司收购与合作、股票拆细等内容的信息资料。这类信息主要来源于上市公司的定期报告、上市公告。新股发售信息一般通过招股说明书获得。

(3) 实地访查资料，是指投资者或证券投资分析人员直接到与上市公司相关的部门调查、访问获得的资料，针对性强，真实性高，但是要以一定的人力物力为代价。

(4) 历史信息资料，是指现在能够影响证券市场的历史信息或对证券投资分析有借鉴意义的信息资料，包括宏观信息、行业信息、区域信息和公司信息，这些信息往往需要相关人员去发掘。

另外，各种媒体公开发布的信息资料也是重要的信息来源。但是这些媒体信息内容繁多，而且需要认真辨别，尤其是报纸、杂志、电视发布的信息。

第二节　宏观经济及政策分析

股市是国民经济的晴雨表，而经济的发展趋势也决定着股市的长期发展方向，两者有着密切的联系。宏观经济环境对证券市场的影响，既包括经济周期波动这种经济因素，也包括政府的财政政策和货币政策等政策因素。宏观经济因素可以看成是股票系统性风险的来源，也是影响证券市场长期走势的主要因素。

良好的宏观经济环境是证券市场正常和顺利运行的保证，因此进行投资分析，首先要从分析宏观经济开始。宏观经济分析可以做出证券市场价格走势的基本判断。

一、宏观经济运行分析

宏观经济运行状况是决定企业经营业绩的重要因素，因此，要把握上市公司未来的生产经营和业绩状况必须先正确分析和准确预测未来宏观经济的表现。对宏观经济的准确把握是证券长期投资的重要依据。

(一) 经济周期

“股市是国民经济的晴雨表”的说法表明了宏观经济形势与证券市场的关系非常密

切。宏观经济的运行具有周期性,当经济达到繁荣的顶峰后会出现衰退,直到萧条,随后经济会产生复苏,并再次出现繁荣,随之而来的又是衰退和萧条并再次复苏,如此循环往复。而证券市场将提前反映经济周期的变化。经济萧条的末期,大多数投资者离开证券市场,而有长远投资眼光的已经通过信息分析开始吸纳股票。当经济开始出现复苏迹象,人们预期未来经济形势将好转,公司的利润也将逐步回升,投资者开始买入证券,使得证券价格随之小幅上扬;当经济持续回暖后,人们普遍认同经济将走向繁荣,公司的经营效益更为好转,利润不断增加,证券价格也在投资者的追捧下创造新高,证券市场呈现出大牛市的行情;当经济已经到达顶峰,先知先觉的投资者开始逐渐退出证券市场,市场的供需结果发生变化;当经济开始衰退并逐渐被大多数投资者所认识后,证券价格将出现大幅度的下跌。

判断经济形势处于经济周期的哪个阶段是十分困难的,目前主要通过分析相应的经济指标进行判断。经济指标是反映经济活动结果的一系列数据和比例关系,它分为三类:① 先行指标,具有对将来的经济状况提供预示性信息的作用,出现在每个阶段之前。如货币供应量、股价指数等。② 同步指标,与经济阶段同时出现,反映国民经济正在发生的情况,具有实际意义。如 GNP/GDP、失业率等。③ 滞后指标,出现在各阶段之后,起验证作用。如贷款利率、生产成本、物价指数等。

计量经济模型和概率预测也可以用于判断宏观经济的发展趋势。为证券投资而进行宏观经济分析主要运用宏观计量经济模型,即在宏观经济总量水平上把握和反映经济运行的较全面的动态特征,研究主要宏观经济指标之间的相互依存关系。由于宏观经济运行的复杂性,经济变量的变化并不像计量经济模型所描述的那样稳定,而是常常在一定程度上按某种概率发生。

(二) 通货膨胀

通货膨胀是指货币供应过多而导致物价水平持续上升,其实质是货币的贬值。通货膨胀按其膨胀程度来划分,主要有温和通胀和恶性通胀。温和通胀是指通胀率在 3%以下的通货膨胀,其对经济影响不大。恶性通胀是指通胀率在 10%以上的通货膨胀,其对经济影响极大。当发生通货膨胀的时候,整体物价水平上升,货币的购买力下降。投资者首先感受到的可能是销售收入的增加和利润的上升,这个时候股票市场可能会因为公司利润的上升而上涨。因此,适度的通货膨胀能促进经济的繁荣,就业的增加,使得企业的利润也得到提高,从而刺激证券价格的上涨。很快,劳工成本和生产资料的成本也大幅上升,甚至超过销售收入的增长幅度,利润开始下降。紧接着,由于物价上升,购买力水平降低,居民开始减少消费,企业的销售开始萎缩,生产也开始萎缩。企业的利润下降得更快了。同时,由于通货膨胀,名义利率上升,借贷的成本将会更高,企业的融资能力受到进一步限制。当通货膨胀发展到一定阶段的时候,证券市场自己供给减少,大部分公司的利润都大幅度下降,股票市场也大幅下跌。

当通货膨胀的成因不同,幅度不同,国家采取的对策不同的时候,对证券市场的影响也不同。温和的、稳定的通货膨胀,在一定程度上能刺激经济增长,扩大就业,因此被认为是对股票市场有利的。严重的通货膨胀是危险的,货币贬值、生产成本增加、社会不稳定因素增加、投资的意愿降低,股票的价格会大幅下跌。

通货膨胀对证券市场的另一个显著的影响是名义利率的上升。面临严重的通货膨胀往往采取紧缩的货币政策，提高利率，降低对资金的需求，从而抑制投资需求，降低物价水平。而紧缩的货币政策对证券市场十分不利：利率上升意味着未来现金流的净现值下降，股票的价值下降，因此证券市场对于利率上升的反应是负面的。

不同的行业对通货膨胀的敏感程度不同。石油能源等原材料行业的产品价格在通货膨胀时候上升得比较多，而生产成本相对固定，这类企业可能受益于通货膨胀；零售业，尤其是非耐用消费品行业，很难将成本上升完全转嫁给消费者，这些行业受到通货膨胀的冲击比较大。资本密集型的行业比劳动密集型的行业更能抵御通货膨胀的压力。

通货膨胀通常用消费价格指数(CPI)和生产价格指数(PPI)来表示。消费价格指数是根据衣食住行等消费品的价格变化计算的加权平均价格变动幅度。它只能大概地反映物价的变动幅度。一般地，当消费价格指数上涨超过5%的时候，即可认为是发生了较为严重的通货膨胀。生产价格指数(过去称为批发价格指数)，较为准确地反映了生产成本的变动幅度，但是没有将劳务包含在内。2010年8月至2011年8月我国CPI变化如图11-1所示。

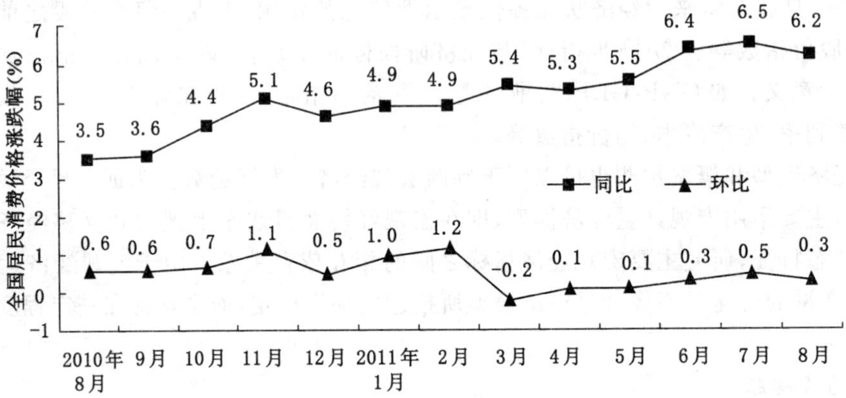

图11-1 2010年8月至2011年8月我国CPI变化

(资料来源：http://www.xinhua08.com/news/zhuanti/2011/2011_8/index.html)

(三) GDP

GDP(Gross Domestic Product)是指在某个既定的时期一个国家内生产的所有最终物品和劳务的市场价值。GDP反映了一国经济的总量状况，人们常常用人均GDP来衡量一国的富裕程度。GDP的巨大差异反映了国家之间经济发展水平的巨大差异，投资者不仅关心GDP的绝对水平，更关心GDP的变化趋势。快速增长的GDP表示该国经济正迅速扩张，公司有充足的机会提高销售量，大部分公司的利润会上升。而GDP增长减缓甚至出现负的增长，则是一国经济出现衰退的标志。GDP的增长速度也称经济增长速度，是反映一国经济发展的动态指标。

GDP的增长对股票市场的影响可以归纳为几种不同的情况：

(1) 持续、稳定、高速的GDP增长：在这种情况下，社会总需求和总供给协调发展，经济增长结构合理，生产能力被充分利用，这些对证券市场是有利的。因为上市公司的利润提高，投资的需求增加，人们的收入水平增加，证券的价格上升。

(2) 高通胀下的GDP增长：通货膨胀会导致名义利率的增加，降低投资的价值，当通货膨胀比较严重的时候，生产部门的成本大幅上升，上市公司的利润降低。因此，高通胀对股票市场是不利的。

(3) 宏观调控下的 GDP 减速增长：当经济增长过热的时候，政府会采取一些紧缩的政策，这样就会减缓 GDP 的增长速度。如果宏观调控的目标实现得比较好，经济增长的速度放慢，但仍然保持比较高的增长速度，而结构更合理，这说明宏观调控是成功的，对于股票市场来说，仍然是合理的。

(4) 转折性的 GDP 变动：这是证券市场剧烈波动的时期，如果 GDP 由负增长转为正增长，或者明显地由缓慢增长转为快速增长，这都是经济复苏的表现，证券市场会提前经济复苏而大幅上涨。同样，如果经济增长的势态退化，那么证券市场也会大幅下跌。

(四) 利率和汇率

利率是指由于资金借贷形成的利息额与所贷金额的比率，是债权人出让资金使用权的报酬。利率的波动反映了资金供求的变动状况，当资金供不应求时，利率上升；当资金供大于求时，利率下降。利率上升往往引起证券价格下跌：① 利率上升，则公司借贷成本增加，降低利润率，必然引起证券价格的下跌，进而引起整个证券市场的低迷。② 利率上升时一部分资金就会从证券市场转向储蓄，导致对证券的需求降低，造成证券价格的下跌。③ 利率上升会抑制投资，影响经济的发展和证券市场的繁荣。④ 利率上升时，根据股利贴现模型，引起证券内在价值的减少，使得证券价格也随之下跌。利率下降往往引起证券价格上涨：① 利率下降，公司的借贷成本减少，利润率增加，引起证券价格的上升和证券市场的回暖。② 利率下降会降低人们的储蓄倾向，资金就会流入证券市场，对证券的需求就会增加，造成证券价格的上升。③ 利率下降会刺激投资，从而推动经济的发展，并促进证券市场的健康成长。④ 利率下降会增加证券的价值，并推动证券价格的上涨。

随着国际贸易和金融的发展，分析师必须考虑国际因素的影响。这里面汇率是一个最重要的因素，汇率是一国货币对另一国货币的比率。一般而言，在直接标价法下，汇率上升，本币贬值，本国产品竞争力强，出口型企业将增加收益，因而企业的股票和债券价格将上涨；相反，依赖于进口的企业成本增加，利润受损，股票和债券价格将下跌。同时，汇率上升，本币贬值，将导致资本流出本国，资本的流失将使得本国证券市场需求减少，从而市场价格下跌。汇率下跌，情况则相反。

国际金融市场动荡也将加大我国宏观经济增长目标的执行难度，导致出口增幅下降、外商直接投资下降，从而影响经济增长率，失业率随之上升，宏观经济环境的恶化导致上市公司业绩下降和投资者信心不足，最终使证券市场下跌。反之亦然。

二、宏观经济政策分析

政府进行宏观调控主要是通过财政政策和货币政策来实现的，采取不同的政策将对宏观经济产生不同的影响。

(一) 财政政策

财政政策是政府运用支出和收入来调节总需求以控制失业和通货膨胀并实现经济稳定增长和国际收支平衡的宏观经济政策。财政政策分为紧缩性财政政策和扩张性财政政策，前者指政府认为总需求水平太高，出现严重的通货膨胀，通过增加税收或减少政府支出，以抑制过热的经济；后者指政府认为总需求水平过低，经济出现衰退，通过减税或者增加政府支出，来刺激经济。扩张性财政政策一般采取减少税收或增加政府支出的手段。减少税收将使企业利润提高，个人收入增加，从而将使证券价格上涨；增加政府支出，将增加总需求，并刺激总供给的增加，使企业利润提升，个人收入也随之增加，也将推动证券市场的上升。紧缩性财政政策一般采取增加税收或减少政府支出的手段。增加税收将降低企业利润，个人收入减少，从而将使证券价格下跌；减少政府支出，将降低总需求，并使总供给随之减少，使企业利润下降，个人收入也随之减少，证券市场将出现下跌。

财政政策的主要手段有国家预算、税收、国债、财政收支、转移支付等。财政政策对证券市场的影响主要通过以下途径：

(1) 税收政策。当政府对某一税种及其税率进行调整时，引起利润分配的变化，从而使投资流向发生变化，投资流向的变化会改变某种证券供求关系，导致证券价格的上升或下跌。政府实施扩张的财政政策时将减少税收，降低税率，扩大减免税范围，其效应是增加微观经济主体的收入，以刺激经济主体的投资需求，从而扩大社会供给。在这种状况下，将会直接或间接地引起证券市场价格上涨。

(2) 财政收支。财政收入状况对证券市场的影响可分为两个方面：① 财政支出增加时，会刺激经济的发展，强化利率变动，引起的“廉价货币”效应，可能促使证券价格上升；财政支出减少时，则会降低需求，造成经济不景气，使证券价格下跌。② 当财政收支出现巨额赤字时，扩大需求增大了经济的不稳定因素，可能使大众对经济的预期趋于悲观，引起证券价格下跌。当政府通过发行国库券筹集资金来弥补赤字时，大量的国库券涌入证券市场会改变证券市场的供求关系引起证券价格的波动。

(二) 货币政策

货币政策是指中央银行通过控制货币供应量来调节利率进而影响投资和整个经济以达到一定经济目标的经济政策，货币政策一般也分为扩张性货币政策和紧缩性货币政策，前者通过增加货币供给来带动总需求的增长，货币供给增加时，利率会降低，获得信贷就更为容易，将刺激经济的增长；后者通过减少货币供给的增长来降低总需求水平，利率的上升使得获取信贷相对困难，将起到对经济的抑制作用。货币政策的主要手段有利率政策、法定存款准备金率调整、公开市场业务、再贴现和再贷款利率。政府实施货币政策的主要目标在于：保持物价稳定，平衡社会总需求和总供给，优化社会资源分配，保持经济快速稳定增长，充分就业等。

1. 货币政策对证券市场的影响

政府的货币政策往往逆向操作，在经济持续高涨、通货膨胀压力较大时往往采用适当紧缩的货币政策，一般采取提高利率、提高法定存款准备金率、提高银行的再贴现利率、在公开市场卖出国债等一系列措施；为防止经济衰退时采用刺激经济增长的扩张性货币政策，经济持续高涨、通货膨胀压力较大时往往采用适当紧缩的货币政策，一般采取降低利率、降低法定存款准备金率、降低银行的再贴现利率、在公开市场买入国债等一系列措施。

(1) 扩张性货币政策。央行一般通过在市场上购买国债、降低贴现率或存款准备金率，来加大货币的投放，以增加货币的供给。货币供给的增加将使利率下降，一方面将为企业提供充足的资金，获利能力增强，个人收入也随之增长；另一方面会促使一部分资金从银行流入证券市场，增加对证券的需求。同时利率的下降，也增加了证券的内在价值。以上都将促进证券市场的上升。

(2) 紧缩性货币政策。央行一般通过在市场上卖出国债、提高贴现率或存款准备金率，来收缩银根，以减少货币的供给。货币供给的减少将使利率上升，一方面将使企业面临资金紧张的压力，获利能力减小，个人收入也随之减少；另一方面会促使一部分资金从证券市场流入银行，降低对证券的需求。同时利率的上升，也降低了证券的内在价值。以上都将导致证券市场的下跌。

2. 利率政策

利率政策是我国货币政策的重要组成部分，也是货币政策实施的主要手段之一。中国人民银行根据货币政策实施的需要，适时的运用利率工具，对利率水平和利率结构进行调整，进而影响社会资金供求状况，实现货币政策的既定目标。

目前，中国人民银行采用的利率工具主要有：① 调整中央银行基准利率，包括：再贷款利率，指中国人民银行向金融机构发放再贷款所采用的利率；再贴现利率，指金融机构将所持有的已贴现票据向中国人民银行办理再贴现所采用的利率；存款准备金利率，指中国人民银行对金融机构交存的法定存款准备金支付的利率；超额存款准备金利率，指中央银行对金融机构交存的准备金中超过法定存款准备金水平的部分支付的利率。② 调整金融机构法定存贷款利率。③ 制定金融机构存贷款利率的浮动范围。④ 制定相关政策对各类利率结构和档次进行调整等。

利率是指由于资金借贷形成的利息额与所贷金额的比率，是债权人出让资金使用权的报酬。利率的波动反映了资金供求的变动状况，当资金供不应求时，利率上升；当资金供大于求时，利率下降。利率对证券市场的影响主要是：① 利率上升，则公司借贷成本增加，降低利润率，必然引起证券价格的下跌，进而引起整个证券市场的低迷；相反，利率下降，公司的借贷成本减少，利润率增加，引起证券价格的上升和证券市场的回暖。② 利率上升，货币需求减少，有一部分资金就会从证券市场流出，转向储蓄，导致对证券的需求降低，造成证券价格的下跌；而利率下降，就会降低人们的储蓄倾向，资金就会流入证券市场，对证券的需求就会增加，造成证券价格的上升。③ 利率上升，会抑制投资，影响经济的发展和证券市场的繁荣；而利率下降会刺激投资，从而推动经济的发展，并促进证券市场的健康成长。④ 根据股利贴现模型，证券的价格是未来现金流的贴现值的总和，当利率上升，将引起证券内在价值的减少，使得证券价格也随之下跌；而当利率下降，则会增加证券的价值，并推动证券价格的上涨。

我国从 1996 年开始，连续 8 次下调利率，同期上证指数从 500 多点涨到 2 000 多点；从 2004 年开始，人民币进入加息周期，2007 年为了抑制经济过热，中国人民银行连续 6 次加息。

货币政策中，利率是对金融资产的价格影响速度最快、效果最显著的。随着我国利率市场化改革的深化，将来利率变动的频率会越来越大，证券市场交易面临的利率风险也会增大。近年来我国利率调整的情况如表 11-1、表 11-2 所示。

2. 法定存款准备金率调整

按照银行法的规定，商业银行必须将其吸收的存款按照一定比率存入中央银行的存款。法定存款准备金是商业银行存款准备总额的最主要的构成部分，这项准备金一般是不准动用的。商业银行在中央银行的存款超过法定存款准备金以外的部分，是超额准备金。法定存款准备金率、贴现率和公开市场业务是现代各国中央银行进行宏观调控的三大政策工具，而其中法定存款准备金率通常被认为是货币政策最猛烈的工具之一。法定存款准备金率变动的直接效果是影响商业银行的超额储备水平，通过货币乘数效用对信用活动产生影响。

表 11-1　　我国近年来贷款利率变化情况　　%

调整时间	六个月以内（含六个月）	六个月至一年（含一年）	一至三年（含三年）	三至五年（含五年）	五年以上
1991.04.21	8	9	9	10	10
1993.05.15	9	9	11	12	12
1993.07.11	9	11	12	14	14
1995.01.01	9	11	13	15	15
1995.07.01	10	12	14	15	15
1996.05.01	10	11	13	15	15
1996.08.23	9	10	11	12	12
1997.10.23	8	9	9	10	11
1998.03.25	7	8	9	10	10
1998.07.01	7	7	7	8	8
1998.12.07	6	6	7	7	8
1999.06.10	6	6	6	6	6
2002.02.21	5	5	5	6	6
2004.10.29	5	6	6	6	6
2006.04.28	5	6	6	6	6
2006.08.19	6	6	6	6	7
2007.03.18	6	6	7	7	7
2007.05.19	6	7	7	7	7
2007.07.21	6	7	7	7	7
2007.08.22	6	7	7	7	8
2007.09.15	6	7	7	8	8
2007.12.21	7	7	8	8	8
2008.09.16	6	7	7	8	8
2008.10.09	6	7	7	7	7
2008.10.30	6	7	7	7	7
2008.11.27	5	6	6	6	6
2008.12.23	5	5	5	6	6
2010.10.20	5	6	6	6	6
2010.12.26	5	6	6	6	6
2011.02.09	6	6	6	6	7
2011.04.06	6	6	6	7	7
2011.07.07	6	7	7	7	7

表 11-2　　　　我国近年来存款利率变化情况　　　　%

调整时间	活期存款	定期存款					
		三个月	半年	一年	二年	三年	五年
1990.04.15	2.88	6.3	7.74	10.08	10.98	11.88	13.68
1990.08.21	2.16	4.32	6.48	8.64	9.36	10.08	11.52
1991.04.21	1.8	3.24	5.4	7.56	7.92	8.28	9
1993.05.15	2.16	4.86	7.2	9.18	9.9	10.8	12.06
1993.07.11	3.15	6.66	9	10.98	11.7	12.24	13.86
1996.05.01	2.97	4.86	7.2	9.18	9.9	10.8	12.06
1996.08.23	1.98	3.33	5.4	7.47	7.92	8.28	9
1997.10.23	1.71	2.88	4.14	5.67	5.94	6.21	6.66
1998.03.25	1.71	2.88	4.14	5.22	5.58	6.21	6.66
1998.07.01	1.44	2.79	3.96	4.77	4.86	4.95	5.22
1998.12.07	1.44	2.79	3.33	3.78	3.96	4.14	4.5
1999.06.10	0.99	1.98	2.16	2.25	2.43	2.7	2.88
2002.02.21	0.72	1.71	1.89	1.98	2.25	2.52	2.79
2004.10.29	0.72	1.71	2.07	2.25	2.7	3.24	3.6
2006.08.19	0.72	1.8	2.25	2.52	3.06	3.69	4.14
2007.03.18	0.72	1.98	2.43	2.79	3.33	3.96	4.41
2007.05.19	0.72	2.07	2.61	3.06	3.69	4.41	4.95
2007.07.21	0.81	2.34	2.88	3.33	3.96	4.68	5.22
2007.08.22	0.81	2.61	3.15	3.6	4.23	4.95	5.49
2007.09.15	0.81	2.88	3.42	3.87	4.5	5.22	5.76
2007.12.21	0.72	3.33	3.78	4.14	4.68	5.4	5.85
2008.10.09	0.72	3.15	3.51	3.87	4.41	5.13	5.58
2008.10.30	0.72	2.88	3.24	3.6	4.14	4.77	5.13
2008.11.27	0.36	1.98	2.25	2.52	3.06	3.6	3.87
2008.12.23	0.36	1.71	1.98	2.25	2.79	3.33	3.6
2010.10.20	0.36	1.91	2.2	2.5	3.25	3.85	4.2
2010.12.26	0.36	2.25	2.5	2.75	3.55	4.15	4.55
2011.02.09	0.4	2.6	2.8	3	3.9	4.5	5
2011.04.06	0.5	2.85	3.05	3.25	4.15	4.75	5.25
2011.07.07	0.5	3.1	3.3	3.5	4.4	5	5.5

存款准备金的额度是由法定存款准备金率和原始存款数额决定的。中央银行调高存款准备金比率，迫使商业银行降低超额准备或收紧信贷以补足法定准备，从而收紧信用，制止经济过热，抑制通货膨胀。反之，如果中央银行调低法定存款准备金率，会造成准备金释放，为商业银行提供新增的可用于偿还借入款或进行放款的超额准备，以此扩大信用规模，刺激经济的繁荣。

2003年8月23日,中国人民银行提高法定存款准备金率1个百分点;2004年4月23日,中国人民银行把金融机构的法定存款准备金率又提高0.5个百分点。2003年之后一段时期证券市场不活跃的一个主要原因就是资本市场的后续资金支持不足。调高法定存款准备金率对资金继续进入市场的影响较大,上市公司从银行贷款的难度加大,机构投资者也不会将太多的资金投入股市。

自2007年以来,为了应对人民币流动性过剩造成的通货膨胀,中国人民银行调整法定存款准备金率的频率不断提高,历次调整如图11-2所示,调整情况及其对证券市场的影响见表11-3。

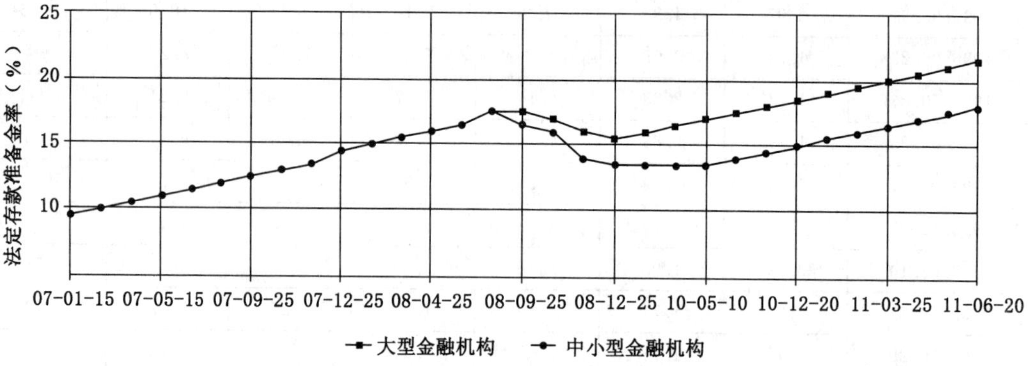

图11-2 法定存款准备金率历次调整

(资料来源:东方财富网 http://data.eastmoney.com/cjsj/ckzbj.html)

表11-3 2007年以来法定存款准备金率调整及其对证券市场的影响

公布时间	生效日期	大型金融机构		中小型金融机构		消息公布次日指数涨跌	
		调整前	调整后	调整前	调整后	上综指	深成指
2011.6.14	2011.6.20	21.00%	21.50%	17.50%	18.00%	−0.90%	−0.99%
2011.5.12	2011.5.18	20.50%	21.00%	17.00%	17.50%	0.95%	0.70%
2011.4.17	2011.4.21	20.00%	20.50%	16.50%	17.00%	0.22%	0.27%
2011.3.18	2011.3.25	19.50%	20.00%	16.00%	16.50%	0.08%	−0.62%
2011.2.18	2011.2.24	19.00%	19.50%	15.50%	16.00%	1.12%	2.06%
2011.1.14	2011.1.20	18.50%	19.00%	15.00%	15.50%	−3.03%	−4.55%
2010.12.10	2010.12.20	18.00%	18.50%	14.50%	15.00%	2.88%	3.57%
2010.11.19	2010.11.29	17.50%	18.00%	14.00%	14.50%	−0.15%	0.06%
2010.11.9	2010.11.16	17.00%	17.50%	13.50%	14.00%	1.04%	−0.15%
2010.5.2	2010.5.10	16.50%	17.00%	13.50%	13.50%	−1.23%	−1.81%
2010.2.12	2010.2.25	16.00%	16.50%	13.50%	13.50%	−0.49%	−0.74%
2010.1.12	2010.1.18	15.50%	16.00%	13.50%	13.50%	−3.09%	−2.73%
2008.12.22	2008.12.25	16.00%	15.50%	14.00%	13.50%	−4.55%	−4.69%
2008.11.26	2008.12.5	17.00%	16.00%	16.00%	14.00%	1.05%	4.04%
2008.10.8	2008.10.15	17.50%	17.00%	16.50%	16.00%	−0.84%	−2.40%

续表 11-3

公布时间	生效日期	大型金融机构		中小型金融机构		消息公布次日指数涨跌	
		调整前	调整后	调整前	调整后	上综指	深成指
2008.9.15	2008.9.25	17.50%	17.50%	17.50%	16.50%	−4.47%	−0.89%
2008.6.7	2008.6.25	16.50%	17.50%	16.50%	17.50%	7.73%	8.25%
2008.5.12	2008.5.20	16.00%	16.50%	16.00%	16.50%	−1.84%	−0.70%
2008.4.16	2008.4.25	15.50%	16.00%	15.50%	16.00%	−2.09%	−3.37%
2008.3.18	2008.3.25	15.00%	15.50%	15.00%	15.50%	2.53%	4.45%
2008.1.16	2008.1.25	14.50%	15.00%	14.50%	15.00%	−2.63%	−2.41%
2007.12.8	2007.12.25	13.50%	14.50%	13.50%	14.50%	1.38%	2.07%
2007.11.10	2007.11.26	13.00%	13.50%	13.00%	13.50%	−2.40%	−0.55%
2007.10.13	2007.10.25	12.50%	13.00%	12.50%	13.00%	2.15%	−0.24%
2007.9.6	2007.9.25	12.00%	12.50%	12.00%	12.50%	−2.16%	−2.21%
2007.7.30	2007.8.15	11.50%	12.00%	11.50%	12.00%	0.68%	0.92%
2007.5.18	2007.6.5	11.00%	11.50%	11.00%	11.50%	1.04%	1.40%
2007.4.29	2007.5.15	10.50%	11.00%	10.50%	11.00%	2.16%	1.66%
2007.4.5	2007.4.16	10.00%	10.50%	10.00%	10.50%	0.13%	1.17%
2007.2.16	2007.2.25	9.50%	10.00%	9.50%	10.00%	1.41%	0.19%
2007.1.5	2007.1.15	9.00%	9.50%	9.00%	9.50%	2.49%	2.45%

资料来源：东方财富网 http://data.eastmoney.com/cjsj/ckzbj.html。

4. 公开市场操作

公开市场操作是中央银行吞吐基础货币，调节市场流动性的主要货币政策工具，通过中央银行与指定交易商进行有价证券和外汇交易，实现货币政策调控目标。中国中央银行的公开市场操作包括人民币操作和外汇操作两部分。外汇公开市场操作 1994 年 3 月启动，人民币公开市场操作 1998 年 5 月 26 日恢复交易，规模逐步扩大。1999 年以来，公开市场操作已成为中国人民银行货币政策日常操作的重要工具，对于调控货币供应量、调节商业银行流动性水平、引导货币市场利率走势发挥了积极的作用。

当政府实施较为宽松的货币政策时，中央银行就会大量购进有价证券，从而增加货币供应量，而且通过乘数效应，货币供应量会大大增加，推动利率下调，资金成本降低。在这种情况下，企业和个人的投资和消费热情都会上涨，生产扩张，利润增加，这些因素都会推动证券价格的上升。而在实施紧缩的货币政策时，情况与此相反，会导致证券市场价格的下降。

中央银行进行公开市场操作，主要是以国债为操作对象，进行国债买卖，从而会直接影响国债市场的供求关系，导致债券市场的价格波动。国债是区别于银行信用的一种财政信用调节工具。国债对股票市场也有不可忽视的影响，首先，由于国债的信用程度高、风险水平低，如果国债的发行量较大，会使证券市场风险和收益的一般水平降低。其次，国债利率的升降变动，严重影响着其他证券的发行和价格。当国债利率水平提高时，投资者就会把资金投入到既安全、收益又高的国债上。因此，国债和股票是竞争性金融资产，当证券市场资金一定或者增长有限时，过多的国债势必会影响到股票的发行和交易量，导致股票价格下跌。

5. 再贴现和再贷款政策

再贴现政策是指中央银行对商业银行用持有的未到期票据向中央银行融资所做的政策规定，一般包括再贴现的资格条件和再贴现率的确定。中央银行根据市场资金供求状况调整再贴现率，能够影响商业银行的借入成本，进而影响其对社会的信用量，从而达到调节货币供应量的目的。在传导机制上，如果中央银行降低再贴现率，那么商业银行获得中央银行贷款的代价就降低，这样便会降低对客户的贴现率或者贷款利率，从而使得信用量扩张，市场的货币供应增加；反之则相反。货币供应量的增减会引起证券市场供求关系的变化，从而导致市场价格的波动。对于再贴现的资格条件的规定，也可以起到抑制或鼓励商业银行信用扩张的作用，从而影响货币的供应量。

再贷款利率是商业银行等金融机构向中央银行贷款时中央银行执行的利率。中央银行通过对这一利率水平的调整，影响银行间市场利率，进而造成商业银行信用的变化来控制社会的货币供应量。其传导机制和再贴现利率是相同的，所以，在一般情况下，再贷款利率和再贴现利率的调整是同方向的。

三、国际金融市场环境分析

随着经济全球化和金融市场一体化进程的加快，一国经济形势和金融市场的动荡都会对相关国家产生直接和间接的影响。中国自加入 WTO 之后，资本市场逐步开放，尽管人民币还没有实现完全自由兑换，证券市场相对独立，但我国经济与世界经济的联系日趋紧密。自2007年开始的美国次贷危机引发的全球金融危机，对全球经济和金融市场的影响产生了巨大的冲击，也引起了我国证券市场的剧烈动荡。

（一）国际金融市场动荡通过人民币汇率预期影响证券市场

随着国际贸易和金融的发展，分析师必须考虑国际因素的影响。这里面汇率是一个最重要的因素，汇率是一国货币对另一国货币的比率。一般而言，在直接标价法下，汇率上升，本币贬值，本国产品竞争力强，出口型企业将增加收益，因而企业的股票和债券价格将上涨；相反，依赖于进口的企业成本增加，利润受损，股票和债券价格将下跌。同时，汇率上升，本币贬值，将导致资本流出本国，资本的流失将使得本国证券市场需求减少，从而市场价格下跌。汇率下跌，情况则相反。

（二）国际金融市场动荡通过宏观和微观层面间接影响证券市场

改革开放以来，我国国民经济的对外依存度大大提高，国际金融市场动荡将加大我国宏观经济增长目标的执行难度，导致出口增幅下降、外商直接投资下降，从而影响经济增长率，失业率随之上升，宏观经济环境的恶化导致上市公司业绩下降和投资者信心不足，最终使证券市场下跌；反之亦然。国际金融市场的动荡对外向型上市公司和外贸行业上市公司的业绩影响最大，对其股价的冲击也最大。在微观层面，随着我国经济实力的增强，国内企业通过跨国兼并参与国际竞争；购买境外企业的股份，以达到参股和控股的目的；通过购买境外企业债券进行组合投资套期保值等。国际金融市场的动荡造成境外企业的股票和债券价格大幅度缩水，严重影响上述公司的业绩。香港作为一座国际化的金融中心以及与国际金融市场的紧密相连性，国际金融市场会通过 H 股影响 A 股市场。

四、证券市场的供求关系

从长期来看，证券价格由其内在价值决定，但就中、短期的价格分析而言，证券的市场交易价格由供求关系决定。无论是成熟市场还是新兴市场,都可以用供给曲线和需求曲线的变化来确定证券价格的变化轨迹。但不同的是,成熟市场的供求关系是由资本收益率引导的供求关系,即资本收益率水平对证券价格有决定性的影响。像我国这样的新兴市场,证券价格在很大程度上由证券的供求关系决定,即由一定时期内证券总量和资金总量的对比力量决定。由于我国目前的证券市场主要交易品种为股票,所以本节的证券市场供求关系主要是指股票的供求关系。

(一) 证券市场的供给方和需求方

1. 供给方

证券市场的供给主体是公司(企业)、政府与政府机构以及金融机构,公司(企业)通过向市场发行股票、公司(企业)债和权证等产品进行融资。政府与政府机构包括中央政府、地方政府以及中央政府直属机构,其为债券产品的主要供给方。金融机构作为证券市场的发行供给主体,既发行债券,也发行股票。欧美等西方国家能够发行证券的金融机构一般都是股份公司,所以将金融机构发行的证券归入公司证券。我国和日本将金融机构发行的债券定义为金融债券,以突出金融机构作为证券发行的主体地位。股份制金融机构发行的股票没有被定义为金融证券,而归类为一般的公司股票。就股票市场而言,自 1990 年我国设立证券交易所以来,上市公司的数目逐年增加。与 1990 年相比,2010 年我国沪、深证券交易所上市公司的数量增长了 206.3 倍,达到 2 063 家,2013 年 4 月达到 2 600 多家。

2. 需求方

证券投资者是证券市场的需求主体,也是市场资金的供给者。投资者的存在使得各种证券的发行有了保证,直接融资渠道得以建立,市场的正常交易得以维持。证券投资者之间的交易保证了证券市场资金和证券转换的连续性,是证券市场实现资源配置最重要的前提。在证券市场的构成要素中,投资者与上市公司一起构成了证券市场的重要基础。

根据投资者的行为主体不同,可以把投资者分为个人投资者和机构投资者。

(二) 证券市场供给的决定因素与变动特点

证券市场供给的主体是上市公司,上市公司的质量和数量是证券市场供给方的主要影响因素。

1. 上市公司质量

上市公司的质量状况影响到证券市场的前景、投资者的收益及投资热情、个股价格及大盘指数变动,这些因素将直接或间接影响证券市场的供给。质量高的上市公司易于为证券市场所接受,因而有利于股票供给的增加;反之,质量低的上市公司,其股票很难被市场接受,对股票的供给增加不利。上市公司的质量和业绩情况也影响到公司本身的再筹资功能和筹资规模,从而影响股票的供给。因此,上市公司质量与经济效益状况是影响证券市场供给的最根本因素。

2. 上市公司数量

与上市公司质量相比,上市公司数量直接决定证券市场供给。而影响公司数量的主要因素包括:

(1) 宏观经济环境。如果宏观经济运行良好,投资扩张的企业必然增多,融资的需求必然增加,这时将有更多的企业申请公开发行股票;同时,投资者良好的预期会促使其积极参与认购,上市公司数量也随之增加。这样,上市流通股份的数量就会增加,市场的供给相应会增加。

(2) 制度因素。影响证券市场供给的制度因素主要有发行上市制度、市场设立制度和股权流通制度三大因素。从发行上市制度来看,1999年前,我国的股票发行制度主要采取的是额度控制和地方政府推荐企业的股票发行制度,随着1999年7月1日《证券法》的颁布实施,股票发行制度逐步走向市场化。2001年3月17日正式取消额度制,改而采取股票发行核准制。这一制度的变化有利于提高上市公司的质量。从市场设立制度来看,市场的增加或减少会影响市场证券的供给,如中小企业板、创业板与代办股份转让系统设立使股票市场的供给得以增加,股权分置改革等股权流通制度的变化也会使得股票市场的供给产生改变。

(3) 市场因素。证券市场是广大投资者交易包括上市公司股票在内的各类证券的场所,也是上市公司进行直接融资的主要场所。当证券市场处于牛市的情况下,大量的场外资金流入股市,为上市公司的增发、配股提供了资金支持,也为非上市公司的首次公开募股(IPO)营造了良好的市场氛围,进而能够增加市场上的股票供给量;反之,当证券市场处于熊市的时候,市场的资金面压力增大,从而不利于股票有效供给的增加。

总的来看,上市公司的数量和质量将随国家宏观经济、证券市场监管部门对证券市场监管效率以及上市公司的整体质量等因素的变化而变化。由于我国证券市场还处于发展阶段,企业上市筹资的需求仍然很大,证券市场的供给增加将是必然趋势。在今后相当长的一段时期内,我国证券市场的供给仍然会非常充足。

(三) 证券市场需求的决定因素与变动特点

证券市场需求,即证券市场资金量的供给,主要是指能够进入证券市场的资金总量。证券市场需求主要受到以下因素影响。

1. 宏观经济环境

如果宏观经济运行良好,银根较松,整个社会的资金供给就会呈现出比较充裕的局面。同时,由于宏观经济向好,作为微观主体的上市公司业绩的预期会得到相应改善,将会吸引投资者进一步进入证券市场,从而增加对股票的需求,有效增加证券市场资金的供给量;反之,如果宏观经济的前景堪忧,整个社会的资金供给可能会呈现出比较紧张的局面,而且由于投资者调低对上市公司业绩的预期,会减少对证券市场的投资,证券市场的资金供应量会减少。

2. 政策因素

由于中国证券市场还处于不太成熟的发展阶段,有关部门为了防范证券市场的风险,对进入证券市场的投资主体有着严格的规定,一些不符合规定的资金不能进入证券市场。但是,随着中国证券市场的不断成熟,有关部门会逐步开放证券市场,使进入证券市场的投资主体越来越多,为证券市场提供新的增量资金,扩大证券市场的资金供应量。包括市场准入政策、融资融券政策、金融监管政策甚至货币与财政政策在内的一系列政策,将对证券市场的需求产生影响。

3. 居民金融资产结构的调整

居民的金融资产主要由银行存款、证券投资基金、股票、债券及信托资产等构成。中国居民以前金融资产的绝大部分是银行储蓄,证券投资尤其是股票和证券投资基金投资占金融资产的比例相当小。但是,随着人民生活水平的不断提高、金融投资意识的加强,不断有居民将原先的银行储蓄转化为股票和基金投资。股票和基金投资占个人金融资产的比例不断提高，而且这种变化趋势是长期的。以 2007 年为例，随着国内股指大幅攀升，上市公司股票市值总额也从 2006 年年末的 8.94 万亿元飙升至 2007 年年末的 32.71 万亿元，而同期的居民储蓄存款余额为 17.25 万亿元，前者是后者的 1.9 倍，表明股票资产已成为我国居民财富的重要组成部分。与此同时，中国人民银行对城镇居民进行的季度问卷调查显示，2007 年年末反映家庭最主要金融资产为基金的占比为 25.0%，而 2006 年年底的比例仅为 10%；反映家庭最主要金融资产为储蓄的占比则从 2006 年年底的 65.8%下降到 2007 年的 50%，表明国内居民将储蓄转化为金融资产投资的意愿在不断增强。据有关统计，目前国内居民金融资产中，股票与基金的比重已达 20%以上。尽管这个比例与国外相比仍然偏低，但可以预计，随着居民金融资产结构的不断调整，股票和基金投资的比例将不断提高，进而给证券市场带来大量的增量资金，增加我国证券市场的资金供应量。

4. 机构投资者的培育和壮大

我国证券市场机构投资者的发展大致可以分为三个阶段：

第一阶段是 1991～1997 年。该阶段的机构投资者为证券公司、信托公司、老基金和非专业证券投资的企业法人。由于当时国家对机构投资者投资范围没有明确限制，部分机构投资者的资金并没有全部用于股票投资，如不少证券公司和老基金投资房地产和上市公司法人股。

第二阶段是 1998～2000 年。该阶段的特点是管理层开始有计划、有步骤地推出一系列旨在培育机构投资者的政策措施。1998 年，证券投资基金（封闭式）的出现开创了我国机构投资时代的新篇章。1997 年 11 月，经国务院批准，中国证监会颁布了《证券投资基金管理暂行办法》。1998 年 3 月，首批两家基金管理公司获准成立。与此同时，老基金的"整编归队"为证券投资基金带来了新生力量。据不完全统计，由老基金规范形成的证券投资基金达 20 余只，为市场带来"归队"资金约 50 亿元；同时，老基金的清理更为证券投资基金带来了一批有深厚实业背景的社会机构。它们通过置换老基金中的不良资产"买壳入行"。1999 年下半年，通过允许三类企业作为战略投资者入市、允许保险资金入市、银行资金可以通过质押贷款进入证券市场等举措，使得机构投资者入市步伐明显加快。据中国证券登记结算有限责任公司的统计，2000 年上半年沪、深两市新增机构投资者开户数分别达到 2 万户和 2.5 万户，机构投资者开户数的增幅是个人投资者的 2.2 倍，沪、深两市机构投资者比例已从 1997 年的 0.3%提高到了 4.5%。

第三阶段是 2001 年至今，开放式基金的出现是该阶段的特点。2001 年 9 月 22 日，第一只华安创新开放式基金宣告成立，从而使基金的发展跨入新的历史时期，标志着我国证券市场真正开始步入机构投资者时代。

作为 2001 年的新生品种，开放式基金无论在数量上还是在品种上都得到了长足的发展。截至 2010 年年底，市场上共有 665 只开放式基金，份额总计 22 999.78 亿份，资产净值合计达 2.35 万亿元，是 2006 年的 3.38 倍。如果算上封闭式基金、ETF 和 LOF，2010 年年底市场上各类基金总数达到 704 只。其中，受金融危机的影响，2008 年年末开放式基金资产净值较 2007 年下降 38.4%；受益于股市反弹和新基金发行等因素，2009 年年底开放式基金资产净值较 2008 年增长 26%，但由于各类型基金普遍遭遇较大比例净赎回，且净赎回份额超过了新基金发行带来的增量份额，2009 年单年度基金总份额不增反降。

2002年10月16日，首家中外合资基金管理公司获准筹建，标志着中国基金业的对外开放正式拉开序幕。2002年11月15日，中国证监会和中国人民银行联合发布《合格境外机构投资者境内证券投资管理暂行办法》，打开了合格境外机构投资者(Qualified Foreign Institutional Investor，QFII)直接投资A股的大门。QFII的更具体情况见第五章。

目前，我国证券市场机构投资者已经形成了以证券投资基金、券商、保险公司、社会保障基金、QFII、信托公司、财务公司和企业法人等为主体的多元化格局。

5. 资本市场的逐步对外开放

资本市场开放包含两方面的含义，即服务性开放和投资性开放。

资本市场服务性开放是金融服务业开放的主要内容之一。它包括：① 允许投资银行、可以经营证券的商业银行、资产管理公司、各种基金(如养老基金、对冲基金、保险基金等)及基金管理公司、律师事务所、投资咨询公司等外国资本市场中介机构在本国资本市场上为证券投融资提供各种服务。② 允许本国资本市场中介机构在其他国家的资本市场上为证券投融资提供各种服务。

资本市场的投资性开放属于资本流动范畴，是与资本账户自由化相关的一个概念，是指资金在国内与国际资本市场之间的自由流动。资本市场的投资性开放包括两方面的含义：① 融资的开放，即允许本国居民在国际资本市场上融资和外国居民在本国资本市场上融资。② 投资的开放，即允许外国居民投资于本国的资本市场和允许本国居民投资于国际资本市场。

投资性开放的结果是资本可在全球范围内充分配置，使全球任何地方的资本资产的价格趋于一致。

(四) 影响我国证券市场供求关系的基本制度变革

1. 股权分置改革

由于特殊历史原因，我国A股上市公司内部普遍形成了两种不同性质的股票，即非流通股和社会流通股。这两类股票表现出不同股、不同价、不同权的特征，这一特殊的市场制度与结构被称之为“股权分置”。股权分置改革，必将对沪、深证券市场产生以下极其深刻、积极的影响：① 不同股东之间的利益行为机制在股改后趋于一致化。② 股权分置改革有利于上市公司定价机制的统一，市场的资源配置功能和价值发现功能进一步得到优化。③ 股权分置改革完成后，大股东违规行为将被利益牵制，理性化行为趋于突出。④ 股权分置改革有利于建立和完善上市公司管理层的激励和约束机制。⑤ 股权分置改革后上市公司整体目标趋于一致，长期激励将成为战略规划的重要内容。⑥ 股权分置改革之后金融创新进一步活跃，上市公司重组并购行为增多。股改之后，证券市场的创新空间将大为拓展。⑦ 股权分置改革之后市场供给增加，流动性增强。股改之后，市场上逐渐受到受限股到期解禁流通所产生的压力。

2. 股指期货的推出

2010年1月8日，国务院正式批准股指期货和融资融券适时推出，标志着中国证券市场向成熟市场迈出重要一步，具有深远的意义。中国证监会2010年2月20日宣布，正式批复中国金融期货交易所沪深300股指期货合约和业务规则。至此，股指期货市场的主要制度已经全都发布完成，投资者可于2月20日正式开户。沪深300股指期货合约于2010年4月16日起正式上市交易，首批上市合约为2010年5月、6月、9月和12月合约，挂盘基准价为 3 399 点。沪深 300 股指期货合约的交易保证金，5 月、6 月合约为合约价值的 15%，9 月、12 月合约为合约价值的 18%；之后又分别于 2010 年 7 月 16 日和 2010 年 10 月 15 日调整 9 月份合约和 12 月份合约的保证金为 15%。上市当日涨跌停板幅度，5 月、6 月合约为挂盘基准价的正负 10%，9 月、12 月合约为基准价的正负 20%；沪深 300 股指期货合约交易手续费为成交金额的万分之零点五，交割手续费标准为交割金额的万分之一；每个交割日结束后，交易所发布单边持仓达到 1 万手以上和当月合约前 20 名结算会员的成交量、持仓量。

股指期货的推出对股票市场将产生深远的影响，具体见第十五章。

3.《证券法》和《公司法》的重新修订

2005 年 10 月 27 日，十届全国人大常委会第十八次会议审议通过了新修订的《中华人民共和国证券法》和《中华人民共和国公司法》(简称"两法")。修订后的两法于 2006 年 1 月 1 日开始施行。两部法律的修订出台，标志着中国证券市场法制建设迈入一个新的历史阶段。本次两法的修订，涉及证券发行、证券上市、证券交易、证券登记结算、公司治理、投资者保护、市场监督等各方面，调整幅度大，内容非常丰富。新《证券法》共十二章二百四十条，新《公司法》共十三章二百一十九条。此外，在结构上，新《证券法》与新《公司法》作了衔接安排，将原《公司法》中有关股票公开发行、上市、暂停上市、终止上市的相关内容移至新《证券法》中。两法修订的主要内容和基本精神有如下几点：

(1) 积极稳妥推进市场创新。本着稳妥的原则，新《证券法》拓宽了证券市场创新的法律空间：将证券衍生品的发行、交易纳入新《证券法》的调整范围，丰富了市场产品；在坚持分业管理的前提下，为证券业和银行业、信托业、保险业的相互融合放宽了限制；开展融资融券交易，开发证券期货、期权等交易品种得到法律的确认；明确规定"依法拓宽资金入市渠道"，将国有企业和国有资产控股的企业不得炒作股票的规定修改为"国有企业和国有资产控股的企业买卖上市交易的股票，必须遵守国家有关规定"，为各类合规资金投资证券市场提供了法律依据；规定公开发行的证券可申请在国务院批准的其他交易场所转让，肯定了多层次的市场体系。

(2) 切实加大对投资者的保护力度。本次两法修订突出强调了对投资者尤其是中小投资者合法权益的保护，补充完善了相应的制度。如建立证券投资者保护基金制度，强化了对投资者证券和资金安全的保护措施，完善股东对公司事务的知情权，具体规定了上市公司股东、董事、监事、高级管理人员的诚信义务及民事责任，补充和完善了内幕交易、操纵市场、欺诈客户的违法行为的民事赔偿制度。

(3) 完善上市公司治理和监管。针对上市公司治理存在的突出问题，新《证券法》引入了上市公司董事、高级管理人员对公司定期报告签署书面确认意见的制度，要求上市公司董事、监事、高级管理人员应当保证上市公司所披露的信息真实、准确、完整，并加重其在虚假陈述中的赔偿责任；完善了上市公司收购制度，将收购方的实际控制人纳入监管范围；取消了全面要约收购的限制性规定，增加了收购制度的弹性，提升了市场资源配置效率。

新《公司法》突出了对公司治理结构的要求，健全了董事会制度，强化了监事会职权，并专节设立"上市公司组织机构的特别规定"，就上市公司购买、出售重大资产或者重大担保，独立董事、董事会秘书、关联董事回避等制度作出了明确规定。大幅度增加上市公司治理的规定是此次两法修订的重点之一。

(4) 促进证券公司的规范和发展。近年来，部分证券公司风险爆发，严重影响了资本市场的健康运行。在认真总结经验和教训的基础上，新《证券法》对“证券公司”一章作了全面的调整，制定了详细和具体的规定：完善证券公司设立制度，提高证券公司设立门槛，对证券公司股东特别是大股东的资格做出严格要求；对证券公司实行按业务分类监管，通过牌照管理控制证券公司风险的积累；建立以净资本为核心的监管指标体系和证券公司高级管理人员任职资格的监管措施，明确规定了他们各自的法律责任。同时，新《证券法》对拓宽证券公司的业务创新空间，如开办融资融券、资产管理业务，到境外设立分支机构等，在法律上给予肯定。

(5) 完善证券发行、上市制度。为规范公开发行秩序，完善统一监管，明确了公开发行和非公开发行的界限；为进一步提高发行审核透明度，规定了证券发行前公开披露信息的制度，强化了社会公众的监督；肯定了证券发行、上市保荐制度，进一步发挥中介机构的市场服务职能；将证券上市核准权赋予证券交易所，强化了交易所的监管职能。此外，新《证券法》调整了证券登记结算制度，充实了证券监督机构的执法权限和手段，细化了对证券违法行为的处罚等。

以本次两法的修订完成为标志，我国资本市场改革和发展的基础性工作取得重要进展，为从根本上解决影响我国资本市场发展的深层次问题和结构性矛盾进一步创造了条件。随着贯彻执行新《证券法》和新《公司法》各项工作的进一步深入，资本市场的外部环境将不断优化，市场发展的内在基础也将更加稳固，我国的资本市场将真正走上一条持续健康稳定发展的道路。

4. 融资融券业务

融资融券业务是指向客户出借资金供其买入上市证券或者出借上市证券供其卖出，并收取担保物的经营活动。融资融券交易包括券商对投资者的融资、融券和金融机构对券商的融资、融券四种形式。市场通常说的融资融券一般指券商为投资者提供的融资和融券交易。

2006 年 6 月 30 日，中国证监会发布的《证券公司融资融券业务试点管理办法》是融资融券业务的基础性指导文件。同时，为了指导融资融券业务的具体实施，中国证监会、上海证券交易所、深圳证券交易所、中国证券登记结算有限责任公司、中国证券业协会先后分别发布了《证券公司融资融券业务试点内部控制指引》《融资融券交易试点实施细则》《中国证券登记结算有限责任公司融资融券试点登记结算业务实施细则》《融资融券合同必备条款》和《融资融券交易风险揭示书必备条款》等一系列配套规章制度。2010 年 2 月 12 日，沪、深证券交易所发布了《关于融资融券业务试点初期标的证券名单与可充抵保证金证券范围的通知》。3 月，中国证监会批准了首批 6 家证券公司融资融券试点名单。

上述各项规章制度的发布，无疑为我国开展融资融券业务奠定了制度基础。2010 年 3 月 31 日，融资融券业务开始试点。

融资融券业务的推出是继股权分置改革全面实施之后，又一个对中国资本市场发展具有根本性影响的制度安排。其积极影响主要表现在以下几个方面：① 作为一种新的交易工具，融资融券业务特别是融券的推出将在我国证券市场形成做空机制，改变目前证券市场只能做多不能做空的单边市现状。② 融资融券业务将增加资金和证券的供给，增强证券市场的流动性和连续性，活跃交易，大大提高证券市场的效率。③ 融资融券业务的推出将连通资本市场和货币市场，有利于促进资本市场和货币市场之间资源的合理有效配置，增加资本市场资金供给。④ 融券的推出有利于投资者利用衍生工具的交易进行避险和套利，进而提高市场效率。尤其是在股指期货推出后，融券将有利于股指期货的套利。⑤ 融资融券有利于提高监管的有效性。做空机制的引入，监管部门既可以摆脱政策博弈的拖累，实现空方与多方的市场博弈，也可以通过对融资融券业务的管理实现对股票市场的间接调控。

然而，融资融券又是一把双刃剑。它在促进市场完善、提高市场有效性的同时，也带来一定的风险。主要表现在：① 融资融券业务对标的证券具有助涨助跌的作用。② 融资融券业务的推出使得证券交易更容易被操纵。融资融券业务通过引入信用交易而具有杠杆效应，使得投机资金操纵市场变得更加容易，易引起市场的巨幅波动，损害投资者利益。③ 融资融券业务可能会对金融体系的稳定性带来一定威胁。融资融券交易是一种信用交易，实行保证金制度，这加剧了证券市场的动荡。在极端的情况下，如果投资者对未来有良好预期并一致做多，融资可能导致信贷等资金大量进入证券市场，现货市场产生大量泡沫，积累金融风险；而在经济出现衰退、市场萧条的情况下，投资者一致做空，融券又使现货市场大幅下跌，甚至引发市场危机。现货市场的大幅波动也会极大地损害股指期货市场，融资融券业务增大了整个金融体系的系统性风险。

总之，融资融券业务的推出是加深我国证券市场基本制度建设的一项重要举措，其利大于弊。它将改变我国证券市场单边市的状况，改善证券市场中资金和证券的供给和需求关系，对于提高证券市场的效率具有重要意义。

第三节　行业分析

在同样的宏观经济和市场背景下，不同行业的企业经营大不相同。不同的行业增长与国民经济的增长速度并不总是同步，一些行业可能高于或低于国民经济增长率。行业分析的重点在于如何考察影响行业发展的重要因素，如行业生命周期，行业对宏观经济的敏感度、竞争情况、政府政策倾斜、社会公众偏好以及技术进步等，考察这些因素以确定行业的发展前景及投资的可行性。因此，行业分析在宏观经济分析与公司因素分析间起着衔接作用，也是投资决策的重要环节。在把握宏观经济运行的不同阶段的基础上，根据行业和经济周期的关系，挖掘最具投资潜力的行业，在此基础上，才能选出最具投资价值的公司。

一、行业划分

（一）行业的定义

从证券投资分析的角度，行业分析介于宏观分析和微观分析之间，在股票分析中属于中观分析。所谓行业是指生产的产品在很大程度上具有可相互替代性而处于一种彼此紧密联系状态的企业群体，其经济活动具有很高的同质性，如建筑业、采掘业、房地产业等。

（二）行业分析的重要性

行业经济是宏观经济的组成部分，是宏观经济中具有一定共性的类公司的群体。宏观经济分析主要是从总量上分析宏观经济运行处于什么状态；行业分析就是要确定在这个状态下哪些行业会受益，哪些行业会受到不利影响，而公司分析是进一步确定在值得投资的行业里哪些公司更具有投资价值。所以行业分析在基本分析中起到承上启下的作用。

行业分析的重要性在于：

第一，行业之间的投资回报率的差别非常大，因此选择一个具有发展前景的行业十分重要。例如在全球范围内能源行业类股票不仅在2005年获得了投资回报率冠军，在过去10年里能源类股票的整体投资回报率也是最高的。2005年，全球投资回报率最高的行业分别是：能源33.3%、原材料20.2%、公共事业15.1%；而中国回报率最高的行业是：能源38.5%，金融房地产22.9%，原材料13%。2005年以前的10年和2005年中，全球投资回报率最低的行业是电信行业，回报率分别只有88.8%和−0.89%；中国投资回报率最低的行业包括纺织、汽车和电器制造、商业百货、旅游宾馆等的可选择消费行业。

第二，公司的业绩与所处的行业密切相关，行业前景是影响公司发展的重要因素。从长期来看，充分竞争使得行业内幸存下来的企业的利润趋于行业内的平均利润，为此选择一个有发展潜力的行业是十分重要的。

第三，行业分析也提供了公司分析的参照体系，例如，投资者在对公司财务状况、销售和经营状况进行评价时，都要参考行业的平均值或者领先值。几乎每个证券投资机构都有自己的行业分析员，他们重点分析一个或几个行业的生产经营状况，对行业的发展趋势做出预测，为基金经理调整投资组合的行业分布提供建议。

在进行行业分析的时候，有两点十分重要：① 在国民经济发展的不同阶段，行业的兴衰是不同的，行业分析要和宏观经济分析结合起来；② 行业分析要与新技术的发展结合起来，行业的前景受技术革命的影响非常大，新的技术革命产生的时候，就会产生一些增长速度非常高的行业。

（三）行业分类

1. 行业分类概述

对行业的分类，世界上许多国家都有各自的国家标准分类法，如联合国国际标准产业分类(ISIC)、北美行业分类系统(NAICS)等。我国政府为适应社会主义市场经济的发展，正确反映我国国民经济内部的结构和发展状况，通过《中华人民共和国国家标准(GB/T 4754—94)》对我国国民经济行业分类进行了详细的划分。为了准确反映我国现阶段经济活动的分类状况，加强与国际分类标准的衔接，1999年经原国家质量技术监督局同意，国家统计局正式立项，开始了对《中华人民共和国国家标准(GB/T 4754—94)》的修订工作。2002年完成修订，名称改为《国民经济行业分类国家标准(GB/T 4754—2002)》。

在证券市场上，也将上市公司分成不同行业，分别计算分类股价指数，以供投资者参考。对上市公司的行业分类，道琼斯分类法是最常用的分类法之一，该分类法将大多数股票分为工业、运输业和公用事业三大类，然后选取有代表性的股票，它描述了在纽约证券交易所上市交易的各行业股票的平均市场价格的变化，基本可以表明该行业的一种趋势。上海证券交易所将上海股市的全部上市公司分为5类：工业、商业、地产业、公用事业和综合类，并将各行业中的龙头企业挑选出来，构成上证50指数和上证180指数。深圳证券交易所自1995年2月20日开始发布其成分指数，该指数把深圳上市的全部公司分成六类，即工业类、商业类、地产类、金融业类、公用事业类和综合类，同时计算和发布各类股价指数。

2. 我国上市公司分类

近年来，随着证券市场的发展，我国上市公司的数量剧增，与美国标准普尔1982起定期公布的100种行业的股票指数相比，沪、深两交易所对上市公司原有的行业分类过粗，不利于对上市公司分类信息进行分析。

2001年4月4日，中国证监会公布了《上市公司行业分类指引》(以下简称《指引》)。

《指引》是以我国国家统计局《中华人民共和国国家标准(GB/T 4754—94)》为主要依据，并在借鉴联合国国际标准产业分类、北美行业分类系统相关内容的基础上而制定的。《指引》以在中国境内证券交易所挂牌交易的上市公司为基本分类单位，规定了上市公司分类的原则、编码方法、框架及其运行与维护制度等内容。《指引》以上市公司营业收入为分类标准，所采用财务数据为经会计师事务所审计的合并报表数据。当公司某类业务的营业收入比重大于或等于50%，则将其划入该业务相对应的类别；当公司某类业务营业收入比重比其他业务收入比重均高出30%，但该业务收入低于50%，则将该公司划入此类业务相对应的行业类别，否则，将其划入综合类。

《指引》将上市公司的经济活动分为门类、大类两级，其下的中类作为支持性分类参考。上市公司被分成13个门类：农、林、牧、渔业；采掘业；制造业；电力、煤气及水的生产和供应业；建筑业；交通运输、仓储业；信息技术业；批发和零售贸易；金融、保险业；房地产业；社会服务业；传播与文化产业；综合类以及90个大类和288个中类。

3. 我国上市公司行业分布

上海证券交易所、深圳证券交易所都定期公布上市公司的行业结构，为投资者了解各行业的信息提供帮助。

上海证券交易所提供行业名称、行业代码、交易股票数、市价总值、平均市盈率和平均价格，详情见表11-4。

表11-4　　上海证券交易所上市公司行业分布

行业名称	行业代码	交易股票数(只)	市价总值(亿元)	平均市盈率	平均价格(元)
农、林、牧、渔业	A	20	1 138.65	67.2	9.26
采掘业	B	31	34 155.56	13.5	10.94
制造业	C	504	43 830.07	26.73	10.73
食品、饮料	C0	38	5 235.59	46.35	22.19
纺织、服装、皮毛	C1	37	1 615.81	20.37	9.12
木材、家具	C2	3	171.45	45.44	7.22
造纸、印刷	C3	14	466.33	49.98	6.11
石油、化学、塑胶、塑料	C4	86	5 094.36	36.52	10.96
电子	C5	34	1 996.94	42.08	8.47
金属、非金属	C6	74	9 442.01	22.49	8.71
机械、设备、仪表	C7	151	14 973.66	22.07	10.55
医药、生物制品	C8	60	4 472.27	32.71	13.8
其他制造业	C99	7	361.65	33.56	8.15
电力、煤气及水的生产和供应业	D	48	5 417.32	20.95	5.36
建筑业	E	27	4 070.34	13.27	4.54
交通运输、仓储业	F	55	7 965.84	12.56	5.02
信息技术业	G	47	3 932.83	49.37	8.93

续表 11-4

行业名称	行业代码	交易股票数（只）	市价总值（亿元）	平均市盈率	平均价格（元）
批发和零售贸易	H	65	4 339.90	31.71	12.43
金融、保险业	I	29	47 032.39	9.51	4.57
房地产业	J	68	4 654.11	17.42	7.37
社会服务业	K	25	1 508.87	33.44	9.12
传播与文化产业	L	11	772.79	28.99	10.22
综合类	M	37	2 425.10	30.21	6.9

资料来源：上海证券交易所，http://www.sse.com.cn/sseportal/webapp/datapresent/SSEQueryFirstSSENewAct，截止时间 2011 年 9 月 24 日。

深圳证券交易所提供行业名称、上市数目、总发行股本、总流通股本、市价总值和流通市值，详情见表 11-5。

表 11-5　　深圳证券交易所上市公司行业分布

行业名称	上市数目	总发行股本（亿股）	总流通股本（亿股）	市价总值（亿元）	流通市值（亿元）
农、林、牧、渔业	26	79.21	54.51	1 414.46	936.03
采掘业	20	137.54	103.72	3 150.14	2 271.26
制造业	926	3 662.55	2 551.75	54 407.20	33 890.66
食品、饮料	53	209.61	149.21	7 132.57	5 044.23
纺织、服装、皮毛	47	128.21	93.60	1 685.08	1 054.33
木材、家具	8	26.08	16.54	339.35	172.43
造纸、印刷	30	94.29	61.80	1 037.20	557.58
石油、化学、塑胶、塑料	169	546.79	397.01	7 928.81	4 546.71
电子	108	520.28	352.18	5 817.08	3 241.64
金属、非金属	111	775.25	542.54	8 105.08	5 627.77
机械、设备、仪表	294	1 045.93	737.76	15 432.24	9 556.35
医药、生物制品	84	255.33	171.55	5 675.03	3 544.89
其他制造业	22	60.77	29.55	1254.75	544.74
电力、煤气及水的生产和供应业	28	221.71	180.97	1 612.84	1 217.70
建筑业	21	71.27	40.61	1 545.27	836.48
交通运输、仓储业	25	130.32	103.34	904.14	710.87
信息技术业	130	306.66	192.98	5 297.71	290.04
批发和零售贸易	61	294.41	214.36	4 475.50	2 855.40
金融、保险业	10	208.78	136.99	3 180.85	1 861.66
房地产业	63	603.51	475.48	4 393.90	3 210.4
社会服务业	49	192.32	117.49	2 564.97	1 386.47

续表 11-5

行业名称	上市数目	总发行股本（亿股）	总流通股本（亿股）	市价总值（亿元）	流通市值（亿元）
传播与文化产业	15	44.54	32.19	751.78	446.12
综合类	20	128.21	110.70	1 148.64	1 041.60
合计	1 394	60 810.14	4 321.18	84 847.42	53 624.68

资料来源：深圳证券交易所 http://www.szse.cn/main/files/2011/09/01/476765699180.html，截止时间：2011 年 8 月。

二、行业生命周期分析

每种行业都要经历一个由成长到衰退的发展演变过程，称之为行业的生命周期。按照行业的发展历程，一个典型的行业生命周期分为初创期、成长期、成熟期和衰退期四个阶段。对行业生命周期的分析预测是行业分析的重要内容。行业在不同阶段产品价格、销售收入和利润如图 11-3 所示。

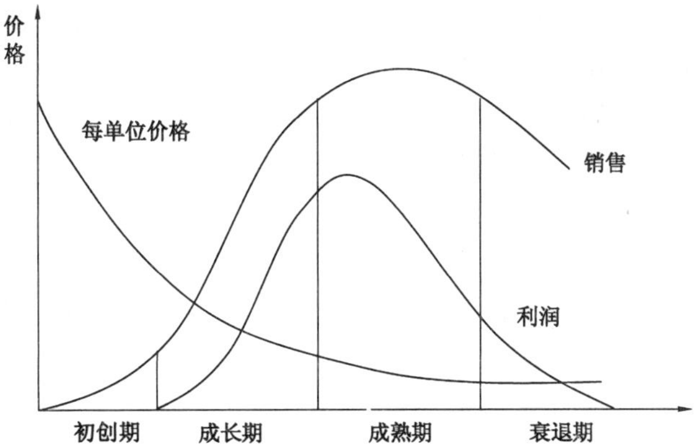

图 11-3　行业生命周期各阶段收入和利润

（一）初创期

任何一个产业都是以技术革新来创新的。比如 20 世纪 80 年代的个人电脑，90 年代的生物工程技术和互联网业。在新行业的初创期里，由于新行业刚刚诞生或创建不久，因而只有为数不多的创业公司投资于这个新兴的行业。这些创业公司财务上不但没有盈利，反而普遍亏损；同时，也面临很大的投资风险。在初创期后段，随着行业生产技术的提高，生产成本的降低和市场需求的扩大，新行业便逐步由高风险低收益的初创期转向高风险、高收益的成长期。

在这个阶段中，我们很难预测出哪些公司最终会获得成功，成为行业的领导者。他们中的一些会非常成功，但大多数的公司会失败，这时在行业中选择特定的公司来投资风险很大。在初创期后期，随着技术的提高，生产成本的降低和市场的扩大，这类企业会面临较好的发展机遇，因此比较适合投机者。

（二）成长期

进入成长期，说明行业的产品经过广泛的宣传和顾客的试用，逐渐赢得了大众的欢迎或偏好，市场需求开始上升，新行业也随之趋于繁荣。这是新行业发展的黄金时期，公司的发展逐步走上正轨，市场发展迅速，需求量很大，销售增长得非常快。行业中公司数目有限，几乎没有竞争，公司的利润较高。

由于看好该行业的前景，大量厂商的进入使得产品逐步出现多样化的局面，厂商之间的竞争加剧。这一时期，厂商的利润增长很快，但面临的竞争风险也很大，到了成长期后期，由于优胜劣汰，厂商数量逐渐趋于稳定，销售和利润都保持平稳，受不确定因素的影响较少，行业的波动也较小，此时，投资者蒙受经营失败而导致投资损失的可能性大大降低，分享行业增长带来的收益的可能性大大提高，因此，这个阶段是进行投资的最佳时期。

与市场需求的变化相适应，供给方面也相应出现了一系列的变化，因而新行业出现了生产厂商与产品竞争优胜劣汰规律的作用，市场上生产厂商的数目在大幅度下降之后开始稳定下来。由于市场需求基本饱和，产品的销售增长率减慢，迅速赚取大量利润的机会减少，整个行业开始进入成熟期。

（三）成熟期

当行业稳定增长了一段时期后，行业超高的增长率无法再维持，行业进入成熟阶段。在这个阶段，通过激烈的市场竞争生存下来的少数大厂商基本上垄断了整个行业的市场，每个厂商占有一定比例的市场份额。产品的普及程度已经达到了消费市场可以容纳的最大量，更多的企业加入进来生产同类的产品，价格的竞争十分激烈，产品的边际利润降低，投资也变得缓慢，公司开始派发比较多的股利。对于追求稳定收入且风险承担能力低的投资者而言，处于成熟期的行业是合适的投资目标。

（四）衰退期

这一时期出现在较长的成熟阶段后，由于新产品及大量替代品出现，市场需求减少，产品销量下降，某些厂商开始向其他行业转移资金，整个行业进入生命周期的最后阶段。在衰退阶段，厂商数目减少，市场萎缩，利润率停滞或下降，当正常利润无法维持，或现有投资折旧完毕后，整个行业便逐渐解体。事实上，相对于新行业的不断形成，真正"死亡"的行业并不多，往往是"衰"而不"亡"，如钟表和自行车。

行业进入衰退期有许多原因，如市场出现了更加优质的替代品、生产所依赖的资源枯竭。数码照相机的出现就使得传统照相机生产商走向绝路，并且牵连了胶片供应商。著名的胶片生产厂家柯达连续 8 个季度的亏损就是很好的案例。行业整体经营下滑时，公司也难免陷入困境。因此，除非公司或者行业能够转型，否则投资者应该避免涉猎此类行业的投资。

上述分析可以帮助投资者分析其投资的行业处于哪个阶段，从而可以估计相应的风险与收益情况。投资者可以从企业规模、产品普及度、市场需求等方面来判断一个行业所处的阶段。行业生命周期在运用上有一定的局限性，因为生命周期曲线是一条经过抽象化了的典型曲线，各行业按照实际销售量绘制出来的曲线远不是这样光滑规则，因此，有时要确定行业发展处于哪一阶段是困难的，识别不当，容易导致战略上的失误。因此，应将行业生命周期分析法与其他方法结合起来使用，才不至于陷入分析的片面性。一些典型的行业所处的生命周期的阶段如图 11-4 所示。

三、经济周期与行业景气循环

行业不仅有其生命周期，而且在生命周期的各个阶段中，行业也会有景气循环，其收入

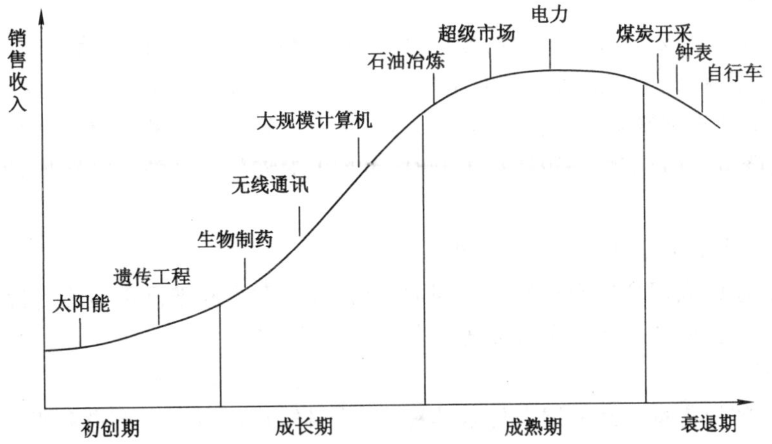

图 11-4　行业生命周期阶段分布

及利润也会随着行业自身的景气循环而波动。这是因为行业对经济周期的敏感程度不同，一些行业的增长和国民生产总值同步，另一些行业的增长率高于或低于国民生产总值增长率。

（一）行业对经济周期的反应

行业的景气循环与宏观经济的循环并不一定同步，即当宏观经济向好时，可能部分行业处于衰退期；当宏观经济低迷时，可能部分行业处于繁荣期。我们应该充分利用行业的这些特点，增加投资决策的正确性。根据行业对经济周期的敏感度，可以将行业分为四种类型：增长型、防御型、周期型和逆周期型。

1. 增长型行业

增长型行业是指业绩不受经济波动的影响能够保持增长的行业。增长型行业的运动状态基本不受宏观经济的影响，无论总体经济如何，行业的增长率都高于总体经济的增长率，也高于其他行业的增长率。这些产业收入增长的速率相对于经济周期变动来说，并未出现同步影响，因为它们主要依靠技术的进步、新产品推出及更优质的服务，从而使其经常呈现出增长状态。例如，在过去的几十年内，计算机制造业和网络行业就是典型的增长型行业。

2. 防御型行业

一些行业的产品需求相对稳定，基本不受宏观经济的影响，称这些行业为防御型行业。不论宏观经济处于经济周期的哪个阶段，其利润都缓慢增长或变化不大。与增长型行业相比，这类行业基本都属于成熟期，其收入和利润基本稳定，但增长率明显不如增长型行业。例如食品业、电力、煤气就属于这种行业。

3. 周期型行业

周期型行业是指行业业绩直接与宏观经济相关，并呈现正向波动。周期型行业的运动状态直接与经济周期相关。当经济处于上升时期，这些行业会紧随其扩张；当经济衰退时，这些行业也相应跌落。产生这种现象的原因是，当经济上升时，对这些行业相关产品的购买被延迟到经济改善之后。例如珠宝行业、耐用品制造业及其他依赖需求的收入弹性的行业，就属于典型的周期型行业。我国房地产业也是周期型行业，周期大致为 7 年。

4. 逆周期型行业

逆周期型行业与宏观经济表现恰好相反，当宏观经济繁荣时，此类行业表现低迷；反之，当宏观经济衰退时，此类行业表现却是上佳的。这种行业在国内不多见，安保行业可能属于其中一种，当宏观经济繁荣，人们安居乐业时，市场上对安保人员的需求自然减少；当宏观经济衰退，失业严重，导致盗窃等犯罪率上升时，市场上对安保人员的需求增加，安保行业反而会向荣。

（二）行业对经济周期的反应的判断

每一种行业的表现会依宏观经济不同而有所不同，对行业进行正确的分析，才能做出正确的投资决策。主要从以下三个方面进行分析。

1. 销售量

不同行业的销售量对经济周期的敏感程度不一样，可以以此来判断行业的类型。销售量对宏观经济敏感的是周期型行业，敏感性低的是防御型行业。

2. 经营杠杆

经营杠杆是指产品生产成本中固定成本与可变成本所占的比例。变动成本所占比例高的行业对经济周期敏感性低，变动成本所占比例低的行业对经济周期敏感性高。

3. 财务杠杆

财务杠杆是指公司总资产中债务所占比例的大小。公司对债务要付出的利息是固定的，经济衰退时往往资产回报率小于利息率，债务比例越高的公司亏损越大，股东的收益就越低。

对投资者来说，增长型行业往往有较高的投资回报率，是要发掘的目标。不过有些行业并非以经济周期来区分。例如利率敏感性行业就是这样，当利率上升时，行业收入明显减少，利率下跌时，行业收入明显增加。银行业、证券及期货业是明显的利率敏感性行业。投资者应该判断利率走向，从而指导投资决策。又比如有些行业对汇率极为敏感，这就要求投资者对汇率走向有正确的预期。

四、行业市场结构分析

根据行业中企业的数量和规模、产品的性质以及定价的能力等因素，可将行业按照其市场结构分为四种类型：完全竞争、垄断竞争、寡头垄断和完全垄断。

（一）完全竞争

完全竞争指众多生产者生产同质产品的市场情形。其特点是：

1. 产业集中度低

行业内生产者众多，每个生产者生产的产品数量占全行业产量的比重非常小。以至于其决策对市场价格不起任何作用，所以每个生产者视价格为给定的；同样每个消费者的购买量占行业产量的比重也非常小，以至于他们对价格没有影响能力，也将价格视为给定的。价格是由市场总需求与总供给决定的，对于每个生产者和消费者来说，他们都是价格的接受者。

2. 产品同质

所有生产者生产的产品同一性很高，产品具有完全的替代性。生产者不是价格的制定者，生产者的盈利基本上由市场对产品的供需状况来确定。任何一个生产者提高其产品价格，都将使得消费者转而购买其他企业的产品，保证了单一市场价格的存在。

3. 资源可自由流动

生产者和消费者可以自由进入和退出市场，不存在任何壁垒。厂商一看到该行业利润率很高，就可以自由地进入市场，而一旦出现亏损则可以自由退出市场。生产者也可以雇佣到所需的劳动力和原材料。

4. 信息是完全的

生产者和消费者都掌握了与交易有关的一切信息，如消费者对个人偏好、收入水平及产品价格和质量等拥有完全信息；而生产者对其成本、价格和技术也拥有完全信息。

从上述特点可以看出，完全竞争是理论性很强的市场类型，其实质在于所有的企业都无法控制市场的价格和使产品差异化。除了农产品市场接近于完全竞争状态，现实社会中几乎没有一个行业真正具备以上 4 个条件，因此，完全竞争是一种理想的市场类型。

（二）垄断竞争

垄断竞争指许多生产者生产同种但不同质产品的市场情形，既有垄断，又有竞争，既不是完全竞争的市场结构，又不是完全垄断。其主要特点是：

1. 产业集中度较低

行业内生产者数量较多，每个厂商的市场占有率较低，没有市场力量，与完全竞争市场较为接近。

2. 产品有差别

不同生产者生产的商品是不同质的，在质量、外观、商标等方面具有差异，使得企业能在一定程度上排斥其他产品。具有一定的定价权。

3. 进入和退出壁垒比较低

企业进入或退出某一行业都比较容易，劳动力和原材料的流动仍较为方便。

垄断竞争是一种比较接近现实经济状况的市场结构，在国民经济各产业中，制成品市场一般都属于这种类型。

（三）寡头垄断

寡头垄断是指只有少数几家厂商供给该行业全部或大部分产品，每个厂家的产量占市场总量的相当份额，对市场价格和产量有举足轻重的影响。由于只有少量的生产者生产同一种产品，每个生产者的价格政策和经营方式及其变化都会对其他生产者产生重要影响。寡头垄断的主要特点是：

1. 产业集中度高

市场被少数大企业所控制，销售的产品在行业中占据了很高的比例。市场上的生产者只有一个以上的少数几个（当厂商为两个时，叫双头垄断），每个生产者在市场中都具有举足轻重的地位，对其产品价格具有相当的影响力。任一生产者进行决策时，必须把竞争者的反应考虑在内，因而既不是价格的制定者，更不是价格的接受者，而是价格的寻求者。

2. 产品基本同质或差别较大，厂商的定价能力较强

产品没有差别，彼此依存的程度很高，叫纯粹寡头，存在于钢铁、尼龙、水泥等产业；产品有差别，彼此依存关系较低，叫差别寡头，存在于汽车、重型机械、石油产品、电气用具、香烟等产业。

3. 进入和退出壁垒较高

行业内的少数大企业在资金和技术以及生产规模上占有绝对优势，新企业很难进入；而

这些行业的企业生产规模很大，投入的资本量也很大，所以退出市场的壁垒也很高。

在这个市场上通常存在着一个起领导作用的企业，其他的企业则随该企业的定价与经营方式的变化而相应地进行某些调整。处于领导地位的企业不是固定不变的，它随企业实力的变化而变化。寡头垄断是一种较为普遍的市场结构形式，汽车、钢铁、化工等资本密集型的行业属于寡头垄断的市场结构。

（四）完全垄断

完全垄断是指独家企业生产某种特质产品的情形，在一定地理范围内某一行业只有一家公司供应产品或服务。这里的特质产品是指那些没有或缺少相近的替代品的产品。完全垄断可以是政府垄断，如铁路、邮政等部门；也可以是政府特许的私人完全垄断，如根据政府授予的特许专营或根据专利生产的独家经营以及由于资本雄厚、技术先进而建立的排他性的私人垄断经营。完全垄断的特点是：

1. 产业绝对集中

产业绝对集中度为100%，市场上只有1家厂商，产品没有替代品，但也需根据市场供求情况来定价。

2. 进入壁垒非常高

进入壁垒一般分为资本壁垒和技术性壁垒。即企业的初始资本投入金额非常巨大，或生产技术和专利被垄断企业所掌握，一般企业无法进入。

完全垄断也是比较罕见的市场结构，在现实生活中，公用事业属于这一类型，其定价往往会受到政府的干预。一般而言，政府垄断不一定能获得超额利润，而私人垄断和资源性垄断有获得超额利润的优势。

四种类型的行业结构特征如表11-6所示。

表11-6　　行业市场结构特征

结　构	产品差异性	公司数量	价格控制力和利润	代表行业
完全竞争	相同	很多	接受，长期的超额利润难	农产品
垄断竞争	品牌、服务等不同	较多	有一定的控制力	服装、牙膏等制成品
寡头垄断	相同或差异小	少数	较强的控制力	钢铁、汽车、石油、资源等
完全垄断	一个	一个	价格的制定者	公用事业、技术专利

五、行业竞争性分析

竞争决定了一个行业的利润率。行业的平均利润和行业的垄断程度相关，越是竞争激烈的行业，行业内的公司越不容易持续保持超过行业平均利润率的超额利润，不过在现实中，完全自由竞争和完全独断的市场结构都不多，大多数生产商都处于一定程度的垄断竞争中，竞争的最后结果是价格趋向于边际成本。管理学大师边克尔·波特提出用新进入者的威胁、现有企业之间的竞争、替代品的价格压力、买方议价能力和供应商议价能力五种因素来衡量竞争激烈程度。

（一）新进入者的威胁

行业的新进入者会对价格和利润造成巨大的压力，甚至当新进入者还没有真正进入该行业时，进入威胁也会对价格施加压力。高利润率使得新的竞争者加入行业，所以行业的准入成本就十分重要。如果进入壁垒高，它可以有效地阻止外部的生产商加入，就可以保证利润在现有生产商之间分配，处在这样行业中的公司，利润当然有一层保障。比如，餐饮业是准入成本非常低的行业，行业的利润也比较低；电脑软件的利润却会很高，因为知识产权使外部的投资者无法加入。

进入威胁的大小取决于进入障碍和现有企业的反击强度。决定进入障碍高低的主要因素通常为规模经济、产品差异优势、资金需求、销售渠道、转换成本和固有成本优势。原有企业对进入者的态度和反应，直接影响到进入的成功与否。如果现有企业对新进入者采取比较宽容的态度，新进入者进入某一产业就会相对容易一些；反之，如果现有企业非常在意甚至不满，就会对新进入者采取强烈的反击和报复措施，如在规模、价格、广告等方面加以遏制。这为新进入者增加了成功的难度。

（二）现有企业之间的竞争

在同一个行业内部，存在着众多生产相同或相似产品的同业企业。这些企业之间始终存在着竞争，于是在市场中就会出现价格战，从而降低边际利润。不过，其竞争的激烈程度往往因行业不同而不同，有的行业比较缓和，有的行业非常激烈，增长率缓慢的行业竞争激烈。影响竞争激烈程度的主要因素有以下几个方面：① 同业企业的数量和力量对比；② 行业发展的速度；③ 产品的差异化程度与用户的转换成本；④ 固定成本和库存成本；⑤ 行业内生产能力的增加幅度；⑥ 退出障碍。

（三）替代品的价格压力

替代品的出现会对行业的销售和利润带来很大的影响。如果一个行业的产品存在替代品，它将面临与相关行业竞争的压力。替代品是指那些与本行业的产品具有相同或相似功能的其他产品，如晶体管可以替代电子管，E-mail 可以代替电报、信函等。替代品的竞争压力越大，对现有企业的威胁就越大。一般来讲，替代品及现有产品的价格是比较容易确定的，而估算替代品及现有产品的价值是比较困难的。

分析替代品对行业的影响主要考虑替代品与行业现有产品的相对价值/价格比（Relative Value/Price，RVP）、用户转向替代品的转化成本和用户使用替代品的欲望。

（四）买方议价能力

如果买方购买了某一行业大部分产品，就有了相当的议价能力。买方对本行业的竞争压力表现为要求企业提供的产品尽可能价格低、质量高，并且能提供周到的服务。同时，买方还可能利用现有企业之间的竞争对生产厂家施加压力。

影响买方讨价还价能力的主要因素如下：

(1) 顾客集中度。顾客采取集中进货的方式，或者进货批量较大，则对供方企业具有很大的讨价还价能力。

(2) 顾客从供方购买产品占其成本的比重。顾客从本行业购买的产品在其成本中占的比重较大，它在购买时选择性较强，其讨价还价的欲望也会非常强烈，并会尽量压低价格。反之，如果所购产品在顾客成本中只占很小比例，则顾客对所购产品的价格并不十分敏感，花大力气去讨价还价的可能性也不大。

(3) 顾客选择后向一体化的可能性。如果顾客实力强大，具有实现后向一体化的能力，即他们可以在向外购买与自行生产两种方式之间进行选择，这就增强了顾客对供方的讨价还价能力。

(4) 产品差异化程度和转换成本的大小。本行业产品的标准化程度高，顾客的转换成本小，因而，顾客对产品的挑选余地比较大，也会形成对本行业的压力。

(5) 顾客对信息的掌握程度。如果顾客对所购产品的市场需求、市场价格、生产成本等信息有足够的了解，他们可能就此与供方进行充分的讨价还价。

(五) 供应商议价能力

供应商是指从事生产经营活动所需要的各种资源、配件等的企业供应单位，往往通过提高价格或降低质量及服务的手段，向行业的下游企业施加集中的压力，并以此来榨取行业利润。供应商的讨价还价能力越强，现有产业的盈利空间就越小；反之则盈利空间大。

如果关键投入品的供给厂商在行业中处于垄断地位，它就能对该产品索取高价，进而从需求方行业中赚取高额利润。决定供应商讨价还价能力的因素主要有以下几点：

(1) 行业集中度。供应商所在行业的集中度高于购买者的集中度，即供应商由少数几家公司实行高度集中控制，并且由它们向分散而众多的企业提供产品时，供应商就很容易联手操纵市场，供应商处于强势地位，他们会迫使购买者在价格、量、付款条件和交货方式等方面接受有利于供应商的条款。

(2) 行业的重要性。当供应商向很多行业出售产品时，如果某行业的购买量在供应商的销售量中只占较小部分，则供应商有较强的讨价还价能力。如果本行业是一个重要的客户，供应商就会通过合理定价以及协助该行业的研究开发活动，或公关活动等方式来保护与该行业的关系。

(3) 前向一体化的可能性。供应商实现前向一体化的可能性大，则对行业施加的竞争压力就大。比如，以原油开采为主业的石油公司(原油供应商)自己大量兴建石油化工厂，就会对石油化工产业(原油购买者)带来很大竞争压力。

(4) 供应商的重要性。如果供应商的产品对买主生产过程或产品质量至关重要时，供应商就有较强的讨价还价能力，特别是当这种产品不能储存时，供应商的讨价还价能力会更强。

(5) 产品差异化程度和转换成本的大小。如果供应商的产品与众不同，购买者对供应商的依赖性越强，供应商就会处于优势地位，在交易中持强硬态度。另外，如果购买者中途转换供应商需要付出巨大的代价，则变更供应商就会很困难，供应商讨价还价能力就很强。

(6) 产品的可替代程度。如果供应商提供的产品可替代程度低，用户的选择余地小，则购买者只好接受供应商的价格及其他条件，以维持生产经营，这时，供应商讨价还价能力很强。相反，如果供应商产品的可替代性强，用户的选择余地很大，供应商则处于不利地位。

波特提出的五种竞争的作用力如图 11-5 所示。任何一种作用力都由行业结构、行业的特征决定。行业结构的变化会影响企业的盈利能力。五种作用力的作用随行业的不同而不同，投资者要能够准确把握对行业最重要的竞争因素，识别能提高行业以及企业本身盈利能力的战略决策。

六、影响行业兴衰的因素

(一) 技术进步

技术进步是影响行业发展的重要因素。它一方面决定了新产业的兴起和旧产业的消亡，另一方面也推动了现有产业的技术升级。21 世纪，人类所处的时代是科学技术日新月异的时代，不仅新兴学科不断涌现，而且理论科学朝实用技术的转化过程大大缩短，速度大

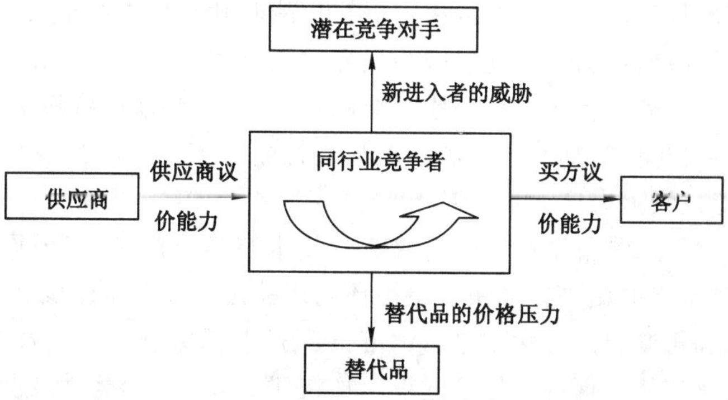

图 11-5 决定行业获利能力的五种竞争力

大加快，这直接而有力地推动了经济的迅速发展。第二次世界大战后，工业发展的一个显著特点是：新技术在不断地推出新行业的同时，也在不断地淘汰旧行业。如大规模集成电路计算机代替了一般的电子计算机，通信卫星代替了海底电缆等。这些新产品在定型和大批量生产后，市场价格大幅度地下降，从而很快就能被消费者所使用。又如 20 世纪 90 年代以来信息技术实现巨大突破，特别是世纪之交因特网和电子商务的发展，是一次前所未有的技术与制度创新，甚至使人们的思维方式发生了转变。新兴行业的创新特点使其能够很快地超过并代替旧行业，或严重地威胁原有行业的生存。

对于技术因素的分析，要考虑行业产品能否承受新技术带来的替代品的攻势。手机技术的迅速成熟，使寻呼机很快消失。隐形眼镜的出现对框架眼镜的影响并不大，笔记本电脑的出现对台式机的影响也不显著。新旧行业并存也是全球行业发展的基本规律。

(二) 政府政策

政府影响和干预经济的目的是维护经济的公平和自由竞争，保证经济的健康运行和发展。政府可以通过多种手段对行业进行干预，如税收、关税、信贷、补贴、价格等，也可以通过规划指导、额度限制、市场准入、环保标准、安全标准对行业进行调控和监管，甚至直接行政干预。投资者必须评估政府对特定行业的影响，进而对行业的未来发展进行预测。

1. 产业政策

产业政策是指政府对产业结构变化进行定向干预指导的方针和原则。一个国家的产业政策随着社会经济的发展和国际形势的变化而变化。国家对某一产业的扶持，常常意味着这一产业有更多、更快的发展机会；若政府对某一产业加以限制，则意味着这一产业被封杀了发展的空间，而且国家的产业政策往往是在对产业结构发展方向和各产业发展规律深刻认识基础上制定并实施的，因而具有显著的导向作用。国家产业政策也是人们从事证券投资的依据，投资者在投资时，必须考虑该行业与国家发展战略、资源政策和产业政策的一致性。

改革开放以来，我国的产业政策经历了优先发展基础产业、重点发展高新技术产业到大力发展先进制造业。当前，国家发改委出台的《产业结构调整指导目录(2011 年本)》成为中国“十二五”时期产业结构调整一个纲领性文件。十七届五中全会提出，要“以重大技术突破和重大发展需求为基础，促进新兴科技与新兴产业深度融合，在继续做强做大高技术产业基础上，把战略性新兴产业培育发展成为先导性、支柱性产业”。2010 年 10 月 10 日，《国务院关于加快培育和发展战略性新兴产业的决定》指出:战略性新兴产业是引导未来经济社会发展的重要力量。发展战略性新兴产业已成为世界主要国家抢占新一轮经济和科技发展制高点的重大战略。我国正处在全面建设小康社会的关键时期,必须按照科学发展观的要求,抓住机遇,明确方向,突出重点,加快培育和发展战略性新兴产业。根据战略性新兴产业的发展阶段和特点,重点发展七大产业:

(1) 节能环保产业。重点开发推广高效节能技术装备及产品,实现重点领域关键技术突破,带动能效整体水平的提高。加快资源循环利用关键共性技术研发和产业化示范,提高资源综合利用水平和再制造产业化水平。示范推广先进环保技术装备及产品,提升污染防治水平。推进市场化节能环保服务体系建设。加快建立以先进技术为支撑的废旧商品回收利用体系,积极推进煤炭清洁利用、海水综合利用。

(2) 新一代信息技术产业。加快建设宽带、泛在、融合、安全的信息网络基础设施,推动新一代移动通信、下一代互联网核心设备和智能终端的研发及产业化,加快推进三网融合,促进物联网、云计算的研发和示范应用。着力发展集成电路、新型显示、高端软件、高端服务器等核心基础产业。提升软件服务、网络增值服务等信息服务能力,加快重要基础设施智能化改造。大力发展数字虚拟等技术,促进文化创意产业发展。

(3) 生物产业。大力发展用于重大疾病防治的生物技术药物、新型疫苗和诊断试剂、化学药物、现代中药等创新药物大品种,提升生物医药产业水平。加快先进医疗设备、医用材料等生物医学工程产品的研发和产业化,促进规模化发展。着力培育生物育种产业,积极推广绿色农用生物产品,促进生物农业加快发展。推进生物制造关键技术开发、示范与应用。加快海洋生物技术及产品的研发和产业化。

(4) 高端装备制造产业。重点发展以干支线飞机和通用飞机为主的航空装备,做大做强航空产业。积极推进空间基础设施建设,促进卫星及其应用产业发展。依托客运专线和城市轨道交通等重点工程建设,大力发展轨道交通装备。面向海洋资源开发,大力发展海洋工程装备。强化基础配套能力,积极发展以数字化、柔性化及系统集成技术为核心的智能制造装备。

(5) 新能源产业。积极研发新一代核能技术和先进反应堆,发展核能产业。加快太阳能热利用技术推广应用,开拓多元化的太阳能光伏光热发电市场。提高风电技术装备水平,有序推进风电规模化发展,加快适应新能源发展的智能电网及运行体系建设。因地制宜开发利用生物质能。

(6) 新材料产业。大力发展稀土功能材料、高性能膜材料、特种玻璃、功能陶瓷、半导体照明材料等新型功能材料。积极发展高品质特殊钢、新型合金材料、工程塑料等先进结构材料。提升碳纤维、芳纶、超高相对分子质量聚乙烯纤维等高性能纤维及其复合材料发展水平。开展纳米、超导、智能等共性基础材料研究。

(7) 新能源汽车产业。着力突破动力电池、驱动电机和电子控制领域关键核心技术,推进插电式混合动力汽车、纯电动汽车推广应用和产业化。同时,开展燃料电池汽车相关前沿技术研发,大力推进高能效、低排放节能汽车发展。

2. 监管、调控与环保政策

政府对企业的影响一般通过实施宏观经济政策进行调控。近年来,房地产业发展过热,为防止房地产行业的泡沫带来经济动荡,政府出台政策对房地产行业进行调控。包括实行的土地政策和货币政策。2005 年 3 月 16 日央行商业银行对个人住房贷款的利率，正是对房地产业的宏观调控政策。2007 年以来，央行高频率上调存款准备金率也是对房地产业的调控措施，同时这也是对银行业的调控和监管。

对于关系到社会稳定和国家安全的行业，政府会采取监管措施，防止行业的过热发展和无序发展影响经济的健康、稳定有序发展。

可持续发展是中国的国家战略，发展低碳经济是全世界多数国家和人民的共识。目前我国已有 9 部环保专门法律、10 多部自然资源法律和 30 多部环境法规以及一系列的规章和标准构成的法律体系，淘汰技术落后、浪费资源、污染严重生产工艺和设备，促进产业优化升级。

（三）产业组织创新

产业组织是指同一产业内企业的组织形态和企业间的关系，包括市场结构、市场行为、市场绩效三方面内容。因此，所谓产业组织创新，是指同一产业内企业的组织形态和企业间关系的创新。产业组织的创新过程（活动）实际上是对影响产业组织绩效的要素进行整合优化的过程，是使产业组织重新获取竞争优势的过程。

从作用的效果来看，产业政策的调控与产业组织的创新都有优化产业组织的功能，但产业政策在产业组织合理化过程中的作用是一种经济过程中的被组织力量，而产业组织创新则往往是产业及产业内企业的自组织过程。一方面，产业组织与产业结构息息相关，是连接产业结构与产业政策的纽带。因此，产业组织创新是推动产业结构升级的重要力量之一。另一方面，产业组织又与企业组织密切相关，是具有某种同一性的互动范畴。因此，产业组织的创新不仅仅是产业内企业与企业之间垄断或竞争关系平衡的结果，更是企业组织创新与产业组织创新协调与互动的结果。实践证明，产业组织创新的直接效应包括实现规模经济、专业化分工与协作、提高产业集中度、促进技术进步和有效竞争等；间接影响包括创造产业增长机会、促进产业增长实现、构筑产业赶超效应、适应产业经济增长等多项功效。产业组织创新能在一定程度上引起产业（或行业）生命周期运行轨迹或生命周期阶段持续时间的变化。

与其他创新活动一样，产业组织的创新没有固定的模式，在不同行业或同一行业的不同发展时期，产业组织创新有着与行业本身固有的行业属性、行业所处生命周期的阶段特征、行业内企业组织变革乃至与整个社会经济演进相关联的各种形式。例如，产业化经营旨在延长产业链，增加附加值，加深产业与相关产业的融合发展，解决产品的产供销衔接问题，使商业资本与产业资本相对集中，产生聚合的规模效益；产融结合旨在通过产业部门与金融部门的资本融合，使产业资本加速集中，充分发挥金融对产业发展的融资作用，使产业结构的调整得以迅速有效地进行；服务体系建设旨在加强产业的服务体系建设，完善产业市场信息体系、产业质量标准体系及产业自律体系；大规模数字化经济旨在改变产业内企业的组织管理形式、厂商与消费者的关系、竞争者之间的竞争方式以及企业间乃至产业间的分工协作方式等等。以我国农业为例，家庭承包制、一体化经营、农业产业化等成为我国农业在不同发展时期产业组织创新的尝试，构筑了传统农业向现代农业演进的产业升级之路。此外，产业组织创新与产业技术创新等密不可分。产业技术创新在很大程度上由产业组织创新的过程和产业组织创新的结果所驱动。技术创新是组织创新某方面的表现，组织创新是技术创新的有效载体，二者是相互促进的互动关系。具有创新活力且通过组织创新不断优化了的产业组织，能最大限度地、系统地为产业技术创新配置资源（如资本资源、人力资源、环境资源等）。由此，产业组织创新与产业技术创新共同成为产业不断适应外部竞争环境或者从内部增强产业核心能力的关键。

（四）社会习惯的改变

随着人们生活水平和受教育程度的提高，消费心理、消费习惯、文明程度和社会责任感会逐渐改变，从而使某些商品的需求发生变化并进一步影响行业的兴衰。在解决基本温饱之后，人们更注重生活的质量，不受污染的天然食品备受人们青睐；对健康投资从注重保健品转向健身器材；在物质生活丰富后，注重智力投资和丰富的精神生活，旅游、音响成了新的消费热点；快节奏的现代生活使人们更偏好便捷的交通和通信工具；高度工业化和生活现代化又使人们认识到保护生存环境免受污染的重要性。发达国家的工业部门每年都要花费几十亿美元的经费来研制和生产与环境保护有关的各种设备，以便使工业排放的废渣、废水和废气能够符合规定的标准。所有这些社会观念、社会习惯、社会趋势的变化对企业的经营活动、生产成本和收益等方面都会产生一定的影响，足以使一些不再适应社会需要的行业在衰退的同时激发新兴行业的发展。

需求变化是未来优势产业的发展导向，并在相当程度上影响行业的兴衰。在收入相对比较低的时候，由于恩格尔定律的作用，人们对生活用品有较大需求。提供生活消费品的可口可乐、宝洁、强生公司和满足这些需求的销售渠道如沃尔·马特公司，均在不断满足这些消费需求的过程中发展起来。随着收入水平的提高，生活消费品支出占消费总支出的比例逐渐下降，人们需要更多的服务消费和金融投资，从而使金融、旅游、教育、医疗、保险、体育、文化等行业从中获得了快速增长的动力。

（五）经济全球化

所谓经济全球化，是指商品、服务、生产要素与信息跨国界流动的规模与形式不断增加，通过国际分工，在世界市场范围内提高资源配置效率，从而使各国经济相互依赖程度日益加深的趋势。它是全球生产力发展的结果，其推动力是追求利润和取得竞争优势。20 世纪 90 年代以来，经济全球化的趋势大大加强。导致经济全球化的直接原因是国际直接投资与贸易环境出现了新变化。

1. 经济全球化的主要表现

(1) 生产活动全球化，传统的国际分工正在演变成为世界性的分工。国际分工的形成机制在变化，出现了协议性分工，即主要是跨国公司经营的分工和地区经贸集团成员内组织的分工。世界性的国际分工使各国成为世界生产的一部分，成为商品价值链中的一个环节。它有利于世界各国充分发挥优势，节约社会劳动，使生产要素达到合理配置，提高经济效益，促进世界经济的发展。

(2) 1995 年 1 月 1 日诞生的世界贸易组织（the World Trade Organization，WTO）标志着世界贸易进一步规范化，世界贸易体制开始形成。作为世界多边贸易体制组织和法律基础的世界贸易组织，以其法人地位对所有成员方都有严格的约束力。因此，世界贸易组织的建立标志着一个以贸易自由化为中心、囊括当今世界贸易诸多领域的多边贸易体制大框架已经构筑起来。

(3) 各国金融日益融合在一起。金融国际化进程加快，地区性经贸集团的金融业出现一体化，金融市场迅猛扩大。

(4) 投资活动遍及全球,全球性投资规范框架开始形成。投资成为经济发展和增长新支点,国际对外直接投资与吸收外国直接投资主体多元化,一些发达国家和发展中国家与地区成为吸收外国直接投资的主要对象。国际借贷资金流动量增长很快,证券股权投资迅速发展,投资自由化成为各国国际直接投资政策的目标。

(5) 跨国公司作用进一步加强。跨国公司的数目剧增,以发达国家和发展中国家为基地的最大跨国公司日益全球化,跨国公司开始结成新型的战略联盟,全球跨国兼并与收购总额上升,跨国公司国际生产的规模和重要性日益增加。跨国公司内部贸易在其国家贸易中的比重提高,出现了无国界经济。

2. 经济全球化对各国产业发展的重大影响

经济全球化导致产业的全球性转移。发达国家将低端制造技术加速向发展中国家进行产业化转移。随着高新技术行业逐渐成为发达国家的主导产业,传统的劳动密集型(如纺织服装、消费类电子产品)甚至是低端技术的资本密集型行业(如中低档汽车制造)将加快向发展中国家转移。发达国家在将发展中国家变成它的加工组装基地和制造工厂的同时,仍然可以掌握传统行业的核心技术,并通过不断向发展中国家转让其技术专利取得市场利益。例如,中国虽然是世界鞋业的全球性工厂,但是美国 NIKE 公司却拥有最先进的运动鞋设计制造技术。其他还有诸如 VCD、DVD、移动电话等产品的生产都存在这种状况。制造业结构正在向技术密集型和高新技术行业加速转移。20 世纪 70 年代世界技术密集型行业的增长就已经出现快于一般工业的趋势,80 年代这一趋势更加明显。从高新技术行业在整个制造业增加值和出口总值的比重来看,欧洲、北美和日本自 1970 年以来都有明显的增长。

选择性发展将是未来各国形成优势行业的重要途径,因为一个国家受技术水平、资源潜力的限制,不可能在所有领域都取得领先优势。战略性产业发展思路成为许多国家的战略,比如美国的信息技术和生物技术行业、日本的机器人行业、印度的计算机软件业等等。产业全球化导致的国际竞争和国际投资因素,将会影响行业结构发生很大变化。比如成熟的美国汽车行业长期被通用、福特和克莱斯勒三家汽车公司所控制,市场处于稳定状态。但近年来,美国汽车工业受到日本、西欧,甚至韩国汽车的挑战。这种国际竞争不仅打破了美国国内原先的市场格局,而且影响到美国汽车行业生命周期的发展。

3. 国际分工出现重要变化

(1) 国际分工的基础出现了重要变化。传统的国际分工理论认为,国家间分工的基础是各国的资源禀赋。各国自然资源禀赋的差异导致各国产业结构的不同,通过不同商品的贸易可以增进各国的福利。经济全球化的不断深化,使生产要素与商品、服务跨国界流动的障碍与成本大大降低,一个国家的优势行业也不再主要取决于资源禀赋。随着产业结构的高度化,在决定各国比较优势的因素中,资源禀赋作用在减弱,后天因素的作用逐步增强。所谓后天因素,包括政府的效率、市场机制完善的程度、劳动者掌握知识与信息的能力、受到政策影响的市场规模等。后天因素的改善可以弥补资源禀赋方面的劣势,而后天因素的劣势则可能使资源禀赋方面的比较优势难以发挥。

(2) 国际分工的模式出现了重要变化。以往的国际分工是各国从其比较优势出发,用具有比较优势行业的商品交换比较劣势行业的商品。表现在贸易结构上,主要是行业间的贸易。随着经济全球化的日益加深,跨国公司在全球范围内寻求资源的最佳配置,将其产业链的不同环节分别布局在不同的国家,将越来越多的国家纳入跨国公司的全球生产与服务网络之中。这种新的国际分工表现在贸易结构上，就是行业内贸易和公司内贸易的比重大幅度提高。

4. 经济全球化导致贸易理论与国际直接投资理论一体化

在贸易与投资一体化理论中，企业行为被分为两大类型。第一，总部行为。总部行为包括工程、管理和金融服务以及信誉、商标等甚至可以无偿转让给远方生产区位的服务。这类行为有时被简化概括为研究与开发。第二，实际生产行为。实际生产行为又可分为上游生产(中间产品)和下游生产(终极产品)。企业在两个国家间进行活动时，可以将总部行为安排在母国进行，但其实际生产或转移到东道国进行(纵向一体化)，或者既安排在国内，又安排在国外进行(横向一体化)。因此，跨国企业不仅通过价格和质量进行竞争，而且还通过生产的组织进行竞争。贸易与投资理论的一体化表明，在经济全球化背景下不能以单纯的贸易行为来衡量国家之间的经济利益。

第四节　公司分析

在对证券市场所处的宏观经济环境和公司所属行业进行分析之后，还需要对该行业中的企业进行分析，以找出最合适的投资对象，并获得最佳的投资收益。这是因为每个行业当中有许多企业，每个企业的规模实力以及经营能力等方面部存在着差异，投资者要通过对公司的各个方面进行分析，来确定公司的内在价值，并找出市场价格被低估的公司进行投资。

公司分析的目的在于通过对具体投资目标的考察以确定目标公司是否具有投资价值。对公司的分析可以分为基本素质分析和财务分析两大部分，基本素质的分析着重于考察公司的竞争能力和经营管理能力；财务分析则通过分析公司的财务指标考察其偿债能力和盈利能力等。

一、公司基本素质分析

(一) 公司背景分析

投资者要投资某个公司，首先要了解公司的背景，包括公司的发展历史、主要产品、主要控股股东等。了解上市公司的发展历程和主要产品，可以帮助投资者理顺公司的来龙去脉，准确把握公司基本面，以此作为预测未来的参考。如全聚德(002186)，1994 年 6 月，由全聚德集团等 6 家企业发起设立了北京全聚德烤鸭股份有限公司。全聚德，中华著名老字号，创建于 1864 年(清朝同治三年)，全聚德人历经几代的创业拼搏获得了长足发展，从其一百多年的发展，投资者对其产品质量、销售量以及企业效益都不会怀疑。经评估，1994 年 1 月 1 日，全聚德无形资产价值是 2.69 亿元人民币；2004 年 6 月 28 日，在世界品牌实验室和世界经济论坛主办召开的世界品牌大会上，全聚德品牌评估价值上升到 84.58 亿元人民币；2005 年 8 月 6 日，世界品牌实验室宣布全聚德品牌评估价值为 106.34 亿元人民币；2007 年 9 月，在第二届亚洲品牌盛典中，全聚德品牌荣获第 320 强，是亚洲餐饮行业唯一进入亚洲 500 强品牌的企业。2008 年公司除在北京地区完成 1.5 亿元利润外，仅有上海店实现了 92.67 万元的赢利，其他京外直营店全部亏损，合计亏损金额约为 1 000 万元。几乎全军覆没般的扩张失败对全聚德并没有造成致命影响。

一个公司的主要控股股东的强大的产业背景和实力，可以使上市公司得益于整个产业链所带来的协同效应，享有控股股东庞大的市场网络和品牌资源。股东大会是上市公司的权力机构，决定公司的经营方针和投资计划。主要股东的意见在股东大会中有决定性的作用。我国上市公司的主要股东一般有国有股东、民营股东和机构投资者。主要股东可以分为管理股东和策略股东，管理股东对上市公司的发展有决定意义，策略股东对股票价格的波动有重要影响。

目前越来越多的上市公司引进国外的战略投资者，不仅可以增强上市公司资本实力，改善资本结构，优化公司治理结构，更重要的是国外的战略投资者可以带来先进的管理模式和经营理念，从而提升上市公司的核心竞争力和综合实力。

（二）公司竞争地位分析

上市公司在行业中的地位决定了该公司竞争能力的强弱，因此，竞争地位分析是公司基本素质分析的重要内容。没有竞争优势的企业势必要在激烈的竞争中淘汰。公司只有确立了竞争优势，并不断通过技术进步和管理能力的提升来保持这种竞争优势，才具有长期投资价值。

1. 技术水平

技术水平是决定公司地位的首要因素。技术水平决定了产品的竞争能力，只有拥有了先进的技术水平，才能快速占领市场，在竞争中处于有利的位置。对技术水平的评价包括技术硬件部分和技术软件部分。技术硬件部分主要是公司的机械设备。技术软件部分主要是工艺技术、生产专利、经营管理技术以及专业人才和公司每年研发费用的投入数量等等。

2. 管理水平

管理水平的高低也是确定公司竞争优势的一项重要因素。管理水平高的公司，往往可以在相同条件下获得超过行业平均水平的利润。对公司管理水平的评价主要包括对各层次管理人员的素质及管理能力、企业管理风格和经营理念、内部调控机制、人事管理效率等进行分析。

3. 市场开拓能力和市场占有率

效益好且能长期生存的公司的市场占有率是稳定并呈增长趋势的，市场占有率是市场开拓能力的体现和结果，只有积极通过各种营销手段争夺现有市场和开发潜在市场，才能扩大市场份额并提高市场占有率。而市场占有率的提高则意味着收益的增加和竞争能力的增强。另外，市场占有率还取决于公司的品牌战略和产品的竞争能力。一般从公司产品销售市场的地域分布和公司产品在同类市场的占有率两个方面考察公司产品的市场占有率。公司产品销售市场的地域广，公司产品在同类市场的占有率高，则公司的竞争能力强；反之，公司的竞争能力弱。微软巨大而稳定的市场份额是公司的利润之源。企业为提高市场占有率采取各种策略。如长虹彩电曾通过大幅降价，挤垮竞争对手，扩大市场份额；海尔集团通过保持优质优价的形象并拓展海外市场，维持其高利润下高市场占有率。

4. 资本与规模效益

随着公司规模的扩大，边际成本呈现出递减的趋势，当公司产量扩大到一定程度时，就会在长期平均成本最低点的规模上进行生产，从而使收益选到最大，公司也更具竞争能力。有些行业，比如汽车、钢铁、造船是资本密集型产业，这些产业往往以“高投入，大产出”为基本行业特征。由资本的集中程度而决定的规模效益是决定公司收益、前景的基本因素。投资者在进行长期投资时，一般不会选择那些身处资本密集型行业，但又无法形成规模效益的企业。

5. 项目储备以及新产品的开发

任何产品都是有其生命周期的，只有不断进行产品更新和技术改造，随时能将储备的项目投向市场，才能保持公司的市场份额和在行业中的地位。

（三）公司盈利能力及增长性分析

衡量公司的盈利能力以及通过分析各种资料对公司将来的盈利能力做出预测是公司基本素质分析的重要内容之一。公司的盈利能力是影响公司利润和股票市场价格的重要因素。

首先，要对公司所处行业的发展前景进行分析，一般来说，新兴行业的成长性高，发展速度快，获利能力强。

其次，要分析公司的产品形态，是消费品还是生产资料。生产资料的生产受经济周期变动的影响较大，其收益的波动要大于消费品生产企业。

第三，要分析公司的生产形态，通常情况下，技术密集型企业和资金密集型企业相对更具备竞争能力。

最后，还要考虑公司的需求形态，如果公司的产品主要以出口为主，那么还要受国际政治经济环境的影响。

（四）公司经营管理能力分析

上市公司的经营管理能力直接影响企业的盈利能力，甚至企业的兴衰，是投资者选择投资对象必须考虑的因素之一。经营管理能力强的公司更容易得到投资者的青睐，这是对管理层的认同，也可以说是对管理层的投资。

1. 公司管理人员的素质及能力分析

一个企业的兴衰，与一个企业的管理层的素质和开拓精神密切相关。很多时候对企业的投资就是对企业管理层的投资，就是对管理层的认同，创业投资尤其体现这一点。一般来说，管理人员应具备较高的企业管理能力、丰富的工作经验、较强的专业技术能力、良好的道德品质修养、较强的人际关系协调能力等。

公司的经营管理可以分为3个层次，即决策层、管理层和执行层。决策层主要指公司的董事会，负责制定公司的重大方针和决策方向。作为决策层，需要具备较高的管理技能和丰富的管理经验以及优秀的组织协调能力，并且具有开拓精神，对新事物和新观念有敏锐的感知能力。

管理层主要是贯彻决策层的意图，完成既定的任务和目标，并进行日常事务的管理。管理层应精通与该企业相关的技术知识、实际工作经验、现代化管理意识，并有较强的组织能力，善于与上下级沟通及对外交流合作，有灵活处理各种错综复杂问题的能力和应变能力。

执行层是企业最基层，各项决策和方针的执行最终将落实在执行层上。执行层需要熟练掌握本部门或本岗位的操作程序和操作技术，按时完成工作任务并保证产品质量，同时还要积极提出合理化建议，促进本部门工作效率的进一步提高。

2. 公司管理风格及经营理念

管理风格是企业在管理过程中一贯坚持的原则、目标及方式等方面的总称。经营理念是公司发展一贯坚持的一种核心思想，是管理者追求企业绩效的根据，是顾客、竞争者及科技优势、发展方向、共同信念和企业追求的经营目标，也是企业制定战略目标和实施战术的前提条件和基本依据。一般而言，公司的管理风格和经营理念有稳健型和创新型两种。

稳健型公司的特点是在管理风格和经营理念上以稳健原则为核心，一般不会轻易改变已形成的模式。执行稳健型原则的公司发展平稳，很少有大起大落。但是由于不愿经营高风险高回报的项目，往往难以获得超额利润。

创新型公司是指拥有自主知识产权的核心技术、知名品牌，具有良好的创新管理和文化，整体技术水平在同行业居于先进地位，在市场竞争中具有优势和持续发展能力的公司。创新型公司的特点是在管理风格和经营理念上以创新为核心，经营活动中的开拓能力较强。创新型的管理是公司获得持续竞争力的关键。管理创新是指管理人员借助于系统的观点，利用新思维、新技术、新方法，创造一种新的更有效的资源整合方式，以促进企业管理系统综合效益的不断提高，达到以尽可能少的投入获得尽可能多的综合效益。

分析公司的管理风格可以跳开现有的财务指标来预测公司是否具有可持续发展的能力，而分析公司的经营理念可据以判断公司管理层制定何种公司发展战略。

3. 公司经营效率分析

公司经营效率既包括企业内部的管理效率，又包括企业对外界环境的反应能力。公司经营效率是公司经营管理能力的重要方面，直接影响到公司的盈利能力。衡量公司经营效率一般从以下方面进行考察：① 公司生产能力的利用程度是否充分；② 公司的人均销售额和利润是否高于行业平均水平；③ 公司每单位的设备投资的销售额和利润是否高于行业平均水平；④ 经营管理人员的工作效率和开拓能力。

4. 多种经营能力

公司的生产经营范围局限于单一领域的话，受经济周期的影响程度相对较大。如果公司能在稳健发展主业的同时，积极实施多元化发展，实行多种经营，可以减少公司取得收益的不确定性，以降低经营风险。一般可以采用两种形式：一是纵间一体化，即向公司的上下游行业进行拓展，以加强对原材料的供应的控制能力并扩大产品的销售市场，争取市场份额。二是横向一体化，即向与主业无关的领域扩展，可以在一定程度上减轻经营风险，但由于对新行业的不熟悉，贸然介入的话，往往会面临亏损或微利的尴尬局面，甚至影响到主业的发展，应三思而后行。

5. 人事管理效率和企业文化分析

一个企业的人事管理效率决定着该企业的生产效率和员工能力能否充分发挥，也影响着该企业的企业文化。企业文化在现代企业中起着越来越重要的作用。宝洁公司的董事长宣称，即使宝洁公司在全球的厂房全部毁于一旦，只要公司的员工还在，只要公司的文化还在，公司在短期内就能重新崛起，这说明了企业文化对公司长盛不衰的重要性。

（五）公司区位分析

区位是指地理范畴上的经济增长带或经济增长点及其辐射范围，是资本、技术和其他经济因素高度集聚的地区。因为经济的发展在空间上具有不平衡性，尤其是在中国这样的转型经济体系中，区域差异是很明显的，上市公司的投资价值与区位经济的发展密切相关，投资者在选择投资对象时还应考虑上市公司的地区分布。对上市公司进行区位分析，就是通过分析上市公司所在区位的自然条件、资源状况、产业政策、政府扶持力度等方面，考察上市公司的发展后劲，预测该公司的发展前景，判断该公司的投资价值。

1. 区域经济格局

经过 20 多年的改革开放，目前我国已经形成了自然与政策性的四大经济区域，即东部、中部、西部和东北。“东部率先发展、西部开发、东北振兴、中部崛起”将成为中国统筹区域发展、构建中国社会主义和谐社会的主要着眼点和落脚点。这些区域发展战略既是党和国家促进区域协调发展的基本内容，又是对不同地区进行分类指导，不同地区实行不同政策的实践。到目前为止，区域差距并没有得到明显改善。2010 年全国四大经济区域各区域人均 GDP 比较来看，从大到小的顺序是：东部、东北、中部、西部。其中东部经济区域人均 GDP4.73 万元，是西部经济区域人均 GDP2.18 万元的 2.17 倍，是中部经济区域人均 GDP2.4 万元的 1.97 倍，是东北经济区域人均 GDP3.41 万元的 1.39 倍。在全国 31 个(不含香港、澳门、台湾)省市自治区中，人均 GDP 排全国前 10 名的省份中，有 8 个省(市)属于东部经济区域；在人均 GDP 排全国后 10 名的省份中，有 7 个省份属于西部经济区域。

(1) 东部领路。东部，是我国经济发展的“排头兵”；东部，也是我国区域经济发展的“引领者”。在 WTO 的背景下，东部在市场理念、企业经营、政府行为等方面，率先市场化并与国际接轨，对中部、西部、东北起到示范性作用；同时通过经济的前后项联系，对中部、西部、东北起到强烈和有效的拉动作用。“十二五”规划纲要提出，积极支持东部地区率先发展。推进京津冀、长江三角洲、珠江三角洲地区区域经济一体化发展，打造首都经济圈，重点推进河北沿海地区、江苏沿海地区、浙江舟山群岛新区、海峡西岸经济区、山东半岛蓝色经济区等区域发展，建设海南国际旅游岛。“十二五”规划纲要提出，发挥东部地区对全国经济发展的重要引领和支撑作用，在更高层次参与国际合作和竞争，在改革开放中先行先试，在转变经济发展方式、调整经济结构和自主创新中走在全国前列。统计数据显示，2010 年，长三角地区 GDP 突破 60 000 亿元，接近 70 000 亿元，达到 69 871.97 亿元，平均增长 12.6%，高于 2009 年 1.6 个百分点。经济总量占全国的比重达到 17.6%，与 2009 年持平。其中实现三产增加值 31 665.26 亿元，平均增长 12.6%，总量占 GDP 比重达到 45.3%。其中总量排前五位的城市为上海、苏州、杭州、无锡和宁波。

(2) 中部强化。中部属于较丰富的综合经济体，既有矿产资源，也有农业、轻纺工业、重工业、高新技术业等，还有较雄厚的科技研发力量，多种所有制的经济体系已经基本形成，市场观念较为深入人心。因此加大改革开放力度的时机或条件已经成熟，并将因此获得极大的收益。中部地区强化中心有利于适应我国扩大内需的需要。中部各省对接沿海发展战略的实施，是在我国外向型经济发展为主导的大背景下的选择。但随着我国居民生活水平的不断提高，扩大内需将成为我国长期的任务。随着内需的扩大，我国工业产品市场将越来越多地被占我国人口 64% 的东部地区以外地区所占有，而中部地区如加快大型增长极的发展，形成工业产品的大型集聚地，将越来越利于我国工业产品就近市场。况且中部地区还具有占全国 1/3 的人口，本身就是一个巨大的内需市场。2009 年 9 月 23 日，国务院常务会议审议并原则通过了《促进中部地区崛起战略规划》。

(3) 西部开发。西部虽然有着丰富的矿产资源，而且部分地区有着较为雄厚的工业基础和科研力量，但是由于自然生态环境恶劣、基础设施十分薄弱，因此在较长时期里，其重点仍然是生态环境的治理、保护和基础设施的建设等。国家对西部投资的安排上，主要安排基础设施、生态环境和科技教育等方面的建设。力争用五至十年的时间，使西部地区基础设施和生态环境建设取得突破性进展。国家在投资的安排上，注重向中西部地区特别是西部地区倾斜。

(4) 东北振兴。东北虽然普遍文化素质较高，而且有着较雄厚的重工业基础，但是其面临的转型任务也比较重。包括计划观念向市场观念的转型，农工业体系向农工服务业综合体系的转型，单一公有制向混合所有制的转型以及传统技术设备向现代技术设备的转型等。振兴东北老工业基地，是党的十六大提出的战略任务之一。2007 年 8 月 2 日，国务院正式批复《东北地区振兴规划》，明确指出，努力将东北地区建设成为综合经济发展水平较高的重要经济增长区域、具有国际竞争力的装备制造业基地、国家新型原材料和能源保障基地、国家重要的商品粮和农牧业生产基地、国家重要的技术研发与创新基地、国家生态安全的重要保障区，实现东北地区经济又好又快发展。

2. 我国证券市场的“板块效应”

股票板块指的是某些股票所组成的群体，这些股票因为有某一共同特征而被人为地归类在一起，主要是按行业、概念、地区分类。而这一特征可能是地理上的，例如“上海板块”；也可能是业绩上的，如“ST 板块”；可能是上市公司经营行为方面的，如“购并板块”；也可能是产业分类方面的，如“钢铁板块”、“金融板块”；还有的是上市公司类型方面的，如“中小企业板块”等；有的是关于公司题材的，如“九七概念”。总之，股票市场的“板块”效应是我国证券市场的特殊现象，只要这一效应存在，就会成为股市炒作的题材。

有很多“板块”是作为炒作题材而推向市场的。在分析股票板块投机炒作效应的同时，投资者还应当注意对按上市公司的地理位置划分的地区板块进行分析，这样做更具有实际价值。区位的自然和基础条件包括矿产资源、水资源、能源、通信设施等，都在区位经济的发展中起重要作用。当地政府也会有促进地区经济发展的战略规划和产业政策。如把上市公司按省市分类，取几个重要的板块来分析其市场风险和业绩，并进行比较，然后根据比较结果做出自己的投资决策。

二、公司财务分析

财务分析是证券投资分析的重要内容，财务分析的主要依据是上市公司定期公布的财务报表，通过对公司报表中的有关数据进行汇总、计算、对比，可以综合地分析和评价公司的财务状况和经营能力，目的是了解过去、评价现在、预测未来。上市公司的财务状况及前景也是影响证券价格长期波动的基本因素之一。

（一）公司主要财务报表

财务报表是公司自己运转和财务状况的定量描述，是公司经营好坏的晴雨表。2006 年 12 月 13 日中国证券监督管理委员会通过《上市公司信息披露管理办法》，规定上市公司应当披露的定期报告包括年度报告、中期报告和季度报告，要求年度报告和中期报告中要记载财务会计报告，季度报告要记载会计数据和财务指标。另外，发生可能对上市公司证券及其衍生品种交易价格产生较大影响的重大事件，投资者尚未得知时，上市公司应当立即披露，说明事件的起因、目前的状态和可能产生的影响；上市公司预计经营业绩发生亏损或者发生大幅变动的，应当及时进行业绩预告；定期报告披露前出现业绩泄露，或者出现业绩传闻且公司证券及其衍生品种交易出现异常波动的，上市公司应当及时披露本报告期相关财务数据。

财务报表是公司为相关利益人（主要是投资者）提供公司信息的工具，换句话说，投资者可以通过对财务报表的分析，了解公司的营运情况，并做出投资决策。此外，根据股价评估模型进行股价分析时，投资者也可以从财务报表的盈利资料中找到重要信息。每个投资者都应该对财务报表有所认识，利用公司的公开信息，结合财务报表的数据，进行正确的分析和投资。

一般来说，财务报表主要是指资产负债表、利润表、现金流量表、所有者权益变动表四种，其中又以前三种较为重要。我国上市公司必须定期编制并披露其财务报表，按照中华人民共和国财政部颁布的《企业会计准则》和《企业会计制度》的规定，编制财务报表是上市公司管理层的责任(境外上市公司还需按照境外的会计准则编制财务报表)，报表须经具有执业资格的会计师事务所审计，并且定期披露。

1. 资产负债表

资产负债表(balance sheet)，亦称财务状况表(statement of financial position)，国际上资产负债表于2008年已改成statement of financial position(SOFP)，是反映公司在某一特定日期的财务状况的会计报表。资产负债表反映企业某一特定日期(如某年12月31日)的财务状况，也称为静态报表。它根据"资产=负债+股东权益"这一会计恒等式进行编制。资产负债表分为左右两边，左边是各项资产，右边为负债和股东权益。资产表示公司所拥有的财产，负债和股东权益表示公司资金的来源和每一种来源提供了多少金额的资金。由于公司所拥有的各项财产都是由债权人和股东提供的，因此，负债和股东权益必须与公司的全部资产相等。

资产按流动性大小不同，分为流动资产和非流动资产两类。流动资产类由货币资金、交易性金融资产、应收账款、预付账款、其他应收款、存货和待摊费用等项目组成。非流动资产类由持有至到期投资、可供出售金融资产、长期股权投资、固定资产、无形资产和长期待摊费用等项目组成。

负债按流动性不同，分为流动负债和非流动负债两类。流动负债类由短期借款、应付账款、预收账款、应付职工薪酬、应交税费、应付股利、其他应付款、预提费用等项目组成。非流动负债类由长期借款和应付债券组成。

所有者权益按来源不同，由实收资本、资本公积、盈余公积和未分配利润等项目组成。

资产负债表提供了资产、负债和所有者权益的全貌，能够提供进行财务分析的基本资料。通过分析资产负债表，可以了解公司的财务状况，对公司的偿债能力、资本结构是否合理、流动资金是否充足做出判断。表11-7是招商银行2011年6月30日的资产负债表。

表 11-7　　招商银行资产负债表

2011年6月30日　　元

财务科目	2011.6.30	2011.3.31	2010.12.31
资产:			
货币资金/现金及存放中央银行款项	348 698 000 000	323 520 000 000	294 955 000 000
存放同业款项	42 515 000 000	53 118 000 000	28 961 000 000
贵金属			
拆出资金	59 355 000 000	56 709 000 000	58,917 000 000
交易性金融资产	20 025 000 000	19 479 000 000	15 229 000 000
衍生金融资产	1 541 000 000	1 773 000 000	1 738 000 000
投资一贷款及应收款项(应收款项类投资)	10 699 000 000	6 459 000 000	7 225 000 000
买入返售金融资产	209 042 000 000	222 925 000 000	176 547 000 000
贴现资产			

续表 11-7

财务科目	2011.6.30	2011.3.31	2010.12.31
应收利息	9 657 000 000	9 404 000 000	7 588 000 000
应收股利			
应收账款			
其他应收款			
存货			
待摊费用			
发放贷款和垫款	1 521 672 000 000	1 474 711 000 000	1 402 160 000 000
存出保证金			
可供出售金融资产	255 053 000 000	256 985 000 000	271 683 000 000
持有至到期投资	120 151 000 000	108 108 000 000	97 614 000 000
长期股权投资	1 142 000 000	1 150 000 000	1 130 000 000
投资性房地产	1 833 000 000	1 913 000 000	1 946 000 000
固定资产	14 887 000 000	14 981 000 000	15 038 000 000
在建工程			
固定资产清理			
无形资产	2 655 000 000	2 606 000 000	2 620 000 000
商誉	9 598 000 000	9 598 000 000	9 598 000 000
长期待摊费用			
递延所得税资产	4 979 000 000	3 927 000 000	3 706 000 000
其他资产	9 703 000 000	17 357 000 000	5 852 000 000
资产总计	2 643 205 000 000	2 584 723 000 000	2 402 507 000 000
负债：			
向中央银行借款			
同业及其他金融机构存放款项	207 817 000 000	233 627 000 000	203 011 000 000
吸收存款	2 092 758 000 000	2 032 077 000 000	1 897 178 000 000
拆入资金	52 077 000 000	52 733 000 000	45 573 000 000
交易性金融负债	3 142 000 000	360 000 000	1 353 000 000
衍生金融负债	1 555 000 000	1 572 000 000	1 821 000 000
卖出回购金融资产款	43 753 000 000	26 599 000 000	33 439 000 000
应付短期债券			
应付职工薪酬	4 786 000 000	3 454 000 000	3 220 000 000
应交税费	6 983 000 000	6 492 000 000	4 972 000 000
应付利息	14 094 000 000	11 837 000 000	10 369 000 000
其他应付款			
递延收益			
预计负债			

续表 11-7

财务科目	2011.6.30	2011.3.31	2010.12.31
应付债券(及存款证)	45 508 000 000	33 525 000 000	36 285 000 000
长期应付款			
递延所得税负债	898 000 000	911 000 000	924 000 000
其他负债	24 402 000 000	38 759 000 000	30 356 000 000
负债合计	2 497 773 000 000	2 441 946 000 000	2 268 501 000 000
所有者权益(或股东权益):			
实收资本(或股本)	21 577 000 000	21 577 000 000	21 577 000 000
资本公积	35 553 000 000	36 253 000 000	36 197 000 000
减:库存股			
盈余公积	10 880 000 000	10 880 000 000	10 880 000 000
一般风险准备	16 894 000 000	16 862 000 000	16 812 000 000
未分配利润	61 324 000 000	57 823 000 000	49 063 000 000
外币报表折算差额	−805 000 000	−620 000 000	−526 000 000
未确认投资损失			
其他储备(公允价值变动储备)			
少数股东权益			
影响所有者权益的其他科目			
所有者权益(或股东权益)合计	145 432 000 000	142 777 000 000	134 006 000 000
其中:股东权益合计(不含少数权益)	145 432 000 000	142 777 000 000	134 006 000 000
负债和所有者权益(或股东权益)总计	2 643 205 000 000	2 584 723 000 000	2 402 507 000 000

2. 利润表

利润表是反映企业在一定会计期间经营成果的报表,也称为损益表、收益表。由于它反映的是某一期间的情况,又称为动态报表。损益表是财务报表中最能引起投资者注意的报表,反映公司在一定期间内经营成果的报表,报告了公司在一定时期内的收入、成本和费用的发生、利润和亏损的状况。投资者通过利润表的分析,可以了解公司的盈利能力、盈利状况、经营效率,对公司在行业中的竞争地位、持续发展能力作出判断。

在利润表中,企业通常按各项收入、费用以及构成利润的各个项目分类分项列示。收入按其重要性进行列示,主要包括主营业务收入、其他业务收入、投资收益、补贴收入、营业外收入;费用按其性质进行列示主要包括主营业务成本、主营业务税金及附加、营业费用、管理费用、财务费用、其他业务支出、营业外支出、所得税等;利润按营业利润、利润总额和净利润等利润的构成分类分项列示。利润表主要反映以下几方面的内容:① 构成主营业务利润的各项要素。从主营业务收入出发,减去为取得主营业务收入而发生的相关费用、税金后得出主营业务利润。② 构成营业利润的各项要素。营业利润在主营业务利润的基础上,加其他业务利润,减营业费用、管理费用、财务费用后得出。③ 构成利润总额(或亏损总额)的各项要素。利润总额(或亏损总额)在营业利润的基础上加(减)投资收益(损失)、补贴收入、营业外收支后得出。④ 构成净利润(或净亏损)的各项要素。净利润(或净亏损)在利润总额(或亏损总额)的基础上，减去本期计入损益的所得税费用后得出。表11-8是招商银行的利润表。

表 11-8　　招商银行利润表

编制单位：招商银行　　2011 年　　元

利润表科目	2011.6.30	2011.3.31	2010.12.31
一、营业收入	46 056 000 000	22 323 000 000	71 377 000 000
利息净收入	35 716 000 000	17 357 000 000	57 076 000 000
利息收入	55 082 000 000	26 162 000 000	84 513 000 000
减：利息支出	19 366 000 000	8 805 000 000	27 437 000 000
手续费及佣金净收入	8 163 000 000	3 922 000 000	11 330 000 000
手续费及佣金收入	8 746 000 000	4 216 000 000	12 409 000 000
减：手续费及佣金支出	583 000 000	294 000 000	1 079 000 000
投资净收益	1 201 000 000	520 000 000	1 317 000 000
其中：对联营合营企业的投资收益	14 000 000		16 000 000
公允价值变动净收益	31 000 000	64 000 000	−55 000 000
汇兑收益	764 000 000	372 000 000	1 356 000 000
其他业务收入			
二、营业支出	22 045 000 000	10 770 000 000	38 413 000 000
营业税金及附加	2 819 000 000	1 339 000 000	4 153 000 000
业务及管理费	15 026 000 000	7 315 000 000	28 481 000 000
资产减值损失	4 064 000 000	2 049 000 000	5 501 000 000
其他业务成本			
三、营业利润	24 011 000 000	11 553 000 000	32 964 000 000
加：营业外收入	184 000 000	100 000 000	470 000 000
减：营业外支出	19 000 000	8 000 000	91 000 000
其中：非流动资产处置净损失			
四、利润总额	24 176 000 000	11 645 000 000	33 343 000 000
减：所得税	5 576 000 000	2 835 000 000	7 574 000 000
加：未确认的投资损失			
五、净利润	18 600 000 000	8 810 000 000	25 769 000 000
归属于母公司所有者的净利润	18 600 000 000	8 810 000 000	25 769 000 000
少数股东损益			
六、每股收益			
基本每股收益	0.86	0.41	1.23
稀释每股收益	0.86	0.41	1.23

3. 现金流量表

现金流量表(statement of cash flows)也叫账务状况变动表，是反映某公司在某一会计期间内经营、投资和筹资活动中现金变化的结果和财务状况变化原因的一种会计报表，是财务报表的三个基本报告之一。现金流量表中的现金是一个广义的概念,包括现金和现金等价物。现金主要是指库存现金以及存入银行及其他金融机构的活期存款。而现金等价物是指短期国库券、商业票据、货币市场资金等短期内能够变现的投资。现金流量是公司现金流动的金额,也即是对公司现金流入量和流出量的总称。

现金流量表也就是反映公司在一定时期内在各种经济业务活动中所发生的现金流量的一张动态会计报表。企业的现金流量由经营活动产生的现金流量、投资活动产生的现金流量和筹资活动产生的现金流量三部分构成。分析现金流量及其结构,可以了解企业现金的来龙去脉和现金收支构成,评价企业经营状况、创现能力、筹资能力和资金实力。表 11-9 是招商银行的现金流量表。

表 11-9　　　　　　　　　　招商银行现金流量表

编制单位:招商银行　　　　　　　　2011 年　　　　　　　　　　元

财务科目	2011.6.30	2011.3.31	2010.12.31
一、经营活动产生的现金流量			
客户存款和同业存放款项净增加额	200 386 000 000	164 850 000 000	305 842 000 000
向中央银行借款净增加额			
向其他金融机构拆入资金净增加额	16 818 000 000		
收回已核销贷款	38 000 000		48 000 000
收取利息、手续费及佣金的现金	56 475 000 000	27 522 000 000	86 942 000 000
收到其他与经营活动有关的现金	2 650 000 000	2 873 000 000	3 239 000 000
经营活动现金流入小计	297 707 000 000	195 260 000 000	413 456 000 000
支付给职工以及为职工支付的现金	7 717 000 000	4 470 000 000	15 963 000 000
支付的各项税费	7 599 000 000	2 647 000 000	11 308 000 000
客户贷款及垫款净增加额	123 316 000 000	74 295 000 000	244 347 000 000
存放中央银行和同业款项净增加额	34 128 000 000	58 584 000 000	79 485 000 000
拆出资金净增加额		35 705 000 000	4 969 000 000
支付手续费及佣金的现金	16 158 000 000	7 595 000 000	24 557 000 000
支付其他与经营活动有关的现金	17 705 000 000	4 601 000 000	23 938 000 000
经营活动现金流出小计	209 603 000 000	189 786 000 000	404 567 000 000
经营活动产生的现金流量净额	88 104 000 000	5 474 000 000	8 889 000 000
二、投资活动产生的现金流量			
收回投资收到的现金	478 776 000 000	446 591 000 000	2 041 322 000 000
取得投资收益收到的现金	5 284 000 000	2 726 000 000	9 075 000 000
处置固定资产、无形资产和其他长期资产收回的现金净额	52 000 000	37 000 000	144 000 000
投资活动现金流入小计	484 114 000 000	449 354 000 000	2 050 551 000 000
购建固定资产、无形资产和其他长期资产支付的现金	1 172 000 000	127 000 000	5 465 000 000

续表 11-9

财务科目	2011.6.30	2011.3.31	2010.12.31
投资支付的现金	490 947 000 000	441 799 000 000	2 070 605 000 000
投资活动现金流出小计	492 119 000 000	441 926 000 000	2 076 070 000 000
投资活动产生的现金流量净额	－8 005 000 000	7 428 000 000	－25 519 000 000
三、筹资活动产生的现金流量			
吸收投资收到的现金			26 344 000 000
筹资活动现金流入小计	12 339 000 000		26 344 000 000
偿还债务支付的现金	2 811 000 000		8 640 000 000
分配股利、利润或偿付利息支付的现金	5 878 000 000	37 000 000	6 403 000 000
筹资活动现金流出小计	8 689 000 000	37 000 000	15 043 000 000
筹资活动产生的现金流量净额	3 650 000 000	－37 000 000	11 301 000 000
四、汇率变动对现金及现金等价物的影响			
汇率变动对现金的影响(元)	－5 000 000	－235 000 000	－1 082 000 000
现金及现金等价物净增加额(元)	83 744 000 000	12 630 000 000	－6 411 000 000
加:期初现金及现金等价物余额		177 220 000 000	
期末现金及现金等价物余额		189 850 000 000	
将净利润调节为经营活动的现金流量			
1. 将净利润调节为经营活动现金流量			
净利润	18 600 000 000		25 769 000 000
加:资产减值准备	4 064 000 000		－13 000 000
固定资产折旧	1 012 000 000		2 021 000 000
无形资产摊销	92 000 000		190 000 000
长期待摊费用摊销	285 000 000		559 000 000
处置固定资产、无形资产和其他长期资产的损失	－2 000 000		－20 000 000
固定资产报废损失			
公允价值变动损失	－31 000 000		102 000 000
财务费用			
投资损失	－1 201 000 000		－843 000 000
递延所得税资产减少	－1 273 000 000		－540 000 000
递延所得税负债增加	－26 000 000		
存货的减少			
经营性应收项目的减少	－146 303 000 000		－313 259 000 000
经营性应付项目的增加	218 552 000 000		296 831 000 000
其他			
(附注)经营活动产生的现金流量净额	88 104 000 000		8 889 000 000
2. 不涉及现金收支的投资和筹资活动			

续表 11-9

财务科目	2011.6.30	2011.3.31	2010.12.31
3. 现金及现金等价物净变动情况			
现金的期末余额	8 873 000 000		9 250 000 000
减：现金的期初余额	9 250 000 000		7 613 000 000
加：现金等价物的期末余额	252 091 000 000		167 970 000 000
减：现金等价物的期初余额	167 970 000 000		176 018 000 000
（附注）现金及现金等价物净增加额	83 744 000 000		−6 411 000 000
4. 现金和现金等价物明细			

作为一个分析的工具，现金流量表的主要作用是决定公司短期生存能力，特别是缴付账单的能力。现金流量表为我们提供了一家公司经营是否健康的证据。如果一家公司经营活动产生的现金流无法支付股利与保持股本的生产能力，从而它得用借款的方式满足这些需要，那么这就给我们一个警告，这家公司从长期来看无法维持正常情况下的支出。现金流量表通过显示经营中产生的现金流量的不足和不得不用借款来支付无法永久支撑的股利水平，从而揭示了公司内在的发展问题。

（二）财务比率分析

财务比率分析是指在同一张财务报表的不同项目之间、不同类别之间或两张不同财务报表之间，用比率反映它们的相互关系，借以从中发现和评价企业的财务状况和经营中存在的问题。比率分析是财务报表分析中的一种主要方法，财务比率可以评价某项投资在各年之间收益的变化，也可以在某一时点比较某一行业的不同企业。财务比率分析可以消除规模的影响，用来比较不同企业的收益与风险，从而帮助投资者和债权人作出理智的决策。

一般用反映偿债能力、营运能力、盈利能力和成长能力等四个方面的指标来衡量风险和收益的关系。

1. 偿债能力分析

偿债能力（debt-paying ability）是指企业偿还到期债务的能力。偿债能力分析包括短期偿债能力分析和长期偿债能力分析两个方面。短期偿债能力的反映指标主要有流动比率、速动比率、现金比率及现金流动负债比率等。长期偿债能力的反映指标主要有负债比率、股东权益比率等。

(1) 短期偿债能力

短期偿债能力，就是企业以流动资产偿还流动负债的能力。它反映企业偿付日常到期债务的实力、企业能否及时偿付到期的流动负债，是反映企业财务状况好坏的重要标志。短期偿债能力不足，不仅会影响企业的资信，增加今后筹集资金的成本与难度，还可能使企业陷入财务危机，甚至破产。一般来说，企业应该以流动资产偿还流动负债，而不应靠变卖长期资产，所以用流动资产与流动负债的数量关系来衡量短期偿债能力。

① 流动比率

流动比率（current ratio）是流动资产与流动负债的比率，它表明企业每一元流动负债有多少流动资产作为偿还的保证，反映企业用可在短期内转变为现金的流动资产偿还到期流动负债的能力，计算公式如下：

流动比率=(流动资产/流动负债)×100%

一般情况下,流动比率越高,反映企业短期偿债能力越强,债权人的权益越有保证。流动比率高,不仅反映企业拥有的营运资金多,可用以抵偿债务,而且表明企业可以变现的资产数额大,债权人遭受损失的风险小。按照西方企业的长期经验,一般认为2∶1的比例比较适宜,它表明企业财务状况稳定可靠,除了满足日常生产经营的流动资金需要外,还有足够的财力偿付到期短期债务。如果比例过低,则表示企业可能捉襟见肘,难以如期偿还债务。但是,流动比率也不能过高,过高则表明企业流动资产占用较多,会影响资金的使用效率和企业的获利能力。流动比率过高,尤其是由于应收账款和存货余额过大而引起的流动比率过大,则对财务健全不利,一般认为这一比率超过5∶1,则意味着公司的资产未得到充分利用。

② 速动比率

速动比率(quick ratio)是企业速动资产与流动负债的比率。速动资产包括货币资金、短期投资、应收票据、应收账款、其他应收款项等流动资产。存货、预付账款、待摊费用等则不应计入。这一比率用以衡量企业流动资产中可以立即用于偿付流动负债的财力。速动比率是较流动比率更为严格地衡量公司偿债能力的指标,因为在其计算公式中,去除了存货以及其他缺乏流动性的资产。

速度比率=(速动资产/流动负债)×100%

速度资产=流动资产-存货-预付账款-待摊费用

计算速动资产时,所以要扣除存货,是因为存货是流动资产中变现较慢的部分,它通常要经过产品的售出和账款的收回两个过程才能变为现金,存货中还可能包括不适销对路从而难以变现的产品。至于待摊费用和预付账款等,它们本质上属于费用,同时又具有资产的性质,它们只能减少企业未来时期的现金付出,却不能转变为现金,因此,不应计入速动资产。速度比率可用做流动比率的辅助指标。有时企业流动比率虽然较高,但流动资产中易于变现、可用于立即支付的资产很少,则企业的短期偿债能力仍然较差。因此,速动比率能更准确地反映企业的短期偿债能力。根据经验,一般认为速动比率1∶1较为合适。它表明企业的每一元短期负债,都有一元易于变现的资产作为抵偿。如果速动比率过低,说明企业的偿债能力存在问题;但如果速动比率过高,则又说明企业因拥有过多的货币性资产,而可能失去一些有利的投资和获利机会。

③ 现金比率

现金比率(cash ratio)是企业现金类资产与流动负债的比率。现金类资产包括企业所拥有的货币资金和持有的有价证券(指易于变为现金的有价证券)。它是速动资产扣除应收账款后的余额。由于应收账款存在着发生坏账损失的可能,某些到期的账款也不一定能按时收回,因此,速动资产扣除应收账款后计算出来的金额,最能反映企业直接偿付流动负债的能力。其计算公式如下:

$$现金比率=\left(\frac{现金+有价证券}{流动负债}\right)\times 100\%$$

④ 现金流动负债比率

现金流动负债比率是企业一定时期的经营现金净流量同流动负债的比率,它可以从现金流量角度来反映企业当期偿付短期债务的能力。其计算公式如下:

$$现金流动负债比率=\frac{年经营现金净流量}{年末流动负债}\times 100\%$$

式中年经营现金净流量是指一定时期内，有企业经营活动所产生的现金及其等价物的流入量与流出量的差额。现金流动负债比率更能说明企业的短期偿债能力。现金流动负债比率越大，表明企业经营活动产生的现金净流量越多，越能保障企业按期偿还到期债务。但是，该指标也不是越大越好，一般该指标大于1，表示企业流动负债的偿还有可靠保证，指标过大表明企业流动资金利用不充分，获利能力不强。要根据具体情况具体分析，把流动比率、速动比率、现金比率和现金流动负债比率结合起来分析。

(2) 长期偿债能力

长期偿债能力是指企业偿还长期利息与本金的能力。一般来说，企业借长期负债主要是用于长期投资，包括长期借款、应付长期债券等，因而最好是用投资产生的收益偿还利息与本金。评价企业长期偿债能力，从偿债的义务看，包括按期支付利息和到期偿还本金两个方面；从偿债的资金来源看，则应是企业经营所得的利润。在企业正常生产经营的情况下，企业不可能依靠变卖资产还债，而只能依靠实现利润来偿还长期债务。因此，企业的长期偿债能力是和企业的获利能力密切相关的。

① 负债比率

负债比率(debt ratio)又称资产负债率，是企业负债总额对资产总额的比率。它表明企业资产总额中，债权人提供资金所占的比重，以及企业资产对债权人权益的保障程度。这一比率越小，表明企业的长期偿债能力越强。其计算公式如下：

$$负债比率=(负债总额/资产总额)\times 100\%$$

负债比率反映在总资产中有多大比例是通过借债来筹资的，可以衡量企业在清算时保护债权人利益的程度。负债比率越低，偿债能力越强。负债比率也表示企业对债权人资金的利用程度。如果此项比率较大，从企业所有者来说，利用较少的只有资本投资，形成较多的生产经营用资产，不仅扩大了生产经营规模，而且在经营状况良好的情况下，还可以利用财务杠杆的原理，得到较多的投资利润。但如果这一比率过大，则表明企业的债务负担重，企业的资金实力不强，一有风吹草动，企业的债务能力就缺乏保证，对债权人不利。一般来讲，企业的资产总额应大于负债总额，资产负债率应小于100%。如果企业的资产负债率较低(50%以下)，说明企业有较好的偿债能力和负债经营能力。偿债能力在企业资产净利润率高于负债资本成本率的条件下，企业负债经营会因代价较小使所有者的收益增加。因此，所有者总希望利用负债经营得到财务杠杆利益，从而提高资产负债率。但债权人希望企业的资产负债率低一些，因为债权人的利益主要表现在权益的安全方面。如果企业的资产负债率等于甚至大于100%，说明企业资不抵债，债权人为维护自己的利益可以向人民法院申请企业破产。

② 股东权益比率

股东权益比率(equity ratio)，也称自有资本比率、产权比率或净资产比率，是所有者权益同资产总额的比率，反映企业资产中有多少是所有者投入的。计算公式为：

$$股东权益比率=(股东权益/资产总额)\times 100\%$$

股东权益比率用来表明由债权人提供的和由投资人提供的资金来源的相对关系，反映企业基本财务结构是否稳定。股东权益比率应当适中。如果权益比率过小，表明企业过度负债，容易削弱公司抵御外部冲击的能力；而权益比率过大，意味着企业没有积极地利用财务杠杆作用来扩大经营规模。股东权益比率与资产负债率之和等于1。这两个比率从不同的侧面来反映企业长期财务状况，股东权益比率越大，资产负债比率就越小，企业财务风险就越小，偿还长期债务的能力就越强。股东权益比率的倒数，称为权益总资产率，又称权益乘数，说明企业资产总额是股东权益的多少倍。该项比率越大，表明股东投入的资本在资产总额中所占的比重越小，对负债经营利用得越充分。可用下列公式表示：

$$权益乘数=\frac{资产总额}{股东权益总额}$$

2. 营运能力分析

营运能力(operation capability)，也称为资产管理能力，是指企业的经营运行能力，即企业运用各项资产以赚取利润的能力。对营运能力的研究，实际上就是企业在资产管理方面所表现的效率研究，而这种能力首先表现为各项资产周转率和周转期的贡献上；其次，通过这种贡献作用面对增值目标的实现产生基础性影响。从这种意义上讲，营运能力决定着企业的偿债能力和获利能力，而且是整个财务分析的核心。企业营运能力的财务分析比率有存货周转率、应收账款周转率、营业周期、流动资产周转率、固定资产周转率和总资产周转率等。

(1) 存货周转率

存货周转率(inventory turnover)是一定时期内企业销货成本与存货平均余额间的比率。它是反映企业销售能力和流动资产流动性的一个指标，也是衡量企业生产经营各个环节中存货运营效率的一个综合性指标。用时间表示的存货周转率就是存货周转天数。计算公式如下：

$$存货周转率=(主营业务成本/平均存货余额)\times 100\%$$

$$存货周转天数=\frac{360}{存货周转率}$$

式中，平均存货余额=(存货余额年初数+存货余额年末数)/2 。存货周转率和存货平均周转天数是衡量公司销售效率、存货利用能力以及资产流动性的重要指标。一般情况下，存货周转率越高，存货平均周转天数越短，表明公司销售效率高，存货积压少，存货占用的资金相对较少，公司的经营效益高。如果存货周转天数过长，表明存货占用了太多的营运资金，大量存货闲置；而如果存货周转天数过短，则说明公司存货水平过低，会经常导致缺货，进而影响正常生产和销售。

(2) 应收账款周转率

应收账款周转率(receivable turnover)是企业一定时期营业收入(或销售收入)与平均应收账款余额的比率，反映企业应收账款变现速度的快慢和管理效率的高低。用时间表示的应收账款周转率即所谓应收账款账龄(age of receivable)，一般称为应收账款周转天数。其计算公式为：

$$应收账款周转率=(营业收入/平均应收账款余额)\times 100\%$$

$$应收账款周转天数=\frac{360}{应收账款周转率}$$

式中，平均应收账款余额=(应收账款余额年初数+应收账款余额年末数)/2 。一般情况下，应收账款周转率越高越好，应收账款周转率高，表明收账迅速，账龄较短；资产流动性强，短期偿债能力强;可以减少坏账损失等。应收账款周转天数,表示企业自产品销售出去开始,至应收账款收回为止所需经历的天数,周转天数越少,说明应收账款变现的速度越快,企业资金被外单位占用的时间越短,管理工作的效率越高。

(3) 营业周期

营业周期(operating cycle)是指从取得存货开始到销售存货并收回现金为止的这段时间。营业周期的长短取决于存货周转天数和应收账款周转天数,计算公式为:

$$营业周期=存货周转天数+应收账款周转天数$$

营业周期表示取得存货需要多长时间能变为现金,是决定公司流动资产需要量的重要因素。一般情况下,营业周期短,说明资金周转速度快;营业周期长,说明资金周转速度慢。

(4) 流动资产周转率

流动资产周转率(current assets turnover)是企业一定时期营业收入与平均流动资产总额的比率。用时间表示的流动资产周转率称为流动资产周转天数。其计算公式为:

$$流动资产周转率=(营业收入/平均流动资产总额)\times 100\%$$

$$流动资产周转天数=\frac{360}{流动资产周转率}$$

式中,平均流动资产总额=(流动资产总额年初数+流动资产总额年末数)/2 。流动资产周转率是反映企业流动资产周转速度的指标,一般情况下流动资产周转率越高越好。流动资产周转率高,表明以相同的流动资产完成的周转额较多,流动资产利用效果较好。流动资产周转率用周转天数表示时,周转一次所需要的天数越少,表明流动资产在经历生产和销售各阶段时占用的时间越短,周转越快。生产经营任何一个环节上的工作得到改善,都会反映到周转天数的缩短上来。按天数表示的流动资产周转率能更直接地反映生产经营状况的改善,便于比较不同时期的流动资产周转率,应用较为普遍。

(5) 固定资产周转率

固定资产周转率(fixed assets turnover),是企业一定时期营业收入与平均固定资产净值的比值,是反映固定资产周转情况,从而衡量固定资产利用效率的一项指标。用时间表示的固定资产周转率称为固定资产周转天数,其计算公式为:

$$固定资产周转率=(营业收入/平均固定资产净值)\times 100\%$$

$$固定资产周转天数=\frac{360}{固定资产周转率}$$

式中,平均固定资产净值=(固定资产净值年初数+固定资产净值年末数)/2。固定资产周转率高;表明企业固定资产利用充分,同时也能表明企业固定资产投资得当,固定资产结构合理,能够充分发挥效率。反之,如果固定资产周转率不高,则表明固定资产使用效率不高,提供的生产成果不多,企业的营运能力不强。

运用固定资产周转率时,需要考虑固定资产净值因计提折旧而逐年减少和因更新重置而突然增加的影响;在不同企业间进行分析比较时,还要考虑采用不同折旧方法对净值的影响等。

(6) 总资产周转率

总资产周转率(total assets turnover)是企业一定时期营业收入与平均资产总额的比值,这一比率可用来分析企业全部资产的使用效率。其计算公式为:

总资产周转率=(营业收入/平均资产总额)×100%

式中,平均资产总额=(期初总资产+期末总资产)/2。总资产周转率反映总资产的周转速度,周转越快,说明销售能力越强。如果这个比率较低,则说明企业利用全部资产进行经营的效率较差,最终会影响企业的获利能力。

3. 盈利能力分析

盈利能力指公司赚取利润的能力。盈利能力是各方面关心的核心,也是企业成败的关键,只有长期盈利,企业才能真正做到持续经营。因此,公司的债权人、所有者以及管理者都十分关心公司的获利能力。评价公司获利能力的指标主要有毛利率、净利率、总资产报酬率、资本金报酬率、成本费用利润率等。

一般来说,公司的盈利能力是指正常的营业状况。非正常的营业状况也会给公司带来收益或损失,但这只是特殊情况下的个别情况,不能说明公司的能力。因此,证券分析师在分析公司盈利能力时,应当排除以下因素:证券买卖等非正常项目、已经或将要停止的营业项目、重大事故或法律更改等特别项目、会计准则和财务制度变更带来的累计影响等。

(1) 毛利率

毛利率(gross profit ratio)是公司销售毛利占销售收入的百分比,其中销售毛利是销售收入与销售成本之差。计算如下:

毛利率=(销售毛利/销售收入)×100%

式中,毛利=销售收入-销售成本。毛利率表明每一单位销售收入扣除销售成本后,可以用于期间费用和形成盈利的部分,反映了销售经营的获利能力,是净利率的基础。毛利率越大,则表明在销售收入中,销售成本所占的比例越小,公司的盈利能力越强。

(2) 净利率

净利率(net profit ratio)是衡量公司从事生产经营活动所获利润情况或收益水平的重要指标,是净利润占销售收入的百分比,计算公式是:

净利率=(净利润/销售收入)×100%

净利率越高,表明公司获利能力越强。但其受行业影响较大,因此在进行分析时,应考虑到不同行业的具体情况。

(3) 资产报酬率

资产报酬率(return on assets ratio)也叫投资盈利率、资产净利润率或资产收益率,是企业在一定时期内的净利润和资产平均总额的比率,计算公式是:

资产报酬率=(净利润/平均资产总额)×100%

式中,平均资产总额=(期初资产总额+期末资产总额)/2。资产报酬率主要用来衡量企业利用资产获取利润的能力,反映了企业总资产的利用效率,表示企业每单位资产能获得净利润的数量,这一比率越高,说明企业全部资产的盈利能力越强。该指标与净利润率成正比,与资产平均总额成分比。影响资产净利率高低的因素主要有产品的价格、单位成本、产品的产量和销售的数量、资金占用量的大小等。

(4) 资本报酬率

资本报酬率(return on capital employed)又称资本利润率、净收入比率,是税后利润与资本总额的比率,用以反映企业运用资本获得收益的能力。其计算公式为:

资本报酬率=(税后利润/资本总额)×100%

$$=(净收益/股东权益)\times 100\%$$

资本报酬率是用以衡量公司运用所有资本所获经营成效的指标，资本报酬率越高，表明公司资本的利用效率越高，反之则资本未能得到充分利用，是投资者和潜在投资者进行投资决策的重要依据。在股票市场，公司股票公开上市的条件之一，就是公司在近几年度内资本报酬率必须达到一定比率。

(5) 成本费用利润率

成本费用利润率(ratio of profits to cost)是公司利润总额与成本费用总额的比率，它是反映企业生产经营过程中发生的耗费与获得的收益之间关系的指标，计算公式为：

$$成本费用利润率=(利润总额/成本费用总额)\times 100\%$$

成本费用是公司为了取得利润而付出的代价。这一比率越高，说明公司为获取收益而付出的代价越小，公司的获利能力越强。因此利用这一指标，不仅可以评价公司获利能力的高低，也可以评价公司对成本费用的控制能力和经营管理水平。

4. 成长能力分析

企业成长能力是指企业未来发展趋势与发展速度，包括企业规模的扩大，利润和所有者权益的增加。企业成长能力是随着市场环境的变化，企业资产规模、盈利能力、市场占有率持续增长的能力，反映了企业未来的发展前景。成长能力可用来测知公司扩展经营的能力。成长能力比率是财务分析中比率分析重要比率之一，它一般反映公司的扩展经营能力，同偿债能力比率有密切联系，在一定意义上也可用来测量公司扩展经营能力。

反映成长能力比率的指标主要有主营业务增长率、主营利润增长率和净利润增长率。

(1) 主营业务增长率

主营业务增长率(main business's increasing rate of income)，是本期主营业务收入与上期主营业务收入之差与上期主营业务收入的比值，计算公式为：

$$主营业务增长率=\left(\frac{本期主营业务收入-上期主营业务收入}{上期主营业务收入}\right)\times 100\%$$

通常具有成长性的公司多数都是主营业务突出、经营比较单一的公司。因此，利用主营业务增长率这一指标可以较好地考察公司的成长性。主营业务收入增长率高，表明公司产品的市场需求大，业务扩张能力强。如果一家公司中能连续几年保持30%以上的主营业务收入增长率，基本上可以认为这家公司具备成长性。一般认为，当主营业务收入增长率低于-30%时，说明公司主营业务大幅滑坡，预警信号产生。另外，当主营业务收入增长率小于应收账款增长率，甚至主营业务收入增长率为负数时，公司极可能存在操纵利润行为，需严加防范。

(2) 主营利润增长率

主营利润增长率(return of main operating profit)就是本期主营业务利润减去上期主营业务利润之差再除以上期主营业务利润的比值，体现了公司主营利润的增长速度，计算公式为：

$$主营利润增长率=\left(\frac{本期主营业务利润-上期主营业务利润}{上期主营业务利润}\right)\times 100\%$$

一般来说，主营利润稳定增长且占利润总额的比例呈增长趋势的公司正处在成长期。一些公司尽管年度内利润总额有较大幅度的增加，但主营业务利润却未相应增加，甚至大幅下降，这样的公司质量不高，投资这样的公司，尤其需要警惕。这里可能蕴藏着巨大的风险，也可能存在资产管理费用居高不下等问题。

(3) 净利润增长率

净利润增长率(net profit growth rate)是指企业本期净利润额与上期净利润额之差与上期净利润额的比率，净利润是指在利润总额中按规定缴纳了所得税后公司的利润留成，一般也称为税后利润或净收入，计算公式为：

$$净利润增长率=\left(\frac{本期净利润额-上期净利润额}{上期净利润额}\right)\times 100\%$$

净利润增长率反映了企业实现价值最大化的扩张速度，是综合衡量企业资产营运与管理业绩以及成长状况和发展能力的重要指标。净利润增幅较大，表明公司经营业绩突出，市场竞争能力强；反之，净利润增幅小甚至出现负增长也就谈不上具有成长性。

另外，股本比重、固定资产比重、利润保留率、再投资率也是反映企业成长能力的指标。

5. 财务报表分析应注意的问题

(1) 财务报表本身的局限性

财务报表是财务会计的产物，因而财务报表信息是在一系列会计准则或会计制度的规范下由会计核算系统所生成的，并且受制于会计假设和会计原则的约束，尤其是受历史成本和权责发生制的约束。从这种意义上讲，财务报表并不是企业"经济真实"的真正反映，并且财务报表本身也存在众多的局限性。

① 现行财务报表所提供的财务信息主要反映已发生的历史事项，它与使用者决策所需要的有关未来信息的相关性较低。由于财务报表是报告历史事项，财务分析是对过去事项的检验，因而这些信息无论何时运用于决策过程中，都存在着一个重要假设，即过去是预测未来的合理基础。通常一般的分析不能解释财务比率和比较分析所显示的问题，而要找出答案，则必须进一步进行分析，并掌握未在财务报表揭示的其他信息，如技术的发展、通货膨胀的影响。

② 现行财务报表主要反映能用货币计量的信息，而无法反映许多对企业财务状况和经营成果产生重大影响的重要信息，如企业的人力资源状况、市场占有率等信息。

③ 现行财务会计准则对同一经济业务允许有不同的处理方法，并需对许多事项进行估计，从而给人为操纵会计报表数据提供了机会，降低了财务信息的可比性。

④ 稳健原则要求预计可能的损失而不预计可能的收益，有可能夸大费用、少计资产和收益，而使报表数据不实。正是由于财务报表存在着这些局限性，因而在进行财务分析时，必须对财务报表本身的特征有全面、明确的了解，否则财务分析就成为无源之水，无本之木，达不到财务分析的目的。

(2) 财务报表分析的评价标准

财务分析的一个重要前提是要有共同的比较基础。财务比率虽克服了财务报表只揭示绝对数的缺陷，但比率本身并不能充分说明问题，财务比率等财务指标只有与特定的标准进行对比之后，才能作为判断的基础。财务分析的标准包括定量标准和定性标准，这两种标准互相配合，共同组成财务分析的标准体系。① 定量标准，一般包括企业的历史指标、企业的计划指标及行业标准。其中行业标准代表着企业所在行业的平均水平或先进水平，因而是分析人员应首先考虑的评价标准。② 定性标准，是指那些不能用数量表示的规定、计划和目标等，如企业文化、管理人员的素质。企业生产经营环境的复杂化，使定量标准经常不能全面反映企业的经营状况，而必须结合定性标准的应用。在财务分析中，将这两种标准结合起来运用能更好地反映企业的真实状况，获得决策有用的信息。我国《国有资本金效绩评价指标》(1999)中，就将定量指标与定性指标结合起来作为评价企业效绩的指标。

(3) 正常经营事项与非正常经营事项

正常经营事项是指企业只要持续经营，这些事项就会持续发生，如各种生产经营活动；非正常经营事项是指那些偶然发生的事项，如接受捐赠、自然灾害等。这两类事项对企业的生产经营状况的影响有着本质的区别，正常经营事项是经常性的、持久的，是与这类事项有关的信息对未来进行预测的基础；非正常经营事项只是偶然发生的、暂时的现象，其对企业的影响一般是当期的，与这类事项有关的信息的决策相关性较差。由此可见，在财务分析时，要注意区分这两类事项的不同影响。

(4) 报表数据必须结合附注内容进行分析

报表数据是企业已发生的经济业务，用货币高度概括的结果，数据是报表项目的总括概念。因而，如果单纯用总括数据进行分析，就可能无法得到决策有用的信息。如财务报表中揭示的存货信息，实际上是众多产成品、半成品、原材料等明细科目汇总而成的，因而在财务分析时，必须结合附注中存货的构成进行分析。因为存货中90%是产成品与90%是原材料，对企业的影响是完全不同的。产成品比重过大，则可能意味着市场产品滞销，企业的经营风险增大；而原材料比重较大，则可预示着企业的发展前景较好。又如对应收账款的分析，必须结合报表附注中的账龄分析表，分析应收账款的可收回性，否则就会高估应收账款的价值。总而言之，报表附注是会计报表的必要补充和说明，在进行财务分析时，必须将报表数据与附注内容结合起来进行，才可能获得相关信息。

(5) 企业可控因素与不可控因素

一般而言，企业的经营业绩同时受众多因素的影响，其中包括可控因素与不可控因素。可控因素是指那些企业的管理人员可以控制的因素，如生产经营计划、人财物的安排等；不可控因素是指那些管理人员无法控制，但对企业的生产经营具有影响的事项，如国民经济的运转情况、国家宏观经济政策等。因此，认识可控因素和不可控因素对企业业绩的不同影响，对合理评价企业和管理人员的业绩是十分必要的。

(6) 审计报告意见的类型

目前，我国用于公布目的的财务报表一般都需经过注册会计师的审计，虽然审计不能发现报表中可能存在的全部错误和舞弊，但却可为报表的真实性和可靠性提供合理的保证。因而，财务报表分析应当结合注册会计师出具审计报告的意见类型。当为非无保留意见审计报告时，分析人员就应注意审计报告中的说明段，了解审计人员出具非无保留意见报告的原因及其对财务报表的影响。只有将上述影响的数额从财务报表数据中删除，分析的结果才会是可靠的、对决策有用的。

三、财务绩效综合评价

公司的偿债能力、营运能力、盈利能力等是相互联系的，进行财务分析的时候不能局限于某一方面。由于分析的目的不同，分析主体对公司财务分析时有不同的侧重点，但是仅仅关注公司的某个方面而不是公司整体，不可能得到全面的认识。

企业财务绩效评价是上市公司间财务指标的一种横向比较方法。通过上市公司各项指标与行业平均值的比较分析，给予综合评分，并按档次评定其财务水平级别，从而反映企业位于行业中的经营管理水平。它能够比较直观和客观地为投资者判断企业的财务状况的总体水平，揭示其所面临的风险大小和成长空间。财务绩效评价的方法包括沃尔评分法、经济增加值、市场增加值、托宾 Q 比率等，本书只介绍沃尔评分法和经济增加值，感兴趣的读者可以参考财务方面的相关教材。

（一）沃尔评分法

1928 年，亚历山大·沃尔出版的《信用晴雨表研究》和《财务报表比率分析》中提出了信用能力指数的概念，他选择了 7 个财务比率即流动比率、产权比率、固定资产比率、存货周转率、应收账款周转率、固定资产周转率和自有资金周转率，分别给定各指标的比重（比重总和为 100），然后确定标准比率（以行业平均数为基础），将实际比率与标准比率相比，得出相对比率，将此相对比率与各指标比重相乘，得出总评分。

沃尔比重评分法的基本步骤包括：

（1）选择评价指标并分配指标权重。

盈利能力的指标：资产净利率、销售净利率、净值报酬率。

偿债能力的指标：自有资本比率、流动比率、应收账款周转率、存货周转率。

发展能力的指标：销售增长率、净利增长率、资产增长率。

三类指标的评分值约为 5∶3∶2。盈利能力指标三者的比例约为 2∶2∶1，偿债能力指标和发展能力指标中各项具体指标的重要性大体相当。

（2）确定各项比率指标的标准值，即该指标在企业现时条件下的最优值。

（3）计算企业在一定时期各项比率指标的实际值。

（4）形成评价结果。

沃尔评分法的公式为：

$$\text{实际分数} = \sum(\text{实际值} / \text{标准值}) \times \text{权重}$$

沃尔评分法的理论不足在于指标选择的合理性和权重分配的合理性，而且至今仍然没有从理论上得到解决。该方法未能证明为什么要选择这 7 个指标，而不是更多或更少些，或者选择别的财务比率；未能证明每个指标所占比重的合理性。

从技术角度看，某一个指标严重异常时，会对总评分产生不合逻辑的重大影响。这是由于财务比率与其比重相“乘”引起的。财务比率提高一倍，评分增加 100%；而缩小一倍，其评分只减少 50%。这也是沃尔评分法的不足。

尽管沃尔的方法在理论上还有待证明，在技术上也不完善，但它还是在实践中被应用，而且目前已经出现了改进的沃尔评分法。

（二）经济增加值

经济增加值（economic value added，EVA）又称经济利润、经济附加值，是一定时期的企业税后营业净利润（NOPAT）与投入资本的资金成本的差额。经济增加值是由美国学者 Stewart 于 1991 年提出的企业业绩度量指标。

1. 经济增加值与会计准则

经济增加值（EVA）和会计利润有很大的不同。经济增加值（EVA）是公司扣除了包括股权在内的所有资本成本之后的沉淀利润，而会计利润没有扣除资本成本。股权资本是有成本的，持股人投资 A 公司的同时也就放弃了投资其他公司的机会。投资者如果投资与 A

公司相同风险的其他公司，所应得到的回报就是A公司的股权资本成本。股权资本成本是机会成本，而非会计成本。

传统会计指标难以正确反映公司真实业绩在于：① 没有扣除股本资本的成本，导致成本的计算不完全；② 会计报表信息对公司业绩的反映本身就存在部分失真。

资本费用是EVA最突出最重要的一个方面。在传统的会计利润条件下，大多数公司都有盈利，但是所得利润是小于全部资本成本的，对股东来说是亏损的。考虑到包括净资产在内的所有资本的成本，EVA显示了一个企业在每个报表时期创造或损害了的财富价值量。换句话说，EVA是股东定义的利润。假设股东希望得到10%的投资回报率，他们认为只有当他们所分享的税后营运利润超出10%的资本金的时候，他们才是在"赚钱"。在此之前的任何事情，都只是为达到企业风险投资的可接受报酬的最低量而努力。

EVA准则下，公司管理层在决策过程中运用两条基本财务原则：① 任何公司的财务指标必须是最大限度地增加股东财富；② 一个公司的价值取决于投资者对利润是超出还是低于资本成本的预期程度使公司管理层的决策与股东财富一致。这样，公司决策与股东财富一致。从定义上来说，EVA的可持续性增长将会带来公司市场价值的增值。EVA的当前绝对水平并不真正起决定性作用，重要的是EVA的增长，正是EVA的连续增长为股东财富带来连续增长。

2. 经济增加值的计算

经济增加值等于税后净营业利润(net operating profit after tax, NOPAT)与全部资本成本之间的差额。其中资本成本既包括债务资本的成本，也包括股本资本的成本。EVA是对真正"经济"利润的评价，或者说，是表示净营运利润与投资者用同样资本投资其他风险相近的有价证券的最低回报相比，超出或低于后者的量值。经济增加值的计算由于各个国家和地区的会计制度和资本市场现状存在差异，经济增加值的计算方法也不尽相同。主要的困难与差别在于：一是在计算税后净营业利润和投入资本总额时需要对某些会计报表科目的处理方法进行调整，以消除根据会计准则编制的财务报表对企业真实情况的扭曲；二是资本成本的确定需要参考资本市场的历史数据。根据国内的会计制度结合国外经验具体情况如下，EVA的计算公式为：

$$\text{EVA}=\text{NOPAT}-\text{资本}\times\text{资本成本率}$$

NOPAT的计算公式为：

$$\text{NOPAT}=\text{营业利润}+\text{财务费用}+\text{投资收益}-\text{EVA 税收调整}$$

资本的计算公式为：

$$\text{资本}=\text{债务资本}+\text{权益资本}-\text{在建工程}-\text{非营业现金}$$

其中，债务资本＝短期借款＋一年内到期长期借款＋长期负债合计，权益资本＝股东权益合计＋少数股东权益合计＋坏账准备＋存货跌价准备＋累计税后营业外支出－累计税后营业外收入－累计税后补贴收入。

资本成本率的计算公式为：

$$\text{资本成本率}=\text{债务资本成本率}\times(\text{债务资本}/\text{总市值})\times(1-\text{税率})+\text{权益资本成本率}\times(\text{权益资本}/\text{总市值})$$

其中债务资本成本率可采用债权人的预期回报率，权益资本成本率是公司股东的预期回报率。

计算过程中更详细的内容可以参考财务会计方面的教材，这里不再详细叙述。

四、公司重大事项分析

中国证监会2007年1月30日发布的《上市公司信息披露管理办法》要求上市公司如有“重大事件”需要发布临时报告。所谓重大事件，是指发生可能对上市公司证券及其衍生品种交易价格产生较大影响但投资者尚未得知的事件。上市公司对重大事件应当立即披露，说明事件的起因、目前的状态和可能产生的影响。按照证监会的规定重大事件共有20多种类型需要披露。本教材只对其中最为重要的部分进行分析。

（一）公司的资产重组

1. 资产重组方式

我国资产重组概念所包含的内容比国外的企业重组（restructuring）的概念要广，而且我国资产重组概念是从股市习惯用语上升到专业术语的。因此，对资产重组给出一个内涵和外延都明确的定义是非常困难的。目前国内资产重组的概念多种多样，甚至有些混乱。中国证监会颁布的自2008年5月18日起施行《上市公司重大资产重组管理办法》，将重大资产重组定义为：上市公司及其控股或者控制的公司在日常经营活动之外购买、出售资产或者通过其他方式进行资产交易达到规定的比例，导致上市公司的主营业务、资产、收入发生重大变化的资产交易行为。参照上述定义和我国的实际情况，本书将资产重组定义为：资产重组是指企业资产的拥有者、控制者与企业外部的经济主体进行的，对企业资产的分布状态进行重新组合、调整、配置的过程，或对设在企业资产上的权利进行重新配置的过程。

资产重组根据重组对象的不同大致可分为对企业资产的重组、对企业负债的重组和对企业股权的重组。对企业资产的重组包括收购资产、资产置换、资产出售、租赁和托管资产、受赠资产；对企业负债的重组主要是指债务重组。根据债务重组的对方不同，又可以分为与银行之间和与债权人之间进行的资产重组。资产重组根据是否涉及股份的存量和增量，又大致可以分为战略性资产重组和战术性资产重组。

以下对主要的重组手段和方法进行扼要介绍。

(1) 购买资产。购买资产通常指购买房地产、债权、业务部门、生产线、商标等有形或无形的资产。收购资产的特点在于收购方不必承担与该部分资产有关联的债务和义务。以多元化发展为目标的扩张通常不采取收购资产而大多采取收购公司的方式来进行，这是因为缺乏有效组织的资产通常并不能为公司带来新的核心能力。

(2) 收购公司。收购公司通常是指获取目标公司全部股权，使其成为全资子公司或者获取大部分股权处于绝对控股或相对控股地位的重组行为。购买公司不仅获得公司的产权与相应的法人财产，也是所有因契约而产生的权利和义务的转让。因此，通过收购，收购公司不仅可以获得目标公司拥有的某些专有权利，如专营权、经营特许权等，而且能快速获得由公司特有组织资本产生的核心能力。

(3) 收购股份。收购股份通常指以获取参股地位而非目标公司控制权为目的的股权收购行为。收购股份通常是试探性的多元化经营的开始和策略性的投资，或是为了强化与上游、下游企业之间的协作关联，如参股原材料供应商以求保证原材料供应的及时和价格优惠，参股经销商以求产品销售的顺畅、货款回收的及时等等。

(4) 合资或联营组建子公司。公司在考虑如何将必要的资源与能力组织在一起从而能在其选择的产品市场中取得竞争优势的时候，通常有三种选择，即内部开发、收购以及合资。

对于那些缺少某些特定能力或者资源的公司来说，合资或联营可以作为合作战略最基本的手段。它可以将公司与其他具有互补技能和资源的合作伙伴联系起来，获得共同的竞争优势。

(5) 公司合并。公司合并是指两家以上的公司结合成一家公司，原有公司的资产、负债、权利和义务由新设或存续的公司承担。我国《公司法》界定了两种形式的合并——吸收合并和新设合并。公司合并的目的是实现战略伙伴之间的一体化，进行资源、技能的互补，从而形成更强、更广的公司核心能力，提高市场竞争力。同时，公司合并还可以减少同业竞争，扩大市场份额。

(6) 股权置换。其目的通常在于引入战略投资者或合作伙伴。通常，股权置换不涉及控股权的变更。股权置换的结果是：实现公司控股股东与战略伙伴之间的交叉持股，以建立利益关联。

(7) 股权—资产置换。股权—资产置换是由公司原有股东以出让部分股权为代价，使公司获得其他公司或股东的优质资产。其最大优点就在于，公司不用支付现金便可获得优质资产，扩大公司规模。股权—资产置换的另一种形式是以增发新股的方式来获得其他公司或股东的优质资产，实质上也是一种以股权方式收购资产的行为。

(8) 资产置换。资产置换是指公司重组中为了使资产处于最佳配置状态获取最大收益，或出于其他目的而对其资产进行交换。双方通过资产置换，能够获得与自己核心能力相协调的、相匹配的资产。

(9) 资产出售或剥离。资产出售或剥离是指公司将其拥有的某些子公司、部门、产品生产线、固定资产等出售给其他的经济主体。由于出售这些资产可以获得现金回报，因此从某种意义上来讲，资产剥离并未减少资产的规模，而只是公司资产形式的转化，即从实物资产转化为货币资产。

(10) 公司分立。公司分立是指公司将其资产与负债转移给新建立的公司，把新公司的股票按比例分配给母公司的股东，从而在法律上和组织上将部分业务从母公司中分离出去，形成一个与母公司有着相同股东的新公司。通过这种资产运作方式，新分立出来的公司管理权和控股权也会发生变化。公司分立有许多做法，包括并股和裂股两种方式。其结果是母公司以子公司股权向母公司股东回购母公司股份，而子公司则成为由母公司原有股东控股的、与母公司没有关联的独立公司。

(11) 资产配负债剥离。资产配负债剥离是将公司资产配上等额的负债一并剥离出公司母体，而接受主体一般为其控股母公司。这一方式在甩掉劣质资产的同时能够迅速减小公司总资产规模，降低负债率，而公司的净资产不会发生改变。对资产接受方来说，由于在获得资产所有权的同时也承担了偿债的义务，其实质也是一种以承担债务为支付手段的收购行为。

(12) 股权的无偿划拨。国有股的无偿划拨是当前证券市场上公司重组的一种常见方式，通常发生在属同一级财政范围或同一级国有资本运营主体的国有企业和政府机构之间。国有股的受让方一定为国有独资企业。由于股权的最终所有者没有发生改变，因而国有控股权的划拨实际是公司控制权的转移和管理层的重组。其目的或是为调整和理顺国有资本运营体系，或是为了利用优势企业的管理经验来重振处于困境中的上市公司。

(13) 股权的协议转让。股权的协议转让是指股权的出让与受让双方不是通过交易所系统集合竞价的方式进行买卖，而是通过面对面的谈判方式，在交易所外进行交易，故通常称之为“场外交易”。这些交易往往出于一些特定的目的，如引入战略合作者或被有较强实力的对手善意收购等。在我国资本市场上，场外协议转让案例产生的主要原因在于证券市场中大量处于控股地位的非流通股的存在。

（14）公司股权托管和公司托管。公司股权托管和公司托管是指公司股东将其持有的股权以契约的形式，在一定条件和期限内委托给其他法人或自然人，由其代为行使对公司的表决权。当委托人为公司的控股股东时，公司股权托管就演化为公司的控制权托管，使受托人介入公司的管理和运作，成为整个公司的托管。

（15）表决权信托与委托书。表决权信托是指许多分散股东集合在一起设定信托，将自己拥有的表决权集中于受托人，使受托人可以通过集中原本分散的股权实现对公司的控制。表决权委托书是指中小股东可以通过征集其他股东的委托书来召集临时股东大会以达到改组公司董事会控制公司目的的一种方式。

（16）股份回购。股份回购是指公司或是用现金，或是以债权换股权，或是以优先股换普通股的方式购回其流通在外的股票的行为。它会导致公司股权结构的变化。由于公司股本缩减，而控股大股东的股权没有发生改变，因而原有大股东的控股地位得到强化。我国《公司法》对上市公司回购股份有着较为严格的限制，除非有下列情形之一，否则公司不得收购本公司股份：减少公司注册资本；与持有本公司股份的其他公司合并；将股份奖励给本公司职工；股东因对股东大会做出的公司合并、分立决议持异议，要求公司收购其股份的。

（17）交叉控股。交叉控股是指母、子公司之间互相持有绝对控股权或相对控股权，使母、子公司之间可以互相控制运作。交叉控股产生的原因是母公司增资扩股时，子公司收购母公司新增发的股份。我国有关法律对对外投资占本公司净资产的相对比例有一定限制，这在一定程度上限制了母、子公司间的交叉控股，但亦可以通过多层的逐级控股方式迂回地达到交叉控股的目的。交叉控股的一大特点是企业产权模糊化，找不到最终控股的大股东，公司的经理人员取代公司所有者成为公司的主宰，从而形成内部人控制。

以上介绍的是单一的重组方式。在实践中，一家公司可能会连续采用几种方式进行重组。例如，公司首先通过股权协议转让方式引入新的大股东，大股东介入后通过资产配负债剥离方式和资产置换方式注入优质资产。经过一系列资产重组方式重组后，公司期望达到资产的效用优化配置。

2. 资产重组对公司的影响

从理论上讲，资产重组可以促进资源的优化配置，有利于产业结构的调整，增强公司的市场竞争力，从而使一批上市公司由小变大、由弱变强。但在实践中，许多上市公司进行资产重组后，其经营和业绩并没有得到持续、显著的改善。究其原因，最关键的是重组后的整合不成功。

重组后的整合主要包括企业资产的整合、人力资源配置和企业文化的融合、企业组织的重构。不同类型的重组对公司业绩和经营的影响也是不一样的。对于扩张型资产重组而言，通过收购、兼并，对外进行股权投资，公司可以拓展产品市场份额，或进入其他经营领域。但这种重组方式的特点之一，就是其效果受被收购兼并方生产及经营现状影响较大，磨合期较长，因而见效可能较慢。有关统计数据表明，上市公司在实施收购兼并后，主营业务收入的增长幅度要小于净利润的增长幅度，每股收益和净资产收益率仍是负增长。这说明，重组后公司的规模扩大了，主营业务收入和净利润有一定程度的增长，但其盈利能力并没有同步提高。从长远看，这类重组往往能够使公司在行业利润率下降的情况下，通过扩大市场规模和生产规模，降低成本，巩固或增强其市场竞争力。

由于多方面的原因，我国证券市场存在着上市公司资产质量较差、股权结构和公司治理结构不合理等客观状况，因此，着眼于改善上市公司经营业绩、调整股权结构和治理结构的调整型公司重组和控制权变更型重组，成为我国证券市场最常见的资产重组类型。

对于公司控制权发生变化的资产重组而言，由于控制权的变更并不代表公司的经营业务活动必然随之发生变化，因此，一般而言，控制权变更后必须进行相应的经营重组才会对公司经营和业绩产生显著效果。

在分析资产重组对公司的影响时，分析师首先需鉴别报表性重组和实质性重组。区分报表性重组和实质性重组的关键是看有没有进行大规模的资产置换或合并。实质性重组一般要将被并购企业50％以上的资产与并购企业的资产进行置换，或双方资产合并；而报表性重组一般都不进行大规模的资产置换或合并。

（二）公司的关联交易

1．关联交易方式

关联方交易，是指关联方之间转移资源、劳务或义务的行为，而不论是否收取价款。《企业会计准则第36号——关联方披露》第三条对关联方进行了界定，即“一方控制、共同控制另一方或对另一方施加重大影响，以及两方或两方以上同受一方控制、共同控制或重大影响的，构成关联方”。

所谓控制，是指有权决定一个企业的财务和经营政策，并能据以从该企业的经营活动中获取利益。所谓共同控制，是指按照合同约定对某项经济活动所共有的控制，仅在与该项经济活动相关的重要财务和经营决策需要分享控制权的投资方一致同意时存在。所谓重大影响，是指对一个企业的财务和经营政策有参与决策的权力，但并不能够控制或者与其他方一起共同控制政策的制定。

我国上市公司的关联交易具有形式繁多、关系错综复杂、市场透明度较低的特点。按照交易的性质划分，关联交易主要可划分为经营往来中的关联交易和资产重组中的关联交易。前者符合一般意义上关联交易的概念；而后者则具有鲜明的中国特色，是在目前现实法律、法规环境下使用频率较高的形式。常见的关联交易主要有以下几种：

（1）关联购销。关联购销类关联交易，主要集中在以下几个行业：一种是资本密集型行业，如冶金、有色、石化和电力行业等；另一种是市场集中度较高的行业，如家电、汽车和摩托车行业等。一些上市公司仅是集团公司的部分资产，与集团其他公司间产生关联交易在所难免。除了集团公司以外，其他大股东如果在业务上与上市公司有联系的话，也有可能产生关联交易。因此，此类关联交易在众多上市公司中或多或少存在，交易量在各类关联交易中居首位。

（2）资产租赁。由于非整体上市，上市公司与其集团公司之间普遍存在着资产租赁关系，包括土地使用权、商标等无形资产的租赁和厂房、设备等固定资产的租赁。

（3）担保。涉及上市公司的关联信用担保也普遍存在，上市公司与集团公司或者各个关联公司可以相互提供信用担保。关联公司之间相互提供信用担保虽能有效解决各公司的资金问题，但也会形成或有负债，增加上市公司的财务风险，有可能引起经济纠纷。上市公司与其主要股东，特别是控股股东之间的关联担保可以是双向的，既可能是上市公司担保主要股东的债务，也可能反过来是主要股东为上市公司提供担保。

(4) 托管经营、承包经营等管理方面的合同。绝大多数的托管经营和承包经营属于关联交易，关联方大多是控股股东。托管方或是上市公司，或是关联企业。所托管的资产要么质量一般，要么是上市公司没有能力进行经营和管理的资产。但自己的资产被关联公司托管或承包经营以后，可以获得比较稳定的托管费用和承包费用。另外，关联托管和承包往往是进行关联收购的第一步。因为在托管期间，可以对所托管或承包的企业进行深入细致的了解，考察企业的发展潜力以降低收购的风险。

(5) 关联方共同投资。共同投资形式的关联交易通常是指上市公司与关联公司就某一具体项目联合出资，并按事前确定的比例分配收益。这种投资方式因关联关系的存在达成交易的概率较高，但操作透明度较低，特别是分利比例的确定。

2. 关联交易对公司的影响

从理论上说，关联交易属于中性交易，它既不属于单纯的市场行为，也不属于内幕交易的范畴，其主要作用是降低交易成本，促进生产经营渠道的畅通，提供扩张所需的优质资产，有利于实现利润的最大化等。但在实际操作过程中，关联交易有其非经济特性。与市场竞争、公开竞价的方式不同，关联交易价格可由关联双方协商决定，特别是在我国评估和审计等中介机构尚不健全的情况下，关联交易容易成为企业调节利润、避税和一些部门及个人获利的途径，往往使中小投资者利益受损。交易价格如果不能按照市场价格来确定，就有可能成为利润调节的工具。如各项服务收费的具体数量和摊销原则因外界无法准确判断其是否合理，操作弹性较大。目前通常的做法是，当上市公司经营不理想时，集团公司或者调低上市公司应缴纳的费用标准，或者承担上市公司的相关费用，甚至将以前年度已缴纳的费用退回，从而达到转移费用、增加利润的目的。又由于各类资产租赁的市场价格难以确定，租赁也可能成为上市公司与集团公司等关联公司之间转移费用、调节利润的手段。上市公司利润水平不理想时，集团公司调低租金价格或以象征性的价格收费，或上市公司以远高于市场价格的租金水平将资产租赁给集团公司使用。有的上市公司将从母公司租来的资产同时以更高的租金再转租给其他关联方，形成股份公司的其他业务利润，实现向股份公司转移利润。

上市公司获得类似的贴补，从表面上看对于上市公司和投资者来说是好事，但这种贴补首先不可能持久且终究要付出代价；其次不利于上市公司核心竞争力的培育，对其长远发展不利。

资产重组中的关联交易对公司经营和业绩的影响需要结合重组目的、重组所处的阶段、重组方的实力、重组后的整合具体分析。首先，重组谈判过程一般长达几个月，其中变数颇多，因此在重组的谈判或审批阶段，难以判断重组成功的概率和绩效。如果上市公司重组目的带有短期化倾向，如为了短期业绩的改观、配股融资能力的增强等，企业经营现状的改变将是非质变性的。其次，重组后能否带来预期效益还要看后期整合的结果。由于原有企业的文化、管理模式具有一定程度的排他性，新资产从进入到正常运转还要面临一段时间的磨合。由此可见，资产重组类股票的投资不确定性较大，而带有关联交易性质的资产重组，由于其透明度较低，更需要进行较长时期的、仔细的跟踪分析。在分析关联交易时，尤其要注意关联交易可能给上市公司带来的隐患，如资金占用、信用担保、关联购销等。证券投资分析师在分析关联交易时，应尤其关注交易价格的公允性、关联交易占公司资产的比重、关联交易的利润占公司利润的比重以及关联交易的披露是否规范等事项。

（三）会计政策和税收政策的变化

1. 会计政策的变化及其对公司的影响

会计政策是指企业在会计确认、计量和报告中所采用的原则、基础和会计处理方法。企业基本上是在法规所允许的范围内选择适合本企业实际情况的会计政策。当会计制度发生变更，或企业根据实际情况认为需要变更会计政策时，企业可以变更会计政策。企业的会计政策发生变更将影响公司年末的资产负债表和利润表。如果采用追溯调整法进行会计处理，则会计政策的变更将影响公司年初及以前年度的利润、净资产、未分配利润等数据。

2. 税收政策的变化及其对公司的影响

税收政策的变更也将对上市公司的业绩产生一定的影响。如，1999 年国务院发布了《关于纠正地方自行制定税收先征后返政策的通知》，明确要求各级地方政府一律不得自行制定税收先征后返政策。各地区自行制定的税收先征后返政策从 2000 年 1 月 1 日起一律停止执行，这意味着多数企业在利润保持不变的情况下收益要减少 18%。因此，取消先征后返对上市公司的收益形成了较大的冲击。又如增值税的出口退税。增值税作为价外税，其出口退税是指销售时免征增值税，同时将购进时支付的增值税进项税额退给企业，这就意味着产品是以不含税的价格进入国际市场的，因此从价格上提高了企业在国际市场上的竞争能力。对于出口比重较大的上市公司来说，这一政策对经营会产生明显有利的影响。由于增值税的出口退税额作为一种收益只计入会计利润而不计入应纳税所得额，因而不需要征收企业所得税。因此，出口退税一方面会使现金流量表有明显改观，使经营活动产生的现金流量净额有一个正增加；另一方面，使利润表中的营业收入增加。这主要是由于退税额的再投入，解决了企业资金不足、运转不灵的困难，使出口业务扩大，销售收入增加。

国家有关部门对增值税政策的频繁调整也会影响有关行业乃至上市公司的效益。如，2006 年 12 月 14 日财政部、国家发展和改革委员会等五部门联合下发《关于调整部分商品出口退税率和增补加工贸易禁止类商品目录的通知》，对部分石材产品取消出口退税。此规定使中国的石材行业面临着前所未有的挑战，对以出口为主的福建、山东等石材大省的有关公司影响尤为巨大。于 2008 年 1 月 1 日起施行的《中华人民共和国企业所得税法》，对我国包括上市公司在内的内资企业的净利润增长带来积极的预期。1991 年 4 月 9 日，第七届全国人民代表大会第四次会议通过了《中华人民共和国外商投资企业和外国企业所得税法》，1993 年 12 月 13 日国务院发布的《中华人民共和国企业所得税暂行条例》同时废止。新税法按照“简税制、宽税基、低税率、严征管”的税制改革原则，建立各类企业统一适用的企业所得税制度。参照国际通行做法，体现了“四个统一”，即内资企业、外资企业适用统一的《中华人民共和国企业所得税法》；统一并适当降低企业所得税税率；统一和规范税前扣除办法和标准；统一税收优惠政策，实行“产业优惠为主、区域优惠为辅”的新税收优惠体系。两税合并的核心方案在于内资和外资企业均按照 25%的税率征收企业所得税，其中，老的外资企业享有 5 年的过渡期照顾。内资企业所得税率标准从 33%下降至 25%，而对新税法公布前已经享受低税率和定期减免税优惠的老企业也给予过渡性照顾。

新税法实施后，一直执行较高税率的银行业、通信服务业及批发零售等行业受益突出。两税合并后，实际所得税率较高的银行业将通过当期应纳税所得和递延税款两方面影响其所得税费用。而以前实际税负达到 33%的上市公司，受惠程度十分明显，主要体现在钢铁、酿酒、煤炭、造纸、有色金属等相关传统产业。

此外,所得税政策改革趋势还会影响上市公司的价值重估。因为向科技、高新技术产业倾斜的税收政策取向依然没有改变。即便未来科技产业的所得税率提升至25%,但由于将享受更为优惠的国产设备抵扣、科研费用在税前扣除等税收政策,此类上市公司的盈利能力并不会受到两税合并的影响,甚至会因为鼓励创新等税收政策的扶持而使业绩持续增长。因此,拥有创新优势与能力的生物技术、航天军工等行业的上市公司仍是两税合并得益者之一。

(四)控制权的变更

控制权变更是指控股股东和管理当局的变更。通常用来界定公司是否发生了控制权变更的标准有以下几个方面:公司的投票权是否发生了变化,如某一股东获取了某一比例的投票权;公司是否发生了并购、合并和重组行为;是否更换了董事会的大多数成员;是否出售了公司的全部或者相当大部分资产;公司是否清算或者解散。上述标准中的最后三项是控制权变更安排中普遍采用的标准,前两项标准的采用及其具体比例的设定则因公司而异,相互差异很大。

出现控制权变更的原因有很多,如由于大股东对上市公司发展前景和定位的不同规划而出现的控制权争夺;在公司内部控制上,由于存在内部人控制问题,股东和高管层在利益上存在不相容性,股东为保证投资者最大利益,有积极性和能力对上市公司的代理人即高管层进行监督,当公司绩效比同行业较差时,管理层就面临控制权变更问题。

公司之间的并购和重组使得公司控制权变更这一现象越来越频繁,这对于资源的有效整合和有效配置,尤其是对于股东价值的创造,具有重要意义。但是,如果管理层的利益处理不恰当,或者在大股东变更时出现了损害小股东利益的问题,那就会对公司的发展很不利,投资者要关注这一问题。

在公司发生控制权变更时,公司可以通过各种各样的方式来为其经理人和关键雇员提供控制权变更保护,归纳起来主要有下述三种方式:单个的个人雇佣协议,统一的公司政策,通过股权激励计划提供的控制权变更保护。具体采用上述哪种方式,或者是它们的某种组合,要根据公司的具体目的来决定。控制权变更中的高级经理人保护,要掌握一个“合适的度”。如果没有“合适的度”,在实际中导致的结果将是两个极端:一个极端是弱股东意志下在位经理人通过掌控公司运营而获取私人收益,不仅不去发掘,而且会阻碍一些对公司有巨大价值的并购、重组和改组等活动,这在中国的国有或国有控股公司中比较普遍;另一个极端就是强股东意志下的公司很容易发生控制权变更,经理人的收益和预期没有保障,实际难以吸引优秀的职业经理人加盟公司,这在中国的民营和家族企业中比较普遍。

关于如何保证大股东换人是为了转制而不是套现,如何保证上市公司在控制权发生变更以后规范地使用募集资金,如何保证中小股东的利益不受到侵害,这些问题也要关注。对投资者保护问题是公司治理问题的核心之一,也是公司治理要实现的目标。它源于代理问题,核心内容是防止内部人(管理层和控股股东)对外部投资者(中小股东和债权人)的“掠夺”,在公司股份比较分散的情况下,主要表现为管理层机会主义;在股权集中于控股股东情况下,体现为管理层和控股股东对中小股东和债权人的双重侵害。所以应建立防止权利被内部人剥夺的机制,防止公司大股东和控股股东利用控制权变更使其他相关利益者遭受损失。

对于上市公司控股股东或者管理当局在报告期内是否发生了变更,上市公司必须在年报中的“重大事项”中加以阐述,投资者可以通过年报来掌握相关的信息。

案　例

中国芯片产业深度分析

一、周期性波动向上,市场规模超 4 000 亿美元

半导体是电子产品的核心、信息产业的基石。半导体主要分为集成电路和半导体分立器件。半导体分立器件包括半导体二极管、三极管等分立器件以及光电子器件和传感器等。集成电路可分为数字电路、模拟电路。一切的感知:图像、声音、触感、温度、湿度等等都可以归到模拟世界当中。很自然的,工作内容与之相关的芯片被称作模拟芯片。除此之外,一些我们无法感知,但客观存在的模拟信号处理芯片,比如微波、电信号处理芯片等等,也被归类到模拟范畴之中。比较经典的模拟电路有射频芯片、指纹识别芯片以及电源管理芯片等。数字芯片包含微元件(CPU、GPU、MCU、DSP 等)、存储器(DRAM、NANDFlash、NOR-Flash)和逻辑 IC(手机基带、以太网芯片等)。半导体行业因具有下游应用广泛、生产技术工序多、产品种类多、技术更新换代快、投资高风险大等特点,产业链从集成化到垂直化分工越来越明确,并经历了两次空间上的产业转移。全球半导体行业大致以 4～6 年为一个周期,景气周期与宏观经济、下游应用需求以及自身产能库存等因素密切相关。2017 半导体产业市场规模突破 4 000 亿美元,存储芯片是主要动力。

二、供需变化涨价蔓延,创新应用驱动景气周期持续

半导体本轮涨价的根本原因为供需变化,并沿产业链传导,从存储器中 DRAM 和 NAND 供不应求涨价导致上游 12 寸硅片供不应求涨价,12 寸晶圆代工厂涨价,NOR 涨价,12 寸硅片不足用 8 寸硅片代替,导致 8 寸硅片涨价,8 寸晶圆代工厂涨价,传导下游电源管理 IC、LCD/LED 驱动 IC、MCU、功率半导体 MOSFET 等涨价,涨价持续蔓延。此外,2017Q4 加密币挖矿芯片半路杀出抢 12 寸晶圆先进制程产能。涨价是否持续还是看供需,NAND 随着产能释放价格有所降低,RAM、硅片产能仍吃紧涨价有望持续。展望 2018 年上半年,因 DRAM 三大厂产能计划趋于保守,2018 年新增投片量仅约 5%～7%,实质新产能开出将落于下半年,导致上半年供给仍然受限,整体市场仍然吃紧;SK 海力士决议在无锡兴建新厂,最快产能开出时间落在 2019 年,我们预计在 2018 年上半年服务器内存价格仍然会延续涨价的走势。2018Q1 移动式内存价格可能会有较明显影响。在大陆智能手机出货疲弱的大环境影响下,虽然整体 DRAM 仍呈现供货吃紧的状态,但以三星为首率先调整对大陆智能手机厂商的报价,移动式内存的涨幅已较先前收敛,从原先的 5%的季成长缩小为约 3%。随着物联网、区块链、汽车电子、5G、AR/VR 及 AI 等多项创新应用发展,半导体行业有望保持高景气度。

三、提高自给率迫在眉睫,大国战略推动产业发展

国内半导体市场接近全球的三分之一,但国内半导体自给率水平非常低,特别是核心芯片极度缺乏,国产占有率几乎为零。芯片关乎国家安全,国产化迫在眉睫。这种情况对于国家和企业而言都是非常不利的,不管是从国家安全还是电子产业的发展而言,全力推动半导体产业目前已经成为全国上下的一致共识,整个行业的发展动力非常充足。2014 年《国家集成电路产业发展推进纲要》将半导体产业新技术研发提升至国家战略高度。大基金首期投资成果显著,撬动了地方产业基金达 5 000 亿元,目前大基金二期募资已经启动,募集金

额将超过一期，推动国内半导体产业发展。根据 ICInsight 的数据，2016 年全球 20 大半导体企业中，仍然以海外公司为主。其中美国有 8 家，日本、中国台湾地区和欧洲各占 3 家，韩国占 2 家，新加坡有 1 家，没有一家大陆半导体公司上榜。不管是设计制造还是 IDM 模式方面，大陆半导体产业和国际先进水平仍然存在不小差距。2016 年全球 20 大半导体企业如表 11-10 所示。

表 11-10　　2016 年全球 20 大半导体企业

排名	公司	国家(地区)	排名	公司	国家(地区)
1	英特尔	美国	11	联发科	中国台湾
2	三星	朝国	12	英飞凌	欧洲
3	台积电	中国台湾	13	意法半导体	欧洲
4	高通	美国	14	苹果	美国
5	博通	新加坡	15	索尼	日本
6	海力士	韩国	16	英伟达	美国
7	美光	美国	17	瑞萨	日本
8	德州仪器	美国	18	格芯	美国
9	东芝	日本	19	安森美	美国
10	恩智浦	欧洲	20	联电	中国台湾

资料来源：IC Insight。

四、大陆设计制造封测崛起，材料设备重点突破

经过多年的发展，国内半导体生态逐渐建成，设计制造封测三业发展日趋均衡。设计业：虽然收购受限，但自主发展迅速，群雄并起，海思展讯进入全球前十。制造业：晶圆制造产业向大陆转移，大陆 12 寸晶圆厂产能爆发。代工方面，虽然与国际巨头相比，追赶仍需较长时间，但中芯国际 28 nm 制程已突破，14 nm 加快研发中；存储方面，长江存储、晋华集成、合肥长鑫三大存储项目稳步推进。封测业：国内封测三强（长电科技，通富微电和华天科技）进入第一梯队，抢先布局先进封装。设备：国产半导体设备销售快速稳步增长，多种产品实现从无到有的突破，星星之火等待燎原。材料：国内厂商在小尺寸硅片、光刻胶、CMP 材料、溅射靶材等领域已初有成效；大尺寸硅片国产化指日可待。

个股推荐：兆易创新：NorFlash&DRAM 龙头

1. 公司是中国唯一的存储芯片全平台公司。主要产品为 NORFlash、ANDFlash 及 MCU，广泛应用于手持移动终端、消费类电子产品、个人电脑及周边、网络、电信设备、医疗设备、办公设备、汽车电子及工业控制设备等各个领域。牵手合肥产投，进军 DRAM 领域。

2. 公司 2017 年 10 月与合肥产投签署了关于存储器研发项目之合作协议，将开展 19 nm 制程工艺存储器（含 DRAM 等）的研发项目，预算约为 180 亿元人民币，目标是在 2018 年底前研发成功。入股中芯国际，战略合作形成虚拟 IDM。

3. 2017 年 11 月，公司参与认购中芯国际配售股份，公司作为 fabless 厂与晶圆代工厂中芯国际战略合作形成虚拟 IDM，在产能上将有望优先获得中芯国际的支持，从而提高公司产品的占有率。收购思立微，形成 MCU＋存储＋交互解决方案。

4. 2018 年 3 月，公司收购国内市场领先的智能人机交互解决方案供应商思立微，其产品以触控芯片和指纹芯片等新一代智能移动终端传感器 SoC 芯片为主。本次交易将一定程度上补足公司在传感器、信号处理、算法和人机交互方面的研发技术，提升相关技术领域的产品化能力，在整体上形成完整的 MCU＋存储＋交互系统解决方案，为上市公司进一步快速发展注入动力。

我们认为公司牵手合肥产投，进军 DRAM 领域；入股中芯国际，形成虚拟 IDM，提高产能扩充能力；收购思立微，形成 MCU＋存储＋交互解决方案，为上市公司进一步快速发展注入动力。建议关注。

风险提示：半导体行业景气度下降，DRAM 项目发展不及预期，收购思立微协同效应不及预期。

〔摘自《不得不看！中国芯片产业深度分析(一文看懂国产芯片现状)》
https://tobo1688.kuaizhan.com/16/35/p51938703907fdf〕

本章概念

1. 基本分析、技术分析。
2. 行业的初创期、成长期、成熟期、衰退期。
3. 周期型行业、防御型行业、增长型行业、逆周期型行业。
4. 资产重组、关联交易、控制权的变更。

问题思考

1. 基本分析的主要内容是什么？
2. 进行宏观经济运行状况分析时主要跟踪哪些指标？
3. GDP 增长对股票市场有什么影响？
4. 通货膨胀对证券市场的影响是什么？
5. 财政政策对证券市场有什么影响？
6. 央行的货币政策有哪些？这些政策如何影响证券市场？
7. 汇率的变化对证券市场是如何影响？
8. 行业分析有何意义？其主要内容是什么？
9. 下列行业处于生命周期的哪个阶段？适合哪些投资者进行投资？
① 胶卷；② 汽车；③ 网络游戏；④ 生物工程；⑤ 纺织；⑥ 计算机硬件。
10. 影响行业兴衰的主要因素有哪些？
11. 一个公司对经济周期的敏感性取决于哪些因素？
12. 公司基本分析应从哪些方面入手？
13. 公司的长期、短期偿债能力分析有哪些指标？
14. 如何对公司的综合财务绩效分析？
15. 关联交易对上市公司的影响如何？
16. 如何看待上市公司的资产重组？
17. 上市公司的控制权变更对公司未来的绩效可能会有什么影响？

第十二章　证券投资技术分析

学习目标

1. 掌握技术分析的三大理论假设；
2. 熟悉证券投资技术分析的种类与内容；
3. 掌握单根K线和K线组合的分析技巧；
4. 熟悉K线组合中常见的组合形态；
5. 掌握压力线与支撑线的概念，熟悉其运用原理；
6. 掌握黄金分割应遵循的原则；
7. 熟悉典型的反转形态和调整形态图形；
8. 掌握应用技术指标的原则及应注意的问题；
9. 掌握多头排列和空头排列的含义；
10. 熟悉MA、MACD、KDJ和RSI等指标的运用原则。

第一节　技术分析概述

证券投资基本分析主要是分析证券投资的质的因素，分析证券投资的内在价值以及应怎样来选择证券，在什么样的大的政治经济环境中来进行证券投资。而在大多数情况下，证券投资注重的是证券价格的市场变化规律性，看重的是证券价格的现场表演。上百年来，众多的证券投资者在投资的实践活动中，总结归纳出了许多技术分析的方法，至今仍为众多投资分析者所采纳，具有很强的现实指导意义。

一、技术分析的含义

所谓技术分析，是指通过分析证券市场的市场行为，对证券未来的价格变化趋势进行预测的研究行为。其特点是：通过对证券市场过去和现在行为的特征，应用数学和逻辑的方法，归纳和总结出证券价格运行的一些典型规律，并据此预测证券市场未来的价格变化趋势。技术分析一般不探究证券价格变化的质因，只分析价格变化的表象。技术分析者也认为证券价格是由供求关系所决定的，其基本观点是：所有证券的实际供需量及其背后起引导作用的种种因素，包括证券市场上每个人对未来的希望、担心、恐惧等，都集中反映在证券的价格和交易量上。通过研究和判断证券价格与交易量，就可以对证券价格的未来走势进行预测，从而实现理性投资。

二、技术分析的理论假设

技术分析是进行证券价格的预测的行为，它的分析依据是过去和现在的市场行为，通过对过去和现在的市场行为结果来进行未来证券价格趋势预测。其采用的方法主要融合统计学、逻辑学等相关的知识，用总结、归纳、推理等手段，对已有的数据进行处理后，做出预测。

它的分析结论要有效可靠，必须满足三个最基本的前提条件，因为技术分析是建立在这三个命题的基础上进行的。

（一）市场行为包含了一切信息

这个假设是技术分析的前提和基础。没有这个前提，技术分析的结果就完全不可信。这里的市场行为是指证券市场上的各种证券交易的信息，包括交易价格、交易量和交易的时间与空间以及它们的变化。这个假设认为，影响证券价格的因素无论是内在的还是外来的，都会体现在证券的市场行为的变化上，也就是说，证券价格的变化总是市场各种各类信息的总汇。作为证券投资者，没有必要去过度关注具体影响证券价格的因素，只要分析这些市场行为，即证券价格或交易量的变化，就可能掌握所有的信息。并且认为，所有的市场上的各类信息都会体现在市场上的证券价格和交易量的变化上。

（二）价格沿趋势移动，并保持趋势

这一假设是我们进行技术分析最根本、最核心的因素。该假设认为，证券价格的变动是按一定规律进行的，证券价格有保持原来方向的惯性。正是由于这一条，技术分析者们才花费大量心血"按图索骥"，试图找出证券价格的变动规律。实际上技术分析的第二个理论假设，是建立在投资者都是趋势论者的基础上的，即技术分析者都相信证券的价格运动都是按照一定的规则趋势来运行的。只有认可了证券价格有规律可循，进行技术分析才是有意义的。

（三）历史会重演

历史会重演这一假设是我们进行技术分析的重要前提。市场运动在图表上留下的运动轨迹常常有惊人的相似之处，可以说，技术分析的理论就是人们对过去股票价格的变动规律进行归纳总结的结果。这个假设更多是从心理因素方面来考虑的，毕竟最终在市场上进行买卖操作的是人，会受到心理学中某些理论的制约。投资者在过去的交易结果会在他心中留下深刻记忆，留在头脑中的阴影与快乐会永远影响着这个投资者。一旦遇到与过去某一时期相同或相似的情况，就应该与过去的结果进行比较。过去的结果是已知的，这个已知的结果应该是现在对未来进行预测的参考。

三、技术分析假设的合理性分析

技术分析的假设是否合理，这是技术分析方法可靠性的基本保证。那么进一步分析技术分析的三个理论前提，它们是否是完全可靠的呢？

（一）假设一有其合理性的一面

我们知道，影响证券价格的变动有很多方面的因素，包括宏观面、政策面、市场面、资金面、心理面等，但任何一个因素对证券市场的影响最终都必然体现在证券价格的变动上。但是我们也应该看到，在这一假设的前提基础上，投资者在市场上获得的信息是公开的，且所有投资者所获得的信息都是一致的，即市场是有效的。因为市场的有效性，加上投资者对市场信息的反馈及时准确，使得证券价格能够完全将市场信息加以消化，最终体现在证券价格上。现实的证券市场并非完全如此。首先，市场并非是完全有效的，信息披露是否完全真实，信息传递是否完全没有漏损等，这些在现实的经济环境中都是不可能完全实现的。其次，不同的投资者对信息的把握和解读理解，以及所作出的投资决策是不完全相同的。由于证券价格的决定最终是由供求来决定的，因此，证券价格的形成，并不一定包含了完整的信息内容。最后，受外在因素的影响，市场的证券价格也不一定能完全包含所有的市场信息，比如说我国当前股票市场中的涨跌停板制度等。由此可见，技术分析的第一个假设命题是有缺陷的。

（二）第二个理论假设结论在趋势论者看来是天经地义，完全可信的

但是，与趋势论者的观点相反，随机漫步论者认为证券价格的形成是随机的，其价格变动并无趋势可言。证券市场中，买方与卖方同样聪明机智，卖方也与买方同样聪明机智，他们都能够接触同样的信息，但新的经济、政治新闻消息是随意，并无固定地流入市场。这些消息的进入使基本分析人士重新估计股票的价值，而做出买卖方针，致使股票发生新变化。因为这些消息无迹可寻，是突然而来，事前并无人能够预告估计，证券价格走势的推测就不能成立。而且既然所有证券市场的价格反映其基本价值，这个价值是公平的，由买卖双方决定，这个价值就不会再出现变动，除非突发消息如战争、收购、合并、加息减息、石油战等利好或利淡等消息出现，才会再次波动。但下一次的消息是利好或利淡大家都不知道，所以股票现时是没有记忆系统的。昨日升并不代表今日升，今日跌，明日可以升亦可以跌。每日与另一日之间的升跌并无相关。就好像掷铜板一样，这次掷出是正面，并不代表下一次掷出的又是正面，下一次所掷出的是正面或反面各占机会50%，亦没有人会知道下一次会一定是下面或反面。既然股价是没有记忆系统的，企图用股价波动找出一个原理去战胜市场，赢得大市，肯定失败。因为股票价格完全没有方向，随机漫步。我们无法预知股市去向，无人肯定一定是赢家，亦无人一定会输。由此可见，技术分析的第二个假设的成立，也有其或然性，证券价格的运行是有趋势或随机漫步尚有待研究。

（三）第三个假设看似合理，且在一定程度上也反映了证券投资市场上的真实情形

毕竟证券交易价格的统计结果对交易者的心理影响是很大的。但从唯物辩证法的角度来分析，运动是永恒的，静止是相对的，世间万事万物总是在不断发展变化之中，哲学家说一个人不可能两次跨过同一条河流，每天升起的太阳都是新的。证券市场的情况也是如此，比如，股票市场是变化无常的，其价格走势也不可能有完全相同的情况重复，差异总是或多或少地存在。这些差异最终都会影响到股票的价格决定。因此，在证券市场上，价格走势的完全重复现象并不常见，或多或少地都存在着差异。

四、技术分析的内容

技术分析是证券市场投资分析中最常见的分析方法，在分析内容上一般主要选取成交量、成交价格、时间背景、价格运行的空间，即通常意义上所说的价、量、时、空四个方面来进行展开的。

（一）技术分析的主要内容

1. 成交量

用个股或大盘的成交量来研判市场的状态。成交量大说明市场的获利机会较多，成交量小说明市场的获利机会较少。一般而言，股票市场上的许多技术指标，包括成交价格都有可能是主力或庄家通过一定的手法来操纵形成的，但成交量往往反映了市场真实的情况。因为成交量的产生是需要一定的交易成本的，因此，成交量的增减是市场交投变化的实际反映。没有分析成交量的技术分析就好像是闭着眼睛射箭，当然很难命中目标。

2. 成交价格

关注成交价格主要应当关注价格及其运行的趋势。价格是最直接能够反映市场供求状况的指标。技术分析中，分析得最多的、最普遍的内容就是成交价。成交价格的变动是投资人获

得资本利得收益的唯一来源，在投资中的收入收益(股息红利收益)既定的条件下，成交价格的变化及变化趋势，就成为投资人最关注的焦点，当然也就是技术分析中的焦点内容。

3. 时间背景

时间在技术分析中指的是完成某个过程所经过的时间长短，通常指一个波段或一个升降周期所经过的时间。在任何一个证券市场中，证券价格的波动都有一定的时间周期特征，而且因市场的性质不同，不同的国家和地区会有不同的表现。

4. 价格运行的空间

这里的"空间"通常指价格升降所能够达到的程度，即价格变化有可能上升或下降到什么地方，它反映了一个市场上价格运行变化的能量大小。如果受到某因素的影响或是突发性的事件，股票内在价值发生了根本性的变化，或是股票市场的供求关系在短期内发生了实质性的转变，股价就会出现大幅度的飙升或暴跌。由于短时间内聚集的能量巨大，股价上升或下降的空间就会很大，价格的运行空间就会被打开。否则，证券价格的运行会被限制在一定的波动区间。价格的波动范围在一定的时间段内，反映出价格运行的空间。

(二) 价、量、时、空的关系

技术分析的四个要素间是相互联系，相互依存的，它们之间存在着密切的联系，投资者在进行技术分析的过程中，必须要将它们联系起来进行分析。

1. 价与量的关系

成交价格与成交量间的关系是众多对关系中最重要，也是技术分析者应当十分关注的。一般来说，价量间的关系无外乎有价涨量增、价涨量减、价跌量增和价跌量减这四种状态。价涨量增应顺势推动。一般来说，股票价格随着成交量放大而出现上升势头，如果成交量配合性放大，可以看作是多头信号，意味着股价在以后相当长的一段时间内可能还会继续上扬。特别是在证券价格上涨趋势的初期，若成交量也随之放大，显示涨势已成，投资者要追买。但若股价经过一段大涨之后，突然出现极大的成交量，价格却未能进一步上涨，此时就要留心了。通常这种情况表示多头转弱，空头压力日增，行情随时将反转。所以这里的价涨量增是指价格上涨的同时，成交量配合性放大，强调"配合性"增长，如果成交量放得过大，就有庄家出货的嫌疑了。价涨量减呈背离现象，多少意味着股价偏高，跟进意愿不强，所谓"曲高和寡乏人跟进"。这种现象多出现在反弹行情中，多为套牢或中短线的有心人维持，或为短空回补所致。此时要对日后成交量变化加以观察，若继续上涨，成交量也增加，则量缩属于惜售现象；反之，则应酌量减少手中持股，以免高档套牢。价跌量增有待观察。在股票市场上如果出现这种情况，在不同的时期，证券价格在不同的水平所反映的含义有所不同。成交量萎缩，说明投资者仍在观望，如果指数或价格是刚从高位滑落，均可视为主力出货，是空头的典型信号；如果是在跌势中，且价格已经下跌了许多，表示在逐渐筑底；如果发生在涨势初期，显示已经有主力大户介入，随时可能有大变化。价跌量减情况互异。总体看来，证券价格下跌，且成交量也相应缩减，说明投资者的投资意愿不强，绝大多数情况下，后市难以乐观。但如果是指数或价格刚从高位滑落，成交量与价格配合性地减少，也有可能是升势过程中的回档，要看后市股票价格的走势变化，如果短期内股价走势为升势，则不可完全看空。还有就是指数或价格已涨升或下跌很久，出现了价跌量减的走势，且当日的下影线比上影线要超出许多，且次日股价能够超过前日的最高点的话，其价格走势可望于近期内转跌为升。

2. 时间与空间的关系

时间与空间这对技术分析要素的联系，多与循环周期理论有关，反映的是市场的价格起伏的内在规律和事物发展的周而复始的特征，体现了市场能量由小变大再由大变小的过程。久升必跌，跌久必升 这是证券市场不变的规律。许多技术分析理论和假说都认为，股票市场的价格变化呈现出周期性变化的规律，涌现出了诸如“太阳黑子说”、康克狄夫大波浪周期理论、十八年周期论、九年周期论等一大批关于股市周期循环理论。无论哪一种假说，都说明了一个问题，就是随着时间的推移，股票市场价格总是在一个既定的价格空间范围内起伏变化，反映了时间与空间在股价运行中的关系。

3. 时间、空间与价格趋势的关系

时间、空间与价格走势的关系，可从投资的短线和长线角度分析。一般来说，时间持续越长，证券价格变化的空间可能就会越大，正如股票价格在一天内的波动幅度，一般而言，总是比它在 1 年乃至 10 年内的波动幅度小。对于短线投资者而言，可能对周期性变化规律关注得少，更关注的是短期内，证券价格上升或下降的空间有多大；而相对于中长线投资者而言，空间与时间在证券价格表现上的关系就显得格外重要。一般来说，时间长，证券价格波动空间大的过程，对今后价格趋势的影响和预测作用也大；时间短，波动空间小的过程，对今后价格走势的影响和预测作用也小。

五、技术分析的种类和方法

技术分析的种类和方法有许多种，从不同角度对证券市场的行为进行分析，寻找和发现其中不直接显露的实质性内容，是进行证券投资技术分析最基本的出发点。由于不同的分析人士运用不同的方法和技巧，从不同角度对证券市场的行为进行分析，形成的技术分析方法也就千变万化，各有不同。但技术分析一般都是在价、量历史资料基础上进行的统计、数学计算、绘制图表。不管技术分析方法是如何产生的，人们最关心的是它的实用性，因为我们的目的是用它来预测未来价格走势，从而为投资决策服务。目前，投资市场上最常见的技术分析方法，一般来说，主要分为三大类，即理论类（如：波浪理论、道氏理论等）、图形类（头肩顶、圆弧底等）和指标类（MA、MACD、KDJ 等）。我们在随后的章节将具体介绍。

六、技术分析的应用要注意的问题

技术分析方法的确能够帮助投资者正确地选择和研判证券投资的时机，作出正确的投资抉择。但正如我们前面所阐述的，技术分析是有其理论前提和局限性的，在投资人运用技术分析手段进行投资分析时，应特别注意以下几个方面内容的把握。

（一）不能单独运用一种技术分析

不能单纯运用技术分析一种方法来进行行情趋势的研判，技术分析必须与基本分析结合起来使用，才能提高其准确程度，否则单纯的技术分析是不全面的。技术分析说到底仅是对证券市场行为单方面的研判，侧重于市场的交易信息的研究，对于在成熟和均衡的市场状况下，对投资决策有一定的帮助。

但对于类似于我们国家刚刚兴起的不成熟市场，由于市场突发消息较频繁，人为操纵的因素较大，所以仅靠过去和现在的数据、图表去预测未来是不可靠的，这方面的例子举不胜举。事实上，在中国的证券市场上，技术分析依然有非常高的预测成功率。这里，成功的关键在于不能机械地使用技术分析。除了在实践中不断修正技术分析外，还必须结合基本分析来使用技术分析。

(二) 注意用多种技术分析方法

注意用多种技术分析方法的综合研判,切忌片面地使用某一种技术分析手段分析的结果。任何技术分析的方法和手段至今来看,都不是完美无缺的,这也是证券投资市场中众多投资者所共同认可的。使用技术分析方法的投资者应该把握,需要全面考虑技术分析的各种方法对未来的预测,综合汇总并归纳这些方法得到的结果,最终得出一个合理的多空双方力量对比的描述。实践证明,单独使用一种技术分析方法有相当的局限性和盲目性。

(三) 技术分析的结论要不断修正,并在实际中检验

每个技术分析的结论要通过自己的不断修正,并经实践验证后才能放心地使用。由于证券市场的财富效应,能够给投资者带来巨大的收益,多年来研究证券投资技术分析者层出不穷,分析的方法各异,使用同一分析方法的风格也不同。前人和别人得到的结论是在一定的特殊条件和特定环境中得到的,随着环境的改变,前人和别人成功的方法落到自己头上有可能会失败。因此,不能机械地照搬照套别人技术分析的分析结论和做法,要在实践中不断修正技术分析参数,对技术分析结论反复斟酌,才能使自己的分析结论更加可靠。

(四) 技术分析是一种工具,决定技术分析结论的是人

对技术分析不要抱有过高的期待。证券投资技术分析中的许多技术参数是人为设定的,不同的分析者,选用的参数与标准不同,可能最终的分析结论也迥异。过于倚重技术分析的结论可能会使分析者误入歧途。况且,技术分析中还有许多其分析能力所不可企及的地方,也不是在任何环境和条件下都可以运用的。

第二节 图形分析概述

技术图表在技术分析中是最常见的分析手段,投资者在进行证券分析时,会面临各种各样的技术分析图表,它是投资者进行技术分析的依据和重要工具。学会绘制和读懂各类图表,是进行图表分析的前提。

常见的技术分析图表有 K 线图、分时走势图、棒形图、点数(OX)图和宝塔图等。本书主要介绍前三种。目前在我国证券市场上投资者使用最多、最频繁,也是流传最广的仍然是 K 线图。

一、K 线图

K 线图最早是日本德川幕府时代大阪的米商用来记录当时一天、一周或一月中米价涨跌行情的图示法,后被引入股市。K 线图有直观、立体感强、携带信息量大的特点,蕴涵着丰富的东方哲学思想,能充分显示股价趋势的强弱、买卖双方力量平衡的变化,预测后市走向较准确,是各类传播媒介、电脑实时分析系统应用较多的技术分析手段。绘制 K 线图,最重要的是要把握四个重要的证券交易价格,即开盘价、收盘价、最高价和最低价(见图 12-1)。K线分析是将一段时间的 K 线按时间顺序进行排列,形成一张记录了股票的历史走势 K 线图表。投资者对这张 K 线图表通过单根 K 线的分析,或是典型的 K 线组合的判断,或是 K 线的趋势形态预测,可以判断股市的未来价格变动趋势。

(1) 日 K 线是根据股价(指数)一天的走势中形成的四个价位即:开盘价、收盘价、最高价、最低价绘制而成的。

收盘价高于开盘价时,则开盘价在下收盘价在上,二者之间的长方柱用红色或空心绘

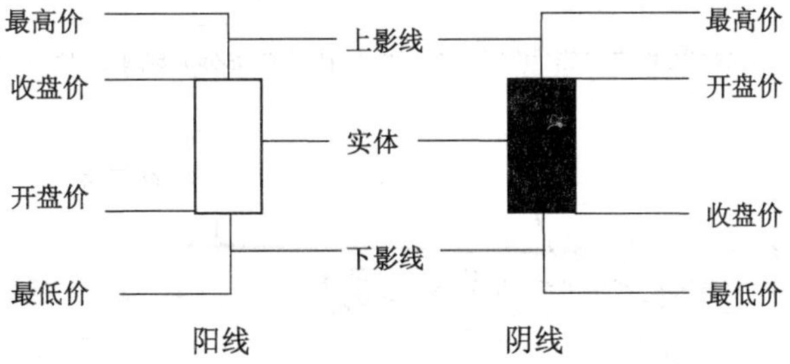

图 12-1　阴阳线图

出,称之为阳线;其上影线的最高点为最高价,下影线的最低点为最低价。

收盘价低于开盘价时,则开盘价在上收盘价在下,二者之间的长方柱用黑色或实心绘出,称之为阴线,其上影线的最高点为最高价,下影线的最低点为最低价。

(2) 根据 K 线的计算周期可将其分为日 K 线、周 K 线、月 K 线、年 K 线。

周 K 线是指以周一的开盘价,周五的收盘价,全周最高价和全周最低价来画的 K 线图。月 K 线则以一个月的第一个交易日的开盘价,最后一个交易日的收盘价和全月最高价与全月最低价来画的 K 线图,同理可以推得年 K 线定义。周 K 线、月 K 线常用于研判中期行情。对于短线操作者来说,众多分析软件提供的 5 分钟 K 线、15 分钟 K 线、30 分钟 K 线和 60 分钟 K 线也具有重要的参考价值。

二、分时走势图

分时走势图也叫即时走势图,它是把股票市场的交易信息实时地用曲线在坐标图上加以显示的技术图形。坐标的横轴是开市的时间,纵轴的上半部分是股价或指数,下半部分显示的是成交量。分时走势图是股市现场交易的即时资料。分时走势图分为指数分时走势图和个股分时走势图。

(一) 指数分时走势图

图 12-2 中,A 线(软件中一般为白色)表示上证交易所对外公布的通常意义下的大盘指数,也就是加权数。B 线(软件中一般为黄色)是不考虑上市股票发行数量的多少,将所有股票对上证指数的影响等同对待的不含加权数的大盘指数。

参考 A 线和 B 线的相对位置关系,可以得到以下信息:

当指数上涨,B 线在 A 线走势之上时,表示发行数量少(盘小)的股票涨幅较大;而当 B 线在 A 线走势之下时,则表示发行数量多(盘大)的股票涨幅较大。

当指数下跌时,如果 B 线仍然在 A 线之上,这表示小盘股的跌幅小于大盘股的跌幅;如果 A 线反居 B 线之上,则说明小盘股的跌幅大于大盘股的跌幅。

红柱线、绿柱线反映当前大盘所有股票的买盘与卖盘的数量对比情况。红柱增长,表示买盘大于卖盘,指数将逐渐上涨;红柱缩短,表示卖盘大于买盘,指数将逐渐下跌。绿柱增长,指数下跌量增加;绿柱缩短,指数下跌量减小。黄柱线表示每分钟的成交量,单位为手(100 股/手)。

(二) 个股分时走势图

图 12-3 中,白线表示该种股票的分时成交价格。黄线表示该种股票的平均价格。黄柱线表示每分钟的成交量,单位为手(100 股/手)。下面是分时走势图中经常出现的名词及含义:

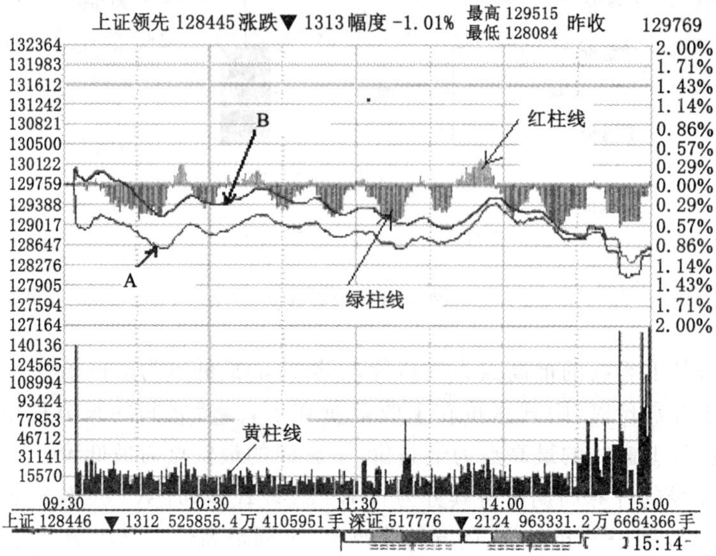

图 12-2　上证指数分时走势图

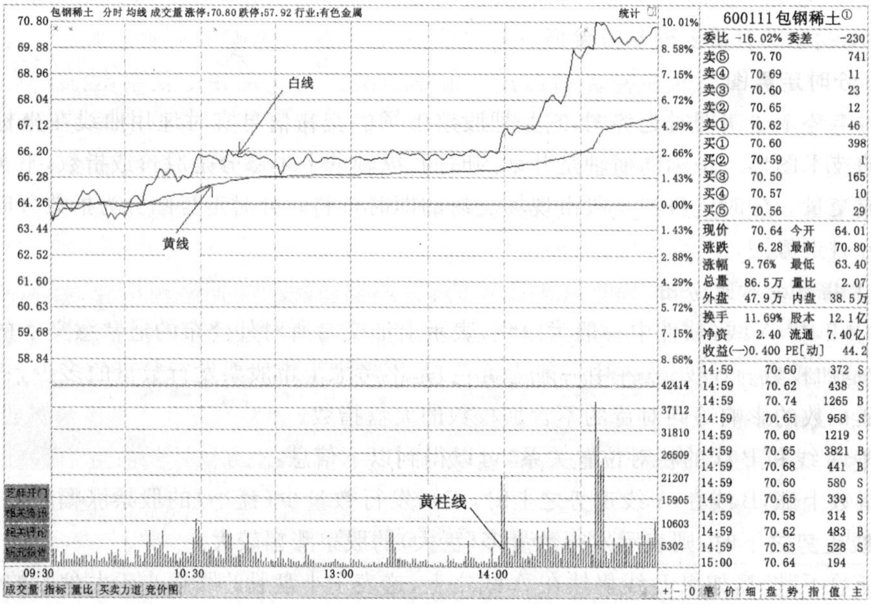

图 12-3　包钢稀土分时走势图

A. 外盘:成交价是卖出价时成交的手数总和称为外盘。

B. 内盘:成交价是买入价时成交的手数总和称为内盘。当外盘累计数量比内盘累计数量大很多,而股价也在上涨时,表明很多人在抢盘买入股票。当内盘累计数量比外盘累计数量大很多,而股价下跌时,表示很多人在抛售股票。

C. 买一、买二、买三、买四、买五为五种委托买入价格,其中买一为最高申买价格。

D. 卖一、卖二、卖三、卖四、卖五为五种委托卖出价格,其中卖一为最低申卖价格。

E. 委买手数：是指买一、买二、买三、买四、买五所有委托买入手数相加的总和。

F. 委卖手数：是指卖一、卖二、卖三、卖四、卖五所有委托卖出手数相加的总和。

G. 委比：委买委卖手数之差与之和的比值。委比旁边的数值为委买手数与委卖手数的差值。当委比为正值时，表示买方的力量比卖方强，股价上涨的几率大；当委比为负值的时候，表示卖方的力量比买方强，股价下跌的几率大。

H. 量比：股市开市后平均每分钟的成交量与过去 5 个交易日平均每分钟成交量之比。其计算公式为：量比＝现成交总手/[(过去 5 个交易日平均每分钟成交量)×当日累计开市时间(分)]。如果量比数值大于 1，表示这个时刻的成交总手量已经放大；若量比数值小于 1，表示这个时刻成交总手萎缩。

I. 现手：已经成交的最新一笔买卖的手数。在盘面的右下方为即时的每笔成交明细，B 表示以卖出价成交的每笔手数，A 表示以买入价成交的每笔手数。

三、棒形图

棒形图也是证券行情分析中较为常用的一种技术分析图表，在欧美国家比较流行。它以竖棒来表现股票价格的高低，在画线时，有两种不同的画法。

一种画法是，竖棒的顶部为最高价，底部为最低价，竖棒左边的横线代表开盘价，竖棒右边的横线代表收盘价(见图 12-4)。另一种画法是，只画收盘价，不画开盘价。如果棒体越长，表明当日的股票成交的价格起伏越大；反之，则说明价格起伏小。棒形图在判断趋势的时候比 K 线图有一定的优势，其他运用法则等方面与 K 线图基本类似。

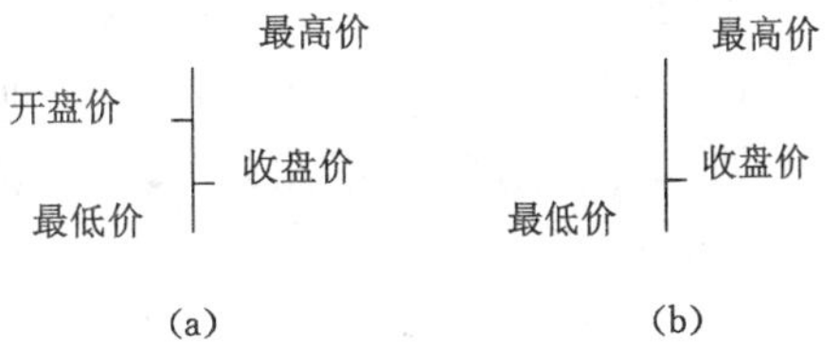

图 12-4　棒形图

一般情况下，棒形图的运用多与成交量相配合，分析图分上下两个部分，上半部分是棒形图，表示价格变动的情况；下半部分是对应的成交量。棒形图的横坐标时间可以用日、周或月来表示。棒形图的主要特点是：以棒体的分布反映证券价格的走势，它不仅能反映一般线形图反映的全部内容，而且还能反映每日证券成交的价格差。华天科技的日棒形图如图 12-5 所示。

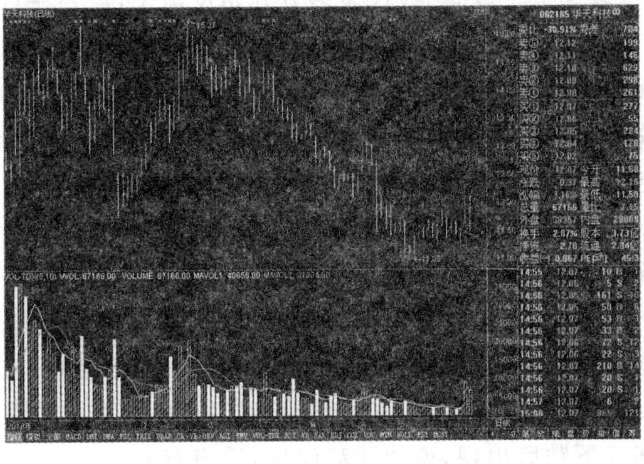

图 12-5　华天科技的日棒形图

第三节 K线理论

如上所述,K线分析是技术分析中人们最常使用的一种分析工具。有关K线,我们重点介绍K线的形态及其所表示的含义,即对后市价格走势的研判。

一、K线的基本形态及其意义

一般来说,我们可以从K线的形态判断出交易时间内的多、空情况。所谓看"多",就是看"涨"的意思,所谓看"空",就是看"跌"的意思。在交易市场中,"多"、"空"双方就像势均力敌的两支军队,他们总是在寻找机会把对方逼退(而非消灭)。所以,在分析"多"、"空"双方局势时,多想一下军队的作战法,即可以明白其原理。

无数的K线组成了一幅连续的K线分析图,但每根K线都有其自身的含义,如图12-6所示。

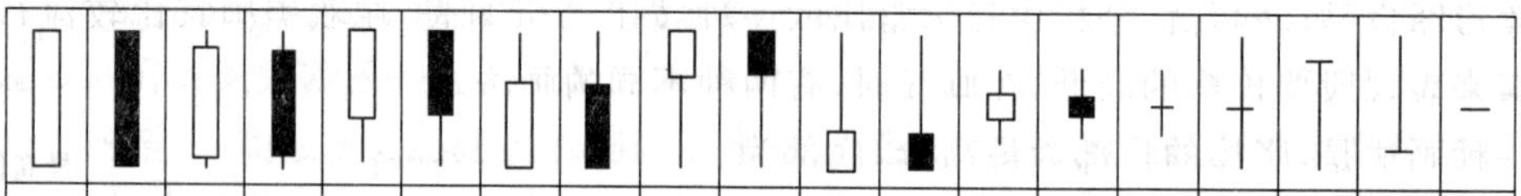

1	2	3	4	5	6	7	8	9	10	11	12	13	14	15	16	17	18	19
强势,但出在末端,则可能盛极而衰				较强势,但在末端,则已显疲软之势				弱强势,出在末端,往往有变局之意				僵持不下,但出在末端,比之前面的大阴阳线,有变局之意						

图12-6 常见的K线形态

图12-6中数字代表含义如下:

1:光头光脚阳线,表示极端强势上涨,后市看多;

2:光头光脚阴线,表示极端强势下跌,后市看空;

3:大阳线,表示强势上涨,后市看多;

4:大阴线,表示强势下跌,后市看空;

——如果影线较短,1和3或2和4没什么区别。

5:光头阳线,表示较强势上涨,影线代表空方开始反击了,需要注意;

6:光头阴线,表示较强势下跌,影线代表多方开始反击了,需要注意;

7:光脚阳线,表示较强势上涨,影线代表遇到空方反击了,需要注意;

8:光脚阴线,表示较强势下跌,影线代表遇到多方反击了,需要注意;

——这4者都说明对方曾经反击过,尽管失败了,但要注意:反击开始了。

9、10:出现在连续上涨的顶部,为上吊线,表示曾遇到过剧烈反击,后市有变;出现在连续下跌的底部,为锤子线,表示曾遇到过剧烈反击,后市有变;

11、12:出现在连续上涨的顶部,为流星线,相比过去,摸高受阻,后市有变;出现在连续下跌的底部,为倒锤子线,相比过去,曾经大涨,后市有变;

——这4者都有较长的影线,出现在连续运动后,说明对手剧烈反击过,后市有变。

13、14、15:小阳线、小阴线、十字线,一般不能确定后市,但在连续上涨后出现,说明涨势停顿,后市有变;在连续下跌后出现,说明跌势停顿,后市有变;

16:长十字线,和十字线的意义一样,但疲软的性质和僵持的意义更强烈;

17：出现在连续上涨的顶部，为风筝线，相比过去，曾遇到过剧烈反击，后市有变；出现在连续下跌的底部，为多胜线，相比过去，曾遇到过剧烈反击，后市有变；

18：出现在连续上涨的顶部，为灵位线，相比过去，摸高受阻，后市有变；出现在连续下跌的底部，为空胜线，相比过去，曾遇到过剧烈反击，后市有变；

这6个都是星形态，说明多、空双方僵持不下，失去了方向感，但在连续涨、跌势的末端，则往往意味着情况不妙了。

19：一字线，表示开盘价、收盘价、最高价、最低价在同一价位，常出现于股市中的涨（跌）停板处，或分钟图里交易冷清的产品中。

总结：阴线实体越长，越有利于下跌；阳线实体越长，越有利于上涨；但连续强势上涨后，谨防盛极而衰；连续强势下跌后，可能否极泰来；如果影线相对于实体来说非常小，则可以等同于没有；指向一个方向的影线越长，越不利于市场价格今后向这个方向变动；上下的影线同时长，则说明多、空双方战斗剧烈，最后持平，后市不确定；十字星的出现往往是过渡信号而不是反转信号，它代表市场暂时失去方向感，稳健的操作方式是继续观察一个交易日。

对于K线的何为大、何为小、多长为长、多长为短的度量问题，没有标准的答案。在不同的交易市场，比如股票、外汇、期货等市场，甚至不同的外汇产品，比如英镑和日元等，这些度量标准都是不一样的。“入乡随俗，因地而宜”，随着我们识别经验的积累，这些感性的主观识别就会形成个人经验，为我们提供出、入市的凭据。

二、K线的组合形态分析

K线图谱中蕴涵着丰富的东方哲学思想，以阴阳之变表现出了多空双方“势”的相互转换。单一的K线代表的是多空双方一天之内战斗结果，不足以反映连续的市场变化，多条K线的组合图谱才可能更详尽地表述多空双方一段时间内“势”的转化。多空双方中任何一方突破盘局获得优势，都将形成一段上涨或下跌的行情，这也就是所谓“势在必行”。而随着这种行情的不断发展，又为对方积攒着反攻的能量，也就是“盛极而衰”。研究K线组合图谱的目的，就是通过观察多空势力强弱盛衰的变化，感受双方“势”的转化，顺势而为，寻找并参与蓄势待发的底部，抱牢大势所趋的上涨股票，规避强弩之末的顶部风险。K线图谱要结合成交量和移动平均线共同使用。成交量是多空双方搏杀过程中能量损耗的表述，移动平均线则是双方进攻与退守的一道道防线。这种图形组合是东方哲学与西方统计学的完美结合。

以最简单的两根K线来说，在分析它们的时候，要考虑两根K线的阴阳、高低、上下影线，然后把单根K线的意义与前一根K线的意义相比较，基本上就可以知晓过去价格发生的由来，及后一日后价格大致的运动空间。

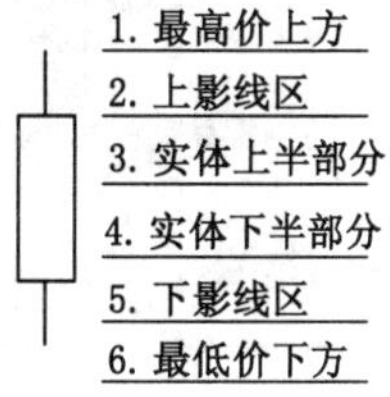

图12-7　K线的空间区域

如图12-7所示，第二日的K线只会开市或收市在前一日K线的6个区域。第二天多、空双方争斗的区域越高，越有利于上涨；越低，则越有利于下降；也就是从区域1到区域6是多方力量减少、空方力量增加的过程。

图12-8中的(1)～(6)是一段连续上涨后的K线图，将倒数第二日的K线划分为6个区域，将单根K线中的典型代表挑选出来充当最后一日的K线，按照6个区域依次放置，其局势一目了然。

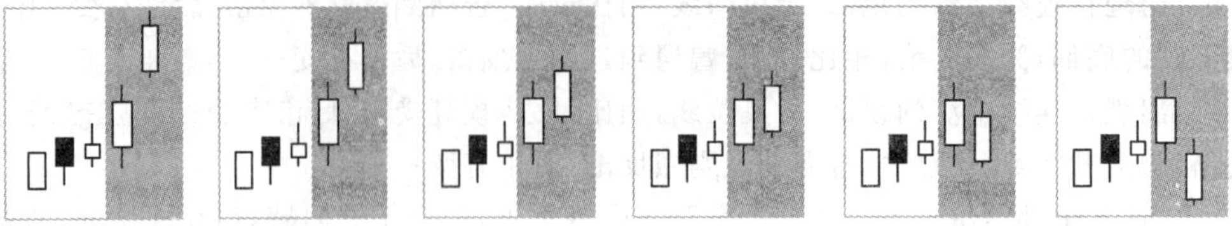

图 12-8　两根 K 线的组合

下面列举最常见的两根 K 线和三根 K 线的组合：

(1) 乌云盖顶(卖出讯号)和刺透形态(买入讯号)，见图 12-9 和图 12-10。

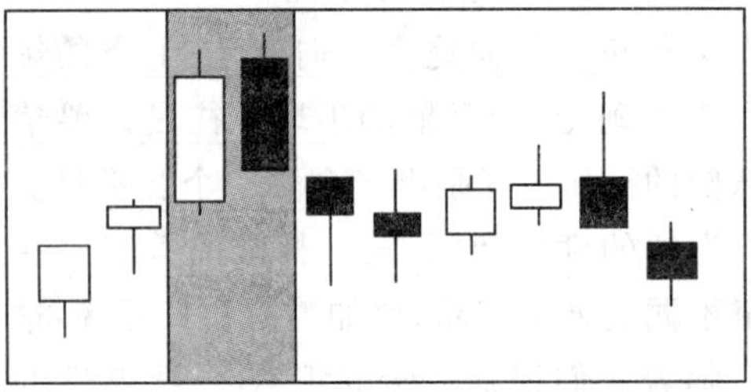

图 12-9　乌云盖顶

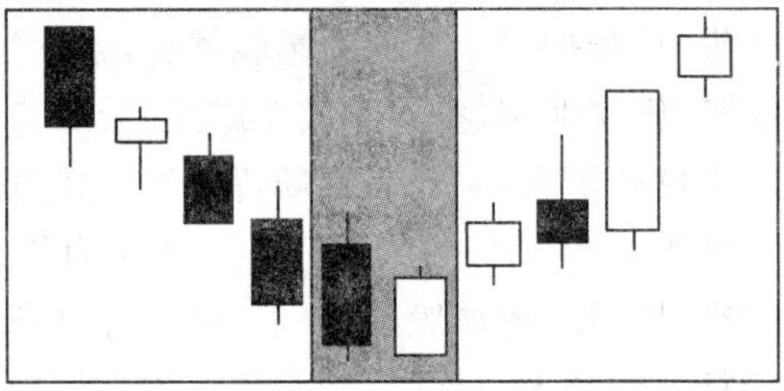

图 12-10　刺透形态

乌云盖顶的含义：经过了一段时期的上涨后，人们预料到后市该有调整了，于是在第 4 日出现了一根中阴线，并且该阴线一举向下突破了前一天中阳线的一半以下，形成了有力的攻击，使人们担忧后市空方的继续攻势。于是，在这种预期下，后市出现了连续两天的向下调整。灰色部分就是典型的"乌云盖顶"形态，它意味着空方像乌云一样压在市场上方，它由一根中阳线、一根高开且向下穿透至前一日阳线一半以下的中阴线构成，显示了中阴线的爆发力。即使中阴线没有下插至前一根中阳线的一半，后市也往往不被看好。

刺透形态的含义：同乌云盖顶相反。但如果中阳线没有插到前一日中阴线的一半位置，则刺透形态不成立，毕竟向下溃败很容易，向上进攻则要有更多的佐证来树立信心。

(2) 看跌吞没(卖出讯号)和看涨吞没(买入讯号)，见图 12-11 和图 12-12。

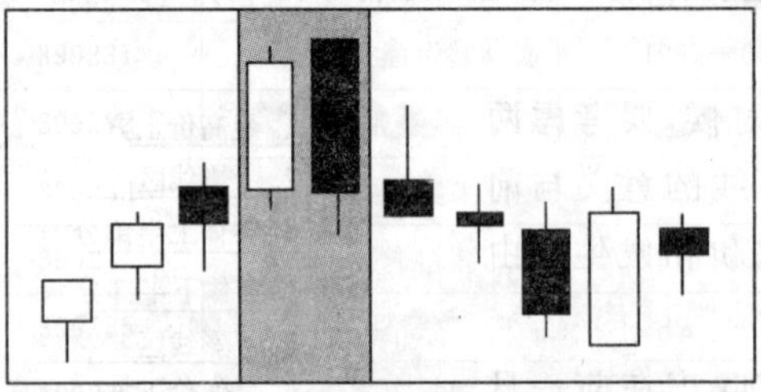

图 12-11　看跌吞没

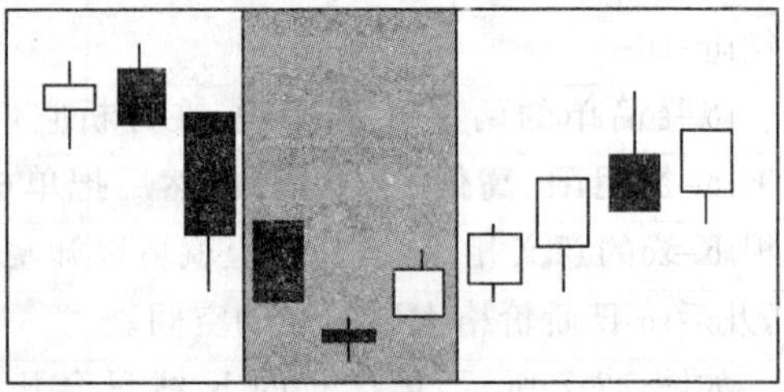

图 12-12　看涨吞没

看跌吞没的含义：经过一段时期的上涨后，市场突然出现了一根中阴线，如图 12-11 的第 5 日，它将前一日的阳线全部吞没，给人们以巨大的反差，使人们意识到空方的咄咄攻势。于是，出于获利了结的考虑，后市开始进入盘整或溃退时期。灰色部分就是典型的"看跌吞没"形态，它意味着空方吞没多方胜利果实的巨大能量，使后市出现变局。但是，如果该图形出现在连续下跌的底部，则有可能形成“最后的吞没”，即意味着空头现在是最后的放量一跌，马上就会形成否极泰来的多头行情(前提是：被吞的是根小阴或小阳线)。

看涨吞没的含义：与看跌吞没相反。

(3) 顶部孕线(卖出讯号)和底部孕线(买入讯号)，见图 12-13 和图 12-14。

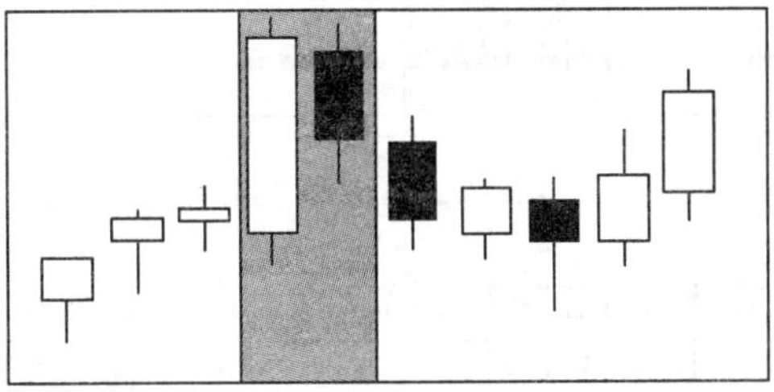

图 12-13　顶部孕线

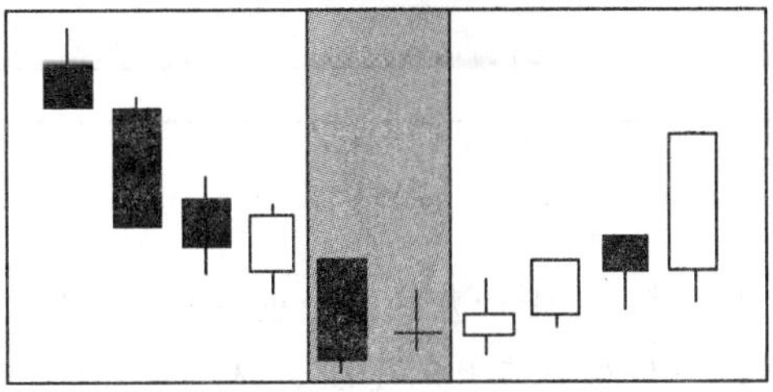

图 12-14　底部孕线

顶部孕线的含义：经过一段时期的上涨后，市场出现了一根中阳线，最后的猛然上涨，使得获利回吐盘开始涌现，于是在中阳线后出现了一根上下实体没有超过中阳线范围的阴线，这使人们看到了空方开始反击，于是后续抛盘接连出现，导致了慢跌之势。灰色部分就是典型的“顶部孕线”形态，这根被“孕”在前一根 K 线怀抱里的线，是阴是阳、有没有影线都不重要，重要的是它是否被包含在前一根 K 线实体内，如果是，则意味原来上涨的势头开始低头了，只愿向下而不愿向上。此外，要注意被孕的线是收在母线的中上方还是中下方，如果是收在中上方，则说明空头下跌势头不强烈，但上涨势头不及过去明显，后市有可能横向整理。

底部孕线的含义：同顶部孕线相反。

(4) 平顶(卖出讯号)和平底(买入讯号)，见图 12-15 和图 12-16。

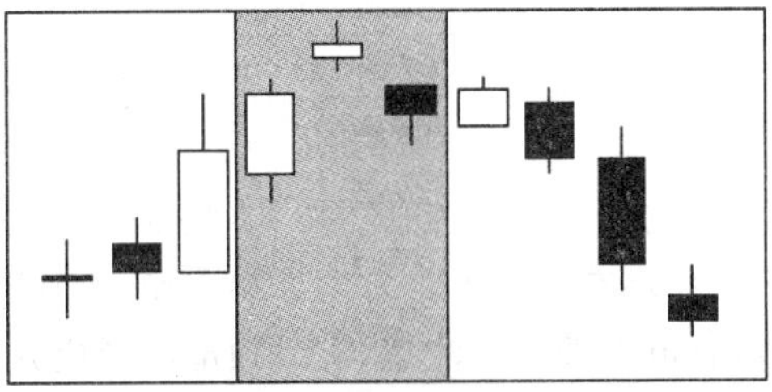

图 12-15　平顶

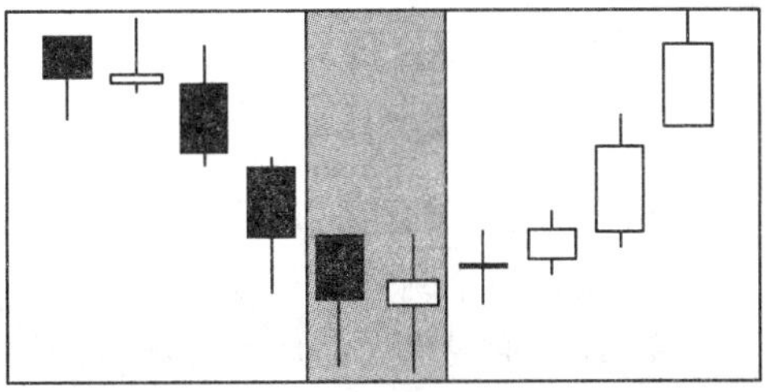

图 12-16　平底

平顶的含义：在连续上涨之后，市场在第 5 日向上摸了一下顶，被打出了一根上影线，第 6 日多方又尝试摸那个新高，结果又被打了回来，甚至还收了根小阴线。这意味着在新高处的抛售压力较大，两次“摸高”受挫，使后市不容乐观。注意，平顶的 K 线不一定是要相邻的，可以由相隔较近的 K 线来组成，它的意义在于为市场能否突破近期的新高提供了参考依据。

平底的含义：同平顶相反。

(5) 黄昏之星(卖出讯号)和启明之星(买进讯号)，见图 12-17 和图 12-18。

黄昏之星的含义：经过一段时期的上涨后，股价有了调整的需求；于是，股价在第 5 日跳空冲高后遭到大量的抛盘，被打压成一根带有影线的星线，后市令人担忧；果然，第 6 日的一根中阴线验证了人们的预期，人们大量抛售，导致该天的阴线甚至低到了前天的开盘价，后

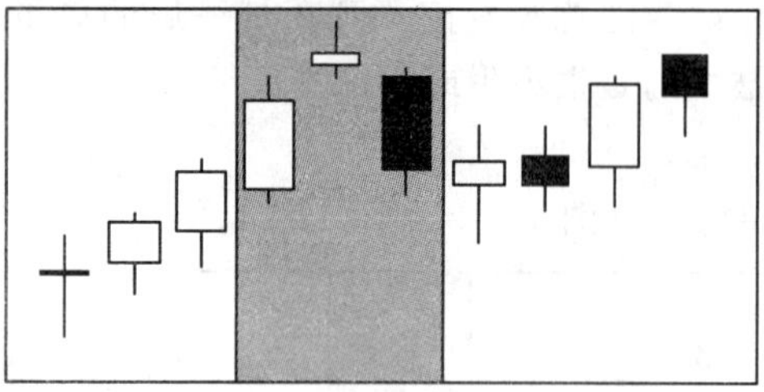

图 12-17　黄昏之星

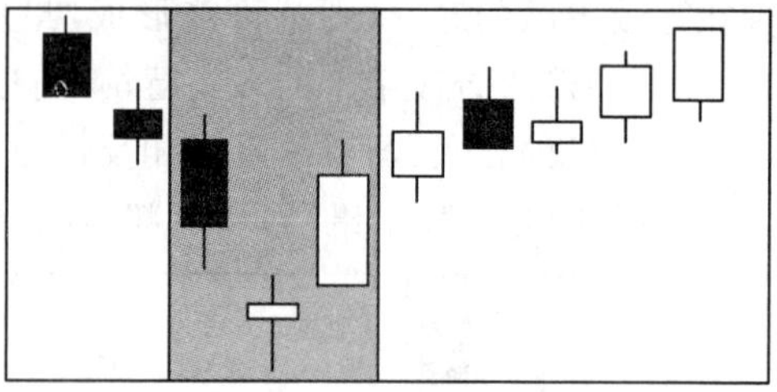

图 12-18　启明之星

市自然继续走低。灰色部分就是典型的“黄昏之星”形态，意味着黑暗即将来临，它由一根中阳线、一根跳空高开的星线、一根切入前天阳线 1/2 以下的中阴线构成，它验证了高位星线将变局的可能性。注意，中间的星线可由“单根 K 线”中图 12-18 里的任何一个构成，上影线越长，“摸高”后变局的可能性越大，但需要第 3 天来验证。

启明之星的含义：同黄昏之星相反。

(6) 顶部岛型反转（卖出讯号）和底部岛型反转（买入讯号），见图 12-19 和图 12-20。

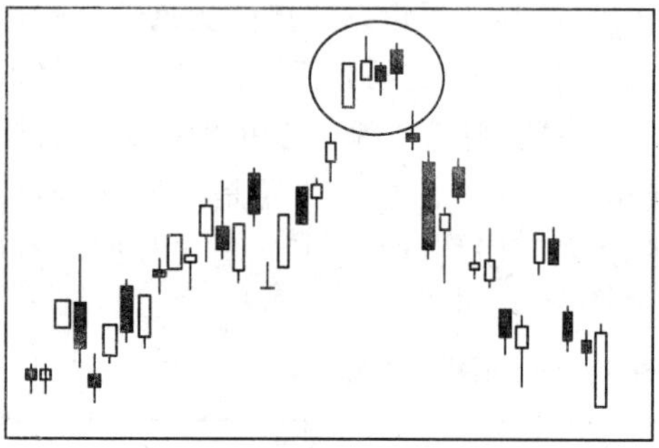

图 12-19　顶部岛型反转

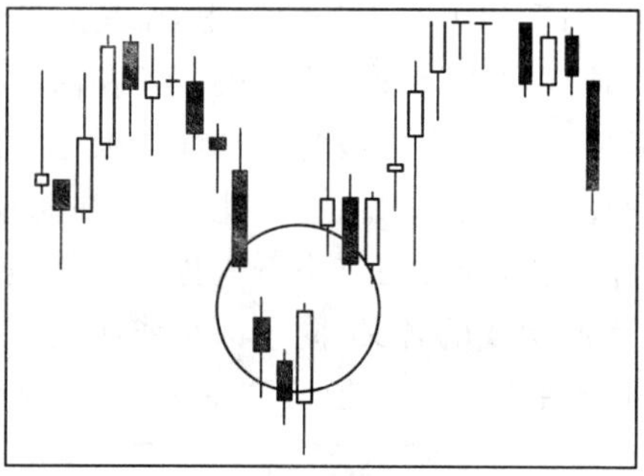

图 12-20　底部岛型反转

顶部岛型反转的含义：顶部岛型反转同黄昏之星比较相似，但它先是一个跳空高开收星线，紧接着又是一个跳空低开低走（或者盘横数日后再跳空低开低走），两个跳空使上面的星成了一座孤岛，形成巨大的反差，意味着行情突转，后市不看好。注意，有时顶部的形成并不是由一根 K 线构成，往往是在盘横了几日后才开始向下跳空。

底部岛型反转的含义：同启明星比较相似，其含义与顶部岛型反转相反。

(7) 三支乌鸦（卖出讯号）和白色三兵（买入讯号），见图 12-21 和图 12-22。

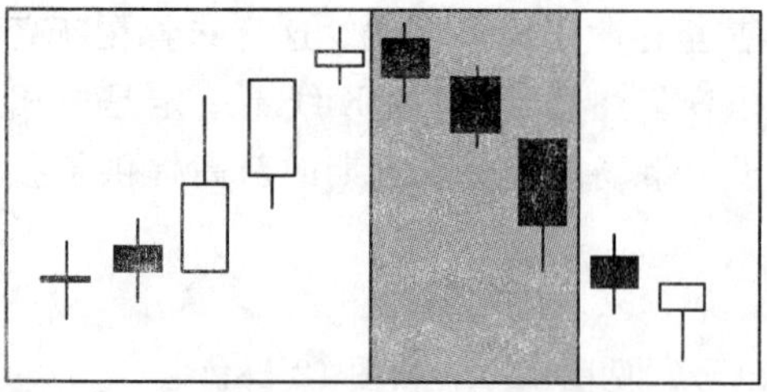

图 12-21　三支乌鸦

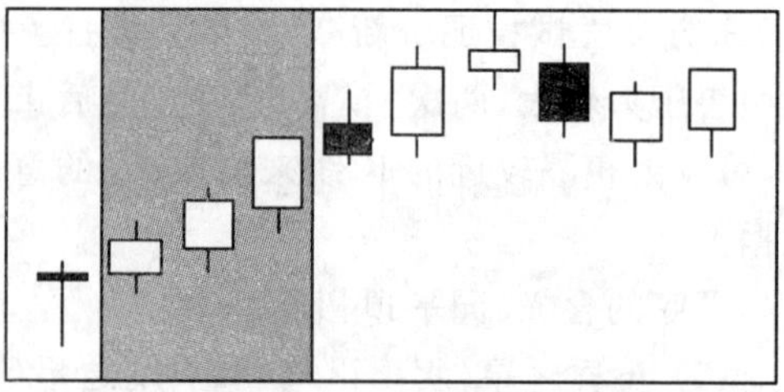

图 12-22　白色三兵

三支乌鸦的含义：当市场上升到某一阶段时，少部分人群开始获利了结，于是出现了小阴线；而后落袋为安的人越来越多，于是出现了三连阴，即三只乌鸦。它的出现，意味着趋势上升缓慢，而空头开始步步紧逼。

白色三兵的含义：与三只乌鸦相反。

第四节　切线理论

切线理论实际上就是根据股价运行趋势而提出的理论。其主要研究的内容有趋势线、支撑线、压力线、轨道线、黄金分割线、百分比线等。

一、趋势分析

趋势是指股票价格的波动方向，或者说是股票市场运动的方向。简单地说，趋势就是股票价格市场运动的方向，通常情况下，市场的价格变动中间有曲折，每个折点处就形成一个峰或谷。由这些峰和谷的相对高度，我们可以看出趋势的方向。

趋势的方向有三个：上升方向；下降方向；水平方向，也就是无趋势方向。按道氏理论的分类，趋势分为三个类型：主要趋势、次要趋势和短暂趋势。

(1) 上升方向。如果图形中每个后面的峰和谷都高于前面的峰和谷，就是常说的，一底比一底高或底部逐步抬高。如图 12-23(a)所示。

(2) 下降方向。如果图形中每个后面的峰和谷都低于前面的峰和谷，就是常说的，一底比一底低或不断创新低。如图 12-23(b)所示。

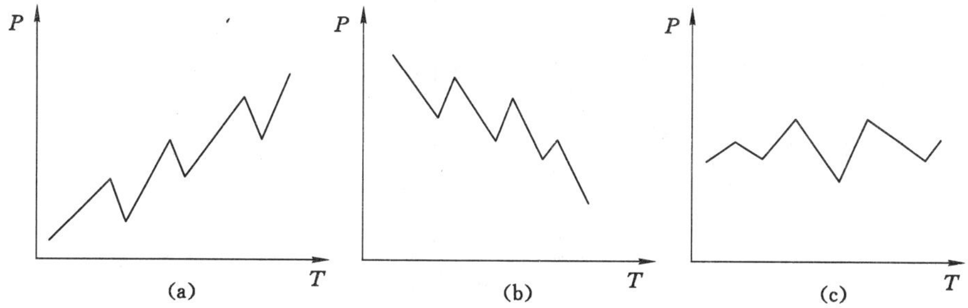

图 12-23　三种基本趋势图

(3) 水平方向。也被称为无趋势方向或横盘趋势方向。如果图形中后面的峰和谷与前面的峰和谷相比，没有明显的高低之分，表现为水平延伸，这时的趋势就是水平方向。如图 12-23(c)所示。水平方向趋势是被大多数人忽视的一种方向，这种方向在市场上出现的机会是相当多的。就水平方向本身而言，也是极为重要的。它是一种多空双方短暂的平衡，后市即将发生改变，可能变成上升趋势，也可能变成下降趋势。

二、支撑线与压力线

(一) 支撑线与压力线的作用

支撑线(support line)又称为抵抗线。当股价跌到某个价位附近时，股价停止下跌，甚至有可能还有回升。这个起着阻止股价继续下跌或暂时阻止股价继续下跌的价格就是支撑线所在的位置。

压力线(resistance line)又称为阻力线。当股价上涨到某价位附近时，股价会停止上涨,甚至回落。这个起着阻止或暂时阻止股价继续上升的价位就是压力线所在的位置。

（二）支持线或压力线的特点

(1) 如果在同一条线上的股票交易量越多,其显示的支持力或阻力就越强。

(2) 支持线或压力线附近交易量大,表明支持力或阻力也较强;反之,支持线或压力线附近交易量小,表明支持力或阻力也较小。

(3) 时间跨度越长,其支持力或阻力就可能会相应减弱,股价被突破的可能性就会增加。

要指出的是,许多人误认为只有在上升行情中才有支撑线,在下跌行情中没有支撑线,实际上支撑线可以出现在下跌行情阶段,把下跌行情的各个低点连接成线,就构成了下降趋势中的支撑线,表示股价在下跌过程中,一旦股价靠近该线,持有股票者就开始惜售,短线投机者抢反弹,股价受到支撑。同理,在上升过程中也有压力线,它是上升行情中各个高点的连线,表示股价上升到该线附近短线获利者就会抛出股票,使股价回落。在盘整行情时期,将高点和低点分别连线,得到近似水平的压力线和支撑线。

（三）压力线与支撑线的相互转换

压力线和支撑线是相对而言的,它们并非一成不变,随行情的变化其趋势线的性质有可能发生变化。换句话说,对于相同的一条趋势线,对于一波行情该线是支撑线,而对于另一波行情可能成为压力线,即压力线与支撑线可以互相转化,如图 12-24 所示。

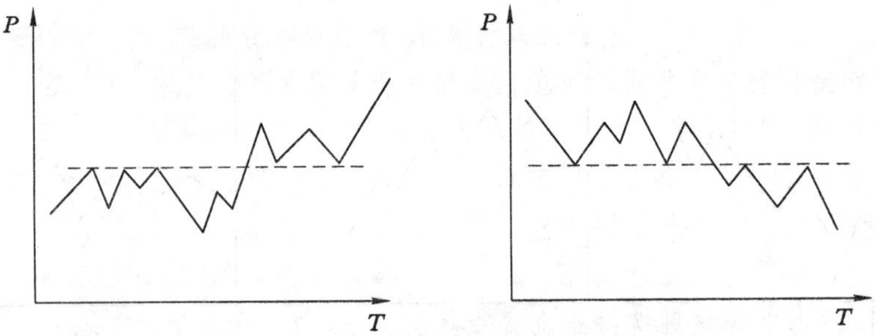

图 12-24　压力线与支撑线的相互转换图

（四）压力线与支撑线的运用

支撑线对一定时期内的行情起着支撑作用,即股价回落到此附近,由于大量买方承接,使股价向上回升。一般而言,股价低点触及支撑线的次数越多,或者说行情下跌至支撑线后随即反弹的次数越多,则表明该支撑线对行情的支撑作用越强,该支撑线越不容易跌破。因此,从投资研究角度分析,在没有跌破支撑线的情况下,股价回落到支撑线附近,就可以认为显示买入信号,投资者可以考虑买入股票。但当行情跌破支撑线时,特别是配合了成交量的放大,则显示卖出信号。实际上,此时原有的支撑线便应成为新一轮行情的压力(或称阻力)线,即股价弹升至此线附近,由于大量卖盘抛压,使股价上升受阻,反转下跌。如果行情的高点触及压力线的次数越多,或者说行情上升至压力线后随即回落的次数越多,则表明该压力线对行情的阻力越强,该压力线越不容易被冲破。在压力线没有突破的情况下,当股价上升到压力线附近,可以认为显示卖出信号,投资者可以考虑卖出股票,待股价回落到某一低点后,再考虑买进。一旦行情冲破压力线,则表明升势有力,股市进入新一轮上升行情,此时则显示买入信号，投资者可考虑果断买入股票，等待行情上涨到某一高点后再抛出。这里需要特别指出，行情冲破压力线，必须要配合明显的成交量增加，才可以确认显示买入信号，如果没有配合成交量的增大，买入信号不够可靠，甚至有可能是市场做手设置的“假突破”圈套。在这种情况下，投资者不宜急于购买股票，应等待行情的回档。如行情回到压力线附近受到支持，并且随即回升，可以考虑在此点买入。这样既可以防止陷入“假突破”圈套，又能不丧失获利机会。

三、趋势线与轨道线

（一）趋势线

1. 趋势线的确认

趋势线是衡量价格趋势的，由趋势线的方向可以明确地看出股价的趋势。在上升趋势中，将两个低点连成一条直线，就得到上升趋势线。在下降趋势中，将两个高点连成一条直线，就得到下降趋势线。如图 12-25 所示。

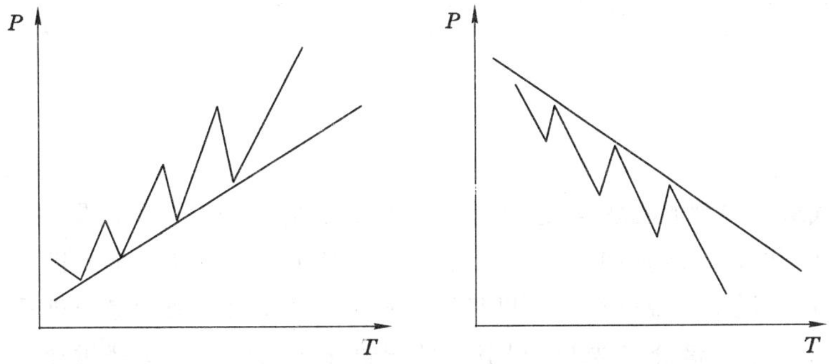

图 12-25　基本趋势线图

由图中可以看出，上升趋势线起支撑作用，下降趋势线起压力作用。也就是说，上升趋势线是支撑线的一种，下降趋势线是压力线的一种。从图上我们很容易画出趋势线，这并不意味着趋势线已经被我们掌握了。我们画出一条直线后，有很多问题需要我们去回答。最迫切需要解决的问题是：我们画出的这条直线是否具有使用的价值，以这条线作为我们今后预测股市的参考是否具有很高的准确性？这个问题实际上是对用各种方法画出的趋势线进行挑选评判，最终保留一个确实有效的趋势线的问题。也就是对趋势线进行筛选，去掉无用的，保留有用的。

要得到一条真正起作用的趋势线，要经多方面的验证才能最终确认，不符合条件的一般应予以删除。首先，必须确实有趋势存在。也就是说，在上升趋势中，必须确认出两个依次上升的低点；在下降趋势中，必须确认两个依次下降的高点。这样才能确认趋势的存在，连接两个点的直线才有可能成为趋势线。其次，画出直线后，还应得到第三个点的验证才能确认这条趋势线是有效的。一般来说，所画出的直线被触及的次数越多，其作为趋势线的有效性越被得到确认，用它进行预测越准确有效。另外，这条直线延续的时间越长，就越具有有效性。

2. 趋势线的作用

一条趋势线一经认可，下一个问题就是要使用这条趋势线来进行对股价的预测。一般来说，趋势线有两种作用：① 对股价今后的变动起约束作用，使股价总保持在这条趋势线的上方（上升趋势线）或下方（下降趋势线）。实际上，就是起到支撑和压力作用。② 趋势线被突破后，就说明股价下一步的走势将要反转方向。越重要越有效的趋势线被突破，其转势的信号越强烈。被突破的趋势线原来所起的支撑和压力作用，现在将相互交换角度。即原来是支撑线的，现在将起压力作用，原来是压力线的，现在将起支撑作用，如图 12-26 所示。

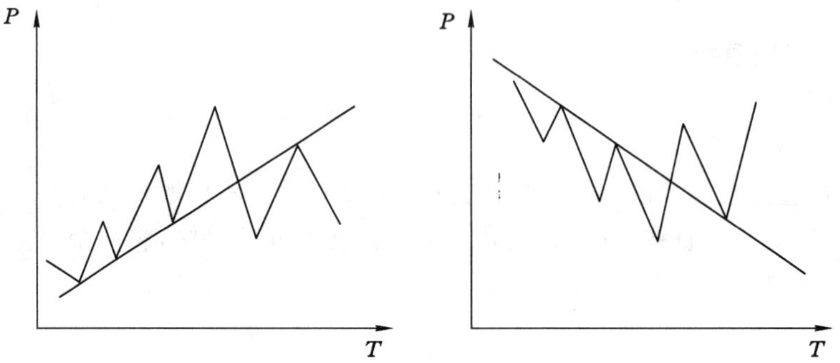

图 12-26　基本趋势线作用图

3. 趋势线的突破

应用趋势线最为关键的问题是：怎么才算对趋势线的突破？这个问题本质上是对支撑和压力的突破问题的进一步延伸。同样，没有一个截然醒目的数字告诉我们，这里面包含很多的人为因素，或者说是主观成分。这里只提供几个判断是否有效的参与意见，以便在具体判断中进行考虑。① 收盘价突破趋势线比日内最高最低价突破趋势线重要。② 穿越趋势线后，离趋势线越远，突破越有效。人们可以根据各只股票的具体情况，自己制定一个界限，一般是用突破的幅度，如 3%，5%，10% 等。③ 穿越趋势线后，在趋势线的另一方停留的时间越长，突破越有效。很显然，只在趋势线的另一方停留了一天，肯定不能算突破。至少多少天才算，这又是一个人为的选择问题，一般至少应该是两天以上。

（二）轨道线

1. 轨道线的画法

轨道线（channel line）又称通道线或管道线，是基于趋势线的一种方法。在已经得到了趋势线后，通过第一个波峰和波谷可以做出这条趋势线的平行线，这条平行线就是轨道线。如图 12-27 中的虚线。

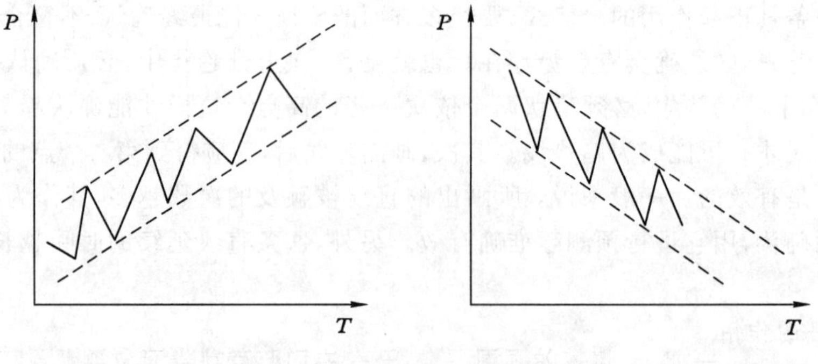

图 12-27　上升轨道和下降轨道图

两条平行线组成一个轨道，这就是常说的上升和下降轨道。轨道的作用是限制股价的变动范围。一个轨道一旦得到确认，那么价格将在这个通道里变动。

2. 轨道线的突破

与突破趋势线不同，对轨道线的突破并不是趋势反向的开始，而是趋势加速的开始，即原来的趋势线的斜率将会增加，趋势线的方向将会更加陡峭。如图 12-28 所示。

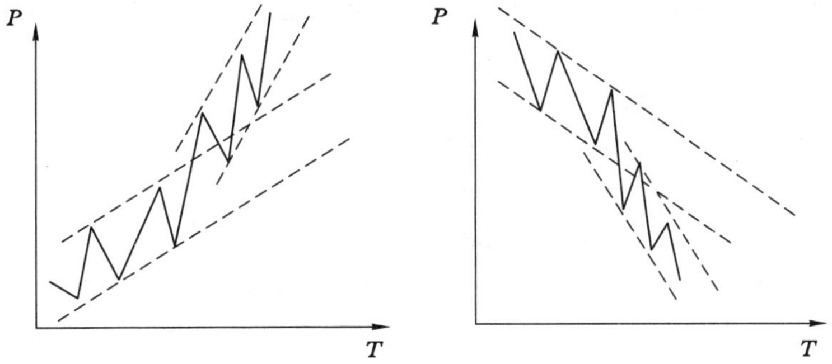

图 12-28　上升轨道和下降轨道的突破图

轨道线和趋势线是相互合作的一双。很显然，先有趋势线，后有轨道线。趋势线比轨道线重要得多。趋势线可以独立存在，而轨道线则不能。

四、黄金分割线

（一）黄金分割率由来

意大利数学家斐波那奇在 13 世纪写了一本关于一些奇异数字的组合的书。这些奇异数字的组合是 1、2、3、5、8、13、21、34、55、89、144、233…

任何一个数字都是前面两数字的总和：2＝1＋1、3＝2＋1、5＝3＋2、8＝5＋3…，如此类推。

有人说这些数字是他从研究金字塔所得出的。金字塔和上列奇异数字息息相关。金字塔的几何形状有五个面，八个边，总数为十三个层面。由任何一边看进去，都可以看到三个层面。金字塔的长度为 5 813 寸（5－8－13），而高底和底面百分比率是 0.618，那即是上述神秘数字的任何两个连续的比率，譬如 55/89＝0.618，89/144＝0.618，144/233＝0.618。

另外，一个金字塔五角塔的任何一边长度都等于这个五角形对角线（diagonal）的 0.618。还有，底部四个边的总数是 36 524.22 寸，这个数字等于光年的一百倍！

这组数字十分有趣。0.618 的倒数是 1.618。譬如 144/89＝1.618，233/144＝1.618，而 0.618×1.618 就等于 1。

另外有人研究过向日葵，发现向日葵花有 89 个花瓣，55 个朝一方，34 个朝向另一方。

神秘？不错，这组数字就叫作神秘数字。而 0.618、1.618 就叫作黄金分割率（golden section）。

（二）黄金分割率的特点

黄金分割率的最基本公式，是将 1 分割为 0.618 和 0.382，它们有如下一些特点：① 数列中任一数字都是由前两个数字之和构成。② 前一数字与后一数字之比例，趋近于一固定常数，即 0.618。③ 后一数字与前一数字之比例，趋近于 1.618。④ 1.618 与 0.618 互为倒数，其乘积则约等于 1。⑤ 任一数字如与后两数字相比，其值趋近于 2.618；如与前两数字相比，其值则趋近于 0.382。

（三）黄金分割率在股市中的应用

黄金分割是股市中最常见、最受欢迎的切线分析工具之一，实际操作中主要运用黄金分割来揭示上涨行情的调整支撑位或下跌行情中的反弹压力位。在波浪理论中要运用黄金分割的内容。在此，仅对如何得到黄金分割线，并根据它的指导进行股票买卖的操作进行介绍。

（1）记住若干个特殊的数字

0.191	0.382	0.618	0.809
1.191	1.382	1.618	1.809
2.000	2.382	2.618	4.236

（2）找出一段行情的（相应）阶段性高点和（相应）阶段性低点，计算出这一高低点的绝对值，然后将这一绝对值看作单位"1"，再将它分别乘以上述黄金比，就得出相应的黄金差，再用阶段性高点减去黄金差或用阶段性低点加上黄金差，就可以得到相应回档时的黄金分割支撑位或反弹时的黄金分割压力位了。

当阶段性低点在左而阶段性高点在右，则计算得出的黄金位是回档的支撑位。

当阶段性高点在左而阶段性低点在右，则计算得出的黄金位是反弹的压力位。

（3）黄金分割应遵循的原则

① 通常情况下，0.382 以上的回档被称作强势回档，一旦行情在该位附近获得足够的支撑，还有继续创新高（上涨）的能力，可以考虑逢低吸货；反之，0.382 以下的反弹被称作弱势反弹，一旦行情在该位附近形成足够的压力，还有继续创新低（下跌）的可能，可以考虑逢高抛出。

② 通常情况下，0.618 以下的回档被称作弱势回档，一旦行情在该位不能坚守支撑，则其原来整体的上升趋势将会改变性质而形成下跌趋势，可考虑破位后停损杀跌；反之，0.618 以上的反弹被称作强势反弹，一旦行情在该位附近不能有效压制，则其原来整体的下跌趋势将会改变性质而形成上升趋势，可考虑破位后追涨。

③ 0.5 的黄金位通常是最为模棱两可的概念，但一般情况下无论是回档或反弹，该位有较大的止跌和止涨意义，在该位附近的操作策略也是多空双方飘忽不定的，此时结合其他技术指标以综合研判就有较大的作用。

第五节　形态理论

形态理论是根据股价走势的具体形态，来进行未来股价变动的分析的一种技术分析方法。在股价走势各个不同的走势趋势及其阶段中，由于技术走势及市场情况的特殊变化，会出现各种各样的技术走势的形态，尽管这些形态各有特征，并且种类繁多，但经过技术分析学家的长年分析和整理，归纳出了一些有规律性的技术走势的类型。

技术走势形态主要分成两大类：一类是反转形态。这种形态的图形表示股价的原有走势将要逆转，也就是将要改变原先的股价走势方向。反转形态的典型图形有双顶形、头肩形、直线形、圆弧形和 V 形等。另一类是调整形态。这类形态的图表显示股价走势将要停顿下来作一些休整，并不改变原先的股价走势，经过一段时间的盘整，股价可能继续向原先的走势发展。调整形态的典型图形有三角形、旗形、楔形、喇叭形、菱形等。

一、反转形态

（一）头肩形

头肩形是表示股价走势已经发展到顶点，并且将要逆转的一种最常见的形态。这种形态一般在一个持续上升一段相当长时间的牛市末期出现，或者在一个持续下降一段相当长时间的熊市末期出现。头肩形分头肩顶形和头肩底形两种。

1. 头肩顶形

头肩顶形是一个典型的股价见顶形态，由一个最高点（头）和两个次高点（左肩和右肩）组成，如图 12-29(a)所示。在头肩顶形中，由两个峰底连成的支持线被称为颈线。颈线一旦被跌破，而且回抽无力再超过颈线，头肩顶形反转形态便形成。

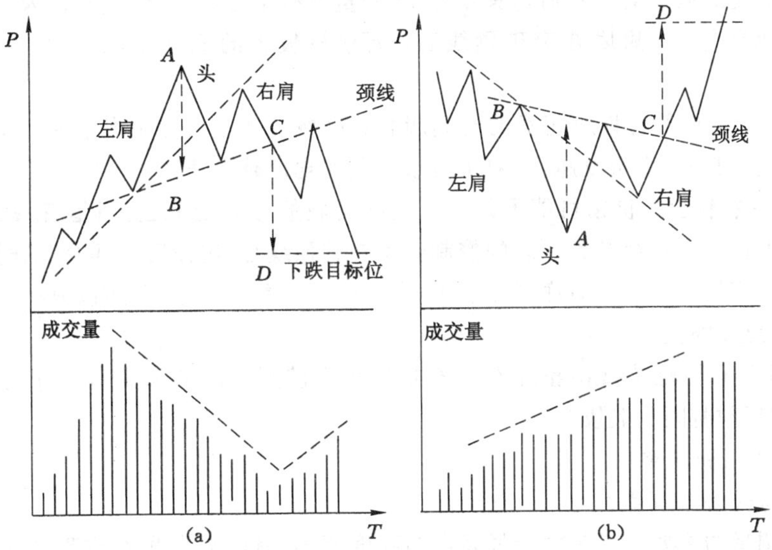

图 12-29 头肩顶和头肩底示意图

在头肩顶形的图形中，交易量从左肩到右肩，一直呈下降趋势。尤其是右肩形成后，交易量会有明显的下降，显示市场主力开始退出，股市买气减弱。当颈线跌破后，交易量增加，空方打压坚决，股票抛售力量大增，股价主要的上升趋势结束，下降趋势正式形成。这时，当出现技术反弹时，交易量减少，显示反弹力量薄弱，股市一路下泻，下降幅度至少等于头到颈线的垂直距离，即 $CD=AB$。投资者可在右肩形成后卖出手中持有的股票。颈线跌破时，继续卖出，直至清仓。

2. 头肩底形

头肩底形是一个典型的股价见底的形态，由一个最低点（头）和两个次低点（左肩和右肩）组成，是头肩顶形的倒转，如图 12-29(b)所示。在头肩底形图形中，由于市场见底回升，因此交易量逐步增加，显示从左肩到右肩，多头力量在增强。在突破颈线时，交易量骤增，走势则由熊市逐渐转为牛市。而未来的上升幅度至少等于头到颈线的垂直距离（$CD=AB$）。所以，投资者可以在右肩形成以后，进行建仓，颈线突破以后，增加持仓量，进行全面投资。

3. 头肩形的几点说明

(1) 头肩形的两肩的高度可以是不一样高。其实大多数情况下它们是不相等的。同样,肩与头之间的两个低点或高点通常也是不相等的,也就是说颈线多数情况下不是水平的,而是倾斜的直线。

(2) 头肩形有许多种变形体如复合的头肩形。这种形态的肩和头有可能是两个或多个高点或低点,局部形状像后面所要介绍的双重顶或双重底。如果站在更广阔的位置上看,把相距较近的两个高点或低点看成是一个,就可以认为是局部的双重顶或双重底,是更大范围的头肩形。对头肩形适用的规律同样适用于复合的头肩形。此外头和肩的起伏不大,复合的头肩形有时可能与后面谈到的圆弧形相似。

(3) 在成交量方面,头肩顶形和头肩底形有区别。从左右肩、头这三者相比,肩顶形右肩的成交量一定是最少的。左肩与头相比,成交量没有结论,但一般倾向认为左肩的成交量大于头部的成交量。头肩底在突破颈线后,要求有较大的成交量,头肩顶形则没有这个要求。

(4) 头肩形形成的过程所花费的时间越长,价格在此过程中起伏就越大,将来突破颈线后,价格反转的潜在力量就越大,对头肩形适用的规律越可信。

(5) 颈线被突破后,价格可能不是一直就朝突破的方向走下去,而是有一定的回头,这也叫反扑。但这种反扑会遭到颈线的控制。反扑到颈线是"逃命"或"建仓"的时机。突破颈线后的反扑更容易发生在头肩底形形态中,由于颈线位置不好把握,所以只有在特别的情况下,才能利用反扑的技术。

(6) 头肩形有时是持续调整形态而不是反转突破形态。如果头肩形作为持续调整形态,形成头肩形的时间一般较短。

(二) 双重顶和双重底

1. 形态分析

双重顶图形的主要特点是两个最高点的高度相等,有时候股价在跌破颈线后出现回抽现象而产生平台,然后下降趋势才告形成,如图 12-30(a)所示。双顶形有时会继续延长而变成三顶形或多顶形,这表示下降的阻力较大,但一旦突破颈线下降,则显示多头退出市场,买气减少,股价的移动轨迹就像 M 字。这就是双重顶,又称 M 头走势,股价下降的幅度可能会较大。双重顶也是股市见顶的一种形态。当第二个高点形成后,即是卖出的信号,颈线的突破是卖出的强烈信号。与双重顶相对,双重底是市场见底的一种形态。当第二个低点形成后,便是买进的信号,颈线的突破是买进的强烈信号,因此交易量会逐步增大,表示投资者纷纷进场吸纳股票。双重底的进一步延伸会形成三重底,双重顶的进一步延伸会形成三重顶。

2. 要点提示

(1) 双头的两个最高点并不一定在同一水平上,二者相差少于3%是可接受的。通常来说,第二个头可能较第一个头高出一些,原因是看好的力量企图推动股价继续再升,可是却没法使股价上升超逾3%的差距。一般双底的第二个底点都较第一个底点稍高,原因是先知先觉的投资者在第二次回落时已开始买入,令股价没法再次跌回上次的低点。

(2) 双头最少跌幅的量度方法,是由颈线开始计起,至少会再下跌从双头最高点至颈线

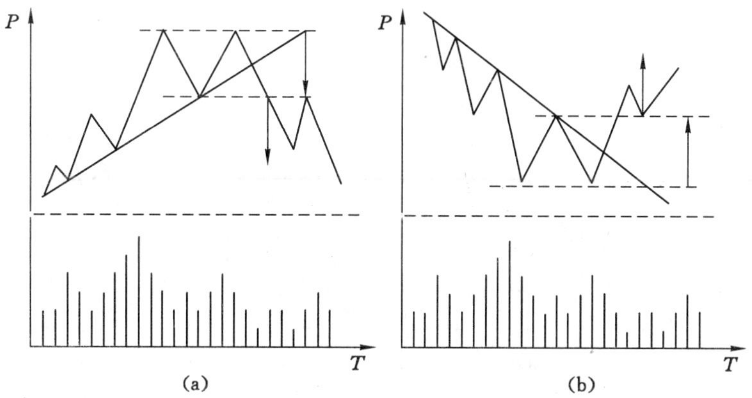

图 12-30　双重顶和双重底示意图

之间的差价距离。

(3) 双底最少涨幅的量度方法也是一样，双底之最低点和颈线之间的距离，股价于突破颈线后至少会升抵相当长度。形成第一个头部(或底部)时，其回落的低点约是最高点的10%～20%(底部回升的幅度也是相同)。

(4) 双重顶(底)不一定都是反转信号，有时也会是调整形态，这要视两个波谷的时间差决定，通常两个高点(或两个低点)形成的时间相隔超过1个月为常见。

(5) 双头的两个高峰都有明显的高成交量，这两个高峰的成交量同样尖锐和突出，但第二个头部的成交较第一个头部显著为少，反映出市场的购买力量已在转弱。双底第二个底部成交量十分低沉，但在突破颈线时，必须得到成交量激增的配合方可确认。双头跌破颈线时，不需成交量的上升也应该信赖。

(6) 通常突破颈线后，会出现短暂的反方向移动，称之为反抽，双底只要反抽不低于颈线(双头之反抽则不能高于颈线)，形态依然有效。

(7) 一般来说，双头或双底的升跌幅度都较量度出来的最少升(跌)幅大。

(三) 圆弧形

1. 圆弧形的基本形状

圆弧形又称之碟形、圆形或碗形，这里的曲线并不是数学意义上的圆，也不是抛物线，而仅仅是一条曲线。这种图形有两种基本形式：圆弧顶和圆弧底。圆弧顶是市场见顶的一种走势形态，如图12-31(a)所示。在市场见顶时，股价走势越来越疲乏，上升趋势越来越弱，并且有缓慢下降的现象。在演变呈快速下降走势之前，会有一个平台出现，股票交易量由大而变小，再由小变大。相对的，圆弧底一般也会有平台出现，交易量的变化也是从大变小，再由小变大，如图12-31(b)所示。在突破阻力线上升之时，是投资者建仓的良机。

2. 圆弧形的形成

圆弧形在实际的技术分析中出现的机会并不多，但这种机会一旦出现则是绝好的机会。圆弧形反转的价格的高度和深度是不可测的，这种机会的出现一般与机构大户炒作有关。这些人手中有足够的“筹码”或资金，一下出手太快，往往价格下落或拉升得过快，手中的

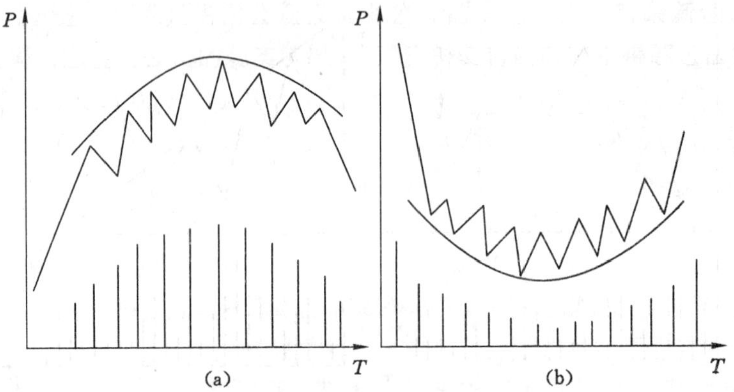

图 12-31　圆弧顶和圆弧底示意图

“货”不能完全出手或不足以完成“建仓”，故而只有一点点地往外抛或往里吸货。由于机构主力的“筹码”足，资金雄厚，故而一般投资者只能被动接受。在识别圆弧形时，成交量是十分重要的一个指标。无论是圆弧顶还是圆弧底，在其形成过程中，成交量都是两头大、中间少，越靠近顶或底时成交量越少。圆弧底在达到底部或顶部时，成交量可能突然放大一下，之后恢复小成交量，但在突破后的一段，都有相当大的成交量。形成圆弧形所花的时间越长，今后反转的力量就越强，越值得相信其形态。圆弧一旦被突破，其上升或下跌的空间是无法估量的，上升或下跌的过程往往是垂直式的。突破后，价格也会有反扑，但幅度上根本回不到原来的圆弧边缘的价位，所以对突破后的反扑，我们就采取与其他形态不同的操作策略。

（四）V 形

V 形是表示股价走势在上升趋势或下降趋势的转势形态中变化幅度较大、速度较快的一种形态，它出现在市场动荡之中，底和顶只出现一次，如图 12-32 所示。这种形态一般在狂升或狂跌的股市中才会出现。V 形反转形态是较难把握的一种走势发展形态。一般 V 形反转事先没有征兆，基本上都是由某些消息引起的，但消息是我们不可能预先知道的。

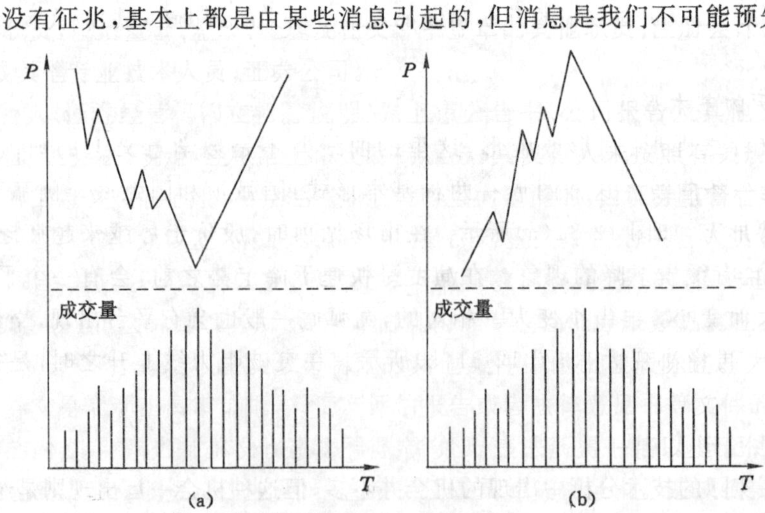

图 12-32　V 形底和 V 形顶示意图

二、调整形态

股价走势在上升或下降过程中，有时需要休整一下，在图形上就形成了调整形态。由于技术力量的变化和不同，因此调整形态会形成各种不同的形态。然而这种调整形态并没有改变原先股价走势的方向。

(一) 三角形

通常情况下，三角形态属于持续调整形态。三角形的调整形态共分四种：对称三角形、上升三角形、下降三角形和倒置三角形。

1. 对称三角形

对称三角形表示在股价盘整中买卖双方的力量均衡，交易量由多到少；当股价按其原有趋势继续发展时，交易量会增加，如图 12-33(a)所示。

2. 上升三角形

上升三角形表示在股价盘整中买方的力量不断增强，交易量由大到小；当股价突破阻力线向上时，交易量增加，后市展望良好。这种图形是显示买进的信号，如图 12-33(b)所示。

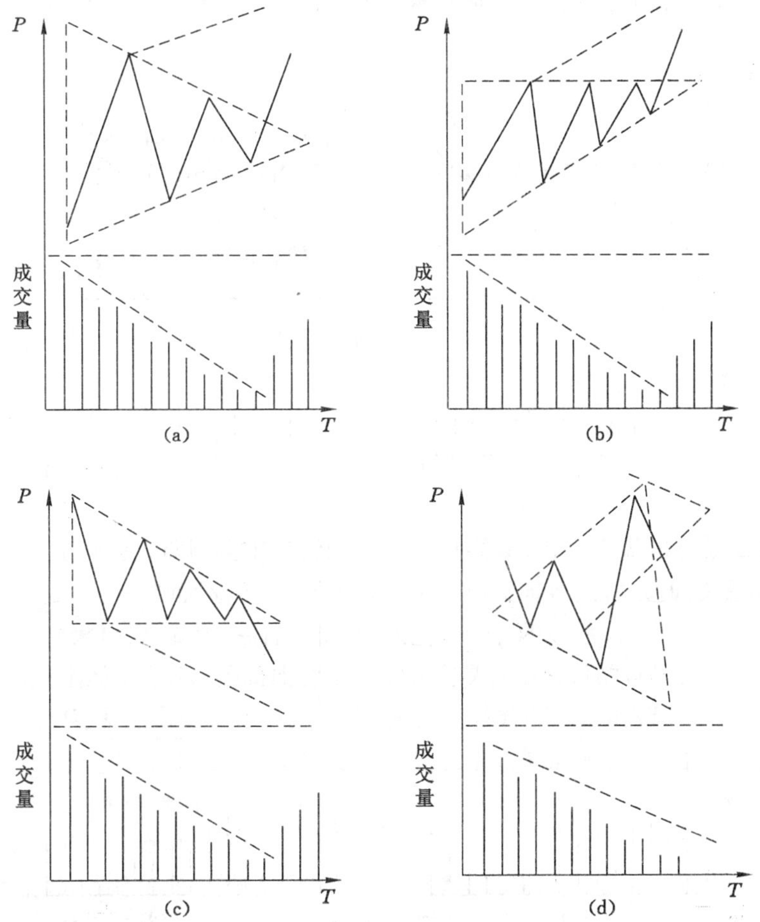

图 12-33　四种三角形调整示意图

3. 下降三角形

下降三角形表示在盘整中卖方的力量在不断增强，交易量由大到小；当股价突破支持线向下时，交易量增加，后市展望不乐观。这种图形是显示卖出清仓的图形，如图 12-33(c)所示。

4. 倒置三角形

倒置三角形表示股价盘整走势极不稳定，其交易量不断下降，而股价波动幅度逐渐增大，后市走势不能确定，如图 12-33(d)所示。

（二）旗形

在股价走势中，出现小幅度的方向相反的调整形态，类似于长方形，称为旗形。旗形有上升旗形和下降旗形两种。

1. 上升旗形

上升旗形是一种在股价上升的走势中出现向下调整的长方形，表示交易量由大变小，股价突破阻力线后，交易量大增，上升幅度是原突破点到旗杆最高点的垂直距离，即 $CD=AB$。上升旗形是后市展望良好的一种调整形态，因而当股价突破阻力线向上时，是买进的信号，如图 12-34(a)所示。

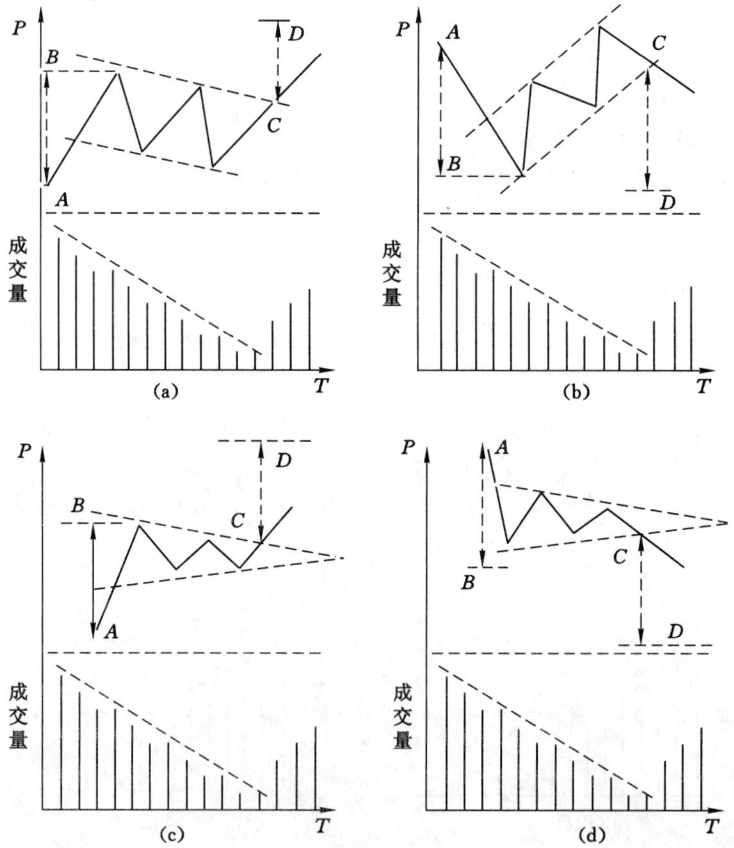

图 12-34　四种旗形调整示意图

2. 下降旗形

下降旗形是一种在股价下降的走势中出现向上调整的长方形，表示交易量由大变小，股价突破支持线后，交易量大增，下降幅度是原突破点到旗杆最低点的垂直距离，即 $CD=AB$。下降旗形是后市展望不佳的一种调整形态，因而当股价突破支持线向下时，是卖出的信号，如图 12-34(b)所示。

3. 小旗形

在股价走势中，出现狭小的三角形调整形态，称为小旗形。小旗形有上升小旗形和下降小旗形两种。

(1) 上升小旗形是表示股价盘整后向上突破的形态，其上升的幅度等于旗杆的长度，即 $CD=AB$，交易量由大到小，股价突破阻力线时，交易量大增。上升小旗形是表示可以进货的盘整形态，如图 12-34(c)所示。

(2) 下降小旗形是表示股价盘整后向下突破的形态，其下降的幅度等于旗杆的长度，即 $CD=AB$，交易量由大到小，股价突破支持线后，交易量大增。下降小旗形是表示可以出货的盘整形态，如图 12-34(d)所示。

(三) 楔形、喇叭形和菱形

1. 楔形

在股价走势中，出现一种类似楔形的调整形态，其外形类似既不对称也没有直角的三角形。楔形也可分成上升楔形和下降楔形两种。下降楔形是在股价上升走势中常出现的调整形态。这种形态展示后市走势良好，是一种表示可以买进的图形，如图 12-35(a)所示。上升楔形是在股价下降走势中常出现的一种调整形态。这种图形展示后市走势不乐观，是一种表示可以卖出的图形，如图 12-35(b)所示。

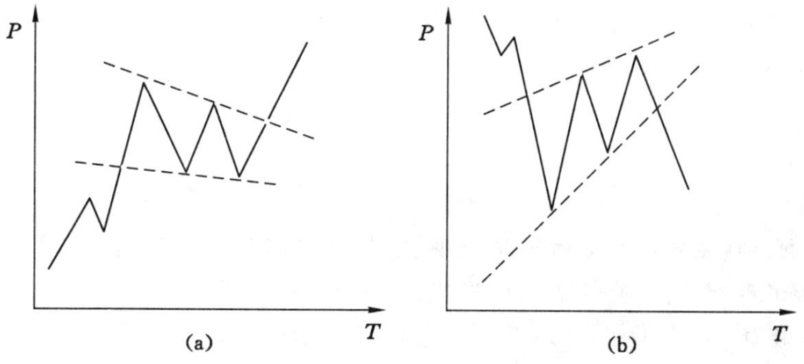

图 12-35　上升楔形和下降楔形示意图

2. 喇叭形

喇叭形也可称扩大形或增大形，这种形状其实也可以看作是一个对称三角形倒过来的结果(见图 12-36)。由于价格波动越来越大，形成越来越高的若干高点以及越来越低的若干低点。这说明当时的交易异常活跃，成交量日益放大，市场已失去控制，完全由参与交易的公众的情绪决定。在目前这个混乱的时候进入市场是很危险的，进行交易也十分困难。价格在喇叭形之后的下调过程中，会遇到反扑，而且反扑的力度会相当大，这是喇叭形的特殊性。但只要下降不超过下跌高度的一半，价格下跌的趋势会继续。

3. 菱形

菱形也叫钻石形，这是由两个对称三角形合并组成的一种调整形态。这是显示股价在调整期间变化很大，市场走势不稳定，因而后市展望不确定的一种图形调整形态。比起喇叭形，菱形更有向下的愿望，菱形的测算功能是以菱形的最宽处的高度为形态高度的。今后下跌的深度从突破点算起，至少有一个形态的高度，如图 12-37 所示。

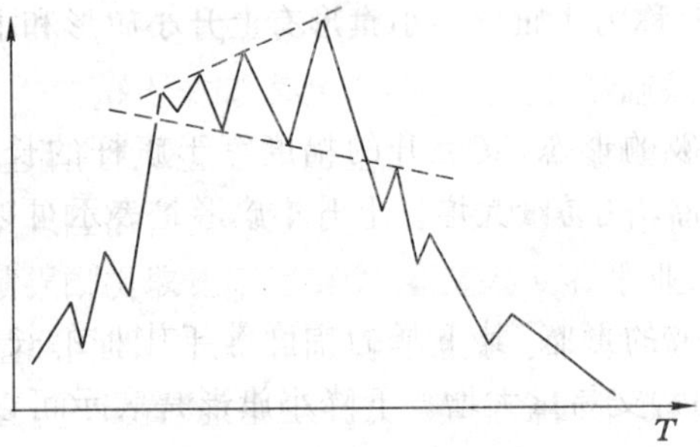

图 12-36　喇叭形示意图

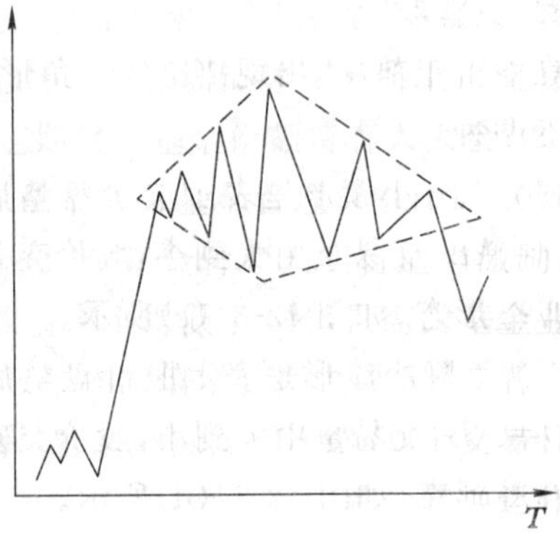

图 12-37　菱形示意图

第六节　缺口理论

缺口是指股价在快速大幅变动中有一段价格没有任何交易，显示在股价趋势图上是一个真空区域，这个区域称之“缺口”，通常又称为跳空。当股价出现缺口，经过几天，甚至更长时间的变动，然后反转过来，回到原来缺口的价位时，称为缺口的封闭。又称补空。缺口分普通缺口、突破缺口、持续性缺口与消耗性缺口等四种。从缺口发生的部位大小，可以预测走势的强弱，确定是突破，还是已到趋势之尽头。它是研判各种形态时最有力的辅助材料。

一、缺口种类

（一）普通缺口

普通缺口通常在密集的交易区域中出现，因此许多需要较长时间形成的调整或反转形态如三角形、矩形等，都可能有这类缺口形成。

（二）突破缺口

突破缺口是当一个密集的反转或调整形态完成后突破盘局时产生的缺口。当股价以一个很大的缺口跳空远离形态时，这表示真正的突破已经形成了。因为错误的移动很少会产生缺口，同时缺口能显示突破的强劲性，突破缺口愈大表示未来的变动强烈。

（三）持续性缺口

在上升或下跌途中出现缺口，可能是持续性缺口。这种缺口不会和突破缺口混淆。任何离开形态或密集交易区域后的急速上升或下跌，所出现的缺口大多是持续性缺口。这种缺口可帮助我们估计未来后市波幅的幅度，因此亦称之为量度性缺口。

（四）消耗性缺口（竭尽缺口、衰竭缺口）

和持续性缺口一样，消耗性缺口是伴随快速、大幅的股价波幅而出现的。在急速的上升或下跌中，股价的波动并非是渐渐出现阻力，而是愈来愈急。这时价格的跳升（或跳空下跌）

可能发生，此缺口就是消耗性缺口。通常消耗性缺口大多在恐慌性抛售或消耗性上升的末段出现，所以也叫竭尽缺口或衰竭缺口。

四种缺口的基本形态如图 12-38 所示。

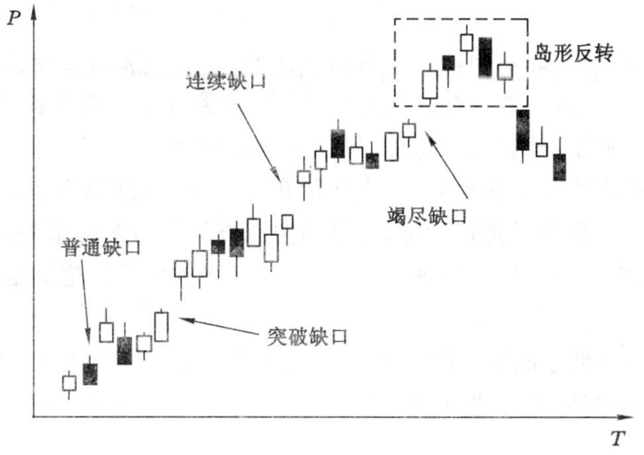

图 12-38 缺口和岛型反转图

二、市场含义

(1) 普通缺口并无特别的分析意义，一般在几个交易日内便会完全填补，它只能帮助我们辨认清楚某种形态的形成。当发现发展中的三角形和矩形有许多缺口，就应该增强它是调整形态的信念。

(2) 突破缺口的分析意义较大，经常在重要的反转形态如头肩式的突破时出现。这类缺口可帮助我们辨认突破讯号的真伪。如果股价突破支持线或阻力线后以一个很大的缺口跳离形态，可见突破十分强而有力。形成原因是其水平的阻力经过争持后，供给的力量完全被吸收，短暂时间缺乏货源，投资者被迫要以更高价求货。又或是其购买力完全被消耗，沽出的须以更低价才能找到买家，因此便形成缺口。

假如缺口发生前有大的交易量，而缺口发生后成交量却相对减少，则有一半的可能不久缺口将被封闭；若缺口发生后成交量并未随着股价的远离缺口而减少，反而加大，则短期内缺口将不会被封闭。

(3) 持续性缺口的技术性分析意义最大，它通常是在股价突破后远离形态至下一个反转或调整形态的中途出现。因此持续性缺口能大约地预测股价未来可能移动的距离，所以又称为量度缺口。其量度的方法是从突破点开始，到持续性缺口始点的垂直距离，就是未来股价将会达到的幅度。

(4) 消耗性缺口的出现，表示股价的趋势将暂告一段落。如果在上升途中出现，即表示即将下跌；若在下跌趋势中出现，就表示即将回升。不过，消耗性缺口并非意味着市场必定出现转向。持续性缺口是在股价大幅变动中途产生的，因而不会在短时期内封闭；但是消耗性缺口是变动即将到达终点的最后现象，所以多半在 2～5 天的短期内被封闭。

三、要点提示

(1) 一般缺口都会填补。因为缺口是一段没有成交的真空区域，反映出投资者当时的冲动行为，当投资情绪平静下来时，投资者反省过去行为有些过分，于是缺口便告补回。其实并非所有类型的缺口都会填补，其中突破缺口、持续性缺口未必会填补，不会马上填补；只有竭尽缺口和普通缺口才可能在短期内补回。所以，缺口填补与否对分析者观察后市的帮助不大。

(2) 突破缺口出现后会不会马上填补，我们可以从成交量的变化中观察出来。如果顺突破缺口出现之前有大量成交，而缺口出现后成交相对减少，那么迅即填补缺口的机会只是五五之比；但假如缺口形成之后成交大量增加，股价继续移动远离此缺口时，那么缺口短期填补的可能性便会很低了，就算出现回抽，也会在缺口以外。

(3) 股价在突破其区域时急速上升，成交量在初期量大，然后在上升中不断减少，当股价停止原来的趋势时成交量又迅速增加，这是多空双方激烈争持的结果，其中一方得到压倒性胜利之后，于是便形成一个巨大的缺口，这时候又开始减少了。这就是持续性缺口形成时的成交量变化情形。

(4) 竭尽缺口通常是形成缺口的一天成交量最高(但也有可能在成交量最高的翌日出现)，接着成交量减少，显示市场购买力(或沽售力)已经消耗殆尽，于是股价很快便告回落(或回升)。

(5) 在一次上升或下跌的过程里，缺口出现愈多，显示其趋势愈快接近终结。举个例说，当升市出现第三个缺口时，暗示升市快告终结；当第四个缺口出现时，短期下跌的可能性更加浓厚。

四、岛形反转

基于缺口理论的岛形形态，属强烈的反转信号，其力度要超过突破缺口与一般的反转形态，根据所处的位置的不同，可分为上岛形反转与下岛形反转。上岛形是在市场持续上升一段时间后，有一日忽然呈现缺口性上升，接着价格位于高位徘徊争执，但很快又以缺口形式下跌，两边的缺口大约在同一价格区域，使高位争执的区域在图表上看来像一个岛屿，两边的缺口令这岛屿孤立于海洋之上，如图 12-38 所示。有时候两边缺口所形成的“岛形”只由一个交易日造成，成交量在形成“岛形反转”期间会十分巨大。同样，价格在下跌时所形成的“岛形反转”形状也一样。上岛形往往在市场一片看好股价时出现，投资者想买入股票但又没法在预期价格上买进，而平缓的升势又使投资者按捺不住高价买进，于是出现上涨缺口，可是价格却没有因其跳升而继续向上，高位阻力明显呈现，经过一段时间的争执后，价格终于无法在高位支持，而出现缺口性下跌，所形成的“岛形反转”开始一轮跌势。而下岛形反转正好与之相反。岛形经常在长期或中期性趋势的顶部或底部出现。当在上升过程中，岛形明显形成后，这是一个沽出讯号；反之，若在下跌过程中出现，就是一个买入讯号。

第七节 技术指标分析

指标法是技术分析中的重要分支，特别是当电子计算机技术不断普及和现代通信技术高度发达的情况下，人们不用也没必要再采用手工方式进行计算，技术指标分析变得更为流行。世界上各种各样的技术指标至少不下千种，每种技术指标都有自己的拥护者，本节将选取其中的一些常见指标进行介绍。

一、指标分析的基本原则

技术指标是按照事先规定好的固定方法，运用一定数学公式对行情数据进行处理，处理之后所得的结果就是技术指标。尽管技术指标的种类多种多样，五花八门，但应用技术指标一般都可以从以下六个方面来进行，可以是只考虑其中的一种情况，或是综合考虑全部情况。

（一）指标高低（极值）

指标极端值是指技术指标的取值进入极大或极小区域，技术分析有俗语将这种情况称进入"超买超卖区"，也就是说，在正常的情况下技术指标较少有进入这一数值的时候。在评判技术指标出现极值时，很显然并没有一个统一的标准和具体的数值。就同一指标而言，不同证券的指标极端值是不完全相同的，同一证券不同时间的极端值也是不相同的。因此，判断极端值只能依据经验和这个指标的常态来进行，比如，一年之中技术指标只有较少的几次能达到这个数值。另外，既然是极端值，该指标达到这一数值的机会就不多，因此，这一技术分析原则不是在任何情况下都可以用的，使用或指示的机会就很少，不能滥用。

（二）指标背离

指标背离是指技术指标曲线波动方向与价格曲线的趋势方向不一致。在实际的技术分析中，有两种具体表现，即顶背离和底背离。技术指标与价格背离说明价格的波动没有得到技术指标的支持；或技术指标有超先于价格波动的趋势，在价格没有转折之前，技术指标就提前指明了未来的趋势。指标背离是使用技术指标分析法中最重要的一个原则，一般情况下，出现指标背离是价格走势反转的一个信号，特别是当这个背离发生在价格走势的顶部或底部位置。

（三）指标交叉

指标交叉是指技术指标图形中的两条曲线发生了相互相交的现象。在实际技术分析活动中，有两种类型的指标交叉：第一种是同一个技术指标的不同参数的两条曲线之间的相交。技术分析中常说的黄金交叉和死亡交叉就属于这一种。第二种是技术指标与固定的水平直线之间的交叉。水平直线通常是横坐标轴，横坐标轴是技术分析指标取值正负的分水岭。技术指标交叉表明多空力量对比发生了改变，至少说明原来的力量对比受到了挑战。

（四）指标形态

指标形态是指技术指标曲线的波动过程中出现了形态理论中介绍的反转形态。在实际的技术分析中，出现的主要形态是双重顶和头肩形。个别时候还可以将技术指标曲线看成是价格曲线，根据形态使用支撑线或压力线。

（五）指标转折

指标转折是指技术指标在高位或低位调头。有时，这种调头表明前面过于极端的行为已经走到尽头，或者暂时遇到了麻烦；有时这种调头表明一个趋势将要结束，而另一个趋势将要开始。

（六）指标盲点

指标盲点是指技术指标在大部分时间里是无能为力的，也就是说，在大部分时间里，技术指标都不能发出买入或卖出的信号。这是因为在大部分时间内，技术指标处于"盲"的状态，很少时候技术指标才能看清市场，发出行动信号。所以，技术分析者要切忌在任何时间、任何情况下都采用技术指标来进行投资分析。

二、移动平均线

移动平均线 MA(Moving Average)是以道・琼斯的"平均成本概念"为理论基础，采用统计学中"移动平均"的原理，将一段时期内的股票价格平均值连成曲线，用来显示股价的历史波动情况，进而反映股价指数未来发展趋势的技术分析方法。它是道氏理论的形象化表述。

移动平均线依计算周期分为短期（如 5 日、10 日、20 日）、中期（如 30 日、60 日、75 日）和长期（如 120 日、200 日、250 日）移动平均线。在国内股市中，其中 120 日移动平均线为半年线，250 日移动平均线称为年线，作为牛市与熊市的分界线。

移动平均线依算法分为算术移动平均线、线形加权移动平均线、阶梯形移动平均线、平滑移动平均线等多种，最为常用的是下面介绍的算术移动平均线。

（一）计算方法

$$MA=(C_1+C_2+C_3+\cdots+C_n)/n$$

式中 C——每日收盘价；

n——计算周期，一般 n 定为 5，10，30，60 等。

移动平均线通常与股价线一同使用。

（二）移动平均线的特点

MA 的最基本的思想是消除偶然因素的影响，另外还稍微有一点平均成本价格的含义。它具有以下几个特点：

(1) 追踪趋势。注意价格的趋势，并追随这个趋势，不轻易放弃。如果从股价的图表中能够找出上升或下降趋势线，那么，MA 的曲线将保持与趋势线方向一致，能消除中间股价在这个过程中出现的起伏。原始数据的股价图表不具备这个保持追踪趋势的特性。

(2) 滞后性。在股价原有趋势发生反转时，由于 MA 的追踪趋势的特性，MA 的行动往往过于迟缓，调头速度落后于大趋势。这是 MA 的一个极大的弱点。等 MA 发出反转信号时，股价调头的深度已经很大了。

(3) 稳定性。由 MA 的计算方法就可知道，要比较大地改变 MA 的数值，无论是向上还是向下，都比较困难，必须是当天的股价有很大的变动。因为 MA 的变动不是一天的变动，而是几天的变动，一天的大变动被几天一分摊，变动就会变小而显不出来。这种稳定性有优点，也有缺点，在应用时应多加注意，掌握好分寸。

(4) 助涨助跌性。当股价突破了 MA 时，无论是向上突破还是向下突破，股价有继续向突破方面再走一程的愿望，这就是 MA 的助涨助跌性。

(5) 支撑线和压力线的特性。由于 MA 的上述四个特性，使得它在股价走势中起支撑线和压力线的作用。

使用 MA 通常是对不同的参数同时使用，而不是仅用一个。按各人的不同，参数的选择上有些差别，但都包括长期、中期和短期三类。长、中、短是相对的，可以自己确定。

MA 的盲点。在盘整阶段或趋势形成后的中途休整阶段或局部反弹和回档，MA 极易发出错误的信号，这是使用 MA 最应该注意的。另外，MA 只是作为支撑线和压力线站在某线之上，当然有利于上涨，但并不是说就一定会涨，支撑线有被突破的时候。

（三）葛南维八大法则

在移动平均线中，美国投资专家葛南维（Jogepsbganvle）创造的八项法则可谓其中的精华，历来的平均线使用者无不视其为技术分析中的至宝，而移动平均线也因为它，淋漓尽致地发挥了道·琼斯理论的精神所在。八大法则中的四条是用来研判买进时机，四条是研判卖出时机。总的来说，移动平均线在股价之下，而且又呈上升趋势时是买进时机，反之，平均线在股价线之上，又呈下降趋势时则是卖出时机。葛南维单线法则选取的是200日移动平均线。

(1) 移动平均线从下降逐渐走平且略向上方抬头，而股价从移动平均线下方向上方突破，为买进信号。

(2) 股价位于移动平均线之上运行，回档时未跌破移动平均线后又再度上升时为买进时机。

(3) 股价位于移动平均线之上运行，回档时跌破移动平均线，但短期移动平均线继续呈上升趋势，此时为买进时机。

(4) 股价位于移动平均线以下运行，突然暴跌，距离移动平均线太远，极有可能向移动平均线靠近(物极必反，下跌反弹)，此时为买进时机。

(5) 股价位于移动平均线之上运行，连续数日大涨，离移动平均线愈来愈远，说明近期内购买股票者获利丰厚，随时都会产生获利回吐的卖压，应暂时卖出持股。

(6) 移动平均线从上升逐渐走平，而股价从移动平均线上方向下跌破移动平均线时说明卖压渐重，应卖出所持股票。

(7) 股价位于移动平均线下方运行，反弹时未突破移动平均线，且移动平均线跌势减缓，趋于水平后又出现下跌趋势，此时为卖出时机。

(8) 股价反弹后在移动平均线上方徘徊，而移动平均线却继续下跌，宜卖出所持股票。

以上八大法则中第(3)条和第(8)条不易掌握，具体运用时风险较大，在未熟练掌握移动平均线的使用法则前可以考虑放弃使用。

第(4)条和第(5)条没有明确股价距离移动平均线多远时才是买卖时机，可以参照乖离率来解决。

如图12-39所示，1、2、3、4为买点；5、6、7、8为卖点。

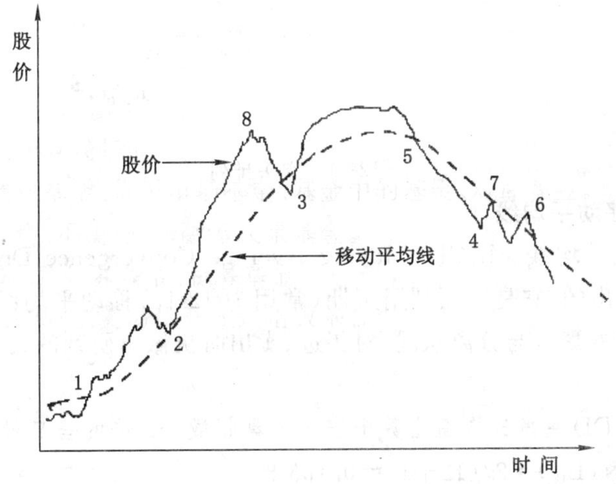

图12-39　葛南维八大法则示意图

(四)“黄金交叉”和“死亡交叉”

所谓“黄金交叉”就是指上升中的短期移动平均线由下而上穿过上升的中期移动平均线，随后中期移动平均线又从下方向上穿过长期移动平均线的交叉点，这个时候压力线被向上突破，表示股价将继续上涨，行情看好。黄金交叉点形成后，移动平均线由上向下的排列为：短期、中期和长期，这就是所谓的均线的“多头排列”，是典型的上涨行情，如图 12-40 所示。

图 12-40　多头排列

所谓“死亡交叉”是指下降中的短期移动平均线由上而下穿过下降的中期移动平均线、中期移动平均线由上而下穿过长期移动平均线的交叉点，这个时候支撑线被向下突破，表示股价将继续下落，行情看跌。死亡交叉点形成后，移动平均线由上向下的排列为：长期、中期和短期，这就是所谓的均线的“空头排列”，是典型的下跌行情，如图 12-41 所示。

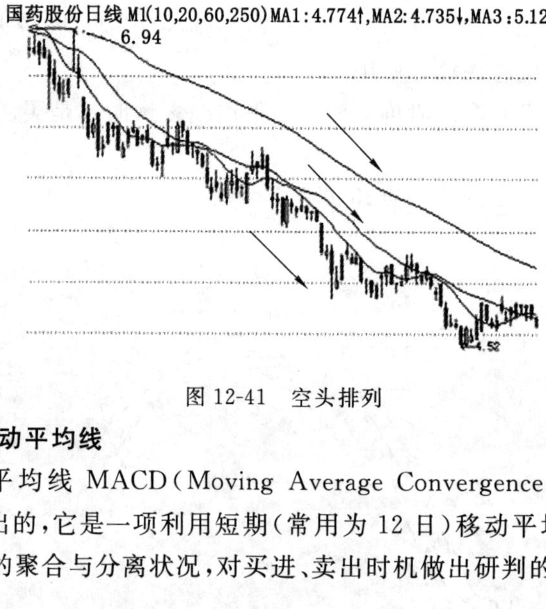

图 12-41　空头排列

三、平滑异同移动平均线

平滑异同移动平均线 MACD（Moving Average Convergence Divergence）是 Geral Appel 于 1979 年提出的，它是一项利用短期（常用为 12 日）移动平均线与长期（常用为 26 日）移动平均线之间的聚合与分离状况，对买进、卖出时机做出研判的技术指标。

（一）计算公式

加权平均指数(DI)＝当日最高指数＋当日收盘指数＋2 倍的当日最低指数

十二日平滑系数(L_{12})＝2/(12＋1)＝0.153 8

二十六日平滑系数(L_{26})＝2/(26＋1)＝0.074 1

十二日指数平均值(12 日 EMA)＝L_{12}×当日收盘指数＋11/(12＋1)×昨日的 12 日 EMA

二十六日指数平均值(26 日 EMA)＝L_{26}×当日收盘指数＋25/(26＋1)×昨日的 26 日 EMA

差离率(DIF)＝12 日 EMA－26 日 EMA

九日 DIF 平均值(DEA)＝最近 9 日的 DIF 之和/9

柱状值(BAR)＝DIF－DEA

MACD＝(当日的 DIF－昨日的 DIF)×0.2＋昨日的 MACD

(二) 应用原则

(1) 当 DIF 由下向上突破 MACD,形成黄金交叉,即白色的 DIF 上穿黄色的 MACD 形成的交叉。同时 BAR(绿柱线)缩短,为买入信号。

(2) 当 DIF 由上向下突破 MACD,形成死亡交叉,即白色的 DIF 下穿黄色的 MACD 形成的交叉。同时 BAR(红柱线)缩短,为卖出信号。

(3) 顶背离:当股价指数逐波升高,DIF 及 MACD 不是同步上升,而是逐波下降,与股价走势形成顶背离,预示股价即将下跌。如果此时出现 DIF 两次由上向下穿过 MACD,形成两次死亡交叉,则股价将大幅下跌。

(4) 底背离:当股价指数逐波下降,DIF 及 MACD 不是同步下降,而是逐波上升,与股价走势形成底背离,预示着股价即将上涨。如果此时出现 DIF 两次由下向上穿过 MACD,形成两次黄金交叉,则股价即将大幅度上涨。

MACD 主要用于对大势中长期的上涨或下跌趋势进行判断,当股价处于盘局或指数波动不明显时,MACD 买卖信号较不明显。当股价在短时间内上下波动较大时,因 MACD 的移动相当缓慢,所以不会立即对股价的变动产生买卖信号。

四、相对强弱指数

相对强弱指标 RSI(Relative Strength Index)是由 Wells Wider 创制的一种通过特定时期内股价的变动情况计算市场买卖力量对比,来判断股票价格内部本质强弱、推测价格未来的变动方向的技术指标。

(一) 计算公式

相对强弱指标(RSI)＝(N 日内上涨总幅度平均值/ N 日内上涨总幅度和下跌总幅度平均值)×100%

一般短期 RSI 设 N＝6,长期 RSI 设 N＝12。RSI 值永远在 0～100 之内变动。

(二) 应用原则

(1) 由算式可知,0≤RSI≤100。RSI＝50 为强势市场与弱势市场分界点。通常设 RSI＞80 为超买区,市势回档的机会增加;RSI＜20 为超卖区,市势反弹的机会增加。

(2) 一般而言,RSI 掉头向下为卖出信号,RSI 掉头向上为买入信号。但应用时宜从整体态势的判断出发。

(3) RSI 的 M 形走向是超买区常见的见顶形态;W 形走向是超卖区常见的见底形态。这时,往往可见 RSI 走向与价格走向发生背离。所以,背离现象也是一种买卖信号。

(4) RSI 由下往上走,一个波谷比一个波谷高构成上升支持线;RSI 由上往下走,一个波顶比一个波顶低构成下降压力线。跌破支持线为卖出信号,升穿压力线为买入信号。

(5) RSI 上穿 50 分界线为买入信号,下破 50 分界线为卖出信号。

(6) N 日 RSI 的 N 值常见取 5～14 日。N 值愈大趋势感愈强,但有反应滞后倾向,称为慢速线;N 值愈小对变化愈敏感,但易产生飘忽不定的感觉,称为快速线。因此,可将慢速线与快速线比较观察,若两线同向上,升势较强;若两线同向下,跌势较强;若快速线上穿慢速线为买入信号；若快速线下穿慢速线为卖出信号。

(7) 由于 RSI 设计上的原因，RSI 在进入超买区或超卖区以后，即使市势有较大的波动，而 RSI 变动速率渐趋缓慢，波幅愈来愈微，即出现所谓钝化问题。尤其是在持续大涨或大跌时，容易发生买卖“操之过急”的遗憾。解决这个问题的办法，仅就 RSI 指标本身而言一是调整超买区或超卖区的界定指标，如 90 以上、10 以下；二是加大 N 的取值。

(8) 在股价盘整期间应放弃使用 RSI 指标，转而观察 DMI 指标中的 ADX 是否已经走出泥潭。

(9) 在较强的强势涨跌行情中，如果 VR 及 ROC 指标显示股价为强势，则放弃使用 RSI 指标。

五、随机指标

随机指标 KDJ 由 George C. Lane 创制。它综合了动量观念、强弱指标及移动平均线的优点，用来度量股价脱离价格正常范围的变异程度。

KDJ 指标考虑的不仅是收盘价，而且有近期的最高价和最低价，这避免了仅考虑收盘价而忽视真正波动幅度的弱点。

(一) 计算公式

公式的推导过程如下：

AX＝当前收盘价－9 天以来的最低价

BX＝9 天以来的最高价－9 天以来的最低价

RSV＝AX/BX×100

K＝2/3×前一日 K＋1/3×RSV

D＝2/3×前一日 D＋1/3×K

J＝3D－2K

第一次计算时，前一日的 K、D 皆以 50 代替，随机指数以 K，D，J 三个符号表示。

(二) 应用原则

(1) 当白色的 K 值在 50 以下的低水平，形成一底比一底高的现象，并且 K 值由下向上连续两次交叉黄色的 D 值时，股价会产生较大的涨幅。

(2) 当白色的 K 值在 50 以上的高水平，形成一顶比一顶低的现象，并且 K 值由上向下连续两次交叉黄色的 D 值时，股价会产生较大的跌幅。

(3) 白色的 K 线由下向上交叉黄色的 D 线失败转而向下探底后，K 线再次向上交叉 D 线，两线所夹的空间叫作向上反转风洞。当出现向上反转风洞时股价将上涨。反之叫作向下反转风洞。出现向下反转风洞时股价将下跌。

(4) K 值大于 80，短期内股价容易向下出现回档；K 值小于 20，短期内股价容易向上出现反弹；但在极强、极弱行情中 K、D 指标会在超买、超卖区内徘徊，此时应参考 VR、ROC 指标以确定走势的强弱。

(5) 在常态行情中，D 值大于 80 后股价经常向下回跌；D 值小于 20 后股价易于回升。

在极端行情中，D 值大于 90，股价易产生瞬间回档；D 值小于 15，股价易产生瞬间反弹。这种瞬间回档或反弹不代表行情已经反转。

(6) J 值信号不常出现，可是一旦出现，可靠性相当高。当 J 值大于 100 时，股价会形成头部而出现回落；J 值小于 0 时，股价会形成底部而产生反弹。

六、能量潮

累积能量线 OBV(On Balance Volume)又称能量潮，是美国投资分析家 Joe. Granville 于 1981 年创立的，它的理论基础是“能量是因，股价是果”，即股价的上升要依靠资金能量源源不断地输入才能完成，是从成交量变动趋势来分析股价转势的技术指标。

计算 OBV，首先要累计上市股票每日的总成交量，逐点连成曲线。

(一) 计算公式

累积能量线 OBV＝前一天的 OBV±当日成交量

(当日收盘价高于前日收盘价，成交量定义为正值，取加号；当日收盘价低于前日收盘价，成交量定义为负值，取减号；二者相等时计为 0)

OBV 线需要与股价曲线并列于同一图中相互参照使用。

(二) 应用原则

(1) 如图 12-42 所示。OBV 线呈 N 字形波动，当 OBV 线超越前一次 N 字形的高点时，则记下一个向上的箭头；当 OBV 线跌破前一次 N 的低点时，就记下一个向下的箭头。

(2) 当 OBV 线连续形成 N 字形上涨状态，则上涨的股价将要出现反转。

(3) 当 OBV 线在连续小 N 字形上涨时，又出现大 N 字形上涨状态，则行情随时可能出现反转。

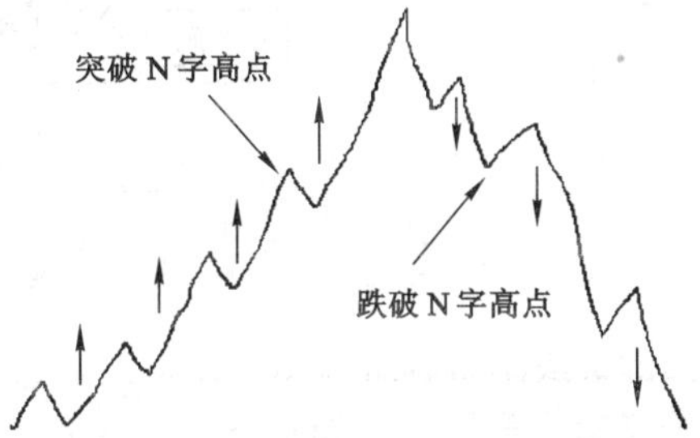

图 12-42　OBV 曲线

(4) OBV 线的走向与股价曲线产生“背离”时，说明当时的走势是虚假的，不管当时股价是上涨行情还是下跌行情，都随时有反转的可能，需要格外留心。

(5) OBV 线如果持续一个月以上横向移动后突然上冲，预示大行情随时可能发生。

案　例

案例 1：图 12-43 是深国商(000056)的一段日 K 线行情。从图中可以看到，市场完成了一个漂亮的圆弧底形态后，以向上跳空的突破方式进入了快速上升通道。形成圆弧底之前，市场连续出现空方炮和下降三法 K 线形态。股价见底时，出现了三根实体非常小的并列小阳线，上涨时出现了许多小阳线和一个持续看涨的铺垫形态。最后出现了一个向上跳空缺口，形成了一个完美的圆弧底形态。有意思的是，从成交量形态看，也形成了一个圆弧底形态：股价下跌时缩量，股价跌到最低点时，成交量也最小。当股价开始上升时，成交量同步放大。形成圆弧底形态的整个过程，量价关系非常默契。从均线看，出现圆弧底前，市场出现了短、中、长期三种均线的黏合，表明市场前期经过了长期的充分横盘整理。在主力“挖坑”做空头陷阱时，短期均线 10 日均线与 K 线的圆弧底一样，也形成了一个圆弧底形态，只是时间上稍微滞后。当圆弧底形态完成时，10 日均线上穿中期及长期均线，形成了一个均线发散的多头行情，随后市场进入到上升趋势中。实战中，该股出现圆弧底形态时，买点主要有两个：一是股价站上 10 日均线时；二是股价跳空突破各条均线，并形成跳空缺口时。

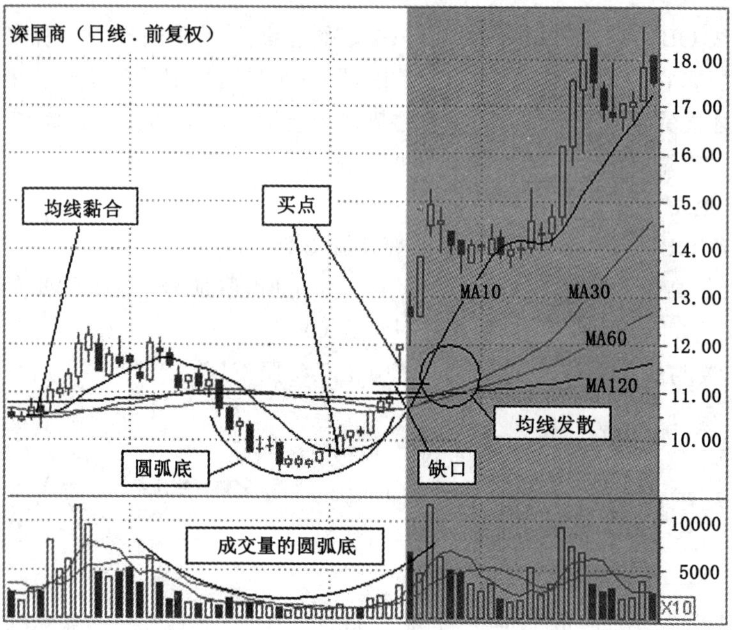

图 12-43　深国商圆弧底示意图

案例 2：MACD 指标的基本应用方法，如图 12-44 所示。

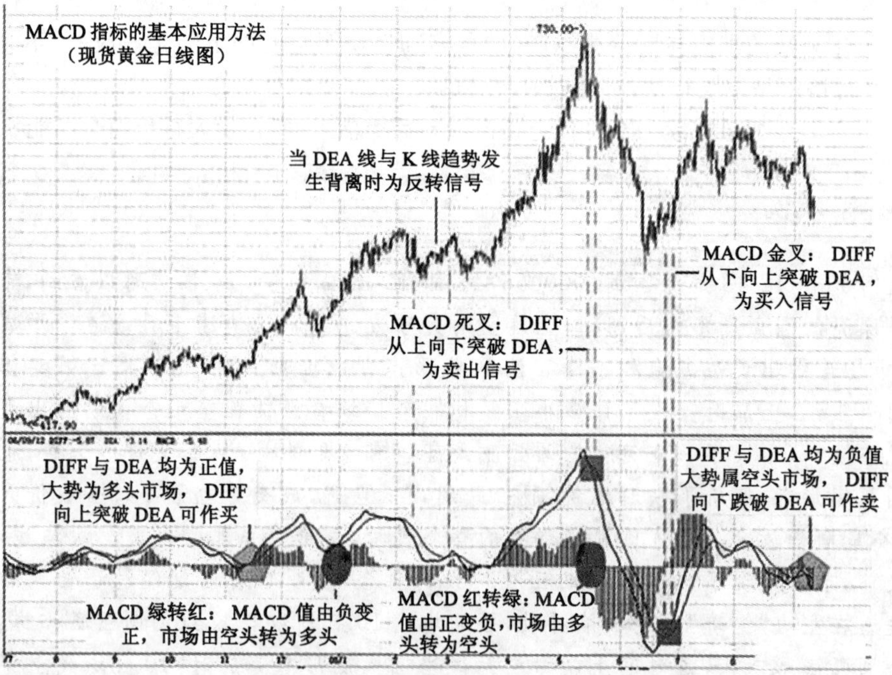

图 12-44　MACD 指标的基本应用方法

案例3:ST昌鱼头肩底示意图,如图12-45所示。

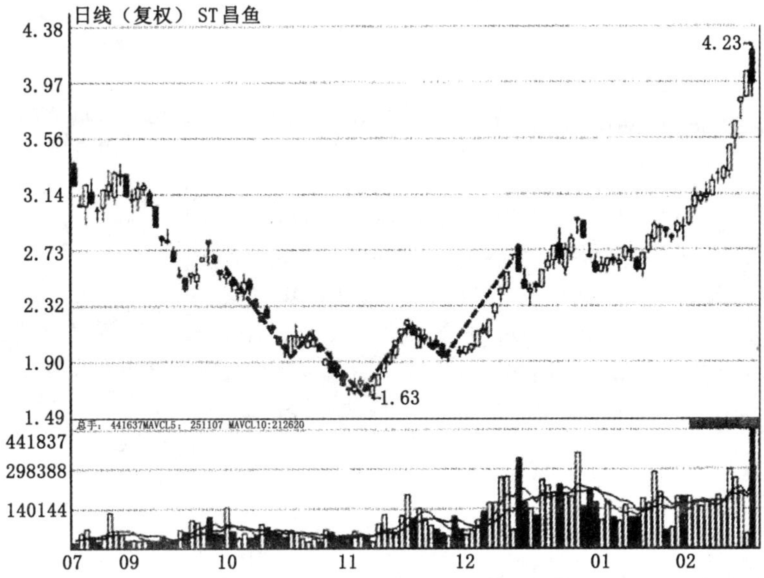

图12-45　ST昌鱼头肩底示意图

案例4:中国船舶双重顶示意图,如图12-46所示。

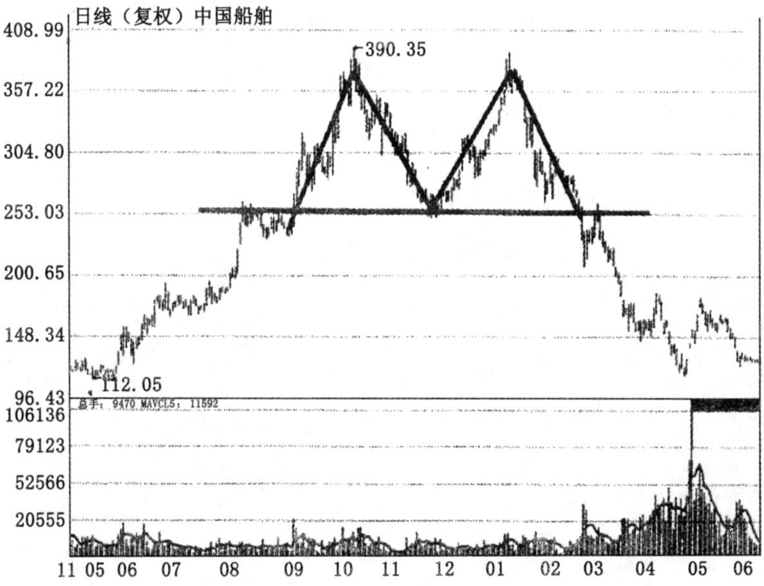

图12-46　中国船舶双重顶示意图

本章概念

1. 价、量、时、空。
2. K 线图、分时走势图、棒形图。
3. 内盘、外盘、委比、量比。
4. 趋势线、支撑线、压力线、轨道线、黄金分割线、百分比线。
5. 反转形态、头肩顶(底)、双重顶(底)、圆弧顶(底)、V 形顶(底)。
6. 调整形态、三角形、旗形、楔形、喇叭形、菱形。
7. 缺口、普通缺口、突破缺口、持续性缺口、消耗性缺口。
8. 指标背离、指标交叉、指标转折、指标盲点。
9. MA、MACD、KDJ、RSI、OBV。
10. 葛南维八大法则、黄金交叉、死亡交叉、多头排列、空头排列。

问题思考

1. 简述技术分析的前提及其合理性。
2. 证券投资技术分析的种类与内容有哪些?
3. 证券交易的市场行为中价量关系如何评价?
4. 试列举 K 线分析中 5 种 K 线组合的典型形态。
5. 简述应用技术指标的原则及应注意的问题。
6. 什么是移动平均线?什么叫多头排列和空头排列,其含义如何?
7. 什么是压力线与支撑线?如何运用此原理来进行技术研判?
8. 黄金分割应遵循的原则是什么?
9. 反转形态和调整形态各举一例,进行技术分析。
10. 简述 MACD、RSI 指标如何在实战中运用。

第十三章 证券投资技术分析理论

学习目标

1. 掌握道氏理论的基本思想和内容；
2. 掌握波浪理论的基本思想、内容和不足；
3. 了解江恩理论、随机漫步理论；
4. 掌握相反理论的基本思想和运用难点；
5. 了解亚当理论的基本思想；
6. 了解量化投资的特点。

第一节 道氏理论

查尔斯·道(Charles Dow 1851～1902)，纽约道琼斯金融新闻服务公司的创始人、《华尔街日报》的创始人和首位编辑。查尔斯· 道在1884年创立了股票市场平均指数——“道琼斯工业指数”。其全部作品都发表在《华尔街日报》上，表达了他关于股票市场行为的研究心得。我们一般所称的“道氏理论”，是由查尔斯·道创立其基本原理，由威廉姆· 皮特、汉密尔顿(William Peter Hamilton)与罗伯特·雷亚(Robert Rhea)等人整理、补充和发展形成的。道氏理论(Dow Theory)是所有市场技术研究的鼻祖。

一、道氏理论的基本内容

(一) 平均指数包容一切

因为他们反映了无数投资者的综合市场行为，包括那些有远见力的以及消息最灵通的人士，平均指数在其每日的波动过程中包容消化了各种已知的可预见的事情，以及各种可能影响公司股价的情况。甚至于那些天灾人祸，但其发生以后就被迅速消化，并包容其可能的后果。

(二) 三种趋势

股票的变化表现为三种趋势：主要趋势、中期趋势及短期趋势。主要趋势，即基本趋势，它们是大规模地上下运动，通常持续几年或更多的时间，并导致股价增值或贬值20%以上。中期趋势也叫次级趋势，它是与基本趋势相反的运动趋势，也叫修正趋势，它干扰了主要趋势，在多头市场里是中级的下跌或“调整”行情，在空头市场里是中级的上升或反弹行情。次级趋势的运行时间从三周至数月不等，股份升(跌)幅度为基本趋势的1/3到2/3。短期趋势是股价在几天之内的变动情况，它是稳暂的变动，很少超过三个星期，通常少于六天。短期趋势的形成，大多是由于突发的消息引起的，诸如公司盈利的增加或减少、国际局势动荡、国家高层人事变动等。短期趋势随机性大，难以预测，而且易受人为操纵。三种趋势是交织在一起的，运动方向有时相同，有时不同。

道氏理论认为:大部分股票永远都会跟随基本的市场大势,这个市场大势有可能是长期升势或者是长期跌势,大部分股票的趋势都会差不多。市场长期升势时,大部分股票会一同上升,市场长期下跌时,大部分股票会一起跌。三种趋势中,只有短期趋势可以人为操纵,而基本趋势和次级趋势是无法操纵的。

(三) 基本趋势的几个阶段

1. 多头市场的三个阶段

第一阶段是建仓期,在这一阶段,有远见的投资者知道尽管现在市场萧条,但形势即将扭转,因而就在此时购入了那些信心和耐心都不够的卖方所抛出的股票,并逐渐抬高其买入价以刺激抛售。实际上在这一阶段总是处于最萧条的状态,财务报表情况仍然很糟,公众为股市状况所迷惑而与之完全脱节,市场活动停滞,但也开始有少许回弹。

第二阶段是上升期,一轮稳定的上涨,交易量随着公司业务的景气不断增加,同时公司的盈利开始受到关注。也正是在这一阶段,技巧娴熟的交易者往往会得到最大收益。

第三阶段是沸腾期,随着公众蜂拥而上,市场高峰不断出现,所有信息都令人乐观,价格惊人的上扬并不断创造"崭新的一页",新股不断大量上市。此时,很多人都跃跃欲试,朋友间经常谈论的是"你看买哪种股票好?"但很多人却忽略了一个事实,涨势可能持续了两年,已经够长了,现在到了该问卖掉哪种股票的时候了。在这一阶段的最后一个时期,交易量惊人地增长,而"卖空"也频繁地出现;垃圾股(即低价格且不具投资价值的股票)也出现很大的涨幅,但越来越多的高质量股票,投资者此时拒绝跟进。

2. 空头市场的三个阶段

第一阶段是出货期(实际开始于前一轮多头市场后期),在多头市场的后期,有远见的投资者感到交易的利润已达至一个不正常的高度,股市价格的泡沫太大,因而在涨势中抛出所持股票。尽管弹升逐渐减弱,但交易量仍居高不下,公众热情不减。但由于预期利润的逐渐消失,行情开始显弱。

第二阶段是恐慌期。股市前景明显变坏,想买进的人开始退缩,而想卖出的人则急着要脱手。结果是股价狂泻,以至交易量大幅减少,市场进入恐慌阶段。在这一阶段之后,可能存在一个相当长的次级反弹或一个横向整理的运动。

第三阶段是继续下跌期。此时股市的前景仍然暗淡,利空频传,交易量继续大幅减少,好股下跌,人心散尽,市场的下跌趋势没有加速,但进入了缓慢下跌阶段。那些在大恐慌阶段坚持过来的投资者此时或因信心不足而抛出所持股票,或由于目前价位比前几个月低而买入。在空头市场最后阶段的下跌,是集中在一些业绩优良的股票,因为这些股票的持有者是最后失去信心的。当坏消息被证实,而且预计行情还会继续看跌,这一轮熊市就结束了,而且常常是在所有的坏消息"出来"之前就已经结束了。

(四) 相互验证的原则

较早的道琼斯指数是由 20 种铁路股票、30 种工业股票和 15 种公共事业股票三部分组成。据历史的经验,其中的工业和铁路两种分类指数数据有代表性。因此,在判断趋势时,道氏理论更注重于分析工业指数与铁路指数的变动,认为只有这两种指数形成相互验证后,总趋势才是有效的。任何单纯一种指数的变动都不能作为判定趋势有效反转的信号。现代证券市场的指数和行业都非常多,这一点已经有点过时,但其思想是可以借鉴的。

（五）交易量跟随趋势

一轮牛市中，当价格上涨，交易量随之增加，价格下跌，成交量缩小；而在一轮熊市中，价格跌落，交易量增加，当其反弹时，交易量减少。当然，这一原则也存在例外，而且仅根据几天内的交易情况，或者更不用说单一交易时间段都是不够的，只有一段时间内全面相关的交易情况才有助于我们做出有效的判断。在道氏理论中市场趋势的结论性标志是由对价格运动的最终分析中产生的。交易量只是提供一些相关的信息，有助于分析一些令人困惑的市场行情。

（六）只有当反转信号明确显示出来，才意味着一轮趋势的结束

当然这并不是说当趋势改变的信号已出现时还要作不必要的拖延，而是说明了一种经验，那就是与那些过早买入（或卖出）的交易者相比，机会总是站在更有耐心的交易者一边。他们只有等到自己有足够把握时才会采取行动。牛市不会永远上涨，而熊市也迟早会跌至最低点，当一轮新的基本趋势首先被两种指数的变化表现出来时，不论近期有任何回调或间歇，其持续发展的可能性都是最大的。但越往后这种趋势延续下去的可能性越小。这条规则告诉我们：一个旧趋势的反转可能发生在新趋势被确认后的任何时间，作为投资人，一旦做出委托后，必须随时注意市场。

二、道氏理论的缺陷

（1）道氏理论主要目标是探讨股市的基本趋势。一旦基本趋势确立，道氏理论假设这种趋势会一路持续，直到趋势遇到外来因素破坏而改变为止。好像物理学里牛顿定律所说，所有物体移动时都会以直线发展，除非有额外因素力量加诸其上。但有一点要注意的是，道氏理论只推断股市的大势所趋，却不能推断大趋势里面的升幅或者跌幅将会到哪个程度。

（2）道氏理论注重长期趋势，对中期趋势，特别是在不知是牛市还是熊市的情况下，不能带给投资者明确的启示。

（3）道氏理论每次都要两种指数互相确认，这样做已经慢了半拍，走失了最好的入货和出货机会。

（4）道氏理论对选股没有帮助。

第二节　波浪理论

艾略特（Ralph Nelson Elliot，1871～1948）是波浪理论的创始者。1946年，艾略特完成了波浪理论的集大成之作《自然法则——宇宙的奥秘》（Nature's Law－The Secret Of The Universe）。艾略特认为，不管是股票还是商品价格的波动，都与大自然的潮汐、波浪一样，一浪接着一浪，周而复始，具有相当程度的规律性，展现出周期循环的特点，投资者可以根据这些规律性的波动来预测价格未来的走势。波浪理论是目前世界上在金融走势预测中运用最多而又最难以了解和精通的分析工具。

一、波浪理论的基本原理

波浪理论在做技术分析时，主要考虑三个重要因素：① 形态，波浪的形态或构造，这是波浪理论最重要的部分。② 比例，波浪与波浪之间的长度比例，通过测算各个波浪之间的相互关系，来确定回撤点和价格目标。③ 时间，各个波浪之间在时间上的相互关联，利用它可以来验证波浪的形态和比例。波浪理论的理论基础主要是三个：艾略特对周期的划分、道

氏理论和费波纳希数列。

二、波浪理论的基本要点

波浪理论是一套分析走势系统，股价走势呈波浪式循环，即所谓“八波循环”。

波浪理论以周期为基础，把周期分成时间长短不同的各种周期，在一个大周期中可能存在一些小周期(见图 13-1)。每个周期无论长短都以一个模式——八个过程进行，即主浪五浪，调整三浪，这 8 个过程完成以后，才能够说这个周期已经结束，新的周期仍然按照这个模式运行。波浪的形成具有如下的特点：① 一个运动之后必有相反运动发生。② 主趋势上的推进波与主趋势方向相同，通常可分为更低一级的五个波；调整波与主趋势方向相反，或上升或下降，通常可分为更低一级的三个波。③ 八个波浪运动(五个上升，三个下降)构成一个循环，自然又形成上级波动的两个分支。④ 市场形态并不随时间改变。波浪时而伸展时而压缩，但其基本形态不变。图 13-2 是在牛市中波浪的基本形态，图中第 1、3、5 浪为推动浪，第 2 和 4 浪为调整浪，a、b、c 三浪为大调整浪。如果是熊市，则将图 13-2 向下翻转 180°，即下降 5 浪，上升 3 浪。

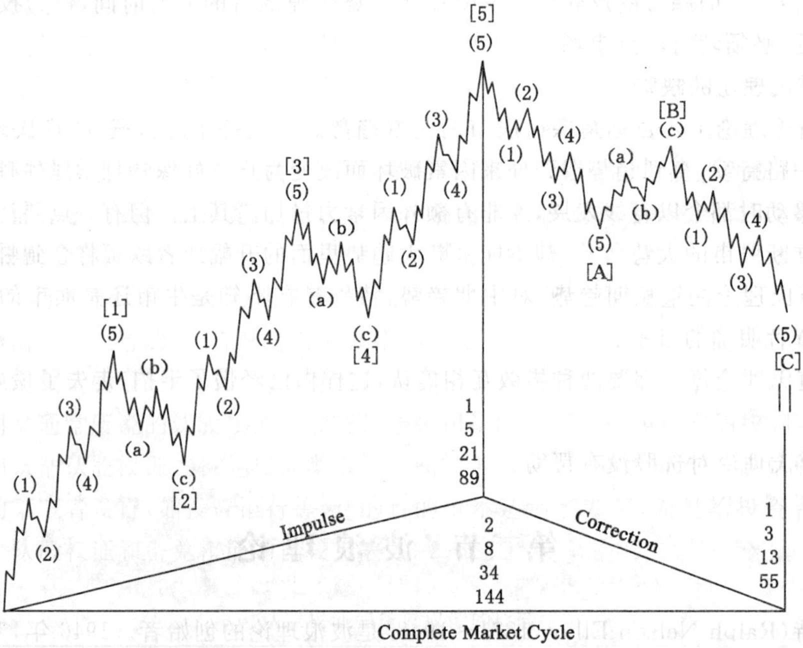

图 13-1 完整的波浪周期图

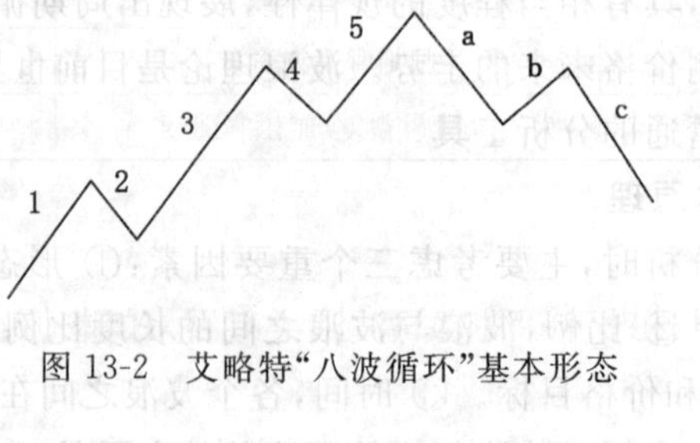

图 13-2 艾略特“八波循环”基本形态

三、波浪的特征

波浪理论在具体运用中，常常会遇到较为难以分辨的市况，发现几个同时可以成立的数浪方式。所以，投资者有必要了解各个波浪的特性。

第 1 浪：在整个波浪循环开始后，一般市场上大多数投资者并不会马上就意识到上升波段已经开始。所以，在实际走势中，大约半数以上的第一浪属于修筑底部形态的一部分。由于第 1 浪的走出一般产生于空头市场的末期，所以，市场上的空头气氛以及习惯于空头市场操作的手法未变，因此，跟随着属于筑底一类的第一浪而出现的第 2 浪的下调幅度，通常都较大。另外半数的第 1 浪，出现在长期盘整完成之后，在这类第 1 浪中，其行情上升幅度较大，经验看来，第 1 浪的涨幅通常是五浪中最短的行情。

第 2 浪：上面已经提过，通常第 2 浪在实际走势中调整幅度较大，而且还具有较大的杀伤力，这主要是因为市场人士常常误以为熊市尚未结束。当行情在此浪中跌至接近底部(第一浪起点)时，市场出现惜售心理，抛售压力逐渐衰竭，成交量也逐渐缩小时，第 2 浪调整才会宣告结束。第 2 浪的特点是成交量逐渐萎缩，波动幅度渐渐变窄，反映出抛盘压力逐渐衰竭，出现传统图形中的转向形态，例如常见的头肩底、双底等。

第 3 浪：第 3 浪在绝大多数走势中，属于主升段的一大浪，因此，通常第 3 浪属于最具有爆炸性的一浪。它的最主要的特点是：第 3 浪的运行时间通常会是整个循环浪中的最长的一浪，其上升的空间和幅度亦常常最大；第 3 浪的运行轨迹，大多数都会发展成为一涨再涨的延升浪；在成交量方面，成交量急剧放大，体现出具有上升潜力的量能；在图形上，常常会以势不可挡的跳空缺口向上突破，给人一种突破向上的强烈讯号。

第 4 浪：从形态的结构来看，第 4 浪经常是以三角形的调整形态进行运行。第 4 浪的运行结束点，一般都较难预见。

第 5 浪：在股票市场中，第 5 浪是三大推动浪之一，但其涨幅在大多数情况下比第 3 浪小。第 5 浪的特点是市场人气较为高涨，往往乐观情绪充斥整个市场。从其完成的形态和幅度来看，经常会以失败的形态而告终。在第 5 上升浪的运行中，二、三线股通常是市场内的主导力量，普遍上升，而常常会升幅极其可观。

a 浪：在上升循环中，a 浪的调整是紧随着第 5 浪而产生的，所以，市场上大多数人士会认为市势仍未逆转，毫无防备之心，只看做一个短暂的调整。a 浪的调整形态通常以两种形式出现，平坦形形态与“之”字形形态，它与 b 浪经常以交叉形式进行形态交换。

b 浪：b 浪的升势较为情绪化，这主要是市场上大多数人仍未从牛市冲天的市道中醒悟过来，还以为上一个上升尚未结束，在图表上常常出现牛市陷阱，许多人士在此期惨遭套牢。b 浪表现经常是成交量不大，一般而言是多头的逃命线，成交稀疏，出现明显的价量背离现象，上升量能已接济不上。

c 浪：紧随着 b 浪而后的是 c 浪，由于 b 浪的完成使得许多市场人士醒悟，一轮多头行情已经结束，期望继续上涨的希望彻底破灭，所以，大盘开始全面下跌，从性质上看，其破坏力较强。

四、数浪的基本规则

(1) 第 2 浪的最大回撤不低于第 1 浪的底。

(2) 第 3 浪永远不是 3 个推动浪(第 1、3、5 浪)中最短的一个浪。在股价的实际走势中，通常第 3 浪是最具有爆炸性的一浪，也经常会成为最长的一个浪。

(3) 第 4 浪的底部，不可以低于第 1 浪的浪顶。

除了以上三个在数浪时的基本规则外，还有两个补充规则，这两个补充规则并非是牢不可破的铁律，它主要是帮助投资者能更好地判别浪型，协助正确数浪工作。

补充规则 1：交替规则，如果在整个浪形循环中，第 2 浪以简单的形态出现，则第 4 浪多数会以较为复杂的形态出现。第 2 和第 4 浪就性质而言，都属于逆流行走的调整浪，而调整浪的形态有许许多多种子类型。这条补充规则能较好地帮助投资者分析和推测市场价格的未来发展和变化，从而把握住出入的时机。

补充规则 2：股市在上升一段后进入调整期，尤其是当调整浪仍属于第 4 浪的时候，多数会在较低一级的第 4 浪内完成。通常情况下，会在接近终点附近完结。这条补充规则主要是为投资者提供调整的终结点，从而使投资者了解在调整临近终结时，应注意做多、做空的策略。不使投资者操作犯方向性的大错，铸成不可逆转的局面。

五、波浪理论的数学基础

在波浪理论的范畴内，多头市况(牛市)阶段可以由一个上升浪代表，亦可以划分为五个小浪，或者进一步划分为二十一个次级浪甚至还可以继续细分出长至八十九个细浪，对于空头市况(熊市)阶段，则可以由一个大的下跌浪代表，同样对一个大的下跌浪可以划分为三个次级波段。或者可以进一步地再划分出十三个低一级的波浪甚至最后可看到五十五个细浪。

综上所述，我们可以不难理解地得出这样的结论，一个完整的升跌循环，可以划分为二、八、三十四或一百四十四个波浪。在此不难发现，上面出现的数字，包括 1、2、3、5、8、13、21、34、55、89 及 144，全部都属于神奇数字系列。

浪与浪之间的比率关系，亦经常受到斐波南希神奇数字组合比率的影响，下面我们介绍神奇比率与度量浪与浪之间的比例关系的具体运用。

(1) 对于推动浪来说，如果推动浪中的一个子浪成为延伸浪的话，则其他两个推动浪不管其运行的幅度还是运行的时间，都将会趋向于一致。也就是说，当推动浪中的第三浪在走势中成为延伸浪时，则其他两个推动浪，第一浪与第五浪的升幅和运行时间将会大致趋于相同。假如并非完全相等，则极有可能以 0.618 的关系相互维系。

(2) 第五浪最终目标，可以根据第一浪浪底至第二浪浪顶距离来进行预估，他们之间的关系，通常亦包含有神奇数字组合比率的关系。

(3) 对于 A－B－C 三波段调整浪来说，C 浪的最终目标值可能根据 A 浪的幅度来预估。C 浪的长度，在实际走势中，会经常是 A 浪的 1.618 倍。当然我们也可以用下列公式预测 C 浪的下跌目标：A 浪浪底减 A 浪乘 0.618。

(4) 对于对称三角形的整理形态的波浪走势来看，在对称三角形内，每个浪的升跌幅度与其他浪的比率，通常以 0.618 的神奇比例互相维系。

所以，波浪理论与神奇数字关系亲密。为使读者能较好地运用神奇数字对波浪的定量分析，下面列出与神奇数字比率及其派生出来的数字比率的特性：

(1) 0.382：第 4 浪常见的回吐比率及部分第 2 浪的回吐百分比，B 浪的回吐过程(ABC 浪以“之”字形运行)。

(2) 0.618：大部分第 2 浪的调整深度。对于 ABC 浪以“之”字形出现时，B 浪的调整比率。第 5 浪的预期目标与 0.618 有关。三角形内的浪浪之间比例由 0.618 来维系。

(3) 0.5:0.5 是 0.382 与 0.618 之间的中间数,作为神奇数比率的补充。对于 ABC"之"字形调整浪,B 浪的调整幅度经常会由 0.5 所维系。

(4) 0.236:是由 0.382 与 0.618 两神奇数字比率相乘派生出来的比率值。有时会作为第 3 浪或第 4 浪的回吐比率,但一般较为少见,常常是在事后才如梦初醒,调整过程已经结束。

(5) 1.236 与 1.382:对于 ABC 不规则的调整形态,我们可以利用 B 浪与 A 浪的关系,借助 1.236 与 1.382 两神奇比例数字来预估 B 浪的可能目标值。

(6) 1.618:由于第 3 浪在三个推动浪中多数为最长一浪以及大多数 C 浪极具破坏力。所以,我们可以利用 1.618 来维系第 1 浪与第 3 浪的比例关系和 C 浪与 A 浪的比例关系。

对于斐波南希神奇系列数字,读者已经了解到在波浪理论中,尤其在对波浪理论的定量分析中,起着极其重要的作用。其中 0.382 与 0.618 为常用的两个神奇数字比率,其使用频率较其他的比率要高得多。在使用上述神奇数字比率时,投资者和分析者若与波浪形态配合,再加上动力系统指标的协助,能较好地预估股价见顶见底的讯号。

另一方面,如果回吐幅度超过 45%,则可以断言 0.382 的支撑或阻力作用已失去。

同样,当调整幅度起过 70%时,亦表明 0.618 防线宣告失守。根据上述原则,投资者在具体操作时可以利用它来设置停损点。

六、波浪理论的缺陷

(1) 波浪理论家对现象的看法并不统一。每一个波浪理论家,包括艾略特本人,很多时候都会受一个问题的困扰,就是一个浪是否已经完成而开始了另外一个浪呢? 有时甲看是第一浪,乙看是第二浪。差之毫厘,失之千里。看错的后果却可能十分严重。一套不能确定的理论用在风险奇高的股票市场,运作错误足以使人损失惨重。

(2) 甚至怎样才算是一个完整的浪,也无明确定义,在股票市场的升跌次数绝大多数不按五升三跌这个机械模式出现。但波浪理论家却曲解说有些升跌不应该计算入浪里面。数浪(wave count)完全是随意主观的。

(3) 波浪理论有所谓伸展浪(extension waves),有时五个浪可以伸展成九个浪。但在什么时候或者在什么准则之下波浪可以伸展呢? 艾略特却没有明言,使数浪这回事变成各自启发,自己去想。

(4) 波浪理论的浪中有浪,可以无限伸延,亦即是升市时可以无限上升,都是在上升浪之中,一个巨型浪,一百几十年都可以。下跌浪也可以跌到无影无踪都仍然是在下跌浪。只要是升势未完就仍然是上升浪,跌势未完就仍然在下跌浪。能否推测浪顶浪底的运行时间甚属可疑,等于纯粹猜测。

(5) 艾略特的波浪理论是一套主观分析工具,毫无客观准则。市场运行却是受情绪影响而并非机械运行。波浪理论套用在变化万千的股市会十分危险,出错机会大于一切。

(6) 波浪理论一般不运用于个股的选择上。

第三节　江恩理论

威廉·江恩(Willian D. Gann,1878～1955),20 世纪美国证券、期货业最著名的投资家之一,技术分析大师,他所创造的把时间与价格完美结合起来的江恩理论,至今仍为投资界人士津津乐道，倍加推崇。其在股票和期货市场上的骄人成绩至今无人可比，他用小钱赚取了巨大的财富，在其53年的投资生涯中共从市场上取得过三亿五千万美元的纯利。江恩相信股票、期货市场里也存在着宇宙中的自然规则，市场的价格运行趋势不是杂乱的，而是可通过数学方法预测的。江恩常引用《圣经》中的名言："已有的，还会有；已做的，复去做。阳光之下没有新的东西。即使我们会说，看呀，这是新的，它却早已存在于我们之前的年代。"

一、江恩时间和价格法则

江恩线是江恩理论与投资方法的重要概念，江恩在X轴上建立时间，在Y轴建立价格，江恩线符号由"TXP"表示。江恩线的基本比率为1∶1，即一个单位时间对应一个价格单位，此时的江恩线为45度。通过对市场的分析，江恩还分别以3和8为单位进行划分，如1/3、1/8等，这些江恩线构成了市场回调或上升的支持位和阻力位。

江恩线的数学表达有两个基本要素，这两个基本要素是价格和时间。江恩通过江恩圆形、江恩螺旋正方形、江恩六边形、江恩"轮中轮"等图形将价格与时间完美融合起来。在江恩的理论中，"七"是一个非常重要的数字，江恩在划分市场周期循环时，经常使用"七"或"七"的倍数，"七"及其倍数的周期视做重要的转折点，江恩认为"七"融合了自然、天文与宗教的理念。

二、江恩回调法则

回调是指价格在主运动趋势中的暂时的反转运动。回调理论是江恩价格理论中重要的一部分。根据价格水平线的概念，50%、63%、100%作为回调位置是对价格运动趋势构成强大的支持或阻力。

三、江恩循环理论

江恩的循环理论是对整个江恩思想及其多年投资经验的总结。江恩把他的理论按一定规律展开成圆形、正方形和六角形来进行推述。这些图形包括了江恩理论中的时间法则、价格法则、几何角、回调带等概念，图形化地揭示了市场价格的运行规律。

江恩认为较重要的循环周期有：

短期循环：1小时、2小时、4小时、…、18小时、24小时、3周、7周、13周、15周、3个月、7个月；

中期循环：1年、2年、3年、5年、7年、10年、13年、15年；

长期循环：20年、30年、45年、49年、60年、82或84年、90年、100年。

30年循环周期是江恩分析的重要基础，因为30年共有360个月，这恰好是360度圆周循环，按江恩的价格带理论对其进行1/8、2/8、3/8、…、7/8等，正好可以得到江恩长期、中期和短期循环。

10年循环周期也是江恩分析的重要基础，江恩认为，10年周期可以再现市场的循环。例如，一个新的历史低点将出现在一个历史高点的10年之后，反之，一个新的历史高点将出现在一个历史低点之后。同时，江恩指出，任何一个长期的升势或跌势都不可能不做调整的持续3年以上，其间必然有3～6个月的调整。因此，10年循环的升势过程实际上是前六年中，每三年出现一个顶部，最后四年出现最后的顶部。

上述长短不同的循环周期之间存在着某种数量上的联系，如倍数关系或平方关系。江恩将这些关系用圆形、正方形、六角形等显示出来，为正确预测股市走势提供了有力的工具。

四、江恩21条买卖守则

(1) 每次入市买、卖，损失不应超过资金的十分之一。

(2) 永远都设立止损位，减少买卖出错时可能造成的损失。

(3) 永不过量买卖。

(4) 永不让所持仓位转盈为亏。

(5) 永不逆市而为。市场趋势不明显时，宁可在场外观望。

(6) 有怀疑，即平仓离场。入市时要坚决，犹豫不决时不要入市。

(7) 只在活跃的市场买卖。买卖清淡时不宜操作。

(8) 永不设定目标价位出入市，避免限价出入市，而只服从市场走势。

(9) 如无适当理由，不将所持仓平盘，可用止盈位保障所得利润。

(10) 在市场连战皆捷后，可将部分利润提取，以备急时之需。

(11) 买股票切忌只望分红收息(赚市场差价第一)。

(12) 买卖遭损失时，切忌赌徒式加码，以谋求摊低成本。

(13) 不要因为不耐烦而入市，也不要因为不耐烦而平仓。

(14) 肯输不肯赢，切戒。赔多赚少的买卖不要做。

(15) 入市时落下的止损位，不宜胡乱取消。

(16) 做多错多，入市要等候机会，不宜买卖太频繁。

(17) 做多做空自如，不应只做单边。

(18) 不要因为价位太低而吸纳，也不要因为价位太高而沽空。

(19) 永不对冲。

(20) 尽量避免在不适当时搞金字塔加码。

(21) 如无适当理由，避免胡乱更改所持股票的买卖策略。

第四节　随机漫步理论

随机漫步理论(random walk)也称随机游走，是指股票价格的变动是随机且不可预测的。通常这种随机性被认为暗示着股票市场是非理性的，然而恰恰相反，股价的随机变化表明了市场是正常运作或者说是有效的。

一、随机漫步理论对市场的看法

随机漫步理论指出，股票市场内有成千上万的精明人士，并非全部都是愚昧的人。每一个人都懂得分析，而且资料流入市场全部都是公开的，所有人都可以知道，并无什么秘密可言(此为有效市场)。既然你也知，我也知，股票现在的价格就已经反映了供求关系。或者价格离价值不会太远。所谓内在价值的衡量方法就是看每股资产值、市盈率、派息率等基本因素来决定。这些因素亦非什么大秘密。每一个人打开报章或杂志都可以找到这些资料。如果一只股票资产值十元，断然不会在市场变到值一百元或者一元。市场不会有人出一百元买入这只股票或以一元沽出。现时股票的市价根本已经代表了千万人士的看法，构成了一个合理价位。市价会围绕着内在价值而上下波动。这些波动却是随意而没有任何轨迹可寻。走势波动的原因是：

(1) 新的经济、政治新闻消息是随意，并无固定地流入市场。

(2) 这些消息使基本分析人士重新估计股票的价值，而做出买卖方针，致使股票发生新变化。

(3) 因为这些消息无迹可寻，是突然而来，事前并无人能够预告估计，所以股票走势推测这回事并不可以成立，图表派所说的只是主观臆断。

(4) 既然所有股价在市场上的价格已经反映其基本价值。这个价值是公平的由买卖双方决定，这个价值就不会再出现变动，除非突发消息如战争、收购、合并、加息减息、石油战等利好或利淡等消息出现才会再次波动。但下一次的消息是利好或利淡大家都不知道，所以股票现时是没有记忆系统的。昨日升并不代表今日升。今日跌，明日可以升亦可以跌。每日与另一日之间的升跌并无相关。就好像掷铜板一样，今次掷出是正面，并不代表下一次掷出的又是正面，下一次所掷出的是正面，或反面各占几率50%。亦没有人会知道下一次一定是正面或反面。

(5) 既然股价是没有记忆系统的，企图用股价波动找出一个原理去战胜市场，赢得大市，肯定失败。因为股票价格完全没有方向，随机漫步，乱升乱跌。我们无法预知股市去向，无人肯定一定是赢家，亦无人一定会输。至于股票专家的作用其实不大，甚至可以说全无意义。因为他们是那么专长的话，就一定自己用这些理论致富，哪里会公布研究成果，使其他人发达？

二、随机漫步理论的可信程度

随机漫步理论对图表派无疑是一个正面大敌，如果随机漫步理论成立，所有股票专家都无立足之地。所以不少学者曾经进行研究，看这个理论的可信程度。在无数研究之中，有三个研究，特别支持随机漫步理论的观点。

(1) 曾经有一个研究，用美国标准普尔指数(Standard & Poor)的股票作长期研究，发觉股票狂升或者暴跌，狂升四五倍，或是跌99%的，比例只是很少数，大部分的股票都是升跌10%至30%不等。在统计学上有常态分配的现象。即升跌幅越大的占比例越少。所以股价并无单一趋势。买股票要看你是否幸运，买中升的股票还是下跌的股票机会均等。

(2) 另外一次试验，有一个美国参议员用飞镖去掷一份财经报纸，拣出20只股票作为投资组合，结果这个乱来的投资组合竟然和股市整体表现相若，更不逊色于专家们建议的投资组合，甚至比某些专家的建议更表现出色。

(3) 亦有人研究过投资基金的成绩，发觉今年成绩好的，明年可能表现得最差，一些往年令人失望的基金，今年却可能脱颖而出，成为升幅榜首。所以无迹可寻，买基金也要看你的运气，投资技巧并不重要，因为股市并无记忆，大家都只是瞎估计。

三、随机漫步理论总的观点

买方与卖方同样聪明机智，卖方也与买方同样聪明机智。他们都能够接触同样的情报，因此在买卖双方都认为价格公平合理时，交易才会完成；股价确切地反映股票实质。股价变动基本上是有随机的。

此一说法的真正含义是，没有什么秘诀能够战胜股市，股价早就反映一切了，而且股价不会有系统地变动。天真的选股方法，如对着报纸的股票版丢掷飞镖，也照样可以选出战胜市场的投资组合。

第五节　相反理论

相反理论的基本要点是投资买卖决定全部基于群众的行为。它指出不论股市及期货市场，当所有人都看好时，就是牛市开始到顶。当人人看淡时，熊市已经见底。只要你和群众意见相反的话，致富机会永远存在。

一、相反理论的观点

(1) 相反理论并非只是大部分人看好，我们就要看淡，或大众看淡时我们便要看好。相反理论会考虑这些看好看淡比例的趋势，这是一个动概念。

(2) 相反理论并不是说大众一定是错的。群众通常都在主要趋势上看得对。大部分人看好，市势会因这些看好情绪变成实质购买力而上升。这个现象有可能维持很久。直至到所有人看好情绪趋于一致时，市场却发生了反转。

(3) 相反理论从实际市场研究中，发现赚大钱的人只占5%，95%都是输家。要做赢家只可以和群众思想路线相背，切不可以同流。

(4) 相反理论的论据就是在市场行情将转势，由牛市转入熊市前一刻，每一个人都看好，都会觉得价位会再上升，无止境的升。大家都有这个共识时候，大家会尽量买入了，升势消耗了买家的购买力，直到想买入的人都已经买入了，而后来资金却无以为继。牛市就会在大家所有人看好声中完结。相反，在熊市转入牛市时，就是市场一片淡风，所有看淡的人士都想沽货，直到他们全部都沽完了货，市场已经再无看淡的人采取行动，市场就会在所有人都沽清货时见到了谷底。

(5) 在牛市最疯狂，但行将死亡之前，大众媒介如报章、电视、杂志等都反映了普通大众的意见，尽量宣传市场的看好情绪。人人热情高涨时，就是市场暴跌的先兆。相反，大众媒介懒得去报道市场消息，市场已经没有人去理会，媒体报道全部都是市场坏消息时，就是市场黎明前最沉寂、最黑暗时候，曙光就在前面。大众媒介永远都采取群众路线，所以和相反理论原则刚刚违背。这反而成为相反理论借鉴的资料。大众媒介全面看好，就要看淡，大众媒介看淡反而是入市时机。

二、相反理论的数据分析

上述所说的，只是相反理论的精神。我们凭什么而知道大家的看法是看好还是看淡呢？单凭直觉印象或者想象并不足够。运用相反理论时，真正的数据通常有两个，一是好友指数(bullish consensus index)；另一个叫作市场情绪指标(market sentiment index)。两个指标都是一些大证券公司、专业投资机构的期货或股票部门收集的资料。资料来源为各大证券公司、基金、散户投资者等，甚至报纸、电视的评论，计算出看好和看淡情绪的比例。就以好友指数为例，指数由零开始，即所有人都绝对看淡，直到100%为止。如果好友指数在50%左右，则表示看好看淡情绪参半。指数通常会在30至80之间波动。若出现一面倒的看好或看淡，则显示牛市或熊市已经走到尽头，行将转折。

好友指数比例指示：

(1) 0%～5%，一个主要的上升趋势已经就在目前，为期不远。人人看淡时，淡友要沽货的已经沽完，以致沽无可沽。大市淡无可淡，这就是转势的时机。

(2) 5%～20%，这是一个不明的区域，大部分人看淡，只有少部分人看好。这些看淡的人足以压倒性态势将大市推低。但因为看淡的人比例大，市势亦可以随时见底。很多时候转势情形都会在这个区域产生。投资人士可以辅之以图表、成交量等去探测大市是否已经见底。

(3) 20%～40%，看淡的人在比例上仍然盖过乐观情绪。从统计数字看出，继续看淡赢利机会较大。如果在这一个区域，大市不再向下，市势就会变得十分不明朗，要忍耐为上。如果在这个区域，大市转势上升，通常升幅会十分凌厉，而且创出新高点。因为大众看淡时，却看错了，市势一升就一发不可收拾。创新高点机会大于一切。

(4) 40%～55%，市价可以向上向下，不明朗。在这个区域，投资人士一定忍耐，切勿轻率入市作买卖，因为赢利和亏损比例差不多。在保本为第一原则之下，不作买卖反而最安全。

(5) 55%～75%，看好的人占多数，但又并非绝大多数。市势发展有很大上升余地。但如果这个比例看好的人多，大市却不升反跌，一定会是急促而且令人害怕的。通常大家看好时下跌，多数会出现近期的低点。

(6) 75%～95%，很多时候市场都会在这个区域转势向下，但仍然有机会在看好情绪一路高涨之下，一路攀升一段时间直到百分之百的人都看好止。所以利用图表分析作为辅助工具就比较安全得多。

(7) 95%～100%，大市已经出现绝大多数人看好的局面。投资的本钱已经全部投入大市，是弹尽粮绝、强弩之末之兆，大市转势迫在眉睫。速速沽货为上，要离开市场。

三、相反理论的启发性

相反理论对投资者的思维方式十分有启发性。首先，这个理论并非局限于股票或期货，其实亦可以运用于地产、黄金、外汇等。它指示投资者一个时间指针，何时离市，何时入市，何时忍耐。相反理论更是一个处世哲学。古今多少成功的人士，都是超越了他们同辈的狭窄思维，即使面对挖苦、讽刺、奚落和不理解等，仍然一往无前向自己目标迈进，才成为杰出人物。相反理论提醒投资者应该要：

(1) 深思熟虑，不要被他人所影响，要自己去判断。

(2) 要向传统智慧挑战，群众所想所做未必是对的。即使投资专家所说的，也要用怀疑态度去看待处理。

(3) 凡事物发展，并不一定好似表面一样，你想象上升就一定上升。我们要高瞻远瞩，看得远，看得深，才会是胜利。

(4) 一定要控制个人情绪。恐惧贪婪都是成事不足，败事有余。

(5) 当事实摆在眼前和希望并非相符时，要勇于承认错误。因为投资者都是普通人。普通人总不免会发生错误。只要肯认输，接受失败的现实，不自欺欺人，将自己从普通大众中提升为有独到眼光见解的人，才可成为成功人物。

在任何市场，相反理论都可以大派用场，因为每一个市场的人心、性格、思想、行为都是一样。大部分人都是追随者，见好就追入，见淡就看淡。只有少部分人才是领袖人物。领袖人物之所以成为领导人，皆因他们见解、眼光、判断能力和智慧超越常人。亦只有这些异于常人的眼光和决策才可以在群众角力的投资市场脱颖而出，在金钱游戏中成为胜利者。

第六节 亚当理论

亚当理论是美国人威尔德(J. W. Wilder)所创立的投资理论。威尔德于1978年发明了著名的强弱指数RSI,还发明了其他分析工具如抛物线、动力指标、摇摆指数、市价波幅等。这些分析工具在当时的时代大行其道,受到不少投资者的欢迎,即使在今天的证券投资市场中,RSI仍然是非常有名的分析工具。但很奇怪,威尔德后来发表文章推翻了这些分析工具的好处,而推出了另一套崭新理论去取代这些分析工具,即“亚当理论”。

一、亚当理论的精义

亚当理论认为:没有任何分析工具可以绝对准确地推测市势的走向。每一套分析工具都有其缺陷。市势根本不可以推测。如果市势可以预测的话,凭借RSI、PAR、MOM等辅助指标,理论上就可以发达。但是不少人运用这些指标却得不到预期后果,仍然输得很惨,原因就是依赖一些并非完美的工具推测去向不定、难以捉摸的市势,将会是徒劳无功的。所以亚当理论的精神就是教导投资人士要放弃所有主观的分析工具。在市场生存就是适应市势,顺势而行就是亚当理论的精义。市场是升市,逆市沽空,或者市场是跌市,逆市做多,都将一败涂地。原因是升市,升完可以再升。跌市时,跌完可以再跌。事前无人可以预计升跌会何时完结。只要顺势而行,则将损失风险减到最低限度。

二、亚当理论的基本内容

(1) 任何技术分析都有缺陷,都无法准确预测股市。

(2) 凭技术指标就能预测股市的话,掌握了RSI、SAR等技术指标工具的人就可以毫不费力地成为百万富翁。但实际上,正是掌握了RSI、SAR等技术指标工具的人,却在炒股中往往亏得一塌糊涂。

(3) 必须摒弃马后炮、主观的技术分析,炒股就是要顺势而行,不可逆势而行。只要是升势确立,哪怕已经升高也要坚决跟进。因为升高了还可以再升高。只要是跌势确立,哪怕亏损割肉也要坚决平仓。杜绝均价摊低越跌越买的愚蠢买入法,因为跌深了还可以再跌深。

(4) 及时认错,坚决出局。一旦判断失误,炒作方向错误,则应该认错改错,坚决果断出局。不能摆出一副死猪不怕开水烫的态度。自己不要和股市较劲。

(5) 对资金要留有余额,全部投入则没有周转的空间。

三、亚当理论提出控制风险的十大戒条

(1) 一定要认识市场运作,认识市势,否则绝对不买卖。

(2) 进场买卖时,应在落盘时立即订下停损价位。

(3) 停损价位一到即要执行,不可以随便更改,调低止蚀位。

(4) 进场看错,不宜一错再错,手风不顺者要离,再冷静分析检讨。

(5) 进场看错,只可停损,不可一路加注以平均价位,否则可能越蚀越多。

(6) 切勿看错市而不肯认输,越错越深。

(7) 每一种分析工具都并非完善,一样会有出错机会。

(8) 市升买升,市跌卖跌,顺势而行。

(9) 切勿妄自推测升到哪个价位或跌到哪个价位才升到尽,跌到尽,浪顶浪底最难测,不如顺势而行。

(10) 看错市,一旦蚀10%就一定要止损,重新来过,不要蚀本超过10%,否则再回本就很困难。

第七节 量化投资

推动量化投资走向应用的第一人叫约翰·麦奎恩。麦奎恩利用美国富国银行的信托投资平台建立了第一个定量投资系统,并于1971年发行了世界上第一支被动管理的指数基金。这一平台经不断改进演变成为今天世界上第二大投资管理公司——巴克莱国际投资管理公司(Barclays Global Investors)。1988成立的文艺复兴科技公司的旗舰基金——大奖章基金,有史以来最成功的对冲基金,取得平均每年34%的回报,收益远超巴菲特、索罗斯等同侪。而其创始人、现年78岁的詹姆斯·西蒙斯(James Simons)也被誉为"量化投资之王",成为传奇人物。

一、量化投资的内涵

量化投资是指通过数量化方式及计算机程序化发出买卖指令,以获取稳定收益为目的的交易方式。量化投资在海外的发展已有30多年的历史,其投资业绩稳定,市场规模和份额不断扩大,得到了越来越多投资者认可。量化投资技术几乎覆盖了投资的全过程,包括量化选股、量化择时、股指期货套利、商品期货套利、统计套利、算法交易、资产配置,风险控制等。量化投资属于定量投资的方法。

定性投资和定量投资的具体做法有些差异,这些差异如同中医和西医的差异,定性投资更像中医,更多地依靠经验和感觉判断病在哪里;定量投资更像是西医,依靠模型判断,模型对于定量投资基金经理的作用就像CT机对于医生的作用。在每一天的投资运作之前,先用模型对整个市场进行一次全面的检查和扫描,然后根据检查和扫描结果做出投资决策。其实,定量投资和传统的定性投资本质上是相同的,二者都是基于市场非有效或是弱有效的理论基础,而投资经理可以通过对个股估值、成长等基本面的分析研究,建立战胜市场,产生超额收益的组合。不同的是,定性投资管理较依赖对上市公司的调研,以及基金经理个人的经验及主观的判断,而定量投资管理则是"定性思想的量化应用",更加强调数据。

二、量化投资的特点

(一) 纪律性

所有的决策都是依据模型做出的。一般有三个模型:一是大类资产配置模型、二是行业配置模型、三是股票模型。根据大类资产配置决定股票和债券投资比例;按照行业配置模型确定超配或低配的行业;依靠股票模型挑选股票。纪律性首先表现在依靠模型和相信模型,每一天决策之前,首先要运行模型,根据模型的运行结果进行决策,而不是凭感觉。

(二) 系统性

具体表现为三多。首先表现在多层次,包括在大类资产配置、行业选择、精选个股三个层次上都有模型;其次是多角度,定量投资的核心投资思想包括宏观周期、市场结构、估值、成长、盈利质量、分析师盈利预测、市场情绪等多个角度;再者就是多数据,就是海量数据的处理。

(三) 套利思想

定量投资正是在找估值洼地,通过全面、系统地扫描捕捉错误定价、错误估值带来的机会。定性投资经理大部分时间在琢磨哪一个企业是伟大的企业，哪一个股票是可以翻倍的股票；与定性投资经理不同，定量基金经理大部分精力花在分析哪里是估值洼地，哪一个品种被低估了，买入低估的，卖出高估的。

（四）概率取胜

这表现为两个方面，一是定量投资不断地从历史中挖掘有望在未来重复的历史规律并且加以利用。二是依靠一组股票取胜，而不是一个或几个股票取胜。

三、量化投资的风险

市场上，针对不同的投资市场、投资平台和投资标的，量化策略师按照自己的设计思想，设计了不同的量化投资模型。这些量化投资模型，一般会经过海量数据仿真测试、模拟操作等手段进行试验，并依据一定的风险管理算法进行仓位和资金配置，实现风险最小化和收益最大化。但是仍然存在着潜在的风险，它们可能来自以下几个方面：

第一，历史数据的完整性、行情数据的完整性都可能导致模型对行情数据的不匹配。行情数据自身风格转换，也可能导致模型失效，如交易流动性、价格波动幅度、价格波动频率等。这一点是目前量化界最难克服的。

第二，模型设计中没有考虑仓位和资金配置，没有安全的风险评估和预防措施，可能导致资金、仓位和模型的不匹配，而发生爆仓现象。

第三，网络中断，硬件故障也可能对量化投资产生影响。

第四，同质模型产生竞争交易现象导致的风险。

第五，单一投资品种导致的不可预测风险。

本章概念

1. 多头市场、空头市场。
2. 好友指数、市场情绪指标、随机漫步理论。
3. 八波循环、推动浪、调整浪、伸展浪。

问题思考

1. 简述道氏理论的基本内容和不足。
2. 波浪理论的主要观点和不足是什么？
3. 相反理论的基本思想是什么？运用时的难点在哪里？
4. 随机漫步理论在中国股市是合理的吗？
5. 亚当理论的核心思想是什么？
6. 量化投资的获胜逻辑是什么？

第十四章　现代证券投资理论

学习目标

1. 熟悉证券投资组合的基本概念；
2. 了解马科维茨资产组合模型；
3. 了解资本资产定价模型和资本资产套利理论；
4. 熟悉证券组合资产绩效评价的常用指数。

第一节　证券投资组合管理概述

哈里·马科维茨于1952年3月在《金融杂志》发表了题为《资产组合的选择》的论文开创了现代金融投资理论的先河。论文中提出了确定最小方差资产组合集合的基本思想和方法，给出了风险与报酬之间取舍的标准，即如何建立一个风险与报酬平衡的投资组合。“不要把所有的鸡蛋放在同一个篮子里”就是这种平衡投资理论的体现。投资组合管理将组合作为一个整体，关注的是组合整体的收益与风险的权衡。随着投资组合理论研究的发展，各种新的技术方法被应用到证券投资组合理论的研究中，遗传学、神经网络理论以及行为金融理论、金融计量理论等技术方法开始广泛应用于金融领域。

一、证券投资组合

(一) 证券投资组合与证券投资组合管理

证券投资组合是指拥有一种以上的有价证券的总称，有价证券指的是各种股票、债券、存款单等。所谓证券投资组合管理就是指对投资进行计划、分析、调整和控制，从而将投资资金分配给若干不同的证券资产（如股票、债券及证券衍生产品），形成合理的证券投资组合，以期实现资产收益最大化和风险最小化的经济行为。

(二) 证券投资组合的类型

按照组合投资的实现目标，证券投资组合可以分为以下几种类型。

1. 收入型证券投资组合

收入型证券投资组合以追求基本收益（即利息、股息收益）的最大化为目标。能够实现这一目标的证券有附息债券、优先股及一些避税债券。

2. 增长型证券投资组合

增长型证券投资组合以资本升值（即未来价格上升带来的价差收益）为目标，增长型证券投资组合往往选择相对于市场而言属于低风险高收益或收益与风险成正比的证券。投资于此类证券组合的投资者愿意通过延迟获得基本收益以求未来收益的增长。这类组合通常投资于很少分红的普通股，投资风险较大。

3. 混合型证券投资组合

收入和增长混合型证券投资组合旨在基本收入与资本增长之间达到某种均衡，因此也称为均衡组合。两者的均衡可以通过两种组合方式获得：一种是使组合中的收入型证券和增长型证券达到均衡；另一种是选择那些既能带来收益，又具有增长潜力的证券进行组合。

4. 货币市场型证券投资组合

该组合是由各种货币市场工具构成的，如国库券、高信用等级的商业票据等，安全性很强。

5. 指数化型证券投资组合

指数化型证券投资组合是模拟某种市场指数的证券组合，特点是求获得市场平均的收益水平。

二、证券投资组合的作用

(一) 降低风险

“不能把鸡蛋放在同一个篮子里”，这是所有投资者都深知的道理。如果投资者仅投资于单个资产，一旦出现错误，所有的资本将全部损失；当投资者将各种资产按不同比例进行组合时，即使其中一个出现错误，也只是损失这一个，不会影响其他资本。资产组合理论证明，证券投资组合的风险随着组合所包含的证券数量的增加而降低，资产间关联性极低的多元化证券组合可以有效地降低非系统风险，并使系统风险趋于正常水平。

(二) 实现收益的最大化

证券投资组合还可以进一步提高收益。当投资者将各种资产按不同比例进行组合时，其选择就会有多种。这为投资者在既定风险水平的条件下获取更高收益提供了机会。当投资者对证券组合的风险和收益做出权衡时，他就能够得到比投资单个资产更为满意的收益与风险的平衡。

三、构建证券投资组合的步骤

(一) 确定投资总体目标

组合管理的第一步就是设定组合管理的目标。证券组合的目标不仅是构建和调整证券资产组合的依据，同时也是考核组合管理业绩好坏的基准。总体而言，证券组合的目标应涵盖收益和风险两个方面：收益目标，包括保证本金的安全、获得一定比例的资本回报及实现一定速度的资本增长等；风险控制目标，包括对资产流动性的要求及最大损失范围的确定等。确定证券资产组合目标应该考虑的重要因素包括当前经济宏观环境与投资人的风险偏好。

(二) 构建投资的证券池

研究并发现那些价格偏离价值的证券，进行动态跟踪，形成可选择的证券池。

(三) 形成证券投资组合

根据投资组合目标和可选择的证券池中投资对象的可投资价值，确定最终进行实际投资的证券组合，一般包括如下环节：

(1) 确定证券组合的大范围，也就是投资品种的范围。当前，大多数投资者的证券组合主要是债券和股票，随着金融市场的国际化和金融技术的进步，投资组合已出现综合化和国际化的趋势。

(2) 分析判断各个证券和资产类型的预期回报率及风险。在分析比较各证券和资产投资收益与风险的基础上，选择何种证券进行组合则要与投资者的目标相适应。

(3) 确定各种证券资产在证券资产组合中的权重。这是构建证券组合的核心步骤。

(四) 投资组合的修正

证券市场是复杂多变的，每种证券的预期收益和风险，都要受到多种内外因素变动的影响。为了适合既定的投资组合目标要求，必须选择恰当时机，对证券组合中的具体证券品种做出必要的调整变换，包括增加有利于提高证券组合效益或降低证券组合风险的证券品种；剔除对提高证券组合效益或降低证券组合风险不利的证券品种。

(五) 证券组合资产的绩效评估

这是证券组合管理的最后一环。证券组合资产业绩评价是对整个证券资产组合收益与风险的评价。评价的对象是证券组合整体，而不是组合中的某个或某几个证券资产；评价的内容不仅包括收益的高低，还包括风险的大小。绩效评估的结果有助于对投资组合的调整和构建新的投资组合。

以上五个阶段相互联系，在时间上相互衔接，前一阶段为下一阶段的工作创造条件，后一阶段则是上一阶段的继续。从长期看，证券组合的五个阶段又是循环往复的，一个时期证券组合的绩效评估反过来又是确定新的时期证券组合目标的依据。

第二节　马科维茨资产组合模型

马科维茨的投资组合理论的基础是用期望收益率和收益率的方差来分别衡量投资的预期收益水平和不确定性，用均值方差模型来量化投资品种个体的收益与风险，用投资组合有效边界模型来界定投资组合整体的风险与收益。

一、马科维茨模型的基本假设

假设1：在单期投资模型里，投资者都是以期望收益率和标准差作为评价投资组合好坏的标准。

假设2：所有的投资者都是风险厌恶者，即在收益一定的情况下，风险尽可能小，只有提供足够的风险补偿，他们才愿意承担一定的风险。

假设3：所有的投资者都是非满足的，即在一定的风险下，希望收益率越高越好。

假设4：为技术处理的简洁，假设证券市场是一个“无摩擦市场”(frictionless market)，即证券交易不存在佣金、税收等交易成本。

假设5：每种证券都是可无限细分的，即投资者可以购买到任何证券的任何一部分。

假设6：投资者可以以无风险利率借入或贷出任何数量的资金。

二、风险、收益的测度

投资者总是希望在风险最小的情况下获得最大的收益率。投资组合理论中，测度风险和收益率的方法如下。

(一) 收益及其度量

收益率是一个可以用来衡量任何一项投资结果的估计量。如果不存在不确定性情况，收益率的计算公式通常为：

$$收益率(\%)=(收入-支出)/支出\times100\%$$

对于证券投资来说，投资收益等于收到的红利与投资期内证券的价格变化之和，因而收益率为：

$$r=\frac{\text{红利}+\text{期末市价总值}-\text{期初市价总值}}{\text{期初市价总值}}\times 100\%$$

由于收益率会受许多未知因素的影响，即市场永远是不确定性的，证券价格时时刻刻处于波动之中，不可能准确知道未来价格。投资者可以根据自己的经验和分析得出对每一个收益率范围的可能性分布。表 14-1 即描述了一项投资的投资回报分布。

表 14-1　　投资收益率的可能性分布

收益率 r(%)	1	2	3	4	5	6
可能性 d	0.05	0.1	0.2	0.3	0.2	0.10

可以看到，收益率 r 是一个随机变量。将有可能出现的收益率用 $r_i(i=1, 2, \cdots, n)$ 来表示，获得收益率 d 的可能性用 p_i 表示。

风险处境可用表 14-2 来表述。

表 14-2　　投资收益率的概率

收益率	r_1	r_2	…	r_n
概率	p_1	p_2	…	p_n

因此，可以借用数学的期望收益率来界定投资者对投资品的收益率的期望，即：

$$E(r) = \sum_{i=1}^{n} r_i p_i \tag{14-1}$$

（二）风险及其度量

如果投资者以期望收益率为依据进行决策，他就必须知道自己承担着得不到期望收益率的风险。期望收益率与实际收益率会有偏差，期望收益率是使可能的实际值与预测值的平均偏差达到最小点的估计值。可能的收益率越分散，其与期望收益率的偏离程度就越大，投资者承担的风险也就越大，因而风险的大小由未来可能收益率与期望收益率的偏离程度来反映。在数学上，这种偏离程度由收益率的方差来度量。如果偏离程度用$[r_i-E(r)]^2$ 来度量，则平均偏离程度被称为方差，记为 δ^2。

$$\delta^2(r) = \sum_{i=1}^{n}[r_i - E(r)]^2 p_i \tag{14-2}$$

其平方根称为标准差，记为 δ。在进行实际投资决策时将使用期望收益率和方差的具体值。假设证券的月或年实际收益率为 $r_t(t=1, 2, \cdots, n)$，通常称之为收益率时间序列的一段样本，则样本均值为：

$$\bar{r} = \frac{1}{n}\sum_{t=1}^{n} r_t \tag{14-3}$$

样本方差为：

$$S^2 = \frac{1}{n-1}\sum_{t=1}^{n}(r_t - \bar{r})^2 \tag{14-4}$$

（三）投资风险的分类

不同的投资方式会带来不同的投资风险，现代投资组合理论根据风险与收益的关系将证券投资风险分为市场风险（market risk，又称系统风险）和非市场风险（non-market risk，又称非系统风险）两种。投资品的总体风险在数量上等于两者之和。

市场风险是指与整个市场波动相联系的风险，它是由影响所有同类证券价格的因素所导致的证券收益的变化。经济、政治、利率、通货膨胀等都是导致市场风险的原因。通常表现为某个领域、某个金融市场或某个行业部门的整体变化。它涉及面广，往往使整个一类或一组证券产生价格波动。市场风险包括购买力风险、市场价格风险和货币市场风险等。这类风险因其来源于宏观因素变化对市场整体的影响，所以亦称为“宏观风险”。市场风险、通货膨胀风险、利率风险和政治风险均属系统风险。

非系统风险只同某个具体的股票、债券相关联，与其他有价证券无关，因此也就同整个市场无关。非市场风险是指与整个市场波动无关的风险，它是某一企业或某一个行业特有的那部分风险。例如，管理能力、劳工问题、消费者偏好变化等对于证券收益的影响。非市场风险包括企业风险等。这种风险来自于企业内部的微观因素，所以亦称为“微观风险”。偶然事件风险、破产风险、违约风险等均属此类。

三、证券组合的风险和收益

既然用期望收益率和方差描述单一证券的收益率和风险，而一个证券组合是由一定数量的单一证券构成，每一个证券占有一定的比例，于是可以将证券组合视为一只“证券”，证券组合的收益率和风险则可以用这只“证券”的期望收益率和方差来计量。

设有两种证券 A 和 B，某投资者将一笔资金以 x_A 的比例投资于证券 A，以 x_B 的比例投资于证券 B，且 $x_A+x_B=1$，称该投资者拥有一个证券组合 P。如果到期时，证券 A 的收益率为 r_A，证券 B 的收益率为 r_B，则证券组合 P 的收益率为：$r_P=x_Ar_A+x_Br_B$。证券组合中的投资比例可以为负数，如 $x_A<0$ 表示为该组合卖空了证券 A，并将所得的资金连同自有资金买入证券 B，因为 $x_A+x_B=1$，故有 $x_B=1-x_A>1$。

对于该投资者的投资风险，可以用两种投资品的协方差来衡量，公式如下：

$$\begin{aligned}\delta_P^2 &= cov(r_P, r_P) = cov(x_Ar_A + x_Br_B, x_Ar_A + x_Br_B) \\ &= x_A^2\delta_A^2 + x_B^2\delta_B^2 + 2x_Ax_Bcov(r_A, r_B) \\ &= x_A^2\delta_A^2 + x_B^2\delta_B^2 + 2x_Ax_B\delta_A\delta_B\rho_{AB}\end{aligned} \quad (14\text{-}5)$$

如果投资者在进行投资决策时并不知道 r_A 和 r_B 的确切值，因而 r_A 与 r_B 应为随机变量，对其分布的简化描述是它们的期望值和方差。为得到投资组合 P 的期望收益率和收益率的方差，我们除了要知道 A、B 两种证券各自的期望收益率和方差外，还必须知道它们的收益率之间的关联性——相关系数或协方差。在此基础上，才可以计算出组合 P 的期望收益率和方差。具体的计算公式分别为：

$$E(r_P) = x_AE(r_A) + x_BE(r_B) \quad (14\text{-}6)$$

$$\delta_P^2 = \sum_{i=1}^{2} x_iE(r_i) = \sum_{i=1}^{2} x_i^2\delta_i^2 + 2\sum_{1\leqslant i\leqslant j\leqslant 2} x_ix_j\delta_i\delta_j\rho_{ij} \quad (14\text{-}7)$$

例 14-1 已知证券组合 P 是由证券 A 和 B 构成，证券 A 和 B 的期望收益、标准差以及相关系数如表 14-3 所示。

表 14-3

证券名称	期望收益率	标准差	相关系数	投资比重
A	10%	6%	0.12	30%
B	5%	2%		70%

那么,组合 P 的期望收益和投资风险为:

$$r_P=0.10\times0.30+0.05\times0.7=0.065$$

$$\delta_P^2=0.3\times0.3\times0.06\times0.06+0.7\times0.7\times0.02\times0.02+2\times0.3\times0.7\times0.06\times0.02\times0.12$$
$$=0.000\,580\,48$$

两个证券组合的讨论可拓展到任意多个证券的情形。设有 N 种证券,记作 $A_1,A_2,A_3,\cdots,A_N$,证券组合 $P=(x_1,x_2,x_3,\cdots,x_N)$ 表示将资金分别以权数 $x_1,x_2,x_3,\cdots,x_N$ 投资到证券 $A_1,A_2,A_3,\cdots,A_N$。如果允许卖空,则权数可以为负值,负的权数表示卖空相应证券占总资金的比例。与两种证券的投资组合情形一样,证券组合的收益率等于各单个证券的收益率的加权平均,即设 A_i 的收益率为 $r_i(i=1,2\ ,\cdots,N)$,则证券组合 $P=(x_1,x_2,x_3,\cdots,x_N)$ 的收益率为:

$$r_P=x_1r_1+x_2r_2+\cdots+x_Nr_N=\sum_{i=1}^{N}x_ir_i \tag{14-8}$$

证券组合 P 的期望收益率方差为:

$$\delta_P^2=\sum_{i=1}^{N}x_iE(r_i)=\sum_{i=1}^{N}x_i^2\delta_i^2+2\sum_{1\leqslant i\leqslant j\leqslant N}x_ix_j\delta_i\delta_j\rho_{ij} \tag{14-9}$$

式中 δ_i^2——A_i 的收益率 r_i 的方差;

ρ_{ij}——r_i 与 r_j 的相关系数($i,\ j=1,\ 2,\ \cdots,\ N$)。

选择不同的组合权数可以得到包含证券 A 和证券 B 的不同的证券组合,从而得到不同的期望收益率和方差。投资者可以根据自己对收益率和方差(风险的)的偏好选择自己最满意的组合。

应付系统风险和非系统风险的措施是不同的。对于非系统风险,可采用分散投资将其弱化甚至消除,但分散投资丝毫不能改变系统风险。人们通常可以看到,当股市剧烈波动时,只有极少数股票可以幸免,即便是投资完全分散化的指数型证券投资基金也不例外。完全分散化可以消除非系统风险,同时系统风险趋于正常的平均水平,即市场整体水平。那么,如何才能有效地降低系统风险呢?降低系统风险有两种办法:一种办法是将风险证券与无风险证券进行投资组合,当增加无风险证券的投资比例时,系统风险将降低;极端的情况是将全部资金投资于无风险证券上,这时风险便全部消除,但是绝对的无风险证券实际上是不存在的。另一种办法是套期保值,即在现货和衍生工具市场进行数量相等、方向相反的操作,使它们互为消长。

四、证券组合的可行域和有效边界

(一)证券组合的可行域

如果用以期望收益率为纵坐标和标准差为横坐标的坐标系中的一点来表示证券与证券组合,那么,这一点将随着组合的权数变化而变化。在投资者选择了全部可以选择的投资比例的情况下,每个证券组合在坐标中的点将组成一个区域。这个区域就是可行域。可行域中的点所对应的组合才是“有可能实现”的证券组合，可行域之外的点是不可能实现的证券组合。这个区域的形状依赖于可供选择的单个证券的收益和风险特征，即$E(r_i)$、δ_i^2的数值以及证券收益之间的相互关联性(协方差)，另外还依赖于投资组合中权数的约束(如投资准则的限制，当不允许卖空时，权数则非负)。

图 14-1 中的几个图形归纳了可行域的几种典型示例。其中封闭区域的是不允许卖空情况下的可行域，有开口而不封闭的是允许卖空情况下的可行域。可行域满足一个共同的特点，即左边缘必然向外凸或呈非线性，也就是说不会出现凹陷。

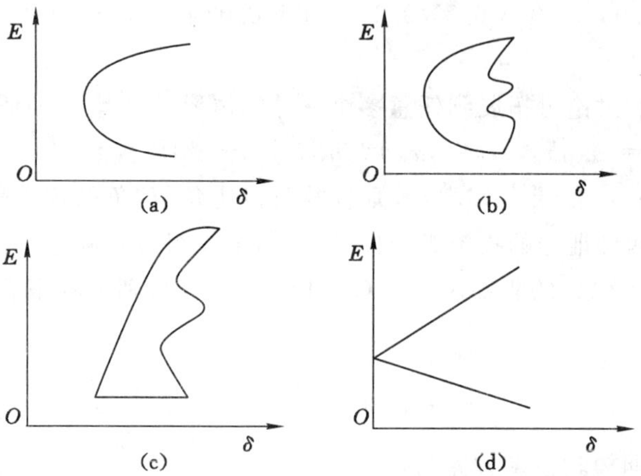

图 14-1　常见的可行域示例

(二) 证券组合的有效边界

证券组合的可行域表示了所有可能的证券组合，它为投资者提供了一切可行的投资组合机会，投资者需要做的是在其中选择自己最满意的证券组合进行投资。理性投资者所追求的目标是既定期望收益条件下的风险最小化或者既定风险条件下的期望收益最大化，这一目标导致投资者在证券组合的选择上可由下述规则来描述：如果两种证券组合具有相同的收益率方差和不同的期望收益率，投资者选择期望收益率高的组合；如果两种证券组合具有相同的期望收益率和不同的收益率方差，投资者选择方差较小的组合(“风险厌恶假设”)；如果一种证券组合比另一种证券组合具有较小的标准差和较高的期望收益率，则投资者选择前一种组合(“一致偏好假设”)。

尽管不同的投资者对期望收益率和风险的偏好有所差别，因而他们所选择的最佳组合也会不同，在可行域中不可能找到一点被所有投资者都认为是最好的。但是，按照投资者的“风险厌恶假设”和“一致偏好假设”，可以排除那些被所有投资者都认为差的组合，我们把排除后剩下的组合称为有效证券组合。根据有效组合的定义，有效组合不止一个，描绘在可行域的图形中表现为粗实线部分，它是可行域的上边缘部分，我们称它为有效边缘，如图 14-2 所示。

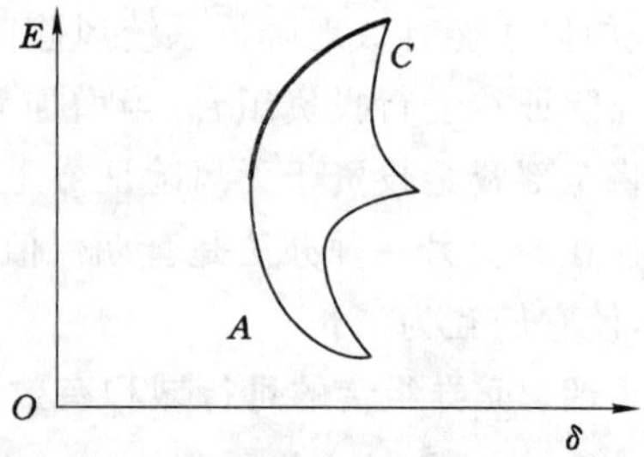

图 14-2　有效边界

很显然，投资的有效边界是向右上方倾斜的、凸向纵轴的曲线。另外，构成组合的证券间的相关系数越小，投资的有效边界就越是弯曲得厉害。

五、最优证券组合

最优投资组合(the optimal portfolio)或最佳投资组合，是指某投资者在可以得到的各种可能的投资组合中，唯一可获得的最大效用期望值的投资组合。投资者的投资偏好假设可以确定哪些组合是有效的，哪些是无效的。特定投资者可以在有效组合中选择他自己最满意的组合，这种选择依赖于投资者的偏好，投资者的偏好通过其无差异曲线来反映。通过前面分析，可知风险厌恶者的无差异曲线是递增的，凸向纵轴的，而投资的有效边界也是递增的，并且凸向横轴的，因此，无差异曲线与有效边界的切点是唯一的。该切点组合便是他最满意的有效组合，最优证券组合正是无差异曲线族与有效边缘的切点所在的组合。

(一) 投资者的个人偏好与无差异曲线

按照投资者的共同偏好规则，有些证券组合之间不能区分好与差。例如，两种证券组合A和B，$E(r_A)>E(r_B)$，并且$\delta_A>\delta_B$，如图14-3所示，证券组合A的风险虽然比B较大一些，但同时它也意味着更高的期望收益率，这种期望收益率的增量可认为是对所增加的风险的补偿。风险中立投资者甲认为，增加的期望收益率恰好能补偿增加的风险，所以A与B两种证券组合的满意程度相同，证券A与证券B无差异；风险厌恶投资者乙认为，增加的期望收益率不足以补偿增加的风险，所以A不如B更令他满意；风险偏爱投资者丙认为，增加的期望收益率超过对增加风险的补偿，所以A更令人满意，即A比B好。在相同风险状态下，要求得到期望收益率补偿越高，说明该投资者对风险越厌恶。上述三位投资者中，乙最厌恶风险，因而他最保守；甲次之；丙对风险厌恶程度最低。

任意一位投资者，任意给定一个证券组合，根据他对风险的态度，按照期望收益率对风险补偿的要求，可以得到一系列满意程度相同(无差异)的证券组合。如图14-4中，某投资者认为经过A的那一条曲线上的证券组合与他的满意程度相同，我们称这条曲线为该投资者的一条无差异曲线。有了这条无差异曲线，任何证券组合均可与证券A进行比较。比如，按该投资者的偏好，组合B与A无差异；C比无差异曲线上的任何组合都好；D比A差，因为它落在无差异曲线的下方。

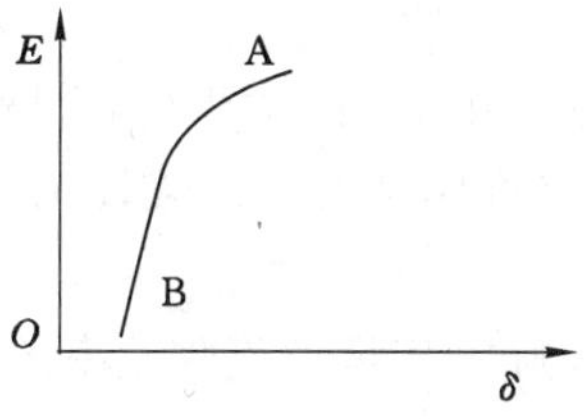

图14-3　共同偏好规则不能区分的组合

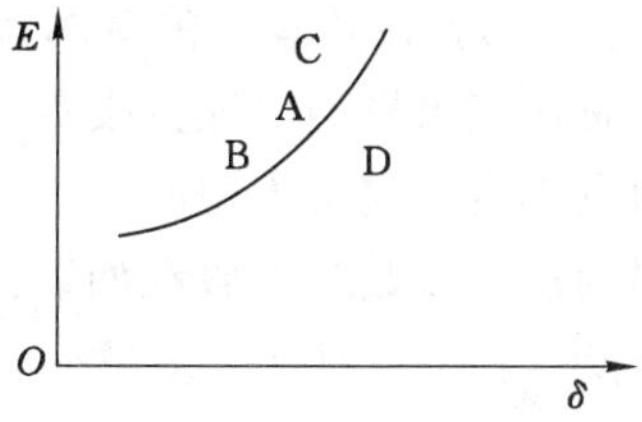

图14-4　投资者的无差异曲线

无差异曲线具有如下特点：第一，无差异曲线的条数是无限的，而且密布整个平面。第二，无差异曲线是一组互不相交的向上倾斜的曲线。一般情况下，曲线越陡，表明风险越大，要求的边际收益率补偿越高。第三，在同一平面图上，任意两条无差异曲线不能相交。落在同一条无差异曲线上的组合有相同的满意程度，落在不同的无差异曲线上的组合有不同的满意程度，因而一个组合不会同时落在两条不同的无差异曲线上。第四，无差异曲线的位置越高，它带来的满意程度就越高。对于一个特定的投资者，他的所有无差异曲线形成一个曲线族。

（二）最优证券组合的确定

在给定投资环境中的每个投资者将根据证券组合的收益和方差以及自身对风险的态度确定相应的无差异曲线族，并借助于无差异曲线在投资组合的有效边界上选择一个适当的投资方案。显然，由于所选投资方案既不能离开有效边界，又希望具有尽可能高的满意程度，故该方案必然对应于某条无差异曲线与有效边界的切点。不同投资者可根据各自的无差异曲线族获得自己的最佳证券组合。

投资者共同偏好规则可以确定哪些组合是有效的，哪些是无效的。特定投资者可以在有效组合中选择自己最满意的组合，这种选择依赖于他的偏好。投资者的偏好通过他的无差异曲线反映出来。无差异曲线位置越靠上，其满意程度越高，因而投资者需要在有效边缘上找到一个投资组合，相对于其他有效组合而言，这个组合处于最高位置的无差异曲线上，该组合便是他最满意的有效组合。这个组合是无差异曲线族与有效边缘的切点所在的组合。

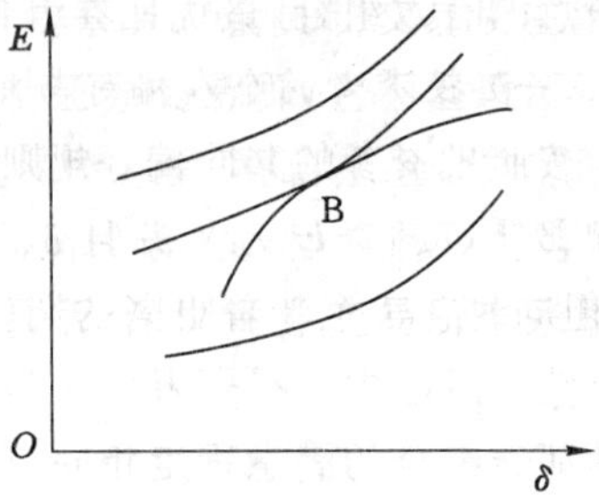

图 14-5　投资者的最优证券组合

如图 14-5 所示，投资者按照自己的无差异曲线族将选择有效边缘上 B 点所在的证券组合作为最佳组合，因为 B 点在所有有效组合中获得最大的满意程度，其他有效边缘上的点都落在 B 下方的无差异曲线上。

第三节　资本资产定价模型

资本资产定价模型（capital asset pricing model，简称 CAPM）是由夏普（William Sharpe）、林特尔（John Lintner）、特里诺（Jack Treynor）和莫辛（Jan Mossin）等人在资产组合理论的基础上发展起来的，是现代金融市场价格理论的支柱，广泛应用于投资决策和公司理财领域。该理论核心是将资产的预期收益率与被称为 β 系数的风险值相联系，借以说明风险是如何在证券市场上确定价格的。

一、资本资产定价模型的基本假设

资本资产定价模型以证券投资组合理论为基础发展而成，因此，关于证券投资组合理论的假设对资本资产定价模型同样适用。同时，资本资产定价模型的有关假设比证券投资组合理论更为严格。其基本假设如下：

（1）投资者希望财富越多越好，效用是财富的函数，财富又是投资收益率的函数，因此可以认为效用为收益率的函数。

（2）投资者能事先知道投资收益率的概率分布为正态分布。

（3）投资风险用投资收益率的方差或标准差标识。

（4）影响投资决策的主要因素为期望收益率和风险两项。

（5）投资者都遵守主宰原则（dominance rule），即同一风险水平下，选择收益率较高的证券；同一收益率水平下，选择风险较低的证券。

附加假设条件：

（6）可以在无风险折现率 R 的水平下无限制地借入或贷出资金。

（7）所有投资者对证券收益率概率分布的看法一致，因此市场上的效率边界只有一条。

(8) 所有投资者具有相同的投资期限，而且只有一期。

(9) 所有的证券投资可以无限制的细分，在任何一个投资组合里可以含有非整数股份。

(10) 买卖证券时没有税负及交易成本。

(11) 所有投资者可以及时免费获得充分的市场信息。

(12) 不存在通货膨胀，且折现率不变。

(13) 投资者具有相同预期，即他们对预期收益率、标准差和证券之间的协方差具有相同的预期值。

上述假设表明：第一，投资者是理性的，而且严格按照马科维茨模型的规则进行多样化的投资，并将从有效边界的某处选择投资组合；第二，资本市场是完全有效的市场，没有任何摩擦阻碍投资。

二、资本市场线

资本市场线是指表明有效组合的期望收益率和标准差之间的一种简单的线性关系的一条射线。它是沿着投资组合的有效边界，由风险资产和无风险资产构成的投资组合。无风险资产是指具有确定的收益率，并且不存在违约风险的资产。从数理统计的角度看，无风险资产是指投资收益的方差或标准差为零的资产。当然，无风险资产的收益率与风险资产的收益率之间的协方差及相关系数也为零。如果证券组合由风险证券 A 和无风险证券 B 组成，则新投资组合的期望收益率为：

$$K_P = K_f \cdot P_f + (1 - P_f)K_m \tag{14-10}$$

新投资组合的标准差为：

$$\sigma_P = [P_f^2 \cdot \sigma_f^2 + (1 - P_f)^2 \cdot \sigma_m^2 + 2P_m(1 - P_f)COV_{fm}]^{\frac{1}{2}}$$

因

$$\sigma_f = 0, COV_{fm} = 0 \tag{14-11}$$

故

$$\sigma_P = [(1 - P_f)^2 \cdot \sigma_m^2]^{\frac{1}{2}} = (1 - P_f) \cdot \sigma_m$$

式中 K_f——无风险资产收益率；

K_m——风险证券组合期望收益率；

P_f——投资于无风险资产的比例；

σ_f——无风险资产收益率的标准差；

σ_m——风险证券组合期望收益率的标准差；

COV_{fm}——无风险资产与风险证券组合收益率的协方差。

可见，新投资组合的收益取决于无风险资产与风险证券组合的收益及其各自的投资比例；而新投资组合的风险则取决于风险证券组合的标准差及其投资比例。通过引入无风险资产，投资者有了借入借出资金的可能，其投资的灵活机动性大大提高。无风险资产可以与任何一种风险证券或风险证券组合以任何投资比例构成一系列新的投资组合，但从纵轴上无风险资产收益率即点(0,K_f)引出一条直线 K_fM，它与证券投资组合理论的有效边界 AB 相切于 M，此时直线 K_fM 就是纳入无风险资产的最佳资产组合线，M 点是所有有效组合与无风险资产的最佳组合点，而且有效边界 AB 上除点 M 以外的任何点不再有效，如图 14-6 所示。图 14-6 中的直线 K_fM 就是投资者选择自己的资产组合的最佳集合。这个直线型资产组合集合被称为资本市场线(*CML*)。由于资本市场线(*CML*)是一直线，因而在这个有效边界上的任何证券组合的预期收益率与风险的关系都可以清楚地表示出来。*CML* 的表达式为：

$$\overline{K}_P = K_f + \frac{\overline{K}_m - K_f}{\sigma_m}\sigma_P \qquad (14\text{-}12)$$

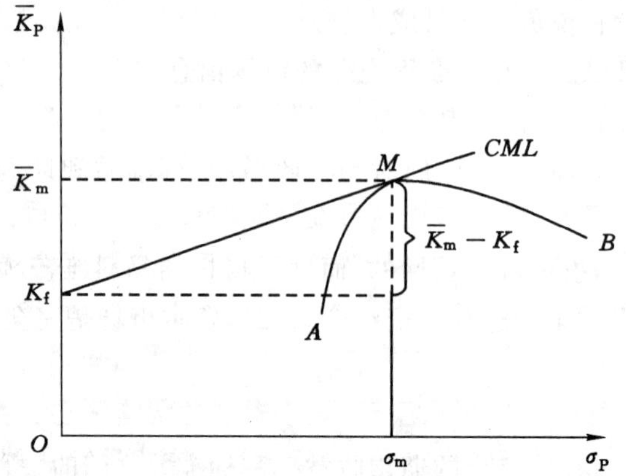

图 14-6 资本市场线

资本市场线在纵轴上的截距是无风险收益率，它表示放弃即期消费的补偿，也称为资金的时间价值。资本市场线的斜率指出了期望收益率与风险的关系。斜率表示承担单位风险所能获得的期望收益率上的奖励，因此可将斜率看成风险的价格，故将斜率称为风险的价格（通常也称为风险溢价），这个价格对每一个投资于有效证券组合的投资者是一样的。资本市场线表明，有效投资组合的期望收益等于无风险利率加上风险升水（risk premium），而风险升水等于单位风险的价值与用标准差来衡量的组合的风险的乘积，即：

期望收益率＝无风险利率＋单位风险价值×风险数量

三、证券市场线

（一）证券市场线

资本市场线反映了有效资产组合的期望收益与风险之间的关系，但未展现出每一证券自身的风险与收益的关系；而证券市场线正是在均衡市场条件下反映每一证券的风险与收益的关系。

证券投资风险可分为系统风险与非系统风险两类。对市场证券组合而言，它的非系统风险可以通过证券组合来分散，因而市场证券组合只含有系统风险，该组合中每一单项资产对市场证券组合的风险影响也仅是它所具有的系统风险。证券组合中的 i 项资产系统风险可以用贝塔系数 β_i 来衡量。对无风险证券而言，$\beta_i=0$；对于市场组合 m 而言，$\beta_m=1$。

资产的期望收益为：

$$\overline{K}_i = K_f + (\overline{K}_m - K_f)\cdot\beta_i \qquad (14\text{-}13)$$

$$\frac{COV_{im}}{\sigma_m^2} = \beta_i \qquad (14\text{-}14)$$

式中 $\overline{K}_i$——资产 i 的期望收益率；

K_f——无风险资产收益率；

$\overline{K}_m$——市场证券组合期望收益率；

β_i——资产 i 的 β 系数。

该公式即为资本资产定价模型，又称证券市场线（SML）。如图 14-7 所示，证券市场线反映了每一项资产风险与期望收益的关系，每项资产的收益包括两个方面：一是无风险收益 K_f；二是风险收益 $(\overline{K}_m - K_f) \cdot \beta_i$，即资本的风险报酬，是投资者因承担风险而获取的补偿。

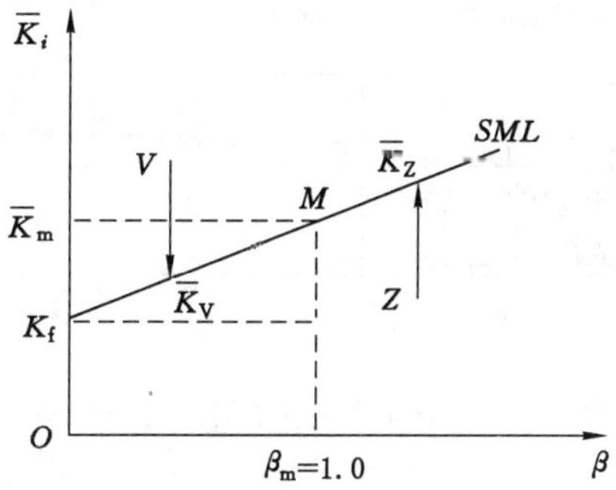

图 14-7　证券市场线

当证券组合中的证券种类趋于 20 种以上时，风险就得到了充分的分散，所有非系统风险几乎全部消除。因此，投资者在考虑这一组合中增加或减少某一种证券时，可以忽略该项资产自身的非系统风险的影响，主要考虑该项资产所含的系统风险的大小，只要求就所承担的系统风险取得风险补偿。$\overline{K}_m - K_f$ 作为单位系统风险的风险报酬被称为风险溢价；β_i 则为资产 i 所含系统风险的量值，反映资产 i 对系统风险影响的大小。

资本资产定价模型是以市场证券组合的风险作为系统风险的标准，其他各单项资产或资产组合的系统风险均以这一标准的大小来衡量，进而反映资产收益与风险的依赖关系。$\beta_i=1$，表明该资产具有市场上的平均风险；$\beta_i>1$，表明该资产的风险程度高于市场平均风险；$\beta_i<1$，表明该资产的风险程度低于市场平均风险。也就是说，如果一个股票的价格和市场的价格波动性一致，这个股票的 β 值就是 1。如果一个股票的 β 是 1.5，意味着当市场上升 10%时，该股票价格则上升 15%；而市场下降 10%时，该股票的价格亦会下降 15%。

β 系数刻画了证券或证券组合的实际收益的变化对市场收益（市场组合收益）的敏感程度。$\beta>0$ 时，证券组合的收益率变化与市场收益率变化是同方向的，也就是说，证券组合的收益率与市场同涨同跌的可能性很大。$\beta<0$ 时，证券组合的收益率变化与市场组合收益率变化是反方向的，即在市场指数上涨时，该证券或证券组合下跌的可能性很大；而在市场指数下跌时，该证券或证券组合上涨的可能性也很大。当 β 的绝对值>1 时，我们称该证券或证券组合为进取型的，市场收益变化一个百分点，则该证券或证券组合收益将超过 1%的变化。β 的绝对值越大，该证券或证券组合进取性越强。当 β 的绝对值<1 时，我们称该证券或证券组合为保守型的，市场收益变化一个百分点，则该证券或证券组合收益将低于市场收益的变化。β 的绝对值越小，该证券或证券组合对市场变化越不敏感，因而越保守。越保守的证券越能抵御大波动的影响。

（二）β 系数的应用

对于资金量比较大且对风险控制要求很严格的证券投资机构，β 系数被广泛地用于其证券分析与投资决策之中。

(1) 用 β 系数作为选择证券的依据。作为一种风险测定工具，β 系数测定的是能够带来收益上补偿的那部分风险。在进行具体投资行动的时候，如果为了获得较高的风险而不惧怕风险，就应该选择 β 系数高的证券进行投资。不同风险股票的风险报酬率如图 14-8 所示。

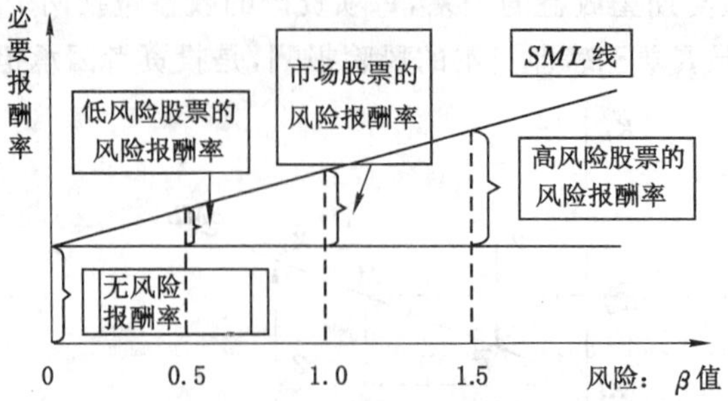

图 14-8 不同风险股票的风险报酬率

(2) 证券组合的 β 系数的大小反映证券组合对风险的态度。一个投资组合距离市场平均风险收益水平有多远，可以通过 β 系数来体现。

(3) 确定了市场未来的走势后，明确不同 β 系数的证券组合可能获得额外收益。β 系数反映证券对市场变化的敏感性。当有很大把握预测一个大牛市到来时，应该选择那些高 β 系数的证券，它将成倍地放大市场收益率，为投资者带来高额的收益；相反，在一个熊市到来之际，投资者应该调整投资结构；以抵御市场风险，避免损失，办法就是选择那些低 β 系数的证券，此时还应该在投资组合中尽可能地加进一些负值系数的证券。

（三）证券市场线与资本市场线的关系

(1) 证券市场线的横轴是 β 系数（只包括系统风险）；资本市场线的横轴是标准差（既包括系统风险又包括非系统风险）。

(2) 证券市场线揭示的是证券本身的风险和报酬之间的对应关系；资本市场线揭示的是持有不同比例的无风险资产和市场组合情况下风险和报酬的权衡关系。

(3) 资本市场线中的风险组合的期望报酬率与证券市场线中的平均股票的要求收益率含义不同；资本市场线中的 σ（标准差）不是证券市场线中的 β 系数。

(4) 证券市场线表示的是要求收益率，即投资“前”要求得到的最低收益率；而资本市场线表示的是期望报酬率，即投资“后”期望获得的报酬率。

(5) 证券市场线的作用在于根据必要报酬率，利用股票估价模型，计算股票的内在价值；资本市场线的作用在于确定投资组合的比例。

四、其他类型的资本资产定价模型

（一）零贝塔模型

费希尔·布莱克(Fischer Black)发展了无风险借入限制条件下的期望收益——贝塔均衡关系式。布莱克的禁止卖空无风险资产的资本资产定价模型建立在下列三项有效率资产组合的方差均值性质之上。

(1) 任何有效率资产组合组成的资产组合仍然是有效率资产组合。

(2) 有效率边界上的任一资产组合在最小方差边界的下半部分（无效率部分）上均有相应的“伴随”资产组合存在，由于这些“伴随”资产组合是不相关的，因此，这些资产组合可以被视为有效率资产组合中的零贝塔资产组合(zero-beta portfolio)。

(3) 任何资产的期望收益可以准确地由任意两个边界资产组合的期望收益的线性函数表示。

有了以上三个性质，布莱克模型适用于以下各种情形：根本没有无风险资产的资产组合、可贷出但不能借入无风险资产的资产组合、以高于无风险利率借入的资产组合。

（二）动态资本资产定价模型

消费计划的可行性取决于投资者的现有财富与资产组合的未来收益率。这些投资者希望能够随着其财富的不断变化而时刻保持资产组合的不断平衡。但尤金·法马（Eugene Fama）指出，即便分析到多阶段模型，单一阶段的资本资产定价模型仍然适用。法马用来替换短视投资假定的关键之处是，投资者偏好不随时间变化而发生变化，以及无风险利率与证券收益的概率分布不随时间发生无法预测的变动。

五、资本资产定价模型的应用

资本资产定价模型是建立在一系列假设条件的基础上的。尽管这些假设条件与现实存在着一定的差异，但由于该模型的可操作性与灵活性，模型得到了广泛的应用。而且对模型假设条件的逐步放宽构成了现代金融理论研究的热门领域，实际中应用资本资产定价模型关键在于：无风险利率的确定、市场证券组合期望收益率的预测以及β值的估计。这些指标的处理不当会导致基于资本资产定价模型所做出的预测也会出现很大的偏差。

资本资产定价模型最核心的应用是搜寻市场中价格被误定的证券。根据资本资产定价模型，每一证券的期望收益率应等于无风险利率加上该证券由β系数所测定风险的风险溢价。当获得市场组合的期望收益率的估计和该证券的风险β系数的估计后，我们就能计算出在市场处于均衡状态下证券i的期望收益率。如图14-8所示，当β值处于较高位置时，投资者便会因为股份的风险高而相应地提升股票的预期回报率。

例如，一个股票的β值是2.0，无风险回报率是3%，市场回报率是7%，那么市场溢价就是4%（7%－3%），股票风险溢价为8%（2×4%，即用β值乘以市场溢价），那么股票的预期回报率则为11%（8%＋3%，即股票的风险溢价加上无风险回报率）。我们可以将实际的市场价格与预期收益率价格进行比较，当证券的实际价格低于预期收益率价格时，说明该证券的价值被低估，应该买进；相反则证券的价值被高估，应该卖出。对于市场估值过高的证券，需要减少持有比例；对于估值过低的证券，应该增加持有比例。如果认为今后大的形势将要上升，构建组合的时候则应该选择β系数大的证券；反之，应该买入β系数小的证券。

第四节 套利定价模型

由Stephen Ross在1976年创立的套利定价理论（the arbitrage pricing theory，APT）提供了另外一种资产定价模型。我们已经知道CAPM预测所有证券的收益率都与唯一的公共因子——市场证券组合的收益率存在着线性关系。APT拓展了这一结果，该模型是以收益率形成的多因素模型为基础，用套利的概念来定义均衡。如果把市场的收益率作为唯一因子，APT导出的风险—收益率关系与CAPM完全相同.所以CAPM可以看作APT的一种特例。

我们先来APT的假设基础：

（1）资本市场是完全竞争的，无摩擦的。

（2）投资者是风险厌恶的，且是非满足的。当具有套利机会时，他们会构造套利证券组合来增加自己的财富，从而追求效用最大化。

(3) 所有投资者有相同的预期。任何证券 i 的收益率都是一个线性函数,其中包含 k 个影响该证券收益率的因素,函数表达式为:

$$\widetilde{R}_i=E(\widetilde{R}_i)+b_{i1}\widetilde{F}_1+b_{i2}\widetilde{F}_2+\cdots+b_{ik}\widetilde{F}_k+\varepsilon_i \tag{14-15}$$

其中 $\widetilde{R}_i$——证券 i 的实际收益率,它是一个随机变量;

$E(\widetilde{R}_i)$——证券 i 的期望收益率;

$\widetilde{F}_k$——第 k 个影响因素的指数;

b_{ik}——证券 i 的收益对因素 k 的敏感度;

ε_i——影响证券 i 的收益率的随机误差,$E(\varepsilon_i)=0$。

(4) 市场上的证券品种 n 必须远远超过模型中影响因素的种类 k。

(5) 误差项 ε_i 用来衡量证券 i 收益中的非系统风险部分,它与所有影响因素及证券 i 以外的其他证券的误差项是彼此独立不相关的。

一、套利原则

套利是利用同一种实物资产或证券的不同价格来获取无风险收益的行为。根据定义套利收益是没有风险的,所以投资者一旦发现这种机会就会设法利用,并随着他们的买进和卖出消除这些获利机会。

在因素模型中,所有具有相同的因素敏感性的证券或组合除了非因素风险以外,将以相同的方式行动,因此它们必然要求有相同的预期回报率,否则,就会出现套利机会。投资者将利用这些套利机会,最终导致套利机会消失,市场达到均衡。这就是 APT 的实质。

二、套利组合

根据套利定价理论,投资者将尽力发现并构造一个套利组合的可能性,以便在不增加风险的情况下,提高组合的预期收益率。那么,如何才能构造一个套利组合呢?

定义:如果一个证券组合同时满足下列三个条件:(1) 初始价格为 0;(2) 组合的风险为零;(3) 期望收益率为正。我们称这种证券组合为套利组合。

下面依次介绍上述三个条件:

(1) 初始价格为 0,是指套利组合是一个不需要投资者追加任何额外投资的组合;

令 $\omega_i=\Delta w_i$ 表示某投资者投资证券 i 占其总投资比例的变化值。要满足证券 i 所占投资比例变化而总投资不变的条件,可以通过以卖出某些证券的收益来买进其他一些证券的方式来解决,而不需要追加投资。即

$$\sum_{i=1}^{n}\omega_i=0 \tag{14-16}$$

式中,n 表示该投资者持有证券的种类数。

此时该组合的收益变化为:

$$\widetilde{R}_A=\sum_{i=1}^{n}\omega_i\widetilde{R}_i=\sum_{i=1}^{n}\omega_iE(\widetilde{R}_i)+\sum_{j=1}^{k}\sum_{i=1}^{n}\omega_ib_{ij}\widetilde{F}_j+\sum_{i=1}^{n}\omega_i\varepsilon_i$$

当市场达到均衡时,组合的预期收益率为 0。

(2) 组合的风险为零,即该组合既没有系统性风险,又没有非系统性风险。

为了得到无风险的证券组合,我们必须消除系统性风险(因素风险)和非系统性风险(非因素风险)。

满足下面三个条件的证券组合符合这一要求:① 选择的投资比例 ω_i 充分小;② 所包括

的证券种类尽量多，以分散风险；③ 选择特定的投资比例 ω_i，使得各影响因素的系数 b_{ik}，即证券收益率对该因素的敏感度，与投资比例的加权平均数等于零。

用数学式子表示，这三个条件是：① $\omega_i \approx \frac{1}{n}$；② n 很大；③ 对每个因素而言，

$$\sum_{i=1}^{n} \omega_i b_{ik} = 0 \tag{14-17}$$

因为随机变量是独立的，根据大数定律，当 n 增大时，随机项的加权和会趋向于 0，即通过分散化，不需要花任何成本就能消去组合中的非系统风险。因此我们得到：

$$\tilde{R}_A = \sum_{i=1}^{n} \omega_i \tilde{R}_i = \sum_{i=1}^{n} \omega_i E(\tilde{R}_i) + \sum_{j=1}^{k} \sum_{i=1}^{n} \omega_i b_{ij} \tilde{F}_j \tag{14-18}$$

在形式上看，这是一个随机量，但是由于 $\sum_{i=1}^{n} \omega_i b_{ik} = 0$，所以所有的因素风险为零，由于我们选择的权数(各证券的变化量) 消除了所有的风险，最后证券组合的收益率变为一个常数，即

$$\tilde{R}_A = \sum_{i=1}^{n} \omega_i E(\tilde{R}_i) \tag{14-19}$$

(3) 组合的收益为正。

根据条件(1)、(2) 可知，该组合既不需要追加投资，又没有任何风险，如果该组合的收益不为零时，它就是一个套利组合。当资本市场达到均衡时，这是不可能的。因此满足(2) 中三个条件的证券组合其收益率一定为零，即

$$\tilde{R}_A = \sum_{i=1}^{n} \omega_i E(\tilde{R}_i) = 0 \tag{14-20}$$

根据线性代数的知识，式 $\sum_{i=1}^{n} \omega_i = 0$ 和式 $\sum_{i=1}^{n} \omega_i b_{ik} = 0$ 表示一组正交条件，而式 $\tilde{R}_A = \sum_{i=1}^{n} \omega_i E(\tilde{R}_i) = 0$ 又产生了 ω_i 必须满足的另一个正交条件。由于 ω_i 已经满足式(14-17) 和式(14-18)，所以只需 $E(\tilde{R}_i)$ 为这 $k+1$ 个向量的线性组合就可以了。

由 Farkas 引理，存在 $k+1$ 个常数 $\lambda_0, \lambda_1, \cdots, \lambda_k$，使得 $E(\tilde{R}_i) = \lambda_0 + \lambda_1 b_{i1} + \cdots + \lambda_k b_{ik}$。

当证券 i 是一种无风险资产时，表示它不受任何因素的影响，即 $b_{ij} = 0, j = 1, 2, \cdots, k$，令该种无风险资产的收益率为 R_f，则：$R_f = \lambda_0$。我们得到

$$E(\tilde{R}_i) = R_f + \lambda_1 b_{i1} + \cdots + \lambda_k b_{ik} \tag{14-21}$$

三、套利定价理论模型

(一) 单因素模型

如果影响证券 i 收益率的因素只有一种因素 k 时，$E(\tilde{R}_i) = R_f + \lambda_k b_{ik}$，考虑一个对因素 k 有单位敏感度的资产组合，此时 $b_{ik} = 1$，令该组合的期望收益率为 $\bar{\delta}_i$，则 $\bar{\delta}_i = R_f + \lambda_k$，所以 $\lambda_k = \bar{\delta}_i - R_f$，它是单位敏感度的资产组合的预期超额回报率，也称为因素风险酬金。

因此证券收益率的单因素模型可以表示为

$$E(\tilde{R}_i) = R_f + (\bar{\delta}_k - R_f) b_{ik} \tag{14-22}$$

(二) 多因素模型

若影响证券 i 收益率的因素 $k > 1$，此时的 $\bar{\delta}_k$ 表示对第 k 个因素有单位敏感度但对别的

因素敏感度为零的证券组合的期望收益率，λ_k 表示对第 k 个因素有单位敏感度但对别的因素敏感度为零的证券组合的风险酬金，所以

$$E(\tilde{R}_i) = R_f + (\bar{\delta}_1 - R_f)b_{i1} + \cdots + (\bar{\delta}_k - R_f)b_{ik} \tag{14-23}$$

这就是套利定价理论的一般表达式。

四、套利定价模型的应用

套利定价模型的应用和资本资产定价模型的应用相似，目的都是寻找价格被低估的证券或证券组合，并通过买卖获得利润，但套利定价模型的应用更加灵活。投资者可以在已确定因素的情况下建立一个最佳风险资产的资产组合，将某一种因素风险降为零。这种策略比较适合只包含几种不同资产类型的大资产，因为不同类型的资产对不同因素有不同的敏感性。例如，债券和股票对利率变化的反应是反向的，它们的组合可以将利率风险抵消；当资产组合很大时，各组合证券的特殊风险就被分散化了。

套利定价理论模型与资本资产定价模型表面上有差别，但实际上是相通的。当只有一个共同因素（如市场收益率）能影响证券的收益时，套利定价理论模型的数学表达式就和资本资产定价模型中证券市场线的表达式类似。由此可知，套利定价理论模型是比资本资产定价模型更一般化的资产定价公式。

投资者还能利用套利定价模型找到套利机会，实现非正常的收益。实现这种收益的方法是先确定对所有证券都有影响的共同因素及各个证券对各个共同因素的敏感性，然后通过计算证实是否存在套利机会，若存在套利机会，则可以买卖证券组合中的资产获得无风险利润。

套利定价理论模型较资本资产定价模型有以下优点：

（1）资本资产定价模型要求投资者必须是风险厌恶者，套利定价理论模型则无此要求。

（2）资本资产定价模型要求存在着有效率的市场证券组合，套利定价理论模型则不需此假设。

（3）资本资产定价模型要求所有投资者的预期必须是同质的。

（4）资本资产定价模型要求市场是无摩擦的，没有交易成本、税收，甚至是通货膨胀，而套利定价理论模型则无此假设。

第五节 证券组合资产绩效评价

一、证券组合绩效评价

证券组合绩效评价是指对证券组合的收益和风险的综合测量。投资绩效的测量是投资管理过程的最后阶段，它贯穿在投资的经营管理过程之中。习惯上，评价组合管理业绩的标准很简单，只要比较不同组合之间收益水平的高低就可以了，收益水平越高的组合越是优秀的组合。但是，证券组合的绩效不能以简单的投资收益率为标准。首先，投资收益率不能提供未来潜在的绩效的评估。一般来说，评价投资绩效至少要观察一个市场周期，这样才能看出管理者掌握时机的能力。其次，风险的测量是最重要的。如果一个证券组合被限定只投资于股票，另一个证券组合被限定只投资于货币市场证券，只比较它们的平均收益而不测定风险是很难判断其投资绩效的。另外收益水平较高不仅仅与管理者的技能有关，还可能与当时市场整体向上运行的环境有关，因而在后一种情况发生时，就不能排除组合管理者无视

风险而盲目决策但却偶然获得成功的可能性。

另外，如果实现的组合收益水平达到或超过组合管理者在投资初期所设定的收益目标，即使实现的收益水平较低，那也无可厚非。因为，组合管理应该始终围绕投资组合的设定目标来进行投资管理。评价组合业绩的好坏“既要考虑组合收益的高低，也要考虑组合所承担风险的大小”。

二、詹森指数

詹森指数是测定证券组合经营绩效的一种指标。詹森指数以证券市场线为基础，指数定义为证券组合的期望收益率与位于证券市场线上的证券组合的期望收益率之差，即：

$$J_p = E_p - [K_f + (K_m - K_f) \cdot \beta_p] \tag{14-24}$$

式中 E_p——证券组合的期望收益率；

K_f——无风险资产收益率；

K_m——市场证券组合收益率；

β_p——证券组合的 β 系数。

可见，詹森指数就是证券组合所获得的高于市场的那部分风险溢价，风险由 β 系数测定。如果詹森指数为正，该组合便位于证券市场线上方，此时认为其绩效最好；该指数越大，业绩越好。相反，詹森指数为负，该组合便位于证券市场线下方，表明其绩效不好。

三、特雷诺指数

特雷诺指数用 T_p 表示，是每单位风险获得的风险溢价，是投资者判断某一基金管理者在管理基金过程中所冒风险是否有利于投资者的判断指标。特雷诺指数越大，单位风险溢价越高，开放式基金的绩效越好，基金管理者在管理的过程中所冒风险有利于投资者获利。相反特雷诺指数越小，单位风险溢价越低，开放式基金的绩效越差，基金管理者在管理的过程中所冒风险不有利于投资者获利。在该指数中，超额收益被定义为证券组合的投资收益率与同期的无风险收益率之差。该指数计算公式为：

$$T_p = (E_p - K_f)/\beta_p \tag{14-25}$$

式中 T_p——特雷诺指数；

E_p——证券组合的期望收益率；

K_f——无风险资产收益率；

β_p——证券组合的 β 系数。

特雷诺指数的含义就是每单位系统风险资产获得的超额报酬（超过无风险利率 R_f）。特雷诺指数越大，单位风险溢价越高，绩效越好。特雷诺指数考虑的是系统风险而不是全部风险，因此它无法衡量证券组合的风险分散程度。系统风险不会因为投资组合的分散而降低，即便证券组合风险分散做得很好，特雷诺指数也可能并不会因此而变大。

四、夏普指数

夏普指数以资本市场线为基准，它是用证券组合的风险溢价除以标准差来计算的，用公式表示为：

$$S_p = (E_p - K_f)/\sigma_p \tag{14-26}$$

式中 S_p——夏普指数；

σ_p——证券组合的标准差。

为评价绩效，可以将管理者组合的夏普指数与市场组合的夏普指数进行比较。一个高的夏普指数表明该管理者经营得比市场好，而一个低的夏普指数表明管理者经营得比市场差。

夏普指数在计算上尽管非常简单，但在具体运用中仍需要对夏普指数的适用性加以注意：

(1) 用标准差对收益进行风险调整，其隐含的假设就是所考察的组合构成了投资者投资的全部。因此只有在考虑众多的基金中选择购买某一只基金时，夏普指数才能够作为一项重要的依据。

(2) 使用标准差作为风险指标也被人们认为不很合适的。

(3) 夏普指数的有效性还依赖于可以以相同的无风险利率借贷的假设。

(4) 夏普指数没有基准点，因此其大小本身没有意义，只有在与其他组合的比较中才有价值。

(5) 夏普指数是线性的，但在有效前沿上，风险与收益之间的变换并不是线性的。因此，夏普指数在对标准差较大的基金的绩效衡量上存在偏误。

(6) 夏普指数未考虑组合之间的相关性，因此纯粹依据夏普值的大小构建组合存在很大问题。

(7) 夏普指数与其他很多指标一样，衡量的是基金的历史表现，因此并不能简单地依据基金的历史表现进行未来操作。

(8) 计算上，夏普指数同样存在一个稳定性问题：夏普指数的计算结果与时间跨度和收益计算的时间间隔的选取有关。

总的比较来看，前两种指数将注意力集中在产生超额收益的能力(即绩效的深度)上，而忽视了在多种证券上产生的综合超额收益能力(即绩效的广度)，而夏普指数则是对绩效的广度和深度能做出较为综合平衡的评价。

第六节　行为金融学理论

行为金融学是行为经济学的一个分支，是前沿的金融理论之一。行为金融学是将行为科学、心理学和认知科学的成果运用到金融市场中，“有限理性”与“有限套利”是其两大支柱。它用“前景理论”描述人的真实性，认为金融市场中的投资者是不具有长期理性行为的，至多拥有“有限理性”。短期来看，在某个具体的决策上，投资者可能是理性的、正确的；但从长期来看，投资者不具有统筹的、连续性的最优投资决策，不能严格按照“贝叶斯规则”行事，其投资行为是非理性的，甚至是错误的。

一、行为金融学的理论基础

(一) 期望理论

期望理论是行为金融学的重要理论基础。Kahneman 和 Tversky(1979)通过实验对比发现，大多数投资者并非是标准金融投资者而是行为投资者，他们的行为不总是理性的，也并不总是风险回避的。期望理论认为投资者对收益的效用函数是凹函数，而对损失的效用函数是凸函数，表现为投资者在投资账面值损失时更加厌恶风险，而在投资账面值盈利时，随着收益的增加，其满足程度速度减缓。期望理论成为行为金融研究中的代表学说，利用期望理论解释了不少金融市场中的异常现象：如阿莱悖论、股价溢价之谜(equity premium puzzle)以及期权微笑(option smile)等,然而由于 Kahneman 和 Tversky 在期望理论中并没有给出如何确定价值函数的关键:参考点以及价值函数的具体形式,在理论上存在很大缺陷,从而极大阻碍了期望理论的进一步发展。

(二) 行为组合理论和行为资产定价模型

一些行为金融理论研究者认为将行为金融理论与现代金融理论完全对立起来并不恰当。将二者结合起来,对现代金融理论进行完善,正成为这些研究者的研究方向。在这方面,Statman 和 Shefrin 提出的行为组合理论(behavioral portfolio theory,BPT)和行为资产定价模型(behavioral asset pricing model,BAPM)引起金融界的注意。BPT 是在现代资产组合理论(MAPT)的基础上发展起来的。MAPT 认为投资者应该把注意力集中在整个组合,最优的组合配置处在均值方差有效前沿上。BPT 认为现实中的投资者无法做到这一点,他们实际构建的资产组合是基于对不同资产的风险程度的认识以及投资目的所形成的一种金字塔式的行为资产组合,位于金字塔各层的资产都与特定的目标和风险态度相联系,而各层之间的相关性被忽略了。BAPM 是对现代资本资产定价模型(CAPM)的扩展。与 CAPM 不同,BAPM 中的投资者被分为两类:信息交易者和噪声交易者。信息交易者是严格按 CAPM 行事的理性交易者,不会出现系统偏差;噪声交易者则不按 CAPM 行事,会犯各种认知偏差错误。两类交易者互相影响共同决定资产价格。事实上,在 BAPM 中,资本市场组合的问题仍然存在,因为均值方差有效组合会随时间而改变。

二、行为金融学的投资行为模型

(一) BSV 模型

BSV 模型(Barberis,Shleffer and Vishny,1998)认为,人们进行投资决策时存在两种错误范式:其一是选择性偏差(representative bias),即投资者过分重视近期数据的变化模式,而对产生这些数据的总体特征重视不够,这种偏差导致股价对收益变化的反映不足。另一种是保守性偏差(conservation),投资者不能及时根据变化了的情况修正自己的预测模型,导致股价过度反应(over-reaction)。BSV 模型是从这两种偏差出发,解释投资者决策模型如何导致证券的市场价格变化偏离效率市场假说的。

(二) DHS 模型

DHS 模型(Daniel,Hirsheifer and Subramanyam,1998)将投资者分为有信息和无信息两类。无信息的投资者不存在判断偏差,有信息的投资者存在着过度自信和有偏的自我归因(serf-contribution)。过度自信导致投资者夸大自己对股票价值判断的准确性;有偏的自我归因则使他们低估关于股票价值的公开信号。随着公共信息最终战胜行为偏差,对个人信息的过度反应和对公共信息的反应不足,就会导致股票回报的短期连续性和长期反转。所以 Fama(1998)认为 DHS 模型和 BSV 模型虽然建立在不同的行为前提基础上,但二者的结论是相似的。

(三) HS 模型

HS 模型(Hong and Stein,1999),又称统一理论模型(unified theory model)。HS 模型区别于 BSV 和 DHS 模型之处在于:它把研究重点放在不同作用者的作用机制上,而不是作用者的认知偏差方面。该模型把作用者分为“观察消息者”和“动量交易者”两类。“观察消息者”根据获得的关于未来价值的信息进行预测,其局限是完全不依赖于当前或过去的价格;“动量交易者”则完全依赖于过去的价格变化,其局限是他们的预测必须是过去价格历史的简单函数，在上述假设下，该模型将反应不足和过度反应统一归结为关于基本价值信息的逐渐扩散，而不包括其他的对投资者情感刺激和流动性交易的需要。模型认为最初由于“观察消息者”对私人信息反应不足的倾向，使得“动量交易者”力图通过套期策略来利用这一点，而这样做的结果恰好走向了另一个极端——过度反应。

（四）羊群效应模型

羊群效应模型（herd behavioral model）认为投资者羊群行为是符合最大效用准则的，是“群体压力”等情绪下贯彻的非理性行为，有序列型和非序列型两种模型。序列型由 Banerjee(1992)提出，在该模型中，投资者通过典型的贝叶斯过程从市场噪声以及其他个体的决策中依次获取决策信息，这类决策的最大特征是其决策的序列性。但是现实中要区分投资者顺序是不现实的。因而这一假设在实际金融市场中缺乏支持。非序列型则论证无论仿效倾向强或弱，都不会得到现代金融理论中关于股票的零点对称、单一模态的厚尾特征。

三、行为金融理论指导下的证券投资策略

行为金融学的理论意义在于确立了市场参与者的心理因素在投资决策行为以及市场定价中的作用和地位，否定了传统金融理论关于理性投资者的简单假设，更加符合金融市场的实际情况。行为金融学的实践指导意义在于投资者可以采取针对非理性市场行为的投资策略来实现投资赢利目标。考察证券市场的投资者行为特点，总结出以下证券市场投资策略。

（一）针对过度反应的反向投资策略

反向投资策略就是买进过去表现差的股票而卖出过去表现好的股票来进行套利的投资方法。行为金融理论认为，由于投资者在实际投资决策中，往往过分注重上市公司的近期表现，从而导致对公司近期业绩情况做出持续过度反应，形成对绩差公司股价的过分低估和对绩优公司股价的过分高估现象，为投资者利用反向投资策略提供了套利的机会。

（二）惯性交易策略

惯性交易策略是指在分析股票过去相对短的时间内（通常是一个月到一年）表现的基础上，预先对股票收益和交易量设定过滤规则（filter rules），当股票收益或股票收益与交易量同时满足过滤规则就买下或卖出股票的投资策略。

（三）成本平均策略

成本平均策略是指投资者在将现金投资为股票时，应该按照预定的计划根据不同的价格分批地进行，以备不测时摊低成本，从而规避一次性投入可能带来较大风险的策略。

（四）时间分散化策略

一般来讲投资者承担股票的投资风险的能力将随着投资期限的延长而降低。该策略建议投资者在年轻时将其资产组合中的较大比重投资于股票，而随着年龄的增长则逐渐减少股票投资比例，增加债券投资比例。

（五）小公司效应策略

小公司效应是指小盘股比大盘股的收益率高。Banz(1981)发现股票市值随着公司规模的增大而减少的趋势。Siegl(1998)研究发现，平均而言小盘股比大盘股的年收益率高出4.7%，而且小公司效应大部分集中在1月份。根据小公司效应而采用的投资小市值股票的策略就是小公司效应策略。

（六）组合投资策略

行为金融学认为，证券市场并不是有效的（一般指半强式有效，semi-strong efficient）。

这就意味着传统的证券组合投资理论中,“在有效市场中,投资者不可能获得与其所承担风险不对称的额外收益的提法”在实践中是不成立的。也就是说,通过选择合适的组合投资策略,投资者将可能获得额外收益。

(七) 针对羊群行为的相反策略

由于市场中广泛存在的羊群行为,证券价格的过度反应将是不可避免的,以致出现“涨过了头”或者“跌过了头”。投资者可以利用可以预期的股市价格反转,采取相反投资策略(contrarian strategy)来进行套利交易。

(八) 购买并持有策略

个人和机构投资于股票应执行几种能帮助控制认识错误和心理障碍的安全措施。控制这些心理障碍的关键方法是所有类型的投资者都要实施一种严格的交易策略——“购买并持有”策略。投资者在为组合购进一只股票时,应详细地记录购买理由,而且要制定一定的标准以利于进行投资决策。长期采取“购买并持有”策略,通常业绩将超过高周转率的短期交易策略。

(九) 利用行为偏差

心理学和决策科学提出,在某种情形下,投资者并不是尽力使财富最大化,并且在某些情形下投资者还会在智力方面犯系统性判断错误,这些行为偏差将导致证券定价的错误,合理利用这些偏差将给投资者带来超额收益。

(十) ST 投资策略

上市公司被宣布为特别处理,意味着公司陷入严重困境。但同时,ST 公司也成为潜在的并购目标。考虑到壳资源在中国证券市场上的稀缺性,ST 公司的价值无疑是巨大的。作为一种投资策略,ST 公司是可以被纳入证券投资组合之中的。

(十一) 捕捉并集中投资策略

行为金融理论指导下的投资者追求的是努力超越市场,采取有别于传统型投资者的投资策略从而获取超额收益。要达到这一目的,投资者可以通过三种途径来实现:① 尽力获取相对于市场来说要超前的优势信息,尤其是未公开的信息。投资者可以通过对行业、产业以及政策、法规、相关事件等多种因素的分析、权衡与判断,综合各种信息来形成自己的独特信息优势。② 选择利用较其他投资者更加有效的模型来处理信息:而这些模型也并非是越复杂就越好,关键是实用和有效。③ 利用其他投资者的认识偏差或锚定效应等心理特点来实施成本集中策略:一般的投资者受传统均值方差投资理念的影响,注重投资选择的多样化和时间的间隔化来分散风险,从而不会在机会到来时集中资金进行投资,导致收益随着风险的分散也同时分散;而行为金融投资者则在捕捉到市场价格被错误定价的股票后,率先集中资金进行集中投资,赢取更大的收益。

案　例

过于自信

许多心理学研究发现,在和别人作比较的时候,人们常常对自己的知识或能力过于自信。斯文森(Svenson)在一个研究里发现,如果要评价自己的驾驶水平在一群人中的位置,90%的人都说自己的驾驶技术要在平均水平以上,而很少有人说自己比平均水平要差。但是事实上，根据平均水平的定义，有50%的人的驾驶技术高于平均水平，就一定有50%的人的驾驶技术低于平均水平。证实偏见是我们过于自信的根源之一。

事件1：

在美国买一台打印机，原价是80美元。商家给消费者两个选择，可以当场打折，折扣率是5%，也就是说80美元的打印机可以用76美元购得；消费者也可以选择邮购返券的方式(mail-in-rebate)，现在以80美元购买打印机，只要在购买后3个月内将相关凭证寄回给公司，就可以得到25%的折扣，也就是可以得到20美元的现金返还，这20美元会以支票的形式寄回给消费者，这样相当于花60美元买了这台打印机。想一想，如果你有这样两个选择，你会选哪种折扣方式呢？

大多数人都会选择第二种，这种方式可以得到更大的折扣，自然吸引力更大。但是，对于商家而言，哪种方式可以让他们赚更多的钱呢？其实也是第二种。

有数据显示，面对这类20元上下的优惠，真的会在购买以后把凭证寄回给商家的顾客大概只有7%左右。这里还有一个有趣的现象，如果给出的期限是3天而不是3个月，寄的人反而会更多。因为给出的期限短，大家都会一回去就把这件事情做好；给出的期限长，反而让人们觉得有的是时间做这事，不妨先放一下，然后就再也想不起来了。

过于自信。由于人们只看到了对自己有利的信息，他们就非常乐观地相信自己的判断，越来越觉得自己的判断是对的，而不知道真理到底是什么。

事件2：

澳大利亚在1957年对悉尼歌剧院的规划是于1963年完工，预算是700万美元。但是，悉尼歌剧院的建设一直拖到1973年才完成，最终花费高达1亿2百万美元。这里还有一件逸闻：有对夫妇本来打算在悉尼歌剧院完工的时候结婚。但是等到它真正建完的时候，这对夫妇已经离婚了。

心理学家布勒、格里芬和罗斯(Buehler, Griffin & Ross)曾经做过一个很有趣的实验：他们让心理系的学生尽可能准确地估计完成一篇论文需要多长时间，包括：① 平均时间；② 如果一切进展顺利的话完成论文需要的时间；③ 如果遇到了一切可能发生的困难，完成论文需要的时间。这些学生估计，一般情况下，完成一篇论文平均需要34天；如果一切顺利，完成论文需要28天；如果进展不畅，完成论文需要49天。结果究竟如何呢？这些学生完成他们的论文竟然花了56天——就算所有人都遇上了最困难的情形，与他们的估计相比，学生们看起来都过于自信了。

这就是过于自信的一个典型表现，行为经济学家称之为“规划的误区”(planning fallacy)。

事件3：

爱喝茶的人都知道，用开水泡茶之后，不能马上品出茶味，只有等待片刻之后方能闻到悠悠茶香。在金融市场进行投资和泡茶类似。研究发现，在美国股票市场上，交易越是频繁，损失就越大。投资者们频繁地在金融市场上交易，甚至更多的时候他们交易的收益，或者他们预计中的交易收益都无法用以弥补他们的交易成本。美国的研究显示，1987年，投资者对标准普尔指数500家公司的年投资交易成本占到这些公司年收益的17.8%，同时，对金融市场的长期调查研究表明，只有少数投资经理人能够实现投资回报在标准普尔500指数之上。无论是机构投资者还是个人投资者之所以没有足够的耐心等待茶叶泡出的醇香，从而导致金融市场过于频繁交易现象的原因之一正是人们的过于自信。投资者们过于相信自己的金融知识和判断，他们相信自己了解市场的走向；他们相信自己能够看准哪只股票会涨，哪支会跌。

〔资料来源：http://blog.sina.com.cn/rdfund〕

本章概念

1. 证券投资组合、收入型证券投资组合、增长型证券投资组合、混合型证券投资组合、货币市场型证券投资组合、指数化型证券投资组合。

2. 可行域、有效边界、最优证券组合。

3. 马科维茨资产组合模型、资本资产定价模型、套利定价模型。

4. 资本市场线、证券市场线、β 系数。

5. 证券组合绩效、詹森指数、特雷诺指数、夏普指数。

6. 期望理论、行为组合理论、羊群效应模型、小公司效应策略。

问题思考

1. 试述什么是资本资产定价理论？

2. 试述什么是资本资产套利理论？

3. 资本市场线和证券市场线的区别是什么？

4. 证券组合资产绩效评价的常用指数有哪几种？各有什么特点？

5. 行为金融学理论对实际投资的指导意义是什么？

第四篇

期货与期权

第十五章 期 货

学习目标

1. 了解期货交易的历史、功能和特点；
2. 了解商品期货的种类、上市的品种特点；
3. 理解期货市场运行的基本规律；
4. 掌握期货交易的制度和基本分析方法；
5. 掌握期货套期保值及其影响因素。

第一节 期货市场概述

一、期货市场的产生与发展

期货(futures)与现货相对。期货是现在进行买卖，但是在将来进行交收或交割的标的物，这个标的物可以是某种商品例如黄金、原油、农产品，也可以是金融工具，还可以是金融指标。期货交易是商品经济发展的必然产物，经历了现货交易到远期交易、再到期货交易的发展过程。

一般认为，期货交易最早产生于美国。19 世纪 30～40 年代，美国芝加哥从一个名不见经传的小村落发展成为重要的粮食集散地。中西部的谷物汇集于此，再从这里运往东部消费区。当时人们沿袭古老的交易方式在大街上面对面讨价还价，没有固定的交易场所，也没有一定的组织形式，这给不断增加的谷物交易带来不便。同时，由于粮食生产特有的季节性，加之当时仓库不足，交通不便，所以粮食供求矛盾异常突出。每年谷物收获季节，农场主们用车船将谷物运到芝加哥，因谷物在短期内集中上市，供给量大大超过当地市场需求，而恶劣的交通状况使大量谷物不能及时疏散到东部地区，加之仓储设施严重不足，粮食经销商无法采取先大量购入再见机出售的办法，所以价格一跌再跌，无人问津。可是，到了来年春季，因粮食短缺，价格暴涨，消费者又深受其害，加工企业也因缺乏原料而困难重重。在这种情况下，急需更多的存储设施和防止价格暴跌暴涨的市场机制。因此，当地中间贸易商迅速增加，同时，又促进了远期交易的产生。

1848 年 4 月，芝加哥期货交易所(Chicago Board of Trade，CBOT)应运而生，它是美国第一家期货交易所。芝加哥期货交易所的发展初期主要是改进运输和储存条件，同时为会员提供价格信息服务，促成买卖双方达成交易。当时的芝加哥期货交易所并非一个市场，只是一家为促进芝加哥工商业发展而自然形成的商会组织。直到 1851 年，芝加哥期货交易所才引进了远期合同。1851 年 3 月 13 日签订了第一份玉米远期合约：交易数量为 3 000 蒲式耳，交货期为当年 6 月份，价格为每蒲式耳低于 3 月 13 日当地玉米市价 1 美分。但是远期交易方式在随后的交易过程中遇到了很多困难，如商品品质、价格、交货时间、交货地点等都是根据双方的具体情况达成的，当双方情况或市场价格发生变化，需要转让已签订的远期合同时，非常困难。另外，远期交易最终能否履约主要依赖对方的信誉，要对对方信誉状况作全面细致的调查，费时费力，成本较高，故交易中的风险较大。针对上述情况，芝加哥期货交易所于1865年推出了第一张玉米期货合约(futures contract)，该合约取代了原来沿用的远期合约，同时实行了保证金(margin)制度，向签约双方收取不超过合约价值10%的保证金，作为履约保证。按保证金制度的要求，交易双方必须在交易所或其代理机构存入一笔资金，以确保合约的有效履行。这一具有历史意义的制度创新，促成了期货交易的完善。

1882年芝加哥期货交易所允许以对冲方式免除交易双方的履约责任，这使得更多的投机者加入了期货交易，期货市场流动性加大。1883年芝加哥期货交易所成立了结算协会，向芝加哥期货交易所的会员提供对冲工具，但结算协会当时还算不上规范严密的组织，直到1925年芝加哥期货交易所结算公司成立以后，芝加哥期货交易所的所有交易都要进入结算公司结算，从此现代意义的结算机构出现了。随着标准合约、保证金制度和结算制度的出现，现代期货交易宣告真正诞生。

二、期货市场的功能

从期货市场的产生过程来看，主要是因人们规避现货市场价格风险要求而产生的。目前学者对于期货交易的功能看法并不完全一致，但是期货交易的规避现货价格风险功能和价格发现功能还是得到了一致认可。

（一）期货交易可以规避现货价格风险

现货价格风险是商品生产经营者在生产经营过程中不可避免的风险。价格风险是指无论价格向哪个方向变动，都会使一部分商品生产者和经营者遭受损失。面临商品价格下跌风险的对象一般是生产企业、加工企业或其他任何拥有商品且打算出售的企业及个人，他们在持有商品期间，一旦市场价格下跌，商品实际售价很可能远远低于预期售价，使经营利润下降，甚至出现亏损；反之，因价格上升而蒙受损失的一般是需要不断地购进原材料和某种商品的企业及个人。产品能否以预期的价格出售，原材料能否以较低的价格购进，是经常困扰生产经营者的难题。期货市场的基本功能之一就是规避这类现货价格风险。回避现货价格风险的功能主要通过套期保值(hedge)来实现，套期保值的具体内容将在后面介绍。

（二）期货交易具有价格发现功能

期货交易的价格发现功能是指期货交易形成的价格，与其他市场形成的价格相比，更能反映未来商品供需的实际情况，更反映商品未来的价格。

期货交易之所以具有发现价格的功能，主要是因为：第一，期货交易的参与者众多。除了会员以外，还有众多的商品生产者、销售者、加工者、进出口商以及投机者等都有可能参与期货交易。这些成千上万的买家和卖家聚集在一起进行竞争，可以代表供求双方的力量，有助于理性价格的形成。第二，期货交易中的交易人士大都熟悉某种商品的行情，有丰富的经营知识和广泛的信息渠道以及科学的分析预测方法。他们把各自的信息、经验和方法带到市场上去，结合自己的生产成本、预期利润，对商品供需和价格走势进行判断、分析和预测，报出自己的理想价格，与众多对手竞争。这样形成的期货价格实际上反映了大多数人的预测，因而能够真正反映供求变动趋势。

期货交易的透明度高，竞争公开化、公平化。期货市场是集中化的交易场所，自由报价，公开竞争，避免了现货交易中一对一的交易方式容易产生的欺诈和垄断行为，因此，期货交易发现的价格具有较高的权威性、公开性。期货价格是集中在交易所内通过公开竞争达成的，依据期货市场的信息披露制度，所有在期货交易所达成的交易及其价格都必须及时向会员报告并公之于众。通过传播媒介，交易者能够及时了解期货市场的交易情况和价格变化，并迅速传递到现货市场。目前，在大宗商品国际贸易中，原油、大豆、橡胶、有色金属等商品的价格大都以相关期货交易所形成的期货价格为参考标准。

三、期货交易的特点

期货交易既不同于现货交易和远期合约交易，也不同于其他有价证券投资工具，期货交易具有自己的特点，具体表现在以下几个方面。

（一）标准化合约

所有期货交易都是对期货合约进行买卖，期货合约都是标准化合约。期货合约的标准化是期货交易区别于其他交易的一个重要标志。期货合约的内容，相关交易所都做出了严格的标准。

（二）保证金制度

保证金制度是指期货交易者在进行期货交易前需缴纳一定的履约保证金，为买卖的期货合约提供一种履约保证，维持交易的正常进行。在交易过程中，交易者不需缴纳与合约金额相等的全额款项，只需缴纳一定比例的履约保证金，这使得期货交易具有一定的杠杆效应。通常用杠杆比例来衡量杠杆效应的大小，杠杆比例等于保证金比例的倒数。例如，保证金比例为 5%，则杠杆比例为 20 倍，期货价格波动的风险是相应现货价格波动风险的 20 倍。杠杆比例又被称为放大倍数。

（三）买空卖空机制

期货具有做空机制。期货的做空机制，是指在期货交易中投资者可以按照交易制度，先行卖出期货合约，而在未来某一时间再买入相应期货合约进行对冲。做空机制使得投资者在市场价格下跌的情况下同样有可能获得收益。当然，期货投资者也可以先行买进再卖出期货合约进行期货投资交易。

（四）有期限

期货交易买卖的期货合约具有固定期限。如果投资者在期货合约到期之后还持有相应期货合约，就必须进行实物交割。因此，随着期货合约到期日的临近，期货价格会逐渐趋近相应现货价格。

（五）交割率低

期货交易最后进行现货交割的比例很低，也就是说期货交易很少以最后履行合约内容的方式了结，绝大多数交易合约都以对冲平仓方式了结。一般来说，期货交易中实物交割量不超过相应交易量的 5%。

（六）场内交易

期货交易是在期货交易所内进行的，准确地说，是在期货交易所提供的交易系统内进行的。期货交易所为交易双方提供结算交割服务和履约担保，实行严格的结算交割制度，大大减少了违约的风险。

四、期货合约

（一）期货合约的基本概念

期货合约是指由期货交易所统一制定的、规定在将来某一特定的时间和地点交割一定数量和质量商品的标准化合约。它是期货交易的对象。期货合约是在现货合同和现货远期合约的基础上发展起来的，它们最本质的区别在于期货合约条款的标准化。

在期货市场交易的期货合约中，商品的数量、最小变动价位、涨跌停板幅度、质量等级及替代品升贴水标准、交割地点、交割月份等条款都是标准化的，只有期货价格是唯一变量，在交易所以公开竞价方式产生。期货合约的标准化，加之其转让无须背书，便利了期货合约的连续买卖，使其具有很强的市场流动性，极大地简化了交易过程，降低了交易成本，提高了交易效率。

（二）期货合约的基本条款

期货合约的各项条款设计对该品种期货交易顺利与否至关重要。期货合约的主要条款如下。

1. 合约名称

现货市场的商品种类繁多，并不是所有的现货商品都能够成为期货交易的品种，一种商品要成为期货交易品种一般要满足以下几个条件：价格波动频繁且波动幅度较大，品质容易划分和评定，储藏和保存的时间较长，买卖者众多。针对要交易的期货品种设计其期货合约时，合约名称应简单明了。以上海期货交易所铜期货合约为例，合约名称为阴极铜，实际交易中简称铜。期货合约名称指明了期货合约的标的物。

2. 交易单位

交易单位是指在期货交易所交易的每张期货合约代表的标的物的数量。例如，上海期货交易所规定，一张铜期货合约的交易单位为 5 吨。在交易时，只能以交易单位的整数倍进行买卖。确定期货合约交易单位的大小，主要应当考虑合约商品的市场规模、交易者的资金规模、期货交易所会员结构以及该商品现货交易习惯等因素。一般来说，某种商品的市场规模较大、交易者的资金规模较大，则该合约的交易单位就可以设计得大一些，反之则小一些。我国 1994～1995 年交易的铜、铝金属合约交易单位是每张 25 吨（伦敦金属交易所为 25 吨/张），后来考虑到活跃市场，改为现在的每张 5 吨。在实际交易中，常以张、手、口来表示买卖的合约数量，我国期货市场常用手表示。

3. 报价单位

报价单位是指在公开竞价过程中对期货合约报价所使用的单位，即每计量单位的货物市场价格。例如，上海期货交易所阴极铜的报价单位以元（人民币）/吨表示。

4. 最小变动价位

最小变动价位是指在期货交易所的公开竞价过程中，对合约商品每计量单位价格报价的最小变动数值。最小变动价位乘以交易单位，就是该合约的最小变动值。例如，上海期货交易所铜合约的最小变动价位是 10 元/吨，即每张合约的最小变动值是 10 元/吨×5 吨＝50 元。在期货交易中，每次报价必须是其合约规定的最小变动价位的整数倍。期货合约最小变动价值的确定，通常取决于该合约商品的种类、性质、市场价格波动情况和商业规范等。我国铜、铝最小变动价位是 10 元/吨；天然橡胶、棉花 5 元/吨；大豆、豆油、豆粕 2 元/吨。具体以交易所标准合约为准。

5. 每日价格波动幅度限制

在实际交易中，每日价格波动幅度限制称为涨跌停板幅度，每日价格波动幅度限制指当天相对前一交易日结算价上下波动最大幅度限制，国内以百分比表示，国外常用具体数额表示。例如，上海期货交易所铜的涨跌停板的幅度为上一交易日结算价的±3%。涨跌停板幅度设计是为了限制当天价格波动，控制期货交易风险。在特殊情况下，交易所有权变更涨跌停板幅度。我国所有商品期货均有涨跌停板。而国际上有的交易所有涨跌停板限制，有的则没有涨跌停板的限制，如英国的期货交易所没有涨跌停板的限制，日本东京工业品交易所也没有涨跌停板的限制。

6. 交割月份

合约交割月份是指某种期货合约到期要交割的月份。期货合约到期交割的比例很小。期货合约的交割月份由期货交易所规定，期货交易者可自由选择交易不同交割月份的期货合约。一般来说，交割月份有每个月、单月、双月、季月、滚动月份等种类。滚动交割月份相对而言复杂些。如香港恒生指数期货采取当月、下月及最近两个季月滚动交割月(若现在是1月，合约交割月份便为1月、2月、3月及6月)的方法。英国伦敦金属交易所则是采取逐日交割的方式，而金融期货交割月份一般是季月，即3月、6月、9月、12月。

7. 交易时间

期货合约的交易时间是固定的，每个交易所对交易时间都有严格规定。一般每周营业5天，周六、周日及国家法定节假日休息。一般每个交易日分为两盘，即上午盘和下午盘。各交易品种的交易时间安排由交易所公告。我国交易时间为周一至周五的9:00～11:30和13:00～15:00。国外不同交易所的交易时间不同。

8. 最后交易日

最后交易日是指某种期货合约在合约交割月份中进行交易的最后一个交易日，过了这个期限的未平仓期货合约，必须进行实物交割。根据不同期货合约商品的生产、消费和交易特点，期货交易所确定其不同的最后交易日。如上海期货交易所铜的最后交易日为合约交割月份的第15日(遇法定假日顺延)。

9. 交割日期

交割日期是指合约商品所有权进行转移，以实物交割方式了结未平仓合约的时间。如上海期货交易所铜的交割日期为交割月的16～20日(遇法定假日顺延)。

10. 交割等级

交割等级是指由期货交易所统一规定的、准许在交易所上市交易的合约商品的质量等级。在进行期货交易时，交易双方无需对商品的质量等级进行协商，发生实物交割时按交易所期货合约规定的标准质量等级进行交割。期货交易所在制定合约商品的等级时，常常采用国内或国际贸易中最通用和交易量较大的标准品的质量等级为标准交割等级。例如，上海期货交易所铜的交割等级为符合GB/T 467—2010标准的阴极铜，其中主成分铜加银含量不小于99.95%。

一般来说，为了保证期货交割顺利进行，许多期货交易所都允许在实物交割时，实际交割的商品的质量等级与期货合约规定的标准交割等级有所差别，即允许用与标准品有一定等级差别的商品作替代交割品。替代品的质量等级和品种一般也由期货交易所统一规定。交货人用期货交易所认可的替代品代替标准品进行实物交割时，收货人不能拒收。用替代品进行实物交割时，价格需要升贴水(即比标准品价格高或低)。替代品的实际价格，一般可按替代品等级是高于还是低于标准交割等级而进行升水或者贴水。替代品与标准品之间的等级差价，即升贴水标准，也由交易所统一规定，并可根据该合约商品的市场行情适时调整。

11. 交割地点

交割地点是指由期货交易所统一规定的、进行实物交割的指定交割仓库。由于在商品期货交易中大多涉及大宗实物商品的交割，因此统一指定交割仓库，可以保证卖方交付的商品符合期货合约规定的数量与质量等级，保证买方收到符合期货合约规定的商品，防止商品在储存与运输过程中出现损坏现象。一般来说，期货交易所在指定交割仓库时主要考虑的因素是：指定交割仓库所在地区的生产或消费集中程度、储存条件、运输条件以及质检条件等。负责金融期货交割的指定银行，必须具有良好的金融资信和较强的进行大额资金结算的业务能力，以及先进、高效的结算手段和设备。截至 2013 年 3 月底，上海期货交易所铜的交割仓库有上海期晟公司和国储天威等 15 个交割仓库。

12. 保证金比例

保证金是交易所规定的、交易者按合约价值的比例缴纳的履约金。最低保证金比例在合约中具体说明。不同期货合约的保证金比例各不相同，同一合约的保证金比例也不是固定不变的，在特殊情况下，交易所有权改变保证金比例。

13. 交易手续费

交易手续费是期货交易所按成交合约金额的一定比例或按成交合约张数收取的费用。交易手续费的收取标准，不同的期货交易所均有不同的规定。交易手续费的高低对市场流动性有一定影响。交易手续费过高，会增加期货市场的交易成本，扩大无赢利区间，降低市场的交易量，不利于市场的活跃，但也可起到抑制过度投机的作用。上海期货交易所铜的交易手续费为不高于成交金额的万分之二（含风险准备金）。

14. 交割方式

期货交易的交割方式分为实物交割和现金交割两种。在最后交易日结束后，手中还有未平仓合约的买方必须买进相应合约的商品，卖方必须卖出相应的商品，这是实物交割方式；在现金交割方式下，如果在最后交易日还持有未平仓合约，不必买入或卖出相应合约的“商品”，如利率期货中的国债期货，不必买卖对应的国债现货，而是按其现货价格折算成现金进行盈亏结算。商品期货通常采取实物交割方式，金融期货大多采用现金交割方式。上海期货交易所铜是采用实物交割方式。

15. 交易代码

为便于交易，每一期货品种都有交易代码，如我国期货市场中，黄大豆 1 号合约的交易代码为 A，黄大豆 2 号合约的交易代码为 B，阴极铜合约的交易代码为 CU，硬冬白小麦合约的交易代码为 WT，铝合约的交易代码为 AL，豆粕合约的交易代码为 M，天然橡胶合约的交易代码为 RU。如果交割月份是 2013 年 11 月的铜，那么该交易代码是 CU1311。表 15-1 是上海期货交易所阴极铜的合约文本，时间截至 2013 年 3 月 14 日。

表 15-1　上海期货交易所阴极铜标准合约

交易品种	阴极铜
交易单位	5 吨/手
报价单位	元(人民币)/吨
最小变动价位	10 元/吨
每日价格最大波动限制	不超过上一交易日结算价±3%

续表 15-1

合约交割月份	1～12月
交易时间	上午 9:00～11:30 下午 1:30～3:00
最后交易日	合约交割月份的 15 日(遇法定假日顺延)
交割日期	最后交易日后连续五个工作日
交割品级	标准品:阴极铜,符合国标 GB/T 467—2010 中 1 号标准铜(Cu－CATH－2)规定,其中主成分铜加银含量不小于 99.95% 替代品:阴极铜,符合国标 GB/T 467－2010 中 A 级铜(Cu－CATH－1)规定;或符合 BS EN 1978:1998 中 A 级铜(Cu－CATH－1)规定
交割地点	交易所指定交割仓库
最低交易保证金	合约价值的 5%
交易手续费	不高于成交金额的万分之二(含风险准备金)
交割方式	实物交割
交易代码	CU
上市交易所	上海期货交易所

资料来源:上海期货交易所网站。

五、中国期货市场的产生和发展

我国期货市场大致可分为试点、清理整顿和规范发展三个阶段。

(一) 试点阶段

1989 年 10 月,原商业部、国务院发展研究中心、国家体改委等部委向国务院提交了《关于试办粮食中央批发市场的报告》。1990 年 7 月,国务院批转了原商业部等八部委《关于试办郑州粮食批发市场的报告》。在国家部委和地方政府的积极支持下,经国务院批准,中国郑州商品交易所(Zhengzhou Commodity Exchange,ZCE)创办的粮食批发市场于 1990 年 10 月 12 日开业。在开业之初,该批发市场实际上是计划经济与市场经济相结合的一种市场形态,主要是为国家进行粮食调运和省际粮食购销服务。作为我国第一个农产品交易所,该批发市场以现货远期合同交易起步,逐渐引入期货交易机制,迈出了中国期货市场发展的第一步,同时也成为中国期货市场诞生和起步的重要标志。

随后,1991 年 6 月 10 日,深圳有色金属期货交易所宣告成立。它成功地借鉴了国际市场相关交易所的交易模式,并在同年 9 月 28 日推出了我国第一个商品期货标准合约——特级铝期货合约。深圳有色金属期货交易所的建立,不仅为我国期货行业的发展奠定了坚实的基础,探索出适合中国期货市场发展的运行模式,也为后来我国有色金属行业期货品种的成功运行,促进有色金属现货市场的逐步完善,国内外有色金属市场的顺利接轨起到了积极的推动作用。

上海金属交易所建立于 1992 年 5 月。在此前一年,原物资部、经贸部曾在上海邀请了伦敦金属交易所的专家、国内期货研究者、政府有关领导共同商讨在上海建立金属交易所的可能性。1993 年 3 月上海金属交易所推出一号铜标准化期货合约。

中国期货史上另一个具有历史意义的重要事件是 1992 年 9 月第一家期货经纪公司——广东万通期货经纪公司成立,以及同年年底中国国际期货经纪公司开业。这些专业化期货经纪公司的相继成立，为我国期货市场的快速起步及发展发挥了积极的促进作用。1993 年 5 月 28 日，郑州粮食批发市场推出标准化的期货合约，同时启用中国郑州商品交易所的名称，实行“一套机构，两块牌子，现货与期货两种机制并行运行”的市场模式。

随着我国期货市场的推进，不少地区都在进行建立期货交易所的尝试。特别是外盘期货交易业务在国内悄然兴起，推动了国内期货市场的迅速膨胀。从 1993 年开始，标有“交易所”名称的期货市场大批出现，各地纷纷批准成立期货经纪公司。期货市场一下子成为当时的市场经济改革热点，出现了盲目发展和市场秩序混乱的现象。

（二）清理整顿阶段

针对 1993 年期货市场盲目发展的状况，1993 年 11 月 4 日，国务院发出《关于制止期货市场盲目发展的通知》，要求坚决制止期货市场盲目发展。1994 年 5 月 30 日国务院发布 69 号文件，对期货行业进行第一次大的清理整顿。整顿后的期货交易所为 15 家，其后长春商品交易所因出具假仓单被关闭。69 号文件还要求已成文的期货经纪公司重新办理申请许可手续，要求期货经纪公司停止境外期货业务，作为例外，国有大型进出口集团可以成立新的期货经纪机构，代表集团的利益从事境外期货业务。自 1994 年期货业第一次大的清理整顿后，后续几年国家又对期货市场进行了进一步的整顿。1994 年 4 月 6 日停止了钢材、食糖、煤炭的期货交易；1994 年 9 月 29 日暂停了粳米、菜籽油的期货交易；1995 年 4 月，上海物贸因在上海商品交易所 9505 和 9507 胶合板合约中严重违规，成为第一个被中国证监会处罚的会员单位；1995 年 5 月由于“327 事件”和“319 风波”，暂停了国债期货交易；1995 年 9 月，中国证监会要求各期货交易所着手进行会员制改造；1996 年 2 月，国务院发文加强期货市场监管，金融机构退出期货市场；1997 年 3 月 1 日，李鹏总理在政府工作报告中指出：“规范证券、期货市场，增强风险意识”；1997 年 7 月，中国证监会对期货公司进行年检工作，公布第一批不予通过 1996 年检测的 11 家期货公司名单，因此，1997 年被中国证监会确定为“证券期货市场防范风险年”。在这几年期间，14 家期货交易所运行较为规范，并各自形成了交易活跃的期货品种。

（三）规范发展阶段

由于 14 家期货交易所对于刚刚起步的中国期货市场来说，数目过多，交易量分散、价格发现功能不能得到充分发挥，1998 年 8 月，国务院发布了《关于进一步整顿和规范期货市场的通知》，对期货市场进行了规范。对期货经纪公司进行了数量、质量上的调整，改变了整个期货市场的格局，将原来的 14 家期货交易所合并为大连、郑州、上海 3 家期货交易所，交易品种由 35 个削减为 12 个，即保留铜、铝、大豆、小麦、豆粕、绿豆、天然橡胶、胶合板、籼米、啤酒大麦、红小豆、花生仁。同月，国务院转批中国证监会《证券监管机构体制改革方案》的通知，确立中国证监会统一负责对全国证券、期货业的监管。

1999 年 6 月 2 日，国务院颁布了《期货交易管理暂行条例》，与之相配套的《期货交易所管理办法》、《期货经纪公司管理办法》、《期货经纪公司高级管理人员任职资格管理办法》和《期货业从业人员资格管理办法》也相继发布实施，从而加强了对期货市场的监管，为期货市场的规范运作打下了坚实的基础，中国期货市场从此进入了发展新阶段。1999 年 12 月，大连商品期货交易所、郑州商品期货交易所和上海期货交易所分别召开会员大会。三家交易所正式挂牌成立。2000 年 1 月，中国证监会组织了期货从业人员的统一考试，第一次规范了全国期货从业人员的从业资格考核和管理。此后，期货高级管理人员的从业资格培训也分期分批地完成了。期货从业人员真正有了国家颁发的行业资格证书。2000 年 12 月，中国期货协会正式成立，期货行业第一次有了自己正式的行业自律组织。它标志着中国期货市场“三级”监管及管理体系已初步形成。期货市场开始走向更加规范的发展道路。2001 年 5 月 8 日，国内三家期货交易所正式实现了通信联网。它标志着我国期货交易所积极适应世界期货市场发展的新趋势，向着更加成熟、快捷、健康的方向迈进。三家交易所相互联通，表明国内期货市场开始从区域分割走向统一。2002 年 5 月 17 日，中国证监会发布《期货交易所管理办法》、《期货经纪公司管理办法》，同年 7 月 1 日正式实施，标志着对期货交易所和期货经纪公司的管理步入了一个新的阶段。2003 年 3 月 18 日，自 1998 年以来，第一个新品种——郑州商品交易所强筋小麦上市交易。2004 年 3 月，《国务院关于推进资本市场改革开放和稳定发展的若干意见》中明确规定：期货经纪公司属于金融机构，而在此之前，期货经纪公司属于服务行业。所有这些为期货市场的发展奠定了良好的发展基础。2005 年 8 月 19 日，证监会出台了《关于香港、澳门服务提供者参股期货经纪公司有关问题的通知》，此举被认为是中国期货业对外开放迈出的实质性一步。2006 年，中国期货市场迎来了崭新的一年，白糖、豆油期货品种相继上市，中国金融期货交易所在上海正式成立并推出了沪深 300 指数期货仿真交易。2007 年 3 月 6 日，国务院发布修订后的《期货交易管理条例》，为金融期货的推出奠定了法律基础；2007 年 6 月 27 日，中国金融期货交易所出台了《中国金融期货交易所交易规则》，形成了我国第一个金融期货交易的市场规则。2010 年 4 月 16 日，沪深 300 指数期货在中国金融期货交易所正式上市，标志着我国期货市场进入一个产品创新的新阶段。

第二节 期货市场的运行

一、期货市场的参与者

期货市场的参与者包括期货交易所、期货结算所、期货经纪公司、期货投资者和期货监管机构。期货市场的正常运行离不开期货市场的参与者。正是由期货市场的参与者构成了期货市场的组织结构模式。

（一）期货交易所

期货交易所是专门进行标准化期货合约买卖的场所，是一种具有高度系统性和严密性、高度组织化和规范化的交易服务组织，自身不参与交易活动，不参与期货价格的形成，也不拥有合约标的的商品，只为期货交易提供设施和服务。期货交易所在期货交易过程中具有以下职能：提供交易场所、设施及相关服务；制定并实施业务规则；设计合约、安排上市；组织和监督期货交易；监控市场风险；保证合约履行；发布市场信息；监管指定交割仓库。表 15-2 列举了世界主要的期货交易所。

我国期货交易所指依照《期货交易管理暂行条例》和《交易所管理办法》规定条件设立的，履行《期货交易管理暂行条例》规定的职能，按照交易所章程实行自律性管理的法人。目前我国经国务院批准成立的期货交易所有四家，分别是郑州商品交易所、大连商品交易所、上海期货交易所和中国金融期货交易所。我国的期货交易所实行会员制。由中国证监会垂直领导，交易所的总经理、副总经理由中国证监会任命。

表 15-2　　世界主要的期货交易所

地　区	交易所名称	代　码	英文名称
中　国	上海期货交易所	SHFE	Shanghai Futures Exchange
	大连商品交易所	DCE	Dalian Commodity Exchange
	郑州商品交易所	CZCE	Zhengzhou Commodity Exchange
	中国金融期货交易所	CFFE	China Financial Futures Exchange
美　国	芝加哥期货交易所	CBOT	The Chicago Board of Trade
	芝加哥商品交易所	CME	Chicago Mercantile Exchange
	芝加哥商业交易所国际货币市场	IMM	International Monetary Market
	芝加哥期权交易所	CBOE	Chicago Board Options Exchange
	纽约商品交易所	NYMEX	New York Mercantile Exchange
	纽约期货交易所	NYBOT	New York Board of Trade
	美国(纽约)金属交易所	COMEX	Commerce Exchange
	堪萨斯商品交易所	KCBT	Kansas City Board of Trade
加拿大	加拿大蒙特利尔交易所	ME	Montreal Exchange Markets
英　国	伦敦国际金融期货及选择权交易所	LIFFE	London International Financial Futures and Options Exchange
	伦敦商品交易所	LCE	London Commerce Exchange
	英国国际石油交易所	IPE	International Petroleum Exchange
	伦敦金属交易所	LME	London Metal Exchange
法　国	法国期货交易所	MATIF	Marchéà Terme International de France
德　国	德国期货交易所	DTB	Deutsche Boerse
瑞　士	瑞士选择权与金融期货交易所	SOFFEX	Swiss Options and Financial Futures Exchange
	欧洲期权与期货交易所	EUREX	The Eurex Deutschland
瑞　典	瑞典斯德哥尔摩选择权交易所	OM	OM Stockholm
西班牙	西班牙固定利得金融期货交易所	MEFFRF	MEFF RentaFija
	西班牙不定利得金融期货交易所	MEFFRV	MEFF Renta Variable
日　本	日本东京国际金融期货交易所	TIFFE	The Tokyo International Financial Futures Exchange
	日本东京工业品交易所	TOCOM	The Tokyo Commodity Exchange
	日本东京谷物交易所	TGE	The Tokyo Grain Exchange
新加坡	新加坡国际金融交易所	SIMEX	Singapore International Monetary Exchange
	新加坡商品交易所	SICOM	Singapore Commodity Exchange
澳　洲	澳洲悉尼期货交易所	SFE	Sydney Futures Exchange

（二）期货结算所

期货结算所是负责对每日成交的期货合约进行清算，对结算所会员的保证金账户进行调整平衡，负责收取和管理保证金的机构。结算所是期货交易的核心和灵魂，建立科学合理的结算体系是期货市场规范化建设的一个重要方面。根据期货结算机构与期货交易所的关系，一般可以将其分为两种模式：第一种，交易所控制着自身的结算环节。其中，交易所的业务结算可以由交易所的内部结算所办理，也可以由交易所全资控股的结算公司来进行。这种结算模式被称为专属模式。第二种，交易所将结算业务外包给专门的所，交易与结算环节相分离。这种结算模式被称为独立模式。目前，我国的郑州商品交易所、大连商品交易所和上海期货交易所均是在交易所内部设立结算部，负责对本交易所的交易结算。

（三）期货经纪公司

所谓期货经纪公司，是以期货经纪代理业务为主业的公司，即依法成立，代理客户用自己的名义进行期货买卖，以收取客户佣金为主业的独立核算经济实体。期货经纪公司的存在是有其合理性的。期货市场的产生和发展，是由于期货交易者具有套期保值或投资的需求。每一个交易者都希望直接进入期货市场进行交易，但是由于期货交易的高风险性，决定了期货交易所必须制定严格的会员交易制度，非会员不得入场交易，于是就产生了严格的会员交易制度与吸引更多交易者、扩大市场规模之间的矛盾。为了解决这一矛盾，就要允许一部分具备条件的会员接受客户的委托，代理客户进行期货交易，于是就产生了期货经纪公司。在我国期货交易所的会员有两大类：一类是代理客户从事期货业务的经纪公司，这类会员不能从事自营业务；另一类为自售类会员，即非经纪公司会员，这类会员不能代理客户从事期货交易，只能为自己的企业从事套期保值交易。我国设立期货经纪公司，必须经中国证监会批准。未经批准，任何单位和个人不得从事期货经纪业务。设立期货经纪公司，应当符合公司法的规定，并应当具备下列条件：一是注册资本最低限额为人民币 3 000 万元；二是有规范的公司章程；三是有具备任职资格的高级管理人员；四是有 15 名以上具备期货从业资格的高级管理人员；五是有健全的组织结构和管理制度；六是有符合要求的经济业务规则、财务会计制度、风险管理和内部控制制度；七是有符合要求的经营场所和合格的交易设施；八是中国证监会规定的其他条件。

（四）期货投资者

期货投资者又称期货交易者，是指在期货市场进行投资活动的机构和个人，他们是期货市场的主体，直接参与期货合约的买卖，承担价格波动风险，是期货市场存在和发展的基础。根据参与期货交易的目的不同，期货市场的投资者可以分为投机者和套期保值者。套期保值者是指那些把期货市场当作转移风险的场所，利用期货合约作为将来在现货市场上买卖某种标的物的临时替代物，对其现在买进（或已拥有、将拥有）准备以后出售的某种标的物或对将来要买进的某种标的物价格进行锁定的个人或企业。套期保值者往往是生产商、加工商、经营商、进出口商或金融市场的投资者、融资者等。期货投机者是指那些对期货价格未来走势进行分析并买卖期货合约以期从价格波动中获取利润的个人或企业。

（五）期货监管机构

目前，我国期货市场已形成了中国证监会、期货交易所、中国期货业协会三级监管体系，通过立法管理、行政管理与行业自律管理三个方面对期货市场进行风险监管。各国均设有监管期货市场的专门机构。如美国期货市场由期货交易委员会(CETC)监管,并由全国期货协会(NFA)进行自律性监管。日本是分开进行管理的,农产品期货归农林水产省管理,工业品期货归通商产业省管理,金融期货归大藏省管理。香港期货市场归财政司监管。新加坡期货市场由金融管理局监管。在我国,中国证券监督管理委员会是期货市场的监管机构。

期货交易所制定并实施期货交易规则及其实施细则,按照章程和交易规则监管会员及其客户以及期货市场其他参与者的期货业务。期货行业协会是期货业的自律性组织,是社会团体法人。我国期货业协会成立于2000年12月29日,其由以期货经纪机构为主的团体会员、期货交易所特别会员组成。协会宗旨是贯彻执行国家法律法规和国家有关期货市场的方针政策,发挥政府与行业之间的桥梁和纽带作用,实行行业自律管理,维护会员的合法权益,维护期货市场的公开、公平、公正原则,开展对期货从业人员的职业道德教育、专业技术培训和严格管理,促进中国期货市场规范、健康、稳定地发展。

二、期货交易制度

为了保证期货交易的正常进行,立法部门、监管机构和期货交易所规定和制定了一系列制度,主要有以下几种。

(一)保证金制度

保证金制度,就是指在期货交易中,任何交易者必须按照其所买卖期货合约价值的一定比例缴纳资金,作为其履行期货合约的财力保证,然后才能参与期货合约的买卖,所交的资金就是保证金,这个比例通常是合约价值的5%～10%,合约规定的保证金是最低的保证金。在我国,保证金一般以货币资金缴纳,如果要以上市流通国库券、标准仓单折抵期货保证金,则应当符合有关规定。

保证金的收取是分级进行的,可分为期货交易所向会员收取的保证金和期货经纪公司向客户收取的保证金,即分为会员保证金和客户保证金。会员保证金是指期货交易所对会员收取的保证金,限于担保会员及其客户对买卖合约的履行和无负债的结算。客户保证金是指期货公司对客户收取的保证金,用于客户担保合约的履行。根据期货交易管理有关法规的规定,客户保证金比例在会员保证金比例基础上增加3%。

保证金又可分为结算准备金和交易保证金。结算准备金是指会员为了交易结算在交易所专用结算账户中预先准备的资金,是未被合约占用的保证金。结算准备金的最低余额由交易所决定,每日交易开始前,会员结算准备金余额低于此额度不得开新仓。当结算准备金余额为负数且不能及时追加时,交易所将按有关规定对其强行平仓。交易保证金是指会员在交易所专用结算账户中确保合约履行的资金,是已被合约占用的保证金。当买卖双方成交后,交易所按持仓合约价值的一定比率收取交易保证金。

(二)每日无负债结算制度

每日无负债结算制度又称"逐日盯市制度",是指每日交易结束后,交易所按当日结算价结算所有合约的盈亏、交易保证金、手续费和税金等费用,对应收应付的款项同时划转,相应增加或减少会员的结算准备金。结算价与这一制度有密切联系。商品期货当日结算价是指某一商品期货合约当日成交价格按照成交量的加权平均价,当日无成交价格的,以上一交易日的结算价作为当日结算价。金融期货当日结算价为某一金融期货合约最后一小时成交价格按照成交量的加权平均价。

期货交易实行分级结算，即交易所对会员进行结算，会员对客户进行结算。当会员（客户）的保证金不足时，交易所（经纪公司）立即向会员（客户）发出追加保证金通知，会员（客户）应在规定的时间内向交易所（经纪公司）追加保证金。

（三）持仓限额制度

持仓限额制度是指期货交易所为了防范操纵市场价格的行为和防止期货市场风险过度集中于少数投资者，对会员及投资者的持仓数量进行限制的制度。超过限额，交易所可按规定强行平仓或提高保证金比例。交易所根据不同的期货合约、不同的交易阶段制定持仓限额，从而减少市场风险产生的可能性。如交易所可以按照“一般月份”、“交割月前一个月份”、“交割月份”三个阶段依次对持仓数额进行限制，在一般月份，一个会员对某种合约的单边持仓量不得超过交易所该合约持仓总量的15%。距离交割月越近，会员或投资者的规定持仓量越小，以防止合约到期日实物交割数量过大而可能引起大面积交割违约风险。

（四）大户报告制度

大户报告制度是防范大户操纵市场价格、控制市场风险的制度。如上海期货交易所规定，当会员或投资者某品种持仓合约的投机和套利头寸达到交易所对其规定的头寸持仓限量80%以上时，会员或投资者应通过经纪会员向交易所报告其资金情况、头寸情况等。通过实施大户报告制度，可以使交易所对持仓量较大的会员或投资者进行重点监控，了解其持仓动向、意图，对于有效防范市场风险有积极作用。大户报告制度一般有以下规定：第一，达到交易所大户报告界限的会员和投资者应主动在规定时间内向交易所提供相关资料，主要包括持仓情况、持仓保证金、可动用资金、持仓意向、资金来源、预报和申请的交割数量等。达到交易所大户标准的投资者所提供的资料须由其经纪会员进行初审，转交期货交易所。经纪会员应保证投资者所提供资料的真实性。第二，进行套期保值交易的会员或投资者也应遵守大户报告制度。第三，交易所可以根据市场风险状况改变要求报告的持仓水平。

（五）交割制度

交割是指合约到期时，按照期货交易所的规则和程序，交易双方通过该合约所载标的物所有权的转移，或者按照规定结算价格进行现金差价结算，了结到期未平仓合约的过程。以标的物所有权转移进行的交割为实物交割，按结算价进行现金差价结算的交割为现金交割。一般来说，商品期货以实物交割为主，金融期货以现金交割为主。

（六）强制平仓制度

为控制市场风险，交易所实行强制平仓制度。强制平仓是指当会员或投资者违规时，交易所对其有关持仓实行平仓的一种强制措施。当会员或投资者出现下列情况之一时，交易所对其持仓实行强制平仓：会员结算准备金或客户可用资金余额小于零，并未能在规定时限内补足的；持仓量超出其限仓规定的；因违规受到交易所强制平仓处罚的；根据交易所的紧急措施应予强制平仓的；其他应予强制平仓的。前两项需强行平仓头寸可由会员单位（如期货经纪公司）确定，只要强行平仓结果符合交易所规则即可；后三顶强行平仓头寸由交易所确定。

（七）涨跌停板制度

涨跌停板制度是指期货合约在一个交易日中的成交价格不能高于或低于以该合约上一

交易日结算价为基准的某一涨跌幅度，超过该范围的报价将视为无效，不能成交。在涨跌停板制度下，前一交易日结算价加上允许的最大涨幅构成当日价格上涨的上限，称为涨停板；前一交易日结算价减去允许的最大跌幅构成当日价格下跌的下限，称为跌停板。因此，涨跌停板又叫每日价格最大波动幅度限制。涨跌停板的幅度有百分比和固定数量两种形式。如上海金属交易所的铜、铝涨跌停板幅度为3%，涨跌停板的绝对幅度随上日结算价而变动；而郑州商品交易所原来的绿豆合约（现在没有这个品种）则是以昨日结算价为基准，上下波动1 200元/吨作为涨跌停板幅度。

（八）风险准备金制度

风险准备金制度是指，为了维护期货市场正常运转提供财务担保和弥补因不可预见风险带来亏损而提取的专项资金的制度。

（九）信息披露制度

信息披露制度是指期货交易所按有关规定定期公布期货交易有关信息的制度。期货交易所公布的信息主要包括在交易所期货交易活动中产生的所有上市品种的期货交易行情、各种期货交易数据统计资料、交易所发布的各种公告信息以及中国证监会制定披露的其他相关信息。

三、期货交易的流程

期货交易与一般的现货交易相比，在其业务操作流程上具有自身的特点。期货交易业务操作一般包括5个步骤：开户、下单、竞价与成交、结算、交割等几个方面。

（一）开户

由于能够直接进入期货交易所进行交易的只能是期货交易所的会员，包括期货经纪公司会员和非期货经纪公司会员。所以，普通投资者在进入期货市场交易之前，应首先选择一个具备合法代理资格、信誉好、资金安全、运作规范和收费比较合理等条件的期货经纪公司。自营会员没有代理资格。

投资者在经过对比、判断、选定期货经纪公司之后，即可向该期货经纪公司提出委托申请，开立账户。开立账户实质上是投资者（委托人）与期货经纪公司（代理人）之间建立的一种法律关系。一般来说，各期货经纪公司会员为客户开设账户的程序及所需的文件不尽相同，但基本程序及方法大致相同。

首先是风险揭示。客户委托期货经纪公司从事期货交易必须事先在期货经纪公司办理开户登记。期货经纪公司在接受客户开户申请时，需向客户提供《期货交易风险说明书》。个人客户应在仔细阅读并理解后，在该《期货交易风险说明书》上签字；单位客户应在仔细阅读并理解之后，由单位法定代表人在该《期货交易风险说明书》上签字并加盖单位公章。

然后是签署合同。期货经纪公司在接受客户开户申请时，双方须签署《期货经纪合同》。个人客户应在该合同上签字，单位客户应由法定代表人在该合同上签字并加盖公章。个人开户应提供本人身份证，留存印鉴或签名样卡。单位开户应提供《企业法人营业执照》影印件，并提供法定代表人及本单位期货交易业务执行人的姓名、联系电话、单位及其法定代表人或单位负责人印鉴等内容的书面材料及法定代表人授权期货交易业务执行人的书面授权书。交易所实行客户交易编码登记备案制度，客户开户时应由期货经纪公司按交易所统一的编码规则进行编号，一户一码，专码专用，不得混码交易。期货经纪公司注销客户的交易编码,应向交易所备案。

最后是缴纳保证金。客户在期货经纪公司签署期货经纪合同之后,应按规定缴纳开户保证金。期货经纪公司应将客户所缴纳的保证金存入期货经纪合同中指定的客户账户中,供客户进行期货交易。期货经纪公司向客户收取的保证金,属于客户所有;期货经纪公司除按照中国证监会的规定为客户向期货交易所交存保证金进行交易结算外,严禁挪作他用。

(二) 下单

客户在按规定足额缴纳开户保证金后,即可开始交易,进行委托下单。所谓下单,是指客户在每笔交易前向期货经纪公司业务人员下达交易指令,说明拟买卖合约的种类、数量、价格等的行为。期货交易指令的种类很多,并且各种不同交易指令的作用也各不相同。因此,客户应先熟悉和掌握有关的交易指令,然后选择不同的期货合约进行具体交易。

无论哪一类期货交易指令,其基本内容一般包括:期货交易的品种、买入还是卖出、数量、月份、价格、日期及时间、期货交易所名称、客户名称、客户编码和账户、期货经纪公司和客户签名等。

1. 常用交易指令

国际上通用的期货交易指令有很多,主要包括:市价指令、限价指令、止损指令和取消指令等。我国期货交易所规定的交易指令有两种:限价指令和取消指令,交易指令当日有效。在指令成交前,客户可提出变更或撤销。

(1) 市价指令。市价指令是指客户通知经纪人以指令传送到期货交易所交易厅当时,市场可获得的最好价格买入或卖出期货合约的指令。客户在下达这种指令时不须指明具体的价位,而是要求期货经纪公司出市代表以当时市场上可执行的最好价格达成交易。这种指令的特点是成交速度快,一旦指令下达后不可更改或撤销。

(2) 限价指令。限价指令是指执行时必须按限定价格或更好的价格成交的指令。限价指令又分为买入限价指令和卖出限价指令。买入限价指令是指当市场价格达到或低于某一价位时才执行买入期货合约的指令。卖出限价指令是指当市场价格达到或高于某一价位时才执行卖出期货合约的指令。下达限价指令时,客户必须指明具体的价位。它的特点是可以按客户的预期价格成交,成交速度相对较慢,有时甚至无法成交。例如:你填写一个指令,“卖出限价为 2 064 元/吨的 2002 年 5 月大豆合约 10 手”,那么,当市场的交易价格高于 2 064 元/吨的时候,你的指令就成交了,而且,卖出的价格一定是等于或高于 2 064 元/吨。限价指令对交易价格要求明确,但能否执行取决于指令有效期内价格的变动。如没有触及限价水平,该指令就没有机会执行。

(3) 止损指令。止损指令是指客户要求在市场价格跌至某一预定限度内即以市价卖出,或在市场价格上涨至某一预定限度内即以市价买入的指令。客户利用止损指令,既可以有效地锁定利润,又可以将可能的损失降至最低限度,还可以相对较小的风险建立新的头寸。例如,你于 2 188 元/吨的价格买入 2000 年 5 月大豆合约 10 手,自己设定止损价格为 2 148 元/吨,当市场价格跌破 2 148 元/吨时,你应毫不犹豫地下达卖出平仓指令,把损失控制在最低程度。

(4) 阶梯价格指令。阶梯价格指令是指按指定的价格间隔,逐步购买或出售指定数量期货合约的指令。买入时采取阶梯式递减价位的方式,而卖出时采取阶梯式递增价位的方式。此种指令可以起到平均买价或卖价的作用，适合稳健型投资者采用。其主要作用是可以避免因仓促采取行动而遭受损失。

(5) 限时指令。限时指令是指要求在某一时间段内执行的指令。如果在该时间段内指令未被执行，则自动取消。限时指令具体指令形式还包括开盘指令、收盘指令、当日指令和多日指令。

(6) 套利指令。套利指令是指客户指示经纪人同时买入和卖出两种相关期货合约进行套利投机交易的指令。要求两个指令同时执行，或一个指令执行后另一个指令也立即执行。它主要包括跨商品套利指令、跨期套利指令和跨市场套利指令等。

(7) 双向指令。双向指令是指客户向经纪人下达两个指令，一个指令执行后，另一个指令则自动撤销。

(8) 取消指令。取消指令是指客户要求将某一指定指令取消的指令。通过执行该指令，将客户以前下达的指令完全取消，并且没有新的指令取代原指令。例如：你下达限价指令"卖出限价为 2 064 元/吨的 2002 年五月大豆合约 10 手"后，只成交了 5 手，这时，你可以下达取消指令。撤单后，你原来下达的限价指令就部分失效了，另外的 5 手就不会成交了。

期货经纪公司对其代理客户的所有指令，必须通过交易所集中撮合交易，不得私下对冲，不得向客户作获利保证或者与客户分享收益。

2. 下单方式

客户在正式交易前，首先应该制订详细周密的交易计划。然后客户就可以按计划下单交易。客户通过书面、电话或者中国证监会规定的其他方式向期货经纪公司下达交易指令。可供客户选择的下达期货交易指令的方式主要有三种。

(1) 书面下单，即客户亲自填写交易单，填好后签字交由期货经纪公司交易部，再由期货经纪公司交易部通过电话报单至该期货经纪公司在期货交易所场内的出市代表，由出市代表在期货交易所交易大厅进行竞价交易。

(2) 电话下单，即客户通过电话直接将指令下达到期货经纪公司交易部，再由交易部通知出市代表下单。期货经纪公司须将客户的指令予以录音，以备查证。事后，客户应在交易单上补签姓名。期货经纪公司在接受客户指令后，应及时通知出市代表。出市代表应及时将客户的指令输入交易席位上的计算机终端进行竞价交易。

(3) 网络下单，即客户利用互联网，使用经纪公司配置的网上下单系统进行网上下单。进入下单系统后，客户需输入自己的客户号与密码，经确认后即可输入下单指令。下单指令通过互联网传到经纪公司后，通过专线传到交易所主机进行撮合成交。客户可以在经纪公司的下单系统获得成交回报。

(三) 竞价与成交

1. 竞价方式

在期货交易所进行现场交易的人员根据职责和交易目的的不同可区分为场内经纪人和自营交易者，他们都是以公开竞价的方式买入或卖出期货合约的。目前采用的场内公开竞价方式主要有两类：公开喊价方式和计算机撮合成交。目前国内期货交易所采用的是计算机撮合成交方式。

(1) 公开喊价方式

公开喊价方式又可分为两种形式：连续竞价制和一节一价制。

① 连续竞价制是指在交易所交易池内由交易者面对面地公开喊价，表达各自买进或卖出合约的要求。按照规则，交易者在报价时既要发出声音，又要做出手势，以保证报价的准确性。由于价格变化一般是连续递进的，因此报价商在喊价时通常只叫出价格的一部分即可。价格和数量的喊声还要在报价人和要价人之间进行反馈，以减少误听所引起的错误。这种方式属于传统的竞价方式，在欧美期货市场较为流行，有利于活跃场内气氛，维护公开、公平、公正的定价原则。

② 一节一价制是指把每个交易日分为若干交易节，每个交易节只有一个成交价格的制度。每节交易由主持人最先叫价，所有场内经纪人根据其叫价申报买卖数量，直至在某一价格上买卖双方的交易数量相等时为止。由于一节一价制是在每一节交易中一种合约形成一个价格，所以没有连续不断的竞价。这种叫价方式在日本的期货交易中较为普遍。

(2) 计算机撮合成交方式

计算机撮合成交是根据公开喊价的原理设计而成的一种计算机自动化交易方式，是指期货交易所的计算机交易系统对交易双方的交易指令进行配对的过程。这种交易方式相对公开喊价方式来说，具有准确、连续等特点，但有时会出现交易系统故障等造成的风险。

国内期货交易所计算机交易系统的运行，一般是将买卖申报单以价格优先、时间优先的原则进行排序。当买入价大于、等于卖出价则自动撮合成交，撮合成交价等于买入价格(BP)、卖出价格(SP)和前一成交价格(CP)三者中居中的一个价格。即：当 $BP \geqslant SP \geqslant CP$，则：最新成交价＝SP；当 $BP \geqslant CP \geqslant SP$，则：最新成交价＝CP；当 $CP \geqslant BP \geqslant SP$，则：最新成交价＝BP。开盘价和收盘价也采用计算机交易系统以集合竞价方式产生。下面以一个例子来介绍交易所的撮合成交的流程：例如，某一天，大豆的 2000 年 5 月合约，一位交易者准备以 2 188 元/吨的价格买进 50 手，另一个想以 2 189 元/吨卖出 100 手，这两条指令输入交易系统后，由于卖价比买价高，所以无法成交。这两条指令就在行情显示器上显示出来，当你看到行情时，你认为 2 188 元/吨的价格太高了，卖出肯定能获利，立即填写指令单，以 2 188 元/吨的价格卖出 10 手。交易指令输入交易系统后，买卖价格一致，立即成交。这时，你就会等待价格的进一步波动，当价格下跌时，你就可以获利平仓。

开盘价集合竞价在某品种某月份合约每一交易日开市前 5 分钟内进行，其中前 4 分钟为期货合约买、卖价格指令申报时间，后 1 分钟为集合竞价撮合时间，开市时产生开盘价。

收盘价集合竞价在某品种某月份合约每一交易日收市前 5 分钟内进行，其中前 4 分钟为期货合约买、卖价格指令申报时间，后 1 分钟为集合竞价撮合时间，收市时产生收盘价。

集合竞价采用最大成交量原则，即以此价格成交能够得到最大成交量。高于集合竞价产生的价格的买入申报全部成交；低于集合竞价产生的价格的卖出申报全部成交；等于集合竞价产生的价格的买入或卖出申报，根据买入申报量和卖出申报量的多少，按少的一方的申报量成交。

2. 成交回报与确认

期货经纪公司的场内经纪人收到交易指令后，在确认无误后以最快的速度将指令输入计算机内进行公开竞价交易。当计算机显示指令成交后，场内经纪人必须马上将成交的结果反馈回期货经纪公司的交易部。期货经纪公司交易部将场内经纪人反馈回来的成交结果记录在交易单上并打上时间戳记后，将记录单报告给客户，从而完成整个交易指令。成交回报记录单应包括成交价格、成交手数、成交回报时间等。

期货交易制度规定，每一笔期货交易只有通过期货结算所核定、结算并注册后才能最终成为合法有效的期货合约。客户对交易结算单记载事项有异议的，应当在下一交易日开市前向期货经纪公司提出书面异议；客户对交易结算单记载事项无异议的，应当在交易结算单上签字确认或者按照期货经纪合同约定的方式确认。客户既未对交易结算单记载事项确认，也未提出异议的，视为对交易结算单的确认。对于客户有异议的，期货经纪公司应当根据原始指令记录和交易记录予以核实。

（四）结算

1. 结算程序

结算是指根据交易结果和交易所有关规定对会员交易保证金、盈亏、手续费、交割货款和其他有关款项进行的计算、划拨，其计算结果将被计入客户的保证金账户。

按照期货交易所和期货结算所的制度规定，期货交易的结算也是分级、分层的。交易所只对会员买卖的期货合约进行结算，非会员单位或个人通过其期货经纪公司会员对买卖的期货合约结算。

(1) 交易所对会员的结算

期货结算所在每一交易日结束后对每一会员的盈亏、交易手续费、交易保证金等款项进行结算。其核算结果是会员核对当日有关交易并对客户结算的依据，会员可通过会员服务系统于每交易日规定时间内获得《会员当日平仓盈亏表》、《会员当日成交合约表》、《会员当日持仓表》和《会员资金结算表》。会员每天应及时获取交易所提供的结算结果，做好核对工作，并将之妥善保存。会员如对结算结果有异议，应在第二天开市前30分钟以书面形式通知交易所。遇特殊情况，会员可在第二天开市后2小时内以书面形式通知交易所。如在规定时间内会员没有对结算数据提出异议，则视做会员已认可结算数据的准确性。

交易所在交易结算完成后，将会员资金的划转数据传递给有关结算银行。会员资金按当日盈亏进行划转，当日盈利划入会员结算准备金，当日亏损从会员结算准备金中扣划。当日结算时的交易保证金超过昨日结算时的交易保证金部分从会员结算准备金中扣划。当日结算时的交易保证金低于昨日结算时的交易保证金部分划入会员结算准备金。手续费、税金等各项费用从会员的结算准备金中直接扣划。每日结算后，当会员的结算保证金低于交易所规定的最低保证金时，交易所要按规定方式通知会员追加保证金，会员不能按时追加保证金时，交易所应对会员部分或全部持仓强行平仓，直至保证金余额能够维持其剩余头寸。

(2) 期货经纪公司对客户的结算

期货结算所会员或期货经纪公司对客户的结算与结算所对结算会员的结算方法一样，即每一交易日交易结束后对每一客户的盈亏、交易手续费、交易保证金等款项进行结算。交易手续费应不低于期货合约规定的交易手续费标准的3倍，交易保证金应高于交易所收取的交易保证金比例至少3个百分点。

期货经纪公司在每日结算后向客户发出交易结算单。交易结算单一般载明下列事项：账号及户名、成交日期、成交品种、合约月份、成交数量及价格、买入或者卖出、开仓或者平仓、当日结算价、保证金占用额和保证金余额、交易手续费及其他费用、税款等需要载明的事项。每日结算后客户保证金低于期货交易所规定的交易保证金水平时，期货经纪公司按照期货经纪合同约定的方式通知客户追加保证金；客户不能按时追加保证金的，期货经纪公司应当将该客户部分或全部持仓强行平仓，直至保证金余额能够维持其剩余头寸。

2. 结算公式与应用

平仓是指期货交易者买入或卖出与其所持期货合约的品种、数量及交割月份相同但交易方向相反的期货合约，了结期货交易的行为。当日结算价是指某一期货合约当日成交价格按照成交量的加权平均价。当日无成交价格的，以上一交易日的结算价作为当日结算价。每个期货合约均以当日结算价作为计算当日盈亏的依据。持仓量是指期货交易者所持有的未平仓合约的数量。未平仓期货合约均以当日结算价作为计算当日盈亏的依据。

当日盈亏可以分项计算。分项结算公式为：

$$当日盈亏=平仓盈亏+持仓盈亏$$

(1) 平仓盈亏=平历史仓盈亏+平当日仓盈亏

$$平历史仓盈亏=\sum[(卖出平仓价-上一交易日结算价)\times 卖出平仓量]+\sum[(上一交易日结算价-买入平仓价)\times 买入平仓量]$$

$$平当日仓盈亏=\sum[(当日卖出平仓价-当日买入开仓价)\times 卖出平仓量]+\sum[(当日卖出开仓价-当日买入平仓价)\times 买入平仓量]$$

(2) 持仓盈亏 = 历史持仓盈亏 + 当日开仓持仓盈亏

$$历史持仓盈亏=(当日结算价-上一日结算价)\times 持仓量$$

$$当日开仓持仓盈亏=\sum[(卖出开仓价-当日结算价)\times 卖出开仓量]+\sum[(当日结算价-买入开仓价)\times 买入开仓量]$$

(3) 当日盈亏可以综合成为总公式

$$当日盈亏=\sum[(卖出成交价-当日结算价)\times 卖出量]+\sum[(当日结算价-买入成交价)\times 买入量]+(上一交易日结算价-当日结算价)\times(上一交易日卖出持仓量-上一交易日买入持仓量)$$

(4) 当日盈亏在每日结算时进行划转，当日盈利划入客户结算准备金(即可用资金)，当日亏损从客户结算准备金中扣划。当日结算时的交易保证金超过昨日结算时的交易保证金部分从客户结算准备金中扣划。当日结算时的交易保证金低于昨日结算时的交易保证金部分划入客户结算准备金。手续费、税金等各项费用从客户的结算准备金中直接扣划。

结算准备金余额的计算公式如下：

$$\begin{matrix}当日结算准备金\\(即可用资金)\end{matrix}=\begin{matrix}上一交易日\\结算准备金\end{matrix}+入金-出金+\begin{matrix}上一交易日\\交易保证金\end{matrix}-\begin{matrix}当日交易\\保证金\end{matrix}+\begin{matrix}当日\\盈亏\end{matrix}-手续费$$

(5) 下面通过几个具体例子来说明期货交易结算的公式。

例 15-1 某新客户存入保证金 10 万元，在 7 月 1 日买开仓大豆期货合约 40 手(每手 10 吨)，成交价为 2 000 元/吨，同一天该客户卖出平仓 20 手大豆合约，成交价为 2 030 元/吨，当日结算价为 2 040 元/吨，交易保证金比例为 5%，则客户的当日盈亏(不含手续费、税金等费用)情况为：

A. 按分项公式计算：

平仓盈亏=(2 030－2 000)×20×10=6 000 元

持仓盈亏＝(2 040－2 000)×(40－20)×10＝8 000 元

当日盈亏＝6 000＋8 000＝14 000 元

B. 按总公式计算：

当日盈亏＝(2 030－2 040)×20×10＋(2 040－2 000)×40×10＝14 000 元

C. 当日结算准备金余额＝100 000－2 040×20×10×5%＋14 000＝93 600 元

例 15-2 7 月 2 日该客户再买入 10 手大豆合约，成交价为 2 030 元/吨，当日结算价为 2 060 元/吨，则其账户情况为：

A. 按分项公式计算：

当日开仓持仓盈亏＝(2 060－2 030)×10×10＝3 000 元

历史持仓盈亏＝(2 060－2 040)×20×10＝4 000 元

当日盈亏＝3 000＋4 000＝7 000 元

B. 按总公式计算：

当日盈亏＝(2 060－2 030)×10×10＋(2 040－2 060)×(20－40)×10＝7 000 元

C. 当日结算准备金余额＝93 600＋2 040×20×10×5%－2 060×30×10×5%＋7 000
＝90 100 元

例 15-3 7 月 3 日，该客户又将 30 手大豆合约平仓，成交价为 2 070 元/吨，当日结算价为 2 050 元/吨，则其账户情况为：

A. 按分项公式计算：

平仓盈亏＝(2 070－2 060)×30×10＝3 000 元

B. 按总公式计算：

当日盈亏＝(2 070－2 050)×30×10＋(2 060－2 050)×(0－30)×10＝3 000 元

C. 当日结算准备金余额＝90 100＋2 060×30×10×5%＋3 000＝124 000 元

（五）交割

1. 交割的种类

期货交易的交割方式分为实物交割和现金交割两种。实物交割是指交易双方在交割日将合约所载商品的所有权按规定进行转移、了结未平仓合约的过程。而现金交割是指交易双方在交割日对合约盈亏以现金方式进行结算的过程。在期货市场中，商品期货通常都采用实物交割方式，金融期货中有的品种采用实物交割方式，有的品种则采用现金交割方式。现金交割由于不进行实物交收，只是以交割时的现货价格作为交易盈亏和资金划拨的依据，因此，实行现金交割的品种，其现货标的价格应具有可确定性特点，而且是标准的，唯一的。农产品的地域差价十分明显，不具有现金交割的条件，而股指期货的交易标的是股票指数，具有虚拟性和唯一确定性，更适合采用现金交割方式。我国期货市场目前只有商品期货交易，全部采用实物交割方式。

2. 实物交割的方式

实物交割方式包括集中交割和滚动交割两种。

集中交割，即所有到期合约在交割月份最后交易日过后一次性集中交割的交割方式。

滚动交割，即除了在交割月份的最后交易日过后对所有到期合约全部配对交割外，在交割月第一交易日至最后交易日之间的规定时间也可进行交割的交割方式。

3. 实物交割的结算价

我国期货合约的交割结算价通常为该合约交割配对日的结算价或为该期货合约最后交易日的结算价。大连商品交易所的交割结算价，则是该合约自交割月份第一个交易日起至最后交易日所有结算价的加权平均价。交割商品计价以交割结算价为基础，再加上不同等级商品质量升贴水以及异地交割仓库与基准交割仓库的升贴水。交易所会员进行实物交割，还应按规定向交易所缴纳交割手续费。

4. 实物交割的程序

由于期货合约在到期前可能已经多次转手买卖，而且期货交易者主要是通过期货经纪公司进行交易，交易双方并不知道交易对手是谁。所以，最后持有到期合约的买卖双方必须通过期货结算所进行交割，并在期货交易所规定的地点进行交割。

期货合约的卖出方必须在期货交割月份的第一个交易日之前，通过期货经纪公司将交货通知书转交到期货结算所。一般由期货合约卖出方确定具体交割日期，而买入方只能按期货结算所的安排，在期货交割月份内的某日和期货交易所认可的某个交货地点收到商品。

当货物运到交货地点后，期货结算所进行抽样检查，如果检查合格，则在卖出方确定的交易日前将收货通知书交给买入方。持有到期未平仓合约的买入方，在收到收货通知书后，必须在规定的交割日之前将全部货款通过期货经纪公司交到期货结算所。这样，到交割日卖出方将提货单通过期货经纪公司转交给买入方，并收取全部货款；买入方收到提货单后，验收提货。至此，期货交易的实物交割结束。

5. 交割违约的处理

首先是交割违约的认定。期货合约的买卖双方有下列行为之一的，构成交割违约：在规定交割期限内卖方未交付有效标准仓单的；在规定交割期限内买方未交付货款或交付不足的。

对于交割违约的处理，如果会员在期货合约实物交割中发生违约行为，交易所应先代为履约。交易所可采用征购和竞卖的方式处理违约事宜，违约会员应负责承担由此引起的损失和费用。交易所对违约会员还可处以支付违约金、赔偿金等处罚。

第三节 商品期货

商品期货是最早的期货品种。随着期货市场的发展，商品期货交易不断发展，成为现代期货市场体系中最重要的组成部分之一，其规避风险、发现价格的功能对于现代市场经济的运行发挥着越来越重要的作用。

一、商品期货标的物的特点

并非所有的商品都适合推出相应的期货合约，商品期货的标的物一般应具有以下特点：第一，标的物的质量、规格比较易于划分。由于期货合约的标准化特点，那些品种过于复杂、技术性能差异很大、等级划分困难的商品不适合进行期货交易。第二，标的物必须是那些需求量大且价格频繁波动的商品。期货交易的基本经济功能是规避现货价格的风险，为此，商品期货市场的相应商品必须是那些交易量大且价格容易发生波动的商品，这些商品价格的波动会给那些进行大宗相应商品买卖的交易者带来风险。第三，标的物必须是那些拥有众多的买者和卖者的商品。这主要是出于期货的价格发现功能的需要。为了确保期货价格的权威性,进入期货市场的商品就应该具有众多的买者和卖者,买卖双方集中在期货市场上通过公开公平的竞争,把众多的影响供给和需求的因素汇聚成一个权威性的期货价格。因此,买方垄断或卖方垄断的产品都不适合进入期货市场。第四,标的物必须是那些易于运输和储存的商品。这主要是出于实物交割的需要。期货交易中,进行实物交割的比例非常小,但实物交割机制却必不可少,它是期货合约履约的基本保证。只有满足以上条件的商品才适合进入期货市场,成为期货合约的标的物。

二、商品期货的种类

期货品种随期货市场的发展而不断变化,交易品种不断增加,从传统的农产品期货,发展到经济作物、畜产品、有色金属和能源、化工等大宗商品。

(一) 农产品期货

农产品期货是产生最早的期货品种,也是当前全球商品期货市场的重要组成部分。当前农产品期货主要包括:① 粮食期货,如玉米、大豆、小麦、豆粕、豆油、花生仁等;② 经济作物期货,如菜籽油、棉花、咖啡、可可、白糖、浓缩橙汁、橄榄油及棕榈油等;③ 林产品期货,如木材、天然橡胶等;④ 禽畜产品期货,如活牛、黄油、牛奶、生猪、猪腩、鸡蛋、羊毛等。美国CME是目前全球最大的农产品期货交易所,也是全球农产品定价中心。

(二) 金属期货

金属分黑色金属和有色金属。黑色金属主要指铁、锰、铬及其合金;有色金属是指除黑色金属以外的所有金属,其中金、银、铂、钯等,因其价值高又称为贵金属。有色金属质量、等级和规格容易划分,交易量大,价格易波动,耐储藏,很适宜作为期货交易品种。1876年成立的伦敦金属交易所(LME)是全球最大的金属交易所,其有色金属期货价格是国际有色金属市场的晴雨表。贵金属主要在LME和东京工业品交易所(TOCOM)、印度大宗商品交易所(MCX)交易。2009年,我国上海期货交易所(SHFE)推出了线材、螺纹钢等黑色金属期货,金属期货品种达到6个,其期货价格在国际上的影响力不断上升。

(三) 能源化工期货

能源期货始于1978年,虽然产生较晚但发展很快。20世纪70年代初发生的石油危机,给世界石油市场带来巨大冲击,石油等能源产品价格剧烈波动,直接导致了石油等能源期货的产生。能源期货包括原油、取暖油、燃料油、汽油、柴油、煤油、天然气、丙烷、电力等品种,其中原油期货是目前全球最大的商品期货品种。比较有影响的能源期货所有:CME的轻质低硫原油、天然气、高硫原油期货合约;洲际交易所(ICE)的布伦特原油、WTI原油、汽油期货合约;印度大宗商品交易所(MCX)的原油期货;新加坡交易所(SGX)的酸性原油期货合约;上海期货交易所的燃料油合约;东京工业品交易所(TOCOM)的汽油、煤油、柴油和原油合约等。化工产品期货主要有乙醇、塑料、化肥(如尿素、磷酸二铵、硝酸铵)、PTA等期货。

三、我国商品期货主要品种

我国目前有三家商品期货交易所,分别是上海期货交易所、大连商品交易所和郑州商品交易所,截至2018年6月22日,三家交易所上市交易的品种共47种,如表15-3所示。

表 15-3 我国上市的商品期货

交易所	产品	产品代码	产品	产品代码
上海期货交易所	铜	CU	锡	SN
	锌	ZN	石油沥青	BU
	铝	AL	天然橡胶	RU
	铅	PB	热轧卷板	HC
	天然橡胶	RU		
	燃料油	FU		
	黄金	AU		
	白银	AG		
	螺纹钢	RB		
	线材	WR		
大连商品交易所	玉米	C	玉米淀粉	CS
	黄大豆 1 号	A	鸡蛋	JD
	黄大豆 2 号	B	纤维板	FB
	豆粕	M	胶合板	BB
	豆油	Y		
	棕榈油	P		
	聚乙烯	L		
	聚氯乙烯(PVC)	V		
	焦炭	J		
	焦煤	JM		
郑州商品交易所	强麦	WH	粳稻	IR
	普麦	PM	晚籼稻	LR
	菜籽油	OI	苹果	AP
	棉花	CF	棉纱	CY
	精对苯二甲酸(PTA)	TA	锰铁	SM
	白糖	SR	动力煤	ZC
	早籼稻	RI	硅铁	SF
	甲醇	MA	油菜籽	RS
	玻璃	FG		
	菜籽粕	RM		

第四节 金融期货

金融期货(Financial Futures)是指以各种金融工具或金融商品及相关指标(如外汇、债券、股价指数、存款凭证等)为标的物的期货合约。目前,金融期货的交易量占期货市场交易总量的 80%以上，主要有外汇期货(货币期货)、利率期货和股指期货。

一、外汇期货

外汇期货是指以汇率为标的物的期货合约。外汇期货通常被称为"外币期货"，更普遍地被称为"货币期货"。

(一) 外汇期货的产生

1973 年以后，国际上很多国家将浮动汇率取代固定汇率。汇率变动取决于市场的供求关系，而这种汇率由于受各种因素，特别是投机因素的影响，升降幅度很大。对于从事对外贸易及其他国际经济交往的人来说，经常会面临外汇汇率变动的风险。国际贸易中商品和劳务的价格，一般都是以双方都能接受的货币计价的。如果计价货币贬值，则在交货付款时，进口方就会获利，出口方就会蒙受损失；如果计价货币升值，情况正好相反。正是为了回避外汇市场上这种商业性汇率风险和金融性汇率风险，外汇期货应运而升。

自从芝加哥商业交易所国际货币市场分部在 1972 年 5 月 16 日推出第一张外汇期货合约以来，随着国际贸易的发展和世界经济一体化进程的加快，外汇期货交易一直保持着旺盛的发展势头。它不仅为广大投资者和金融机构等经济主体提供了有效的套期保值工具，而且也为套利者和投机者提供了新的获利手段。目前，外汇期货的主要市场在美国和英国，美国和英国的外汇市场又基本上集中在芝加哥商业交易所和伦敦国际金融期货交易所。此外，外汇期货的主要交易所还有新加坡交易所、悉尼期货交易所、东京国际金融期货交易所及法国国际期货交易所等，每个交易所基本都有本国货币与其他主要货币交易的期货合约。

(二) 外汇期货合约

不同的交易所推出的外汇期货合约内容大致相同。目前，交易量较大的是由芝加哥商业交易所和伦敦国际金融期货交易所推出的外汇期货合约，其中芝加哥商业交易所交易的外汇期货合约占了全球 90%以上的交易量。所以，这里主要介绍芝加哥商业交易所的外汇期货合约，如表 15-4 所示。

表 15-4　　芝加哥商业交易所的外汇期货合约

	欧元	日元	加元	澳元	英镑	瑞士法郎
交易单位	125 000 欧元	125 000 000 日元	100 000 加元	100 000 澳元	62 500 英镑	125 000 瑞士法郎
报价单位	美元/欧元	美元/日元	美元/加元	美元/澳元	美元/英镑	美元/瑞士法郎
最小变动价位	0.000 1	0.000 001	0.000 1	0.000 1	0.000 1	0.000 1
每张合约最小变动价位	12.5 美元	12.5 美元	10.0 美元	10.0 美元	6.25 美元	12.5 美元
每日价格波动幅度限制	无	无	无	无	无	无
交割月份	3、6、9、12 月					
交易时间(芝加哥时间)	场内交易：上午 7:20～下午 2:00					
最后交易日	交割月份第三个星期倒数第二个交易日					
交割日	交割月份的第三个星期三					
交割方式	实物交割					

下面以欧元期货合约为例来理解上述外汇期货合约各条款的内容。

(1) 交易单位。与商品期货合约一样,外汇期货合约的交易单位是每张外汇期货合约所交易的外汇的数量,欧元的交易单位是125 000欧元。

(2) 报价单位。芝加哥商业交易所所有的外汇期货合约都是以美元来报价的,即每单位外币折合若干美元。例如,若欧元报价为1.222 6,表明1欧元=1.222 6美元。

(3) 最小变动价位。最小变动价位在实际操作过程中通常用点来表示,0.000 1美元表示一个点,例如欧元价由1.222 6变成1.221 4,则表示欧元下降了12个点。

(4) 每张合约最小变动值。指整张合约(即1个交易单位)最小的变动值,它与最小变动价位和期货合约的交易单位有关。例如,欧元最小变动值为125美元,即0.000 1(最小变动价位)×125 000美元(1个交易单位)=12.5美元。

(5) 交割方式。同商品期货一样,到期未对冲的外汇期货合约必须进行交割,而且也采取实物交割的方式,即交割外汇,交割的价格就是当初的期货成交价格。

(三) 外汇期货与远期外汇交易的比较

货币期货交易与远期外汇交易相比,具有以下几个特点:① 市场参与者不同。远期外汇交易的参与者主要是银行等金融机构及跨国公司等大企业,货币期货交易则以其灵活的方式为各种各样的企业提供了规避风险的管理工具。② 流动性不同。远期外汇交易由于参与者在数量上的局限性,一般而言合约的流动性较低,货币期货交易则由于参与者众多,且有大量的投机者和套利者,流动性较好。③ 交易手段不同。远期外汇交易的市场是无形的,是由金融机构与其客户用各种通信手段构建的,货币期货交易则是在专门的交易所中进行的,是有形市场交易。④ 合约的标准化程度不同。远期外汇交易的合约内容是由金融机构与客户根据其要求协商而定的,货币期货交易的合约则是标准化的合约,交易品种、单位、变化幅度、涨跌停板、交割时间等项目都是事先确定的。⑤ 信用风险不同。远期外汇交易双方的交易主要建立在对方信用的基础上,相对而言风险较大,货币期货交易由交易所或结算机构作担保,风险由交易所承担。⑥ 履约方式不同。远期外汇交易的履约主要是外汇的全额现金交收,货币期货交易则大多采取对冲方式了结交易,一小部分采取现金交割方式。

二、利率期货

利率期货是指以债券类证券为标的物的期货合约,它可以用来回避银行利率波动所引起的证券价格变动的风险。利率期货一般可分为短期利率期货和长期利率期货。

(一) 利率期货的产生

20世纪70年代,以美国为代表的西方国家纷纷推行金融自由化政策,以往的利率管制得以放松甚至取消,导致利率变化频繁且变动幅度较大。利率的反复变动,给银行、公司以及投资者带来了同利率相关的金融风险。投资者为了保证营运资本不受利率影响,保值的需求成为必然,利率期货便应运而生。

利率期货交易产生于20世纪70年代中期的美国。在美国,最具代表性的是芝加哥的两个交易所,即芝加哥期货交易所和芝加哥商业交易所。1975年9月芝加哥商业交易所首次开办了国民抵押协会债券期货交易;1976年1月芝加哥商业交易所推出90天短期美国政府国库券期货;1982年5月芝加哥期货交易所推出10年期中期国库券期货;1987年9月芝加哥商业交易所推出1年期国库券期货;1988年4月芝加哥期货交易所开始推出5年期债券期货。

美国芝加哥商业交易所和芝加哥期货交易所利率期货交易成功以后，其他各国纷纷仿效。1982 年 9 月 30 日，伦敦国际金融期货交易所正式开始利率期货交易。上市的利率期货有 3 个月期欧洲美元利率期货、3 个月期英镑利率期货和 20 年期英国国债期货。1985 年 10 月 19 日，日本东京证券交易所也推出了国债期货，香港期货交易所也于 1990 年 2 月 7 日正式推出港元利率期货。

我国在 20 世纪 90 年代初期推出了国债期货，因为国债期货本身的不完善性加上其他一些历史原因，使得国债期货不得不停止交易，一直到目前仍未开放。但是，可以预见，在不久的将来，利率期货也必将重新推出并发挥其在金融市场中的积极作用。

（二）利率期货合约

利率期货合约种类较多，共分为两大类：一类是以短期固定收入证券衍生的，如短期国库券期货合约、欧洲美元期货合约及定期存单期货合约等；另一类是以长期固定收入证券衍生的，如中长期国库券期货合约以及政府国民抵押协会债券期货合约等。

1. 短期国库券期货合约

短期国库券交易量最大的期货合约是美国芝加哥商业交易所的 3 个月期的国库券期货合约，该期货合约如表 15-5 所示。

表 15-5　　芝加哥商业交易所 3 个月国库券期货合约

交易单位	1 000 000 美元
最小变动价位	1/2 基点（12.5 美元）
每日价格波动幅度限制	无
合约月份	3、6、9、12 月及后续的 2 个月
交易时间（芝加哥时间）	场内交易：上午 7:20～下午 2:00；上午 7:20～下午 12:00 电子交易：下午 4:30～第二日下午 4:00（周一至周四） 下午 5:30～第二日下午 4:00（周日和节假日）
最后交易日	交割月份的第三个星期三
交割方式	现金交割
交易代码	TB

对上述标准合约作以下两点说明：第一，最小变动价位。1 000 000 美元面值的合约分为 100 点，每 1 点即 10 000 美元，每 1 点分为 100 个基点，一个基点即 100 美元。由于国库券期货合约的期限是 3 个月，也就是 1 年的 1/4，则一个基点的价值为 25 美元，1/2 个基点则为 12.5 美元。第二，合约月份。合约月份为 3、6、9、12 月及后续的 2 个月。例如：目前是 2 月份，那么交易的期货合约的月份即 3、6、9、12 月与明年的 1、2 月。

2. 长期国债利率期货合约

美国芝加哥期货交易所推出的 30 年期国债期货合约是长期利率期货合约的代表，其合约内容如表 15-6 所示。

最小变动价位是 1/32 点，100 000 美元面值的合约分为 100 点，每 1 点即 1 000 美元，1/32 点相当于 31.25 美元。

表 15-6 芝加哥商品交易所 30 年国债期货合约

交易单位	100 000 美元
最小变动价位	1/32 点(31.25 美元)
每日价格波动幅度限制	无
合约月份	3、6、9、12 月份
交易时间	场内交易:上午 7:20～下午 2:00 电子交易:下午 6:00～第二日下午 4:00(星期五至星期日)
最后交易日	从交割月份最后工作日往回数的第 7 个工作日
最后交割日	交割月份最后交易日
交割等级	如果是可提前赎回的长期国债,则距交割月第一个工作日至少要有 15 年的不可赎回期;如果是不可提前赎回的长期国债,则到期日距离交割月第一个工作日至少 15 年
交割方式	联储电子过户簿记系统
交易代码	场内交易:US 电子交易:ZB

(三) 利率期货的特点

从利率期货价格与利率水平的关系来看,利率期货价格与实际利率呈反方向变动,即利率越高,债券期货价格越低;利率越低,债券期货价格越高。从利率期货的交割方法来看,利率期货主要采取现金交割方式,有时也有现券交割。现金交割是以银行现有利率为转换系数来确定期货合约的交割价格的。

影响利率期货价格波动的因素主要有:① 货币供应量。当货币供应不足时,利率上升;货币供应过剩时,利率下跌。② 经济发展速度。当经济发展速度较快,货款需求旺盛时,利率会升高;经济发展速度放慢,货款需求减少时,利率会下跌。③ 政府的财政收入。当出现财政赤字时,利率水平越高,从而利率期货价格越低;反之,利率期货价格越高。④ 其他国家利率水平。由于当今国际资本流动十分频繁,因此一国的利率水平很容易受到其他国家利率水平的影响。最明显的是美国利率对其他国家利率的影响。⑤ 其他因素。社会政治环境、失业率等。

三、股指期货

股指期货是股票指数期货的简称,它是一种以股票指数作为买卖基础的金融期货,是买卖双方根据事先约定的价格在未来某一特定时间进行股票指数交易的协定。

(一) 股指期货的产生

第二次世界大战后,以美国为代表的发达国家的股票市场取得了飞速的发展,上市股票数量不断增加,股票市值迅速膨胀,股票在投资者的投资组合中占有的比例越来越大。投资者通过投资组合可以降低和消除股市的非系统性风险,但不能消除系统性风险,自然对能规避系统性风险的股指期货需求日益强烈。与此同时,股票交易方式也有了很大的发展。在最初的单种股票交易的基础上,出现了"程序交易",即用一个交易指令同时进行多种股票的买卖。随着程序交易的发展,股票管理者开始了"指数化投资组合"的交易和管理,因此,开发股指期货合约来规避股市系统风险也成了顺理成章的事。

1982年2月24日，美国堪萨斯期货交易所推出了价值型指数期货合约，该指数期货一上市就非常活跃，交易首日成交近1 800张合约。同年4月21日，芝加哥商业交易所推出标准普尔500指数期货交易，交易首日成交3 963张。1983年8月，芝加哥期货交易所与美国股票交易所达成协议，推出以主要市场指数为标的指数的股指期货。

自从美国堪萨斯期货交易所率先推出价值型综合指数期货合约以后，由于股指期货具有买卖成本低、抗风险性强等优点，美国以外的发达国家和地区也相继推出和发展了股指期货。20世纪90年代以后，随着全球证券市场的迅猛发展，国际投资日益广泛，投资者尤其是机构投资者对于套期保值工具的需求猛增，更使得股指期货的数量增长很快，无论是成熟市场国家，还是新兴市场国家股指期货交易都呈现良好的发展势头。在我国，要求建立股票指数期货的呼声由来已久。2006年9月8日，中国金融期货交易所在上海挂牌成立。同年10月30日，中国金融期货交易所开始沪深300股指期货仿真交易。2010年4月16日，沪深300指数期货在中国金融期货交易所正式上市，标志着我国金融期货市场进入新的阶段。

（二）股指期货合约

1. CME的S&P500与E-mini S&P500期货合约（见表15-7）

表15-7　**CME的S&P500与E-miniS&P500期货合约**

合约名称	S&P500	E-mini S&P500
符号	SP	ES
合约规格	250美元×S&P500期货价格	50美元×E-mini S&P500期货价格
价格波动限制	按上一交易日结算价的5%、10%、15%、20%的跌幅逐级放开，细节详见价格限制规定	同左
最小跳动点	0.01个指数点（每张合约25美元）。套利交易为0.05个指数点（每张合约12.50美元）	0.25个指数点（每张合约12.50美元）。套利交易为0.01个指数点（每张合约5美元）
合约月份	3月、6月、9月、12月共8个合约	同左
交易时间（中部时间）	场内：周一至周五，上午8:30至下午3:15 GLOBEX：周一至周四，下午3:45至次日上午8:15；周日或假期，下午5:30至次日上午8:15	GLOBEX：周一至周四，下午3:45至次日下午3:15；周日或假期，下午5:30至次日下午3:15
最后交易日	合约月份第三个周五之前的周四	合约月份第三个周五芝加哥时间上午8:30
最后结算日	合约月份第三个周五	同左
头寸限制	净多或净空20 000张（所有月份合约合计）	结合S&P500的头寸限制
交割	现金交割	现金交割

2. 中国香港期货交易所恒生指数期货合约（见表15-8）

表15-8　**恒生指数期货合约**

相关指数	恒生指数
合约价值	成交指数×50港元
合约月份	即月、下月及最近两个季月（指3月、6月、9月及12月）
最小变动价位	一个指数点（每张合约50港元）

续表 15-8

每日价格波动限制	无
持仓限额	任何人持有恒指期货及期权以所有合约月份计，经 delta 调整后的多头合约或空头合约不能超过 10 000 张
大额持仓申报	每一会员公司账户及每一客户账户，任何合约月份多头或空头持仓超过 500 张时便须申报
交易时间	分两节，第一节为香港时间上午 9:45 至中午 12:30，第二节为下午 2:30 至 4:15
最后交易日交易时间	第一节为上午 9:45 至中午 12:30，第二节为下午 2:30 至 4:00
最后交易日	该月最后第二个营业日
最后结算日	最后交易日后的第一个营业日
结算方式	以现金结算
最后结算价	最后交易日恒指每 5 分钟报价的平均值，除去小数点后所得的整数指数点
保证金	由交易所制定并公布

3. 中国金融期货交易所沪深 300 指数期货合约（见表 15-9）

表 15-9　　中国金融期货交易所沪深 300 指数期货合约

合约标的	沪深 300 指数
合约乘数	每点 300 元
报价单位	指数点
最小变动价位	0.2 点
合约月份	当月、下月及随后两个季月
交易时间	上午：9:15～11:30，下午：13:00～15:15
最后交易日交易时间	上午：9:15～11:30，下午：13:00～15:00
每日价格最大波动限制	上一个交易日结算价的±10%
最低交易保证金	合约价值的 8%
最后交易日	合约到期月份的第三个周五，遇国家法定假日顺延
交割日期	同最后交易日
交割方式	现金交割
交易代码	IF
上市交易所	中国金融期货交易所

（三）股指期货的特点

1. 跨期性

股指期货是交易双方通过对股票指数变动趋势的预测，约定在未来某一时间按照一定条件进行交易的合约。因此，股指期货的交易是建立在对未来预期的基础上，预期的准确与否直接决定了投资者的盈亏。

2. 杠杆性

股指期货交易不需要全额支付合约价值的资金，只需要支付一定比例的保证金就可以签订较大价值的合约。例如，假设股指期货交易的保证金为12%，投资者只需支付合约价值12%的资金就可以进行交易。这样，投资者就可以控制8倍于所投资金额的合约资产。当然，在收益可能成倍放大的同时，投资者可能承担的损失也是成倍放大的。

3. 联动性

股指期货的价格与其标的资产——股票指数的变动联系极为紧密。股票指数是股指期货的标的资产，对股指期货价格的变动具有很大影响。与此同时，股指期货是对未来价格的预期，因而对股票指数也有一定的反映。

4. 高风险性和风险的多样性

股指期货的杠杆性决定了它具有比股票市场更高的风险性。此外，股指期货还存在着一定的信用风险和结算风险、因市场缺乏交易对手而不能平仓导致的流动性风险等。

(四) 股指期货对现货市场的影响

1. 资金分流作用

期货市场交易成本低、T+0交易、双向交易、高财务杠杆的特点使得期货交易的风险被成倍放大，但也同时带来了“以小博大”的高收益，这对追求高风险高收益的投资者具有很大的吸引力。一部分投资者将交易转移到股指期货市场，对现货市场的资金有一定的分流作用。

2. 激活成分股

股指期货的套保和期现套利策略都需要构建现货股票组合，并且该股票组合走势必须与现货股票指数具有很强的相关性。我国沪深300指数的计算方法中指数成分股中大盘蓝筹股所占权重较高，因此，在构建股票组合时大盘蓝筹股将成为机构重点持仓对象。在股指期货推出后，大盘蓝筹股的价格和成交量的波动都会明显增加。

3. 避险功能

机构投资者资金较大，对规避现货市场风险有很大的需求。股指期货推出后，投资者可利用股指期货套保来对冲其股票组合的系统性风险。这样，投资者就可以放心持有现货股票，不会因为现货股票市场的短期调整而抛售股票。

4. 到期日效应

股指期货价格在到期日必须和现货指数价格趋同一致，因此，其最后结算价是由现货指数按一定方法计算所得。股指期货的这种结算方式会使现货指数成分股的价格和成交量在到期日产生剧烈波动，其波动程度将取决于股指期货最后结算价的计算方法和标的指数成分股构成的复杂程度。

5. 助涨助跌

股指期货价格通过套期保值策略和期现套利策略向现货指数传递涨跌。当股票市场整体下跌时，投资者就会卖出股指期货套保，从而使股指期货下跌速度快于股票指数。当两者之间价差超过无套利区间时，期现套利盘就会买入股指期货并同时卖出股票，股票的抛单又引发股票指数加速下跌。这种期现市场的价格传递就是股指期货价格助跌股票指数的根本原因，而程序化交易又将这种价格传递速度显著提高，从而使股指期货成为股市暴跌的替罪羊。反之，股指期货也会通过价格传递来助涨现货指数。

第五节 期货交易策略

一、套期保值交易

(一) 套期保值概念

套期保值就是通过买卖期货合约来避免现货市场上相应实物商品交易的价格风险。其基本做法是买进或卖出与现货交易市场交易品种相同、数量相当,但交易方向相反的期货合约,以期在未来某一时间通过卖出或买进相同的期货合约,对冲平仓,结清期货交易带来的盈利或亏损,以此来补偿现货市场价格变动所带来的实际价格风险或利益,使交易者的经济收益稳定在一定的水平。在市场经济活动中,不管是生产者还是销售商,都会不同程度的面临现货价格波动风险,这在农业、制造业、商业和金融行业中更为频繁和剧烈。正确利用期货市场的套期保值交易可以很大程度地减少这些因价格变动所引起的不利后果。

(二) 套期保值需遵循的原则

1. 品种相同原则

该原则是指期货合约代表的标的物与需保值的现货的品种、质量要相同,例如利用铜期货合约对现货铜进行保值。由于期货交易品种有限,有的现货商品没有相应的期货合约,则可选用价格走势相近的期货合约来保值,如铜精矿可用铜期货合约来保证。

2. 数量相等原则

该原则是指期货合约代表的标的物数量要与需保值的现货数量相等。例如,要给 100 吨铜现货保值,就需要买卖 20 张铜期货合约(5 吨/张)。当然,有时两者数量只能相近。

3. 方向相反原则

该原则是指在同一时刻,现货市场交易方向应与期货市场交易方向相反。值得注意的是,同一时刻,一定是指现货交易和期货交易都确实进行的时刻。此原则的根本目的就是要保证在保值期内,现货交易和期货交易的盈亏情况正好相反,真正达到保值的效果。如果二者交易方向错误,不但不能规避现货风险,还会加大风险。

4. 月份相同或相近原则

月份相同或相近是指在做套期保值交易时,所选用的期货合约的交割月份最好与交易者将来在现货市场上实际买进或卖出现货时的时间相同或相近。此原则的根本目的就是要保证现货价格和期货价格在保值期内价格变动幅度尽量接近,以增强套期保值效果。

(三) 套期保值的经济原理

套期保值之所以能够规避价格风险,是因为期货市场上存在以下基本经济原理。

1. 同种商品的期货价格走势与现货价格走势基本一致

现货市场和期货市场虽然是两个各自独立的市场,但由于某一特定商品的期货价格和现货价格在同一市场环境内,会受到相同的经济因素的影响和制约,因而一般情况下两个市场的价格变动趋势相同。套期保值就是利用这两个市场的价格关系,分别在期货市场和现货市场做方向相反的买卖,因此,在一个市场上出现亏损的同时,在另一个市场上将获得盈利,盈亏相抵,以达到锁定现货价格的目的。

2. 现货市场与期货市场价格随着期货合约到期日的临近,两者趋向一致

期货交易的交割制度,保证了现货市场与期货市场价格随期货合约到期日的临近,两者

趋向一致。期货交易规定合约到期时,必须进行实物交割。到交割时,如果期货价格和现货价格不同,例如期货价格低于现货价格,套利者就可以在期货市场买入低价期货,交割得到现货后再在现货市场高价卖出,实现无风险套利。这种套利交易最终使得期货价格和现货价格趋向一致。

(四)买入套期保值

买入套期保值是指套期保值者先在期货市场上买入与其将在现货市场上买入的现货商品数量相等、交割日期相同或相近的该商品期货合约,然后,当该套期保值者在现货市场上实际买入该种现货商品的同时或前后,又在期货市场上卖出对冲原先所买入的期货合约,进而实现为买入现货保值的目的。买入套期保值简称为买入保值或多头保值,它是未来需要现货商品却又担心现货价格上涨的投资者选用的保值方法。

例 15-4 某铝型材厂的主要原料是铝锭。某年 10 月铝锭的现货价格为 16 500 元/吨,该厂根据市场的供求关系变化,认为两个月后铝锭的现货价格将要上涨,为了规避两个月后购进 600 吨铝锭时价格上涨的风险,该厂决定进行买入套期保值。10 月初以 16 600/吨的价格买入 600 吨 5 月到期的铝锭期货合约。12 月初该厂在现货市场购买铝锭时,现货价格已上涨至 18 500 元/吨,而此时期货价格已涨至 18 600 元/吨。该厂的经营效果如表 15-10 所示。

表 15-10　　买入套期保值实例

	现货市场	期货市场
10 月初	现货市场价格为 16 500 元/吨,但由于资金和库存的原因没有买进	以 16 600 元/吨的价格买进 600 吨 12 月份到期的铝锭期货合约
12 月初	在现货市场以 18 500 元/吨的价格买入 600 吨铝锭	以 18 600 元/吨将原来买进 600 吨 12 月份到期的合约卖出对冲
结果	亏损(16 500－18 500)×600＝－1 200 000 元	盈利(18 600－16 600)×600＝1 200 000 元
总盈亏	1 200 000－1 200 000＝0(不计交易成本)	

由表 15-10 可以看出,该铝型材厂利用买入保值的方法,规避了现货铝锭价格上涨的风险。可以认为其现货购买价格为 16 500 元/吨,和 10 月初的铝锭现货价格相同。

当然,在保值期间,铝锭的价格有可能不涨反跌。假如 12 月初铝锭的现货、期货价格都下跌了 500 元/吨,那么,该铝型材厂的经营结果如表 15-11 所示。

表 15-11　　买入套期保值实例

	现货市场	期货市场
10 月初	现货市场价格为 16 500 元/吨,但由于资金和库存的原因没有买进	以 16 600 元/吨的价格买进 600 吨 12 月份到期的铝锭期货合约
12 月初	在现货市场以 16 000 元/吨的价格买入 600 吨铝锭	以 16 100 元/吨将原来买进 600 吨 12 月份到期的合约卖出对冲
结果	盈利(16 500－16 000)×600＝300 000 元	亏损(16 100－16 600)×600＝－300 000 元
总盈亏	300 000－300 000＝0(不计交易成本)	

由表 15-11 可以看出，虽然 12 月初铝锭现货价格有所下跌，但是由于该铝型材厂实施了买入保值的方法，现货市场上的意外盈利被期货市场上的亏损冲销了，小有遗憾。不过，可以认为其现货购买价格仍为 16 500 元/吨，和 10 月初的铝锭现货价格相同。

以上例子可以看出，通过买入套期保值可以达到以下目的：回避价格上涨风险（锁定成本）；提高企业资金的使用效率；节省仓费、保险费和损耗费等；促使现货合同早日签订。

（五）卖出套期保值

卖出套期保值是指套期保值者先在期货市场上卖出与其将要在现货市场上卖出的现货商品数量相等、交割日期相同或相近的该种商品的期货合约。然后，当该套期保值者在现货市场上实际卖出该种现货商品的同时或前后，又在期货市场上买进对冲原先所卖出的期货合约，进而实现为其在现货市场上卖出现货保值的目的。卖出套期保值简称为卖出保值或空头保值，它是未来要卖出现货商品却又担心现货价格下跌的投资者选用的保值方法。

例 15-5 某铝厂的主要产品是铝锭。某年 5 月铝锭的现货价格为 21 000 元/吨，该厂根据市场的供求关系变化，认为两个月后铝锭的现货价格将要下跌，为了规避两个月后卖出 600 吨铝锭时价格下跌的风险，该厂决定进行卖出保值。5 月初以 21 200 元/吨的价格卖出 600 吨 7 月到期的铝锭期货合约。7 月初该厂在现货市场卖铝锭时价格已下跌至 17 000 元/吨，而此时期货价格已跌至 16 500 元/吨。该厂的经营状况如表 15-12 所示。

表 15-12 **卖出套期保值实例**

	现货市场	期货市场
5 月初	现货市场价格为 21 000 元/吨，而此时不能卖出 7 月的铝锭	以 21 200 元/吨的价格卖出 600 吨 7 月份到期的铝锭期货合约
7 月初	在现货市场以 17 000 元/吨的价格卖出 600 吨铝锭	以 16 500 元/吨将原来卖出的 600 吨 7 月份到期的合约买进对冲
结果	亏损(17 000－21 000)×600＝－2 400 000 元	盈利(21 200－16 500)×600＝2 820 000 元
总盈亏	2 820 000－2 400 000＝420 000(元)	

由表 15-12 可以看出，该铝厂利用卖出保值的方法，规避了现货铝锭价格下跌的风险。可以认为其现货卖出价格为 21 700 元/吨，比 5 月初的铝锭现货价格还要高。当然，在保值期间，铝锭的价格有可能不跌反涨。假如 7 月初铝锭现货、期货都上涨了 300 元/吨，则该铝型材厂的经营结果如表 15-13 所示。

表 15-13 **卖出套期保值实例**

	现货市场	期货市场
5 月初	现货市场价格为 21 000 元/吨，而此时不能卖出 7 月的铝锭	以 21 200 元/吨的价格卖出 600 吨 7 月份到期的铝锭期货合约
7 月初	在现货市场以 21 300 元/吨的价格卖出 600 吨铝锭	以 21 500 元/吨将原来卖出 600 吨 7 月份到期的合约买进对冲
结果	盈利(21 300－21 000)×600＝180 000 元	亏损(21 200－21 500)×600＝－180 000 元
总盈亏	180 000－180 000＝0(不计交易成本)	

由表15-13可以看出，虽然7月初铝锭现货价格有所上涨，但是由于该铝厂实施了卖出保值的方法，现货市场上的意外盈利被期货市场上的亏损冲销了，小有遗憾。不过，可以认为其现货卖出价格仍为21 000元/吨，和5月初的铝锭现货价格相同。以上例子可以看出，通过卖出套期保值可以达到以下目的：规避价格下跌风险，有利于企业稳定经营（锁定利润）；促使现货合同早日签订。

（六）基差在套期保值中的应用

基差与套期保值有着密切的联系。基差是指同一品种的现货价格与期货价格之差。基差＝现货价格—期货价格。若不加说明，其中的期货价格应是离现货月份最近的期货合约的价格。但在实际操作过程中，基差的概念不是十分的严格，现货合约与每个期货合约的差都视为基差。

基差是由众多因素组成，如：运费、期货价格、运输距离、当地的供求关系以及其他贸易的杂费/利润等。简单而言，它代表的是不同物理位置间的价格差。由于基差反映的是局部各地的价格水平，因此，它直接受以下几个因素的影响：运输成本、当地的供给与需求条件、商品的质量数量需求、天气、利息及仓储成本等。基差并不完全等同于持仓成本，但基差的变化受制于持仓成本。持仓成本反映了期货价格与现货价格之间基本关系的本质特征，基差是期货价格与现货价格之间实际运行变化的动态指标。在正向市场上，基差为负值，称为远期升水或现货贴水；在反向市场上，基差为正值，称为远期贴水或现货升水。正向市场又称正常市场，是指期货价格高于现货价格或者远期期货价格高于近期期货价格的情况；反向市场则相反。

虽然期货价格与现货价格的变动方向基本一致，但变动的幅度往往不同，所以基差并不是一成不变的。随着现货价格和期货价格持续不断的变动，基差时而扩大，时而缩小。最终因现货价格和期货价格的趋同性，基差在期货合约的交割月趋向为零。基差变化是判断能否完全实现套期保值的依据。套期保值者利用基差的有利变动，不仅可以取得较好的保值效果，而且还可以通过套期保值交易获得额外的盈余。一旦基差出现不利变动，套期保值的效果就会受到影响，蒙受一部分损失。表15-14是基差变化与套期保值效果总结表。

表15-14　　基差变化与套期保值的效果

		基差变化	保值效果
基差不变	卖出套期保值	正向市场	盈利＝亏损
		反向市场	盈利＝亏损
	买入套期保值	正向市场	盈利＝亏损
		反向市场	盈利＝亏损
基差缩小	卖出套期保值	正向市场	盈利＞亏损
		反向市场	盈利＜亏损
	买入套期保值	正向市场	盈利＜亏损
		反向市场	盈利＞亏损
基差扩大	卖出套期保值	正向市场	盈利＜亏损
		反向市场	盈利＞亏损
	买入套期保值	正向市场	盈利＞亏损
		反向市场	盈利＜亏损

二、期货投机交易

（一）期货投机交易的意义

生产经营者通过套期保值来规避价格风险，就必须有人为承担风险而提供资金。期货投机者着眼于期货市场的"以小搏大"机会，甘愿承担套期保值者转嫁过来的风险，期望使有限的资金高速度周转，寻求尽可能多的获利机会。而且由于期货交易在期限上种类繁多，远期、近期和现货间价格变化复杂，投机者利用各种价差谋利的空间较大，从而为投机者施展其智谋提供了广阔的活动天地。有了自愿承担风险的投机者的加入，期货交易所的许多重要经济职能才有可能得以发挥，期货投机交易活动在期货市场的整个交易活动中起着积极的作用，发挥着特有的经济功能。

1．承担价格风险

期货市场的一个主要经济功能是为生产、加工和经营者等提供价格风险转移工具。实现这一目的，必须有人愿意承担风险并提供风险资金。扮演这一角色的就是投机者。如果没有这些风险承担者，那么只有在买入套期保值者和卖出套期保值者的交易数量完全相符时，交易才能成立，风险才能得以转移。但从实际来看，买入套期保值者和卖出套期保值者之间的不平衡是经常存在的。如果期货市场上没有投机者，那么，即便不考虑市场上多空双方力量的不均衡，套期保值者也难以实现其保值的目的，这是因为，卖出套期保值者希望得到尽可能高的价格，而买入套期保值者则希望抓住尽可能低的价格，二者之间经常存在着一定的价差。如果没有作为风险承担者的投机者去弥补这一价格差距，套期保值之间想就某一价格迅速达成协议就会有相当大的难度，套期保值者要想对冲持有的期货合约，将非常困难。因此，投机者在套期保值的买者与卖者之间起了桥梁和中介的作用，承担了价格风险。

2．促进价格发现

期货市场汇集了几乎所有供给者和需求者，包括生产商、加工商、经销商和投机商。其中套期保值者在市场中的期货合约持仓方向很少改变，持仓时间较长，他们的交易动机和行为对形成权威价格具有一定的作用。投机者的交易目的不是实物交割，而是利用价格波动获取利润。这就要求投机者必须利用各种手段收集整理有关商品价格变动的信息，分析市场行情。期货市场把各式各样的投机者集中在交易所内进行公开竞价，由于买卖双方彼此竞价所产生的互动作用使得价格趋于合理。当价格上涨的时候，投机者经过分析，认为价格不久便会回跌，在市场上采取卖空的方式进行交易。相反，如果价格下跌，市场上自然有人承接，以缓和下跌趋势。正是如此，他们所反映的是相对准确、比较真实的价格趋势。期货市场的价格发现机制正是由所有市场参与者对未来市场价格走向预测的综合反映体现的。交易所每天向全世界传播市场行情和信息，使那些置身于期货市场之外的企业也能充分利用期货价格作为制定经营战略的重要参考依据。

3．增加交易量，提高市场流动性

市场流动性即市场交易的活跃程度。在流动性很高的市场上，交易非常活跃，众多买者、卖者频繁地进入市场。购买者随时可以找到满意的卖出者，卖出者可以轻易寻觅到满意的购买者，进出市场非常方便。期货交易是否成功，在很大程度上取决于市场流动性的大小，这一点主要取决于投机者。投机者的介入，就像润滑剂一样，为套期保值者提供了更多的交易机会。投机者通过对价格的预测，有人看涨，有人看跌，交投积极，实际上增加了买卖双方的人数，扩大了交易量，使套期保值者能很容易地找到交易伙伴，自由地进出期货市场，从而提高了市场流动性。

4. 减缓价格波动

适度的投机能够减缓价格波动。投机者进行期货交易，总是力图通过对未来价格的正确判断和预测赚取差价利润，当期货市场供大于求时，市场价格低于均衡价格，投机者低价买进合约，从而增加了需求，使期货价格上涨，供求重新趋于平衡；当期货市场供不应求时，市场价格高于均衡价格，投机者会高价卖出合约，从而增加了供给，使期货价格下跌，供求重新趋于平衡。可见，期货投机对于缩小价格波动幅度发挥了很大作用。

有些人认为，投机者的加入会搅乱市场，增大价格的波动幅度。实际上，正如美国经济学家弗里德曼所说，只有投机者在价格低时卖或在价格高时买，投机才会使价格不稳定。也就是说，只要不是全体的投机者都以高价买进、低价卖出而甘愿受连续性的损失，那么投机活动就不会增大市场价格的波动。许多投机者不是考虑自己如何判断市场变化趋势，而是在考虑他人如何判断市场变化趋势，并以此为依据进行投机活动，从而出现由于判断的误差而导致价格剧变的可能。现实情况也表明，在价格的变化偏向一个方向时，投机加剧和激化这种偏向的现象也时有发生。减缓价格波动作用的实现是有前提的，一是投机者要理性化操作。违背市场规律进行操作的投机者最终会被期货市场淘汰。二是适度投机。操纵市场等过度投机行为不仅不能减缓价格波动，而且会人为拉大供求缺口，破坏供求关系，加剧价格波动，加大市场风险。因此，遏制过度投机、打击操纵市场行为是各国期货市场监管机构的一项重要任务。

（二）价差投机

所谓价差投机是指投机者通过对价格的预期，在认为价格上升时买进、价格下跌时卖出，然后待有利时机再卖出或买进原期货合约，以获取利润的活动。进行价差投机的关键在于对期货市场价格变动趋势的分析预测是否准确，由于影响期货市场价格变动的因素很多，特别是投机心理等偶然性因素难以预测，因此，正确判断难度较大，所以这种投机的风险较大。下面以例题的形式进行介绍。

例 15-6 某投机者预测5月份大豆合约价格将要上涨，故买入10手(每手为10吨)大豆合约，成交价格为每吨2 015元。其后合约价格下跌，跌到每吨1 995元，该投机者以1 995元每吨的价格卖出10手合约平仓。在不计交易成本下其盈亏情况为：(1 995元/吨－2 015元/吨)×10手×10吨/手＝－2 000元。

（三）套期图利交易

套期图利交易指的是在买入(卖出)某种期货合约的同时，卖出(买入)相关的数量相同的另一种期货合约，并在某个时间同时将两种期货合约平仓的交易。常见的套利交易策略有跨市套利、跨期套利、跨商品套利。

1. 跨市套利

跨市套利是在两个不同的期货交易所同时买进和卖出同一品种、同一交割月份的期货合约，在未来两期货合约价差变动有利时再平仓获利的交易行为。跨市套利存在于在不同交易所交易的同种商品中。比如堪萨斯城交易所的小麦与芝加哥期货交易所的小麦，上海期货交易所与伦敦金属交易所的铜和铝都存在跨市套利机会。无论何时，当商品在两交易所中的价格差额超出了将商品从一个交易所的交割地运送到另一个交易所的交割地的运输费用与交割费用之和时，就可以进行跨市套利交易。这种跨市套利使不同的交易所同种商品期货价格差额保持在一定的合理范围内。目前，我国期货交易者经常利用上海期货交易所和伦敦金属交易所铜、铝的价差进行套利。

例 15-7　跨市套利示例，如表 15-15 所示。

表 15-15　　**跨市套利示例**

时间	甲地交易所	乙地交易所	价差
4 月初	以 1.80 美元/蒲式耳的价格买进 2 张 7 月份玉米合约	以 2.50 美元/蒲式耳的价格卖出 2 张 7 月份玉米合约	−70 美分
6 月初	以 1.65 美元/蒲式耳的价格卖出 2 张 7 月份玉米合约对冲初始的多头地位	以 2.10 美元/蒲式耳的价格买进 2 张 7 月份玉米合约对冲初始的空头地位	−45 美分
结果	亏：0.15 美元/蒲式耳	盈：0.40 美元/蒲式耳	＋25 美分
合计	盈：(0.40−0.15)×5 000×2＝2 500 美元		

2. 跨期套利

跨期套利是指在同一交易所同时买进和卖出同一品种的不同交割月份的期货合约，在有利时机同时将这两个交割月份不同的期货合约平仓的套利行为。在三种套利交易中，跨期套利是最常见的一种套利形式。根据所买卖的交割月份及买卖方向的差异，跨期套利可以分为牛市套利、熊市套利和蝶式套利。牛市套利是指买进近期合约，同时卖出远期合约，希望较近月份的合约价格上涨幅度要大于较远期货合约价格的上涨幅度，从而实现套利。熊市套利是指卖出近期合约买进远期合约，希望较近月份的合约价格下跌幅度要大于较远期货合约价格的下跌幅度，从而实现套利。蝶式套利是指由两个方向相反、共享居中交割月份的跨期套利组成(两个跨期套利的互补平衡组合，套利的套利)。蝶式套利实质上是同种商品跨交割月份的套利活动。所涉及的三个交割月份的合约可分别称为近期合约、居中合约和远期合约，蝶式套利必须同时下达三个买空/卖空/买空的指令，并同时对冲。

例 15-8　牛市跨期套利示例，如表 15-16 所示。

表 15-16　　**牛市跨期套利示例**

时间	甲地交易所	乙地交易所	价差
5 月 30 日	买入 1 手 9 月份铜合约：价格 17 530 元/吨	卖出 1 手 11 月份铜合约：价格 17 680 元/吨	价差−150 元/吨
7 月 30 日	卖出 1 手 9 月份铜合约：价格 17 590 元/吨	买入 1 手 11 月份铜合约：价格 17 690 元/吨	价差−100 元/吨
套期图利结果	获利 60 元/吨	亏损 10 元/吨	
	获利＝(60−10)×5＝250(元)		

例 15-9　熊市跨期套利示例，如表 15-17 所示。

表 15-17　　　　　　　　　　**熊市跨期套利示例**

时间	甲地交易所	乙地交易所	价差
6 月 30 日	卖出 1 手 10 月份铜合约：价格 18 320 元/吨	买入 1 手 12 月份铜合约：价格 18 340 元/吨	价差－20 元/吨
8 月 30 日	买入 1 手 10 月份铜合约：价格 18 150 元/吨	卖出 1 手 11 月份铜合约：价格 18 220 元/吨	价差－70 元/吨
套期图利结果	获利 170 元/吨	亏损 120 元/吨	
	获利＝(170－120)×5＝250(元)		

3. 跨商品套利

跨商品套利是指利用两种不同的、但相互存在关联的商品之间的期货合约价格差异进行套利，即买入某一交割月份某种商品的期货合约，同时卖出另一相同交割月份、相互关联的商品期货合约，在有利时机同时将这两种期货合约平仓获利。跨商品套利可以分为相关商品套利和可转换性商品间的价差套利两种形式。

例 15-10　DCE 大豆和豆粕保证金均为 5%，大豆手续费为 4 元/手，豆粕手续费为 3 元/手，每手均为 10 吨。投入资金 300 万元。2012 年 6 月 6 日，9 月份大豆和豆粕合约价格分别为 2 657 元/吨和 2 185 元/吨，其差价过高，可以套期图利。

2012 年 6 月 6 日建仓：

大豆：卖出 1 209 合约 1 000 手，价格 2 657 元/吨

豆粕：买入 1 209 合约 1 000 手，价格 2 185 元/吨

保证金：大豆 2 657×1 000×10×5%＋豆粕 2 185×1 000×10×5%＝236(万元)

手续费：大豆 1 000×4＋豆粕 1 000×3＝0.7(万元)

2012 年 7 月 31 日平仓：

大豆：买入 1 209 合约 1 000 手，价格 2 656 元/吨

豆粕：卖出 1 209 合约 1 000 手，价格 2 192 元/吨

平仓盈利：大豆(2 657－2 656)×1 000×10＋豆粕(2 192－2 185)×1 000×10＝8(万元)

手续费：大豆 1 000×4＋豆粕 1 000×3＝0.7(万元)

合计盈利：8－2×0.7＝6.6(万元)

第六节　商品期货投资基本分析

基本因素分析法是通过分析期货商品的供求状况及其影响因素，来解释和预测期货价格变化趋势的方法。期货交易是以现货交易为基础的。期货价格与现货价格之间有着十分紧密的联系。商品供求状况及影响其供求的众多因素对现货市场商品价格产生重要影响，因而也必然会对期货价格产生重要影响。所以，通过分析商品供求状况及其影响因素的变化，可以帮助期货交易者预测和把握商品期货价格变化的基本趋势。在现实市场中，期货价格不仅受商品供求状况的影响，而且还受其他许多非供求因素的影响。这些非供求因素包

括：金融货币因素、政治因素、政策因素、投机因素、心理预期等。因此，期货价格走势基本因素分析需要综合地考虑这些因素的影响。

一、期货商品供给分析

经济学的名言是：从长期看，商品的价格最终反映的必然是供求双方力量均衡点的价格。所以，商品供求状况对商品期货价格具有重要的影响。基本因素分析法主要分析的就是供求关系。商品供求状况的变化与价格的变动是互相影响、互相制约的。商品价格与供给成反比，供给增加，价格下降；供给减少，价格上升。商品价格与需求成正比，需求增加，价格上升；需求减少，价格下降。在其他因素不变的条件下，供给和需求的任何变化，都可能影响商品价格变化，一方面，商品价格的变化受供给和需求变动的影响；另一方面，商品价格的变化又反过来对供给和需求产生影响：价格上升，供给增加，需求减少；价格下降，供给减少，需求增加。这种供求与价格互相影响、互为因果的关系，使商品供求分析更加复杂化，即不仅要考虑供求变动对价格的影响，还要考虑价格变化对供求的反作用。

（一）期初库存量

期初库存量是指上年度或上季度积存下来可供社会继续消费的商品实物量。根据存货所有者身份的不同，可以分为生产供应者存货、经营商存货和政府储备。前两种存货可根据价格变化随时上市供给，可视为市场商品可供量的实际组成部分。而政府储备的目的在于为全社会整体利益而储备，不会因一般的价格变动而轻易投放市场。但当市场供给出现严重短缺，价格猛涨时，政府可能动用它来平抑物价，则将对市场供给产生重要影响。

（二）本期产量

本期产量是指本年度或本季度的商品生产量。它是市场商品供给量的主体，其影响因素也甚为复杂。从短期看，它主要受生产能力的制约，资源和自然条件、生产成本及政府政策的影响。不同商品生产量的影响因素可能相差很大，必须对具体商品生产量的影响因素进行具体的分析，以便能较为准确地把握其可能的变动。

（三）本期进口量

本期进口量是对国内生产量的补充，通常会随着国内市场供求平衡状况的变化而变化。同时，进口量还会受到国际国内市场价格差、汇率、国家进出口政策以及国际政治因素的影响而变化。

二、期货商品需求分析

商品市场的需求量是指在一定时间、地点和价格条件下买方愿意购买并有能力购买的某种商品数量。它通常由国内消费量、出口量和期末库存量三部分组成。

（一）国内消费量

国内消费量主要受消费者的收入水平或购买能力、消费者人数、消费结构变化、商品新用途发现、替代品的价格及获取的方便程度等因素的影响，这些因素变化对期货商品需求及价格的影响往往大于对现货市场的影响。

（二）国际市场需求分析

稳定的进口量虽然量值大但对国际市场价格影响甚小，不稳定的进口量虽然量值小，但对国际市场价格影响很大。出口量是本国生产和加工的商品销往国外市场的数量，它是影响国内需求总量的重要因素之一。分析其变化应综合考虑影响出口的各种因素的变化情况，如国际、国内市场供求状况，内销和外销价格比，本国出口政策和进口国进口政策变化，关税和汇率变化等。例如,我国是玉米出口国之一,玉米出口量是影响玉米期货价格的重要因素。

（三）期末结存量

期末结存量具有双重的作用,一方面,它是商品需求的组成部分,是正常的社会再生产的必要条件;另一方面,它又在一定程度上起着平衡短期供求的作用。当本期商品供不应求时,期末结存将会减少;反之就会增加。因此,分析本期期末存量的实际变动情况,即可从商品实物运动的角度看出本期商品的供求状况及其对下期商品供求状况和价格的影响。

三、经济周期变化因素分析

商品市场波动通常与经济波动周期紧密相关,期货价格也不例外。由于期货市场是与国际市场紧密相连的开放市场,因此,期货市场价格波动不仅受国内经济波动周期的影响,而且还受世界经济景气状况的影响。

经济周期一般由复苏、繁荣、衰退和萧条四个阶段构成。复苏阶段开始时是前一周期的最低点,产出和价格均处于最低水平。随着经济的复苏,生产的恢复和需求的增长,价格也开始逐步回升。繁荣阶段是经济周期的高峰阶段,由于投资需求和消费需求的不断扩张超过了产出的增长,刺激价格迅速上涨到较高水平。衰退阶段出现在经济周期高峰过去后,经济开始滑坡,由于需求的萎缩,供给大大超过需求,价格迅速下跌。萧条阶段是经济周期的谷底,供给和需求均处于较低水平,价格停止下跌,处于低水平上。在整个经济周期演化过程中,价格波动略滞后于经济波动。认真观测和分析经济周期的阶段和特点,对于正确地把握期货市场价格走势具有重要意义。经济周期阶段可由一些主要经济指标值的高低来判断,如 GDP 增长率、失业率、价格指数、汇率等。这些都是期货交易者应密切注意的。

四、金融货币变动因素分析

商品期货交易与金融货币市场有着紧密的联系。利率的高低、汇率的变动都直接影响商品期货价格变动。

（一）利率

利率调整是政府紧缩或扩张经济的宏观调控手段。利率的变化对金融衍生品交易影响较大,而对商品期货的影响较小。如 1994 年开始,为了抑制通货膨胀,中国人民银行大幅度提高利率水平,提高中长期存款和国库券的保值贴补率,导致国债期货价格狂飙,1995 年 5 月 18 日,国债期货被国务院命令暂停交易。

（二）汇率

期货市场是一种开放性市场,期货价格与国际市场商品价格紧密相连。国际市场商品价格比较必然涉及各国货币的交换比值——汇率,汇率是本国货币与外国货币交换的比率。当本币贬值时,即使外国商品价格不变,但以本国货币表示的外国商品价格将上升,反之则下降,因此,汇率的高低变化必然影响相应的期货价格变化。据测算,美元对日元贬值 10%,日本东京谷物交易所的进口大豆价格会相应下降 10%左右。同样,如果人民币对美元贬值,那么,国内大豆期货价格也会上涨。主要出口国的货币政策,如巴西在 1998 年其货币雷亚尔大幅贬值,使巴西大豆的出口竞争力大幅增强,相对而言,大豆供应量增加,对芝加哥大豆价格产生负面影响。

五、政治及政策因素分析

期货市场价格对国际国内政治气候、相关政策的变化十分敏感。政治因素主要指国际国内政治局势、国际性政治事件的爆发及由此引起的国际关系格局的变化、各种国际性经贸组织的建立及有关商品协议的达成、政府对经济干预所采取的各种政策和措施等。这些因素将会引起期货市场价格的波动。

在国际上，某种上市品种期货价格往往受到其相关的国家政策影响，这些政策包括：农业政策、贸易政策、食品政策、储备政策等，其中也包括国际经贸组织及其协定。在分析政治因素对期货价格影响时，应注意不同的商品所受影响程度是不同的。如国际局势紧张时，对战略性物资价格的影响就比对其他商品的影响大。

六、季节性因素分析

许多期货商品，尤其是农产品有明显的季节性，价格亦随季节变化而波动。例如：大豆、豆粕及豆油由于其特殊的生产需求特征表现出很强的季节性规律，有学者运用统计学方法定量分析了豆类三品种的季节性变动规律，得出了在我国每年的1、2、9月份是大豆的季节性强势期，3、7、8月份是相对的季节性弱势期；每年的1、2、3月份是豆粕的季节性强势期，7、8、9、10、11、12月份是相对的季节性弱势期；每年的1、2月份是豆油的季节性强势期，3、8、9、10月份是相对的季节性弱势期。

第七节 期货投资技术分析

股票技术分析中的K线理论、形态理论、道氏理论、波浪理论、江恩理论、移动平均线、KDJ指标、相对强弱指标等都可以应用到期货技术分析之中，这些技术分析方法在前面的章节中已经详细介绍，在此不再重复，本节只对期货技术分析中独有的一些特点和方法进行阐述。

一、期货技术分析的特点

（一）期货合约的期限性

与股票不同的是期货合约有一定的到期日，例如沪深300指数期货IF1304合约表示2013年4月到期。典型的股指期货合约大约有半年的寿命，因此，对长期价格的技术性预测存在一些困难。一旦旧合约停止交易之后，就需要使用新合约的走势图。

（二）短线波动更大

保证金的杠杆效应使期货价格的短线波动性更大，这可能是股票与期货之间的最重要差异。所有的期货合约都通过保证金进行交易，而保证金通常是合约价值的5%，即形成大约20倍的财务杠杆效应。相对小幅的价格走势，就可能造成投资者账户整体盈利与亏损发生数倍的变动，正因为如此，投资者非常重视止损策略的执行，止损策略同时带来更大的波动性。

（三）时效性趋短

由于期货上的财务杠杆效应对期货投资者部位盈亏影响很大，所以投资者必须严密控制市场部位，其操作结果就是时效性趋短。短线技术指标比中长期技术指标更受到投资者的重视，短线技术指标有效性增强，中长线技术指标有效性则被弱化，例如，期货市场多采用的移动平均线时间长度大多在几十天之内，例如分钟、小时、日线是期货市场最常用的一些移动平均线。股票交易一般持有周期较长，较长期的价格走势图和技术指标有效性更强，更受股票交易者青睐的均线则是月季年线。

（四）市场行为不同

股票的市场行为一般用价格、成交量、时间和空间这四个要素来加以描述，而期货的市场行为则包括价格、成交量、持仓量、时间和空间这五个要素。这意味着投资者在进行期货技术分析的时候，要对这五个因素都加以分析。经验表明，在考虑期货交易的价格、成交量和持仓量的时候，其重要程度的排序为价格占50%、成交量占30%、持仓量占20%。为避免重复，本节重点介绍持仓量的分析。

二、持仓量和成交量的分析

期货的持仓量是指市场上所有投资者在该期货合约上总的“未平仓合约”数量。交易者在交易时不断开仓平仓，总持仓因此也在不断变化。由于总持仓变大或变小，反映了市场对该合约的兴趣大小，因而成了投资者非常关注的指标。如果总持仓一路增长，表明多空双方都在开仓，市场交易者对该合约的兴趣在增长，越来越多的资金在涌入该合约交易中；相反，当总持仓一路减少，表明多空双方都在平仓出局，交易者对该合约的兴趣在退潮；还有一种情况是当交易量增长时，总持仓却变化不大，这表明以换手交易为主。在期货图形技术分析中，成交量和持仓量的相互配合十分重要。正确理解成交量和持仓量变化的关系，可以更准确地把握图形K线分析组合，有利于深入了解市场语言。下面就成交量和持仓量相配合的四种动态情况进行分析。

（一）成交量逐步增加，持仓量也同步增加

此种情况在期货走势中最常见，多发生在单边行情开始时期，价位趋势处于动荡之中。多空双方对后市的严重分歧，形成市场中资金的比拼，但价格此时还未形成统一的整理区间，价格波动幅度快速而频繁，使短线投资者有足够的获利空间。此时，成交量的扩张是由于短线资金的积极进出，而持仓量的扩张则显示了多空能量的积蓄。在此情况下，可以从盘面上感到多空力量强弱的变化，同时结合前期行情的走势，判断行情的变化方向。

（二）成交量逐步减小，持仓量逐步增加

这种情况往往是大行情来临的前兆，此时多空双方的力量和市场外部因素的共同作用使市场在动态中达到了一种平衡。成交的减少，是由于价格波动区间的逐步平衡，使短线资金无利可图，但持仓量的增加，则意味着多空双方看法分歧加大，资金对抗逐步升级。由于分歧结果并未明朗，因而多空互不让步，纷纷加仓，无一方首先打破僵局，成交逐步减少，等待最后的突破。此情况后续的走势十分凶猛，很少有假突破发生，一旦爆发，至少应有中级行情出现，因而投资者应作好资金管理工作。

（三）成交量逐步增加，持仓量逐步减小

此情况一般发生在一段行情中继的过程中，并且伴有多杀多、空杀空的现象。由于行情有利于多空其中的一方，从而使相反一方纷纷出逃，持仓逐步减少。但价位的快速运动为短线炒作提供了良机，因而短线资金积极介入，成交并未减少，有时短线持仓的增加掩盖了长线资金的出局，造成持仓量减少的趋势并不明显。这种情况下，可能会伴有中期反弹行情，由于反弹的剧烈，往往给人一种转势的感觉，但原趋势仍将保持下去。

（四）成交量逐步减少，持仓量逐步减少

此种情况多发生在一波行情逐步结束时，成交量和持仓量的同步收缩，证明多空双方或其中一方对后市失去信心，资金正逐步退场。这种情况如果持续发展，会为新资金介入提供有利的条件，成为变盘的前兆。由于成交量和持仓量都比较小，行情容易受外界因素影响，价位波动随意性很强，会给投资者造成不必要的损失。

从以上情况可以看出：成交量是推动行情发展的基本动力，成交量增加，价位变化趋于

活跃，成交量减少，价位变化趋于缓和；持仓量是行情发展的内在动力，增仓是一段行情的开始，而减仓是一段行情的结束。

三、成交量、持仓量和价格的分析

成交量和持仓量的变化会对期货价格产生影响，期货价格变化也会引起成交量和持仓量的变化。因此，分析三者的变化，有利于正确预测期货价格走势。

(1) 成交量、持仓量增加，价格上升，表示新买方正在大量收购，近期内价格还可能继续上涨。

(2) 成交量、持仓量减少，价格上升，表示卖空者大量补货平仓，价格短期内向上，但不久将可能回落。

(3) 成交量增加，价格上升，但持仓量减少，说明卖空者和买空者都在大量平仓，价格马上会下跌。

(4) 成交量、持仓量增加，价格下跌，表明卖空者大量出售合约，短期内价格还可能下跌，但如抛售过度，反可能使价格上升。

(5) 成交量、持仓量减少，价格下跌，表明大量买空者急于卖货平仓，短期内价格将继续下降。

(6) 成交量增加、持仓量和价格下跌，表明卖空者利用买空者卖货平仓导致价格下跌之际陆续补货平仓获利，价格可能转为回升。

从上分析可见，在一般情况下，如果成交量、持仓量与价格同向，其价格趋势可继续维持一段时间；如两者与价格反向时，价格走势可能转向。当然，这还需结合不同的价格形态作进一步的具体分析。

案 例

1998年:香港金融保卫战与政策救市

1997年7月，亚洲金融风暴爆发。美国著名金融家索罗斯旗下的对冲基金运用索罗斯独创的反射理论，在亚洲各国和地区发起了持久的连番狙击，并获得了极大的成功，使这些国家和地区几十年来积存的外汇一瞬间化为乌有。在这些国家的金融大战结束后，索罗斯把矛头对准了港元，开始有计划地向香港股市及期市发动冲击。

港币实行联系汇率制，联系汇率制有自动调节机制，不易攻破。但港币利率容易急升，利率急升将影响股市大幅下跌，这样的话，只要事先在股市及期市沽空，然后再大量向银行借贷港币，使港币利率急升，促使恒生指数暴跌，便可像在其他国家一样获得投机暴利。自1997年10月以来，国际炒家4次在香港股、汇、期三市上下手，前三次均获暴利。1998年7月底至8月初，国际炒家再次通过对冲基金，接连不断地狙击港币，以推高拆息和利率。很明显，他们对港币进行的只是表面的进攻，股市和期市才是真正的主攻目标，声东击西是索罗斯投机活动的一贯手段，并多次成功。

炒家们在证券市场上大手笔沽空股票和期指，大幅打压恒生指数和期指指数，使恒生指数从1万点大幅度跌至8 000点，并直指6 000点。在山雨欲来的时候，证券市场利空消息满天飞，炒家们趁机大肆造谣，扬言“人民币顶不住了，马上就要贬值，且要贬10%以上”。“港币即将与美元脱钩，贬值40%”，“恒指将跌至4 000点”云云。其目的无非是扰乱人心，制造"羊群心态",然后趁机浑水摸鱼。8月13日,恒生指数一度下跌300点,跌穿6 600点关口,收市时跌幅收窄,但仍跌去199点,报收6 660点。其势与沪深股市2001年下半年的情况非常相似,天天响地雷,周周都下跌,"推倒"趋势震撼人心。

在压低恒生指数的同时,国际炒家在恒指期货市场积累大量淡仓。恒生指数每跌1点,每张淡仓合约即可赚50港币,而在8月14日的前19个交易日,恒生指数就急跌2 000多点,每张合约可赚10多万港币,可见收益之高!

为了维持香港金融市场的稳定,香港政府几经考虑,终于决定调巨资加入战场,与这些疯狂的国际炒家展开激战,这是一场以金钱、意志和智慧为武器的你死我活的金融大战,前后共有三次激烈的战役。

1. 第一回合

8月13日恒指被打压到了6 660底点后,港府调动港资、华资及英资入市,与对手展开针对8月股指期货合约的争夺战。投机资本是空军要打压指数,港府是红军则要守住指数,迫使投机家事先高位沽空的合约无法于8月底之前在低位套现。港府入市后大量买入投机资本抛空的8月股指期货合约,将价格由入市前的6 610点推高到24日的7 820点,涨幅超过8%,高于投资资本7 500点的平均建仓价位,取得初步胜利,收市后,港府宣布,已动用外汇基金干预股市与期市。但金融狙击手们仍不甘心,按原计划,于8月16日迫使俄罗斯宣布放弃保卫卢布的行动,造成8月17日美欧股市全面大跌。然而,使他们大失所望的是,8月18日恒生指数有惊无险,在收市时只微跌13点。

2. 第二回合

双方在8月25日至28日展开转仓战,迫使投机资本付出高额代价。27日和28日,投机资本在股票现货市场倾巢出动,企图将指数打下去。港府在股市死守的同时,经过8天惊心动魄的大战,在期货市场上将8月合约价格推高到7 900点,结算价为7 851点,比入市前高1 200点。8月27日、28日,港府将所有卖单照单全收,结果27日交易金额达200亿港币,28日交易金额达790亿港币,创下香港最高交易记录。

但投机资本并不甘休,他们认为港府投入了约1 000亿港币,不可能长期支撑下去,因而决定将卖空的股指期货合约由8月转仓至9月,与港府打持久战。从8月25日开始,投机资本在8月合约平仓的同时,大量卖空9月合约。与此同时,港府在8月合约平仓获利的基础上乘胜追击,使9月合约的价格比8月合约的结算价高出650点。这样,投机资本每转仓一张合约要付出3万多港币的代价。投资资本在8月合约的争夺中完全失败。

3. 第三回合

港府在9月份继续推高股指期货价格,迫使投机资本亏损离场。9月7日,港府金融管理部门颁布了外汇、证券交易和结算的新规定,使炒家的投机受限制,当日恒升指数飙升588点,以8 076点报收。同时,日元升值、东南亚金融市场的稳定,使投机资本的资金和换汇成本上升,投机资本不得不败退离场。9月8日,9月合约价格升到8 220点,8月底转仓的投机资本要平仓退场,每张合约又要亏损4万港币。9月1日,在对8月28日股票现货市场成交结果进行交割时,港府发现由于结算制度的漏洞,有146亿港元已成交股票未能交割,炒家得以逃脱。

〔引自2002年6月14日新华网〕

本章概念

1. 期货、套期保值、价格发现、保证金制度。
2. 平仓、开仓、持仓量、交割、每日无负债结算。
3. 买入保值、卖出保值、基差、套期图利。
4. 跨期套利、牛市套利、熊市套利、蝶式套利、跨市套利、跨商品套利。

问题思考

1. 期货交易的基本功能和特点是什么？
2. 期货市场的参与者有哪些？
3. 期货的主要交易制度包括哪些？
4. 商品期货标的物应该具备哪些特征？
5. 股指期货的特点是什么？
6. 股指期货对现货市场的影响是什么？
7. 套期保值需遵循的原则是什么？
8. 套期图利有哪些主要形式？
9. 简述商品期货的基本分析的主要内容。

10. 某加工商在2012年6月份为避免铜现货价格下跌的风险，做了10手CU1208的空头套期保值。6月份CU1208期货合约价格为58 000元/吨，现货价格为57 200元/吨；8月份时，合约CU1208的价格为56 000元/吨，现货价格为55 600元/吨。计算加工商在套期保值中的盈亏状况。（铜每手为5吨，不计其他费用）

11. 某新客户存入保证金12万元，在4月1日卖开仓大豆期货合约38手，成交价为2 400元/吨，同一天该客户买入平仓20手大豆合约，成交价为2 300元/吨，当日结算价为2 340元/吨，交易保证金比例为5%。计算该客户的当日盈亏及当日结算准备金余额。（大豆每手为10吨，不计交易成本）

第十六章 期 权

学习目标

1. 理解期权的概念和特征；
2. 理解期权和期货的区别；
3. 理解实值期权、虚值期权和平值期权的内涵；
4. 掌握看涨期权、看跌期权投资的特点；
5. 了解外汇期权、利率期权和期货期权的概念；
6. 熟悉权证的不同类型；
7. 掌握影响权证价值的因素；
8. 掌握权证的盈亏计算；
9. 掌握可转换债券的价值计算。

第一节 期权概述

作为一种金融衍生投资工具，期权(option)交易是随着市场经济的发展而产生并发展起来的，它是市场经济发展到高级阶段的产物。随着商品交易的风险和市场不确定因素的增加，期权作为一种有效的保值手段和风险有限的投资形式，其应用日趋广泛。如今，期权交易在西方市场经济发达国家，如美国和西欧各国的许多交易所和柜台市场上进行得相当活跃，品种不断增多，规模不断扩大，有着广阔的发展前景。

一、期权的概念

(一) 期权与期权交易

期权是一种合约，它赋予其所有者在一个特定的时间内以事先确定的价格买进或者卖出一定数量的某种商品或有价证券的权利。期权是一种权利，而不是义务。这是期权的独特性质。既然期权的购买者只有权利而没有义务，他只有在肯定有利可图时，才会执行期权，所以这种权利是有价值的。

本质上来说，期权是一项选择权。期权交易实质上是一种权利的买卖。期权的买方向卖方支付一定数额的货币后，即拥有在一定时间内以一定价格向卖方购买或出售一定数量的某种商品或有价证券的权利，而不负必须买进或卖出的义务。

在期权交易中，获得选择权的一方通常称为期权购买人，因为他们为获得这种选择权必须向该权利的提供方支付一定的货币。而向交易对方提供这种选择权的一方，通常被称为期权出售人，也被称为期权创造人或出具人。

(二) 期权交易的合约要素

期权交易的买方通过支付一笔较小的权利金费用，便得到一种权利，在期权有效期内，若标的物价格朝有利于买方的方向变动,买方可以选样履约,即按敲定价执行买或卖的权利,当然,在期权合约的有效期内,期权也可以作对冲交易;超过规定期限,合约失效,买方的权利随之作废,卖方的义务也被解除。

一般来说,期权合约的要素主要有以下几项。

1. 期权的买方(buyer)

购买期权的一方,即支付权利金,获得权利的一方,也称为期权的多头方。

2. 期权的卖方(seller)

出售权利的一方,获得权利金,因而具有接受买方选择的义务。期权的卖方也称为期权的空头。

3. 权利金(premium)

买方为获取权利而向卖方支付的费用。它是期权合约中唯一的变量,实际上就是期权的价格。其大小取决于期权合约的性质、到期月份及敲定价格等各种因素。

4. 敲定价格(strike price)

也称为协定价格,或执行价格,即事先确定的标的商品或有价证券的交易价格。场内交易的敲定价格由交易所根据标的资产的价格变化趋势确定;场外交易的敲定价格则由买方和卖方商定。

5. 通知日(declaration date)

当期权买方要求履行标的物交货时,他必须在预先确定的交货和提运日之前的某一天通知卖方,以让卖方做好准备,这一天就是"通知日"。

6. 到期日(prompt date)

也称"履行日",在这一天,一个预先作了声明的期权合约必须履行交货。通常,对于期货期权而言,期权的到期日应先于标的资产——期货合约的最后交易日。

二、期权交易的特点

期权交易的特点是随着期权交易的发展而日趋显露的。早期期权交易的基本特点是:交易不在专门的组织机构中进行,而是一种分散的、"两相情愿"式的交易。也就是把期权作为一种"定做"的金融商品,由中间商或经纪人按照他们自己或委托方的需要,逐项进行交易,并规定期权合约在期满之前不得转让。后来随着一些国家由证券期权交易发展到实物商品期权交易,随着世界主要金融证券期货市场的发展,一些同家和地区成立了固定交易场所,并实行期权转让的标准化的期权交易市场,使得期权交易达到了新的阶段,出现了新的特点,主要表现在以下几个方面。

(一) 期权合约标准化

每份期权合约具有统一、标准化的规格,按国际惯例进行设计,诸如交易单位、最小变动价位、每日价格最大波动限制、合约月份、交易时间等都是固定的,以便于对其进行估价和转让。

(二) 期权交易规范化

期权交易是集中交易,为此建立了专门的固定的期权交易场所;期权交易组织机构的设立,为实行集中交易、清算和履约、监督和检查提供了基本前提条件,同时,现代期权交易市场大多采用了由计算机网络组成的交易系统、信息管理系统、结算系统、审计监测跟踪系统等处理日常交易业务,计算机网络系统可把交易过程中的交易者姓名、交易合约种类、合约交易数量、成交合约价格、履约时间等立即显示出来，使期权交易管理现代化、科学化。此外，为适应现代法制经济的要求，期权交易也走向法制阶段，建立健全期权交易法规，创造一个公开、公平、公正的竞争环境，使期权交易沿着法制轨道稳步发展，已成为现代期权交易规范化的重要标志。

（三）期权交易范围和品种扩大化

现代期权交易范围和品种呈现出不断扩大和发展的趋势，从美国扩展到英国、法国、澳大利亚等同家，几乎涵盖了所有经济发达的西方国家；可以预见，发展中国家在建立、发展期货市场的基础上，也必将进行期权交易。这是现代市场经济发展的必然趋势。从交易品种来看，已由金融证券发展到农产品、金属产品、能源化工产品等。

三、期权交易的功能

期权交易和期货交易一样，为生产厂商、加工商和中间商提供了转嫁风险、保值的工具，为投机者提供了谋取风险收益而进行风险投机的工具。总体说来，期权交易具有两大功能作用，即保值作用和投机作用。期权交易的保值功能作用，是通过买进看涨期权或看跌期权、卖出看涨期权或看跌期权实现的，一方面可以达到商品或有价证券保值的目的；另一方面也可以获得由于商品或有价证券价格升降而带来的赢利机会。期权交易的投机功能作用，是通过买卖看涨期权、看跌期权、双向期权的期权价差套利等形式实现的，或赚取权利金差价获利，或通过履约获利。

在期权交易中，诱使投资者购买期权的根本原因在于：

(1) 投资少，收益大，杠杆作用强。购买者只要支出一笔期权权利金，就取得了买入或卖出某种商品或有价证券的权利。取得这种权利之后，是否行使这种权利的决定权完全在买方。买方只在有收益或收益大的情况下才决定行使期权。

(2) 转嫁风险，控制损失。以期货期权为例，购入某种期货合约的期权，如果该期货合约市场价格的走势与投资者的预期相反，只要在期权有效期内，不管相应期货价格变动幅度有多大，期权买方最大的损失就是其支付的权利金；当然，如果该期货合约市场价格的走势与投资者的预期相同，其获利的空间可能是无限的。

(3) 维护期权买主的既得利益。仍以期货期权为例，某投资者以一定价格买进了某种期货合约，在合约到期日之内，价格上涨，他本可卖出该期货合约平仓获利，但他预测该期货合约价格还会上涨，希望获得更多收益，不想立即对冲手中合约；同时又担心该期货合约价格下跌失去本以取得的收益。这时，他可以购买该期货合约的看跌期权，不仅当该期货合约价格继续上涨时，获得更多收益，即使其价格下跌，无论跌幅有多大，他仍可保住原已获得的收益。

对期权交易的卖方来说，他的收益在于获得的权利金。有一种观点认为，期权交易中的买方处于主动地位，以有限的损失赚取无限的收益；而卖方只有被动接受的义务，以无限的损失赚取有限的收益，始终处于不利地位。这种观点有其局限性。首先，期权卖方的市场行为是基于其对市场价格走势预期的基础上的，简单来说，预期价格下跌，他才会卖出相应的看涨期权，预期价格上涨，他才会卖出相应的看跌期权。只要预期准确，就可以获利；其次，期权的卖方在看到价格朝自己不利的方向发展时，他也并不是束手无策，他完全可以通过对冲的方法来结束手中的合约，把损失控制在一定范围。

四、期权和期货的区别

（一）标的物不同

期货交易的标的物是商品或金融产品（货币、股票指数、利率等）；而期权交易的标的物则是一种商品或期货合约选择权的买卖权利。

（二）投资者权利与义务的对称性不同

期货合同是双向合约，交易双方都要承担期货合约到期交割的义务，如果不愿实际交割，则必须在有效期内对冲；期权是单向合约，期权的买方在支付权利金后即取得履行或不履行买卖期权合约的权利，而不必承担义务。

（三）履约保证不同

期货合约的买卖双方都要缴纳一定数额的履约保证金；而在期权交易中，买方不需缴纳履约保证金，只要求卖方缴纳履约保证金，以表明他具有相应的履行期权合约的财力。

（四）现金流转不同

期权交易中，买方要向卖方支付权利金，这是期权的价格，大约为交易商品或期货合约价格的 5%～10%；期权合约可以流通，其期权费则要根据交易商品或期货合约市场价格的变化而变化。在期货交易中，买卖双方都要缴纳期货合约面值 5%～10%的初始保证金，在交易期间还要根据价格变动对亏损方收取追加保证金；盈利方则可提取多余保证金。

（五）盈亏的特点不同

期权买方的收益随市场价格的变化而波动，是不固定的，其亏损则只限于购买期权的期权费；卖方的收益只是出售期权的期权费，其亏损则是不固定的。期货的交易双方则都面临着无限的盈利和无止境的亏损。

（六）套期保值的作用与效果不同

期货的套期保值不是对期货而是对期货合约的标的的实物（现货）进行保值，由于期货和现货价格的运动方向会最终趋同，故套期保值能收到保护现货价格和边际利润的效果。期权也能套期保值，对买方来说，即使放弃履约，也只损失期权费，对其购买资金保了值；对卖方来说，要么按原价出售商品，要么得到期权费也同样保了值。

第二节 期权的分类

一、按期权买卖形式分类

以买卖的选择权为标准，期权可划分为看涨期权、看跌期权和双向期权三种类型。

（一）看涨期权

看涨期权（call option）又称为延买权、买权、买入选择权、认购期权、多头期权，是指期权买方向期权的卖方支付一定数额的权利金后，即拥有在期权合约有效期内，按事先商定的敲定价格向期权卖方买进某一特定数量的商品或有价证券的权利，但不负有必须买进的义务。在看涨期权中，期权的买方同时也是某一特定数量的商品或有价证券的买方，因拥有买入的权利而处于主动的地位；期权的卖方同时也是某一特定数量的商品或有价证券的卖方，因负有卖出的义务而处于被动的地位。看涨期权的买方预测相关商品或有价证券的价格会上涨，所以买进看涨期权；卖方则预测相关商品或有价证券的价格不会上涨或可能下跌，所以卖出看涨期权。

例 16-1 某投资者预测某只股票价格近期内将要上涨，于是就以 5 美元的期权价格买入一份该股票的看涨期权合约，交易单位为 100 股，期限为 3 个月，敲定价格为 50 美元/股。3 个月后，假如该股票价格上涨到 60 美元，则该投资者仍有权以 50 美元/股的价格从期权卖方手中购入该股票 100 股，可盈利(60－50)×100－5×100＝500 美元；假如该股票价格跌到 30 美元，则该投资者就会放弃行使期权，其损失为 500 美元权利金。

（二）看跌期权

看跌期权(put option)又称延卖权、卖权、卖出选择权、认沽期权、空头期权等，是指期权的买方向期权卖方支付一定数额的权利金后，即拥有在期权合约有效期内，按事先商定的敲定价格向期权卖方卖出某一特定数量的商品或有价证券的权利，但不负有必须卖出的义务。在看跌期权中，期权的买方是相关商品或有价证券的卖方。因拥有卖出的权利而处于主动地位；期权的卖方是相关商品或有价证券的购买方，因负有买入的义务而处于被动地位。看跌期权的买方预测相关商品或有价证券的价格可能会下跌，所以买入看跌期权；而卖方则预测相关商品或有价证券的价格不会下跌或可能上涨，所以卖出看跌期权。

例 16-2 某投资者预测某只股票价格近期内将要下跌，于是买入一份该股票的看跌期权合约，成交权利金为 100 美元，交易单位为 100 股，期限为 6 个月，敲定价格为 50 美元/股。6 个月后，假如该股票价格下跌到 40 美元，则该投资者仍有权以 50 美元/股的价格向期权卖方出售该股票 100 股，可盈利(50－40)×100－100＝900 美元；假如该股票价格上涨到 60 美元，则该投资者就会放弃行使期权，其损失为 100 美元权利金。

（三）双向期权

双向期权(tow-way option)又称双重期权，是指期权买方向期权卖方支付一定数额的权利金之后，在期权合约有效期内，按事先商定的敲定价格，向期权卖方既买了某商品或有价证券的看涨期权，又买了该商品或有价证券的看跌期权。简单来说，就是期权买方在同一时间、以等价购买等量商品或有价证券的看涨和看跌期权。显然，购买双向期权的权利金要高于只买单向期权的权利金，但获利的机会也高于后者。双向期权的买方预测相关商品或有价证券的价格会有大幅度波动，无论价格如何波动，只要当价格大幅度上涨时行使看涨期权，当价格大幅度下跌时行使看跌期权，均可获利。

例 16-3 某投资者预测某只股票价格近期内将有大的波动，但方向难以确定，于是购买了该种股票的双向期权，有效期和起止时间都相同，敲定价格为 150 美元，看涨期权的价格为每股 18 美元，看跌期权的价格为每股 7 美元，每份合约的股数为 200 股。

该投资者支付的权利金为 18×200＋7×200＝5 000 美元。

如果在合约有效期内，该股票的市价保持在 150 美元的水平，则在不转卖期权的条件下，该投资者最大损失为 5 000 美元。

如果在合约有效期内，实际价格与敲定价格差大于 25 美元，投资者就可以盈利，否则将亏损。若股票市价上扬至每股 180 美元，该投资者行使看涨期权，每股获利 30 美元，200 股共获利 6 000 美元，总盈利 1 000 美元(6 000－5 000)；当股价下跌至每股 120 元，该投资者又可行使看跌期权，每股获利 30 美元，200 股共获利 6 000 美元，总盈利 1 000 美元(6 000－5 000)。如最终价格为 140 美元，则其亏损 3 000 美元(10×200－5 000)。如果价格波动频繁，就可把握时机，在期货价格上升时行使看涨期权，在期货价格下降时行使看跌期权，只要二者的价差超过 25 美元即可盈利。

二、按期权内容分类

期权还可以按期权交割的内容标准来分类,分为股票期权、指数期权、外币期权、利率期权、期货期权等类型。

(一) 股票期权

股票期权是以股票为基础证券的期权。股票期权在实施时可以交割实物,也可以交割价差。在股票期权中,期权购买方在向出卖方支付了一定的权利金、购买了某种股票期权之后,有权决定在该期权到期日之前,是否以约定价格买入或卖出一定数量的某种股票。

股票期权激励计划是指股东为达到所持股权价值的最大化,在所有权和经营权分离的现代企业制度下,实行的股权激励。即以股票作为手段对经营者进行激励。公司董事会在股东大会的授权下,代表股东与以经营者为首的激励对象签订协议,当激励对象完成一定的业绩目标或因为业绩增长、公司股价有一定程度上涨,公司以一定优惠的价格授予激励对象股票或授予其一定价格在有效期内购买公司股票,从而使其获得一定利益,促进激励对象为股东利益最大化努力。

如果从股票的来源区分,股权激励方案可分为股东转让股票和上市公司向激励对象定向发行股票,定向发行股票又分为股票期权和限制性股票。另外,还有一种以虚拟股票为标准的股权激励方式,称为股票增值权。

股票期权是上市公司给予激励对象在一定期限内以事先约定的价格购买公司普通股的权利。限制性股票指上市公司按照预先确定的条件授予激励对象一定数量的本公司股票,激励对象只有在工作年限或业绩目标符合股权激励计划规定条件的,才可出售限制性股票并从中获益。

(二) 指数期权

指数期权交易和指数期货交易的原理一样。指数期权的基础"证券"主要是股票价格的变动指数。在指数期权中,期权购买方可以购买股票指数的看涨或看跌期权。如果有效期内股票指数上升,期权买方则可行使看涨期权而获利。相反,如果购买了看跌期权,有效期内股票指数下降,期权买方也可行使期权而获利。

(三) 外汇期权

外汇期权是以外汇为基础证券的期权,包括外汇现货期权与外汇期货期权两种类型。这种期权和股票期权一样,在实施时可以交割实物,也可以交割价差。在外汇期权中,期权购买方在向出卖方支付了一定的权利金、购买了某种外汇现货或期货的期权之后,有权决定在该期权到期日之前,是否以约定价格买入或卖出一定数量的某种外汇现货或期货。外汇期权交易产生于美国,目前已扩展到欧洲和加拿大等国的外汇市场。每份外币期权所代表的外国货币额依币种和交易场所不同而不同。

(四) 利率期权

在美国,一些重要的债券也有期权交易,这类期权称为利率期权。利率期权的基础证券主要有国库券、政府中期债券、政府长期债券、大额可转让存单等。期权的交易单价一般是面额为 10 万美元的基础债券。

(五) 期货期权

1982 年 10 月,作为美国政府试验性计划的一部分,芝加哥期货交易所首次成功地将期权交易方式应用于政府长期国库券期货合约的买卖,从此便产生了期货期权。期货期权的基础证券是商品期货合约。这是一种赋予期权购买人在规定时间选择是否买卖期货合约的权利。因此，期货期权在实施时要求交割的不是期货合约所代表的商品，而是期货合约本身。事实上期货期权即使在实施时也很少交割期货合约，不过是由期权交易双方收授期货市价与该期货期权协议价之间的价差而已。

三、按期权的交割时间不同分类

从期权的交割时间不同的角度，可以分为欧式期权、美式期权和百慕大式期权。在欧式期权交易中，期权的买方只有在期权合约履约日到来之时，才能要求履行期权合约。在美式期权交易中，期权的买方可以在期权合约有效期之内的任何一个交易日要求履行期权合约。可见，美式期权与欧式期权相比，在权利的行使日期上有较高的弹性。因此一般情况下美式期权的权利金比欧式期权要高一些。百慕大式期权（bermuda option）是一种可以在到期日前所规定的一系列时间行权的期权。比如，期权可以有 3 年的到期时间，但只有在 3 年中每一年的最后一个月才能被执行，它的应用常常与固定收益市场有关。

四、按敲定价格与标的资产市场价格的关系分类

按期权敲定价格与标的资产市场价格的关系不同可将期权分为实值期权、平值期权和虚值期权三种。

（一）实值期权

实值期权（in the money，ITM）具有正内涵价值，即如果期权立即执行，买方能够获利时的期权（不计交易成本）。当看涨期权标的资产的市场价格高于执行价格，或看跌期权标的资产市场价格低于执行价格时，如果买方决定执行期权，均会获利，此时期权为实值期权。如例 16-1 中，期权执行价格为 50 美元，若股票市场价格为 60 美元，则该期权为实值期权。

（二）虚值期权

虚值期权（out of the money，OTM）具有负内涵价值，即如果期权立即执行，买方发生亏损时的期权（不计交易成本）。当看涨期权标的资产的市场价格低于执行价格，或看跌期权标的资产的市场价格高于执行价格，如果买方决定执行期权，则会发生亏损，此时的期权称为虚值期权。如例 16-1 中，期权执行价格为 50 美元，若股票市场价格为 30 美元，则该期权为虚值期权。

（三）平值期权

平值期权（at the money，ATM）又称两平期权，不具有内涵价值，即当期权标的资产的市场价格等于期权的执行价格时的期权。当看涨期权或看跌期权的执行价格与标的资产的市场价格相等时，该期权表现为平值期权。如例 16-1 中，期权执行价格为 50 美元，若股票市场价格为 50 美元，则该期权为平值期权。实值期权、平值期权、虚值期权与看涨、看跌期权的关系见表 16-1。

表 16-1　实值期权、平值期权、虚值期权与看涨、看跌期权的对应关系

期权种类	看涨期权	看跌期权
实值期权	市场价格＞执行价格	市场价格＜执行价格
平值期权	市场价格＝执行价格	市场价格＝执行价格
虚值期权	市场价格＜执行价格	市场价格＞执行价格

第三节　期权交易的盈亏分析

一、买进看涨期权

买进执行价格为 P_s 的看涨期权，在支付一笔权利金 P_p 后，便享有买入或不买入相关标的资产的权利。如果市场价格 P_m 上涨，则看涨期权买方既可通过平仓又可通过执行期权获利；如果市场价格的上涨刚好等于支付的权利金时，达到盈亏平衡；若市场价格跌至执行价格或以下，期权买方可以放弃期权，其最大损失仅限于权利金。由此可见，买进看涨期权有以下几种盈亏状况（设 R_{bc} 为购买看涨期权的盈亏水平）：① $P_m>P_s+P_p$ 时，盈利，$R_{bc}=P_m-(P_s+P_p)$；② $P_m=P_s+P_p$ 时，盈亏平衡，$R_{bc}=0$；③ $P_s<P_m<P_s+P_p$ 时，亏损，$R_{bc}=P_m-(P_s+P_p)$；④ $P_m\leqslant P_s$ 时，最大亏损，$R_{bc}=-P_p$。买进看涨期权的盈亏状况可以用式(16-1)表示。

$$R_{bc}=\begin{cases}P_m-(P_s+P_p) & \text{若 } P_m>P_s+P_p\\ 0 & \text{若 } P_m=P_s+P_p\\ P_m-(P_s+P_p) & \text{若 } P_s<P_m<P_s+P_p\\ -P_p & \text{若 } P_m\leqslant P_s\end{cases} \tag{16-1}$$

根据以上分析可以画出买入看涨期权盈亏结构图，如图 16-1 所示。

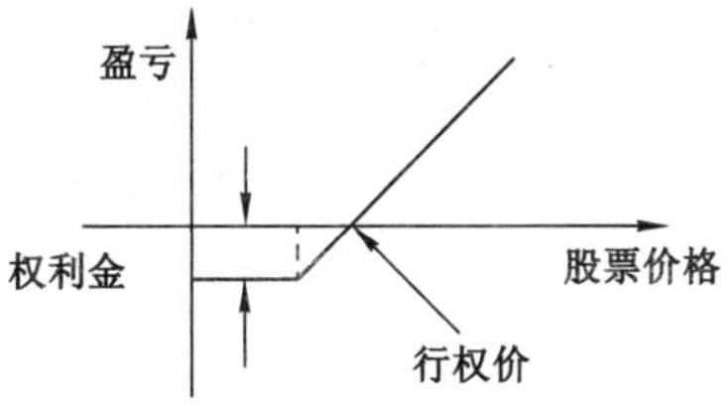

图 16-1　买入看涨期权盈亏结构图

二、卖出看涨期权

卖出执行价格为 P_s 的看涨期权，可以得到权利金 P_p 的收入。卖出看涨期权的目的是赚取权利金，其最大收益也仅仅是权利金，当到期时标的物市场价格 P_m 低于执行价格 P_s 时，买方不履行合约，卖方将稳赚权利金；当标的物市场价格在执行价格与平衡点之间时，因买方可能履约，故卖方只能赚取部分权利金；当市场价格上涨至平衡点以上时，卖方面临的风险则是无限的。其盈亏状况有如下几种（设 R_{sc} 为出售看涨期权的盈亏水平）：① $P_m\leqslant P_s$ 时，最大盈利，$R_{sc}=P_p$；② $P_s<P_m<P_s+P_p$ 时，盈利，$R_{sc}=P_s+P_p-P_m$；③ $P_m=P_s+P_p$ 时，盈亏平衡，$R_{sc}=0$；④ $P_m>P_s+P_p$ 时，亏损，$R_{sc}=P_s+P_p-P_m$。卖出看涨期权的盈亏状况可以用式(16-2)表示。

$$R_{sc}=\begin{cases}P_p & \text{若 } P_m\leqslant P_s\\ P_s+P_p-P_m & \text{若 } P_s<P_m<P_s+P_p\\ 0 & \text{若 } P_m=P_s+P_p\\ P_s+P_p-P_m & \text{若 } P_m>P_s+P_p\end{cases} \tag{16-2}$$

根据以上分析可以画出卖出看涨期权盈亏结构图,如图 16-2 所示。

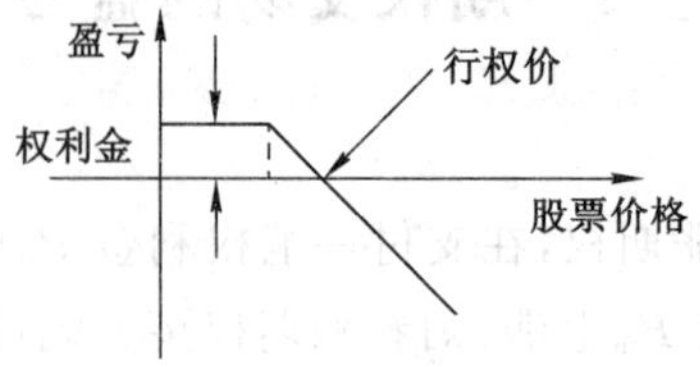

图 16-2　卖出看涨期权盈亏结构图

三、买进看跌期权

支付一定权利金 P_p 获得执行价格为 P_s 看跌期权多头部位后,买方就锁定了自己的风险,而其获利空间无限。看跌期权的买方预测标的物价格将下跌,当下跌至平衡点以下时将获利;而如果标的物价格变化与预测相反时,他的最大损失也仅限于权利金。设到期时标的物市场价格为 P_m,买进看跌期权盈亏有以下几种状况(设 R_{bp} 为购买看跌期权的盈亏水平):① $P_m=0$,最大盈利,$R_{bp}=P_s-P_p$;② $0<P_m<P_s-P_p$,盈利,$R_{bp}=P_s-P_p-P_m$;③ $P_m=P_s-P_p$;盈亏平衡,$R_{bp}=0$;④ $P_s-P_p<P_m<P_s$,亏损,$R_{bp}=P_s-P_p-P_m$;⑤ $P_m\geqslant P_s$,最大亏损,$R_{bp}=-P_p$。买进看跌期权的盈亏状况可以用式(16-3)表示。

$$R_{bp}=\begin{cases}P_s-P_p & 若\ P_m=0\\ P_s-P_p-P_m & 若\ 0<P_m<P_s-P_p\\ 0 & 若\ P_m=P_s-P_p\\ P_s-P_p-P_m & 若\ P_s-P_p<P_m<P_s\\ -P_p & 若\ P_m\geqslant P_s\end{cases}\tag{16-3}$$

根据以上分析可以画出买进看跌期权盈亏结构图,如图 16-3 所示。

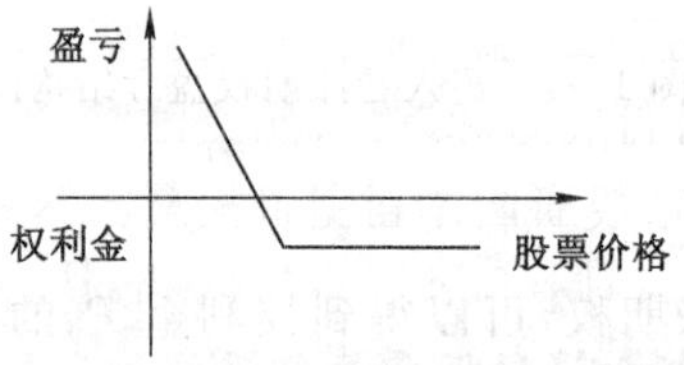

图 16-3　买进看跌期权盈亏结构图

四、卖出看跌期权

卖出看跌期权是收益有限却风险很大的策略,与买进看跌期权正好相反。当标的物价格上涨或基本持平时,能获取权利金;如果标的物价格逐渐下跌,发生的损失将会冲抵权利金收入;价格跌至平衡点以下时,卖方开始出现完全的净损失,但其最大损失是执行价格与权利金之差。设执行价格为 P_s,权利金为 P_p,到期时标的物市场价格为 P_m,卖出看跌期权盈亏的几种状况如下(设 R_{sp} 为购买看跌期权的盈亏水平):① $P_m\geqslant P_s$,最大盈利,$R_{sp}=P_p$;② $P_s-P_p<P_m<P_s$,盈利,$R_{sp}=P_m-(P_s-P_p)$;③ $P_m=P_s-P_p$,盈亏平衡,$R_{sp}=0$;④ $0<P_m<P_s-P_p$,亏损,$R_{sp}=P_m-(P_s-P_p)$;⑤ $P_m=0$,最大亏损,$R_{sp}=P_p-P_s$。卖出看跌期权的盈亏状况可以用式(16-4)表示。

$$R_{sp}=\begin{cases}P_p & \text{若 } P_m \geqslant P_s \\ P_m-(P_s-P_p) & \text{若 } P_s-P_p<P_m<P_s \\ 0 & \text{若 } P_m=P_s-P_p \\ P_m-(P_s-P_p) & \text{若 } 0<P_m<P_s-P_p \\ P_p-P_s & \text{若 } P_m=0\end{cases} \quad (16\text{-}4)$$

根据以上分析可以画出卖出看跌期权盈亏结构图，如图 16-4 所示。

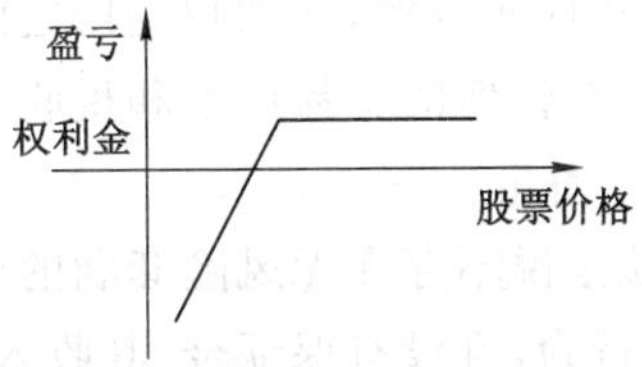

图 16-4　卖出看跌期权盈亏结构图

五、同时买入一个看涨期权和一个看跌期权

如果投资者预计将来股票价格会大幅波动，但是不能确定股票是大涨还是大跌，可以同时买入一个看涨期权和一个看跌期权。股票价格 $P_m \in (X_1, X_2)$ 时亏损，反之盈利。投资者的收益如图 16-5 所示。

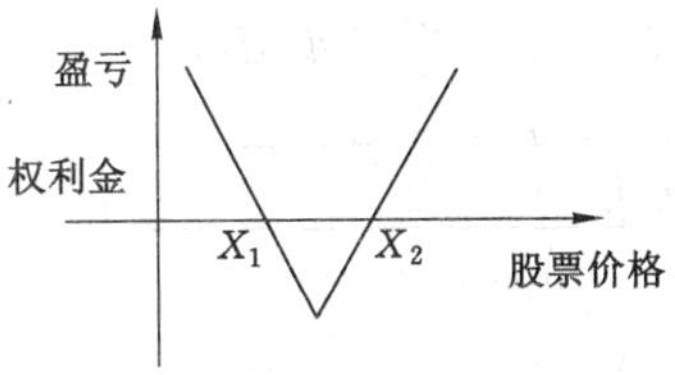

图 16-5　同时买入一个看涨期权和一个看跌期权盈亏结构图

第四节　期权的定价

期权价格是期权合约中唯一随市场供求变化而改变的变量，它的高低直接影响到买卖双方的盈亏状况，是期权交易的核心问题。早在 1900 年法国金融专家劳雷斯·巴舍利耶就发表了第一篇关于期权定价的文章。此后，各种经验公式或计量定价模型纷纷面世，但因种种局限难于得到普遍认同。70 年代以来，伴随着期权市场的迅速发展，期权定价理论的研究取得了突破性进展。

第一个完整的期权定价模型由布莱克(Fisher Black)和斯科尔斯(Myron Scholes)创立并于 1973 年公之于世。B—S 期权定价模型发表的时间和芝加哥期权交易所正式挂牌交易标准化期权合约几乎是同时。不久，德克萨斯仪器公司就推出了装有根据这一模型计算期权价值程序的计算器。现在，几乎所有从事期权交易的经纪人都持有各家公司出品的此类计算机，利用按照这一模型开发的程序对交易估价。这项工作对金融创新和各种新兴金融产品的面世起到了重大的推动作用。1979 年，约翰·考克斯(John Carrington Cox)、斯蒂芬·罗斯(Stephen A. Ross)、马克·鲁宾斯坦(Mark Rubinstein)的论文《期权定价：一种简化方法》提出了二项式模型(Binomial Model),该模型建立了期权定价数值法的基础,解决了美式期权定价的问题。

一、B—S 期权定价模型

布莱克和斯科尔斯于 1973 年发表在《政治经济学学刊》上的《期权定价与公司负债》一文中所创立的 B—S 期权定价模型就是一个一般的期权定价公式。

(一) B—S 期权定价模型的基本假设

(1) 所研究的期权合约是欧式期权合约,在期权到期之间没有任何的现金股利支付。

(2) 资本市场是完善的,不存在任何的交易成本和税收,同时所有的证券资产都是可分割的。

(3) 市场处于均衡状态,也就是说不存在无风险套利的机会。

(4) 允许证券市场上的卖空行为,且没有保证金,其收入也可以用来投资。

(5) 市场是连续的,也就是说市场可以为投资者提供连续交易的机会。

(6) 无风险利率在所有的期限内是不变的,也就是说无风险利率是一个常数。

(7) 股票的价格波动服从布朗运动。

(二) B—S 期权定价模型

基于以上假设条件,布莱克和斯科尔斯(1973)使用热动力学上的热传导效应推出的欧式看涨期权定价公式如下:

$$\begin{cases} C=S_0\Phi(d_1)-Xe^{-r(T-t)}\Phi(d_2) \\ d_1=\dfrac{\ln\left(\dfrac{S_0}{X}\right)+\left(r+\dfrac{1}{2}\sigma^2\right)(T-t)}{\sigma\sqrt{T-t}} \\ d_2=\dfrac{\ln\left(\dfrac{S_0}{X}\right)+\left(r-\dfrac{1}{2}\sigma^2\right)(T-t)}{\sigma\sqrt{T-t}}=d_1-\sigma\sqrt{T-t} \end{cases} \tag{16-5}$$

式中,S_0 为标的资产的价格,X 为执行价格,T 为到期日,$\Phi(\cdot)$是标准正态分布函数。

B—S 期权定价模型是一个期权定价的一般公式,这在证券投资理论中是一项重大突破,但由于该理论是在一系列的假设条件下建立起来,因此它也存在许多与现实情况不相符合的地方,这也引起后来的学者对该模型的修正。

二、二项式期权定价模型

二项式期权定价模型由考克斯、罗斯和鲁宾斯坦(1979)提出。他们假设在一个多期的证券市场中,股票价格的分布是离散的,并假定股票在期权的存续期内没有任何股利支付。

假定 $t=0$ 时,股票的价格为 S_0,到 $t=1$ 时,股票的价格以 q 的概率上升到 μS_0,以$(1-q)$的概率下降到 dS_0,并假设无风险利率为 $r(R=1+r)$。

由于期权在一期以后的价格为:

$$C_u = Max(0, uS - X)$$

$$C$$

$$C_u = Max(0, dS - X)$$

则该二项式模型的期权定价公式为:

$$C=\left[\left(\frac{R-d}{u-d}\right)C_u+\left(\frac{u-R}{u-d}\right)C_d\right]\Big/R \tag{16-6}$$

此外，考克斯、罗斯和鲁宾斯坦(1979)还给出了 n 期欧式看涨期权的定价公式，即：

$$C=\sum_{j=0}^{n}\frac{n!}{j!(n-j)} \tag{16-7}$$

三、期权价格的影响因素

期权价格由内在价值和时间价值构成，因而凡是影响内在价值和时间价值的因素，就是影响期权价格的因素。

（一）协定价格与市场价格

协定价格与市场价格是影响期权价格最主要的因素。这两种价格的关系不仅决定了期权有无内在价值及内在价值的大小，而且还决定了有无时间价值和时间价值的大小。一般而言，协定价格与市场价格间的差距越大，时间价值越小；反之，则时间价值越大。这是因为时间价值是市场参与者因预期标的物市场价格变动引起其内在价值变动而愿意付出的代价。当一种期权处于极度实值或极度虚值时，市场价格变动的空间已很小。只有在协定价格与市场价格非常接近或为平价期权时，市场价格的变动才有可能增加期权的内在价值，从而使时间价值随之增大。

（二）权利期间

权利期间是指期权剩余的有效时间，即期权成交日至期权到期日的时间。在其他条件不变的情况下，期权期间越长，期权价格越高；反之，期权价格越低。这主要是因为权利期间越长，期权的时间价值越大；随着权利期间缩短，时间价值也逐渐减少；在期权的到期日，权利期间为零，时间价值也为零。通常，权利期间与时间价值存在同方向但非线性的影响。

（三）利率

尤其是短期利率的变动会影响期权的价格。利率变动对期权价格的影响是复杂的。一方面，利率变化会引起期权标的物的市场价格变化，从而引起期权内在价值的变化；另一方面，利率变化会使期权价格的机会成本变化，引起对期权交易的供求关系变化，因而从不同角度对期权价格产生影响。例如，利率提高，期权标的物如股票、债券的市场价格将下降，从而使看涨期权的内在价值下降，看跌期权的内在价值提高；利率提高，又会使期权价格的机会成本提高，有可能使资金从期权市场流向价格已下降的股票、债券等现货市场，减少对期权交易的需求，进而又会使期权价格下降。总之，利率对期权价格的影响是复杂的，应根据具体情况作具体分析。

（四）标的物价格的波动性

通常，标的物价格的波动性越大，期权价格越高；波动性越小，期权价格越低。这是因为标的物价格波动性越大，则在期权到期时，标的物市场价格涨至协定价格之上或跌至协定价格之下的可能性越大，因此期权的时间价值乃至期权价格都将随标的物价格波动的增大而提高，随标的物价格波动的缩小而降低。

（五）标的资产的收益

标的资产的收益将影响标的资产的价格。在协定价格一定时，标的资产的价格又必然影响期权的内在价值，从而影响期权的价格。由于标的资产分红付息等将使标的资产的价格下降，而协定价格并不进行相应调整，因此，在期权有效期内标的资产产生收益将使看涨期权价格下降,使看跌期权价格上升。

第五节 股票权证

权证(warrant),在香港被翻译为“窝轮”,是一种允许持有人在指定的期限内购买或出售相关资产的一种权利,它由基础证券发行人或其以外的第三人发行,约定持有人在规定期间内或特定到期日,有权按约定价格向发行人购买或出售标的证券,或以现金结算方式收取结算差价。权证是一种衍生证券,它具有期权的特性。权证与交易所交易的期权有明显的差别,交易所挂牌交易的期权是交易所制定的标准化合约,而权证则是权证发行人发行的合约,发行人作为权利的授予者承担全部责任。根据对应的基础证券,权证可分为股权类权证、债权类权证或其他权证。本节主要介绍股权类权证。

一、权证的基本分类

(1) 按规定的权利划分,权证可分为认购权证(买权)和认沽权证(卖权)。认购权证赋予持有人的是未来购买标的股票的权利,认购权证的特征和看涨期权相似;而认沽权证赋予持有人未来出售标的股票的权利,认沽权证的特征和看跌期权相似。

(2) 按行权期限的不同,权证可以分为美式权证(American Style Warrant)、欧式权证(European Style Warrant)和百慕大式权证(Bermuda Style Warrant)。美式权证的持有人可以在权证到期日前的任一交易日行权。欧式权证的持有人只能在权证到期日当日行权。百慕大式权证介于欧式权证和美式权证之间,百慕大式权证具有多个行权日或是一段行权期,如到期日前5日。

(3) 按发行人不同可分为认股权证(Equity Warrant)和备兑权证(Covered Warrant)。认股权证是由公司发行的,允许其持有人在指定的期限内以确定的价格直接向发行公司购买或出售一定数量股票的权利。它对可以购买或出售的股票份数、执行价格以及到期日等有详细说明。通常所说的认股权证一般就是指公司认股权证。按照规定的权利可分为认购认股权证和认沽认股权证。备兑权证类似于公司认股权证,不同之处在于备兑权证一般由公司以外的第三者发行,如投资银行等,它的目的也不是为了筹资,而是给投资者提供一种投资工具。认股权证和备兑权证的比较见表16-2。

表16-2　认股权证和备兑权证的比较

比较项目	认股权证	备兑权证
发行人	标的股票发行人	标的股票发行人以外的第三方
标的股票	需发行新股	已在交易所挂牌交易的股票
发行目的	筹资或高管激励	提供投资工具
行权结果	股本增加、权益稀释	不造成股本增加或权益稀释

二、权证要素

权证的要素包括权证类别、标的、行权类别、存续时间、行权日期、行权结算方式、行权比例等。

(1) 权证类别:即标明该权证属于认购权证还是认沽权证。

（2）标的：权证的标的物种类包括股票、债券、外币、指数、商品或其他金融工具，其中股票权证的标的可以是单一股票或一揽子股票组合。

（3）行权价格：指发行人发行权证时所约定，权证持有人向发行人购买或出售标的证券的价格。若标的证券在发行后除息、除权，通常要对认股权证的认股价格进行调整。

（4）存续时间：即权证的有效期，越过有效期，认股权自动失效。我国上海证券交易所、深圳证券交易所均规定，权证自上市之日起存续时间为 6 个月以上 24 个月以下。

（5）行权日期：权证持有人有权行使权利的日期。

（6）行权结算方式：分为证券给付结算方式和现金结算方式两种。前者指权证持有人行权时，发行人有义务按照行权价格向权证持有人出售或购买标的证券；后者指权证持有人行权时，发行人按照约定向权证持有人支付行权价格与标的证券结算价格之间的差额。

（7）行权比例：指单位权证可以购买或出售的标的证券的数量。我国上海和深圳证券交易所规定，标的证券发生除权时，行权比例应进行相应调整，除息时则不做调整。

【案例】 宝钢认购权证（580000，宝钢 JTB1）。

宝钢权证 2005 年 8 月 22 日上市，最后交易日 8 月 23 日，收盘价 0.031 元，下跌 85.78%，宝钢股票的收盘价为 4.17 元，当时的行权价格为 4.20 元。宝钢权证主要条款如表 16-3 所示。

表 16-3 宝钢权证主要条款

条 款	内 容
权证类别	认购权证
行权比例	1∶1，即 1 份认购权证可按行权价向宝钢集团购买 1 股宝钢股份 A 股股票
行权价格	4.50 元
行权时间	欧式，仅可在权证存续期的最后一天行权。2005 年 8 月 18 日至 2006 年 8 月 30 日，2006 年 8 月 30 日
发 行 量	38 770 万份
发行方式	派送

三、权证的投资

（一）权证价值及其影响因素

权证价值由两部分组成，一是内在价值，即标的股票与行权价格的差价；二是时间价值，代表持有者对未来股价波动带来的期望与机会。在其他条件相同的情况下，权证的存续期越长，权证的时间价值越高；美式权证由于在存续期可以随时行权，比欧式权证的相对价格要高。

认购权证的内在价值＝（正股市价－行权价格）×行权比例

认沽权证的内在价值＝（行权价－正股股价）×行权比例

权证理论价值可以通过 B—S 模型进行计算，但理论价值和实际价格的差距经常很大。实际交易中，权证价值还要受到正股市价、正股价波幅、权证有效期及其行使价格、市场利率和预期股息等多方面因素的影响。

1. 正股市价

权证是以正股为基础而产生的衍生产品，正股市价是确定权证发行价格及其交易价格走势的最主要因素。通常，权证发行时正股市价越高，认购（沽）权证的发行价格也就越高（低）。类似地，权证发行后随着正股市价的上升（下跌），认股权证的交易价格相应上升（下跌）；而认沽证的交易价格走势则刚好相反，随正股市价的上升（下跌）认沽证的交易价格相应下跌（上升）。但上述分析只能在一定范围内成立，因为权证（发行或交易）价格的上涨，意味着权证投资成本向正股的投资成本趋近，其回报率会变小，权证逐渐失去其高杠杆特性。

2. 权证有效期

权证的有效期（发行时已确定）越长，认股（沽）证变为实值的几率就越大，发行价格通常也就越高。而随到期日的趋近，该几率渐小，权证二级市场的交易价格则相应下降。

3. 权证行使价格

权证所约定的行使价格越高，意味着该行使价格可能与认购（沽）权证发行或交易时的正股市价之间的价差空间越小（大），则该权证持有人未来行使权证认购（售出）正股所获利润空间越小（大）。故行使价格权越高的认购（沽）权证，其发行或交易价格往往越低（高）。

4. 正股价波幅

正股价波动性越大，无论对于认购证还是认沽证，都意味着权证变为实值的几率就越大，因而权证的发行或交易价格都会越高。

5. 市场利率

市场利率的高低，决定着正股投资成本的大小。利率水平越高，投资正股的成本越大，因而认股证变得较具吸引力，而认沽证的吸引力则相应变小，故认股（沽）证的发行或交易价格就会越高（低）。

6. 预期股息

一般而言，由于权证无法享有现金股利，因而预期股息越高，对认股证越不利（对认沽证则相反），故认股（沽）证的发行或交易价格就越低（高）。但需要指出的是，根据某些权证的（行使）价格调整条款或是交易所有关规则，遇正股派息时往往会对权证行使价格作相应调整，因而预期股息的高低对权证价格及其走势的影响不大。

此外，权证的价格往往还要受到权证的市场供求、发行人业绩等因素影响。

（二）权证投资方式

1. 通过行权盈利

对于认购权证，只要未来股价高于其认购成本，那么就可以买入权证，行权，以行权价格获得股票，再在市场上以市价卖出股票，获取两者差额。对于认沽权证，只要未来股价低于其认购成本，那么就可以市场价格买入股票，行权，以行权价格卖出股票，获取两者差额。

$$认购成本=\frac{权证市价}{行权比例}+行权价格$$

$$认沽成本=\frac{权证市价}{行权比例}+正股购买价$$

2. 利用权证的市场价格波动盈利

低买高卖，利用权证的市场价格波动获利，这与买卖股票相似。这种方式关键在于把握各种市场价格波动的因素，准确判断未来价格走势。影响权证价格波动的因素，除了影响一般期权市价的因素外，还有其他的一些因素。

(1) 杠杆比率的影响

$$\text{杠杆比例}=\text{权证市价变动百分比}/\text{股票市价变动百分比} \approx \text{股票市价}/(\text{权证市价}\div\text{行权比例})$$

杠杆比例可以用来衡量“以小博大”的放大倍数，杠杆比例越高，投资者盈利率也就越高，其可能承担的亏损风险也越大。一般情况下，由于杠杆比例的存在，使得权证的价格波动被放大，远大于股票价格的波动。

(2) $T+0$ 交易的影响

权证交易都是 $T+0$ 交易，因此权证交易的投机性较大，交易也会异常活跃，成交量可能会很大，价格也可能会大起大落。2005 年 12 月第二个星期，沪深 6 只权证的成交量达到了 101.8 亿元，超过了市场近 1 400 只股票的交易量。$T+0$ 大大增加了换手率，使得市场交易活跃度提高，同时也加大了权证的波动程度。

(3) 涨跌幅限制的影响

权证的涨跌幅不固定，一般都超过了股票的涨跌幅。

$$\text{权证涨停价格}=\text{权证前一日收盘价格}+\left(\text{标的证券当日涨停价格}-\text{标的证券前一日收盘价格}\right)\times125\%\times\text{行权比例}$$
$$=\text{权证前一日收盘价格}+\text{标的证券前一日收盘价格}\times12.5\%\times\text{行权比例}$$

$$\text{权证跌停价格}=\text{权证前一日收盘价格}-\left(\text{标的证券前一日收盘价格}-\text{标的证券当日跌停价格}\right)\times125\%\times\text{行权比例}$$
$$=\text{权证前一日收盘价格}-\text{标的证券前一日收盘价格}\times12.5\%\times\text{行权比例}$$

当计算结果小于等于零时，权证跌停价格为零。

(4) 创设和注销的影响

创设实际上是一种有条件的卖空，当券商认为权证的价格被高估时，有套利空间和机会，就创设权证，卖出权证获得收益；相反，当认为权证被低估时，就注销权证。所以投资者可以从权证的创设和注销的数量中获取权证未来价格走势的信息。如果某一时间，权证被大量创设，这增加了权证的供应量，则未来权证价格将下跌；反之，有大量注销的权证，则未来价格有可能上升。

权证的市场价格波动表现出很强的投机性，不一定与标的股票的价格波动关联。投资者一般采用技术分析分析权证的价格波动，快进快出，控制风险。多数情况下，权证最终由于虚值状态而不被行权，权证的市价最终将跌到零的附近，权证投资的风险很大。

例 16-4 一认购权证(欧式权证)，行权价 4.5 元，行权比例 1∶2，正股价为 4.0 元，购买该权证的成本是 1.0 元/份，某投资者购买了 1 000 份，问到期时其盈亏情况？

解 认购成本＝1/2＋4.5＝5.0(元)

行权盈亏＝ (4.0－5.0)×1 000 ×2＝－2 000 (元)

不行权盈亏＝－1.0 ×1 000＝－1 000 (元)

理性的投资者将选择不行权，总损失为 1 000 元。

第六节　可转换债券

一、可转换债券的概念

可转换债券是指发行人依法定程序发行，持有人在一定时间内依据约定的条件可以转换成一定数量的普通股票的证券。可转换债券通常简称为可转债。

作为一种典型的混合金融产品，可转债兼备了债券、股票和期权的某些特征。可转债首先是一种公司债券，具有普通公司债的一般特性，具有确定的债券期限和定期利息。其次，可转债又具有股票属性，通常被视为"准股票"，因为其持有人在特定的期限有权利按事先约定的条件将它转换成股票。再次，可转债具有期权性质，为投资者和发行人提供了形式多样的选择权，有些条款的设计可以使可转债的发行或投资具有较强的灵活性和弹性，当然也更复杂。

二、发行可转换债券的动因

公司发行可转债，主要是出于以下几方面的原因。

（一）减少利息支付

在市场利率较高或股价疲软的情况下，发行普通债券会使公司支付较高利息；发行普通股又因发行价较低，不但成本高，而且筹得资金少。而发行可转换债券既可降低债息（比一般债券利息低），又可扩大销路，而且等于间接发行普通股股票，减少了发行费用，如果股价升高还可以多募集一些资金。

（二）减免税收

可转换债券在转换前，债息可列入公司成本免交所得税。被转换后，公司不再付息，减去了固定资本支出。普通股也要付息，但不是固定的，视公司盈利情况而定，公司没有责任必须发给股息。

（三）回避管制

各国法令规定禁止或限制金融机构投资普通股，而可转换债券是不被禁止和限制的，发行可转换债券就等于间接发行了普通股股票，这为相应投资机构投资公司股票提供了方便。

三、发行可转换债券的优缺点

公司发行可转换债券具有以下特点。

（一）优点

（1）对于投资者来说，利用可转换债券可获得转换特权，因此可转换债券更受投资者欢迎，其商品性比一般公司债券高，市场价格变动也具有吸引力；对公司来说，发行可转换债券不仅可以吸收更多的资金，而且向股票的转换可以增加发行公司自有资本。

（2）可转换债券既给投资者提供本息收入的安全性，又提供增加资本价值的可能性。

在股价未涨时，它是一种优级债券，持有人获得利息收入往往高于普通股股票所能提供的股息，而且可靠。如果股价下跌卖出时，它作为债券的身份，价格不会比其他债券低，没有全部损失的风险；当股价上涨时，持有者可选择转换成普通股股票，提高享受股票增值和股息的可能。总之，持有可转换债券的投资者进可攻退可守。

（3）可转换债券可以作为担保品向银行借款，往往可与普通股股票同等对待。

（4）金融机构和机构投资者可以在转换中享受股价增长的利益。

（二）缺点

（1）可转换债券的价格波动可能性较大，因而风险也较高。如果买进的价格过高，就可能得不到股价上升的利益，且可能因股价下跌而受损失。

（2）可转换债券属低级债券，在公司破产清算时，其清偿权排在其他债券之后。

（3）发行公司对可转换公司债券可以赎回，投资者此时被迫转换成普通股或出售，如遇卖价低于当初买价则会受损失；而且公司所挑选的赎回时间，大多是债券市价低于当初买价的时候，这对投资者极为不利。

四、可转换债券的价值与价格

（一）理论价值

可转换债券的理论价值由纯粹债券的价值和所附加的买入期权的价值构成，即

转债价值＝纯粹债券价值＋买入期权价值

$$D=\sum_{t=1}^{n}\frac{I}{(1+i)^t}+\frac{CV}{(1+i)^n}$$

式中，I 为利息，D 为面值，CV 为转换价值。该模型未考虑回售和转股价修正的因素，模型的最后一步假定投资者在期末转股。

（二）转换价值

转换价值指将可转换债券转换成股票的价值。

转换价值＝转换股市价×转股比率

可见，正股价越高，转换价值越大。

（三）市场价格

可转换债券的市场价格以理论价值为基础受供求关系的影响。由于可转换债券的股债双重性，使得它的市场价格一般在债券价值和转换价值之上。下面的指标可以用来说明可转换债券对债券价值、转换价值的溢价程度。

纯债溢价率＝(转债市价－债券价值)÷债券价值×100%

（四）转换平价

转换平价＝转债市价÷转换比率

转股溢价率＝(转债市价－转换价值)÷转换价值×100%

可以把转换平价理解为投资者买入可转换债券马上转股的持股成本。

1. 转换升水

当转换平价大于股价，转换升水，即可转换债券处于溢价交易状态，即

转换升水＝转债市价－转换价值

转换升水比率＝(转债市价－转换价值)÷转换价值×100%

＝(转换平价－正股价)÷正股价×100%

2. 转换贴水

当转换平价低于股价，转换贴水，即可转换债券处于折价交易状态，即

转换贴水＝转换价值－转债市价

转换贴水比率＝(转换价值－转债市价)÷转换价值×100%

＝(正股价－转换平价)÷正股价×100%

例 16-5 2007 年 12 月 19 日北大荒发行可转债的面值为 100 元，初始转股价为 16.68

元。大荒转债的转换期限为2008年6月19日至2012年12月19日。2012年3月12日北大荒股票的股价为23.26元,转债的市价为147.52元。最新转股价为14.32元。试求该转债的转换比例、转换价值和转换平价和升跌水率。

解 转换比例=100/14.32=6.98(股/转债)

转换价值=23.26×6.98=162.35(元)

转换平价=147.52/6.98=21.13 (元)

贴水率=(23.26−21.13)/23.26=9.16%

五、可转换债券的基本要素

(一) 面值与发行量

面值就是可转换债券到期时可转换债券发行人应该偿付给可转换债券持有人的本金,包括票面金额和票面标价的币种两个部分。可转换债券未来基本上都实现转股,发行量大,一方面将扩大实际流通量,另一方面将稀释每股税后利润,从市场的角度看,这两方面都对市价不利。

(二) 票面利率

票面利率是指可转换债券票面表明的利息与票面价值的比率。作为可转换债券的发行人使用可转换债券融资的资金成本,它受到无风险利率、发行人的资信评级、偿还期限以及相对应的资本市场上资金供求情况等因素的影响。票面利率通常以年利率表示。因为可转换债券具有转换价值,因此,其发行的票面利率有时是低于同期的普通债券利率。

(三) 债券期限

可转换债券的期限是指可转换债券从起始日至到期日的时间。上市公司在确定可转换债券的期限时,要考虑使用可转换债券资金周转期的长短、未来市场利率的变化趋势和可转换债券市场的流动性等因素。

(四) 转股期

发行公司的可转换债券在何时进行债权向股权的转换工作,取决于发行合约中订立的条件。发行公司限定一个特定的转换期限受理可转换债券的换股事宜,一般来说,不会在可转换债券发行后就允许转换。

(五) 转股价及其修正条款

转股价是指可转换债券转换为每股股票所需的可转换债券的票面金额,是可转换债券的基本要素中最重要的,是决定可转换债券的投资者是否行使转换权利的关键。转换价格既要使可转换债券的投资者未来有转股获利的机会,又不能使公司现有股东的股权产生过度的稀释。

转股价修正条款,用于在标的股票价格下跌而转股机会降低时,向下修正转股价,从而提高转股可能性。我国已发行或拟发行的可转换债券,转换价格修正可以有多次,每次修正幅度通常定位在20%以内。可转换债券发行可视为推迟的增发,因此转股价向下修正条款的目的是为了保证转股成功,实现融资。多次修正转换价格自然会受到可转换债券投资者的欢迎,但会伤害企业现有股东的利益。

转股价在发行公司股票除权的情况下需要进行调整。转股价的调整与转股价的修正不同,转股价调整是因为发行公司的股份发生了变化,如发行公司拆细。转股价调整并没有降低原有的转股的要求。

（六）赎回条款

当基准股价上涨到某一高度且持续一段时间时，公司有权按事先约定的价格赎回可转换债券。赎回条款是绝对有利于发行公司的条款，它起到保护发行公司和原有股东利益的作用。赎回条款实质上是赋予发行公司的一种买权，发行公司可以根据市场的变化来选择是否行使这种权利。投资者在赎回条件下无法选择，必须在赎回条件生效前做出不是最优投资选择的决策。赎回条款可以使发行公司避免利率下降而产生的利率风险，加速可转换债券的转换进程。

（七）回售条款

当公司股价低迷，转换无法实现时，投资者有权在约定的时期内，按约定的高于面值一定比例的价格将可转换债券回售给发行公司。回售条款可以保证投资者获得某一固定的收益，为投资者提供了重新选择投资目标的机会，其实质是发行公司为保护投资者的投资收益所作出的保证承诺。回售条款使投资者的投资风险降至最低，也正是这一点，使附加回售条款的可转换债券更具吸引力。

【案例】 民生转债。

中国民生银行股份有限公司（600016）2013 年 3 月 15 日发行了民生转债，民生转债的主要条款如表 16-4 所示。

表 16-4　民生转债主要条款

条　　款	内　　容
面值与发行量	100 元。共 20 000 万张，总面值 200 亿元
期　　限	6 年，2013 年 3 月 15 日至 2019 年 3 月 15 日。
票面利率	第一年 0.6%、第二年 0.6%、第三年 0.6%、第四年 1.5%、第五年 1.5%、第六年 1.5%
转股期限	2013 年 9 月 16 日至 2019 年 3 月 15 日
转 股 价	初始转股价不低于募集说明书公告之日前二十个交易日本行 A 股股票交易均价和前一个交易日本行 A 股股票交易均价，10.23 元/股
修正条款	转股期内，如果股价连续 30 个交易日内有 20 个交易日收盘价不高于当期转股价的 80%，公司将向下修正转股价，修正幅度不低于当期转股价的 20%
赎回条款	A. 在本次发行的可转债转股期内，如果发行人 A 股股票连续三十个交易日中至少有十五个交易日的收盘价格不低于当期转股价格的 130%（含 130%） B. 当本次发行的可转债未转股余额不足 3 000 万元时
回售条款	本次发行可转债募集资金运用的实施情况与发行人在募集说明书中的承诺相比出现变化，该变化被中国证监会认定为改变募集资金用途的

六、我国可转换债券的发展

1843 年，美国的 NEWYORK ERIE 公司发行了世界上第一张可转换公司债券，经过 160 多年的发展，可转换债券市场已经成为发达国家的金融市场中不可或缺的重要组成部分。2001 年，各大券商，如美林、高盛等发行可转债的承销额均超过其股票 IPO 的规模，2004 年底，全球可转换债券市场的资本规模已经接近 6 100 亿美元，由此可以看出，可转换债券已经成为国际资本市场上重要的融资工具。

我国可转换债券市场的发展滞后于西方国家，1991 年，琼能源发行了我国境内的第一只可转换债券，从此，可转换债券这一投资品种登上了中国的资本舞台。当时，对可转换债券的发行仅仅限于尝试阶段，监管部门并没有正式发布可转换债券融资的相关文件，只是有个别的企业出于融资的需要，开始尝试可转换债券的发行，并且到国际资本市场上筹集了部分资金。之后，由于深宝安可转换债券转股的失败，中国可转换债券市场的发展基本处于停滞状态，直到 1997 年 3 月，《可转换公司债券管理暂行办法》出台，3 家非上市公司(南宁化工、吴江丝绸和茂名石化)先后发行可转换债券，中国的可转换债券市场才重现生机。2001 年 4 月下旬，中国证监会颁布了《上市公司发行可转换公司债券实施办法》和三个配套的相关文件。这一《办法》具有里程碑的意义，标志着中国可转换债券市场的发展步入了一个新的阶段。受此政策上的鼓励，加上当时配股、增发等其他方式融资低迷的影响，先后有数十家上市公司提出了发行可转换债券的意向。2002 年，有 5 家上市公司发行可转换债券，实际融资规模达 41.5 亿元。2003 年迎来了可转换债券发行的高峰，共有 16 支可转换债券发行上市，总发行规模达到 185.5 亿元。而且就在这一年，上市公司通过可转换债券募集的资金规模超过了增发、配股等方式。2004 年，我国可转换债券发行市场依然火爆，投资者介入踊跃。这一年，可转换债券市场新添 12 只产品，总发行规模达到 209 亿元。2005 年可转换债券一级市场停滞，间隔一年半以后，得以重新启动。2006 年 5 月《上市公司证券发行管理办法》出台，2006 年 7 月 27 华发转债成功上市成为股改之后首只上市可转换债券，接着柳华转债、凯诺转债、招商转债也相继上市。近几年发行的转债品种在票面要素上与股改前发行的品种没有太大变化，然而发行方式却有了明显改变，发行规模基本上全部向原有股东配售，放弃余额上网定价和网下配套。新券上市溢价幅度较大，平均溢价 8.34%，超过股改前新券上市溢价幅度。从 2008 年融资方式来看，可转换债券已成为除定向增发外的主要融资渠道。深万科和江苏阳光均在 2008 年初通过了证监会的发行审核，一轮上市公司可转换债券融资的高潮在中国酝酿而成。

可转换公司债券无疑为企业筹资提供了一条新的渠道，作为一种成熟的国际金融产品，它的引入和发展，有望给我国证券市场带来新的活力，从而推动我国金融市场不断创新，并将在我国建立完善的市场信用机制方面发挥重要作用。可以预见，可转换公司债券将成为我国证券市场上一种重要的金融品种。

案　例

安科生物(300009)限制性股票激励计划概述

安科生物(300009)，2009 年 10 月 30 日在深圳证券交易所创业板上市，是一家生物制药的高科技公司，其主营业务为生物制品的研究、开发、生产和销售，主要产品为注射用重组人干扰素 α2b 冻干粉针、重组人干扰素 α2b 注射液、重组人干扰素 α2b 乳膏、重组人干扰素 α2b 滴眼液、重组人干扰素 α2b 栓剂、注射用重组人生长激素、抗精子抗体检测试剂盒等。该公司于 2013 年 3 月 25 日召开了第四届董事会第二十一次会议和第四届监事会第十八次会议，审议通过了关于《安徽安科生物工程(集团)股份有限公司限制性股票激励计划(草案修订稿)》及其摘要、《安徽安科生物工程(集团)股份有限公司股权激励计划考核管理办法(修订稿)》的议案，下面是其修改后的主要条款。

一、限制性股票激励对象的确定依据和范围

本计划涉及的首次激励对象共计188人，包括：

(1) 公司高级管理人员；

(2) 公司中层管理人员；

(3) 公司核心技术(业务)人员。

以上激励对象中，高级管理人员必须经公司董事会聘任。所有激励对象必须在本计划的考核期内于公司任职并已与公司签署劳动合同。

二、本计划所涉及的标的股票来源和数量

(一) 激励计划的股票来源

本计划股票来源为安科生物向激励对象定向发行600万股股票。

(二) 激励计划标的股票的数量

本激励计划所涉及的标的股票为600万股安科生物股票，涉及的标的股票种类为人民币A股普通股，约占本激励计划签署时安科生物股本总额18 900万股的3.17%。其中首次授予561.5万股，占本计划签署时公司股本总额18 900万股的2.97%；其中预留部分为38.5万股，占本计划授予的限制性股票总量的6.42%，占本计划签署时公司股本总额的0.20%(见表16-5)。

表16-5　　激励对象获授的限制性股票分配情况

姓　名	职务	获授的限制性股票数量(股)	占授予限制性股票总数的比例	占目前总股本的比例
付永标	董事、副总经理	100 000	1.67%	0.05%
赵　辉	董事、副总经理	140 000	2.33%	0.07%
王荣海	董事	50 000	0.83%	0.03%
吴　锐	董事	30 000	0.50%	0.02%
盛　海	副总经理	200 000	3.33%	0.11%
姚建平	副总经理	130 000	2.17%	0.07%
宋社吾	副总经理	110 000	1.83%	0.06%
李　星	董事、董事会秘书	40 000	0.67%	0.02%
中层管理人员、核心技术(业务)人员(180人)		4 815 000	80.25%	2.54%
预留		385 000	6.42%	0.20%
合计(188)		6 000 000	100%	3.17%

三、限制性股票的授予与解锁条件

本计划首期授予部分在2013～2015年的3个会计年度中，分年度对公司财务业绩指标进行考核，以达到公司财务业绩考核目标作为激励对象当年度的解锁条件。每年度绩效考核的指标为净利润增长率和净资产收益率，具体目标如表16-6所示。

表 16-6

解锁安排	绩效考核目标
第一次解锁	等待期内归属于上市公司股东的净利润及归属于上市公司股东的扣除非经常性损益的净利润均不得低于授权日前最近三个会计年度的平均水平且不得为负。以 2012 年净利润为基数,公司 2013 年净利润较 2012 年复合增长率不低于 20%。2013 年净资产收益率不低于 10%
第二次解锁	以 2012 年净利润为基数,公司 2014 年净利润较 2012 年复合增长率不低于 18.32%。2014 净资产收益率不低于 10%
第三次解锁	以 2012 年净利润为基数,公司 2015 年净利润较 2012 年复合增长率不低于 18.17%。2015 净资产收益率不低于 10%

四、预留部分限制性股票的实施计划

(1) 预留的 38.5 万股限制性股票的授予条件与本激励计划中非预留的部分的限制性股票一致。

(2) 授予价格预留部分在授予前,须召开董事会,并披露授予情况的摘要。授予价格依据摘要披露前 20 个交易日公司股票交易均价(前 20 个交易日股票交易总额/前 20 个交易日股票交易总量)的 50%确定。

(3) 授予程序

公司董事会将在预留激励对象确认后,按照相关法律法规的规定,按本激励计划的价格确定方法重新召开董事会,确定限制性股票的授予价格,同时将预留限制性股票授予预留激励对象。预留限制性股票需在首次授予日次日起 12 个月内一次性授予。

五、预留限制性股票的解锁条件、程序及禁售期条件

预留的 38.5 万股限制性股票的解锁条件、程序及禁售期条件均与本激励计划中非预留部分限制性股票一致。

其中,公司业绩考核的指标为净利润增长率和净资产收益率,具体目标如表 16-7 所示。

表 16-7

解锁安排	绩效考核目标
第一次解锁	等待期内归属于上市公司股东的净利润及归属于上市公司股东的扣除非经常性损益的净利润均不得低于授权日前最近三个会计年度的平均水平且不得为负。以 2012 年净利润为基数,公司 2014 年净利润较 2012 年复合增长率不低于 18.32%。2014 年净资产收益率不低于 10%
第二次解锁	以 2012 年净利润为基数,公司 2015 年净利润较 2012 年复合增长率不低于 18.17%。2015 净资产收益率不低于 10%

若公司发生再融资行为,则融资当年以扣除融资数量后的净资产为计算依据。

“净利润”指归属于母公司所有者扣除非经常性损益的净利润。

“净资产收益率”指扣除非经常性损益后的加权平均净资产收益率。

预留部分个人考核方式和考核结果参照首次授予个人考核要求执行。

六、限制性股票会计处理

公司首次授予激励对象股份总数为561.5万股，授予价格为5.83元/股，按照相关估值工具确定授予日限制性股票的公允价值，最终确认授予日安科生物向激励对象授予的权益工具公允价值总额为1 330.04万元。

根据会计准则的规定，具体金额应以实际授予日计算的股份公允价值为准。前述总费用由公司在实施限制性股票激励计划的锁定期，在相应的年度内按3次解锁比例(30%：30%：40%)分摊，同时增加资本公积。公允价值总额作为安科生物本次股权激励计划的总成本将在股权激励计划的实施过程中按照解锁比例进行分期确认。

假设安科生物2013年3月1日授予限制性股票，授予总量为600万份，首次授予561.5万股，授予价格为5.83元，预留38.5万股，初步测算，限制性股票对各期会计成本的影响如表16-8所示。

表16-8

授予的限制性股票（万股）	需摊销的总费用（万元）	2013年（万元）	2014年（万元）	2015年（万元）	2016年（万元）
561.5	1 330.04	646.55	443.35	210.59	29.56

〔根据安科生物公告编写〕

本章概念

1. 期权、股票期权激励计划、权证、可转换债券。
2. 看涨期权、看跌期权、双向期权。
3. 实值期权、虚值期权、平值期权。
4. 欧式期权、美式期权、百慕大式期权。
5. 认购权证、认沽期权、认股权证、备兑权证。
6. 转换价值、转换平价、转换升水、转换跌水

问题思考

1. 期权和期货有什么区别？
2. 简述期权投资的特点和功能。
3. 试画图分析买进看涨期权和卖出看跌期权的盈亏。
4. 简述权证的基本类型。
5. 影响期权价格变化的主要因素有哪些？
6. 简述可转换债券的优缺点。
7. 一认沽权证(欧式权证)，行权价10元，行权比例1：2，正股价为8.0元，购买该权证的成本是1.0元/份，某投资者购买了2 000份，问到期时其盈亏情况？
8. 2013年3月9日某转债收市价141.67，正股收市价8.72，转股价6.07，如果你有200张该转债，请问你可以如何操作来实现套利(该可转债已经进入了转股期，不计交易成本)？

参考文献

〔1〕陈佳.两种交易制度的比较[J].经济论坛,2006(1).
〔2〕丁忠明.证券投资学[M].北京:中国金融出版社,2005.
〔3〕胡隆俊.做市商制度的优缺点分析[J].福建行政学院福建经济管理干部学院学报,2005(51).
〔4〕黄栢中.江恩理论——金融走势分析[M].北京:地震出版社,2009.
〔5〕雷亚.道氏理论[M].何平林,孙哲,译.天津:天津社会科学院出版社,2012.
〔6〕李国强,李雯.证券投资分析[M].北京:机械工业出版社,2011.
〔7〕李向科.证券投资技术分析[M].第2版.北京:中国人民大学出版社,2004.
〔8〕罗伯特 D.爱德华兹,等.股市趋势技术分析[M].第8版.程鹏,黄伯乔,译.北京:中国发展出版社,2004.
〔9〕罗孝玲.期货与期权[M].北京:经济科学出版社,2010.
〔10〕饶文英.证券投资学[M].南昌:江西人民出版社,2007.
〔11〕饶育蕾,刘达峰.行为金融学[M].上海:上海财经大学出版社,2003.
〔12〕任淮秀.证券投资学[M].北京:高等教育出版社,2003.
〔13〕舒苏平.期货与期权交易[M].第2版.北京:经济科学出版社,2009.
〔14〕束景虹.证券投资分析[M].北京:对外经济贸易大学出版社,2008.
〔15〕孙可娜.证券投资教程[M].北京:机械工业出版社,2009.
〔16〕谭中明.证券投资学[M].合肥:中国科学技术大学出版社,2009.
〔17〕田明圣,胡雅梅.论证券市场的报价驱动和指令驱动制度[J].金融教学与研究,2003(1).
〔18〕汪五一.期货与期权交易[M].合肥:中国科学技术大学出版社,2007.
〔19〕吴晓求.证券投资学[M].北京:中国人民大学出版社,2002.
〔20〕吴晓求.证券投资学[M].第2版.北京:中国人民大学出版社,2004.
〔21〕吴行达.短线为王之五:解读K线玄机[M].北京:经济管理出版社,2010.
〔22〕小罗伯特·鲁格劳特·普莱切特,等.艾略特波浪理论[M].陈鑫,译.北京:机械工业出版社,2009.
〔23〕姚铮.证券与期货[M].北京:清华大学出版社,2008.
〔24〕张艳华,王晓云,阮铮.证券投资学[M].沈阳:东北大学出版社,2008.
〔26〕张艳华.证券投资学[M].沈阳:东北大学出版社,2011.
〔26〕张亦春,郑政龙,林海.金融市场学[M].第3版.北京:高等教育出版社,2008.
〔27〕赵庆国,朱玉林.证券投资学[M].南京:东南大学出版社,2005.
〔28〕中国证券业协会.证券发行与承销[M].北京:中国金融出版社,2012.

〔29〕中国证券业协会.证券交易[M].北京:中国金融出版社,2012.
〔30〕中国证券业协会.证券市场基础知识[M].北京:中国金融出版社,2012.
〔31〕中国证券业协会.证券投资分析[M].北京:中国金融出版社,2012.
〔32〕中国证券业协会.证券投资基金[M].北京:中国金融出版社,2012.
〔33〕朱国华,褚玦海.期货市场学——工具、机构与管理[M].上海:上海财经大学出版社,2004.